PRIMEIRA GUERRA TOTAL

David A. Bell

PRIMEIRA GUERRA TOTAL

Tradução de
Miguel Soares Palmeira

2ª edição

EDITORA RECORD
RIO DE JANEIRO • SÃO PAULO
2024

CIP-BRASIL. CATALOGAÇÃO-NA-FONTE
SINDICATO NACIONAL DOS EDITORES DE LIVROS, RJ

Bell, David A.
B381p   Primeira guerra total / David A. Bell; tradução de Miguel
2ª ed. Soares Palmeira. - 2ª ed. - Rio de Janeiro: Record, 2024.

Tradução de: The first total war
Inclui bibliografia e índice
ISBN 978-85-01-07978-7

1. Napoleão I, Imperador dos franceses, 1769-1821. 2. Guerras napoleônicas, 1800-1815. 3. França - História militar - 1789-1815. I. Título.

11-6414.   CDD: 940.27
                                                   CDU: 94(44)

Texto revisado segundo o Acordo Ortográfico da Língua Portuguesa de 1990.

Título original em inglês:
THE FIRST TOTAL WAR

Copyright © 2007 by David A. Bell

Editoração eletrônica: Abreu's System

Todos os direitos reservados. Proibida a reprodução, armazenamento ou transmissão de partes deste livro através de quaisquer meios, sem prévia autorização por escrito.

Direitos exclusivos de publicação em língua portuguesa para o Brasil adquiridos pela
EDITORA RECORD LTDA.
Rua Argentina, 171 – 20921-380 – Rio de Janeiro, RJ – Tel.: 2585-2000, que se reserva a propriedade literária desta tradução.

Impresso no Brasil

ISBN 978-85-01-07978-7

Seja um leitor preferencial Record.
Cadastre-se e receba informações sobre nossos lançamentos e nossas promoções.

Atendimento e venda direta ao leitor
sac@record.com.br

EDITORA AFILIADA

Para Elana Kathleen Bell e Joseph Nathaniel Bell

Sumário

Agradecimentos 9

Introdução 13

1. Oficiais, Cavalheiros e Poetas 37
2. Consciência, Comércio e História 75
3. Declaração de Paz — Declaração de Guerra 113
4. A Última Cruzada 159
5. Anjos Exterminadores 205
6. A Atração da Águia 251
7. Dias de Glória 303
8. O Altar Sangrento da Guerra 355

Epílogo 407
Notas 429
Bibliografia 475
Índice Remissivo 517

Agradecimentos

Agradecer devidamente todas as pessoas que me ajudaram neste projeto exigiria o equivalente a um capítulo adicional. Duvido que minha editora aprovasse, mesmo que várias páginas fossem usadas para lhe entoar loas. Apesar disso, gostaria muito de reconhecer as minhas dívidas mais importantes.

A ideia do projeto surgiu durante uma conversa memorável com Darrin McMahon na primavera de 2000. Minha agente, Elyse Cheney, incentivou-me a escrever um livro para o grande público e deu-me uma assistência de valor incalculável durante todo o processo.

O American Council of Learned Societies Frederick Burkhardt Residential Fellowship Program for Recently Tenured Scholars e a John Simon Guggenheim Memorial Foundation concederam-me bolsas, e a Johns Hopkins University, além de uma licença de trabalho de dois anos, também me deu uma assistência financeira adicional. Na Hopkins, meus agradecimentos aos decanos Daniel Weiss e Adam Falk e aos catedráticos e amigos Gabrielle Spiegel e Richard Kagan, pelo apoio incrivelmente generoso. Com o passar dos anos, beneficiei-me de formas inumeráveis com a atmosfera maravilhosa criada na Johns Hopkins pelos meus colegas, alunos de graduação e toda a equipe do Departamento de História. Meus alunos Jason Kuznicki e Mary Ashburn-Miller pesquisaram itens isolados para mim em Paris, e a assistência de Katie Jorgensen-Gray com a revisão foi muito valiosa.

Longe de Baltimore, Leon Wieseltier, do periódico *New Republic*, e Paul Laity, da *London Review of Books*, tiveram a gentileza de me mandar vários livros sobre Napoleão e a Revolução Francesa para eu comentar, deram-me a chance de pôr algumas ideias minhas no papel e também uma revisão especializada. Recebi sugestões bibliográficas muito úteis de David Armitage e Sophia Rosenfeld. Dena Goodman fez-me o grande favor de me levar a pensar no fenômeno dos soldados-poetas.

Impus a tarefa de ler rascunhos de capítulos e artigos a Mary Ashburn-Miller, Doron Ben-Atar, Claire Cage, Jane Dailey, Dan Edelstein, Eddie Kolla, Darrin McMahon, David Nirenberg, John Pocock, Eran Shalev, Donald Sutherland, Dror Wahrman e David Woodworth e a íntegra do manuscrito a Rafe Blaufarb, Michael Broers e Steven Englund. Agradeço por todas as correções, sugestões e críticas resultantes dessa leitura que, em alguns casos, obrigaram-me a repensar aspectos cruciais do projeto. Agradeço também ao público ao qual apresentei partes da obra em Berkeley, na United States Naval Academy, na conferência da Sorbonne "La Révolution à l'oeuvre", na Rice University, na conferência da Johns Hopkins intitulada "Napoleão e sua lenda", na University of Delaware, na Florida State University, na George Mason University, na conferência de Yale intitulada "Os legados de Napoleão", no Baltimore-Washington Old Regime France Group, no Consortium on the Revolutionary Era, na University of Buffalo, na University of Chicago, na New York University, na Johns Hopkins University, no Indiana University Eighteenth-Century Seminar e no meu seminário de graduação na primavera de 2006. Tenho uma dívida especial com o público da École Normale Supérieure de la rue d'Ulm, onde passei um mês muito estimulante em 2005, e com o meu generoso e atencioso anfitrião ali, Antoine Lilti.

Na editora Houghton Mifflin, eu gostaria de agradecer a Amanda Cook pelo trabalho brilhante de edição, pela tolerância com os atrasos, pelo apoio e pelo bom humor. Meus agradecimentos também a seu assistente Will Vincent e à revisora do manuscrito Beth Burleigh Fuller.

A meus pais, Daniel e Pearl Kazin Bell, sou profundamente grato, como sempre. A maneira pela qual meu pai cuidou da minha mãe durante os anos em que passei escrevendo este livro significou mais para mim do que consigo expressar em palavras. Ao contrário de muitas histórias que eu conto aqui, este é um caso de heroísmo genuíno.

À minha mulher, Donna Lynn Farber, devo tudo. Ela e nossos filhos, Elana e Joseph Bell, tornaram esses anos absurdamente felizes para mim. O livro é dedicado a Elana e Joseph, com a esperança de que o seu tema sempre seja para eles um assunto acadêmico. *L'dor va-dor.*

Introdução

Esta será a última guerra.
— CHARLES FRANÇOIS DUMOURIEZ, 1792

Os anos de 1889 e 1890 foram de júbilo e esperança. Um regime poderoso e abominado não apenas ruiu inesperadamente, como o fez de modo surpreendentemente pouco violento. Em meio a suas ruínas, uma nova ordem internacional parecia tomar forma, construída a partir do respeito à paz, à democracia e aos direitos humanos. O momento pareceu tão transformador que muitos pensadores avançados previram nada menos do que o advento do fim da guerra. A desilusão, no entanto, veio com velocidade cruel. Os anos seguintes não trouxeram paz, e sim uma violência ininterrupta, que as potências dominantes descobriram ser infelizmente difícil de conter. Rapidamente, a expectativa generalizada de fim da guerra deu lugar à igualmente difundida convicção de que uma era de conflito apocalíptico havia começado. De fato, argumentou-se amplamente que, para derrotar adversários malignos, agora era necessário travar guerras demoradas e de grandes proporções, com medidas outrora condenadas como bárbaras.

O curioso dessa descrição é que ela se aplica igualmente bem a dois séculos diferentes. Mais obviamente para nós, aplica-se ao período que se iniciou em 1989-1990. Mesmo antes de os alicerces apodrecidos da União Soviética terminarem de cair por terra, cientistas políticos de renome defendiam que o fim das guerras estava próximo. Alguns pensavam que o mundo simplesmente começava a banir os conflitos de larga escala. Outros acreditavam que a paz viria da difusão da democracia, pois democracias supostamente não lutariam entre si. Francis Fukuyama, em um artigo famoso e injustamente desqualificado, associou o fim da guerra ao "fim da história", querendo com isso denotar o fim de conflitos em torno da forma apropriada de sociedade.

Em vez do fim das guerras, claro, seguiu-se uma intensificação do conflito e do perigo: na Guerra do Golfo, na Guerra dos Bálcãs e depois no forte distúrbio global iniciado em 11 de setembro de 2001. Em seguida aos horríveis ataques terroristas daquele dia, o presidente dos Estados Unidos, George W. Bush, começou a caracterizar a luta entre o Ocidente e seus adversários como o confronto entre as forças da liberdade e as forças do mal. Alguns célebres defensores de seu governo associaram isso à Segunda Guerra Mundial e advertiram que a própria sobrevivência do Ocidente estava por um fio. Alguns afirmaram que, para prevalecer, o Ocidente até mesmo deveria desconsiderar restrições ao comportamento militar. "Entre nós, mantemos a lei, mas quando operamos na selva, devemos também usar as leis da selva", escreveu o diplomata britânico Robert Cooper em um influente ensaio de 2002. Pouco depois, os Estados Unidos e seus aliados começaram uma guerra preventiva no Iraque, iniciada com uma tentativa explícita de matar o chefe de Estado daquele país. Desde então, operações militares americanas envolveram uma série de conhecidas recaídas nas "leis da selva". Nesse momento, é difícil saber como ou quando o período atual de instabilidade violenta e de perigo pode vir a acabar.

Tão distante, tão próximo. Porém, surpreendentemente, a descrição se aplica igualmente bem aos anos de 1789-1790, quando o colapso do Antigo Regime e o início da Revolução Francesa desencadeou imaginações esperançosas ao redor do mundo. Mesmo antes desses eventos, o pensamento avançado no Ocidente já começava a ver a guerra como um anacronismo em vias de desaparecer. Como escreveu um otimista clérigo inglês em 1784, "aproxima-se o tempo em que o som da trombeta e o alarme da guerra não mais serão ouvidos pela Terra". Em 22 de maio de 1790, o novo governo revolucionário da França chegou ao ponto de publicar uma renúncia formal às "guerras de conquista", naquilo que foi chamado uma "declaração de paz ao mundo". Nela se prometia que dali em diante a França somente utilizaria suas forças armadas para a autodefesa. Apenas 23 meses mais tarde, contudo, a França invadiu a Bélgica, então sob domínio austríaco, iniciando um conflito que mobilizaria todas as principais potências europeias e continuaria, com breves intervalos, por mais de 23 anos, até a derrota final da França em 1815. Desde o início, ambos os lados concebiam essa longa luta em termos apocalípticos: "uma guerra até a morte", como um de seus primeiros defensores franceses declarou, "que nós lutaremos [...] para destruir e aniquilar todos os que nos atacarem, ou para sermos nós mesmos destruídos". Nenhum lado chegou ao ponto de praticar o extermínio explicitamente, mas guerras de guerrilha desesperadas e tentativas selvagens de reprimi-las geraram atrocidades por todo o continente em uma escala que não voltaria a ser alcançada até a Segunda Guerra Mundial. Como o próprio Napoleão Bonaparte explicou, antecipando Cooper, "custou-nos caro retornar [...] aos princípios que caracterizaram o barbarismo dos primórdios das nações, mas fomos compelidos [...] a lançar mão, contra o inimigo comum, das armas que ele utilizou contra nós".

Desnecessário dizer que os paralelos não podem ser exatos. A incrível amplitude do derramamento de sangue e destruição da Europa napoleônica — isto é, tanto a Europa em que Napoleão viveu como jovem oficial quanto aquela que ele veio a dominar como líder da França — excedeu enormemente tudo o que se viu de 1989 para cá. Mas tampouco são os paralelos meros acasos. O final do século XVIII e o início do XIX assistiram a mudanças fundamentais nas atitudes do Ocidente em relação à guerra e ao começo de um padrão histórico recorrente, do qual os eventos desde 1989 fornecem apenas o exemplo mais recente, embora também particularmente claro. Nesse padrão, o sonho da paz perpétua e o pesadelo da guerra total estiveram vinculados de maneiras perturbadoras e complexas, cada qual a sustentar o outro. De um lado, uma ampla e persistente corrente de opinião pública continuou a ver a guerra como um fenômeno fundamentalmente bárbaro que deveria desaparecer de um mundo civilizado o mais rápido possível; de outro, houve uma tendência recorrente e poderosa a caracterizar os conflitos que efetivamente surgem como lutas apocalípticas a serem travadas até a destruição completa do inimigo e que poderiam ter sobre seus participantes um efeito purificador, quiçá redentor. Hoje em dia, as linguagens indissociáveis da guerra e da paz definem os extremos do pensamento ocidental, em particular o americano, sobre o assunto, com "porta-vozes" de ambos os lados a desqualificar seus oponentes como espécies de loucos que negam a realidade: as pombas da paz "iludidas" *versus* os falcões "paranoicos" e "maníacos por guerra".

Alguns comentadores sofisticados interpretaram que essas linguagens refletem circunstâncias históricas recentes. Robert Kagan, por exemplo, estabelece um contraste: de um lado, está a Europa ocidental, que teria desfrutado de paz sem responsabilidades graças à proteção americana desde a Segunda Guerra Mundial, e que, consequentemente, esquiva-se da guerra; de outro, estão os Estados Unidos, que enfrentaram o tormento de ter um oponente após o outro. "Americanos são de Marte, europeus são de Vênus", conclui.

Mas, a rigor, essas linguagens tomaram forma muito antes da Segunda Guerra Mundial. E elas têm mais em comum entre si do que gostam de admitir os dois lados, pois em ambos os casos a guerra figura como algo totalmente excepcional, totalmente externo à ordem social estabelecida. Não surpreende que intelectuais e políticos tenham com certa frequência se associado à ideia de que uma guerra final, aniquiladora, poderia paradoxalmente inaugurar o reino da paz perpétua. Para citar a mais famosa expressão dessa ideia, o tratado de H. G. Wells, *The War That Will End War* [A guerra que acabará com as guerras], de 1914: "Esta agora é uma guerra pela paz [...]. Esta, a maior de todas as guerras, não é apenas mais uma guerra — é a última guerra!" Cento e vinte dois anos antes, o general e político francês Charles François-Dumouriez prometeu de forma semelhante: "esta será a última guerra".

O fato de nós vermos a guerra através de lentes conceituais essencialmente estabelecidas e polidas dois séculos atrás na Europa não significa que nossa visão seja necessariamente distorcida. Obviamente, houve ocasiões em que o Ocidente esteve diante de um perigo apocalíptico. Devemos, todavia, reconhecer o poder e a persistência dessas lentes, bem como os efeitos de distorção que elas podem ocasionar. Na década de 1990, uma relutância em utilizar força militar, em parte fundada na percepção da guerra como uma tolice anacrônica, levou ao sofrimento e à morte em massa nos Bálcãs e em Ruanda, enquanto estadistas ocidentais educadamente discutiam sanções e pressão política. Apenas no primeiro caso eles por fim lembraram que existem bárbaros no mundo e que eles respondem somente ao uso da força.

Considere-se também o seguinte: desde setembro de 2001, os Estados Unidos estão envolvidos em uma Guerra ao Terror que custou, até o momento, o mesmo número de vidas civis americanas que se perdem a cada duas semanas e meia em acidentes automobilísticos nas autoestradas do país. É o mesmo número de vidas que a União Soviética perdeu *a cada seis horas*, em quatro anos agonizantes, durante a Segunda Guerra Mundial. Com todo seu desejo manifesto de adquirir armas de destruição em massa, nossos oponentes neste novo conflito até agora não demonstraram capacidade de empunhar nada mais poderoso do que facas, armas de fogo e explosivos convencionais. Isso pode até ser uma guerra, mas merece realmente comparação com a Segunda Guerra Mundial e seus 50 milhões de mortos? Nem todo adversário é uma ameaça apocalíptica. Mesmo assim, as linguagens com as quais estamos acostumados a discutir guerra e paz tornam difícil fazer emergir esta afirmação. Dito de modo simples, tornou-se muito difícil discutir guerra em termos não apocalípticos.

Por que isso ocorre? Por que o Ocidente sempre retorna àquelas concepções indissociáveis do fim da guerra e da guerra apocalíptica? Não se pretende aqui oferecer uma resposta a toda essa ampla questão. Neste livro, contudo, exploro como e por que o padrão começou.

No centro da história está uma transformação extraordinária. Durante o século XVIII, bem como em séculos anteriores, a maioria das culturas ocidentais aceitava a guerra como uma faceta inevitável, e comum, da existência humana. Governantes ocidentais viam a guerra como seu principal propósito e lutavam continuamente — durante o século XVIII, não mais do que seis ou sete anos se passaram sem ao menos uma grande potência europeia estar em guerra. Mas desde o fim dos terríveis conflitos religiosos da Reforma, as guerras se tornaram algo relativamente fácil de controlar e restringir. Os exércitos eram relativamente pequenos; as grandes batalhas, relativamente pouco frequentes (embora devastadoras, quando ocorriam); e os civis, relativamente bem tratados. De modo geral, líderes militares viam seus adversários como pares dignos de respeito. Isso não significa dizer que a guerra não fosse aterrorizadora. A guerra é algo aterrorizador por definição. Mas os historiadores precisam ser capazes de distinguir graus de horror, e, se o século XVIII não reduziu exatamente cães de guerra a "cãezinhos amestrados" (como *Sir* Michael certa vez formulou jocosamente), seus conflitos ainda estão entre os *menos* terríveis da história europeia.

Essas condições de guerra quase permanente e ao mesmo tempo controlada pareciam inteiramente naturais e apropriadas aos nobres que lideravam os exércitos europeus sob o Antigo Regime. Isso permitia que os valores aristocráticos da honra e do serviço tivessem uma expressão perfeita sem ameaçar seriamente a estabilidade e a prosperidade sociais. A guerra decerto funcionava como uma espécie de teatro da aristocracia, assim como ocorria com as cortes reais da época. Na guerra, vidas e valores aristocráticos eram ostentados em meio a esplendor, refinamento, bravura e demonstrações de autoconfiança absoluta. As elites europeias do século XVIII supunham que esse mundo duraria para sempre. Não se deram conta de que estavam à beira do eclipse total.

A transformação teve origem no plano intelectual. Durante o grande movimento de ideias a que hoje chamamos Iluminismo, pensadores influentes começaram a argumentar que o estado de guerra permanente talvez não fosse, de fato, o destino inexorável da humanidade. As sociedades humanas, segundo eles, seguiam um mesmo caminho de evolução histórica, do princípio selvagem a níveis cada vez mais elevados de civilização, gentileza e comércio pacíficos. Desse ponto de vista, a situação então prevalecente de guerra restrita não representava um equilíbrio natural, mas sim um estágio no caminho rumo ao desaparecimento completo da guerra. Nos tempos modernos, a guerra logo se tornaria um estado de coisas detestável e excepcional, um vestígio grotesco da infância violenta do homem.

Esses pensadores não eram de modo algum os primeiros profetas da paz perpétua: pacifistas filosóficos e religiosos os precederam em muito tempo. Mas para cristãos devotos, em particular, o fato inescapável do pecado original implicava que um reino de paz somente pudesse resultar de uma mudança divina da natureza humana. Os pensadores do século XVIII, ao contrário, descreviam a paz como a culminação de mudanças sociais inteiramente naturais, que já eram visíveis e ocorriam segundo leis cientificamente observáveis. Essa diferença os tornou os pacifistas mais convincentes, e aparentemente mais realistas, que o mundo jamais conhecera, e suas ideias rapidamente se tornaram senso comum entre europeus letrados, incluindo até mesmo muitos nobres e oficiais militares.

Mas ao mesmo tempo em que essas ideias ganhavam popularidade, outros europeus começaram a encarar o abismo da guerra e a ver não somente algo terrível, mas também algo cercado por um terrível fascínio, até mesmo por uma terrível qualidade sublime. Eles começaram a ver na guerra o teste final de uma sociedade e de um indivíduo; começaram a imaginá-la como uma experiência elementar, purificadora, redentora até — e talvez, portanto, como uma experiência desejável. A guerra poderia até ser fundamentalmente estranha a um modo de vida civilizado, mas seria a "civilização" necessariamente uma bênção? Não poderia a guerra servir como um corretivo à corrupção e à mesquinharia da existência civilizada? "A guerra é um dos fenômenos mais saudáveis para o cultivo da raça humana", escreveria o sábio alemão Wilhelm von Humboldt. "É o extremo concebível do assustador." Essa nova glorificação da guerra não marcou, entretanto, um retorno a sua anterior compreensão aristocrática. Ao contrário: a guerra continuou a ser vista como um estado de coisas excepcional e extremo, e não como uma faceta corriqueira da existência humana. Para os entusiastas, já não era uma questão de autocontrole aristocrático, de estabelecer uma reputação emulando um modelo impessoal de glória. A guerra estava se tornando uma questão de autoexpressão romântica. Na verdade, o próprio conceito e a própria experiência do "eu" na guerra estavam mudando.

Antes da Revolução Francesa, ideias desse tipo tinham pouco impacto nos governantes europeus e menos ainda na conduta de guerra, mas durante os primeiros três anos da Revolução (1789-1792), um dos mais importantes momentos de fermentação política e cultural de toda a história, elas explodiram na cena principal do debate político no maior e mais poderoso estado europeu. Durante o mesmo período, a aristocracia francesa perdeu sua posição predominante no Estado e nas Forças Armadas de seu país e viu-se alvo de uma hostilidade revolucionária visceral. Como resultado dessas mudanças, quando a França pegou em armas em 1792, não foi para combater algo como as guerras limitadas conhecidas das potências do Antigo Regime.

O que se seguiu merece o adjetivo "apocalíptico". Os conflitos de 1792 a 1815 não testemunharam nenhum grande avanço da tecnologia militar, mas a Europa mesmo assim experimentou uma transformação extraordinária no escopo e na intensidade da guerra. Os números falam por si próprios. Mais de um quinto de todas as grandes batalhas travadas na Europa entre 1490 e 1815 ocorreram exatamente nos 25 anos depois de 1790. Antes de 1790, apenas um punhado de batalhas tinha envolvido mais de 100 mil combatentes. Em 1809, a batalha de Wagram, então a maior jamais vista na era da pólvora, envolveu 300 mil. Quatro anos mais tarde, a batalha de Leipzig mobilizou 500 mil, dos quais 150 mil foram mortos ou feridos. Durante o período napoleônico, a França sozinha contabilizou quase um milhão de mortos de guerra, possivelmente uma proporção mais alta de seus jovens do que aqueles mortos na Primeira Guerra Mundial. Na Europa inteira, o número total de vítimas pode ter chegado a 5 milhões. Em um processo sem precedentes, as guerras trouxeram alterações significativas no território ou no sistema político de cada um dos Estados europeus. A luta de guerrilha deixou feridas abertas em regiões da Espanha, da Itália, da Áustria, da Suíça e da própria França. Essa, portanto, foi a primeira guerra total.

O conceito de "guerra total" merece uma explicação. Sua ressonância é enorme, e muitos historiadores usaram-no para descrever as guerras de 1792-1815. Parece também, contudo, tratar-se de um daqueles conceitos que ficam mais confusos à medida que dele nos aproximamos. "Guerra total" é frequentemente definida como aquela que envolve a mobilização completa dos recursos de uma sociedade para atingir a destruição absoluta de um inimigo, apagando-se qualquer distinção entre combatentes e não combatentes. Essa formulação parece, à primeira vista, bastante clara. Mas será que alguma guerra real corresponde a esse padrão ideal? (Até mesmo um conflito termonuclear de grandes proporções não envolveria a mobilização de todos os recursos de uma sociedade!) Caso a resposta seja negativa, o que determina qual guerra se aproxima suficientemente do ideal para se qualificar como "total"? As ambiguidades são tantas que um estudioso importante, Roger Chickering, chegou perto de concluir que o conceito deveria ser simplesmente descartado.

Creio que "guerra total" continua a ser um termo útil, mas apenas quando aplicado à guerra em um contexto político e cultural amplo. O que marcou os conflitos iniciados em 1792 não foi simplesmente seu escopo e sua intensidade radicalmente novos, mas também a dinâmica política que conduziu de modo inexorável os participantes *em direção a* um engajamento total e ao abandono dos limites. Mesmo antes de a França atacar a Áustria, muitos dos líderes políticos franceses tinham passado a ver a guerra dessa nova maneira, como um extremo insondável, estabelecido fora das fronteiras ordinárias da existência social, que poderia terminar apenas em vitória total ou em derrota total. Essa visão levou a França a declarar guerra, não obstante lhe faltassem objetivos claros, práticos e estratégicos; produziu a convicção difundida de que os inimigos da França haviam eles próprios se inclinado a uma "guerra de extermínio"; ajudou a demonizar as populações inimigas e tornou quase impossível enxergarem-se soldados inimigos como adversários respeitáveis e não combatentes inimigos como espectadores inocentes; levou a França a conquistar cada vez mais territórios como uma zona de contenção contra aqueles inimigos e a impor reformas revolucionárias mesmo onde isso se desse ao preço de graves levantes. Tais ações levaram os inimigos da França, especialmente os rebeldes contrários às ocupações francesas, a adotar uma visão igualmente radical do conflito. Em suma, os franceses defensores da guerra estabeleceram uma corrida ao abismo que não podia ser facilmente revertida, mesmo depois de terem eles próprios saído de cena. Napoleão Bonaparte, a despeito de seu gosto pela conquista, não era um defensor consciente da guerra total (e menos ainda o lendário megalomaníaco sedento por sangue). Foi, contudo, a intensificação radical da guerra que lhe deu destaque e poder, e, no fim, ele já não podia contê-la: Napoleão foi, sucessivamente, produto, senhor e vítima da guerra total.

Como argumentou de modo convincente o estudioso francês Jean-Yves Guiomar, é essa fusão entre política e guerra que distingue uma "guerra total" moderna de incidentes anteriores em guerras sem restrições e mesmo de extermínio. De conflitos assim, desnecessário dizer, a humanidade guarda um longo e lamentável registro antes do século XVIII. Tais conflitos não tiveram, no entanto (exceto em algumas áreas geograficamente confinadas, como as cidades-Estado), tentativas concertadas de subjugar, com fins exclusivamente militares, sociedades inteiras. Esse fator é o que aproxima os conflitos de escala continental de 1792-1815 das guerras mundiais do século XX. Efetivamente, o termo "guerra total" surgiu na França e na Alemanha no fim da Primeira Guerra Mundial, não apenas para descrever as lutas, mas também para ajudar a vislumbrar conflitos ainda mais violentos, nos quais as nações concentrariam todas as forças disponíveis para um golpe único, poderoso, destruidor. No discurso que na Segunda Guerra Mundial conferiu uma notoriedade especial ao termo — Joseph Goebbels gritando para uma multidão de nazistas no Palácio de Esportes de Berlim "*Wollt ihr den totalen Krieg?*" ("Vocês querem guerra total?") —, ainda se fazia referência a um futuro a ser realizado, não ao passado ou ao presente. Convocações ao engajamento total, observa Guiomar, tenderam a vir muito mais de líderes políticos civis do que de militares profissionais.

Esse é, portanto, o argumento essencial de *A primeira guerra total*. As transformações intelectuais do Iluminismo, seguidas pela fermentação política de 1789-1792, produziram novas maneiras de entender a guerra que tornaram possível a intensificação cataclísmica dos combates pelos 23 anos seguintes. Desde então, os mesmos processos deram forma ao modo pelo qual as sociedades ocidentais enxergaram o conflito militar e nele se engajaram.

Esse é um argumento novo. Entre os historiadores, o senso comum há muito atribui a intensificação da guerra depois de 1792 a dois diferentes fatores. Primeiro, eles citam a ideologia revolucionária, sugerindo que as guerras ganharam corpo a partir do conflito entre sistemas de crença fundamentalmente incompatíveis, um radicalmente igualitário e outro conservador e hierárquico. Depois, eles invocam o nacionalismo, argumentando que, embora guerras anteriores houvessem lançado casas dinásticas umas contra as outras, esses novos conflitos ocorreram entre nações inteiras que chegavam a novos estágios de autoconsciência.

Tanto ideologia quanto nacionalismo desempenharam papéis imensamente importantes na história desse período. Mas seriam eles os principais fatores conducentes à intensificação da guerra? Ambas as explicações datam do próprio período em questão e ecoam de forma muito clara justificativas para a guerra dadas à época. Por exemplo, o conservador britânico Edmund Burke, em 1796: "É contra uma doutrina armada que estamos em guerra [...] se ela puder existir, prevalecerá."*

---

* Trecho da "Primeira Carta sobre uma Paz Regicida" citado por Connor Cruise O'Brien em sua introdução a E. Burke, *Reflexões sobre a revolução em França*, Brasília, Ed. UnB, 2. ed., 1997, p. 26. [*N. do T.*]

Ou o futuro estrategista militar Carl Von Clausewitz, em 1812: "[Agora] não é o rei quem trava guerra contra o rei, nem um exército contra outro exército, mas um povo contra outro povo". Ademais, ambas as explicações reduzem a guerra a pouco mais do que um instrumento de objetivos políticos cambiantes. Nenhuma delas faculta qualquer objetivo de se tratar a guerra como uma atividade significativa e dinâmica por si mesma, que por sua vez tem efeitos profundos e complexos na política e na cultura (não surpreende que a famosa definição da guerra como "a extensão da relação política, conduzida por outros meios" deriva do período — do próprio Clausewitz).

Ambas as explicações também padecem de problemas cronológicos mais específicos. Considere-se que, mesmo durante o período mais radical da Revolução Francesa (terminado em 1794), nem todos os líderes franceses advogavam a expansão da ideologia revolucionária pela força. Seguiu-se um retorno à política dinástica nua e crua com Napoleão, que colocou três de seus irmãos e um cunhado em tronos estrangeiros e se casou ele próprio com a filha do imperador austríaco. Mesmo assim, foi justamente durante os últimos anos, os menos revolucionários de seu domínio, que as guerras aumentaram em amplitude e se tornaram mais ferozes na supressão de rebeliões contra o domínio francês.

O nacionalismo certamente contribuiu para as guerras. Os conceitos de engendramento de nações sob nova forma e de mobilização de populações inteiras ajudaram a inspirar desde a *levée en masse* (recrutamento em massa de soldados) da França em 1793 até a insurreição espanhola de 1808 contra Napoleão e a "guerra de libertação" alemã em 1813. O lema da "guerra de nações" havia, contudo, surgido na França e na Alemanha décadas *antes* da guerra revolucionária, enquanto o regime napoleônico terminou por minimizar a linguagem nacionalista, mantendo-se fiel a sua *restauração* da política dinástica e a sua transformação em um império multinacional. Os soldados mal treinados e mal equipados da *levée en masse* tiveram importância porque eram muitos, mas sua ajuda no esforço de guerra francês foi menor do que supuseram seus contemporâneos. Tentativas similares de recrutamento geral na Áustria e na Prússia também tiveram sucesso apenas parcial. Napoleão contou com soldados profissionais o máximo que pôde. Quanto à guerra espanhola contra Napoleão, a qual ainda tem em geral a reputação de ter sido um levante espontâneo de todo o povo espanhol, grande parte da população na verdade permaneceu indiferente à guerra, ao passo que as atividades dos rebeldes por vezes se assemelhavam tanto ao crime organizado quanto à liberação nacional.

Neste livro, portanto, olho menos para nacionalismo e ideologia do que para as transformações daquilo que eu chamaria de a "cultura da guerra" entre meados do século XVIII e as primeiras décadas do XIX — em outras palavras, *grosso modo*, durante o período de vida de Napoleão (1769-1821). Já mencionei aquela que foi a transformação mais importante: o modo pelo qual a guerra deixou de ser vista como um aspecto ordinário da vida social e passou a afigurar-se como algo inteiramente à parte do curso apropriado da história. Duas outras mudanças, relacionadas àquela, aconteceram ao mesmo tempo, e *A primeira guerra total* também as discute.

Primeiro, surgiram novas percepções das Forças Armadas. Eu argumento que foi nesse período que os "militares" vieram a ser definidos de forma duradoura como uma esfera à parte na sociedade, muito distinta da esfera "civil". A distinção não era desconhecida na Europa, mas havia anteriormente aparecido sobretudo em sociedades que buscavam ajuda de exércitos mercenários, como as cidades-Estado da Itália do Renascimento. Na maior parte da Europa, soldados comuns haviam com frequência vivido afastados de não soldados e tinham um conjunto de experiências distinto, mas as ideias de "militar" e "civil" ainda não eram parte do vocabulário social. Decerto a própria palavra "civil", no sentido de "não militar", ainda não havia aparecido em dicionários ingleses ou franceses. Antes da década de 1790, um *civilian* [civil] em inglês significava um especialista em Direito Civil (ou seja, Romano). A distinção não existia porque os homens que dominavam as sociedades do Antigo Regime não estabeleciam fronteiras claras entre sua função profissional como oficiais militares e sua identidade social como aristocratas. Apenas na nova era da guerra a noção de "militar" como um mundo próprio, com suas próprias regras e valores distintos, operado por homens cujas experiências os desvinculavam de seus pares civis, ganhou corpo pela primeira vez. Somente então o substantivo *civilian* — em francês, *civil* — ganhou seu sentido moderno que nos é familiar.

É verdade que essa redefinição de "militar" coincidiu com o aparecimento de exércitos de cidadãos abastecidos por recrutamento. Já em 1793, os revolucionários franceses proclamaram todo cidadão do sexo masculino um soldado, ação que em certo sentido diminuiu as barreiras entre "militares" e "civis", e não o contrário. O recrutamento e o serviço militar obrigatório não significavam, todavia, que todo cidadão devesse sempre se comportar como um soldado, mas sim que todo cidadão devesse estar preparado para desistir da vida "civil" em tempos de emergência nacional e ingressar no domínio do "militar". Na verdade, os líderes militares das guerras revolucionárias e napoleônicas buscavam explicitamente desfazer os vínculos dos recrutas com a vida civil e lhes incutir um etos novo — um etos militar. Neste sentido, o surgimento dos exércitos de recrutados na verdade reforçou a distinção entre militar e civil.

Essa nova separação de domínios deu origem por sua vez ao militarismo, outro fenômeno que não existia de fato antes de 1789. O militarismo, tal como eu o definiria, baseia-se precisamente na suposição de uma divisão muito clara entre sociedade "militar" e sociedade "civil", pois envolve a imposição dos valores daquela sobre esta. Os militaristas acreditam na superioridade moral das Forças Armadas sobre a sociedade civil: as primeiras são louvadas por sua disciplina, sua capacidade de autossacrifício e de superar adversidades; a segunda é desprezada como fraca, corrupta, absorta. Na Europa do Antigo Regime, a subordinação das Forças Armadas à aristocracia e aos príncipes tornava essa doutrina praticamente impensável, exceto, talvez, na Prússia de Frederico, o Grande — e mesmo aí, a noção de que um corpo militar autônomo pudesse vir a tomar o poder político para si teria soado totalmente absurda. Todo o propósito do exército era servir ao monarca. O militarismo moderno surgiu a princípio na França revolucionária e contribuiu para produzir o primeiro golpe de estado dos tempos modernos, o de Napoleão Bonaparte em 1799. A palavra "militarismo" surgiu mais ou menos ao mesmo tempo. Desde então, claro, tornou-se um elemento conhecido da cultura e da política do Ocidente moderno. Nos Estados Unidos dos dias atuais, o historiador Andrew Bacevich descreveu um "novo militarismo americano" que se expressa em tudo, seja em filmes como *Top Gun* [*Ases indomáveis*] ou na ideia difundida de que o serviço militar constitui uma qualificação essencial para um posto político elevado (pensemos nas candidaturas presidenciais de John Kerry e Wesley Clark em 2004).

Como resultado dessas mudanças, uma cultura da guerra que nos é estranha deu lugar, no início da década de 1800, a uma cultura que se reconhece facilmente hoje em todo o mundo ocidental, especialmente nos Estados Unidos. Na verdade, as atitudes americanas de hoje em dia às vezes parecem sinistra e particularmente próximas àquelas da Europa de Napoleão. Por um lado, os americanos de hoje geralmente percebem a guerra como uma situação excepcional — não obstante o fato de as Forças Armadas americanas haverem se envolvido em cinco grandes operações militares nos últimos 15 anos e manterem bases em um grande número de países. Frequentemente, americanos referem-se à guerra como algo superado nas nações civilizadas. Políticos dos Estados Unidos acusam automaticamente os adversários do país de malfeitores criminosos e os ameaçam de perseguição e até mesmo de assassinato, sem nunca lhes fazer a cortesia de uma declaração formal de guerra. Mas muitos americanos, conforme observa Bacevich, têm um fascínio inabalável pela guerra, considerando-a um teste para o valor de sua sociedade. Tratam membros das Forças Armadas com um respeito que beira a reverência e dão por certa a impossibilidade de alguém que jamais tenha estado em combate compreender "como realmente é" a experiência e como ela muda uma pessoa. Essas atitudes, que hoje nos parecem atemporais e naturais, somente passaram a existir na Europa do final do século XVIII e começo do XIX, de onde posteriormente se expandiram pelo mundo.

É por esta razão que, se quisermos entender o lugar da guerra na imaginação moderna, precisamos viajar no tempo rumo à era dos mosquetes, canhões e barcos a vela. A tecnologia da guerra desde então mudou mais do que se pode pensar. Estratégia, tática e logística mudaram praticamente tanto quanto. Mas o lugar da guerra na cultura ocidental mudou muito menos, mesmo considerando-se as grandes transformações encetadas pelas duas guerras mundiais.

E, surpreendentemente, a história cultural da guerra na Europa de Napoleão permaneceu um território em larga medida inexplorado até muito recentemente e ainda carece de uma visada sistemática. É verdade que muitos aspectos da história contada aqui já apareceram em livros de história — o que dificilmente deixaria de ocorrer, pois existiam, segundo algumas estimativas, mais de 220 mil livros e artigos publicados sobre Napoleão e seu Império até 1980! Mas historiadores e cientistas sociais tentaram com muito menos frequência examinar o lugar da guerra na sociedade e na cultura do Ocidente, particularmente para períodos anteriores ao século XX. Antes de mergulhar na história propriamente dita, vale a pena discutir brevemente por que eles não o fizeram, pois esse contexto vai ajudar a mostrar de onde vem *A primeira guerra total* e como o livro tomou forma.

Podemos começar com o fato de que as ciências sociais modernas nunca entenderam verdadeiramente bem a guerra. Na verdade, muitas vezes preferiram nem tratar do assunto. Isso não ocorre principalmente porque muitos acadêmicos têm tendências pacifistas e poucos têm experiência militar, embora ambas as afirmações sejam verdade. Fundamentalmente, conforme observaram de modo perspicaz sociólogos como Hans Joas e Michael Mann, isso ocorre porque as ciências sociais, de modo geral, descendem justamente do pensamento liberal do Iluminismo, que desprezava a guerra como algo primitivo, irracional, estranho à vida civilizada. Mesmo o marxismo, que teve uma influência intelectual tão forte de meados do século XIX ao final do século XX, não se afastou inteiramente desse pensamento. Embora Marx enxergasse o conflito de classes (que se dá dentro das sociedades, não entre elas) como o motor da mudança histórica, ele ainda acreditava que tal conflito desembocaria em uma condição de harmonia social e paz perpétua. Ele também não exaltou a violência como purificadora e redentora, ao contrário do que fariam alguns de seus seguidores no século XX. Uma corrente de filósofos e cientistas sociais do século XIX levou a guerra mais a sério, argumentando que sem ela as sociedades se enfraqueceriam e definhariam. Tais filósofos e cientistas sociais, no entanto, viviam sobretudo na Alemanha e praticamente sumiram de vista depois da Primeira Guerra Mundial.

Dentre os principais pensadores do século XX, um dos poucos a colocar a guerra no centro de suas reflexões foi um homem cujo reacionarismo político o indispôs com a tradição liberal das ciências sociais. O jurista alemão Carl Schmitt chegou ao ponto de colocar seu formidável intelecto a serviço de Adolf Hitler e de abraçar a perseguição nazista aos judeus. Mesmo assim, o ódio que ele sentia em relação ao pensamento liberal lhe proporcionou intuições [*insights*] incrivelmente aguçadas a respeito das consequências desse pensamento para a guerra, e nenhum estudioso do assunto pode se dar ao luxo de ignorá-las, por mais repugnante que o autor seja. O que acontece, indagou Schmitt, quando uma guerra é travada em nome da paz perpétua, quando se "desenrola, então, a cada vez na forma de 'derradeira guerra da humanidade'"? Eis sua resposta: "Tais guerras têm de ser particularmente intensivas e desumanas porque *ultrapassando* o político, ao mesmo tempo degradam o inimigo em categorias morais e outras e precisam transformá-lo em um monstro desumano que não só precisa ser combatido, mas definitivamente *aniquilado*."* Ao escrever essas linhas em 1932, Schmitt tinha em mente a Primeira Guerra Mundial e o Tratado de Versalhes, que impôs indenizações de guerra punitivas à Alemanha,

---

* Schmitt, Carl. *O conceito do político*, Petrópolis: Vozes, 1992, p. 62. [N. do T.]

mas a passagem também tem uma relevância para um período anterior — para o qual o próprio Schmitt chamou a atenção em trabalhos posteriores. Em seu *Theorie des Partisanen* [*Teoria da guerrilha*], que começa com a luta da Espanha contra Napoleão, Schmitt propôs utilmente o conceito de "inimizade absoluta" para descrever uma condição na qual cada lado nega a própria humanidade ao outro.

Por algum tempo, a profissão histórica diferiu dos cientistas sociais. No século XIX, a história ainda era predominantemente literária, uma arte narrativa, e o passado não oferecia um assunto mais dramático e atraente do que a guerra. Mestres como Ranke, Macaulay, Michelet e Parkman deram à guerra um lugar de destaque em suas obras, levaram a sério a ciência militar e puseram o clímax de batalhas no coração de suas histórias. No século XX, entretanto, a história assumiu uma direção mais científica, acadêmica, e muitos historiadores seguiram os cientistas sociais no caminho que afastava do campo de batalha. Os líderes da influente "Escola dos *Annales*" de história social, que se desenvolveu na França no início do século XX, esvaziavam explicitamente a "história dos eventos" — que denotava história militar em especial — em nome da ênfase em fatores econômicos, sociais e geológicos "mais profundos". O mais importante *annaliste*, Fernand Braudel, atinha-se tão fortemente a esse princípio que foi capaz de produzir o copião de sua obra-prima, *O Mediterrâneo*, quando estava em um campo alemão de prisioneiros de guerra. Historiadores especialistas em século XX resistiram mais do que outros a essa tendência (algo não surpreendente, dado o impacto cataclísmico das guerras mundiais), mas em análises de outros períodos a guerra perdeu sua posição outrora proeminente.

Desde a década de 1980, muitos historiadores passaram a buscar inspiração na crítica literária e na filosofia pós-moderna, mas também essas disciplinas compartilham da aversão das ciências sociais pela guerra. Michel Foucault, um dos filósofos contemporâneos de mais importância para historiadores, tinha um certo fascínio pela guerra, mas basicamente porque via a sociedade moderna promovendo ela própria uma "guerra silenciosa" por meio de um amplo espectro de práticas repressivas (invertendo a observação de Clausewitz, Foucault brincou dizendo que "a política é a continuação da guerra por outros meios"). Enquanto isso, na cena principal da historiografia resistem um desinteresse e uma ignorância surpreendentes da história militar pré-século XX. A *American Historical Review*, carro-chefe da profissão nos Estados Unidos, não publica um artigo sobre história militar napoleônica há mais de trinta anos.

A história militar não morreu, mas se tornou claramente segregada de outras áreas da história, quase uma disciplina à parte. Ela atrai muitos praticantes talentosos e originais, que, todavia, não formulam geralmente o mesmo tipo de pergunta que seus colegas especializados em domínios outros que não o militar. Esses historiadores se concentraram no desenvolvimento da tecnologia, da tática e da estratégia, na motivação e na eficácia do combate, na composição social das forças armadas e no modo pelo qual soldados comuns vivenciaram o combate. Um dos mais brilhantes e prolíficos dentre eles, John Keegan certa vez se queixou de que "os historiadores militares nem sequer iniciaram uma tentativa de tramar os marcos e as fronteiras intelectuais de seu próprio campo de operações". Por muito tempo, os historiadores militares lamentavelmente fizeram pouco para situar a guerra em um contexto cultural mais amplo.

Nos últimos anos, contudo, a situação finalmente começou a mudar. Na Grã-Bretanha e nos Estados Unidos, historiadores das ideias têm redescoberto o lugar central ocupado pela guerra e pela diplomacia no pensamento político pré-moderno. Na França, uma nova geração de especialistas no período revolucionário finalmente começou a exorcizar o fantasma do historiador diplomático do *fin-de-siècle* Albert Sorel, cuja história, bastante intimidadora, das relações internacionais durante a Revolução, era movida por uma insistência redutora na primazia dos interesses nacionais franceses. Na Alemanha, historiadores culturais, como Michael Jeismann e Karen Hagemann, têm dedicado uma atenção renovada às formas modernas de militarismo e belicosidade. Em muito desse trabalho, Carl Schmitt permaneceu um ponto de referência proeminente e muito disputado.

Não é coincidência que esse novo trabalho tenha começado a aparecer desde o fim da Guerra Fria e que a reflexão sobre o assunto tenha se intensificado desde 11 de setembro de 2001. A competição entre a OTAN e o Pacto de Varsóvia, com seu baixo contínuo* de guerra por procuração no Terceiro Mundo e sua ameaça de destruição mútua certa supostamente evitando um conflito aberto entre superpotências, fez parecerem muito distantes as esperanças utópicas e as lutas apocalípticas dos primeiros tempos da história contemporânea. Desde 1989, os paralelos e conexões passaram a se afigurar muito mais prementes e importantes. Tornou-se uma tarefa vital entender como a cultura moderna da guerra e da paz tomou forma.

A primeira guerra total enfrenta essa tarefa valendo-se tanto da história militar tal como tradicionalmente praticada quanto das formas de história cultural que se desenvolveram na última geração. Tento estabelecer algumas conexões entre esses campos injustamente separados, enfatizando tanto a centralidade da guerra para um período em relação ao qual ela tem sido ignorada pela maioria dos historiadores quanto a centralidade da cultura para as transformações militares que têm sido estudadas essencialmente a partir de um ponto de vista operacional.

Como estou lidando com um assunto muito amplo, há algumas coisas que necessariamente *não* fiz nas páginas que se seguem e, em prol da clareza, vale a pena dizer quais são elas. Em primeiro lugar, os leitores não encontrarão aqui um balanço sistemático das guerras revolucionárias e napoleônicas. Conforme diziam com certa frequência as pessoas que viveram o período, parecia por vezes que o tempo se tornara insuportavelmente comprimido — "este quarto de século igualou muitos

---

* Baixo contínuo (do it.: *basso continuo*): tipo de baixo (melodia) para instrumento de teclado, no qual, dada uma única nota baixa, o executante tinha de criar as harmonias corretas para utilizá-la, não raro guiado por cifras numéricas. Fonte: *Dicionário Houaiss da língua portuguesa*. [N. da E.]

séculos", para citar Chateaubriand. Recontar as grandes batalhas por si só tornaria este livro duas vezes maior. De todo modo, os leitores podem buscar tal história em muitas outras fontes, a começar pelas magníficas histórias das guerras revolucionárias de Timothy Blanning, pela investigação sobre as campanhas de Napoleão de David Chandler e pelos estudos incisivos dos exércitos da Revolução Francesa de Jean-Paul Bertaud e John Lynn.

Dois outros assuntos importantes são relativamente tangenciais para o lugar cambiante da guerra na imaginação europeia à época, e recebem, portanto, uma atenção também menor. Um deles é a economia. Não pretendo negar a importância da concorrência econômica para iniciar as guerras ou a importância dos recursos econômicos e dos sistemas de gasto e tributação para que se as deflagrem, sem falar da maneira pela qual a França de Napoleão elevou a prática da pilhagem a uma arte. Mas exceto onde a economia impingiu fantasias, mitos e representações da guerra — por exemplo, no estabelecimento, por pensadores do Iluminismo, de um elo entre paz e comércio —, eu não lhe dedico uma atenção sistemática. O segundo desses assuntos — por mais doloroso que seja admiti-lo para um devoto de C. S. Forester e Patrick O' Brian — é a guerra naval. Também não tenho intenção de negar a importância das marinhas no decorrer das guerras revolucionárias e napoleônicas. O domínio britânico dos mares, de modo geral, e as vitórias britânicas de Aboukir e Trafalgar, em particular, determinaram o resultado da guerra tanto quanto qualquer outro fator. A guerra naval, contudo, mudou muito menos do que a guerra terrestre durante esse período, e fora da Grã-Bretanha teve relativamente pouco a ver quer com o desenvolvimento da guerra total, quer com as crenças, histórias e mitos que dela surgiram.

Esta menção à Grã-Bretanha conduz a uma outra advertência. Embora as mudanças que examino fluíssem por toda a Europa, necessariamente me concentrei mais na França do que em qualquer outro país. A França esteve na encruzilhada do Iluminismo europeu; sua revolução e o surgimento de Napoleão foram eventos decisivos da época. O fenômeno da guerra total atingiu um terrível auge em 1793-1794, na região francesa da Vendeia. O militarismo moderno, tal como o defino, originalmente tomou forma na França no final da década de 1790. E, claro, foi a França quem levou adiante as guerras do período, inicialmente sob o governo revolucionário de 1792-1799 e depois sob Napoleão. As conquistas de Napoleão foram mais longe na criação de um império em escala europeia do que qualquer coisa desde o tempo de Carlos Magno, talvez até dos césares.

Com muitos dos meus colegas historiadores abraçando atualmente a doutrina da "história mundial", uma última omissão pode soar aos leitores como problemática: trato apenas muito raramente do mundo além da Europa. Será que esta decisão pode ser justificada com razões outras além do propósito habitual de manter este livro em um tamanho razoável? Enquanto eu escrevia, colegas muitas vezes me sugeriram que as origens da guerra total moderna certamente seriam encontradas nas fronteiras imperiais do início da época moderna. Certamente foi lá, muito antes da Revolução Francesa, que os europeus primeiro dispensaram noções de contenção cavalheiresca e empreenderam guerras brutais de extermínio contra supostos "selvagens". Ou os europeus não aprenderam o pior de seu comportamento em batalhas imperiais na Ásia, na África e nas Américas?

Na verdade, acredito que a resposta a essa pergunta é "não". Para começo de conversa, os europeus dificilmente necessitariam de impérios coloniais para aprender a arte do assassinato em massa. Os terríveis massacres das guerras religiosas da época da Reforma começaram muito antes de a maioria dos impérios europeus se transformar em algo muito maior do que entrepostos comerciais, e os piores exemplos ocorreram em estados alemães, que não tinham colônias. O desenvolvimento dos impérios ultramarinos francês e britânico coincidiu com a introdução de relativas moderação e contenção da guerra na Europa, não com seu desaparecimento.

As potências europeias muitas vezes cometeram atrocidades em suas fronteiras coloniais, mas é simplesmente errado pensar que elas normalmente se comportavam de maneira sistematicamente exterminadora em relação a populações autóctones. Muitos impérios europeus nesse período eram surpreendentemente frágeis e pouco difundidos. Os europeus *dependiam* dos nativos, como parceiros comerciais, guias e aliados militares. As potências europeias negociavam continuamente com as autoridades indígenas e, na verdade, tentavam instruí-las quanto aos ritos peculiares da guerra europeia. Episódios como a Guerra Franco-indígena — quando os franceses ajudaram a exterminar uma tribo de índios em uma região situada no que hoje corresponde ao estado americano de Wisconsin — tendiam a ocorrer não como resultado de uma agressão planejada, mas quando essas redes e alianças frágeis se rompiam e quando europeus se viam envolvidos em guerras entre entidades indígenas. Mesmo no século XIX, como sugeriu Isabel Hull em um estudo recente sobre a porção alemã do leste africano, o ambiente colonial basicamente proporcionava aos europeus um laboratório para testar suas próprias ideias preexistentes sobre guerra. "Os alemães", conclui a autora, "não aprenderam nada da guerra colonial que não confirmasse sua ideia preconcebida sobre o modo correto de se lutar em guerras".

Isso se aplica com mais força ainda à França do século XVIII, por uma razão simples. Poucos anos atrás, o historiador francês Jean-Clément Martin confessou seu espanto quanto à absoluta incompetência dos revolucionários franceses que tentaram dar fim à insurgência sangrenta na região da Vendeia em 1793-1794. Certamente, especulou Martin, os soldados franceses haviam adquirido uma experiência considerável com guerras desse tipo, de guerrilha irregular, fora da Europa. Mas será isso verdade? Embora muitos militares franceses houvessem combatido nas Américas, na Índia e na África nas décadas de 1770 e 1780, os distúrbios da Revolução atropelavam todo esse emaranhado de experiências. Mesmo antes da rebelião de Vendeia começar, quase todos os oficiais do Antigo Regime tinham renunciado ou sido dispensados, e os veteranos pré-1789 compunham uma minoria dos soldados rasos. A rigor, os exércitos revolucionários inicialmente não tinham experiência colonial quase nenhuma. Eles logo a ganhariam, no entanto, especialmente, como veremos, no Egito e no Haiti. E então começariam a exportar a nova cultura de guerra da Europa para o resto do mundo, à custa do mundo.

Uma palavra final à guisa de introdução. Escrevi *A primeira guerra total* para leitores em geral, não para meus colegas historiadores. Tentei, portanto, na medida do possível, incrustar meus argumentos em apontamentos e histórias — eventualmente, algumas até muito impressionistas —, e não apenas em análises. Ao adotar essa abordagem, tive sorte em pelo menos um aspecto, pois poucos períodos oferecem uma concentração tão rica de eventos vívidos e cativantes — com muita frequência, aterradoramente cativantes. Poucos períodos proporcionam personagens tão incríveis, a começar pelo próprio Napoleão Bonaparte. Ao descrever tais eventos e personagens, vali-me não apenas de minha própria pesquisa original, mas também, naturalmente, dos ricos canais de conhecimento especializado que se encontram na literatura acadêmica. Se tais qualidades não tornam o livro completo e definitivo sobre o assunto, e se os especialistas acharem que algumas histórias já são conhecidas, paciência. O livro é uma viagem exploratória, não um levantamento exaustivo de um terreno arquivístico intacto. Mas vivemos um momento que necessita de ensaios acessíveis, pelo menos tanto quanto de monografias de peso. Pois como os americanos vêm descobrindo nos últimos anos, poucos assuntos são mais arriscados de se discutir de forma abstrata e árida, sem medida dos custos humanos envolvidos — sem ouvir os gritos, ver os corpos, cheirar a pólvora e o sangue — do que a guerra.

1
Oficiais, Cavalheiros e Poetas

Enquanto refletia em silêncio,
Voltando-me para meus poemas, apreciando-os, perdendo-me em delongas,
Surgiu a minha frente uma aparição de aspecto suspeitoso,
De espantosa beleza, idade e poder,
O espírito de poetas de terras de outros tempos...
O que cantas?, perguntou,
Não sabes que há apenas um tema para os bardos duradouros?
E este tema é o da Guerra...

— WALT WHITMAN

Córsega, 1768. Ele tinha 21 anos de idade. Era bonito. Tinha uma pele macia, suave; lábios vermelhos delicados; olhos sedutoramente semicerrados; e um aspecto bem-disposto e brando. Vestia uma farda cara, primorosamente costurada, com um chapéu de onde pendia uma enorme pena branca. Seu nome era Armand-Louis de Gontaut, mas ele era conhecido por seu título, duque de Lauzun, herdeiro ainda de outro ducado e de uma das maiores fortunas da França.

A França travava uma pequena e torpe guerra em uma ilha selvagem e pedregosa do Mediterrâneo, e Lauzun estava envolvido no conflito. Antes, naquele mesmo ano, o rei Luís XV havia comprado a Córsega dos genoveses que até então eram formalmente os senhores da ilha. Os ilhéus, contudo, vivendo em um estado de independência de fato havia décadas, não tinham nenhuma intenção de se submeter humildemente ao domínio estrangeiro. Seu líder carismático, Pasquale Paoli, empreendia uma guerra de independência, e a França precisaria de 25 mil soldados para derrotá-lo. (Entre os seguidores de Paoli, encontrava-se um jovem casal, Carlo e Letitzia Buonaparte, que logo teria seu segundo filho, Napoleone.) Lauzun, que ocupava o posto de coronel, servia como ajudante do comandante francês, o Marquês de Chauvelin. Era a primeira experiência de Lauzun no serviço, e ele deseja comprovar seu valor em combate.

Seu comportamento, no entanto, parecia bastante estranho para um jovem oficial ambicioso. De tão ansioso para entrar em ação, ele desobedeceu à ordem de esperar por Chauvelin na França e rumou sub-repticiamente para a Córsega em um barco de pesca — feito que lhe valeu vários dias de prisão. Mais tarde, dispensou menos atenção a seus deveres do que a uma moça paqueradora, com jeito de boneca, de 18 anos, chamada Marie-Anne-Adélaïde Chardon. Ela era casada com um funcionário público francês na Córsega, um advogado severo que tinha o dobro da sua idade. Por sua vez, Lauzun tinha uma esposa na França. Depois de Paoli infligir uma grande derrota aos franceses em outubro, Lauzun foi correndo para o porto de Bastia, dominado pela França, porque Marie-Anne lhe dera a entender, em um bilhete, que estava pronta a render-se a seus encantos. E ela de fato estava. Naquele mesmo dia, mais tarde, seu marido, desconfiado, chegou e tentou induzi-la a revelar seus sentimentos dizendo que Lauzun morrera no campo de batalha. Com desdém, ela assumiu o relacionamento: "Então eu o fiz voltar à vida, pois ele está no quarto ao lado — muito cansado, é verdade, mas ainda vivo, com certeza". O casal feliz continuou a se ver abertamente durante o inverno de 1768-1769, indiferente às reações do monsieur Chardon (embora, de acordo com algumas fontes, Chardon por fim concordou com o triângulo amoroso). Marie-Anne chegou a seguir seu amado no cerco a Barbaggio em janeiro, e os dois atravessaram juntos o campo de batalha, montados a cavalo sob o fogo corso, como se a guerra nada mais fosse do que um jogo glorioso.

Não parecia o começo de uma carreira militar séria. Assim, Lauzun logo deixaria a Córsega para voltar ao agito social de Paris e ao esplendor da corte de Versalhes (a instável Marie-Anne terminaria por encontrar Deus e retornar a um casamento convencional). Por muitos anos, Lauzun continuaria sendo um sedutor, desperdiçaria sua fortuna e ganharia reputação como um libertino aviltante — algo que, nem preciso dizer, exigia um esforço considerável por parte de um aristocrata francês do século XVIII. Rumores, que ele mesmo nada fez para dissipar, chegariam a ligá-lo romanticamente à rainha Maria Antonieta. Nesse percurso, ele consultaria feiticeiros, tornar-se-ia amigo de autores famosos, frequentaria o *salon* literário de Madame du Deffand e misturar-se-ia a modas intelectuais de todos os tipos.

Ainda assim, naqueles mesmos anos, Lauzun também se tornaria um dos mais famosos soldados da França. Sua coragem sob fogo cruzado na Córsega o levou ao comando de um regimento de prestígio. Em 1779, ele comandou uma expedição que conquistou por um tempo breve o Senegal para a França. Em 1780, formou um regimento por conta própria e atravessou com ele o Atlântico para, nas pegadas de Lafayette, lutar na Revolução Americana. Serviu com especial distinção em Yorktown, arriscando sua vida para salvar um homem ferido. Lauzun ainda desempenharia um papel significativo na política da Revolução Francesa e nas guerras revolucionárias francesas — decerto, como veremos, sua vida ilustra tão bem quanto qualquer outra a mudança para a guerra total.

Ao olhar moderno, esses dois lados da carreira de Lauzun — o sedutor e o soldado — não combinam um com o outro, para dizer o mínimo, mas na França do século XVIII o vestiário feminino não ficava tão longe assim do campo de batalha, ao contrário do que ocorre hoje em dia. Um dos companheiros de Lauzun, o romancista e oficial militar Pierre-Ambroise Choderlos de Laclos, associava frequentemente a arte da sedução à arte da guerra. Em seu romance *Les liaisons dangereuses*, o insensível sedutor Valmont (que tem mais do que uma semelhança casual com Lauzun) compara suas próprias conquistas amorosas às batalhas de Frederico, o Grande, narrando como ele cuidadosamente preparou o terreno e não deu margem ao azar antes de se aproximar do "inimigo". Um dos mais famosos generais franceses do século XVIII, o duque de Richelieu (sobrinho-neto do ainda mais famoso Cardeal), tinha uma reputação sexual quase tão grande quanto a de Lauzun e era admirado por sua capacidade de superar a mais articulada das resistências femininas. O grande filósofo Voltaire, amigo de escola de Richelieu, aclamou-o em verso como o preferido tanto de Marte quanto de Vênus. Os irmãos Goncourt, famosos estetas do século XIX, argumentariam que os homens do século XVIII tratavam a sedução do mesmo modo que os soldados tratavam a guerra de cerco. "É nessa guerra e nesse jogo amoroso que esse século tenha talvez revelado suas mais profundas qualidades."

Precisamente porque Lauzun toca de forma tão estranha nossas sensibilidades, ele fornece uma boa introdução para a cultura militar de seu tempo. Era uma cultura aristocrática, muito diferente daquela que hoje conhecemos no Ocidente, pois a ideia de uma separação clara entre esferas de vida "militar" e "civil" ainda não existia. (Conforme já observei, até o século XIX as línguas inglesa e francesa nem sequer reconheciam as palavras "militar" e "civil" como opostos.) Homens como Lauzun achariam bizarra a própria ideia de tal separação. Eles passavam facilmente do teatro da aristocracia que era a corte régia, com suas intrigas, seus escândalos e suas seduções, ao teatro da aristocracia que era a campanha militar, na qual podiam encontrar mais do mesmo. Em cada uma dessas arenas, esperava-se que eles exibissem a graça, a frieza e o esplendor de sempre. A guerra era menos uma profissão, no sentido moderno da palavra, do que uma parte essencial da identidade social daqueles homens. E esse fato, por sua vez, tinha consequências enormes para a maneira pela qual se lutava nas guerras.

Vale a pena observar por um instante algumas das principais diferenças entre a cultura militar da Europa de Lauzun e a nossa. Nos dias atuais, os militares são, de modo geral, literalmente segregados do resto da sociedade: têm suas próprias comunidades (bases militares) equipadas de formas especiais de habitação (casernas), um sistema educacional à parte (academias militares e outras escolas especializadas) e até mesmo um sistema legal à parte. Suas fardas lhes conferem uma distinção conspícua em relação aos civis. A atividade de soldado exige muito, é uma ocupação integral. Na Europa do século XVIII, contudo, essa infraestrutura de diferença apenas começava a se desenvolver — até mesmo na Prússsia, estado normalmente citado como exemplo de "militarismo" precoce. Antes de 1750, praticamente nenhum soldado europeu em tempos de paz vivia em caserna, mas sim em meio à população em geral (para o desgosto de muitos deles). Foi somente em meados do século XVIII que as monarquias europeias começaram a criar escolas militares especializadas. Mesmo então, oficiais de alta patente, como Lauzun, muitas vezes não as frequentavam e desprezavam o estudo formal da ciência militar. Soldados comuns usavam farda, mas oficiais, com frequência, não. Na França, um oficial aparecer na corte com veste militar constituía uma grave quebra de etiqueta, e ainda em 1758 o ministro da Guerra teve de chamar a atenção de generais por não vestirem suas fardas durante as campanhas.

Mesmo durante as campanhas militares, soldados e civis misturavam-se promiscuamente. Um exército sueco de 26.500 homens que marchou pela Ucrânia durante a Grande Guerra do Norte (1700-1721) levou consigo 1.100 funcionários não militares, 4 mil serventes homens e 1.700 esposas, crianças e criadas. Quanto ao exército britânico, durante a Guerra dos Sete Anos (1756-1763), um quarto das pessoas dos acampamentos eram mulheres (que, por definição, não tinham status militar). Além de esposas, criadas e as inevitáveis prostitutas, as mulheres serviam como vivandeiras, enfermeiras, escreventes, cocheiras e trabalhadoras braçais. Alguns críticos puseram a culpa pela derrota do general britânico John Burgoyne ("Gentleman Johnny") em Saratoga, durante a Revolução Americana, nas 2 mil mulheres que acompanharam seu exército de 4.700 homens. Ainda em 1812, o duque de Wellington teria supostamente reclamado de seu exército na Espanha: "Somos um bordel ambulante".

A atividade de soldado era muito menos uma ocupação integral do que hoje. As campanhas normalmente ocorriam entre maio e outubro. Quando não estavam no campo de batalha, soldados e oficiais devotavam relativamente pouco tempo a exercícios e treinamentos. Quando não estava servindo, Lauzun geralmente voltava à corte ou tornava a sair à procura de uma nova amante, e oficiais não tão bem-nascidos não gastavam muito mais tempo com suas vocações. Quando posto de sentinela em Belfort em 1777, o futuro revolucionário Théodore de Lameth passava os dias desenhando, tocando música e estudando alemão. Lameth reservava uma hora do dia para atender a demandas sociais "de modo a não ser visto como um selvagem". O jovem Napoleão Bonaparte, depois de ganhar sua patente em 1785, não atendia a esse tipo de demanda e dedicava seu amplo tempo livre à leitura intensiva: "Eu vivia como um urso... sempre sozinho em meu pequeno quarto com meus livros... meus únicos amigos!" Napoleão também abusou da paciência de seus superiores ao gastar mais de metade do período de 1785-1790 em casa, de folga. À época, contudo, a *maioria* dos oficiais franceses passava pelo menos quatro meses por ano longe de seus regimentos. E o exército regozijava-se de sua partida, pois, assim como muitos de seus análogos europeus, sofria de um excesso de contingente absurdo entre os oficiais de alta patente. Em 1789, o Estado francês podia prover emprego em tempo integral para menos de um terço de seus 35 mil oficiais ativos.

Uma consequência do excesso de contingente era deixar oficiais livres para exercer outras vocações sem renunciar a suas patentes. Talvez seja ainda mais surpreendente que muitos se aventurassem na literatura. Tome-se o exemplo de Napoleão antes da Revolução Francesa — período em que suas oportunidades de promoção mantiveram-se particularmente limitadas. Servindo em uma série de postos provinciais enfadonhos, ele não somente lia obsessivamente as grandes obras do Iluminismo, mas também tomava notas copiosas e mantinha um arquivo de expressões obscuras para pulverizar de forma ostentosa em seus escritos (*rhizophage, cacique, tomogun*). Napoleão tentou escrever uma infinidade de coisas, como histórias da Córsega, um ensaio sobre o suicídio, um diálogo sobre o amor e contos que denunciavam um gosto duvidoso pelo grotesco: "tendo despertado, ela viu — meu Deus! — ela viu um fantasma que se aproximava de sua cama [...] Ele colocou em seu próprio pescoço a mão dela. Que horror! Os dedos da condessa chafurdaram em suas enormes feridas, e saíram cobertos de sangue." Chateaubriand comentaria com sarcasmo sobre essas obras: "O destino era mudo, e Napoleão deveria tê-lo sido."

Os biógrafos de Napoleão geralmente tomaram essas ambições como mais um sinal da natureza extraordinária desse homem extraordinário, mas na verdade elas eram um lugar-comum. Laclos, companheiro de Lauzun e oficial de artilharia como Napoleão, começou a publicar poesia enquanto servia em Grenoble no início da década de 1770. Poucos anos depois, transformou um romance popular em uma ópera cômica, mas a audiência vaiou a primeira e única apresentação, e a presença da rainha na plateia só fez aumentar a humilhação. Laclos engoliu seus ressentimentos e os levou para a costa atlântica, onde ajudou a construir a defesa naval da França e, em seu tempo livre, escreveu *Les liaisons dangereuses* [*As ligações perigosas*], possivelmente o melhor romance francês do século (e, em seu retrato selvagem da alta sociedade, um ato de vingança muito satisfatório). O rol de soldados-autores também incluía um famoso rebento de uma antiga família nobre que lutou bravamente na Guerra dos Sete Anos (1756-63), elevou-se ao posto de capitão e em seguida se aposentou para começar a explorar os limites inexplorados da experiência humana: o marquês de Sade. Já Louis de Fénelon, um capitão da cavalaria francesa, não apenas escreveu poesia como também procurou assegurar resenhas favoráveis desafiando para duelo qualquer um que não gostasse de seu trabalho. Jean-François de Saint-Lambert, oficial de longa data, foi um verdadeiro polígrafo literário que publicou poesia, "fábulas orientais", contos sobre índios americanos e escravos africanos, densos tratados sobre a natureza humana e versos satíricos sobre as querelas de teólogos católicos. Em 1785, nada menos do que sete homens com experiências militares, Saint-Lambert inclusive, contavam entre os quarenta "imortais" da Academia Francesa, instituição real encarregada de zelar pela a língua e pelas letras francesas.

Fora da França, encontravam-se muitos outros nomes famosos entre aqueles que cruzavam a fronteira militar-literária. Havia Frederico, o Grande, da Prússia, que escreveu tratados e versos filosóficos (em francês); o grande ensaísta britânico Richard Steele; e o general Burgoyne, que brilhou como dramaturgo (seus sucessos incluíram *The Heiress* [A herdeira], *The Maid of the Oaks* [A donzela dos carvalhos] e uma ópera cômica chamada *The Lord of the Manor* [O senhor da casa-grande]). Imagine-se, a título de comparação, um Norman Schwarzkopf ou um Colin Powell tirando uma folga do combate no Oriente Médio para escrever poesia ou se envolver em uma correspondência filosófica.

Nos dias atuais, um sinal de existência de uma esfera militar distinta é o fato de soldados, não importa o quão ricos ou bem-relacionados, poderem obter patentes altas apenas trabalhando para ascender na hierarquia militar, segundo critérios profissionais de mérito. Não era assim na Europa do século XVIII, onde berço e dinheiro se sobrepunham a talento e antiguidade. Lauzun teve uma carreira típica nesse sentido, entrando para o exército aos 12 anos e tornando-se coronel aos 19. Maurício da Saxônia, um dos mais conhecidos generais franceses daquele século, logrou uma alta patente aos 15 anos de idade, e mesmo assim ele era um veterano grisalho perto de George, lorde de Ettrick, que em 1688 assumiu o comando oficial de uma companhia nos Royal Scots na tenra idade de 18 meses! Embora a maioria dos oficiais nos exércitos francês e britânico começasse como alferes (logo abaixo de tenente), a progressão frequentemente exigia-lhes muito dinheiro. Os mais prestigiados postos franceses podiam sair por até meio milhão de libras — uma soma enorme para a época, milhares de vezes maior do que o salário anual de um trabalhador braçal. A França aboliu o sistema de "compras" de cargos na década de 1770, mas um prócer como Lauzun ainda podia criar seu próprio regimento. Na Grã-Bretanha, o sistema continuou pelo século XIX adentro.

Talvez o fator mais poderoso que hoje em dia estabelece o serviço militar como uma vocação excepcional, semissagrada, seja a ideia de sacrifício patriótico. Soldados, ao contrário do resto de nós, estão prontos a dar suas vidas por uma causa, por seu país. O patriotismo também tinha um lugar elevado na cultura do século XVIII, mas sua importância entre os militares era em muito diluída pela persistência de um forte etos mercenário. Os soldados estrangeiros, por exemplo, compunham cerca de 20% do exército francês em tempos de guerra — incluindo a maior parte do regimento de Lauzun. Maurício da Saxônia era alemão e não teria conseguido sua mais famosa vitória, contra os britânicos em Fontenoy em 1745, durante a Guerra da Sucessão Austríaca, sem os soldados do Regimento Clare, que arremeteram para a batalha bradando o grito de guerra irlandês *Cuinhnigi ar luimneach agus ar feall na Sasanach* ("Recordem Limerick e a derrota dos ingleses"). Lauzun considerou seriamente alistar-se ao exército russo; Napoleão, ao turco. Considere-se também o viajado *conde* de Saint-Germain. Forçado a deixar o exército francês após matar um colega oficial em um duelo, ele foi servir primeiro ao príncipe germânico Palatine, em seguida ao sacro-imperador romano e depois ao eleitor da Baviera; voltou à França durante a Guerra dos Sete Anos, somente para sair logo depois rumo à Dinamarca, onde se tornou marechal de campo e comandante em chefe na década de 1760. As mudanças de modo algum chegaram a ocasionar desaprovação em seu país natal, e Saint-Germain, já em idade avançada, coroou sua carreira ao se tornar ministro da Guerra na França. Oficiais aristocráticos em geral não lutavam *contra* seus países nativos, mas, afora essa restrição, seu código de honra importava mais do que o soberano específico a quem serviam.

Os soldados do século XVIII também misturavam guerra com empreendimento privado — ou seja, pilhagem. O roubo espalhafatoso não era visto com bons olhos, mas os espólios tomados diretamente das forças inimigas eram outra coisa. O exército sueco no início do século XVIII chegou a estabelecer um escalonamento para o butim: um capitão ferido, por exemplo, recebia uma parte vinte vezes maior do que o espólio concedido a um soldado raso ferido. Durante campanha militar na Polônia, o capitão sueco Magnus Steinbock conseguiu enviar para casa dinheiro, joias, taças de prata, imagens sacras, armas, colchas — e até uma cama inteira. Alguns anos antes, críticos queixaram-se ao rei Luís XIV (1638-1715) de que seu comandante na Alemanha estava se beneficiando fora da luta. "Sim", respondeu o rei, "mas ele está beneficiando muito a mim também." Capitães da Marinha em especial lucravam com o sistema de espólios, com algumas vitórias frequentemente servindo de base para uma considerável fortuna privada.

Seria equivocado concluir que não existia nenhum senso marcante de identidade militar no século XVIII. Já se havia caminhado nessa direção desde o desenvolvimento de exércitos permanentes cem anos antes, padronizando patentes e uniformes. Unidades militares podiam inspirar lealdade intensa em seus soldados, assim como hoje — o regimento era "uma sociedade, uma família, na qual residiam a amizade, a bravura e a honra", para citar as memórias de um oficial francês. A experiência de uma batalha, com seus desgastes e temores, criava à época um senso duradouro de companheirismo tanto quanto agora — embora os autores militares do século XVIII discutissem muito menos o assunto do que seus pares atuais.

Soldados comuns tinham um sentimento de separação da vida não militar mais forte do que o dos oficiais. Poucos soldados tinham recursos para ir para casa entre as campanhas ou educação para dedicar as horas ociosas à composição literária (o exército prussiano, contudo, mandava seus soldados de infantaria de volta para suas fazendas por muitos meses ao ano). Pesquisas recentes têm enfatizado que os soldados comuns europeus tinham em geral carreiras relativamente estáveis e duradouras, o que depois contribuiu para um sentido de identidade coletiva (tal sentido floresceu especialmente entre as marinhas europeias graças ao isolamento das tripulações no mar por longos meses). É verdade que os soldados comuns também tinham a reputação de "escória da nação" (como diria Saint-Germain de forma graciosa), "recrutada" em lares pobres e prisões, e as populações em meio às quais eles estavam aquartelados frequentemente os tratavam como párias. Um personagem na peça *Saint Patrick's Day, or the Scheming Lieutenant* insistia em que seria preferível sua filha contrair escarlatina a vê-la casada com um homem fardado. Donos de taverna franceses afixavam avisos nos quais se lia "Proibida a entrada de cães, prostitutas e soldados". Mas essas atitudes também estimulavam a solidariedade nas fileiras militares.

Não obstante, nessa matéria o século XVIII permaneceu fundamentalmente diferente do nosso tempo. Quando um grande historiador militar como *sir* John Keegan enfatiza que os militares europeus do início da Época Moderna tinham uma "cultura guerreira" radicalmente demarcada, ele está projetando a experiência contemporânea para o passado. Uma cultura militar à parte certamente existe hoje em dia em lugares como Sandhurst, Saint-Cyr e West Point ou em bases militares. O que é interessante em relação à Europa oitocentista é justamente o quão pouco essa cultura estava então em evidência, especialmente entre os oficiais.

Isso ocorria em razão de duas características da sociedade europeia do século XVIII que alguns dos principais historiadores dos últimos cinquenta anos normalmente se esmeraram em ignorar. Em primeiro lugar, a guerra era um estado de coisas perfeitamente normal e não excepcional, e assim era tratada por quase todos os envolvidos. No século XVII, o continente como um todo gozou possivelmente de paz por dois anos em cem, e o século XVIII foi apenas um pouco melhor. No livro da história mundial, argumentou Edmund Burke em 1756, o relato da paz mal ocuparia dez páginas: "A guerra é o assunto que preenche toda a história". Para Luc de Clapiers de Vauvenargues, oficial e ensaísta francês, "[t]udo no universo se reduz a violência; esta ordem de coisas [...] é na verdade a mais geral, imutável e importante lei da natureza". Em segundo lugar, por muitas medidas óbvias — dinheiro, efetivo humano, educação da elite e empregos —, as sociedades europeias pareciam ter na guerra seu principal propósito. Em 1752, o Estado prussiano gastava 90% de seu orçamento com os militares, enquanto na França, em 1784, a proporção provavelmente chegava a dois terços — e ambos os anos foram de paz. Embora em nenhum Estado europeu já houvesse um alistamento universal, em muitos existiam formas limitadas de recrutamento. Durante a Guerra da Sucessão Espanhola (1701-1713), ao menos um dentre seis homens franceses em idade adulta passava certo tempo fardado.

Mais importante ainda, guerra era o que faziam os governantes. Frederico, o Grande, da Prússia, comandou seus exércitos pessoalmente e os conduziu às maiores vitórias. O excessivamente ambicioso Carlos XII da Suécia fez o mesmo, conduzindo seus compatriotas a sua maior catástrofe militar, em Poltava em 1709, pelas mãos do czar Pedro, o Grande. Daí em diante, como penitência por sua derrota, ele arriscou sua vida temerariamente batalha após batalha e, finalmente, em 1718, conseguiu alcançar uma morte gloriosa. Embora outros monarcas pouco exercessem comando de fato, eles mesmo assim sabiam da importância de aparecer no campo de batalha. Aquilo que se entendia ser uma educação régia na Europa da Época Moderna concentrava-se fortemente na equitação, na esgrima e nos estudos militares. A diversão dos reis era ainda mais parecida com a guerra. As classes altas europeias sabiam tão bem quanto qualquer pai pacífico dos dias de hoje que brinquedos de armas podem estimular um comportamento agressivo. A diferença é que eles gostavam da ideia. Assim, ainda menino, Luís XIII da França (1601-1643) podia contar entre seus brinquedos com miniaturas de lança, mosquete, arco e canhão. Seu filho, Luís XIV, construiu o palácio de Versalhes como um templo da glória militar francesa, alinhando retratos de suas vitórias nas enormes galerias. Nos jardins do palácio, Luís XIV encenou batalhas, que chegavam a custar cada uma 16 milhões de libras francesas, com maquetes de navios de guerra a disparar seus canhões em miniatura enquanto manobravam no Grand Canal.

O que valia para reis valia também para nobres, uma classe que se havia definido originalmente, na Idade Média, como os *bellatori*: "aqueles que lutam". É verdade que as nobrezas do século XVIII tinham pouco em comum com seus antecessores medievais. Pessoas comuns que tivessem dinheiro compravam rotineira e abertamente títulos nobiliárquicos para si, com total conivência das permanentemente apertadas finanças reais. E mesmo os rebentos das antigas linhagens muitas vezes se mostravam surpreendentemente avançados: administravam suas terras de forma parcimoniosa e investiam fortemente no comércio e nas primeiras manifestações de industrialismo. Pela lei, todavia, os nobres de toda a Europa permaneciam sendo uma ordem do Estado distinta, à parte, e ainda controlavam uma porção imensamente desproporcional das riquezas e dos cargos políticos do continente. O século XVIII ainda era em larga medida um século aristocrático, e os nobres não esqueceram a vocação de seus predecessores. "A forma apropriada, única, essencial de nobreza na França é a profissão militar", escreveu o ensaísta Montaigne no século XVI. "A nobreza não conhece outro posto ou outra profissão que não aquela das armas", ecoou um nobre francês em 1781.

Na maior parte da Europa, as famílias nobres ainda tomavam tais advertências ao pé da letra. Na província prussiana de Pomerânia, praticamente todos os homens da nobreza passavam pelo menos algum tempo no exército. Na Suécia, 80% o faziam. Em outros lugares, a proporção era menor, mas mesmo assim grande o bastante para garantir que a maioria das famílias nobres tivesse ao menos um filho nas forças armadas. Nas eleições de 1789 para os Estados Gerais (instância representativa nacional da França), mais de quatro quintos dos nobres eleitos tinham experiência militar. Os nobres compunham a vasta maioria de todas as grandes corporações de oficiais da Europa. Ademais, os estratos sociais elevados tendiam a monopolizar as mais altas patentes militares e a exercer uma influência desproporcional correspondente. Durante a Guerra dos Sete Anos, os 181 generais da França incluíam 8 príncipes, 11 duques, 444 condes, 38 marqueses e 6 barões.

Os nobres pautavam as relações entre sociedade e militares pelo fato de seus comportamentos permanecerem basicamente os mesmos, fosse em casa ou em campanha. Certamente, como a experiência de Lauzun sugere, ir à guerra não significava desistir dos luxos e prazeres da corte e da casa-grande. Oficiais nobres devotavam atenção e gastos enormes a suas vestimentas. "Puxa vida", observou a suscetível heroína de *Saint Patrick's day*, "e pensar que os queridos confrades dormem no chão e lutam com meias de seda e camisas laçadas de pregas". Ela estava certa, exceto quanto ao fato de oficiais de alta patente dormirem seu precioso sono no chão. Coronéis franceses em campanha normalmente levavam consigo camas de campanha, assim como porcelana e prataria suficiente para oferecer jantares elegantes — com entrada, prato principal e sobremesa — para doze pessoas, mais a equipe de empregados para prepará-los e servi-los. Generais tinham muitas carruagens, entre trinta e quarenta cavalos, e quase o mesmo número de homens a pé. Já o desajeitado duque britânico de Cumberland carregou consigo para o campo nada menos do que 145 *toneladas* de bagagem. Mesmo um humilde primeiro-tenente prussiano precisava de um criado para encaracolar seus cabelos, limpar suas fardas e preparar suas refeições.

Não era coincidência que um dos mais famosos generais da França do século XVIII, o duque de Richelieu, fosse também um perfeito cortesão. Ele era famoso por seu cuidado em se arrumar: usava tanto perfume que seus companheiros de corte diziam poder detectar sua fragrância em pessoas que não tinham feito mais do que sentar em uma cadeira por ele ocupada horas antes. Apesar de suas diversas idas para a prisão por razões que iam de dívidas de jogo a conspirações contra o trono, Richelieu terminou por se tornar próximo ao rei Luís XV e ascendeu ao posto, inteiramente apropriado a esse notório sedutor, de primeiro cavalheiro do quarto de dormir. Aliás, embora não fosse ele próprio um autor (mal era alfabetizado, diziam alguns), Richelieu participou de salões literários, tornou-se administrador do principal teatro da França e orquestrou sua eleição para a Academia Francesa. Ainda assim, tal qual Lauzun, o duque também teve uma carreira militar séria e bem-sucedida. Em 1745, ajudou Maurício da Saxônia a derrotar Cumberland em Fontenoy; e, em 1756, liderou as forças que tomaram Minorca dos britânicos, no que foi uma das poucas vitórias francesas na Guerra dos Sete Anos, de resto desastrosa.

Aos leitores modernos, a ideia de cortesãos vestidos com meias de seda a se lançarem à batalha deixando para trás rastros de polvilho de peruca pode parecer inteiramente ridícula. Certamente, esses dândis efeminados simplesmente pediam para serem jogados na lata de lixo da história por soldados de verdade, que não paravam para remover seus bobes antes de sacarem suas espadas. Mas essa reação, embora muito natural, é injusta e anacrônica. Soldados como Richelieu eram de fato uma espécie ameaçada à época em que ele morreu, aos 92 anos de idade, em 1788. Isso não se devia, contudo, a uma falta de destreza militar, menos ainda à falta de coragem. Na verdade, oficiais europeus setecentistas empenhavam-se coletivamente em manter a reputação de uma coragem temerária, se não suicida. Oficiais franceses tinham por vezes a preocupação de vestir-se de vermelho para a batalha, de modo que se tornassem alvos mais claros. Lauzun, durante a campanha da Córsega, insistiu em manter sua enorme pena branca (presente de Marie-Anne) em seu chapéu, muito embora "me destacasse de sorte que me tornava um alvo preferencial". Comandantes como Richelieu cavalgavam ostentosamente à frente de suas tropas, como fizeram Carlos XII da Suécia e Frederico, o Grande, que foi ferido na batalha de Torgau em 1760. "Cães!", dirigia-se Frederico a seus homens, "querem viver para sempre?"

Essas histórias escondem uma questão mais séria. Como observou há muitos anos o sociólogo alemão Norbert Elias, durante os séculos XVII e XVIII as aristocracias europeias desenvolveram formas notáveis de comportamento cotidiano, baseadas em padrões dificílimos de autocontrole. Esperava-se de aristocratas na corte que construíssem suas personas públicas conforme modelos cuidadosamente desenvolvidos e que fizessem uso de um repertório rigorosamente definido e limitado de movimentos, gestos, linguagem, e mesmo expressão facial aceitáveis, sem falar nas roupas. Reações emocionais deveriam ser suprimidas ou canalizadas para formas bem definidas e aceitáveis. Disso dependia a reputação, e um único erro poderia, em casos extremos, induzir a uma vida de ridículo, como no caso do oficial francês que, ao escorregar e cair em um baile, gritou "Jesus, Maria!". Essas palavras se tornaram seu apelido eterno. A vida nobre do século XVIII com frequência se desviava do padrão ideal posteriormente descrito por Elias, mas o ideal era visível em centenas de cartilhas e autobiografias.

A cultura aristocrática dependia, portanto, de um controle cerrado e certeiro sobre os corpos dos aristocratas. Se a educação aristocrática masculina enfatizava atividades como esgrima, montaria, dança e caça, não era para simplesmente preparar os jovens farristas para uma vida de libertinagem ociosa. Havia um propósito mais sério. E as mesmas frieza e graça que se esperavam de aristocratas na corte eram, naturalmente, esperadas deles também no campo de batalha. Logo, não devemos rir quando lemos em um manual de oficiais alemães de 1787 que "dançar é muito necessário para o homem de boa educação ou o oficial", ou quando descobrimos que na Escola Militar Real criada em Paris, em 1751, os instrutores reservavam 45 minutos por dia para aulas de dança. Aquilo que poderia parecer superficial ao cadete de West Point dos dias atuais era, para o guerreiro do século XVIII, um aspecto essencial de sua identidade. A ele não pareceria uma distração dispensável ir para a batalha vestido adequada e elegantemente e se divertir de maneira apropriada durante a campanha militar. As mesmas qualidades que fariam dele um nobre gracioso e de boas maneiras — além de um bom sedutor — também fariam dele, segundo ele próprio acreditava, um guerreiro capaz.

O ritual e a *politesse* aristocráticas poderiam ainda se estender ao campo de batalha. Conta-se que em Fontenoy, em 1745, o capitão britânico Charles Hay teve um rápido diálogo com o conde francês d'Anterroches, na qual cada um convidou o outro a disparar primeiro. "Senhores ingleses, atirem primeiro" são as palavras atribuídas ao francês. Uma conversa dessa espécie provavelmente ocorreu (nem todas as grandes falas históricas são apócrifas), mas historiadores militares modernos comprazem-se em desancar a imagem cor-de-rosa que ela pinta. Nas batalhas do século XVIII, observam acertadamente esses historiadores, o lado que disparasse depois frequentemente tinha vantagem. É verdade, mas eles não percebem a questão que está em jogo. A própria capacidade de trocar observações polidas nas condições do campo de batalha não deve ser subestimada, e o fato de a historieta ser amplamente repetida à época diz algo sobre como os contemporâneos entendiam a guerra.

Não surpreende que autores da Época Moderna frequentemente comparassem as guerras que conheciam com aquele que era um ritual essencialmente aristocrático, o duelo. Tanto guerras quanto duelos seguiam conjuntos complexos de regras e envolviam atenção escrupulosa a aparência, gestual, movimento e expressão. Ambos exigiam um alto grau de coragem física. Ambos, claro, eram arenas socialmente aceitáveis para se tirar a vida de uma pessoa. No início do século XVIII, a maioria dos Estados europeus estava fazendo o possível para coibi-lo, mas o duelo permanecia comum nos exércitos da Europa. Muitos generais franceses, inclusive o duque de Richelieu, travaram duelos em ocasiões diversas. Dois capitães no regimento Champagne da França, La Fenesstre e d'Aguÿ, lutaram entre si repetidamente em um período de 28 anos. Em 1761, uma bala de canhão arrancou a cabeça de La Fenestre, mas um pedaço de seu crânio atingiu o olho direito de d'Aguÿ, cegando-o, e o regimento entendeu que a honra havia sido satisfeita. Duelo e guerra estavam juntos na prática (originalmente medieval) de combate individualizado: oficiais adversários a lutar enquanto seus homens observavam, como espectadores. Lauzun dizia que quase travou um duelo desse tipo com o coronel britânico Banastre Tarleton durante a Campanha de Yorktown, mas o cavalo de Tarleton desabou no último segundo.

Conforme sugere a sobrevivência do duelo, no coração da cultura militar aristocrática residia uma obsessão com a honra. "A questão da honra", explicava sucintamente um manual saxônico de serviço militar, "obriga-nos a preferir o dever à vida, e a honra ao dever". Códigos de honra antecederam em longo tempo os sistemas elaborados de etiqueta e ritual aristocráticos desenvolvidos nas cortes europeias nos séculos XVI e XVII, mas se ajustaram perfeitamente a eles. Assim como os sistemas de etiqueta, a honra fundava-se em um senso agudo de posição social. Também como esses sistemas, exigia um domínio estrito de si e prescrevia regras invioláveis de comportamento aceitável. Era também curiosamente amoral, mais ciosa de forma, processo e aparência do que de causa e direito. Era possível lutar honradamente por uma causa má ou desonradamente por uma causa boa. Um oficial nobre do século XVI expressou o ponto de forma particularmente aguda: "Nossas vidas e posses pertencem ao rei. Nossa alma pertence a Deus. Nossa honra pertence a nós mesmos". Oficiais nobres do século XVIII teriam concordado. Eles certamente tinham pouca noção — se é que a tinham — de que lutavam por uma causa moral transcendente. Por seu rei e seu país, talvez. Por dinheiro, possivelmente. Mas também, e acima de tudo, por honra.

Cabe mencionar que os oficiais normalmente não creditavam aqueles que lhes eram socialmente inferiores com os mesmos valores. Podiam vir a expressar afeição e admiração por certos soldados ou mesmo certos regimentos, mas em geral viam soldados com desprezo. Assim como o conde de Saint-Germain os chamou de "imundos", o oficial britânico Campbell Dalrymple queixou-se de que "as fileiras estão cheias da escória de qualquer país, o lixo da humanidade". Para transformar esses homens em soldados profissionais confiáveis, os exércitos recorriam a uma invariável disciplina de rigor e selvageria, especialmente na Prússia (onde a punição sabidamente envolvia não apenas sessões de chicote como também golpes com a face da espada). O soldado médio europeu não vinha, na verdade, dos baixos estratos da sociedade, e alguns poucos "soldados de sorte" conseguiam elevar-se das fileiras para a corporação de oficiais. No entanto, os oficiais ainda tinham normalmente mais em comum com seus homólogos do outro lado da batalha do que com suas próprias tropas. Para começo de conversa, em uma era de hegemonia cultural francesa, oficiais de ambos os lados muito provavelmente falavam francês. Os exércitos mantiveram um caráter fundamentalmente aristocrático. No decorrer do século XVIII, os governos europeus começaram a caminhar no sentido da mudança desse caráter e na profissionalização de suas forças armadas, as quais adquiririam grau maior de diferenciação em relação à sociedade civil. Começaram a alocar soldados em casernas, separadas da população comum. Fundaram escolas militares especializadas para dar aos oficiais um treinamento extenso (Napoleão foi o mais famoso graduado francês). Tentaram instilar um etos profissional entre oficiais e criar padrões impessoais de mensuração do talento e do sucesso — não obstante se tenha exagerado o alcance do êxito obtido quanto a esses objetivos e tenham continuado a florescer formas tradicionais de patronagem e fidelidade. Para muitos europeus, a Prússia de Frederico, o Grande, oferecia uma visão desse futuro: um estado em que os militares como um todo não apenas tinham uma identidade mais distinta do que em outros lugares, mas também serviam de modelo para a sociedade civil. Como gracejou o orador revolucionário francês Mirabeau, "a maioria dos Estados tem um exército; a Prússia é um exército que tem um Estado". Em razão de seus êxitos militares, a Prússia inspirou muito ciúme e emulação. A observação de Mirabeau reflete, contudo, a medida em que os europeus ainda consideravam a Prússia uma excentricidade. O próprio Frederico descartou muitas de suas inovações ao envelhecer. No fim de seu reinado, em 1786, a maioria dos europeus ainda vivia em um mundo no qual as esferas civil e militar mesclavam-se facilmente uma à outra.

Essa discussão pode ter dado a impressão de que, a despeito dos perigos inquestionáveis, a guerra na Europa do século XVIII era uma forma elaborada de representação teatral. Não era. Na verdade, ela havia se tornado muito mais assassina desde os tempos dos cavaleiros medievais altamente protegidos com armaduras, tempos daquelas batalhas que "não ofereciam perigo", segundo a célebre troça de Maquiavel. Havia aí um grande exagero por parte de Maquiavel, mas desde a Idade Média de fato aumentou exponencialmente o potencial de carnificina dos exércitos europeus, graças à revolução militar diversamente datada para diferentes períodos entre 1450 e 1700. Essa revolução envolveu novas técnicas de fortificação, capacidade de mobilizar exércitos maiores e, acima de tudo, o uso efetivo de armas de fogo. A artilharia se tornou permanente no campo de batalha, disparando balas sólidas, projéteis explosivos ou caixas de metralha: recipientes de metal cheios de balas e sobras de metal. Surgiram os mosquetes, que, a despeito da falta de precisão e dos complicados procedimentos para carregá-los de munição, ganharam eficácia por meio de técnicas como a saraivada de infantaria (na qual uma longa linha de infantaria disparava em conjunto e em seguida recuava para recarregar, com seu lugar sendo tomado por outra linha, o que permitia uma barragem de artilharia contínua). As baionetas possibilitavam que soldados usassem seus mosquetes tanto como armas de fogo quanto como curtas lanças mortais. Consequentemente, já no século XVIII, as batalhas com frequência envolviam morte ou ferimento de 40% dos participantes e, eventualmente, muito mais do que isso. No ataque sueco às linhas russas em Poltava em 1709, diversos regimentos tiveram mais de 90% de seus homens mortos, e no todo foram vitimados 49% do exército sueco. Os mortos e os moribundos produziram odores tão pestilentos que lograram fazer aquilo que os vivos não conseguiram: a saída dos russos vitoriosos do campo de batalha.

Menos extrema do que Poltava, mas ainda assim suficientemente letal, Fontenoy fornece um bom exemplo de batalha típica do século XVIII. Foi travada entre os franceses e a aliança britânico-holandesa nas planícies de Flandres (na atual Bélgica) em uma manhã fria e úmida de 1745. A França, então aliada à Prússia e a diversas outras forças, tentava tomar a região da Áustria (esta aliada à Grã-Bretanha e aos Países Baixos) no contexto de uma guerra mais ampla pela sucessão do trono austríaco. Os franceses venceram a batalha e ocuparam uma vasta área do que é atualmente a Bélgica, embora o rei Luís XV terminasse por devolver posteriormente, à mesa de negociações, grande parte do território conquistado, em troca de ganhos duvidosos alhures.

Alguém que goste de paradas militares e pompa teria certamente adorado os estágios iniciais de Fontenoy, que poderiam reforçar a impressão de atuação teatral. Cerca de 55 mil tropas britânicas, holandesas e alemãs marcharam para o Sul, onde 40 mil tropas francesas estavam entrincheiradas próximo ao rio Escaut, não muito distante da fronteira francesa. Tocaram-se trompetes, pífaros e tambores; elaboradas bandeiras regimentais tremularam ao vento; e fardas de cores vibrantes deram vida à manhã cinzenta. Os oficiais estavam particularmente deslumbrantes, com suas perucas empoadas, cintas, dragonas e meias de seda. Um oficial francês tinha sete pares extras de meias de seda cuidadosamente dobrados em sua bagagem. Em um último vestígio simbólico da armadura medieval, gorjais metálicos lustrosos reluziam ao redor de pescoços de alta patente. Pompa combina especialmente com realeza, e o sangue régio se fazia presente por toda parte. Luís XV (da França), então com 35 anos, viera acompanhado de seu filho e herdeiro de 16 anos, o delfim. Maurício da Saxônia, o comandante francês, era o filho ilegítimo de um rei saxão da Polônia; o duque de Cumberland, líder das forças britânicas, era filho do rei Jorge II.

Para os soldados ordinários, no entanto, o que se via e se sentia era bem menos esplêndido. As tropas em Fontenoy, de ambos os lados, cambaleavam com sessenta libras de equipamento e suprimento, incluindo todas as suas posses valiosas (que seguramente seriam perdidas ou roubadas se deixadas no comboio de carga). Depois de dias marchando com tempo úmido e pouca comida, elas muito possivelmente sofriam de disenteria, reumatismo, pleurisia, infecções de garganta ou de olho, ou de muitas outras doenças enumeradas pelo médico britânico John Pringle em seu clássico *Observations on the Diseases of the Army* [*Observações sobre as doenças do Exército*], parcialmente baseado nas experiências da campanha de Fontenoy. O próprio Maurício da Saxônia, sofrendo de hidropisia, conduziu a batalha de uma maca. Os soldados também estavam, provavelmente, bêbados. Os exércitos do século XVIII podiam oferecer comida ruim, remuneração pavorosa, disciplina selvagem e cuidados médicos calamitosos, mas eram relaxados quanto a cerveja, vinho e destilados, e muitos recrutas se alistavam por isso.

Começada a batalha, a pompa desaparecia literalmente em uma nuvem de fumaça. Os disparos de canhão e mosquete produziam grandes ondas de fumaça de pólvora escura e malcheirosa, que cobria todos em seu caminho com uma película preta gordurosa. Os soldados também ficavam com um gosto na boca, pois, para carregar seus mosquetes, tinham de morder o cartucho das balas cobertas de pólvora. Somava-se à imundície a lama produzida por dezenas de milhares de homens, cavalos e rodas que maltratavam o terreno molhado, ao passo que as balas de canhão principiavam uma chuva de sujeira (também de sangue e carne humana e animal) ao salpicarem e explodirem em meio aos exércitos. O rei Luís e o delfim gargalharam quando uma bala de canhão que caiu próxima a eles encharcou de lama dos pés à cabeça um oficial particularmente esplendoroso.

Mas as armas e o canhão não eram brincadeira. Bolas de aço, viajando em uma velocidade de 750 pés por segundo, podiam vencer as fileiras de homens como se fossem bolas de boliche em pinos de porcelana: seres humanos desintegravam-se com o impacto. Mesmo depois de perderem força, as bolas podiam esmagar ou decepar pés pelo caminho até parar. Balas de mosquete que penetrassem dois terços de uma polegada também podiam causar danos terríveis. Movendo-se muito mais devagar do que as balas de um rifle moderno, elas não atravessavam o corpo, mas atingiam violentamente ossos e órgãos levando consigo resquícios de sujeira e tecido, em uma receita infalível para uma infecção mortal. Pior de tudo eram as metralhas, com suas balas e fragmentos de metal. Sabemos do dano que tal munição pode provocar quando infundida em uma embalagem com explosivos plásticos e detonada, junto com seu portador, em um restaurante ou clube noturno. Nas batalhas do século XVIII, os efeitos eram tão terríveis quanto isso, mas multiplicados por muitas vezes. Em Fontenoy, a metralha fez a diferença. Maurício da Saxônia havia estabelecido redutos fortificados ao longo de uma fileira paralela ao rio, e durante boa parte da manhã as tropas de Cumberland bateram-se contra elas sem qualquer resultado. Maurício havia deixado, contudo, um ponto desprotegido entre Fontenoy e o bosque de Barry, e foi aí que Cumberland abriu passagem. Explorando esse espaço, seus soldados espremeram-se em uma enorme coluna única que fez os franceses recuarem mais de um quarto de milha. Salvas de tiros de mosquete não os detiveram (nas condições da batalha, os soldados franceses teriam sorte se conseguissem disparar dois tiros por minuto com seus mosquetes pesados e difíceis de manejar; mesmo assim, a 200 pés, apenas um quarto dos tiros chegaria provavelmente a seus alvos). Por um momento, a batalha parecia perdida, e os auxiliares do rei Luís instaram-no a bater em retirada. Naquele momento, contudo, Maurício e outros comandantes franceses deram-se conta de que a coluna britânica estava fora de controle e vulnerável. Emitindo ordens de forma desesperada, eles conseguiram alinhar canhões carregados de metralha bem de frente para a coluna adversária. Sem poder atacar ou recuar, os homens de Cumberland morreram onde estavam, e por volta de 1h30m a batalha havia terminado. Milhares de corpos espalhavam-se pelo chão, alguns ficando amarelos e intumescidos pela putrefação, outros gritando, gemendo, contorcendo-se, muito provavelmente sem serem socorridos por horas ou dias — para muito provavelmente morrer em decorrência de seus ferimentos. O total de vítimas — mortos e feridos — chegou a pelo menos 15 mil entre 95 mil participantes.

Esses foram os horrores de Fontenoy, para os quais os participantes de modo algum estavam cegos. "Senhor, agora sabe o que a guerra realmente significa", teria dito Maurício a Luís XV. Um oficial francês veterano claramente sofreu um choque pós-traumático: "Esse terrível espetáculo mal teve algum efeito em seus primeiros momentos. Eu dei uma volta e me informei sobre meus amigos. Vi muita gente morrendo, com uma calma que me espantou". Já outra testemunha ocular — o brilhante e excêntrico marquês d'Argenson, então servindo por um período breve e infeliz como ministro das Relações Exteriores da França —, escreveu uma carta extraordinariamente explícita e comovente sobre o campo de batalha: "Os cadáveres despidos, os inimigos agonizando, as cenas terríveis, as feridas fumegando ao ar livre". A uma certa altura, confessou, virou-se de lado e vomitou. "O triunfo", continuou, "é a coisa mais bela do mundo [...] mas suas bases são sangue e pedaços de carne de seres humanos."

Seria fácil parar por aqui, com a conclusão implícita de que a cultura aristocrática da guerra resumia-se, no fim das contas, a pouco mais do que uma bela fachada construída sobre trauma, agonia e morte. Tal conclusão decerto atenderia a nossas sensibilidades modernas. Desde pelo menos a Primeira Guerra Mundial, filmes, peças e literatura respeitáveis no Ocidente apresentam os horrores como a essência da guerra, justificam a ida à guerra apenas como uma necessidade sombria, e desqualificam menções a honra e glória como uma hipocrisia torpe. Na verdade, temos como certo que a "literatura de guerra" na verdade significa "literatura antiguerra", com a Primeira Guerra Mundial como grande exemplo. Pensemos em *All Quiet in the Western Front* [*Nada de novo no front ocidental*], de Remarque, em "How to Die" ["Como Morrer"], de Sigfrid Sassoon, ou no selvagem "Dulce et Decorum Est" ("Se pudesses ouvir, a cada golpe, o sangue/ Subir gargarejando dos pulmões comprometidos"). Desenvolveu-se na história militar uma tendência semelhante, na qual muitos dos trabalhos mais bem-sucedidos e inovadores, como *The Face of Battle* [*A face da batalha*], de John Keegan, prometem aos leitores um olhar sobre a realidade crua e terrível da guerra, despidos de qualquer subterfúgio ou glamourização.

Essa abordagem, no entanto, torna quase impossível que se apreenda e que se leve a sério a maneira pela qual homens e mulheres do século XVIII entendiam a guerra. Damos muita importância a cartas excepcionais como a de d'Argenson porque elas se adéquam bem a nossas próprias expectativas, mas tranquilamente deixamos de lado a massa muito maior de material que não o faz. Esta última se nos afigura estranhamente árida, abstrata, pouco informativa. No século XVIII, todavia, d'Argenson era exceção. Lauzun novamente fornece um exemplo mais típico. Sobre a guerra na Córsega: "Era o tipo de vida que melhor me convinha: tiros de mosquete durante todo o dia e sopa com a minha amante à noite!". Ou na batalha da Guerra Revolucionária americana: "Eu marchei sobre os ingleses; ataquei sua cavalaria e minha infantaria trocou fogo com a deles [...]. Houve duzentos ou trezentos homens mortos e capturados, e muitos feridos". Fim de papo. Esse estilo é absolutamente típico da maioria dos livros de memórias militares europeus da Renascença ao fim do século XVIII, e expressa um aspecto importante da cultura aristocrática.

Para ver como, considere-se a mais popular descrição contemporânea da batalha de Fontenoy. Foi escrita por Voltaire, e ele muito provavelmente sabia dos horrores, pois foi o destinatário da carta de d'Argenson (os dois eram amigos de escola). Em um período posterior de sua carreira, Voltaire mostrou-se eminentemente capaz de exibir os horrores da guerra em detalhes pungentes. Mas nos dias seguintes à batalha, trabalhando ardorosamente, ele compôs um poema celebratório de 348 versos, intitulado *Fontenoy*, no qual procedia de modo inteiramente distinto. Evitava quase que por completo detalhes repulsivos. Ao contrário, usava um estilo que reduzia a batalha a abstrações sonoras e decorativas:

> Cem trovoadas de bronze deram o sinal
> Com um passo firme e apressado, uma expressão sempre igual
> Avança em direção a nossas fileiras a coluna profunda
> À qual o terror precede e a chama envolve
> Como uma nuvem densa que sobre a asa dos ventos
> Carrega o relâmpago, o clarão e a morte em seus flancos.

Voltaire não podia evitar completamente as cenas de carnificina, mas preferia apresentá-la pelas lentes da metáfora clássica, computando mortos e feridos como leopardos ensanguentados ou pássaros caídos do céu. Ele fez questão de devotar uma ou duas linhas às façanhas de cada oficial francês proeminente, e, quando chegou a vez do rei Luís, perdeu totalmente seu senso de proporção:

Pois os franceses são grandes quando seu Mestre os guia!...
Ele marcha, semelhante ao Mestre dos Deuses...
Ele marcha, e sob seus golpes a terra ruge ao longe,
O Escaut foge, o Mar murmura, o Céu escurece.

Voltaire também foi leal ao destacar seu amigo Richelieu, "que a toda parte leva sua coragem / Ardente mas ilustrado, vivaz e sábio". E pensava claramente no duque em outra parte do poema, quando se perguntou sobre a misteriosa alquimia da aristocracia setecentista em guerra:

Como é que esses cortesãos doces, joviais, amáveis
São no combate leões indomáveis
Que feliz conjunção de graça e de valor!

Voltaire pelo menos distinguiu o que agora parecem ser as duas faces da personalidade de Richelieu. O próprio Richelieu provavelmente não o teria feito. Ele se via pura e simplesmente como um nobre. Os versos captam perfeitamente, todavia, o ideal aristocrático de guerra.

Um cínico poderia muito bem vincular os esforços de Voltaire a nada mais do que um sórdido interesse pessoal. Sabemos que ele queria lisonjear o rei e a sua amante, Mme. de Pompadour, pois, naquele ponto de sua carreira, Voltaire ainda não perdera a esperança de que as pessoas influentes da França perdoassem seu extenso histórico de insolência, sedição e heterodoxia religiosa. Ele desejava em especial ingressar na seleta Academia Francesa, e depois de o poema ganhar destaque nas celebrações oficiais da vitória na França, Voltaire foi de fato devidamente admitido. Aliás, Voltaire também fez fortuna com investimentos em fornecedores do exército. Até então, no século XVIII, esses motivos ocultos não desacreditavam automaticamente o produto final. (Imagine, por contraste, quantos poetas americanos contemporâneos julgariam um de seus pares que celebrasse o presidente Bush e a Guerra do Iraque em troca de uma indicação para Poeta Laureado, e que ao mesmo tempo investisse na Halliburton!)

Indo mais diretamente ao ponto, o *Fontenoy* de Voltaire era inteiramente típico do período. Ele foi apenas um dos muitos poetas a correr para o prelo com celebrações da batalha, e versos dessa espécie foram despejados pelas editoras europeias depois de cada grande empreitada militar do século. Houve baladas sobre a batalha de Blenheim, odes à batalha de Oudenaarde, dísticos sobre a batalha de Culloden. Como explicou o letrado britânico Joseph Addison em um trabalho típico: "Assim de bom grado eu narraria as guerras britânicas / nos registros suaves de um verso fiel". Onze anos depois de Fontenoy, poetas franceses saudaram um único combate, a tomada de Minorca dos britânicos por Richelieu, com nada menos do que uma antologia de 330 páginas de baladas e odes (péssimas, no mais das vezes). Os leitores franceses esperavam que um gigante das letras como Voltaire celebrasse a grande vitória francesa, e, quando este o fez, deram-lhe uma recepção estrondosa. A primeira tiragem esgotou-se em poucos dias. Em uma semana, o trabalho ganhou outras quatro tiragens; em dois meses, quarenta. O público *queria* invocações altamente abstratas de esplendor e glória, e não descrições vivazes de morte e dor.

O estilo era atraente porque, na cultura aristocrática da guerra, as qualidades características de uma experiência individual e de sentimentos individuais — como os sentimentos de dor e horror — importavam muito pouco. O importante era o quão bem os principais participantes, assim como o exército como um todo, vivenciavam o ideal aristocrático impessoal de esplendor, coragem e honra. A rigor, Voltaire tinha um objetivo quase exatamente oposto àquele de autores criativos atuais: em vez de extrair de um evento aquilo que fazia dele original e único, tratava-se de enfatizar justamente o que o tornava similar a outros eventos do mesmo tipo — outras grandes batalhas, outras vitórias épicas. Eis o porquê da linguagem abstrata e da imitação livre de modelos clássicos. Oficiais aristocráticos como Lauzun imaginavam suas performances no campo de batalha e escreviam a esse respeito de um modo muito semelhante. Paradoxalmente (aos nossos olhos), eles faziam individualmente um espetáculo de si próprios tentando conformarem-se da melhor maneira possível a um modelo padrão daquilo que um oficial aristocrático deveria ser.

É ainda tentador separar a representação da realidade: dizer, essencialmente, que a despeito de como Voltaire escolheu escrever sobre Fontenoy, a guerra no século XVIII continuou a ser o que d'Argenson viu, ou seja, um horror sangrento indescritível. Claro, a guerra era isso. Insistir, contudo, em vê-la apenas como Wilfrid Owen e Erich Remarque posteriormente a enxergariam, em oposição ao modo pelo qual Voltaire a enxergou em seu poema sobre Fontenoy, não somente torna uma vasta porção da cultura setecentista misteriosamente estrangeira, como também nos cega para um fato paradoxal: a cultura aristocrática do século XVIII ajudou a estabelecer surpreendentes limites para a guerra. Esses limites existiam *apesar* das terríveis perdas das grandes batalhas e *apesar* do fato de as elites europeias de então terem na guerra seu principal desígnio. Na verdade, tais limites de certo modo existiam precisamente *porque* as elites tinham a guerra como seu principal desígnio.

Para enxergar esses limites, precisamos situar o século XVIII em relação ao contexto sangrento de períodos anteriores. Durante as lutas entre católicos e protestantes do século XVI e do início do XVII, quando, nas palavras de Froude, "a religião fazia da humanidade um crime", a tecnologia da guerra era ainda menos letal do que a da época do Iluminismo (muitos soldados ainda usavam lanças em vez de mosquetes e baionetas; a artilharia tinha menos mobilidade e era menos destrutiva). Os exércitos também eram menores. Mesmo assim, os efeitos da guerra espraiavam-se pelo mundo civil em uma torrente de sangue e sofrimento. Soldados massacravam rotineiramente os habitantes das cidades por eles capturadas, e as estatísticas da população contam uma história jamais igualada em matéria de horror antes de Stalin e Hitler. De 1600 a 1648, a população da Alemanha caiu de algo em torno de 21 milhões para meros 13 milhões. A Guerra dos Trinta Anos (1618-1648) não foi uma guerra total no sentido moderno: não envolveu a mesma mobilização sistemática de recursos, a mesma destruição sistemática de sociedades inimigas e nem a mesma dinâmica política que conduzia adversários a medidas cada vez mais extremas sem outro resultado possível que não o completo colapso de um dos lados. O grau do horror, no entanto, foi parecido.

No início do século XVIII, esse grau de horror havia diminuído. A batalha de Fontenoy foi terrível, mas vale notar que Maurício da Saxônia não deu prosseguimento a sua vitória perseguindo e destruindo os remanescentes da força militar de Cumberland, como possivelmente teriam feito generais mais antigos (e como Napoleão viria a fazer, 16 anos depois). Pedro, o Grande, procedeu com restrições semelhantes em relação a Poltava, embora tivesse sabidamente pouquíssimos sobreviventes para perseguir. Mais importante ainda, não obstante fossem batalhas assassinas, a maioria dos generais fazia o possível para evitá-las. "Não sou nem um pouco a favor de batalhas", escreveu Maurício da Saxônia, "especialmente no começo de uma guerra, e estou certo de que um general habilidoso pode passar toda sua vida sem ser forçado a travar uma batalha". Poucos soldados presenciavam mais de três ou quatro batalhas ao longo de suas carreiras — o bastante para terem grandes chances de demonstrar sua bravura sem fazer da carreira militar uma escolha necessariamente suicida. Somente depois de 1702 a frequência de batalhas aumentou. Uma razão simples para a relutância dos generais a lutar era sua preferência por exércitos relativamente pequenos e bem treinados compostos por soldados de carreira. Maurício mais uma vez expressou o senso comum da época: "Não são os grandes, mas sim os bons exércitos que vencem as batalhas". Sua preferência nascia da necessidade, já que mesmo os sistemas de recrutamento parcial vigentes em muitos Estados europeus não podiam produzir o tipo de exércitos de massa que esmagariam o continente durante a Revolução Francesa. Algumas vezes, os Estados europeus precisavam na verdade recrutar soldados em prisões ou lares pobres e até mesmo forçar prisioneiros a lutarem contra seus próprios países, como fez Frederico, o Grande, com 18 mil saxões que capturou em 1756. Era caro encontrar e manter soldados, de modo que os generais faziam o que pudessem para mantê-los vivos. Como observou um deles durante a Guerra dos Sete Anos: "É uma pena muito grande perder um granadeiro; leva-se muito tempo para se fazer homens assim".

O mais surpreendente é que os exércitos do século XVIII faziam o máximo para manter vivos também os civis. Ainda nos anos 1680 e 1690, as forças francesas que invadiram a atual Bélgica deixaram para trás uma péssima reputação. Os bombardeios franceses destruíram grande parte de Bruxelas. Sem mais obstáculos, as tropas francesas violentaram e saquearam, causando pânico generalizado. Mas quando os franceses retornaram nas primeiras décadas do século XVIII, pouparam em geral as populações civis, por vezes em troca de vultosos pagamentos adiantados feitos por autoridades locais. Em 1745, quando foi a vez das tropas de Maurício da Saxônia, os belgas civis de modo geral seguiram suas vidas sem serem molestados. De forma duvidosa, Adam Smith argumentou que os camponeses holandeses a rigor ansiavam pela ocupação militar porque assim poderiam parar de pagar pelo arrendamento da terra e ainda vender mantimentos para as forças invasoras a preços inflacionados.

Ao Leste, a situação não era sempre muito diferente. Quando os soldados russos ocuparam em 1757 Königsberg, a capital oriental prussiana, seu comportamento foi assim descrito por uma testemunha ocular alemã: "Virou moda beber ponche. As autoridades russas promoviam bailes — invariavelmente custeando tudo —, e as moças não eram convocadas, mas sim convidadas por ajudantes de ordens ágeis e galantes". Compare-se essa cena com o que aconteceu quando um outro exército russo foi a Königsberg, na primavera de 1945. Nas palavras de Anthony Beevor:

A destruição foi terrível. Milhares de soldados e civis foram enterrados pelos bombardeios [...]. Qualquer civil ainda vivo pendurava lençóis na janela em sinal de rendição [...]. Na manhã de 10 de abril [de 1945] [...] a guarnição sobrevivente de pouco mais de 30 mil soldados foi marchando para a prisão. Seus relógios e outros itens úteis foram prontamente tomados por soldados do Exército Vermelho, que tinham conseguido encontrar depósitos de bebidas. O estupro de mulheres e moças ocorreu sem qualquer impedimento na cidade arruinada.*

Seria possível fazer comparações semelhantes entre Maurício da Saxônia e os alemães que ocuparam a Bélgica em 1914 e 1940.

Europeus do século XVIII também fizeram tentativas cada vez mais importantes de estabelecer limites legais à prática da guerra — e assim tornar as atrocidades formalmente ilegais. As convenções de Haia e Genebra ainda estavam por vir, mas já em 1625 o holandês Hugo Grotius forneceu o primeiro grande modelo moderno para elas, ao observar "uma falta de restrições à guerra que envergonharia mesmo as raças bárbaras". Grotius não acreditava ser possível banir a guerra em geral, mas propôs regras para limitá-la e humanizá-la. Seus enormes tomos redundaram em um código para monarcas, generais e soldados: quando poderiam legitimamente começar uma guerra; quando poderiam confiscar a propriedade do inimigo, escravizar, matar; como proceder em relação aos neutros, aos não combatentes inimigos, aos prisioneiros de guerra, e por aí vai. No século XVIII, Grotius já havia ganho uma horda de imitadores e comentadores, entre os quais Jean-Jacques Rousseau, que traçou brilhantemente em algumas linhas de seu *Contrato social* a distinção básica subjacente à nova abordagem do conflito militar: "Guerra", escreveu, "não é uma relação entre indivíduos, mas entre Estados" e, portanto, "Estados podem ter apenas outros Estados, e não homens, como inimigos". O uso da força era justificado apenas contra homens que usassem o uniforme de seu estado. Contra não combatentes, era pura e simplesmente ilegítimo.

Reconhecidamente, os limites levaram tempo para serem postos em prática e o fizeram de modo muito irregular. Os exércitos da França de Luís XIV, que reinou entre 1643 e 1715 e travou diversas guer-

---

* Beevor, Anthony. *Berlim 1945: a queda*. Rio de Janeiro: Record, 2004. p. 247-248. [N. do T.]

ras de agressão, não apenas impuseram danos terríveis à Bélgica, mas também, em 1688-1689, empreenderam deliberadamente a destruição física da região alemã chamada Palatinado (Pfalz). Pelos padrões do início do século XVII, eles se comportaram de maneira até suave. Destruíram completamente propriedades em vasta escala (como até hoje os guias turísticos de Heidelberg mencionam, com uma indignação algo inadequada). De modo geral, porém, seguiram um plano estratégico cruel, mas racional, de proteção aos ganhos territoriais franceses, mantiveram um grau razoável de disciplina militar, e se engajaram em um massacre relativamente pouco arbitrário. Ainda assim, causaram um enorme sofrimento humano.

Mesmo em meados do século XVIII, diversas campanhas se destacaram por sua ferocidade, especialmente a Guerra dos Sete Anos. Frederico, o Grande, arriscou a existência de seu reino nessa guerra, e a Europa Central sofreu terrivelmente com isso — só a Prússia contabilizou 500 mil mortos. Se alguns russos comportaram-se bem em Königsberg em 1757, outros foram acusados de horrores "não vistos desde a invasão dos hunos — enforcaram moradores depois de amputarem seus narizes e orelhas, deceparam pernas e arrancaram corações e vísceras". Também é difícil minimizar as atrocidades cometidas pelos russos trinta anos depois em Otchakoff e Izmail, nos Bálcãs, quando chegaram a executar sumariamente 26 mil prisioneiros turcos, além de 6 mil civis. Todavia, por mais desagradável que seja comparar atrocidades, ainda é verdade que tais horrores ocorreram em uma escala menor do que durante as guerras religiosas — especialmente na Europa Ocidental. Tampouco o século XVIII se equipara ao período de guerra total iniciado em 1792, para não falar da primeira metade do século XX.

Alguns historiadores persistem pensando o século XVIII como um tempo de conflito descontrolado que alimentou diretamente os excessos de 1792-1815. Ao fazê-lo, no entanto, eles desconsideram o incrível aumento de escopo e intensidade da guerra na Revolução Francesa e interpretam mal o contexto aristocrático da guerra naquele século. Se supusermos que as elites políticas da época abominavam a guerra e desejavam extingui-la, então o histórico de conflitos soará certamente como um fracasso sombrio. Mas se aceitarmos que essas elites viam a guerra como um aspecto natural e inevitável da existência e desejavam simplesmente limitar seu alcance e seus danos, teremos então que elas não se saíram tão mal em comparação a outros períodos da história europeia. Na verdade, o século XVIII representa de certa maneira um momento histórico notável: um tempo de relativa contenção entre a era das guerras religiosas e a guerra total de 1792-1815.

Os próprios observadores setecentistas viam as transformações em curso com entusiasmo. "Existem menos canibais na Cristandade do que já houve outrora", escreveu Voltaire, de modo caracteristicamente incisivo, em 1751. O oficial e ensaísta Vauvenargues concordava: "Hoje em dia, a guerra é travada [...] tão humanamente, com tanto primor e tão pouco proveito que poderia ser comparada, sem paradoxo, a julgamentos civis.". O suíço Emeric de Vattel, um dos mais importantes sucessores de Grotius, comentou que "as nações da Europa quase sempre conduzem a guerra com bom comportamento e grande generosidade". E o revolucionário francês Jean-Paul Rabaut Saint-Etienne argumentou, com mais do que uma ligeira hipérbole, antes da eclosão das guerras revolucionárias:

> Os exércitos massacram uns aos outros de forma educada; heróis se cumprimentam antes de matarem uns aos outros... Já não são mais as nações que combatem nações, mas somente exércitos e profissionais; as guerras são como jogos de azar nos quais ninguém arrisca tudo; o que era antes uma violência selvagem é hoje apenas um desatino.

Segundo Joseph Cornih, o clérigo de Devon, "as guerras em geral têm sido ultimamente travadas com menos crueldade do que antes".

É verdade que esses "limites da guerra" tinham eles mesmos um limite crucial: aplicavam-se sobretudo a exércitos europeus uniformizados. Quando se tratava de guerra civil envolvendo insurgentes irregulares e por vezes também de guerras contra "bárbaros" e "selvagens" não europeus, um conhecido espectro histórico, a hipocrisia da elite europeia, pronunciava-se rapidamente. Os franceses praticaram uma brutal tática de contrainsurgência em seu próprio território contra os rebeldes protestantes *camisards* nas primeiras décadas do século XVIII e na Córsega em 1768-1769. Menos de um ano depois de sua derrota em Fontenoy, o duque de Cumberland esmagou o Bonnie Prince Charlie, pretendente Stuart ao trono de seu pai, na batalha de Culloden, e barbarizou as Terras Altas com uma fúria que os escoceses não esqueceram nem perdoaram. A distinção entre oponentes "civilizados" e "não civilizados" constituiu um dos legados mais perigosamente ambíguos do século, pois se os primeiros deviam ser tratados com toda cortesia, os segundos, por vezes definidos como "inimigos da raça humana", eram expostos a todos os horrores. Durante as guerras revolucionárias da França, a capacidade de definir um oponente — mesmo que europeu e uniformizado — como "selvagem" em muito contribuiria para pôr fim à era da guerra limitada.

Então, por que essa mudança para a guerra limitada ocorreu? O declínio da religião como causa de hostilidades certamente contou. Como observou Cornish: "A religião costumava ser usada como pretexto para estimular homens a cortar gargantas de outras pessoas, mas esse frenesi insano perdeu muito de sua força". Significativamente, o pior massacre do século XVIII tendeu a ocorrer ali onde a religião ainda dividia adversários: na guerra civil *camisard* na França, por exemplo, ou nos conflitos entre turcos e russos. A guerra em que se assistiu à destruição do Palatinado ainda tinha um forte componente religioso, com a França católica, então em meio a uma tentativa de erradicar o protestantismo de seu território, mobilizada contra a Grã-Bretanha e a Holanda protestantes. Existe o clássico argumento de que as forças europeias praticaram a contenção em virtude da emergência de algum equilíbrio de poder, o que as obrigou a lutar por objetivos restritos e a eliminar todos os pensamentos de ataques fulminantes e hegemonia continental. Os historiadores também mencionam o crescimento do poder estatal, o qual permitiu que exércitos maiores e mais disciplinados assumissem o território, assim tornando mais difícil para bandos de soldados descontrolados espalharem violência pela Europa. O crescimento dos Estados também teve o efeito crucial de subordinar as nobrezas europeias a autoridades centrais, política e militarmente.

Todas essas explicações contêm algo que se possa dizer a seu favor. De fato, todos os desenvolvimentos do século XVII para o qual elas apontam formaram um prelúdio necessário à era da contenção militar no século XVIII. Ainda assim, as explicações são incompletas. A cultura também tem uma importância enorme. No campo de batalha, os monarcas e generais europeus não praticavam o novo estilo de guerra em função de cálculos conscientes sobre o equilíbrio de poder ou reflexões conscientes sobre o esmorecimento das paixões religiosas; faziam-no, sim, porque isso lhes ocorria naturalmente como aristocratas: lutar, lutar brava e gloriosamente, mas também dentro de certos limites, com autocontrole, com honra; fazer jus aos ideais louvados no *Fontenoy* de Voltaire. O que presidia a experiência da guerra para as classes dirigentes europeias e a mantinha funcionando como um sistema era a cultura aristocrática.

Sintomaticamente, a atrocidade mais citada nos escritos setecentistas sobre guerra não foi um incidente da Guerra dos Trinta Anos, envolvendo bandidos militares vorazes e padres espantados, e sim a campanha francesa no Palatinado. Nela, apesar de toda a impressionante destruição de propriedade, houve uma taxa de mortes muito menor. Todavia, o Palatinado provocou um choque entre os europeus cultos do século XVIII que as antigas violências não provocaram. Para citar o *filósofo* francês Denis Diderot, "eu detestaria ser a besta-fera que ordenou a devastação do Palatinado". A besta em questão, ele sabia perfeitamente bem, era Luís XIV da França. Mesmo assim, o evento era chocante precisamente porque havia sido obra do mais polido e aristocrático dos reis e soava, portanto, tremendamente aberrante. Em contraste, um dos grandes heróis culturais da França do século XVIII foi Nicolas Catinat de la Fauconnerie, um marechal de Luís XVI que trabalhou de modo notável para poupar as populações civis.

Embora tivesse raízes próprias e independentes, a jurisprudência da guerra no século XVIII também se alinhava aos ideais da cultura aristocrática. À diferença dos comentadores medievais do assunto — e à diferença de Grotius —, juristas como Vattel davam relativamente pouca atenção a questões de justiça e responsabilidade na guerra. Ou seja, eles se detinham menos no estabelecimento de critérios para julgar qual lado, se é que algum, tinha a causa moralmente superior — algo que hoje em dia é conhecido pelo nome de "teoria da guerra justa" — do que em como ambos os lados efetivamente lutavam. Em outras palavras, como observou Carl Schmitt, eles tratavam a guerra como algo semelhante a um duelo formal, cujas regras tampouco se referem à causa do conflito, mas dizem respeito apenas às formas observadas pelos combatentes. Se as formas eram honrosamente observadas, não importava qual lado estava certo. Nada podia ser mais próximo ao código aristocrático. (Por outro lado, Vattel julgava "monstros" a serem exterminados aqueles que *não* aderiam a tais formas.)

Finalmente, lembremos que a maioria dos oficiais do século XVIII que refletiram sobre o assunto nada via de extremamente instável no sistema vigente de relações internacionais e de guerra. Quer o enxergassem como uma brincadeira, à maneira de Lauzun ("a chance de tiros de mosquete era muito preciosa para desperdiçar"), quer como uma lei fundamental da natureza, ao modo de Vauvenargues, tratavam a guerra como uma parte absolutamente ordinária da ordem das coisas. E quando a viam ameaçada, não hesitavam em defendê-la. "Eu não posso, como fazem certos filósofos, resolver ver a guerra como um flagelo detestável", escreveu o oficial francês Chevalier de Ray em suas memórias. "Prefiro enxergá-la como um tempo de provações saudáveis." Tais observações, aliás, deveriam nos precaver contra a atribuição da crescente moderação da guerra à influência do pensamento iluminista, que tendia a pintar a guerra mais como um flagelo a ser extinguido do que como uma atividade saudável que necessita de correção e contenção. O processo de moderação também começou bem antes do auge do pensamento iluminista em meados do século XVIII.

Soldados como Ray acreditavam que sua forma de guerra aristocrática podia continuar indefinidamente. Mas, logo depois de ele escrever suas memórias, em 1787 ou 1788, seu mundo aristocrático se dissolveria para sempre. Isso ocorreria em razão de um grande levante político e cultural: a Revolução Francesa, que começou em 1789 e levou à guerra total de 1792-1815. Mas como indicam suas observações, as mudanças tinham uma origem muito diferente: aqueles "certos filósofos" que atacaram as ideias que povoavam as cabeças aristocráticas muito antes de essas mesmas cabeças virem a decorar as pontas das lanças revolucionárias. Em resposta a um código aristocrático que punha a honra e a lealdade acima de julgamentos morais, esses filósofos levantaram questões de consciência. Em vez de glorificar a guerra, eles a insultavam. Se ela havia de ser travada, reivindicavam um exército de cidadãos, não de aristocratas. E, o que é igualmente importante, eles convenceram um corpo de leitores em expansão a aceitar seus juízos. É para os filósofos, portanto, que devemos agora voltar nosso olhar.

2
Consciência, Comércio e História

A guerra é um assunto vasto e profundo que diz respeito tanto ao filósofo quanto ao general.

— JOSEPH DE MAISTRE

Em certo sentido, os problemas de consciência em relação à guerra sempre existiram entre nós — pelo menos desde que um profeta hebreu gravou em uma pedra as palavras "não matarás". As escrituras que estão nas fundações da cultura ocidental abundam em visões promissoras de um mundo livre de conflitos violentos. Quando a Assembleia Nacional Francesa emitiu em 1790 uma declaração de paz, cem gerações já tinham alimentado suas esperanças (de modo fugaz e elusivo) pelas palavras de Isaías: "[Muitos povos] quebrarão suas espadas, transformando-as em relhas, e suas lanças, a fim de fazerem podadeiras. Uma nação não levantará a espada contra a outra, e nem se aprenderá mais a fazer guerra" (Isaías 2:4). Por 17 séculos, o Ocidente deu ouvidos ao homem que disse a seus seguidores: "felizes os que promovem a paz" e "amai vossos inimigos" (Mateus, 5:9; 5:44). É verdade que Jesus também disse a seus ouvintes: "Não penseis que vim trazer paz à terra. Não vim trazer paz, mas espada" (Mateus, 10:34). E ainda, em uma parábola: "Quanto a esses meus inimigos... trazei-os aqui e trucidai-os em minha presença" (Lucas 19:27). Mesmo assim, sua mensagem ainda era interpretada, predominantemente, como pacífica, particularmente quando misturada à tradição clássica do direito natural, que sustentava o prospecto de harmonia entre os homens. E embora a história subsequente da cristandade esteja tingida de sangue tanto quanto a de qualquer outra das grandes religiões, ela também foi pontuada ao longo de toda sua duração pela presença de grupos que tomaram de forma literal as aparentes mensagens de paz das escrituras, recusaram-se a pegar em armas e pregaram as virtudes da não agressão absoluta.

No século XVIII, o mais visível desses grupos eram os quacres. Tendo surgido do caos milenarista das guerras civis britânicas de 1640 e tendo atravessado o Atlântico sob a liderança de William Penn, o grupo chocava seus contemporâneos em muitos aspectos: sua rejeição ao batismo, seu desdém pela etiqueta e por formas educadas de falar, a sobriedade lúgubre de suas roupas e seu comportamento — e especialmente sua recusa absoluta a lutar por seu país. Em janeiro de 1661, os quacres emitiram uma declaração solene prometendo jamais "combater ou guerrear contra qualquer homem por meio de armas materiais". Poder-se-ia dizer que no espectro cultural europeu eles se situavam no extremo oposto ao de guerreiros tão extravagantes, senhoris e agressivos como Lauzun e Richelieu. Não surpreendentemente, quando Voltaire visitou a Grã-Bretanha na década de 1720, ele achou os quacres o que de mais estranho havia naquela ilha estranha, e escreveu intrigado sobre o fato de se recusarem a matar outros homens. Mesmo no século XX, até 45% dos quacres britânicos ainda se mostrariam opositores escrupulosos da guerra.

Individualmente, alguns quacres podiam pregar e de fato pregavam os méritos da paz perpétua. "Quando apraz a Deus castigar-nos severamente por nossos pecados, é com a *Vara da Guerra* que, na Maioria das vezes, eles nos açoita [...] [o] Salvador [...] *veio para salvar, e não para destruir as Vidas dos Homens*", assim disse William Penn em 1693. "Deixai o Jesus Sagrado [...] ser o Exemplo para todos os Príncipes Cristãos Imitarem" — e não "aqueles Heróis Pagãos, como *Ale-*

xandre, *César* ou *Aníbal* [...] que Sacrificaram as Vidas de Milhares em nome de sua Ambição infinita e de sua Honra". Assim disse um companheiro quacre de Penn, John Bellers, em 1710. Ambos propunham o estabelecimento de um Superestado europeu para suprimir a guerra. Suas obras foram, todavia, muito pouco lidas na época, e, em meados do século, os quacres, que não eram mais do que 50 mil na Grã-Bretanha, tinham desistido de tentar converter os outros a suas doutrinas. Eles argumentavam no mais das vezes apenas de acordo com exemplos, e tais exemplos geravam antes zombaria do que admiração; tratava-se mais de curiosidades sectárias do que de um embrião de movimento pacifista. À época da Revolução Americana, o governo britânico já deixara havia muito tempo de enxergar nos quacres qualquer espécie de ameaça a seus esforços militares, e nem sequer perseguiu aqueles que recusaram o serviço militar.

O século XVIII chegou a assistir, no entanto, a um exemplo enormemente influente de pacifismo cristão. À época, isso ajudaria a inspirar novas variedades seculares de pensamento pacifista, as quais, por sua vez, provocariam glorificações novas e perturbadoras da guerra, conforme veremos neste capítulo. Esse pacifismo surgiu, contudo, de um reduto muito diferente e improvável da Cristandade.

Esse reduto era o vale Périgord, na França ocidental, em um decadente castelo fortificado. Ali, em agosto de 1651, nasceria um homem que o século XVIII conheceria simplesmente como Fénelon — mas vamos dar a seu nome toda sua dimensão suntuosa: François de Salignac de la Mothe Fénelon. Não havia nada sequer remotamente pacífico no ambiente do castelo. As paredes eram decoradas com retratos de membros da família que haviam ferido e matado pela França desde o século X, entre os quais pelo menos um cruzado. O tio e pai adotivo de Fénelon, Antoine, tinha a reputação de ser um dos principais esgrimistas e duelistas da França — e isso na era dourada do esgrimismo francês, imortalizada por Dumas em *Os três mosqueteiros*. Não é impossível imaginar que o próprio Fénelon, em que pesem a saúde debilitada na juventude e o empobrecimento de sua família, tenha ingressado no exército.

Na verdade, suas inclinações o levaram ao sacerdócio, mas a humildade da função pouco disfarçou sua bagagem aristocrática. Fénelon não somente era educado, charmoso e erudito, como também sabia disso e combinava graça e ambição em uma medida perfeita. O retrato de Fénelon por Joseph Vivien está bem de acordo com a descrição cáustica feita pelo grande memorialista da época, o duque de Saint-Simon: "Um homem alto, magro, bonito e com um nariz grande, alguém de cujos olhos fluíam torrencialmente ardor e vitalidade, e cujo semblante era diferente do de qualquer outra pessoa que eu tenha conhecido, impossível de esquecer [...]. Sua fisionomia era grave e vistosa, séria e alegre, e era ao mesmo tempo a de um teólogo, um bispo e um grande senhor".

Por anos, segundo Saint-Simon, Fénelon "bateu em todas as portas, sem que ninguém as abrisse para ele". Ele cultivou os patrões clericais certos, envolveu-se nas controvérsias teológicas certas e apoiou a tentativa do rei Luís XIV de exterminar o Protestantismo do solo francês. Tentou desesperadamente agradar a todos que encontrava, fossem quais fossem as posições dessas pessoas. Somente em 1689, entretanto, aos 38 anos, a grande posição com a qual Fénelon sonhava se materializou. Ele foi nomeado tutor do pequeno Luís, de 7 anos, duque de Burgundy, o neto mais velho e futuro herdeiro do rei. Firmando residência na corte de Versalhes, Fénelon rapidamente estabeleceu um profundo domínio psicológico sobre o príncipe voluntarioso (alguns chamaram isso de destruição da alma do menino). Ele também assumiu a função de conselheiro espiritual da ex-amante e esposa secreta do rei, a sóbria e devota madame de Maintenon. Fénelon era ainda uma força na corte, e era plausível que tivesse esperança de se tornar o segundo homem mais poderoso do reino quando seu jovem protegido ascendesse ao trono. Dificilmente ele deixou de pensar em um clérigo anterior, o primeiro duque de Richelieu, que havia se valido de seu domínio sobre o pai de Luís XIV para acumular muita riqueza e muito poder, tornando-se o primeiro-ministro de fato da França e um príncipe da Igreja Católica Romana.

Porém, justo nesse momento de triunfo, a vida de Fénelon teve uma virada estranha e inesperada, estabelecendo o que deve ter sido uma luta agonizante entre suas ambições e suas crenças. Em 1688, ele havia conhecido Jeanne Guyon, uma mística católica, supostamente "profetisa", que defendia um conjunto de crenças conhecidas como Quietismo. Viúva rica de 40 anos, Guyon ensinava que os cristãos deveriam se entregar absoluta e inteiramente ao amor de Deus, em um espírito de total desinteresse — despreocupado até mesmo com o destino de suas almas. Aqueles que fossem bem-sucedidos nessa renúncia a si, por meio de um regime intenso de reza e devoção, veriam finalmente Deus se apossar deles, produzindo um estado extático de "amor puro". Os quietistas deixaram as autoridades católicas especialmente nervosas — alguns deles, embora não a própria Guyon, ensinavam que se o verdadeiro amor possuísse a alma, o corpo poderia ceder à tentação carnal sem pecado. Fénelon foi, todavia, arrebatado por Guyon, e os dois aos poucos contraíram uma amizade intensa e completamente platônica.

Do ponto de vista de alguém que passava a acreditar na grande renúncia a si, a corte de Versalhes devia parecer um lugar muito estranho e pecaminoso. Luís XIV a construiu como um templo à sua própria pessoa régia, com o que de melhor havia à época em matéria de arte e arquitetura desenvolvido suntuosamente para enfatizar a enorme superioridade do rei em relação aos seres humanos comuns. Tudo naquele palácio imenso e luxuoso e nos enormes jardins glorificava esse único indivíduo — a disposição do prédio central ao redor dos apartamentos régios, os famosos motivos de sol, as pinturas alegóricas e históricas penduradas nas magníficas galerias. Comparava-se ali Luís XIV a Febo e Hércules, celebravam-se sua força e sua sabedoria, louvavam-se seu gosto e sua beleza física e, sobretudo, saudavam-se seus sucessos em guerras. Desde que assumira o controle pessoal do governo francês aos 18 anos, Luís dedicara grande parte de seu reinado às conquistas, empreendendo uma série praticamente ininterrupta de campanhas militares contra quase todas as potências europeias. Nesse processo, o rei havia estendido significativamente as fronteiras da França. Luís XIV não tivera compaixão com os governantes que ousaram se opor a ele e permitira que suas tropas devastassem o Palatinado com muito pouco arrependimento. Mesmo com esses excessos, seu reinado marcou a apoteose da guerra como forma de autoexpressão aristocrática.

De um ponto de vista quietista, essa obsessão com a pessoa do rei teria sido por si só suficientemente terrível, mas ela parecia haver levado a França à beira do abismo já poucos anos depois da chegada de Fénelon à corte. A mais recente das guerras de agressão de Luís XIV, a Guerra da Liga de Augsburgo (1688-1697), havia ensejado o surgimento de uma grande coalizão de opositores à França. Os exércitos do rei haviam conhecido derrotas seguidas, incluindo a Batalha de Boyne de 1690, que assegurou a supremacia protestante britânica na Irlanda. Depois, em 1693-1694, a pior colheita do século atingiu a França. O preço do pão, principal alimento da maioria da população, teve altas recordes, a ponto de a broa comum de 2 libras exceder o rendimento diário de muitas famílias. A taxa de mortalidade cresceu em um paralelo mórbido com os preços do pão, na medida em que centenas de milhares sucumbiam à fome e à doença. A taxa de natalidade caiu acentuadamente — sinal de uma população doente e faminta demais para se reproduzir (em um eufemismo horripilante, os demógrafos chamam tais momentos de "crises de mortalidade"). Mesmo assim, Luís XIV guerreou obstinadamente. Estaria o rei a devorar seu próprio povo em nome da glória militar?

Em algum momento de 1694, Fénelon fez precisamente essa acusação em uma das cartas mais extraordinárias jamais escritas a um monarca francês. Não foi uma carta que ele tenha de fato enviado — a despeito de toda sua crença na renúncia a si, Fénelon ainda tinha bastante senso de autopreservação para saber que isso o levaria à prisão ou a algo pior. No máximo, ele mostrou a carta a alguns poucos confidentes e depois a escondeu com tanto zelo que ela só veio à luz um século depois (sua autenticidade permaneceu em dúvida até que uma cópia manuscrita em poder de Fénelon aparecesse na década de 1820). Trata-se, todavia, de um documento notável. Mostra Fénelon não apenas a condenar duramente seu rei em nome da moralidade cristã, como também a se aproximar da visão de que a raiz das ofensas do rei residia não meramente em seu orgulho excessivo, mas particularmente na forma de orgulho que atende pelo nome de glória militar. O problema remontava a mais de vinte anos, à primeira guerra de conquista patente de Luís XIV, contra a Holanda:

> É inútil dizer, Senhor, que essas conquistas foram necessárias para vosso Estado. A propriedade de outros nunca é necessária para nós. O que nos é verdadeiramente necessário é observar uma justiça inequívoca [...]. Isso é razão suficiente, Senhor, para admitir que vivestes toda vossa vida distante dos caminhos da verdade e da justiça, e, portanto, distante dos caminhos da Palavra. Todos os terríveis problemas que têm devastado a Europa por mais de vinte anos — todo o derramamento de sangue, todos os ultrajes cometidos, todas as províncias saqueadas, todas as cidades e vilas reduzidas a cinzas — são consequências mortais dessa guerra [...]. E vosso povo, a quem deveríeis ter amado como se fossem vossos filhos, e que outrora tanto vos adorou, agora está morrendo de fome [...]. O cultivo do solo está quase abandonado, as cidades e o campo estão esvaziando... Toda a França nada mais é do que um enorme quintal de doentes famintos, e sois vós, Senhor, quem fez todos esses problemas acontecerem.

Em uma corte viciada no enjoativo e doce perfume da lisonja, palavras dessa espécie eram quase que literalmente impensáveis — um ato monstruosamente chocante de blasfêmia secular, ainda que feito em privacidade.

Embora Fénelon nunca tenha mandado a carta, ele começou, no início da década de 1690, a fazer algo potencialmente tão sedicioso quanto isso. Na corte de Versalhes, sob o olhar fixo de mil imagens de seu rei guerreiro, ele decidiu utilizar sua posição como tutor para moldar um tipo muito diferente de herdeiro para o trono, comprometido com a felicidade do povo e com a paz. Ele elaboraria um programa educacional para o neto do rei que combinava ensinamentos políticos clássicos e humanísticos com uma poderosa moralidade cristã, tudo imbuído do espírito do "amor puro". Quando Luís XIV e seu filho estúpido e herdeiro finalmente morressem, o duque de Burgundy assumiria o trono, poria fim aos tempos de guerra aristocrática e iniciaria uma era de paz e prosperidade.

Era um projeto incorrigivelmente ingênuo, de sucesso improvável mesmo com o mais maleável dos príncipes da casa dos Bourbon (uma espécie notoriamente resistente a qualquer tipo de educação e excessivamente afeita às armas de fogo) — e, em todo caso, Fénelon nunca foi capaz de pô-lo em prática. Por um curto tempo, ele continuou influente em Versalhes e foi até mesmo recompensado com um arcebispado e com o título de duque. Os ataques de clérigos a madame Guyon, no entanto, persistiram, e Fénelon teimosamente insistiu em defender sua amiga espiritual, oralmente e por escrito. O rei finalmente voltou-se contra ele e, em 1697, exilou-o permanentemente em sua sé de Cambrai, no norte da França, "para envelhecer sob o peso inútil de suas esperanças", como diria Saint-Simon. Essas esperanças reviveram em 1711, quando o filho do rei morreu, deixando Burgundy como o primeiro na sucessão do trono. O antigo pupilo ainda lembrava de seu tutor afetuosamente, e com o próprio Luís XIV envelhecido e doente, Fénelon, ao lado dos conselheiros do duque, esboçou avidamente ideias para um novo regime. Um ano depois, no entanto, sem aviso prévio, o mesmo Burgundy sucumbiu ao sarampo, junto com a esposa e o filho pequeno. Foi o golpe fatal. "Não posso resistir à vontade de Deus, que nos esmaga", escreveu a um confidente Fénelon, com uma resignação sombria, após ouvir a notícia. "Ele sabe que eu estou sofrendo, mas é Dele a mão que golpeia, e nós merecemos. Não há nada a fazer senão nos desligar do mundo e de nós mesmos, abandonarmo-nos, sem reservas, aos desígnios de Deus." Menos de três anos depois, Fénelon também morreria.

Mesmo assim, seu programa de educação régia pacifista, por mais ingênuo e efêmero que houvesse sido, rendeu frutos inesperados. O padre, além de tentar influenciar o jovem príncipe por meio de aulas particulares, pôs seu programa no papel. Desde sua chegada a Versalhes, Fénelon começou a compor uma série de fábulas moralistas e de contos de fadas, no estilo de Esopo e La Fontaine. Ele as suplementou com *Dialogues of the Dead* [*Diálogos dos mortos*], uma série de lições destinada ao príncipe adolescente, composta de encontros no averno entre pares de figuras famosas na história mundial: Rômulo e Remo, Confúcio e Sócrates, Aníbal e Cipião, e por aí vai. Afetados e sem senso de humor, mas dotados de uma certa elegância pomposa, os diálogos ofereciam um infindável repertório moral de humildade, patriotismo, sacrifício pessoal e pacifismo. Na boca de Sócrates, Fénelon pôs as seguintes palavras: "A guerra é um mal que desonra a raça humana [...]. Todas as guerras são guerras civis, pois é sempre o homem quem verte o sangue do homem, quem dilacera as vísceras do homem". Somente no caso mais extremo, com um reino sob um ataque errado, poderia um rei jamais recorrer legitimamente à força.

Mais importante ainda, Fénelon escreveu um romance para seu pupilo, chamado *Telêmaco*. Tratava-se de uma sequência à *Odisseia* de Homero, mas, em vez de centrar-se no viajante Ulisses, tomava por foco o filho deste último. Publicado (supostamente com o consentimento de Fénelon) em 1699, foi esse livro, mais do que qualquer outra coisa, que salvou o autor da obscuridade das notas de pé de página dos eruditos e o tornou uma figura de relevo na história e na literatura da Europa. A obra derivava da tradição cristã e dos ensinamentos humanistas da Renascença, e nesse aspecto não era enormemente original. Mas o espírito do "amor puro" impregnava o livro, insistindo em que a verdadeira virtude exigia a renúncia completa a si mesmo. E em cada uma de suas 18 longas seções, Fénelon reiteradamente advogou escrúpulos, denunciou a guerra e reivindicou pacifismo cristão por parte de governantes cristãos. O livro imediatamente causou admiração, chegando a ter 15 edições francesas em 1699 e pelo menos outras sessenta no decorrer do século XVIII. Traduzido em todas as principais línguas, teve sucesso particularmente em inglês, idioma no qual teve pelo menos cinquenta edições antes de 1800. Foi um dos grandes *best-sellers* da Europa setecentista.

    É exasperador hoje em dia entender por quê. Telêmaco vagueia pelo Mediterrâneo em busca de seu pai perdido, mas suas aventuras — à diferença do que ocorre na *Odisseia* — envolvem pouco suspense e lançam mão de alguns personagens monstruosos sem muito apelo se comparados ao ciclope Polifemo e à encantadora Circe, de Homero. Em vez disso, Telêmaco tem a seu lado o monotonamente astuto conselheiro Mentor, que zela para que a menor capitulação de seu pupilo à tentação seja corrigida de forma rápida e loquaz. Muitos capítulos — mesmo a procura desesperada pelo pai em meio a fantasmas do reino de Hades — consistem em pouco mais do que grandes lições de uma virtude inalterada, virtualmente indigerível, acompanhadas de sermões verborrágicos e muito derramamento de lágrimas piedosas. Alfred Tennyson perceberia mais tarde algo das boas intenções e do tédio do livro em seu poema "Ulisses":

> Este é meu filho, meu Telêmaco...
> Meu bem amado, capaz de consumar
> Este trabalho, apaziguar com mansa prudência
> Um rude povo, e brando, passo a passo
> Submetê-lo ao que é útil e bom.
> Irrepreensível ao máximo...

Ao contrário dos guerreiros-príncipes esplendidamente individualistas e amorais, os heróis de Fénelon conformam-se unicamente a um modelo cristão de humildade e contenção, apesar do contexto clássico. Nem sequer há surpresa quando, ao fim da odisseia, Mentor revela-se Minerva, a deusa da sabedoria, disfarçada.

    Alguns leitores, certamente, enxergavam *Telêmaco* como um simples *roman à clef*. O herói epônimo parecia um óbvio simulacro do duque de Burgundy. Sendo assim, quem poderia o divino Mentor porventura representar senão o próprio Fénelon? (Quanta humildade sacerdotal!) Menos provavelmente, alguns leitores viam a sombra de Luís XIV projetar-se a partir de outras personagens: o cruel tirano fenício Pigmalião ou o trágico Idomeneu, rei de Creta, a quem é imposto o exílio em razão de haver sacrificado o próprio filho aos deuses e que depois reforma seu novo reino de Salento sob a supervisão rigorosa de Mentor. Mas esse jogo de adivinhação incerto não poderia por si só evitar que muitos leitores deparassem com infinitas variações em versos como "naufrágio e morte são menos terríveis do que os prazeres que atacam a virtude".

Nossa própria incapacidade de entender o que os leitores setecentistas viam no festival de magnanimidade de Fénelon é frustrante, mas também nos oferece um ponto de partida para compreender algo que começava a mudar na cultura europeia. Como escreveu Robert Darnton: "Quando se percebe que não se está entendendo alguma coisa — uma piada, um provérbio, uma cerimônia — particularmente significativa para os nativos, existe a possibilidade de se descobrir onde captar um sistema estranho de significação, a fim de decifrá-lo." Para as nossas sensibilidades, Telêmaco e seu tutor podem parecer insuportavelmente sentimentais. Neles, entretanto, os leitores contemporâneos encontravam personagens que pareciam falar diretamente de seus corações e da natureza, seguiam preceitos da razão simples e eram recompensados com uma felicidade genuína. A história de Fénelon punha-se como uma poderosa reprovação da cultura de corte aristocrática, que dominava as sociedades europeias com o que era percebido como artificialidade, hipocrisia e um monumental egoísmo. O livro não somente expressou esses sentimentos, como ajudou a popularizá-los. Daquela fonte de sentimentalismo, lágrimas de ternura fluíram como um rio ao longo do século XVIII, alimentadas por Richardson, Greuze e Rousseau, entre outros, para finalmente desaguar no grande mar do Romantismo.

E, claro, o etos sentimental de *Telêmaco* tinha fortes implicações para a guerra contemporânea. Manter-se fiel à natureza exigia a renúncia não apenas do luxo e da autopromoção, mas também, acima de tudo, da guerra e da glória militar. Em seus esforços de construção de um reino utópico em Salento, Mentor transmite incansavelmente uma lição aos seus: "Todos os povos são irmãos", insiste ele. "E todos os homens devem amar uns aos outros como tal. Malditas aquelas almas profanas que buscam uma glória cruel no sangue de seus irmãos [...]! A guerra pode ser às vezes necessária, mas é a vergonha da raça humana." Tais palavras apresentavam um profundo desafio ao código militar aristocrático e à noção de que a guerra era um duelo em escala maior, com questões morais subordinadas à sede de honra e de glória. Igualmente importante — e talvez irônico, dada a profunda fé do autor — é o fato de o romance propor o desafio em termos resolutamente seculares que não podiam ser desqualificados como mero sermão piedoso.

Historiadores do pensamento pacifista, infelizmente, tenderam a minimizar a importância de Fénelon ou mesmo a ignorá-lo por completo. A despeito da popularidade do autor, eles tendem a passar ao largo dos escritos de Fénelon, fixados que estão em questões de pura originalidade intelectual ou na busca por autores que tenham antecipado suas próprias doutrinas e definições minuciosas. No mais das vezes, amontoam Fénelon junto a outras figuras literárias do período que tenham condenado a guerra em uma linguagem extraída das tradições cristã e humanista. Entre tais figuras foi notável o moralista Jean de la Bruyère (1645-1696), o qual mais de uma vez sugeriu, com um ceticismo mordaz, que a glória nada mais significava do que uma ficção a ocultar massacres sem sentido. Invoca-se também o famoso matemático e escritor religioso Blaise Pascal (1623-1662), que observou sardonicamente que a única coisa a distinguir assassinato de heroísmo é isso ocorrer de um lado ou de outro de um limite arbitrário. A guerra, todavia, sequer era central no pensamento deles como o era no de Fénelon.

De todos os escritores protopacifistas da época, os historiadores deram mais atenção à curiosa figura conhecida como o abade de Saint-

Pierre (1658-1743). Ele tem alguma importância para a nossa história. Assim como Fénelon, vinha de uma antiga família da nobreza militar, e também foi vítima de uma vocação religiosa precoce. Ao contrário de Fénelon, contudo, Saint-Pierre perdeu cedo sua fé e decidiu seguir carreira como letrado. Dotado de um pequeno rendimento privado e de mais entusiasmo do que talento, chegou a Paris na década de 1680 e tentou adentrar os círculos literários — inicialmente, com uma ansiedade constrangedora. Ao fim e ao cabo, porém, ele conseguiu e passou o resto da vida frequentando os mais intelectuais dos *salons* parisienses, procurando agradar os anfitriões com suas boas maneiras e ganhando uma reputação cuidadosamente cultivada de bondade abnegada. De sua pena saiu uma quantidade infindável de projetos de reforma extremamente bem-intencionados: por reparação das estradas, extinção dos duelos, melhorias no teatro, fim da pirataria bárbara, criação de jornais, correção da tabela de impostos, extinção da mendicância, revisão do sistema judicial e até mesmo fim do celibato clerical (uma causa que lhe era especialmente cara). Se seus projetos tiveram algo em comum, foi o fato de nunca nada ter sido feito deles. Na verdade, muitos foram impressos com recursos próprios do autor. Ainda assim, Saint-Pierre não era nem um simplório santo nem um excêntrico, e, de certo modo, foi um exemplo antecipado, talvez algo cômico, daquele grande tipo setecentista, o *philosophe*.

Em 1713, ele publicou seu livro mais importante, *A Project for Making Peace Perpetual in Europe* [*Um projeto para tornar a paz perpétua na Europa*]. Não era um texto exatamente pacifista, pois gastava pouco espaço condenando a guerra por si mesma e sugeria que uma razão para a paz na Europa era mobilizar uma grande cruzada contra os turcos. Consistia principalmente em planos detalhados para a construção de uma federação chamada, em um momento de sorte profética, "a União Europeia". Nisso se assemelhava aos antigos planos de Sully, Penn e Bellers. O que principalmente distinguia Saint-Pierre era o argumento de que os Estados não teriam incentivo para abandonar a guerra a não ser que sacrificassem grande parte de seus direitos de soberania a uma autoridade superior. À época, o plano foi mais ridicularizado do que aplaudido, com o primeiro ministro francês, Fleury, a chamar o autor de "o farmacêutico da Europa", e Voltaire a lhe alcunhar "Saint-Pierre da Utopia". Mais tarde, contudo, atraiu a atenção dos filósofos Rousseau e Kant, e hoje o livro ocupa um lugar — modesto, porém importante — na história do pensamento político. Há nele a duvidosa honra de contar entre os antecedentes intelectuais das Nações Unidas. Mesmo assim, esse texto publicado por conta própria, que circulou sobretudo entre os frequentadores dos *salons* parisienses, teve apenas uma fração mínima dos leitores de *Telêmaco*. E quando se trata de atitudes difundidas em relação a guerra e paz, o que importa mais é o que homens e mulheres liam, discutiam e sentiam — e não os tratamentos filosóficos mais elaborados do assunto.

Na medida em que as atitudes começaram a mudar no início do século XVIII, foi Fénelon, mais do que qualquer outro autor, quem mais as marcou. Sua influência é certamente difícil de exagerar. "*Telêmaco* surgiu", desmanchou-se o romancista Jacques-Henri Bernardin de Saint-Pierre em 1784, "e chamou a Europa de volta às harmonias da natureza. Produziu uma grande revolução na política. Trouxe povos e reis de volta às artes úteis, ao comércio, à agricultura e, acima de tudo, ao afeto pela divindade". Outro crítico balbuciou que "se algum poema pudesse engendrar a felicidade da raça humana, seria [*Telêmaco*]". Mesmo uma pessoa tão antifeneloniana como Lauzun leu o livro e fez referência a ele com certa familiaridade em suas memórias. A palavra "mentor", que devemos a Fénelon, permanece um sinal eloquente do apelo do livro.

Telêmaco chegou até mesmo a alcançar a audiência régia que buscava. Depois da morte de Luís XIV em 1715, o regente de seu sucessor fez uma citação direta do livro em um discurso antes de ser confirmado no cargo. O mesmo fez o pregador da corte, Massillon, que advertiu o jovem herdeiro ao trono de que mesmo a mais legítima das guerras trazia no seu bojo antes pesar do que glória. Em sua elegia fúnebre a Luís XIV, Massillon havia indagado de forma ousada qual o significado das vitórias do velho rei e respondido, como teria feito Fénelon: "nada mais do que todo um século de horror e carnificina". Panegiristas reais louvaram o jovem rei como o novo Telêmaco e enalteceram seus tutores como novos Mentores. Adiante naquele século, os tutores reais passaram a dar o próprio livro a seus protegidos, e o rei Luís XVI (1754-93) foi fortemente marcado por ele.

A influência de Fénelon evidencia-se mais dramaticamente no modo pelo qual os franceses viam a própria história. No século XVII, os esforços de comemoração do passado nacional destacaram os êxitos que, em guerra, teriam sido alcançados pelos reis franceses e pelos grandes comandantes aristocráticos. O século XVIII, no entanto, assistiu a uma reavaliação muito consciente dessa tradição. Como demonstrou o historiador literário Jean-Claude Bonnet, qualidades morais interiores, em oposição a ações heroicas, tornaram-se o principal critério de "grandeza" histórica. Legisladores, eruditos, figuras artísticas e literárias e até mercadores tornaram-se candidatos à celebração. Até então, mesmo os reis somente estariam qualificados para tanto se houvessem governado como verdadeiros "pais de seus povos". O incansável abade de Saint-Pierre ajudou a definir a tendência, em um ensaio sobre a diferença entre mera "fama" e autêntica grandeza. Mas Fénelon — "a verdadeira chave para o museu da imaginação do século XVIII", nas palavras de Bonnet — forneceu o grande e decisivo exemplo com seu retrato de Telêmaco e Mentor. É natural que o próprio Fénelon tenha em pouco tempo se tornado o arquétipo desse novo tipo de ícone nacional. Histórias da vida desse escritor multiplicaram-se em biografias, poemas, pinturas e concursos de ensaios. Na década de 1770, quando a Coroa francesa decidiu encomendar esculturas oficiais dos maiores homens do país, Fénelon contava entre os primeiros quatro nomes escolhidos.

Mesmo assim, Fénelon e *Telêmaco* de modo algum resumiam toda a história. Para começar, embora reis e nobres possam ter lido o livro, eles continuaram, em intervalos regulares, a transformar campos pacíficos, como Fontenoy, em lugares verdadeiramente parecidos com o inferno. Sua conduta permanecia moldada pela guerra aristocrática. E na grande revolução intelectual chamada Iluminismo, que na França assumiu uma orientação fortemente anticlerical, o amor cristão não oferecia exatamente uma base convincente para o pacifismo, mesmo quando vestido com a decorosa roupagem clássica de *Telêmaco*. Com isso tudo, ao final do século XVIII uma ampla fatia das elites intelectuais europeias começava de fato a condenar a guerra e a profetizar seu rápido desaparecimento. Nas palavras de Condorcet, o maior otimista dos *philosophes* do final do século XVIII: "A guerra, tal como o assassinato, estará um dia entre aquelas atrocidades extraordinárias que revoltam e envergonham a natureza, vestem de ignomínia países e séculos cujos anais elas maculam". Mas essa transformação intelectual exigia uma base intelectual diferente daquela que Fénelon havia assentado.

Exigia, em primeiro lugar, a redefinição da guerra como algo fundamentalmente irracional — um fenômeno afinado com a superstição, o preconceito e a intolerância contra os quais se havia erigido o Iluminismo. Aqui, surpreendentemente, o exemplo mais famoso era fornecido por um autor que, como muita gente, havia anteriormente contribuído para glorificar a guerra aristocrática: Voltaire. Em 1745, ele havia celebrado a vitória de Fontenoy, e de 1750 a 1753, havia servido a Frederico, o Grande, como uma espécie de *philosophe* doméstico. Em 1759, no entanto, Frederico o dispensou ("espreme-se a laranja e joga-se fora a casca", observou o rei com desprezo), e Voltaire se recolheu a um exílio amargo, embora luxuoso, na Suíça. Ali ele escreveu seu trabalho mais conhecido, *Cândido*, a história do sofrimento humano que, ao fazer em forma de sátira uma forte crítica a um pouco de tudo — da Inquisição à escravidão, passando pelo otimismo filosófico —, expôs precisamente aqueles aspectos da guerra que o poema *Fontenoy* havia ocultado. No livro, o personagem-título, forçado a fugir de sua cidade natal na Alemanha, é levado por meio de um ardil a juntar-se ao exército búlgaro. Quando acidentalmente deserta, ele é pego e forçado a cruzar um corredor polonês constituído de 2 mil homens, os quais, munidos de varas, açoitam cada centímetro de sua pele. Segue-se uma batalha totalmente despropositada na qual 30 mil homens perdem suas vidas. Enquanto isso, soldados violentam em bando e massacram o objeto das afeições de Cândido. Um homem sábio adiante explica da seguinte forma o que é guerra para ele: "Um milhão de assassinos fardados, vagueando de um extremo a outro da Europa, matam e saqueiam com disciplina de modo a ganhar o pão de cada dia". *Cândido* termina com uma célebre nota ambígua, com Voltaire parecendo acabar com a esperança de algum dia se destruírem as densas trincheiras de loucura do mundo e recomendando a seus leitores que olhem para dentro de si — que cultivem seus próprios jardins. O livro, todavia, provou-se imensamente popular e inspirou diversas imitações.

Os argumentos mais importantes e influentes do Iluminismo, porém, usavam mais do que sátira. Em vez disso, bebiam na fonte de um tipo de ciência que apenas começava a existir: a ciência da sociedade. Para ilustrar essa mudança, entretanto, é melhor deixar de lado Fénelon e Voltaire e introduzir um tipo de figura muito diferente: Paul-Henry Thiry, conhecido como barão d'Holbach (1723-89). Filho de burgueses alemães proprietários de terras, ele herdou ainda muito jovem uma fortuna incrível e a usou para comprar um título de nobreza e uma suntuosa casa em Paris, na qual oferecia recepções generosas. Ser abastado ajudou-o a reunir em torno dele um dos mais significativos círculos de pensadores do século: "a *coterie* de Holbach", que incluía o *philosophe* Denis Diderot e o soldado-poeta Saint-Lambert. D'Holbach era também um ateu fervoroso e inflexível, que poderia perfeitamente ter morrido por aquilo que acreditava se tivesse vivido em épocas anteriores, menos tolerantes (ou épocas posteriores, também menos tolerantes nos assuntos aqui tratados). Seres humanos, ele ensinava, eram matéria física e nada mais. Não havia Deus, nem céu, nem algo como alma. Nada podia ser mais distante da diligência cristã de Fénelon, mas d'Holbach era um igualmente dedicado crítico da guerra.

Se d'Holbach oferece um exemplo particularmente claro de pensamento iluminista francês sobre guerra e paz, não é porque ele fosse um *philosophe* "típico" (se é que se pode dizer que isso existiu). Seu ateísmo era de virar o estômago mesmo para a sensibilidade liberal setecentista. Ele publicou seus livros no exterior, anonimamente, para não arriscar sua posição na sociedade. Tampouco se trata de um bom exemplo em razão de sua importância intelectual, pois, em comparação às sublimidades de um Montesquieu ou de um Diderot, seu pensamento era rígido e pouco original. Mas onde Montesquieu e Diderot eram gloriosamente desorganizados, d'Holbach era firmemente sistemático (com certeza muitas vezes de modo pedante), expondo seus pontos de vista em tratados longos, cuidadosamente organizados. Assim como Fénelon e Voltaire, ele era popular — imensamente popular. Embora seus livros tivessem sido banidos da França, o público francês havia se viciado em literatura ilícita por volta dos anos 1770, e um amplo mercado negro crescera para suprir esse hábito. De acordo com Robert Darnton, o tratado "materialista" de d'Holbach, *The System of Nature* [*O sistema da natureza*] era o terceiro mais vendido na França pré-revolucionária; seu programa de reformas, *The Social System* [*O sistema social*], chegou a uma respeitável vigésima nona posição. Suas obras de mercado negro, na verdade, venderam mais do que as de qualquer outro *philosophe*, embora elas pudessem não ser propriamente páreo para a pornografia, os escândalos e as fantasias utópicas que dominavam a lista dos mais vendidos.

À diferença do caso de Fénelon, as visões de d'Holbach sobre guerra e paz não parecem ter surgido de nenhuma experiência pessoal profunda. Na verdade, ele é passível de críticas por hipocrisia nessa matéria, pois mesmo condenando a guerra aristocrática nos mais fortes termos, ele conseguiu para seu filho um posto em um proeminente regimento francês de dragões* e casou sua filha com outro oficial dragão. Mas esse tipo de comportamento era inteiramente típico da França no oca-

---

* Soldados de cavalaria. [N. do. T.]

so do Antigo Regime. As elites sociais, confiantes no poder da mente humana e admiravelmente tolerantes com experimentos intelectuais, cultivavam abertamente a filosofia que corroía as bases de seus próprios status e poder. Elas corajosamente levavam exercícios intelectuais a suas conclusões lógicas, mesmo vivendo segundo um conjunto de regras que tais exercícios condenavam. "Estávamos andando em um tapete de flores", um memorialista aristocrata observaria muito mais tarde, "e não notamos o abismo logo abaixo".

O pensamento de d'Holbach sobre assuntos militares era fundado em uma ideia simples, embora sediciosa: a paz era a condição natural da humanidade; e a guerra, uma aberração antinatural. "Será que existe algo mais contrário à igualdade, à humanidade e à razão do que manter entre os povos tais ódios hereditários, absurdos e nada razoáveis?" Eis uma passagem típica de *O sistema social*. Era um ponto de vista elaborado em face a uma oposição significativa. Não apenas a ideia se adequava mal a muitas provas de comportamento humano efetivo, como também contrariava os ensinamentos cristãos. Muitas formas de cristandade ofereciam uma promessa atraente de paz futura, mas também mantinham uma visão por demais lúgubre e pessimista da degradação da humanidade para esperar muito dela no presente. Fénelon, que tanto antecipou do pensamento iluminista em outros aspectos, neste particular ficava distante das Luzes. Ao jovem Telêmaco, ele conferiu um "estado natural pernicioso" que era necessário corrigir, em vez de dotá-lo de uma bondade natural. A paz, para Fénelon, não era uma dádiva da natureza, e sim algo que se aprende com esforço e trabalho.

Tampouco eram somente cristãos devotos que se mantinham fiéis a essa ideia, pois ela havia sido reafirmada e reforçada pelo mais influente filósofo secular moderno, Thomas Hobbes. Escrevendo nos sangrentos meados do século XVII, Hobbes fez a célebre afirmação de que o estado natural do homem era na verdade "a guerra de todos contra todos", algo superável somente se todos abrissem mão de seus direitos em nome de um soberano todo-poderoso. Para que seus leitores não achassem que ele escrevia apenas sobre indivíduos, Hobbes estabeleceu explicitamente e repetidas vezes comparações entre indivíduos e nações, as quais também existiam em um estado de natureza em relação umas às outras — e, portanto, na maioria das vezes, em um estado de guerra. Hobbes foi muito influente na Europa da Época Moderna. Isso se observava inclusive no abade de Saint-Pierre, cujo plano para os estados cederem seus direitos a uma União Europeia seguia de perto a lógica da obra-prima do filósofo inglês, *Leviatã*.

Não obstante, já no século XVII alguns teóricos haviam começado a contestar essa concepção e a questionar as conclusões de Hobbes sobre a ordem internacional. Quando d'Holbach entrou em cena, a ideia de que "o estado de paz é o estado natural das nações", para citar o economista francês Pierre-Paul Mercier, tornara-se comum entre as classes educadas da Europa. Denis Diderot e Jean le Ron d'Alembert formularam com autoridade o argumento em seu grande compêndio do pensamento iluminista, a *Encyclopédie*:

> Hobbes argumentou que os homens sempre existiram em um estado de guerra de todos contra todos; tal sentimento melancólico de filósofo teria sido tão improcedente quanto caso houvesse dito que o estado de dor e doença é natural ao homem [...]. Guerra é uma doença convulsiva e violenta do corpo político; esse corpo somente é saudável — ou seja, em seu estado natural — quando está em paz.

O pensamento de d'Holbach expressava esse novo consenso. Os homens não eram naturalmente belicosos, insistia ele. Maus governantes os tornavam belicosos. Em seu próprio ataque sutil a Hobbes em *The System of Nature*, ele concluiu que o filósofo inglês havia entendido as coisas exatamente ao contrário: "O estado de sociedade é um estado de guerra do soberano contra todos, e de cada um de seus membros contra os outros".

O que d'Holbach acrescentou ao consenso, e o que conferia a seu pacifismo um tom particular, era o estabelecimento de um vínculo estreito entre guerra e ordem aristocrática predominante, além de sua crítica venenosa às noções aristocráticas de honra. Claro, outros o haviam antecedido nesse aspecto. Assim disse o personagem de Shakespeare, Falstaff: "Que é honra? Uma palavra. Que há nessa palavra, honra? Vento... Quem a possui? O que morreu na quarta-feira". E eis Timotheus, de John Dryden: "Guerra, cantou ele, é labuta e problema; / Honra, nada mais do que uma bolha vazia". Fénelon também havia criticado conceitos de honra, assim como Voltaire, em *Cândido*.

D'Holbach, no entanto, desenvolveu a crítica em uma escala e com uma sensibilidade psicológica sem precedentes. "Em que consiste essa [atual] *honra*?", ele indagou em seu livro *Universal Morality* [*Moralidade universal*], de 1776. "Em vaidade ridícula, vantagens imaginárias, títulos e sons, símbolos inúteis." Honra e nobreza verdadeiras, segundo ele, competiam apenas àqueles que as houvessem conquistado por seus próprios feitos, fosse no campo de batalha ou fora dele. Os nobres da Europa moderna, sem êxitos próprios, brilhavam somente pela glória refletida de seus ancestrais — uma postura especialmente ridícula, já que aqueles ancestrais teriam se promovido basicamente por meio de "assassinato, roubo, estupro e infâmia". Para manter sua posição, os nobres modernos, de maneira abjeta, faziam de si mesmos escravos de monarcas poderosos e desperdiçavam tempo e energia em jornadas de consumo conspícuo competitivo e de duelos. Claramente se referindo a figuras como os duques de Richelieu e Cumberland, com seus serviçais e porcelanas, com seus intermináveis comboios de bagagens, d'Holbach destilou ironia sobre "os comandantes que, com seu luxo, sua liberalidade e suas refeições suntuosas, tornam faminto o acampamento militar, mergulhando na abundância uma multidão de serviçais inúteis enquanto o soldado exausto passa necessidades". O que significava essa extravagância monstruosa se não uma tentativa patética de compensar a inadequação pessoal do aristocrata? A honra, em suma, havia degenerado em uma patologia: "o medo de ser desprezado, porque se sabe, na verdade, que se é desprezível".

Depois de apresentar tais provas de egoísmo e estupidez humanos, d'Holbach poderia perfeitamente ter lavado as mãos, como fez Voltaire em *Cândido*. Em vez disso, ele ofereceu a esperança de que a tendência natural da humanidade à paz poderia ainda prevalecer sobre o preconceito e a ganância. E, de forma crucial, ele ofereceu essa esperança com uma teoria para ampará-la: uma teoria da história. Foi esse passo — exemplificado por d'Holbach, mas de modo algum por ele inventado — que deu à oposição sentimental de Fénelon uma verdadeira base intelectual e capacidade de persuasão.

"A glória associada a conquista, guerra e valor na maioria dos países", escreveu d'Holbach em *Universal Morality*, "é claramente um vestígio dos costumes selvagens que prevaleciam em todas as nações antes de elas serem civilizadas [...] Graças a uma série de opiniões equivocadamente legadas por nossos ancestrais bárbaros, a mortal profissão da guerra é reputada a mais nobre das profissões." Essas linhas resumiam uma ideia que, no auge do Iluminismo, encantou as classes educadas da Europa: a ideia de um progresso histórico cientificamente mensurável. Em sua forma clássica, desenvolvida acima de tudo nas "histórias conjecturais" dos Iluminismos francês e escocês, acreditava-se que todas as sociedades seguiam naturalmente mais ou menos o mesmo curso, desde um estágio primitivo, no qual pequenas tribos sobreviviam da caça e da coleta, passando por fases pastorais e agrícolas, até um estágio moderno caracterizado pela emergência do comércio de larga escala. No decorrer dessa evolução, os modos se tornaram mais gentis e refinados, as paixões foram contidas, e a força bruta deu lugar à negociação pacífica. A persistência de guerras entre as grandes potências comerciais da Europa nada mais atestava, portanto, do que sua adesão incompleta à modernidade — os "vestígios" do barbarismo. Em outras palavras, a guerra em si equivalia a uma patologia social, assim como o culto da honra correspondia a uma patologia psicológica individual. Mesmo Voltaire, em uma ambiciosa história mundial escrita antes de Fontenoy (*Essai sur les moeurs* [*Ensaio sobre os costumes*]), viu o progresso introduzir "uma nova humanidade no flagelo da guerra". Para ele e d'Holbach, e para muitos outros, a solução consistia em educar adequadamente os governantes da Europa de maneira que eles não mais acreditassem viver na Idade Média.

Hoje em dia, essa visão de história perdeu totalmente sua força na maioria das culturas ocidentais. O século XX deu todo ele muitas provas de que a mais sofisticada das culturas está a apenas um passo de recair no mais terrível barbarismo. No tempo de d'Holbach, porém, o argumento do firme progresso da humanidade soou a muitos como irresistível. D'Holbach tinha um viés de pensamento muito abstrato para compilar dados empíricos relativos a tal ideia, mas um membro de sua *coterie*, François-Jean de Chastellux, fê-lo em um livro envolvente que muito devia à influência de D'Holbach. Chastellux, outro membro de uma antiga nobreza militar da França, havia servido como oficial do exército desde os 13 anos, e foi condecorado na Guerra dos Sete Anos e na Revolução Americana. Mas, entre as viagens feitas no cumprimento do dever, ele se mostrou um escritor talentoso. Seu *Essay on Public Hapiness* [*Ensaio sobre a felicidade pública*], de 1772, contundentemente celebrado por Voltaire, tornou-se a mais popular declaração do otimismo histórico do Iluminismo antes do advento de Condorcet. Chastellux era um protótipo dos soldados-autores de que falamos no capítulo anterior, e mesmo assim seus esforços literários profetizaram alegremente a extinção vindoura de sua profissão e de sua classe.

Assim como o clérigo inglês Cornish, Chastellux acreditava que o ódio religioso já não tinha força suficiente para provocar guerras de grandes proporções. Essa forma de ódio também pertencia a uma era mais primitiva. Ademais, as alianças entre as potências europeias haviam se tornado tão fortes, e o armamento moderno havia transformado as guerras em algo tão difícil e caro, que a era das conquistas havia definitivamente passado — a maioria dos estados estava tão profundamente afundada em dívidas que não tentava conquistar coisa alguma. A única coisa que restava para provocar os europeus a empreenderem guerras de agressão era o "ódio nacional", o qual existia "somente entre as massas" e estava sendo "diariamente cada vez mais mitigado pelo comércio e pelo intercâmbio contínuo que o gosto pelas viagens recentemente estabeleceu". Mesmo as fortes tensões entre a Grã-Bretanha e suas colônias americanas geradas no início da década de 1770 não podiam de forma alguma, segundo dizia um confiante Chastellux, levar a uma guerra deflagrada, menos ainda à independência americana.

Como esse último ponto sugere, Castellux teria sido um péssimo profeta. Entretanto, os fatos que ele invocava em seu favor eram bastante reais. O ódio religioso *estava* em declínio. E, conforme já observamos, as guerras *haviam* se tornado menos cruéis e violentas, ao menos em relação à carnificina selvagem do século XVII. Um estilo de guerra que hoje parece uma consequência do código aristocrático e da relativa ausência de conflito religioso e ideológico afigurou-se aos observadores setecentistas como parte de um avanço inevitável da civilização. "Os bárbaros", explicou o escritor escocês William Robertson, "lançam-se à guerra com impetuosidade, e a levam adiante com violência [...] sua fúria não sucumbe enquanto não for saciada pela inflicção [...] de toda calamidade possível". Em contraste, "as nações civilizadas, que pegam em armas com base em uma deliberação fria [...] conduzem suas hostilidades com tão pouco rancor e tão pouca animosidade, que a guerra entre elas é destituída de metade de seus horrores". Pensadores setecentistas, em outras palavras, não apenas notaram uma mudança na guerra, estabelecida no início do século, mas também buscaram nessa mudança muito de sua inspiração. Eles atribuíam a isso, contudo, um significado muito diferente daquele atribuído por oficiais aristocratas, vendo a mudança não como o resultado de um certo estado de coisas que agora poderia continuar indefinidamente, mas como uma indicação do iminente desaparecimento da guerra.

Ademais, as elites europeias *estavam* se tornando mais próximas umas das outras. Como lamentou o grande *philosophe* Jean-Jacques Rousseau, o mais importante crítico do fenômeno: "já não existem mais franceses, alemães, espanhóis ou sequer ingleses: existem apenas europeus. Todos eles têm os mesmos gostos, as mesmas paixões e os mesmos costumes". Por todo o continente, as classes altas seguiam cada vez mais as mesmas modas, liam os mesmos livros e, até certo ponto, falavam a mesma língua: o francês era mais ouvido do que o russo na corte do tsar, e Frederico, o Grande, da Prússia, desprezava o alemão, sua língua nativa, por se tratar, segundo ele, de um idioma apropriado somente para dar ordens a criados e cachorros. Um sistema postal bem desenvolvido permitia comunicação fácil entre as principais cidades europeias, e um número cada vez maior de periódicos espalhava notícias de Cádiz a São Petersburgo em questão de semanas. Viajar havia se tornado mais fácil e mais seguro do que jamais fora. E, é claro, nenhum tipo de pessoa participava mais avidamente dessas mudanças — viajando prontamente, folheando vorazmente os jornais, escrevendo cartas seriamente — do que o *philosophe*. D'Holbach, um alemão que vivia em Paris, que tinha entre seus amigos próximos o político radical inglês John Wilkes e o sábio napolitano Ferdinando Galliani, oferecia um exemplo perfeito: era um verdadeiro cosmopolita. Naturalmente, ele extrapolava sua experiência individual para toda a humanidade:

> Toda a raça humana forma uma vasta sociedade, da qual são membros as várias nações, espalhadas por toda a face da Terra, mas aquecidas e iluminadas pelo mesmo sol, banhadas pelas águas do mesmo oceano, conformadas da mesma maneira, sentindo as mesmas necessidades, concebendo os mesmos desejos, tomadas pelos mesmos cuidados de autopreservação [...]. Deve-se concluir necessariamente [...] que cada povo está ligado a outros povos pelos mesmos vínculos e pelos mesmos interesses que vinculam cada homem a seus concidadãos em uma determinada nação ou sociedade.

Nessas passagens, o Iluminismo formulava seu equivalente secular do universalismo cristão de Fénelon: todos os homens são irmãos.

Finalmente, o comércio *estava* vinculando mais os Estados europeus entre si. As mercadorias importadas das Américas e da Ásia — açúcar, café, chá, tabaco, tecidos, temperos, metais preciosos — congestionaram os portos da Europa com navios carregados e levaram a economia europeia a uma expansão sem precedentes. Somente Bordeaux viu seu comércio marítimo aumentar seis vezes entre 1724 e 1789 (a maior parte da carga ia dali para outros destinos na Europa). Muito dessa vasta riqueza vinha diretamente do trabalho escravo nos campos de matança das colônias açucareiras do Caribe, mas isso ainda não incomodava senão a uma pequena minoria de europeus. O desenvolvimento do comércio era ademais ajudado pela lenta ascensão das "pequenas empresas familiares", ou seja, do trabalho por empreitada na área têxtil, o qual transformou metade das fazendas em algumas áreas de França, Grã-Bretanha e Países Baixos em elementos esparsos do equivalente a uma fábrica primitiva gigante. As mercadorias fluíam através das fronteiras. Elas eram retardadas pelas represas e pelos diques das tarifas arcaicas, dos estatutos de guilda obstrutivos, da legislação mercantil protecionista, mas mesmo assim fluíam e deixavam um rastro de riqueza resplandecente.

Para pensadores do século XVIII, isso era o que de mais importante havia. O declínio do ódio religioso e o crescimento do cosmopolitismo poderiam remover as causas da guerra, mas o comércio agia como uma força positiva para a paz, pois criava relações internacionais mutuamente benéficas que a guerra interromperia ou destruiria. O comércio podia até mesmo agir para suavizar o espírito de guerra de uma nação. O abade de Saint-Pierre havia formulado esses argumentos já em 1713, em seu plano para a paz perpétua. Pensadores concordaram ao longo do século: "O espírito de conquista e o espírito de comércio são mutuamente exclusivos em uma nação" (Jean-François Melon, 1734); "o efeito natural do comércio é levar à paz" (Montesquieu, 1748); "O comércio tende a destituir aqueles preconceitos que mantêm distinção e animosidade entre as nações" (Robertson, 1769); "É o *espírito de comércio* que não pode coexistir com a guerra" (Immanuel Kant, 1795).

Em suma, havia todas as razões para escritores como d'Holbach e Chastellux acreditarem em sua retórica. Se a paz não era o estado natural da humanidade, pelo menos ela estava rapidamente se tornando o estado ordinário da sociedade comercial moderna. Nenhuma intervenção ativa era necessária para trazê-la à tona. É verdade que no século XVIII proliferaram projetos bem-intencionados de liga de nações, de federações internacionais e superestados europeus, muitos dos quais a reivindicar o aperfeiçoamento dos esforços anteriores de Penn, Bellers e "Saint-Pierre da Utopia". Alguns dos mais eminentes filósofos da época — Rousseau, Bentham, Kant — tentaram dar sua contribuição a esse exercício. Eles temiam, no entanto, que o público recebesse suas propostas como "desastrosas [...] fantasiosas e ridículas" (palavras de Bentham); e estavam certos. Poucos leitores acreditavam que tais projetos utópicos bem-intencionados, por mais originais e sofisticados que fossem, tivessem qualquer chance de sucesso no mundo real. Eles *estavam* prontos a crer, porém, que estava em curso uma mudança do mundo. A história, escreveu Condorcet em uma formulação mais típica, movia-se para a frente. Ela não necessitava da ajuda de projetos pouco práticos vislumbrados por filósofos ociosos.

Tão difundida tornou-se a crença no progresso histórico, que chegou a permear as próprias fileiras militares — com o auxílio de soldados-filósofos como Chastellux. Considere-se um exemplo bastante destacado. O jovem George Washington, descendente de uma família tradicional da Virgínia, que tinha irmãos no serviço militar britânico, parecia inicialmente fadado a uma carreira típica como um distinto oficial militar. Depois da primeira vez em que vivenciou um fogo cruzado, em 1754, na condição de major de milícia aos 22 anos de idade, Washington gabou-se, ao bom modo cortês, de que via algo "charmoso no som" do assovio das balas. Mas, 34 anos depois, apesar de sua carreira militar triunfante, ele também tinha entrado em contato com a filosofia europeia da época e podia falar uma linguagem muito diferente. Em uma notável carta ao próprio Chastellux, enviada em 1788, ecoou o *Essay on Public Happiness*, e resumiu praticamente todos os pontos discutidos:

> Já é tempo de a era do Cavaleiro Errante e do heroísmo insano acabar. Seus jovens militares, que desejam participar da colheita dos louros,

não se importam (imagino) com a quantidade de sementes de guerra plantadas; mas, pelo bem da humanidade, é seriamente desejável que o honrado emprego da agricultura e os benefícios humanizadores do comércio suplantassem o desperdício da guerra e a ira da conquista; que as espadas possam se transformar em relhas de arado, as lanças, em podadeiras, e, como dizem as Escrituras, "que as nações já não aprendam a guerra".

As palavras "heroísmo insano" fazem lembrar d'Holbach zombando o código de honra aristocrático, e a passagem como um todo recupera a ideia de guerra como uma atividade fundamentalmente egoísta que precisava, em uma era de razão, dar lugar à busca do bem comum.

Ao prover bases intelectuais sérias e aparentes provas empíricas para a ideia de que o progresso histórico tornaria possível a paz perpétua, o Iluminismo marcou um estágio novo fundamental no pensamento humano sobre o problema. Tal estágio se inspirava no pacifismo cristão exemplificado por Fénelon e, em muitos aspectos, derivava diretamente do clima cultural que Fénelon ajudara a criar, no qual a busca pela paz e pelo bem comum passara a soar mais natural e mais valorosa do que a busca pela glória militar. A história é, contudo, mais complicada, pois o mesmo pensamento iluminista afastava-se dos escritos de Fénelon não apenas em seu secularismo, como também de um outro modo, mais sinistro. Para tornar este ponto mais claro, consideremos a obra do homem a quem normalmente se credita haver levado o pensamento iluminista sobre guerra e paz a sua conclusão lógica, mas que, a rigor, rompeu com esse pensamento em alguns aspectos muito significativos.

Esse homem foi Immanuel Kant (1724-1804), cuja vida nada teve do drama daquela de Fénelon, nem do brilho daquela de d'Holbach. Kant passou quase toda ela entre o frio e o cinza das paredes, das ruas e do céu da cidade de Königsberg, na Prússia báltica, onde pacatamente ensinava filosofia na universidade (e onde vivenciou a ocupação russa durante a Guerra dos Sete Anos). Mas, como Hamlet, ele podia "estar preso em uma concha e se considerar um rei do espaço infinito". Ao retrabalhar muito da filosofia do Iluminismo de modo magistral, Kant fundou seu próprio reino no espaço infinito do intelecto e, nesse processo, rearranjou as reflexões do Iluminismo sobre guerra e paz dentro da forma pela qual elas são mais conhecidas.

Em um ensaio breve e abstrato de 1784, intitulado "A ideia de uma história cosmopolita universal", Kant reafirmou o credo do Iluminismo no progresso. Sim, a humanidade estava passando por uma evolução histórica. De fato, ao fazê-lo, cumpria os propósitos ocultos da própria natureza. Mas a natureza não era inofensiva, e o progresso humano não consistia em uma simples mudança do barbarismo sombrio para o planalto ensolarado da civilização. Os "meios da natureza" consistiam no "antagonismo mútuo" entre humanos: competição e conflito até chegar à — e incluindo a — guerra. Portanto, a guerra tinha seus propósitos, e não se podia esperar que ela desaparecesse antes de sua evolução histórica atingir um ponto final. Kant também introduziu uma distinção crítica que havia escapado aos autores franceses — especialmente aos "materialistas", como d'Holbach: "Somos civilizados, até excessivamente [...]. Mas ainda há muito a ser feito antes de podermos ser vistos como moralizados". Como Kant enfatizou em toda sua filosofia, tanto as leis da natureza quanto a lei moral estavam presentes na mente humana, mas elas não eram idênticas. E, sem moralidade, "todo bem aparente [...] nada mais é do que mera ilusão e miséria resplandecente".

Já nesse trabalho, Kant profetizava que a experiência antagonística da guerra terminaria por forçar a humanidade a formar uma grande Confederação Internacional. Em seu clássico ensaio de 1795, "Paz perpétua", ele ia além no tema e vislumbrava uma série de dispositivos constitucionais para essa organização. À diferença do abade de Saint-Pierre, de quem retirou seu título e seu modelo, Kant não fantasiava que a paz exigia apenas o reconhecimento da genialidade de seu plano por parte de príncipes ilustrados. Ele comentava ironicamente que a inscrição "à paz perpétua" havia certa vez aparecido em uma pintura de uma placa de um cemitério, e aceitava o triste postulado de Hobbes de que o estado de natureza era um estado de guerra. Para que os Estados chegassem a reconhecer que seus verdadeiros interesses estavam na paz, eles não poderiam ter formas despóticas de governo, guiados pela paixão. Estariam aptos a tanto somente os governos representativos, nos quais a separação de poderes prevalecesse. Esse argumento, aliás, tornou Kant o precursor intelectual da ideia de que a difusão da democracia traz paz, já que democracias não combatem umas às outras. Kant também advertiu que mesmo que os governos representativos se tornassem ubíquos, era demais esperar que nações separadas pudessem algum dia fundir-se em um único Estado mundial. Tudo o que se poderia esperar era "o substituto negativo de uma *união de nações*". Mesmo assim, ele insistia em que o movimento da história traria inevitavelmente à tona algo como essa confederação.

Ao longo do texto, no entanto, ele também insistia, como anteriormente, na primazia da lei moral. *Fiat justitia, pereat mundus*, Kant citava ("faça-se justiça, mesmo que o mundo pereça"). Kant também afirmou seu "imperativo categórico" — versão da principal regra desenvolvida em seus mais importantes trabalhos de filosofia moral e que se tornou a sentença definitiva do mundo moderno sobre os problemas de consciência: "aja de modo que você possa querer que sua máxima se torne uma lei geral". Tal princípio, ele argumentava, extraído de um senso moral presente em todos os humanos, deve preceder qualquer asserção baseada em observação empírica do mundo material — inclusive as teorias da história.

Desse modo, Kant distava de filósofos franceses como d'Holbach e Condorcet, para quem a história não oferecia simplesmente a promessa de novos tempos e uma teoria dos eventos humanos, mas, fundamentalmente, uma justificativa completa da ação política. Em *Esboço de um quadro histórico dos progressos do espírito humano*, que Condorcet escreveu durante a Revolução Francesa, as lições da história equivaliam a uma série de "verdades", óbvias para qualquer pessoa "ilustrada" — e mais do que isso, a um "julgamento" emitido a respeito dos "inimigos da razão" e "opressores da liberdade". Dessa perspectiva, o objetivo da paz perpétua tinha valor não porque se conformasse a uma lei moral fundamental, mas porque se adequava ao progresso histórico da civilização. Era um ponto de vista que Kant considerava fundamentalmente equivocado.

Foi, contudo, um ponto de vista que obteve um tremendo e duradouro sucesso. *Die Weltgeschichte ist das Weltgericht*: A história do mundo é o tribunal do mundo. Essa frase, escrita por um grande poeta iluminista e posteriormente adotada por Hegel como sua máxima fundamental, foi transmitida a muitas ideologias modernas. Nesse processo, o "julgamento" da história foi invocado para justificar muitas coisas execráveis. Por seu turno, a "lata de lixo" da história, à qual Lenin desdenhosamente relegou seus oponentes, tornou-se muitas vezes um enorme túmulo. Já na Revolução Francesa, conforme veremos, os arquitetos do terror haviam falado em progresso histórico como justificativa para o assassinato em massa, em uma linguagem não muito diferente daquela usada por d'Holbach e Chastellux. Em 1794, Maximilien Robespierre declarou que a Revolução Francesa não apenas confirmava as previsões históricas dos *philosophes*, como também as acelerava. Ela havia colocado os franceses 2 mil anos à frente do resto da raça humana, de modo que "se é induzido a vê-los [...] como uma espécie diferente". Kant poderia ter perguntado: uma lei geral pode prevalecer para membros de espécies diferentes? A consciência humana tem alguma exigência quanto ao comportamento de um humano em relação a animais selvagens?

Em suma, as teorias da história iluministas, que prometiam a chegada iminente da paz perpétua, ocultavam perigos desconhecidos. Fundados no clima cultural geral que Fénelon ajudou a instituir, os *philosophes* deram rigor intelectual ao sentimentalismo cristão conciliatório de Fénelon. Nesse processo, contudo, transformaram a paz: de um imperativo moral, ela passou a um imperativo histórico. E, então, deixaram as portas abertas à ideia de que, em nome da paz futura, quaisquer meios seriam justificáveis — inclusive guerras de extermínio. Trata-se de uma ideia que Fénelon teria rejeitado por completo e que Kant *de fato* rejeitou por completo. Em "Paz perpétua", ele insistiu em que nenhum Estado jamais deveria tratar outro estado como um "inimigo injusto" contra o qual seria possível lançar uma "guerra de extermínio". Tal guerra "permitiria a paz perpétua somente sobre o cemitério de toda a raça humana". Ela deveria ser "inteiramente proibida".

Não obstante essas diferenças, Fénelon, os *philosophes* franceses e Kant estavam juntos não apenas em seu desejo de paz, mas também em sua rejeição à guerra na qualidade de atributo ordinário de uma ordem social aristocrática. Em oposição à dramatização e à glorificação da individualidade aristocrática, tão visível nas corporações de oficiais da maioria dos exércitos do século XVIII e nos campos de batalha de Poltava e Fontenoy, esses filósofos setecentistas reclamavam a renúncia ao ego e à glória — fosse em nome do bem comum, da consciência ou do progresso histórico. Mesmo antes de Kant publicar "Paz perpétua", preceitos antiguerra, sob essas diferentes formas, haviam se tornado algo próximo ao senso comum das elites intelectuais da Europa.

Mas a paz era, efetivamente, algo tão bom? Mesmo com o senso comum a se difundir, alguns escritores faziam essa pergunta — e não apenas aristocratas tradicionais, como Chevalier Ray, que havia rejeitado a ideia de "um flagelo detestável" para qualificar a guerra. E, então, essa história tem uma derradeira virada. De dentro do próprio Iluminismo, críticas às novas teorias da paz tomavam forma, baseadas na crença de que o progresso da civilização material representava tudo menos um benefício genuíno. Às sociedades "primitivas", segundo essa visão, podiam até faltar refinamento e autocontrole. Tais sociedades tinham, contudo, uma chama vital e uma paixão que o processo civilizador continuamente exauria, deixando a humanidade letárgica, sem vigor e decadente, incapaz de grandes feitos ou de grande beleza. A civilização assemelhava-se a uma doença degenerativa, mas a guerra podia fornecer a vacina.

Quase sem exceção, esses novos advogados da guerra não tinham admiração pelas guerras aristocráticas de sua época. Eles desprezavam os exércitos envolvidos nesses conflitos como uma reunião de escravos, mercenários e "autômatos" bem treinados. Alternativamente, buscavam modelos nos gregos e nos romanos, cujas línguas e culturas ainda dominavam a educação das elites europeias (a rigor, europeus bem-educados frequentemente conheciam a história e a literatura de Roma muito melhor do que aquelas de seu próprio país). Nas cidades-Estado gregas e na Roma republicana, argumentavam, a obrigatoriedade do serviço militar para todos os cidadãos do sexo masculino havia fortalecido tanto o vigor físico quanto a virtude cívica. Homem por homem, diziam, esses cidadãos-soldados lutavam melhor do que quaisquer outros soldados na história. Os novos defensores da guerra celebravam os grandes exemplos clássicos de heroísmo e glória: guerreiros espartanos sacrificando-se em Termópilas para conter os invasores persas, exércitos romanos reduzindo Cartago a escombros e salgando os campos cartagineses, César subjugando as populações da Gália. Desnecessário dizer, nenhum desses exemplos adequa-se particularmente bem à cultura aristocrática dominante da guerra limitada.

Jean-Jacques Rousseau deu o primeiro grande impulso à crítica em seu *Discurso sobre as ciências e as artes*, de 1750. Mais tarde, Rousseau escreveria com simpatia a respeito dos planos de paz do abade de Saint-Pierre, mas, nesse trabalho relativamente prematuro (o primeiro que lhe trouxe notoriedade), esteve perto de julgar o valor de um povo em função de suas proezas militares. Especificamente, o filósofo contrastou positivamente os espartanos másculos e guerreiros ("que fizeram tremer a Ásia") aos frágeis, decadentes e enervados europeus de sua própria época. O progresso das ciências e das artes, asseverou repetidas vezes, levava ao declínio de algo muito mais valioso: a "virtude militar". Rousseau emitiu em profusão elogios incomuns aos estados que haviam preservado tal virtude obrigando todos os cidadãos do sexo masculino ao serviço militar: Esparta, Roma republicana, sua Gênova natal. "Todo cidadão deveria ser um soldado por dever, nenhum cidadão deveria ser um soldado por profissão. Esse era o sistema militar dos romanos [...] e esse deveria ser o sistema militar de todo Estado livre."

Ao longo das décadas seguintes, essa clássica fantasia republicana provou-se cada vez mais sedutora. Na França, o *philosophe* Mably argumentou que os cidadãos de repúblicas deveriam participar de treinamentos militares diariamente e trazer os "hábitos disciplinares de um acampamento militar" para a vida civil comum. O conde de Guibert, o reformista militar pré-revolucionário mais influente da França (e um frequentador assíduo de salões "filosóficos"), ganhou renome com um volumoso *Ensaio sobre tática*, cujo prefácio conclamava os franceses a emular os romanos. Um povo agressivo, que combinasse modos austeros com serviço militar universal, poderia construir um império para si "tão facilmente quanto sopra o vento Norte sobre os frágeis juncos". Guibert também enfatizou que se um Estado verdadeiramente livre *fosse* forçado a uma guerra:

> Seu estilo de guerra não será aquele praticado pelos estados atualmente [...]. Terrível em sua ira, trará fogo e aço para a casa do inimigo. Em sua vingança, abalará todos os povos que possam haver sido tentados a incomodar sua paz. E que ninguém chame barbarismo, ou violação de supostas leis de guerra, tais retaliações fundadas nas leis da natureza. Se este povo feliz e pacífico for insultado, ele se erguerá, deixará seu lar e, se necessário, perecerá até o último homem.

Essa visão de guerra total, a mais impactante do período pré-revolucionário, valeu a Guibert duras reprimendas por parte de muitos de seus colegas aristocráticos, ainda que suas propostas mais específicas de reforma envolvessem a criação de exércitos de soldados profissionais, pequenos, móveis e altamente treinados, em vez de grandes exércitos de camponeses.

Uma visão de guerra exterminadora, ao modelo das Guerras Púnicas entre Roma e Cartago, penetrou até mesmo as propagandas de guerra francesa e britânica. Em ambos os países, a ideia de "nação" estava se tornando uma fonte de retórica política, e ambos os governos usaram-na para mobilizar suas populações durante a exaustiva Guerra dos Sete Anos (1756-1763). Franceses e britânicos celebraram os atos heroicos de soldados ordinários, que supostamente exibiam qualidades tipicamente "nacionais" de bravura e determinação. Na França e na Inglaterra, estudiosos elaboraram listas exaustivas de paralelos históricos para qualificar seus próprios países como a Roma moderna e os inimigos como a Cartago moderna. Os propagandistas também chamavam a atenção para as atrocidades cometidas pelos soldados inimigos, de modo a demonstrar as qualidades pérfidas da nação adversária. Com estardalhaço, autores franceses apropriaram-se de um incidente no qual milícias coloniais britânicas surpreenderam um destacamento da marinha francesa no Vale de Ohio, matando dez pessoas. Eles rotularam as tropas britânicas — e, por extensão, todos os britânicos — de "bárbaros" terríveis, os quais não mereciam perdão na guerra. O comandante das milícias — ninguém menos do que o jovem George Washington, ainda afeito às balas sibilantes — foi particularmente maldito pelos franceses (algo que estes tiveram de esquecer rapidamente 24 anos depois, quando se tornaram aliados do mesmo Washington). Como parte da contenda, os poetas franceses chamaram sua nação à batalha com frases como "às armas, cidadãos" e insistiram em que o "sangue impuro" dos britânicos irrigaria as terras francesas. Pirateadas e musicadas durante a Revolução pelo engenheiro militar Rouget de Lisle, tais frases tornaram-se parte da canção por ele composta, *A Marselhesa*, que ainda hoje é o hino nacional francês.

Na França e na Grã-Bretanha, os defensores dos valores militares gregos e romanos recusavam-se a prezar a guerra por ela mesma. O treinamento militar poderia promover a virtude cívica e, portanto, poderia ajudar uma sociedade a sobreviver. Mas há poucos indícios de que Rousseau, Mably ou mesmo Guibert enxergassem a experiência da guerra em si como benéfica. Na Alemanha, entretanto, esse limite foi transposto. O movimento literário alemão conhecido como *Sturm und Drang* (Tempestade e Ênfase), que floresceu nas últimas décadas do século XVIII, negou de forma eloquente que todas as sociedades humanas seguissem a mesma trilha, *grosso modo* linear, de evolução.

Johann Gottfried Herder, em particular, sustentava que cada nação tivesse seu "gênio" orgânico próprio, associado à sua linguagem própria. As expressões mais autênticas de cultura nacional Herder via nas pessoas do campo, mais próximas a seu passado "primitivo", e não nas elites supostamente decadentes das cidades.

Mas como uma nação se desenvolvia e crescia? Por meio de uma educação cuidadosa e pacífica? Ou, talvez, de luta violenta? Herder fez uma célebre observação de que "os homens desejam harmonia, mas a natureza sabe melhor o que é bom para as espécies: ela deseja conflito". O próprio Kant, como vimos, caracterizou a guerra como um meio de a natureza levar as espécies ao mais alto estágio de humanidade — embora nesse estágio mais alto, a guerra fosse finalmente desaparecer. Ele chegou a observar brevemente, em sua *Crítica do juízo*, que "a guerra [...] tem algo de sublime" e associou "paz prolongada" com "egoísmo, covardia e efeminação humilhantes" — uma posição de certo modo contraditória com seu trabalho posterior, *Paz perpétua*! Um estudioso mais obscuro, Johann Valentin Embser, foi ainda mais além, em 1779, ao louvar a guerra como um fenômeno necessário sem o qual a virtude, a coragem, a amizade e a generosidade definhariam e morreriam. "A guerra [...] rejuvenesce o povo", escreveu. Deus havia posto conflito e maldade no mundo por alguma razão, e negá-los significaria idolatria. Portanto, "[o] projeto de paz perpétua não pode ser realizado, e mesmo que pudesse, não deveria. Uma afirmação terrível, eu admito, mas uma afirmação verdadeira!".

A mais forte dessas defesas da guerra foi composta por um proeminente filólogo e político liberal ligado a Herder: Wilhem Von Humboldt. Em um tratado escrito em reação à Revolução Francesa (embora apenas parcialmente publicado à época) e dedicado a explorar o propósito e os limites da ação do estado, Humboldt juntou-se a Rousseau e Mably ao deplorar o modo pelo qual as sociedades contemporâneas haviam privado de experiência militar a maioria de seus cidadãos. O autor lamentou que soldados profissionais tivessem uma "existência maquinal". Somente na Antiguidade, prosseguia Humboldt, havia o "caráter nobre do guerreiro" atingindo sua "beleza mais elevada". Ele deu ainda um passo além, como vimos na Introdução, chamando a guerra de "um dos mais saudáveis fenômenos para o cultivo da raça humana". E continuava: "É sem desejo que eu a vejo sair de cena cada vez mais. Ela é assumidamente o espantoso extremo pelo qual a coragem diante do perigo, o trabalho e a firmeza são testados e robustecidos". Embora Humboldt de fato desejasse o derradeiro advento da paz perpétua, ele advertia que esta não deveria vir por meio de uma "paralisia artificial".

Ironicamente, esses novos entusiastas da guerra tinham uma visão muito menos realista do combate no século XVIII do que os defensores da paz. Retrospectivamente, suas palavras pareciam prefigurar os recrutamentos e alistamentos em massa da Revolução. Para os contemporâneos, todavia, eles invocavam os romanos com espadas e escudos, e não uma infantaria disparando salvas disciplinadas de mosquete ou uma artilharia arrasando corpos dispostos em fileiras indefesas. O que significaria ter um exército de cidadãos na era da pólvora e nos reinos de milhões ou dezenas de milhões de pessoas? Os entusiastas não diziam. Em contraste, escritores como o Voltaire de *Cândido* haviam descrito as realidades desagradáveis do campo de batalha setecentista de modo realmente muito claro.

As glorificações entusiásticas da guerra também pareciam uma rejeição aos argumentos iluministas em favor da paz perpétua, quer na versão d'holbachiana, quer na kantiana. Em um sentido crucial, no entanto, eles compartilhavam a mesma perspectiva fundamental do mais pacifista dos *philosophes*. Isto é, eles também rejeitavam inteiramente a concepção aristocrática de guerra como um elemento ordinário, não excepcional, da ordem social. Também para eles, a guerra era algo absolutamente *extraordinário* — mas de modo dinâmico, talvez até mesmo sublime, e não destrutivo. Nesse sentido, eles também pertenciam ao que se poderia chamar uma nova cultura da guerra embrionária, baseada precisamente na suposição da excepcionalidade da guerra.

Antes de 1789, contudo, todas essas várias correntes de pensamento permaneciam abstrações, sem muita relação com as condutas efetivas na política e na guerra europeias. As novas glorificações da guerra, especialmente, ainda se resumiam a uma corrente a rigor muito restrita. Os argumentos pela paz haviam se tornado senso comum para uma vasta porção das elites intelectuais da Europa, mas ainda tinham de encontrar sustentação nas elites *dirigentes* europeias, sem falar nas elites militares. *Nesses* círculos, o código aristocrático ainda florescia, malgrado exceções como Chastellux ou Guibert (e mesmo eles achavam fácil manter em compartimentos separados suas ambições sociais e sua filosofia avançada). Para as compartimentações serem superadas — para as paredes de vidro a dividir filosofia e guerra se quebrarem —, seria necessário nada menos do que o colapso do sistema aristocrático que as mantinha. Isso exigiria que problemas frios e abstratos de construção do Estado se transformassem urgentemente em questões quentes e palpáveis. O que significa dizer: exigiria uma revolução.

3
Declaração de Paz — Declaração de Guerra

A nação francesa renuncia travar qualquer guerra cujo objetivo seja a conquista e nunca mais vai empregar suas forças contra a liberdade de qualquer povo.
— Assembleia Nacional Francesa,
22 de maio de 1790

É algo cruel de se pensar, mas está se tornando mais claro a cada dia que a paz está nos fazendo regredir. Só seremos regenerados pelo sangue.
— Jeanne-Marie Roland, 25 de junho de 1791

6 de outubro de 1789. À medida que o sol se ergue em um céu claro sobre o palácio de Versalhes, ilumina as imagens douradas de si mesmo colocadas lá por Luís XIV para celebrar a sua glória. Ele brilha sobre os pisos polidos que gerações e gerações de aristocráticos saltos vermelhos cruzaram em passos leves, medidos, bem ensaiados. A luz infiltra-se até a Sala dos Espelhos — voltada para o poente — onde, durante um século, os maiores entre os maiores lançaram olhares de adoração furtivos e silenciosos para seus vistosos eus.

Mas, nessa manhã, a luz mostra uma cena inusitada nessa sala. Homens e mulheres atravessam-na, mas não em ritmo suave, e sim em uma corrida proposital de passos pesados. Os pés não estão protegidos por sapatos de salto vermelho, e sim por botas grosseiras que provocam um ruído surdo, tamancos estrepitosos e todo tipo de som gerado por todo tipo de sola de couro barato desgastado — os calçados dos trabalhadores pobres, que deixam atrás de si uma trilha de pegadas de barro e terra, pois ontem eles chegaram de Paris marchando até aqui, percorrendo uma distância de mais ou menos 20 quilômetros, e passaram a maior parte da noite ao ar livre. Estão cansados, famintos e muito, muito irados.

Esperaram durante meses que seu rei, Luís XVI, tataraneto do construtor de Versalhes, aliviasse sua fome e sua miséria, produto do maior colapso econômico que a França conhecera em décadas. Em maio, aguardaram esperançosos enquanto os Estados Gerais [assembleia que congregava representantes do povo, da nobreza e do clero], o parlamento do país em estado de dormência há tanto tempo, fizesse uma reunião para discutir as reformas há muito necessárias. Em junho, ouviram excitados a notícia de que os deputados plebeus dos Estados Gerais tinham resolvido um impasse ao designar a si mesmos para a Assembleia Nacional e conseguiram a autorização relutante do rei para começar a redigir a nova constituição. Em julho, tremeram com os boatos de que o rei estava concentrando tropas em volta de Paris — seus preparativos para um *coup d'état*; em resposta, alguns deles pegaram em armas e invadiram uma fortaleza, a prisão real chamada Bastilha. E dançaram com uma alegria feroz quando perceberam que a queda da Bastilha tinha efetivamente dado fim ao que agora poderiam chamar de Antigo Regime. Em agosto, aplaudiram quando a Assembleia Nacional acabou com séculos de privilégios sociais e proclamou os direitos do homem e do cidadão. Uma revolução estava em curso. Mas pouco foi feito para aliviar seus sofrimentos.

E então, há alguns dias, ficaram indignados ao saber que, enquanto a família real lançava olhares aprovadores, símbolos da Revolução foram calcados aos pés em um banquete oferecido por sua escolta a alguns aristocratas que eram oficiais do Regimento de Flandres. Ontem a indignação chegou ao auge: uma multidão enorme, dominada por vendedoras que trabalhavam no mercado, comprimida na praça que ficava na frente da prefeitura de Paris, exigira ação e pão. Uma palavra de ordem se fez ouvir — "para Versalhes!" — e, em seguida, cantando, uma grande massa formada por milhares de mulheres e homens de roupa suja protestava seu amor ao soberano, mas pegou lanças, mosquetes e até canhões para levar em sua marcha. As autoridades revolucionárias da cidade, incapazes de deter aquela marcha, deram ordens à Guarda Nacional para ir atrás da multidão como escolta. Horas depois, os parisienses chegaram a Versalhes e o rei em pessoa recebeu uma pequena delegação, prometendo mandar carregamentos de cereais à capital sem mais delongas. Aparentemente, as tensões diminuíram.

Mas as multidões são estranhas, quiméricas. Ao amanhecer, um grupo dos manifestantes descobre que a entrada principal está desprotegida e invade o palácio. Um guarda atira contra eles, mas é morto na hora. A pressão do ressentimento contido faz explodir uma ira incandescente e concentra-se em Maria Antonieta, a rainha de origem austríaca arrogante e perdulária, durante uma década o alvo de feios rumores e libelos. Os parisienses correm para os aposentos da rainha e atravessam a Sala dos Espelhos vociferando ameaças de morte, mas ela escapa por um triz. Descalça e histérica, corre para a ala do marido com os filhos, soltando gritos esganiçados e bate violentamente na porta durante mais de dez minutos. Os guarda-costas da família real, confusos e em menor número que os manifestantes, não têm como ajudá-la. Finalmente, alguém ouve seus gritos e abre a porta, e ela consegue — por um triz — entrar na zona de segurança.

Mas nem ela, nem o marido estão realmente seguros. À medida que o sol se ergue mais, é só um perigo imediato que ele dissipa. A Guarda Nacional entra para proteger a família real, há mais aparições desta diante da multidão e mais promessas de pão são feitas. E mais uma vez um mínimo de paz retorna. Mas os parisienses, que agora são uma força de 60 mil pessoas, conseguiram uma nova vitória e não estão com a menor vontade de abrir mão de seus louros. Ao começar a longa e desgastante marcha de volta para casa, obrigam a família real a acompanhá-los em uma carruagem lotada de malas arrumadas às pressas, de onde esta ouvia as canções roucas e via as lanças subirem e descerem diante das janelas (segundo algumas versões, a cabeça de guarda-costas da família real decoravam várias delas). O rei e a rainha haviam se tornado prisioneiros da Revolução. No dia 6 de outubro, ao pôr do sol, o povo de Paris desapareceu da Sala dos Espelhos, mas havia tomado o poder, afirmando a soberania popular em uma das demonstrações de força mais tangíveis e dramáticas da história. Nenhum monarca jamais voltará a morar novamente nesse lugar.

Um ano depois, um observador horrorizado do outro lado do canal da Mancha, Edmund Burke, vai se lembrar desse momento como um momento decisivo da história — aquele em que a Revolução Francesa transpôs irredimivelmente os limites da civilização. Em uma carta do tamanho de um livro que mandou a um correspondente francês que vai publicá-la com o título de *Reflexões sobre a revolução da França* e que vai se tornar o texto fundador do conservadorismo moderno, ele descreve os acontecimentos daquela manhã com detalhes horripilantes e sangrentos. E depois entra em um devaneio melancólico e sombrio.

> Agora faz 16 ou 17 anos desde que vi a rainha da França... em Versalhes e, com toda a certeza, nunca jamais iluminou esse mundo, que ela mal parecia tocar, uma visão mais deslumbrante... Pensei que 10 mil espadas deviam saltar de suas bainhas para vingar até mesmo um olhar que a ameaçasse com um insulto. Mas a era do cavalheirismo terminou. Aquela dos sofistas, dos economistas e dos calculistas a sucedeu; e a glória da Europa está extinta para sempre... Toda a roupagem decente da vida foi violentamente rasgada. Todas aquelas ideias superpropaladas que saíram do guarda-roupa da imaginação moral, que pertencem ao coração e que a razão ratifica como necessárias para encobrir os defeitos revelados pela nudez de nossa natureza trêmula e para elevá-la à dignidade diante de nossos próprios olhos, são demolidas e incineradas como moda ridícula, absurda e antiquada.

Hoje talvez seja difícil ter o mesmo entusiasmo de Burke por uma "roupagem decente" cujos requintes escondiam vastas desigualdades, misérias inacreditáveis e uma opressão muito real. Mas não há como negar seu insight. O dia 6 de outubro de 1789, mais que qualquer outra data, marca o fim da era aristocrática. Versalhes foi a capital dessa era. Com seu abandono, a classe que florescia ali não terá condições de sobreviver.

Com o fim da aristocracia, as práticas da guerra aristocrática correm o perigo iminente de extinguir-se também. Nos três anos seguintes, uma série de debates notáveis vai acontecer nos órgãos legislativos da França, em que as bolhas das efervescentes ideias abstratas discutidas pelos filósofos do século XVIII vão se desprender das margens dos tratados, dos jornais e dos salões e impregnar a nova política revolucionária do país. Inicialmente, em maio de 1790, em um debate dramático que contrapõe diretamente os radicais revolucionários e os mais eloquentes conservadores da aristocracia, essas ideias vão levar a França a adotar o credo pacifista de Fénelon, d'Holbach e Chastellux e a renunciar inteiramente à guerra agressiva. Mas aí, com aquela velocidade vertiginosa que delicia o cínico até o fundo do coração, a defesa da guerra vai se reafirmar de uma maneira nova e agourenta. Em 1792, menos de 23 meses depois de declarar a paz, a França vai entrar em guerra, em um tipo de conflito diferente de tudo quanto havia conhecido até então.

Sem que na Europa ninguém soubesse, os acontecimentos que desencadeariam esses últimos rounds legislativos haviam tido início antes mesmo que essas novas leis nascessem. Nos primeiros dias de maio de 1789, o vaso de guerra espanhol *Princesa* navegara nas águas de Nootka Sound, o estreito de uma praia do Pacífico, um lugar que agora é conhecido como Vancouver Island, e impôs a soberania espanhola à região. O barulho estava muito longe da Europa. A 8 mil quilômetros de Paris pelo caminho mais curto, os navios europeus tiveram de percorrer penosamente quase três vezes essa distância, em uma viagem longa e difícil, para chegar lá, avançando pela passagem traiçoeira da ponta da América do Sul, sempre açoitada pelos ventos. As praias cobertas de vegetação do estreito eram uma das últimas regiões litorâneas das

Américas onde não havia ocupação europeia e, até aquele momento, sua população indígena conhecera apenas um punhado de exploradores e comerciantes brancos. Um lugar improvável, ao que parecia, de onde irradiaram tremores capazes de chegar à pauta de deliberações dos participantes da Revolução Francesa.

Mas o final do século XVIII já constituía uma era de globalização e ao menos três impérios europeus haviam lançado olhares gananciosos para o noroeste do Pacífico, atraídos pelas reservas intactas de madeira e peles. Portanto, não surpreendeu ninguém que o capitão Estéban José Martínez, do *Princesa,* reivindicando o território para a Espanha, tenha acusado de invasão diversos navios britânicos e norte-americanos que encontrou no estreito. E também não surpreendeu ninguém que, depois de Martínez apreender dois navios britânicos e obrigar a tripulação capturada a desembarcar na praia, os britânicos considerassem a afronta motivo suficiente para declarar guerra contra a Espanha.

Essa disputa ainda poderia parecer muito distante das preocupações francesas. Mas, no final do século XVIII, assim como no momento em que a Primeira Guerra Mundial foi deflagrada, uma teia de tratados levara as principais potências europeias a assumir alianças como se fossem elos que ligassem entre si uma série de fogos de artifício. O Rei Carlos IV da Espanha era primo de Luís XVI da França e, desde 1761, o chamado Pacto de Família tinha selado o compromisso de os vários ramos da Casa de Bourbon defenderem uns aos outros em caso de hostilidades. Na década de 1770, quando a França interveio na luta norte-americana pela liberdade, a Espanha participou lealmente do conflito e, como recompensa, retomou da Grã-Bretanha sua antiga colônia da Flórida na mesa de negociações. Também é razoável supor que uma guerra também acabasse envolvendo um outro aliado importante da França, o Império Austríaco, e também a Rússia e a Prússia. A França estava sofrendo uma pressão grande demais para intervir porque, em 1787, seus problemas pré-revolucionários a tinham impedido — o que foi uma grande humilhação — de socorrer seus aliados dos Países Baixos durante uma invasão prussiana à Holanda. De modo que

Nootka, apesar da distância em que se encontrava, poderia muito bem ter chegado a significar para o final do século XVIII o que Sarajevo representou para o início do século XX.

Quando a notícia do conflito chegou finalmente à Europa na primavera de 1790, esse resultado parecia o mais provável. A Grã-Bretanha queria vingar-se de sua derrota na guerra norte-americana e tinha esperanças de se apoderar de algumas colônias hispano-americanas como forma de compensar suas perdas recentes. Na Grã-Bretanha, a opinião patriótica vociferava contra a "afronta" à sua bandeira. O governo exigiu de Madri um pedido de desculpas e a restituição de seus navios e respectivas tripulações. Mas os espanhóis não deram o menor sinal de que estavam dispostos a ceder. A desajeitada maquinaria barroca de vários Estados europeus começou a ranger na hora de entrar em ação e tentar levantar fundos para navios que logo estariam reduzindo uns aos outros a cinzas em alto-mar.

Foi exatamente com esse objetivo financeiro em mente que, no dia 14 de maio de 1790, sexta-feira, o ministro das Relações Exteriores da França, o conde de Montmorin, enviou uma carta ao representante da Assembleia criada no ano anterior. O rei, informou ele aos deputados, estava preocupado com o desenrolar dos acontecimentos e ordenara a 14 navios da frota que se preparassem para um possível conflito armado. Também mencionou, quase como se tivesse se lembrado no último momento, que o governo não tinha dinheiro suficiente para equipar os navios e que estava contando com os deputados no sentido de agirem patrioticamente e votarem medidas para levantar os fundos necessários.

Apesar do tom de confiança, o ministro das Relações Exteriores sabia que estava entrando no equivalente político de um território que só dispunha de mapas precários. Desde o verão anterior, e principalmente desde os Dias de Outubro, o Estado francês vivera em um limbo desconfortável. A Assembleia Nacional estava cumprindo sua promessa de redigir uma nova constituição, destinada a uma monarquia limitada, mas ainda não estava nem perto de concluir a tarefa. Segundo a *Declaração dos Direitos do Homem e do Cidadão,* que ela promulgara em agosto último, toda a soberania pertencia à nação. Mas, na prática, não estava claro que poderes haviam sido transferidos agora para os representantes eleitos da nação e quais ainda eram da alçada de Luís XVI, o rei que um dia exercera um poder absoluto. Em suas atividades cotidianas, a Assembleia oscilava entre questões práticas de governo e princípios constitucionais abstratos, em um minuto pechinchando pequenos empréstimos municipais e isenções de impostos e, no minuto seguinte, pairando nas alturas mais etéreas da teoria política. No dia 14 de maio, ela ainda não havia enfrentado a questão premente da política externa e o pedido de Montmorin tinha muitas probabilidades de desencadear uma discussão acalorada. Será que o rei ainda tinha o direito de lançar seu país em uma guerra?

Para evitar uma discussão indesejável sobre essa questão, Montmorin tentou usar sua influência, conseguindo de antemão que 20 deputados favoráveis à sua causa falassem em favor de sua moção. Com sorte, a Assembleia aprovaria rápida e silenciosamente o pedido e passaria para outras questões. Mas a manobra saiu pela culatra. Assim que a lista de oradores foi anunciada, vários outros deputados protestaram dizendo que uma questão de tanto peso quanto uma guerra exigia uma troca de ideias pública e extensa. A Assembleia como um todo era claramente a favor de um adiamento, de modo que a discussão do problema foi transferida para a manhã seguinte.

Pare para pensar um momento e imagine esse órgão, a Assembleia Nacional Francesa, na primavera de 1790. Consistia em quase 1.200 homens, eleitos originariamente no ano anterior para os Estados Gerais. Cerca de 300 deles eram do clero (o antigo Primeiro Estado) e 278 eram da nobreza (o antigo Segundo Estado), e cada um desses grupos tinha suas próprias câmaras legislativas na época das eleições. Como vimos, a maioria dos nobres havia prestado serviço militar em um momento ou outro de sua vida. Os outros 600 deputados eram provenientes do "Terceiro Estado", que constituía a vasta maioria da população francesa. Desde o verão anterior, todos os três Estados se reuniram em uma mesma câmara e seu número tornou o órgão volumoso e difícil de controlar: mais de duas vezes o tamanho da Câmara dos Comuns da Grã-Bretanha e 18 vezes inteiras maior que a Casa dos Representantes dos Estados Unidos na época. Felizmente, menos de 50 homens falavam com uma certa regularidade, mas este ainda era um número considerável. Em maio de 1790, nada menos de 35 deputados deveriam fazer discursos importantes sobre a questão da guerra, fazendo o debate se parecer menos com um duelo e mais com uma corrida de revezamento.

Para acomodar o grande número de seus membros, a Assembleia apossara-se da *Manège* — uma área coberta de equitação, construída em 1721 para o Rei Luís XV nos Jardins das Tulherias de Paris, convenientemente próxima do palácio das Tulherias, onde agora morava a família real. Comprida, estreita e com um pé-direito bem alto, a construção era mal iluminada, tinha uma acústica abominável e ar de qualidade pior ainda, principalmente quando fazia frio, as janelas eram fechadas e duas grandes estufas à lenha soltavam fumaça enquanto aqueciam o ambiente. Nos dias quentes da primavera, os deputados — cuja maioria considerava os banhos regulares perigosos para a saúde — contribuíam com suas próprias fragrâncias. Félix Faulcon, da França Ocidental, acusava o ar viciado por suas dores de cabeça constantes, sangramento de narizes e episódios de cuspe sanguinolento.

Em geral, a atmosfera ideológica não era menos envenenada. Como na maioria dos países novatos em termos de democracia, o conceito de uma "oposição leal" mal existia na França revolucionária. Quando dois grupos discordavam politicamente, o mais provável era um acusar o outro de ignorância e estupidez, no melhor dos casos, de corrupção e traição no pior. Na Assembleia Nacional, um núcleo de conservadores linha-dura, cuja maioria vinha das camadas privilegiadas, fazia de tudo para preservar o que podia da antiga ordem social e política, enquanto os revolucionários de várias tendências procuravam reduzir os poderes do rei e promulgar reformas de longo alcance. Como os conservadores se concentravam quase todos no lado direito do salão, e seus oponentes no lado esquerdo, a própria geografia da Manège contribuiu para a polarização, ao mesmo tempo que engendrou a terminologia "esquerda-direita" que o mundo passou a adotar a partir dessa época. A Esquerda dividia-se ainda entre radicais — cuja maioria constituía o chamado Clube Jacobino — e moderados, que se reuniam na Sociedade de 1789.

Mesmo que geralmente houvesse um certo grau de decoro durante os debates, o espectro da desordem pairava frequentemente por ali. Os espectadores que ocupavam as galerias interrompiam e intimidavam constantemente os deputados com aplausos, vaias ou ameaças ruidosas. Fora do salão, a conduta da multidão beirava frequentemente a violência. Em certa ocasião, os adeptos da Esquerda cercaram o abade Jean-Siffrein Maury, um conservador de proa, quando ele deixava o salão, dizendo-lhe que pretendiam enforcá-lo em um poste de luz. "Bem, senhores" — retorquiu ele com muita presença de espírito —, "se me enforcarem ali, será que isso vai lhes dar mais clareza?" Na tarde de 14 de maio, Antoine Barnave, o orador de 28 anos que era o astro da Esquerda moderada, queixou-se da manobra de Montmorin a um aristocrata liberal, o Visconde de Noailles. Mas Noailles, que estava na lista de oradores de Montmorin, tomou a queixa como insulto pessoal e, furioso, desafiou Barnave para um duelo. Naquela noite, os dois homens enfrentaram-se no Bois de Boulogne armados de pistolas. Barnava atirou primeiro e errou. Noailles, cuja raiva amainara, deu então um tiro para o alto, e os dois adversários se abraçaram. Barnave e outros membros da Assembleia participaram de vários outros duelos, alguns dos quais terminaram com derramamento de sangue.

Os historiadores costumam chamar 1790 de ano "pacífico" da Revolução Francesa; mas, na verdade, as divisões da Assembleia eram reflexos de divisões mais profundas ainda no país, e o perigo de agitação social assombrava quase tudo que os deputados discutiam. Não houve praticamente nenhum dia em que eles não lessem nos jornais ou não ouvissem um relatório parlamentar sobre revoltas, atos de brutal "justiça popular" ou assassinato de "patriotas" pró-Revolução. Os jornalistas competiam entre si para descobrir as mais terríveis conspirações, descrever os massacres mais atrozes e exigir a vingança mais sangrenta possível. Na Assembleia, durante o primeiro debate sobre a guerra, um comunicado sobre um tumulto no sul da França levou um conservador histriônico a gritar: "Estou vendo a guerra civil se aproximar!"

Em retrospecto, vemos os atos sangrentos da fase final da Revolução prefigurados nessa atmosfera extremamente explosiva. Vemos cumpridas as previsões de guerra civil. Vemos, no caso de deputado após deputado, o fio da vida cortado desnaturadamente cedo. No entanto, essa está longe de ser a história toda. Pois, apesar de toda a violência, de toda a instabilidade e de toda aquela filosofia questionadora e pomposa, a Assembleia Constituinte havia embarcado em um projeto espantoso. Os deputados estavam tentando desmantelar um sistema incrivelmente complexo, ineficiente e discriminador e reconstruí-lo de acordo com os princípios da razão e da justiça. Se coletivamente eles impregnaram a tarefa com a maioria dos defeitos humanos, impregnaram-na também com determinação, paixão e, muitíssimas vezes, também com uma eloquência de tirar o fôlego. E, apesar de seus muitos fracassos, uma grande parte do que eles construíram sobreviveria de fato até os dias de hoje — em particular as principais estruturas administrativas e judiciais da França. Nada do gênero jamais havia sido visto na Europa. Para descrever o que aconteceu ali, os observadores tiveram de redefinir a própria palavra "revolução" — abandonando o significado antigo de mudança repentina e imprevista do destino de uma nação para o sentido moderno mais abrangente de uma expressão explosiva e irrestrita da vontade coletiva de um povo.

Apesar de todo o frenesi retórico, na primavera de 1790, pouca gente na França duvidava da natureza significativa do trabalho da Assembleia. Quando teve início o debate sobre guerra e paz, Félix Faulcon esqueceu suas dores de cabeça e ficou maravilhado, como disse em uma carta a um amigo, com o papel que ele, um humilde magistrado provinciano, estava desempenhando agora: "Quem diria, quando eu estava caminhando pelos bosques dos meus devaneios filosóficos, que chegaria o momento em que eu seria o juiz de tão grandes questões!" Homens e mulheres faziam fila todo dia de manhã cedo para conseguir um dos assentos numerados das galerias elevadas que ficavam em ambas as extremidades da Manège. Helen Maria Williams, uma jovem poetisa britânica que apareceu por lá em um dia da primavera de 1790, escreveu empolgada que estava vendo a história ser feita:

> E essa, repeti eu exultante para mim mesma, essa é a Assembleia Nacional da França! Aqueles homens que estão agora diante dos meus olhos são os homens que despertam a atenção, o assombro da Europa; cujos decretos as nações vizinhas esperam em suspenso que sejam promulgados e cuja fama já se estendeu a todas as regiões civilizadas do globo.

Durante debates de peso, as multidões concentravam-se do lado de fora dos Jardins das Tulherias; lá dentro, os espectadores rabiscavam boletins, prendiam-nos com clipes e depois os faziam descer pelas janelas em cordas para os amigos que estavam lá embaixo. A Revolução, ao acabar com a censura à imprensa, possibilitara o nascimento de centenas de jornais, que dedicavam longas colunas às atividades da Assembleia, reimprimindo na íntegra a maioria dos discursos importantes.

Quando os deputados tomaram seus lugares na manhã do dia 15 de maio, sábado, um nobre liberal e arrogantemente bonito levantou-se para fazer o primeiro discurso sobre a questão da guerra. Era nada menos que Lauzun, o libertino, o sedutor e o herói de guerra que conhecemos no Capítulo 1. Agora com 43 anos de idade, fazia muito tempo que dilapidara a sua fortuna, mas continuava irresistível para as mulheres e popular entre os outros aristocratas. Também havia se tornado um grande amigo de Philippe d'Orléans, o primo do rei e um intrigante nato que havia abraçado a causa da Revolução, possivelmente por esperar que ela o levasse ao trono. Lauzun entrara para uma importante sociedade reformista em 1788, ganhara a eleição para os Estados Gerais e fazia parte da esquerda moderada: um bom exemplo de aristocracia liberal que tanto fez para concretizar a Revolução. Agora atendia pelo nome de Biron (em função de seu *segundo* ducado); mas, para evitar confusão, vou continuar a chamá-lo de Lauzun.

A questão de guerra e paz deixara-o dilacerado e transtornado — tanto que, depois de seu discurso inicial, ele não fez nenhuma outra contribuição para o debate. Sabia que seus aliados da Esquerda viam o conflito com a Grã-Bretanha — que estava tomando corpo — como apenas uma manobra para reunir o país em torno do rei — ou talvez até para organizar uma força militar contra a Revolução. Mas, como um exemplar soldado da aristocracia, ele não poderia sequer imaginar desobedecer ao rei em uma questão militar e tinha calafrios diante da possibilidade da França trair um aliado. Três anos antes, na sua condição de diplomata e soldado experiente, ele tinha pressionado a coroa para ela apoiar os aliados holandeses da França contra a Prússia e concluíra privadamente que o fato de seu país não ter interferido fizera daquele período "um dos mais humilhantes da história da monarquia francesa." Em seu discurso, tentou justificar para a Esquerda o seu apoio ao rei. O rei, explicou ele, só queria ser um intermediário entre a Grã-Bretanha e a Espanha. Mas, se a França quisesse ser ouvida, teria de ser forte e respeitada. E a Assembleia também não devia ter medo de pôr mais forças armadas nas mãos do rei. Mesmo que Luís XVI *estivesse mesmo* conspirando contra a Revolução, o que poderia ele fazer contra os milhões de cidadãos que haviam pego em armas em defesa da liberdade? Além do mais — e aqui Lauzun regrediu instintivamente para a linguagem do código aristocrata — a França tinha obrigações de lealdade a cumprir. "A paz pode ser comprada por um preço alto, mas que não seja o preço da honra e de nosso caráter nacional", declarou ele. "Um de nossos reis disse: 'Tudo está perdido, menos a honra,' e tudo foi salvo... A honra sempre vai ser a nossa força, como sempre foi a nossa lei."

Palavras empolgantes, destinadas a encerrar o debate, e deputados da Direita levantaram-se para pressionar pela votação imediata em favor dos fundos requisitados. "Mas será que não haveria ali algo mais em jogo além do dinheiro?" perguntou o abade Maury. Havia de fato algo mais em jogo, e todo mundo sabia disso. Alexandre de Lameth, um nobre da cidade setentrional de Arras, explicou: "Essa pergunta incidental fez surgir uma questão de princípio. Temos de decidir... se a nação soberana deve ou não delegar ao rei o direito de declarar paz ou guerra." Uma chuva de protestos o interrompeu e, por um momento, ele não pôde continuar.

Lameth parecia inverossímil como radical nessa questão, uma vez que seus antecedentes eram similares aos de Lauzun: filho de um marquês, apresentado na corte, oficial das forças armadas desde os 17 anos de idade. Mas, aos 29 anos, havia assumido um papel de liderança na Assembleia e entrado em um conflito contínuo com a corte e os conservadores, o que o deixou insensível, desconfiado de tudo e de todos e ansioso em relação a um *coup d'état* militar. Tinha a clássica fé iluminista na história e na extinção definitiva da guerra e nada além de repulsa pela forma pela qual os monarcas "sacrificavam povos inteiros a seus ressentimentos pessoais e caprichos desprezíveis", como afirmara em um discurso recente. Agora, no dia 15 de maio, Lameth dizia que os boatos de guerra não passavam de uma conspiração para restaurar os antigos poderes de Luís XVI. "Essa", explicou ele, "é a causa dos reis contra os povos." A Assembleia precisava examinar a evidência meticulosamente e, mais importante ainda, precisava concluir, antes de mais nada, se o rei devia ter "o direito terrível" de declarar guerra: "o direito de derramar sangue, de arrastar milhares de cidadãos para fora de seus lares, de pôr em perigo o território nacional."

Dessa forma começou um debate sobre guerra e paz, um debate que ameaçou instantaneamente os elementos-chave do código aristocrático. Lameth não era um pacifista. Mas, no cerne do código estava o ideal de prestar serviços pessoais ao rei. Se o direito de declarar guerra passasse de Luís XVI para uma assembleia eleita, aquela obrigação de prestar serviços ao rei teria fim. Na verdade, será que um exército aristocrático, ligado ao rei por uma lealdade pessoal, continuaria tendo função em um regime constitucional? Muitos membros da Esquerda acharam ridícula a simples ideia desse exército e acreditavam que o exército do rei continuaria sendo a maior de todas as ameaças à Revolução, a não ser que fosse controlado. O próprio Lameth estava agora à frente de um comitê militar encarregado de estudar como exatamente uma reforma dessas poderia ser implementada.

O questionamento de Lameth foi bem radical, mas alguns minutos depois outro deputado se levantou e entrou em um território inteiramente novo. Como Lameth, era de Arras e tinha quase a mesma idade que ele; mas, em outros aspectos, fazia um grande contraste com aquele oficial bem educado, elegante e autoconfiante. Maximilien Robespierre era um homem de rosto redondo que se vestia de maneira espalhafatosa e seus movimentos rígidos não tinham o menor charme. Antes de 1789, era um advogado com inclinações literárias que havia mostrado preferência por casos que chamassem a atenção para os ideais iluministas. Na Assembleia, teve uma estreia desastrosa, falando mal e sendo obrigado a descer da plataforma dos oradores pelas risadas provocadas por seu estilo de pregador. Mas persistiu, melhorou e construiu aos poucos uma reputação de radicalismo sincero, inabalável e inteiramente destituído de humor. Lameth e seus aliados não o tinham em alta conta, mas um observador britânico profético, percebendo acuradamente sua determinação monstruosa, chamou-o de "caráter a ser observado" que logo "seria um homem de poder... e governaria milhões."

Falando na manhã de 15 de maio, Robespierre apoiou Lameth, mas não estava disposto a parar por ali. Em vez de votar em favor da mobilização, declarou ele, a Assembleia devia dar um "grande passo" em frente. "Por exemplo", afirmou ele,

> vocês poderiam mostrar às nações da terra que, seguindo princípios muito diferentes daqueles que lançaram os povos do mundo na miséria, a nação francesa, satisfeita por ser livre, não tem desejo algum de se envolver em nenhuma guerra e quer conviver com todas as outras nações na fraternidade exigida por sua natureza.

Ali estava, formulada de maneira canhestra, mas inequívoca, uma renúncia total à guerra. Robespierre falaria só um pouco mais nos dias seguintes, mas sua intervenção foi crítica. A partir daquele momento, o debate não giraria mais apenas em torno de quem tinha o direito de declarar guerra, mas também da legitimidade da guerra em si. Se a Assembleia como um todo ia adotar ou não essa posição radical era uma outra história.

Mas, nesse ínterim, os deputados esqueceram a proposta de Robespierre porque o deputado que falou em seguida foi Mirabeau, a personalidade mais impactante da Assembleia. Com 41 anos de idade, seu currículo incluía várias condenações à prisão: duas vezes a pedido do pai temperamental e uma por seduzir e sequestrar uma mulher casada. Seus volumosos textos publicados incluíam pornografia, panfletos destinados a manipular o mercado de ações e denúncias trovejantes do sistema judicial sob o qual sofrera. Perdulário e devasso notório, ganhara a eleição para o Terceiro Estado apesar de seu título de nobreza e logo se tornou um de seus líderes. Tinha uma voz imperativa e bem modulada e uma aparência assustadora, com o rosto coberto de cicatrizes de varíola e coroado com uma massa de cabelos desgrenhados. "É difícil encarar o pleno poder da minha feiura", gostava ele de se vangloriar. Em vez de combater as ideias de Robespierre, ele as ignorou e também tentou encerrar o debate. Havia feito recentemente um acordo secreto para aconselhar e apoiar o rei, em troca de um pagamento de nada menos de 1 milhão de libras francesas, uma grande soma na época. Agora ele declarava que só o problema imediato da mobilização estava em questão.

Mas os argumentos de Mirabeau não convenceram. Outro aristocrata liberal e oficial do exército, o Barão Jacques-François Menour, de 39 anos, replicou que, se houvesse guerra, ela devia ser "uma guerra nacional, e não uma guerra ministerial" travada com toda "a coragem e força de uma nação verdadeiramente livre." Portanto, cabia aos representantes do país resolver a questão. Aplausos ruidosos seguiram-se às suas palavras e Mirabeau, sentindo uma mudança nas velozes correntes de opinião da Assembleia, sugeriu imediata e astutamente um acordo: os deputados agradeceriam formalmente ao rei por sua vigilância, mas continuariam, já na manhã seguinte, a discutir se "a nação devia delegar ao rei o direito de declarar guerra e paz." Posta em votação, essa medida foi aprovada quase unanimemente. Apesar disso, o Duque de Lévis (outro oficial liberal), de 26 anos, propôs uma emenda: "A Assembleia Nacional declara também, da maneira mais solene, que a partir de agora a nação francesa nunca vai tomar nenhuma medida contra os direitos de nenhum povo, mesmo que venha a repelir, com toda a coragem de um povo livre e todo o poder de uma grande nação, qualquer ataque a seus direitos." A ideia de Robespierre, de renúncia à guerra, estava de volta à ordem do dia.

Na manhã seguinte, 16 de maio, todos os que tinham acompanhado o debate sentiram que a Assembleia Nacional tinha chegado a um momento decisivo de sua história. Enquanto Félix Faulcon expressava seu deslumbramento por estar julgando as questões dos reis, o Duque de Lévis escrevia palavras carinhosas à sua mulher de 20 anos de idade, pedindo-lhe desculpas por não ir se encontrar com ela no campo. "A grande questão me prende aqui. Nunca enfrentaremos outra maior." Com um orgulho cômico de si mesmo, também elogiou as próprias ideias: "Acho que são novas e muito boas... poderia dizer que são gigantescas, mas não tediosas!" Na Manège, as galerias públicas lotavam cedo, embaixadores estrangeiros faziam de tudo para conseguir um lugar e as multidões esperavam lá fora pelas notícias. Dezenas de jornalistas entravam no salão armados com lápis para rabiscar suas anotações. Em Londres, o *Times* publicava os debates com muitos detalhes. "Essa questão", comentou o periódico, "a mais importante que já foi levantada em uma monarquia, provavelmente vai ter um NÃO como resposta e, assim, a glória do trono da França vai terminar, para nunca mais se reerguer."

Um dos jornalistas franceses, Jacques-Pierre Brissot, teria um impacto particularmente grande sobre este e outros debates futuros sobre a guerra. Brilhante, brigão, sem escrúpulos e desesperadamente ambicioso, foi uma das personalidades mais fascinantes e repulsivas da Revolução. Filho de um taberneiro, nascido em 1754, recebeu uma boa educação e sonhava escalar a hierarquia social como advogado, mas acabou se metendo em encrencas com a poderosa associação de classe dos advogados de Paris. Durante toda a década de 1780, ele procurou então se firmar como filósofo, publicando textos volumosos sobre muitos assuntos diferentes. Mas seus escritos ofenderam os censores da monarquia e ele passou quatro meses preso na Bastilha, depois dos quais provavelmente concordou em espiar os outros panfleteiros para a polícia a fim de sobreviver. Mas a Revolução deu uma reviravolta no seu destino: ele começou a editar um jornal, *Le patriote françois,* e logo se firmou como uma voz importante da esquerda radical. Em suas páginas, no dia 15 e 16 de maio, Brissot repetiu a declaração de que a questão da guerra era uma tramoia, acusou Lauzun de ressuscitar "os sonhos da política antiga" e mostrou o maior desprezo pela afirmação do duque de que a honra francesa estava em jogo. "Honra francesa! Essa honra não consiste mais em imiscuir-nos em toda rixa estrangeira, em lutar ao lado de todos. Consiste em ser livre, em resolver nossos problemas, em pagar nossas dívidas, em ser justo com todos."

Esse dia, o 16 de maio, marcou a chegada das ideias iluministas sobre guerra e paz na Assembleia Nacional. O Duque de Lévis defendeu sua proposta de emenda antiguerra e depois foi além, levantando questões que contestavam toda a estrutura da diplomacia europeia. "As alianças são mais úteis que prejudiciais à França? Será que um grande povo de 25 milhões de homens... precisa de aliados e alianças? Não teria, ao contrário, de dar o exemplo daquela grande aliança universal que devia unir todas as nações e todos os homens?" Como no caso de George Washington em seu discurso de despedida de 1796, com sua advertência similar contra o envolvimento com problemas estrangeiros, Lévis insistiu em dizer que, em uma democracia, os interesses estrangeiros nunca deveriam prevalecer sobre a vontade do povo. Jacques Jallet, um modesto padre de aldeia da França Ocidental, fez-lhe coro com o sentimento de que todo uso da força que não se destinasse à autodefesa violentava o direito natural. No que o *Times* chamou de "um discurso repleto dos mais puros sentimentos da filosofia esclarecida do iluminismo", ele disse o seguinte aos deputados: "Se as nações forem tão livres quanto quiserem ser, não haverá mais guerras."

Até aquele momento, os conservadores tinham quase todos mantido silêncio diante desses argumentos, mas agora contra-atacaram. O Conde de Sérent, um coronel de 27 anos do regimento da Infantaria de Angoulême, que gozava de muito prestígio, pertencia ao mesmo estrato diminuto da aristocracia milionária que Lameth, Lévis e Lauzun, mas não abraçara a Revolução. Agora, defendendo o direito do rei de declarar guerra, fez alegações basicamente pragmáticas. Dar o poder de decidir sobre uma questão a uma Assembleia, em vez de a um único indivíduo, tornaria as decisões militares mais lentas, mais difíceis de serem tomadas e menos dignas de confiança, argumentou ele. Poderia até — "embora me doa dizer isso" — preparar o terreno para as potências estrangeiras influenciarem a política francesa subornando deputados. Mas Sérent também recaiu, de forma reveladora, em um apego fundamentalmente antidemocrático a um outro sistema de valores: "É o interesse do povo, e não seus desejos, que devemos consultar", declarou ele.

Não deve ter passado despercebido que membros da antiga aristocracia militar tinham dominado até então ambos os lados do debate. E continuariam dominando, o que transformou a discussão em um espetáculo extraordinário: coronéis e generais, condes e duques, e membros das mais antigas famílias da França digladiando com argumentos e trocando acusações de ambos os lados da Manège (Lameth remontava as origens da nobreza de sua família ao século XV; Sérent, ao século XIV; Lauzun, a um passado mais remoto ainda). Esses nobres da Esquerda devem ter sentido com uma intensidade penosa o choque entre suas convicções e sua vocação. No caso de Lauzun e vários outros, o peso de mais de três décadas de uniforme prevaleceu sobre as simpatias políticas pela ala esquerda. Lameth e Lévis, ambos com menos de 30 anos de idade, acharam mais fácil renunciar à sua vocação em nome de sua política liberal.

Mas não é de surpreender que a antiga aristocracia militar representasse aqui um papel-chave como esse, pois sua própria sobrevivência estava em jogo e seus membros sabiam disso. Como vimos, mesmo antes de 1789, o etos militar dos aristocratas franceses foi submetido a uma crítica bem orquestrada, tanto de filósofos como d'Holbach quanto do Estado francês, em seus esforços hesitantes de organizar em regime de tempo integral um corpo de oficiais mais profissionais, mais comprometidos com o exército do que com o modo de vida aristocrático. Além disso, como vimos também, alguns pensadores tinham começado a exigir uma sociedade em que todos os cidadãos fossem soldados, destruindo dessa forma o monopólio tradicional da aristocracia em termos de vocações militares. Um projeto de recrutamento universal já fora apresentado à Assembleia, embora os deputados o tivessem rejeitado.

A Revolução intensificara muito as ameaças à classe dos oficiais. A Declaração dos Direitos de 1789 afirmava inequivocamente que as distinções sociais deviam ter como único fundamento o bem geral e, de acordo com esse parâmetro, o controle das fileiras de oficiais exercido pela nobreza parecia simplesmente ilegítimo. O comitê militar da Assembleia estava elaborando um novo sistema de recrutamento de oficiais e parecia só uma questão de tempo para uma multidão de oficiais de classe média recém-formados suplantar seus concorrentes da nobreza. Embora Alexandre de Lameth, que dirigia o comitê militar, tenha recebido esse processo de braços abertos, outros oficiais, principalmente os mais antigos, ficaram horrorizados.

Havia também um perigo mais imediato e alarmante. Desde o início da Revolução, os oficiais franceses temiam que os soldados comuns sob suas ordens se voltassem contra eles, e os eventos de 1789 justificaram amplamente esses temores. Em julho, os soldados rasos tinham confraternizado com as multidões parisienses, e alguns chegaram até a participar do ataque à Bastilha. Panfletos inflamados, distribuídos entre os regimentos, contrastavam o luxo e o conforto em que viviam os oficiais da nobreza com a miséria em que chafurdavam os soldados comuns, e denunciavam o código de disciplina selvagem que ainda era a norma na vida do exército. "Somos cidadãos em primeiro lugar, soldados em segundo", proclamava *Notice to the grenadiers and soldiers of the Third Estate*. "Pertencemos à pátria, não aos nobres, somos franceses, não escravos." Em certos casos, batalhões inteiros desertaram. O escritor contrarrevolucionário Rivarol expressou uma verdade ao dizer que "A deserção do Exército não foi uma das causas da Revolução. *Foi* a Revolução."

Em 1790, longe de diminuir, essa insubordinação havia gerado metástases. Só nesse ano, mais de um terço das unidades do Exército Real enfrentou desobediência em larga escala, em geral incentivada pelos clubes revolucionários locais ou por unidades da Guarda Nacional. Em abril, soldados da infantaria da Córsega entregaram seu coronel para a ralé linchar, e homens do Regimento da Cavalaria Real de Champanhe rebelaram-se para libertar um de seus companheiros da prisão. Durante o debate sobre guerra e paz, outros regimentos se amotinaram contra seus oficiais. Em síntese, era visível que os pilares das hierarquias militares tradicionais estavam virando pó.

Dadas as emoções que esses processos poderiam despertar, não é de surpreender que a sessão da Assembleia de 16 de maio, que havia começado em um patamar elevado de seriedade, tenha desembocado em um torneio de gritos e palavrões. Charles de Lameth, irmão de Alexandre e também deputado (e, além disso, ex-oficial), levantou-se para sublinhar que as assembleias democráticas tinham de fato de agir eficientemente em prol do interesse da nação, ao passo que até os melhores reis podiam deflagrar guerras por mero capricho. Quando os deputados da ala direita vociferaram protestos ao ouvir essa blasfêmia, Lameth, por sua vez, ficou histérico, mencionando teorias de conspiração e prevendo que, se a Direita vencesse o debate, "a Constituição será atacada e talvez destruída, o reino será coberto de sangue." Os ricos e privilegiados não se deteriam diante de nada para destruir a Revolução, esbravejava Lameth diante dos aplausos extasiados das galerias públicas, mas eles não devem prevalecer, "pois eles têm ouro, mas nós temos aço, e sabemos usá-lo!". Bom, chega de pacifismo!

"A plataforma do orador havia se tornado um campo de batalha, onde parecia que o destino da Revolução seria decidido." Foi assim que Alexandre de Lameth, quase 40 anos depois, lembrou o debate sobre guerra e paz. A analogia militar é pertinente, mesmo que um pouco redundante, mas a "batalha" teve fases distintas. Os debates realizados durante o fim de semana foram escaramuças: rápidos, cortantes, dispersos e, às vezes, confusos, enquanto ambos os lados organizavam e distribuíam suas forças e determinavam a posição do adversário. Por outro lado, o 17 de maio, segunda-feira, viu os batalhões lerdos arrastando-se para entrar em ação. Os discursos estavam mais bem preparados, os argumentos mais bem estruturados e muito bem fortificados com generosas porções de erudição, e o resultado foi eles gastarem muito mais tempo: alguns certamente duraram bem mais de uma hora. O combate mais prolongado e intenso foi sobre o direito do rei declarar guerra, mas ao longo de todo aquele dia as vozes do pensamento iluminista se fizeram ouvir acima do alarido.

O primeiro discurso, e o mais importante, foi feito pelo moderado Pierre-Victor Malouet, cuja carreira de 30 anos como diplomata, administrador colonial e burocrata militar lhe dera uma experiência mais profunda e mais variada da guerra e das questões internacionais que a qualquer outro deputado (carreira essa que incluía sua captura por um corsário britânico em alto-mar durante a guerra revolucionária dos Estados Unidos). Transferir o controle da guerra para a Assembleia pouco faria para assegurar a paz, afirmou Malouet. "Povos livres travaram tantas guerras de ambição quanto os déspotas." Na verdade, o único soberano europeu a *não* declarar guerras agressivas ultimamente era o sultão otomano, o mais despótico de todos eles. Sim, continuou Malouet, os franceses poderiam renunciar solenemente às guerras agressivas, mas "a Europa está acostumada a declarações desse tipo; elas constam de todos os manifestos." A melhor forma de evitar um conflito estava, na verdade, em um acordo: permitir à Assembleia avaliar as ações do rei depois de elas serem fato. O próprio Luís XIV não teria devastado o Palatinado se tivesse de enfrentar a censura de uma Assembleia por fazer isso, argumentou Malouet. Em seguida, astutamente, ele descreveu a visão iluminista do progresso histórico, usando-a contra a Esquerda que, até o momento, a havia reivindicado para si sem contestações. "O comércio mudou a face do globo", declarou ele. "Os costumes, as leis, as necessidades, a riqueza, a liberdade, a escravidão, a guerra e a paz: tudo sentiu sua influência." Tudo tinha se tornado interdependente. Mas, exatamente por esse motivo, a França não poderia renunciar às alianças e fazer de conta que estava sozinha no mundo. Precisava de colônias e de alianças, precisava de um equilíbrio de poder e, por conseguinte, precisava de forças armadas.

Na realidade, a análise de Malouet foi excepcionalmente incisiva. A história das cidades-estado da Grécia e da República Romana, que a elite francesa de formação clássica conhecia melhor que a de seu próprio país, certamente corroborava esse ponto de vista sobre o potencial agressivo das democracias (e será que a história subsequente da França democrática e, temos a audácia de dizer, dos Estados Unidos democráticos, também não a corroboraria?). Seu argumento a respeito da impossibilidade da autarquia e da necessidade da diplomacia em um mundo moderno, comercial, interdependente era incontestável. Mas, durante a Revolução Francesa, essa razão moderada em geral tinha pouca chance contra a paixão ideológica, tanto de Esquerda quanto de Direita.

Essa paixão se expressou com grande fervor pela boca do orador seguinte, Jérôme Pétion de Villeneuve, um advogado de Chartres — e também, sem que os outros deputados soubessem, muito possivelmente um agente pago do embaixador prussiano, que esperava que uma vitória da Esquerda destruísse a aliança franco-prussiana. Em um discurso cuja extensão brezhneviana teria reduzido até o entusiasmo efervescente de Helen Williams a um tédio irremediável, Pétion deu à Assembleia uma lição de história inspirada diretamente nos seus filósofos. Em eras passadas, pontificou ele (com intermináveis detalhes inexatos), os Estados Gerais, e não os reis franceses, tinham o direito de declarar guerra e paz. Mas os reis tinham usurpado esse direito, deixando a nação à mercê de suas ambições desenfreadas. Pétion esfolou Luís XIV com uma selvageria que teria feito até Fénelon empalidecer: "Esse rei vaidoso, supersticioso e despótico, não respirava nada além de guerra e travou-a com barbaridade, [e] feriu o Estado tão profundamente que até hoje ele ainda sangra." "Abram os livros de história", esbravejou Pétion,

> e contemplem esses muitos crimes políticos, esses crimes contra a humanidade [*crimes de lese-humanité*], cometidos por esses donos do mundo. Vão ver que todas as páginas estão manchadas com o sangue que eles derramaram; vão ver que o mundo tem sido um palco perpétuo de guerra e carnificina.

Ele poderia ter citado d'Holbach. E concluiu seu discurso em meio a aplausos ruidosos ao reiterar o apelo de Robespierre por uma "declaração nobre e generosa" de paz. Por fim, os povos do mundo veriam que "as batalhas só servem para os açougueiros, e para arruinar seu país", e que a França poderia colocá-los nesse caminho. Repetindo: era a linguagem pura do pacifismo iluminista, e Pétion chegou a invocar até o espírito do abade de Saint-Pierre em sua peroração final. Perdida entre as ondas da retórica estava sua breve descrição dos piratas bárbaros que ainda pilhavam o comércio do Mediterrâneo e vendiam europeus capturados como escravos: eram "monstros odiosos" que mereciam "o extermínio." Aqui estava a insinuação sinistra de que a paz e a harmonia "universais", tal como a Revolução Francesa as compreendia, talvez não pudesse, na verdade, estender-se a toda a humanidade.

Estava ficando tarde e os deputados estavam cansados; mas, na Manège de 1790, um fanatismo desse calibre não poderia deixar de evocar um fanatismo igual e contrário do outro lado do salão. Ele se manifestou através de François-Dominique de Montlosier, um dos reacionários mais astutos, mais eloquentes e mais extremos da Assembleia (e, como não poderia deixar de ser, um ex-oficial). Depois de repetir que só o rei teria condições de resolver a contento as questões militares, Montlosier ridicularizou a declaração de paz proposta por Pétion: "É uma prateleira de metafísica, um livro de filosofia. E é isso que o respeitável membro afirma que vai frear os interesses, as ambições e paixões dos povos que nos cercam." Em sua conclusão, toda a angústia de Montlosier provocada pelo destino de sua classe transbordou em um lamento irado e arrepiante, enquanto os deputados da Esquerda tentavam vencê-lo no grito:

> É um espetáculo grandioso, sublime, ver a nobreza da França... destituída de suas propriedades antigas e legítimas pela Assembleia Nacional, e depois ser insultada nessa mesma Assembleia... E aqui estão esses homens pacientes demais, esses homens que foram saqueados, ofendidos e estigmatizados... aqui estão esses homens que vocês afirmam calmamente estar conspirando para trazer a morte e a destruição, cercados por montes de ouro. *Eles têm ouro*, dizem vocês, *mas nós temos aço*... Ah, sim, vocês têm aço, o aço com que os servos mais leais do rei foram assassinados diante de seus olhos e que ameaçou a vida de sua esposa. Ah, sim, vocês têm aço. Foi com ele que forjaram suas leis.

Brilhantemente, Montlosier devolveu a Charles Lameth as suas palavras, evocando o momento primordial de outubro de 1789, quando as multidões parisienses derramaram sangue no palácio de Versalhes. Nem Brissot, em sua versão do debate, conseguiu resistir à tentação de citar na íntegra essa passagem "delirante".

O debate estendeu-se por muitos outros dias e logo se tornou repetitivo. Em um bombardeio retórico sistemático que excedeu em extensão até mesmo o de Pétion, o abade Maury defendeu imediatamente os monarcas absolutos, entre os quais Luís XIV, ao mesmo tempo em que denunciava a Revolução por fazer da França "um triste objeto de piedade de todas as nações... coberto de ruínas e escombros." Constantin-

François Volney, um escritor de certo renome, replicou com a última expressão — e a mais liricamente idealista — do pacifismo e cosmopolitismo iluminista que houve nesse debate:

> Até hoje [...] impérios foram possuídos como elementos da propriedade privada e povos inteiros foram dados como dote, como rebanhos de carneiros [...]. Senhores, vocês vão mudar esse deplorável estado de coisas [...]. Até esse momento, vocês deliberaram na França e pela França; mas hoje vocês vão deliberar pelo universo e no universo. Se eu tivesse audácia suficiente, diria que vocês vão convocar a assembleia das nações... Está resolvido: a Assembleia Nacional considera toda a raça humana parte de uma única e mesma sociedade, cujo objetivo é a paz e a felicidade de cada um e todos os seus membros.

O discurso destilou brilhantemente as opiniões dos filósofos cosmopolitas, mesmo que expressasse inconscientemente um formidável nacionalismo francês (que direito tinham os deputados franceses de "deliberar pelo universo"?). Mas até Brissot achou que era um pouco demais: "Esse Congresso pacífico está muito acima de nosso mundo sublunar", escreveu ele no número seguinte de seu jornal. "Devíamos nos limitar ao que é possível."

O clímax aconteceu no dia 20 de maio, quinta-feira. A manhã assistiu a vários discursos, sendo os mais notáveis os ataques da ala direita à suposta ingenuidade de Robespierre, Pétion e Volney, previsivelmente relacionados com o ingênuo e sonhador abade Saint-Pierre. A Esquerda respondeu com argumentos que tinham se tornado tediosamente familiares. Mas os deputados e as galerias públicas não estavam mais ouvindo com muita atenção. Estavam esperando. Pois sabiam que, depois de cinco dias de silêncio, Mirabeau, a figura mais impactante e carismática da Assembleia, estava finalmente se preparando para entrar de novo na arena.

Já circulavam boatos de que Mirabeau ficaria do lado do rei. Na noite da véspera, Alexandre de Lameth o havia desafiado para o debate sobre a questão, ao que Mirabeau respondeu pedindo uma discussão privada, que aconteceu tarde da noite na residência de um outro deputado, com Barnave e Adrien Duport, os outros dois "triúnviros" da Esquerda moderada, também presentes. Mas o grupo não chegou a um acordo. "Não sou totalmente dono da situação aqui", lembrou Lameth mais tarde que Mirabeau disse; "sou um *porta-voz*." Na verdade, poucos dias antes, Mirabeau havia assinado seu acordo secreto para aconselhar o rei.

Apesar disso, a proposta que Mirabeau fez no dia 20 de maio e que defendeu extensamente e com grande vigor era um acordo genuíno. "Será que temos de fazer uma opção exclusiva?" perguntou ele aos deputados. Em vez disso, a Assembleia e o rei deviam exercer o poder "colaborativamente." Mas, enquanto o rei devia ter o direito de decidir sobre a política externa e tomar a iniciativa militar caso houvesse uma emergência, a Assembleia devia fazer uma fiscalização rigorosa. Devia ter até o direito de perseguir "agentes do poder executivo" se a França cometesse atos injustificados de agressão. E aqui, para justificar sua posição, Mirabeau tomou emprestadas as ideias propostas inicialmente por Robespierre e Lévis: "A nação francesa renuncia travar qualquer guerra cujo objetivo seja a conquista e nunca mais vai empregar suas forças contra a liberdade de qualquer povo."

Uma vez que, na prática, seria difícil negar ao poder executivo o controle sobre as forças armadas durante uma emergência, na verdade Mirabeau estava dando à Esquerda boa parte do que ela queria — inclusive as declarações de paz. Mas sua própria retórica disfarçava a concessão, enquanto parecia confirmar o turbilhão de boatos a respeito de suas relações com a família real. Ele repetiu extensamente os argumentos pragmáticos da Direita sobre a necessidade de sigilo e rapidez na política exterior, e descartou alegremente os temores de que o rei pudesse usar o exército contra a Revolução. As repúblicas, declarou ele, travaram muitas guerras mais agressivas do que as monarquias e têm muito mais a recear de generais ambiciosos. Os acontecimentos da próxima década vão demonstrar amplamente sua perspicácia nesse ponto; mas, no momento, suas palavras pouco fizeram além de enfurecer a Esquerda.

No dia 21 de maio, sexta-feira, a artilharia pesada da Esquerda e da Direita abriu fogo pela última vez, com Mirabeau agora no meio do campo. Mais uma vez, os oradores pouco fizeram além de repetir os argumentos apresentados antes. Mesmo assim, uma discussão extraordinária revelou até que ponto exatamente as coisas tinham mudado. Ela começou quando Jacques-Antoine de Cazalès, deputado da ala direita e duelista célebre, denunciou a proposta de declaração de paz:

> Muitos oradores [...] apresentaram aqui os princípios disseminados pela filosofia moderna. Mas os legisladores não podem basear o que fazem em princípios vagos de humanidade, pois esses princípios estendem-se a todos os povos do mundo. Ponham de lado esse sentimento, que não passa de ostentação. O único objeto apropriado de nossa afeição exclusiva é a pátria [...]. Não são os russos, os alemães ou os ingleses que eu amo, são os franceses. O sangue de um único de meus compatriotas é mais precioso para mim que o de todos os povos do mundo.

Uma peça banal de chauvinismo, do tipo que não teria feito sobrancelhas se erguerem em sinal de reprovação na França de 1788 ou na França de 1914 (nem, já que tocamos no assunto, nos Estados Unidos de 2007). Mas, na França de 1790, foi recebida com vaias ruidosas e prolongadas de todos os lados do salão, o que acabou reduzindo Cazalès ao silêncio. E essa reação provou que, fosse qual fosse a decisão final da Assembleia sobre o poder de travar guerras, em um sentido crucial a esquerda radical já vencera. Se uma simples afirmação de preferência pela França em detrimento de estrangeiros podia provocar tanto horror, então "a filosofia moderna", tal como interpretada por Robespierre, Pétion e Volney, tinha realmente se apoderado da Manège. Até para alguns dos oficiais em serviço, e até mesmo para veteranos como Lauzun, o código aristocrático de honra e a lealdade inquestionável tinham se tornado algo estranho. Os deputados não tinham se reunido um ano antes com a intenção de destruir esse código. Mas a experiência de 12 meses que se seguiu — a experiência até então inimaginável da Revolução — dera a eles um sentido novo e extraordinário do possível. No tocante a essa questão, assim como a muitas outras, ela havia transformado atitudes em intenções, ideias abstratas em vontade política.

A questão do poder de declarar guerra ainda persistia. Na verdade, para muitos observadores deslumbrados pela retórica, o destino de toda a Revolução parecia girar em torno dela. No dia 22 de maio, sábado, multidões de mais de 50 mil pessoas reuniram-se do lado de fora da Manège à espera de uma decisão final. Brissot não teve como deixar de se maravilhar com o fato de que, nos jardins que um dia viram ociosos tão faiscantemente vestidos e tão dados à frivolidade e às fofocas, agora ali tivesse aparecido algo muito diferente: "o espetáculo de um povo devolvido à liberdade, mostrando interesse pelos próprios problemas e debatendo da forma mais acalorada os direitos cujos nomes eles nem sequer conheciam antes."

Mas, como em tantos momentos da história da Revolução, a discussão acalorada logo se condensou em uma ira vingativa. Nesse caso, dirigida contra Mirabeau, cujo discurso de 20 de maio tornara inequívoco o seu rompimento com a Esquerda, apesar de suas concessões aos radicais. Na tarde do dia seguinte, nada menos de 6 mil exemplares de um panfleto tosco intitulado *A traição do Conde de Mirabeau revelada* já estava circulando em Paris. "Agora você levou seus crimes e mentiras a novas alturas", dizia o panfleto em tom de censura. "Toma cuidado para que o povo não acabe desfilando com a sua cabeça" (isto é, na ponta de uma lança). Barnave, o único orador da Esquerda que era páreo para Mirabeau, refutou indignadamente suas propostas ponto por ponto. No dia 22 de maio, quando Mirabeau entrou na Manège, a multidão começou a gritar "Traição!" e "Pendurem-no no poste de luz!".

Mas não havia sido por acaso que Mirabeau havia se tornado a figura dominante desse grupo de homens ruidosos e muitas vezes ingovernáveis. Sua habilidade política era excepcional. Em um discurso inspirado, feito inteiramente de improviso, ele denunciou as calúnias feitas contra ele, defendeu um por um os artigos de sua proposta e respondeu à crítica de Barnave com um tom de superioridade e um humor ferino. "Ele tem talento como orador", concedeu Mirabeau a seu oponente. "mas não sabe o que é ser um estadista, nem entende as questões humanas." Seguiram-se horas de refrega parlamentar; mas, por fim, a proposta emendada de Mirabeau foi aprovada, dando ao rei o direito de conduzir a política externa e dirigir as forças armadas, mas concedendo à Assembleia extensos poderes de fiscalização. O decreto final também modificou a versão da declaração de paz de Mirabeau, que chegaria intacta à Constituição francesa de 1791. O debate, evidentemente um dos mais importantes da história das instituições representativas, finalmente terminara.

As reações imediatas foram variadas. Em Paris, houve uma certa confusão sobre o significado do acordo de Mirabeau. O jornalista Camille Desmoulins distorceu as coisas ao escrever que "a questão foi decidida 1) em favor da nação; 2) em favor do rei; 3) em favor de ambos." Alguns membros da Esquerda acusaram Barnave e Lameth de terem supostamente obrigado Mirabeau a ficar do seu lado, mas a imprensa radical interpretou o resultado principalmente como uma vitória da Direita e de suas maquinações criminosas. Como o rei preservou a iniciativa de declarar guerra, o semanário *Révolutions de Paris* declarou: "Franceses, vocês ainda são escravos." O jornalista ultrarradical Jean-Paul Marat concordou, dizendo a seus leitores que as tentativas de privar um povo de sua liberdade sempre começaram com uma guerra.

Mais tarde, porém, não foi a mecânica da declaração de guerra, e sim a renúncia à agressão, que mais chamou a atenção. Em Londres, o *Times* elogiava os deputados, dizendo que eram "uma assembleia de estadistas e filósofos" e afirmava ver em sua decisão nada menos que "aquela renovação da era de ouro da sociedade, quando as vítimas humanas deixarão de ser sacrificadas para aplacar o ressentimento e a ambição dos príncipes." *Sir* James Mackintosh, o escritor escocês, chamou o decreto de "Manifesto da Humanidade" e disse que ele refutava a acusação feita à Revolução por Edmund Burke. Do outro lado do mar do Norte, na Alemanha, o poeta Klopstock regozijou-se com o fato de que agora "até o mais horripilante dos monstros, a guerra, vai ser algemado." Por outro lado, um diplomata francês expressou seus receios, queixando-se de que "a paz universal, um princípio que ninguém vai adotar... é tão estranho aos homens quanto as ideias de perfeição." A maioria das cortes estrangeiras manteve silêncio, concordando, sem dúvida, com a observação cínica de Malouet de que não havia realmente novidade alguma no fato de um país protestar suas intenções de paz.

A maioria dos historiadores da Revolução Francesa concordou com esse ponto de vista, ou juntou-se ao diplomata nas censuras à Assembleia por sua ingenuidade perigosa. "A proclamação platônica de um congresso de metafísicos que especula no vácuo sobre os mistérios da paz perpétua" é a maneira contundente pela qual Albert Sorel descreveu o decreto em sua história clássica da diplomacia revolucionária, depois de uma apresentação dos debates — uma apresentação sumária e cheia de erros. É quase irresistivelmente tentador fazer o que os conservadores fizeram durante aquela semana de maio: identificar a Assembleia com a figura bem intencionada, mas ridícula, do Abade Saint-Pierre, e equiparar a declaração de paz da Assembleia com seus projetos impraticáveis e nunca implementados de uma liga das nações do século XVIII.

Mas, na verdade, a decisão da Assembleia não foi só retórica vazia, nem simples ingenuidade, e o espírito que presidiu as deliberações não foi o do Abade Saint-Pierre, e sim — embora seu nome nunca tenha sido mencionado — o de Fénelon. Pois a Assembleia nunca chegou nem perto de propor uma federação internacional, como fizera Saint-Pierre, e não estava em sentido algum renunciando a toda e qualquer força militar, como se, de repente, 1.200 católicos e deístas franceses tivessem descoberto simultaneamente a luz interior e se tornado quacres. O que a Assembleia estava fazendo era, na verdade, romper decisivamente com a prática aristocrática e com precedentes, tanto do âmbito da guerra quanto da diplomacia. A Assembleia estava rejeitando a guerra travada em nome da honra e da glória dos reis e estava rejeitando todos os tipos de alianças embaraçosas que poderiam arrastar os franceses para lutar pela honra e glória de terceiros. Estava, como Malouet vira muito claramente, adotando um credo de abertura e autossuficiência nas relações com outros países, e renunciando ao sigilo e à fraude. "O reinado dos charlatães acabou", disse um deputado da ala esquerda, referindo-se aos diplomatas profissionais. Era exatamente o tipo de política externa prescrita por Mentor a Idomeneus, rei de Salento, no *Telêmaco*.

O mais importante de tudo foi que a Assembleia foi enfática ao não dizer que a França nunca mais travaria outra guerra. Estava dizendo que a França não *queria* outra guerra; mas que, se a guerra viesse, seria travada de forma nova e diferente. A França podia lutar em legítima defesa e com toda "a coragem e força de uma nação verdadeiramente livre", como dissera o Barão Menou. Além do mais, como foi insinuado nas ameaças de Pétion de "exterminar" os piratas bárbaros, a França podia não lutar de acordo com todas as elegâncias aristocráticas do conflito dinástico do século XVIII, mas lutaria de forma a eliminar "os monstros" de uma vez por todas. A "declaração de paz" certamente expressava a visão de que, se todas as nações seguissem os passos da França no caminho para a liberdade, a guerra desapareceria da face do mundo. Mas, até a chegada desse momento feliz, a França se defenderia com uma fúria renovada pela legitimidade de sua luta.

No próximo capítulo, veremos o que exatamente significava essa fúria legítima, mas algumas das implicações dos debates de maio vieram à tona muito depressa. No dia 19 de junho, quase sem nenhum debate, a Assembleia aboliu abruptamente todos os títulos de nobreza. Os motivos dessa decisão continuam obscuros. Mas é inegável que a nobreza, depois de perder seus privilégios oficiais e grande parte de sua riqueza em 1789, agora perdia sua *raison d'être* tradicional: a guerra. Depois da declaração de paz, a continuidade da existência de um estrato nobre parecia incrivelmente supérflua. E então, alguns meses depois, a Espanha cedeu à Grã-Bretanha extensos direitos sobre o noroeste do Pacífico, dando fim à controvérsia de Nootka Sound. A Espanha aceitou essa humilhação em grande parte porque seu primeiro-ministro chegou à conclusão de que não poderia mais contar com o aliado francês. Para todos os efeitos práticos, o Pacto de Família estava morto e enterrado: a França retirara-se efetivamente do sistema de alianças que existia na Europa nessa época. Uma era da história das relações internacionais também chegara ao fim.

Os defensores da declaração de paz podem muito bem ter alimentado esperanças de que agora as tensões internacionais diminuiriam; mas, se foi isso o que pensaram, estavam redondamente enganados. O oposto foi o que aconteceu, graças sobretudo à temperatura política que não parava de subir na própria França. Durante os 15 meses que se seguiram ao debate de maio, a Assembleia terminou de fato o rascunho de uma constituição destinada a uma monarquia moderada que devia se pautar por ela. Mas, ao mesmo tempo, a Assembleia antagonizou profundamente o rei, o papa e muitos católicos, dentro e fora da França, ao votar para subordinar radicalmente a Igreja Católica ao Estado francês. Essa medida levou a protestos indignados dos príncipes alemães, pois eliminava seus privilégios tradicionais na província de Alsácia, na França Oriental. Nesse ínterim, as outras grandes potências, embora distraídas por questões como a de Nootka Sound, observavam os acontecimentos franceses não só com uma apreensão crescente, mas também — uma vez que poderiam lucrar com os problemas franceses — com uma ganância cada vez maior.

As coisas pioraram muito em junho de 1791, quando a família real francesa saiu furtivamente do palácio das Tulherias no meio da noite e fugiu na direção da fronteira oriental. Luís XVI, instigado por Maria Antonieta, finalmente assumira uma posição contra a Revolução e planejava retornar a Paris à frente das tropas leais, apoiadas pelas forças do irmão da rainha, o imperador Leopoldo da Áustria. Mas aquela conspiração ousada desmoronou, transformando-se em uma comédia de erros quando a carruagem da família real, pesada e sobrecarregada, levou a um atraso desastroso. A família real foi localizada e finalmente presa na aldeia de Varennes antes de alcançar seu objetivo. Os moderados fizeram de tudo para salvar a situação, afirmando que a família real tinha sido resgatada de sequestradores, mas poucos acreditaram na ficção gritante. Em setembro, Luís assumiu devidamente o seu novo papel de monarca limitado sob a nova constituição, mas milhões de seus súditos agora o viam como inimigo, e não como um rei legítimo. Por outro lado, milhares de nobres, clérigos e plebeus ricos estavam deixando o país, muitos deles gravitando em torno de Koblenz, na Alemanha, com a intenção de entrar para um exército contrarrevolucionário que estava sendo organizado sob o comando do Príncipe de Condé e patrocinado pelos dois irmãos mais novos de Luís XVI.

Nesse ínterim, acontecimentos ligados entre si não só completaram a destruição do antigo corpo de oficiais, como também levantaram a possibilidade séria de que, em uma nova guerra, um número maior de oficiais franceses lutaria *contra* a França do que em favor dela. Em setembro de 1790, a Assembleia Nacional aprovou uma nova constituição militar redigida pelo comitê militar de Alexandre de Lameth, que abolia formalmente toda e qualquer preferência pela nobreza agora abolida e reservava um quarto das novas indicações para promoção para os soldados rasos — algo sem precedentes nas forças armadas aristocráticas da época. Os ataques dos radicais contra o exército real intensificaram-se. "Qualquer nação que vê em seu meio um exército grande e disciplinado sob as ordens de um monarca, e que se considera livre, é insana", disse Robespierre à Assembleia em um discurso típico em dezembro de 1790. Nas províncias, os clubes políticos continuavam levando os soldados ao motim e, em mais de um caso, a confrontos sangrentos e dezenas de execuções. Oficiais oriundos de famílias aristocráticas reagiram de forma previsível a essa dissolução de tudo quanto lhes era caro. "Todo dia", lembrou-se um deles mais tarde, "perguntamos uns aos outros, privadamente, *quando é que você vai embora, e para onde?*" No final de 1791, mais de 60% deles não só tinham dado baixa, mas também emigrado — muitos para entrar no exército contrarrevolucionário na Alemanha.

Mesmo assim, a guerra contra as potências que haviam apoiado esses *émigrés* não era inevitável. Os *émigrés* armados de Koblenz eram só 20 mil e não representavam uma ameaça séria para a França. A fraqueza e o caos aparente dentro do país certamente tentaram a Áustria e a Prússia a se comportar mais agressivamente — esses países ameaçaram intervir militarmente se a Revolução continuasse se radicalizando — mas esse fator, em si, não era suficiente. O que mostrou ser decisivo foi que um grupo influente de radicais franceses começou a pressionar, exigindo ação internacional agressiva, em contradição aparente com a declaração de paz. O filósofo Condorcet (expoente das teorias iluministas da história) fazia parte desse grupo, assim como um grande número de oradores eloquentes que atendia pelo nome coletivo de "girondinos" (muitos tinham vindo do departamento da Gironda, no sudoeste da França). Mas, isoladamente, a figura mais importante era o jornalista de esquerda Brissot que, em 1791, tinha percorrido a distância pequena, mas significativa, entre as galerias de espectadores da Manège e os bancos dos deputados, e se tornara um dos políticos mais importantes da França.

No final de 1791, a Manège continuava hospedando o legislativo francês, sob muitas das mesmas condições físicas precárias de antes, mas um novo corpo de 745 legisladores, escolhidos pelas novas eleições e de acordo com a nova constituição, tinham seus assentos ali. Com o voto limitado a uma minoria rica da população, esses homens não começaram a exercer seu cargo com inclinações particularmente radicais. Apesar disso, sua Assembleia Legislativa diferia enormemente de suas predecessoras. Como os nobres e o clero não desfrutavam mais de privilégios eleitorais especiais, quase todos os deputados eram oriundos do antigo Terceiro Estado. E graças a um daqueles momentos de altruísmo ostentatório tão amados pelos homens que se imaginavam romanos renascidos, a antiga Assembleia Nacional havia proibido seus membros de servir no novo órgão (foi Robespierre quem propôs a medida). De um só golpe, todos os homens que tinham se tornado grandes presenças políticas durante os debates de 1789 e 1790 descobriram estar banidos do principal palco político da França. Entre os deputados provenientes da antiga aristocracia, muitos emigraram, mas um punhado da Esquerda — entre os quais Lauzun — voltaram ao Exército. A maioria dos novos ocupantes da Manège eram jovens praticamente desconhecidos, de modo que aqueles poucos entre eles com um certo grau de notoriedade desfrutavam uma influência desproporcional. Brissot, graças à reputação que construíra com o seu jornal, logo assumiu um papel decisivo.

Desde o começo, a grande causa de Brissot foi a guerra contra a Áustria e a Prússia, os principais esteios dos contrarrevolucionários *émigrés*. Era uma posição que emitia mais que um leve fedor de hipocrisia, dado seu apoio anterior à declaração de 1790, mas um certo grau de princípio a impregnara de fato. Nem durante os debates de 1790 Brissot se entregara de corpo e alma ao pacificismo propriamente dito. Como muitos de seu tempo, ele via as relações internacionais em termos idealistas, inspirados diretamente no *Telêmaco*. A diplomacia era um jogo de corrupção, os Estados deviam praticar a não agressão, mas os povos tinham o direito de se defender vigorosamente quando atacados. Brissot também acreditava sinceramente que a fuga do rei em 1791 tornara a guerra inevitável — e então, por que o Imperador Leopoldo e os exércitos *émigrés* escolheram aquele momento para ela? Finalmente — e essa talvez fosse a característica mais atraente de Brissot — ele era um internacionalista verdadeiro, convicto. Antes mesmo de 1789, havia fundado a Sociedade de Amigos dos Negros para lutar pelo fim da escravatura nas colônias caribenhas da França. Poucos outros revolucionários levaram a ideia da fraternidade humana universal tão a sério quanto ele. Se fosse necessário travar uma guerra para realizar essa fraternidade humana, a França simplesmente teria de participar dela.

Apesar disso, não há como negar que Brissot estava fazendo um jogo cínico. No dia 20 de outubro, logo depois de assumir o cargo, ele fez um discurso incendiário que denunciava a conspiração dos *émigrés* e os "planos hostis" das outras potências europeias. Mas estava claro que ele não acreditava nas próprias palavras, pois só dois dias depois escreveu calmamente ao cunhado, dizendo que, como a França estava esperando ter um período de "tranquilidade", ele estava pronto para tomar parte em algumas novas especulações imobiliárias. Para conseguir apoio para a guerra, Brissot também contradisse descaradamente seus próprios princípios internacionalistas de longa data, mostrando um interesse repentino e suspeito pelo status de grande potência da França, status que estava perdendo terreno desde sua malfadada aliança com a Áustria em 1756. O homem que tinha ridicularizado as noções tradicionais de honra apenas um ano antes agora dizia aos colegas: "vinguem sua glória ou condenem-se à desonra eterna." A explanação mais caridosa para a conduta de Brissot é que, tendo se tornado àquela altura um republicano convicto, ele queria isolar o rei politicamente: se o rei se opusesse a uma guerra patriótica, daria a impressão de ser um inimigo da Revolução. Mas a evidência deixa claro que Brissot também pensava que alimentar o fervor guerreiro o ajudaria a obter apoio de rivais mais moderados da ala esquerda.

Seja como for, a primeira conspiração falhou pois, em dezembro, para surpresa de todos, o rei e a rainha também começaram a defender a guerra. Seus motivos eram mais cínicos ainda que os de Brissot e impregnados de desespero. Só uma derrota e uma ocupação estrangeira, a seu ver, poderiam salvar a monarquia francesa (eles supunham que a França perderia, mas que, se ela vencesse inesperadamente, o rei ficaria com os créditos). "A melhor forma de nos ajudar", escreveu Maria Antonieta a Axel Fersen, seu antigo amante e confidente sueco, "é atacar-nos." Por Brissot e pelos girondinos, a rainha só nutria um desprezo sombrio: "Esses imbecis não veem que estão nos ajudando porque, no fim, todas as potências terão de participar." A aliança nada santa entre o casal real e os radicais logo tornaria a guerra inevitável. Apesar disso, antes de sua deflagração, houve um debate quase tão importante quanto aquele de maio de 1790. Graças ao acordo de 1790, o rei preservou a função decisiva de declarar guerra, mas a Assembleia tinha seu poder de fiscalização e, por isso, suas deliberações pesavam.

Não vale a pena descrever o novo debate tão detalhadamente quanto seu predecessor, pois ele não teve a mesma intensidade concentrada e dramática que aquele, e também foi muito mais unilateral. Aconteceu ao longo de muitos meses, e não em uma única semana, e não se centrou tão firmemente na Manège, onde poucos dos novos deputados tinham o brilho ou o talento oratório de um Mirabeau, de um Barnave ou de um Malouet. Em vez de se concentrar na Manège, o debate transbordou para os jornais e também para os clubes políticos, que agora tinham adquirido uma importância enorme, em parte por constituírem um espaço para os membros da antiga Assembleia falarem em público. O debate também aconteceu basicamente entre os radicais — um indício da velocidade com que a Revolução estava dando uma guinada para a esquerda. Um grande número dos agitadores da ala direita de 1790 tinha emigrado ou abandonado a cena de alguma outra forma. Barnave e os Lameths, que haviam sido heróis da Esquerda moderada, agora se encontravam na ala direita do terreno político em transformação e cada vez mais marginalizados. Mirabeau, o único homem que teria condições de tornar mais lento o processo de radicalização, morrera em abril de 1791. As principais discussões foram aquelas entre Brissot e seus seguidores, de um lado e, do outro, a figura solitária de Maximilien Robespierre, que havia sido o primeiro a propor a declaração de paz no ano anterior. Agora, banido da Manège (por seu próprio ordenança "altruísta"!), era o líder da resistência à guerra encarapitado no radical Clube Jacobino — mas menos por uma questão de princípio pacifista do que por desconfiança dos defensores da guerra. Tinha poucos aliados.

O novo debate também teve um caráter completamente diferente em outro aspecto, pois, ao contrário dos legisladores supostamente "ingênuos" de 1790, os girondinos dominantes viam realmente o conflito que se aproximava quase inteiramente pelo prisma da fantasia clássica — de forma muito parecida à de Rousseau, Mably e outros entusiastas da era iluminista, discutida no capítulo anterior. Já em julho de 1791, em um discurso no Clube Jacobino, Brissot vangloriou-se temerariamente de que a França não tinha nada a recear das potências estrangeiras porque a liberdade transformava homens em super-homens, capazes de "esforços prodigiosos, sobrenaturais." Seus aliados repetiram essas declarações otimistas durante todo o outono, e nenhum de forma mais entusiasmada que o irreprimível barão alemão que atendia pelo nome de Anacharsis Cloots, que se firmara como importante defensor da guerra e do expansionismo francês. Cloots chegara a Paris em 1789 para se juntar aos revolucionários, chamava a si mesmo de "orador da raça humana" e, em 1790, encenou um vistoso quadro vivo de fraternidade cosmopolita diante da Assembleia Nacional (usando em parte atores contratados rapidamente nos teatros próximos para fazer o papel de estrangeiros exóticos). Convidado a fazer um discurso perante a Assembleia Legislativa em dezembro de 1791, ele disse a seus membros que, um mês depois de declarar a guerra, a bandeira francesa estaria sendo agitada pelo vento em mais de 20 capitais inimigas liberadas. As baionetas francesas, acrescentou ele ridiculamente, mas sob aplausos ruidosos, mostrariam ser dez vezes mais letais que o fogo dos mosquetes do inimigo. Até Condorcet, o filósofo e ex-pacifista que também ganhara a eleição para a nova Assembleia, participou do ato. Em março de 1792, o jornal que ele editava publicou um resumo de uma "história" da guerra que ainda não havia sido declarada. Assim que as tropas francesas cruzassem as fronteiras, previa ele, os soldados estrangeiros, impressionados tanto pela disciplina dos combatentes quanto pelos princípios revolucionários franceses, largariam suas armas, se renderiam e abraçariam os invasores.

Com a visão retrospectiva de dois séculos, é difícil não ter o mesmo desprezo que Maria Antonieta sentia por homens que se entregavam a essas ilusões perigosas. Com uma mistura tóxica de ignorância, projeção e pura e simples ambição, os girondinos estavam empurrando a França para guerras que durariam 23 anos e custariam milhões de vidas. É difícil não refletir sobre as diferenças entre a Assembleia de 1791 da qual Brissot participava e suas precedessoras, que debateram a declaração de paz. O novo órgão foi escolhido de uma forma muito mais democrática; mas, por essa razão, quase não tinha membros com experiência militar. Ao contrário dos veteranos tarimbados que tinham deliberado em maio de 1790, os novos legisladores eram principalmente advogados e funcionários públicos que só conheciam a guerra por descrições feitas nos livros (aliás, em geral, livros antiquíssimos).

Apesar disso, vale a pena examinar seus argumentos mais de perto. Bem parecidos com aqueles apresentados por certos líderes modernos e democráticos que defendem a guerra, esses argumentos tinham só uma relação tênue com a realidade militar. Mas prenunciavam — e há motivos para dizer que ajudaram a inventar — vários elementos críticos da nova cultura da guerra que logo dominaria a Europa e em função dos quais logo começaria uma verdadeira guerra total.

Em primeiro lugar, ao longo de todo o debate, os girondinos apresentaram o argumento clássico, moderno e contraditório de que só queriam a guerra em nome da paz. Em sentido algum, insistiam eles em dizer, era preciso renunciar à declaração de não agressão de 1790. A guerra estava sendo imposta a eles pela conspiração dos nobres *émigrés* e pela conivência dos regimes estrangeiros. Mas a guerra que eles queriam seria mais que uma guerra de autodefesa. Seria uma guerra para acabar com todas as guerras. Esse slogan talvez só tenha sido cunhado durante a Primeira Guerra Mundial, mas sua essência já estava presente na retórica revolucionária. Antes mesmo da fuga para Varennes, por exemplo, o radical Charles-Philippe Ronsin defendeu a guerra em uma peça de teatro que causou furor e previu que a vitória viria "do ventre do direito natural... aquela paz profunda e universal que havia sido ridicularizada por não passar de um sonho." Em um discurso que marcou o clímax da discussão em dezembro, o orador girondino Pierre-Victurnien Vergniaud disse à Assembleia que "detesto a guerra, ela é o maior dos crimes humanos e o flagelo mais terrível da humanidade" — e passou a apresentar argumentos em favor da deflagração das hostilidades contra a Áustria. Alguns dias depois, com uma lógica descaradamente sinistra, Anacharsis Cloots acrescentou: "É por querer a paz que estou pedindo a guerra." E, como vimos, depois que a guerra começou, o general girondino Charles-François Dumouriez declarou singelamente: "Essa guerra vai ser a última guerra."

Em segundo lugar, os girondinos acreditavam que a guerra se transformaria em uma guerra mundial de liberação. "Essa Revolução tem tido um caráter que nenhuma outra teve: generalizar seus princípios, torná-los aplicáveis por todos os povos, todos os países, todos os governos. É um verdadeiro espírito de conquista, ou melhor, de proselitismo." Foi assim que se expressou Pierre-Victor Malouet, o eloquente moderado de 1790, bem antes do segundo debate sobre a guerra nem sequer ter começado. Os radicais provariam que ele estava certo. "Está declarada a guerra contra todos os opressores do mundo", proclamava um Ronsin esperançoso em sua peça de 1791. "Essa guerra expiatória... vai renovar a face da terra e plantar igualmente o estandarte da liberdade nos palácios dos reis, nos haréns dos sultões e nos castelos dos pequenos tiranos feudais, nos templos dos papas e dos muftis." Foi assim que se expressou Brissot, em seu jornal, no dia 13 de dezembro de 1791. "Lembram-se daquelas cruzadas em que a Europa [pegou] em armas em favor de um punhado de supersticiosos?... Pois chegou a hora de uma nova cruzada, e ela tem um objetivo muito mais nobre, e muito mais sagrado. É uma cruzada em favor da liberdade universal." Foi assim que se expressou Brissot novamente, no dia 30 de dezembro.

E, é claro, uma guerra com esses objetivos só poderia ser apocalíptica — algo inteiramente diferente das guerras limitadas, restritas, do Antigo Regime. Esse tema já se fizera ouvir no debate de 1790. No começo de 1791, à medida que subia a temperatura das relações internacionais, o aristocrata liberal Menou emprestou-lhe argumentos mais convincentes ainda, como vimos: "Todas as nações da Europa precisam saber que, se algum dia formos obrigados a travar uma guerra... vai ser uma guerra até a morte... Vamos lutar para destruir ou aniquilar aqueles que nos atacaram, ou sermos nós próprios destruídos." Os girondinos fizeram eco ao mesmo tema muitas e muitas vezes, mas nenhum de forma mais vívida do que Cloots, certamente um desequilibrado. Se a guerra viesse, aconteceria o seguinte, a seu ver:

> Os franceses, como leões, vão se defender de forma a não deixar vivo um único homem, a não deixar de pé uma única árvore. Vão se enterrar embaixo das ruínas dos batentes de suas portas e de suas cabanas... O território da França pode ser escravizado, mas vamos morrer como homens livres, com nossas mulheres, com nossos filhos, com nosso gado. Que seja! Príncipes da Alemanha, monarcas do norte e do sul, lá estarão vocês, banhados no sangue de uma nação exterminada.

A própria Assembleia fez literalmente um pacto de morte. No dia 14 de janeiro, Marguerite-Elie Guader, que defendia Brissot fervorosamente, fez mais um apelo à guerra: "Vamos então, senhores, dizer aos príncipes da Europa que a nação francesa está determinada a manter sua constituição inalterada. Vamos morrer aqui." A essas palavras, segundo a transcrição semioficial publicada pelo jornal *Le moniteur,* a Assembleia interrompeu o discurso com gritos delirantes de "sim, sim, juramos que sim!" e depois seus membros levantaram os braços em uníssono, imitando as antigas saudações romanas, e juraram solenemente viverem livres ou morrerem.

Cenas como essa — e houve muitas naquele inverno excitável de 1791-92 — sugerem que uma outra coisa, e uma coisa bem estranha, estava acontecendo na Manège. Os deputados delirantes que faziam juramentos fervorosos não estavam se comportando como homens de paz que pegam relutantemente em armas como um último recurso, em legítima defesa. Não estavam se comportando como homens que acreditavam verdadeiramente que a guerra é "o maior flagelo da humanidade." Até Vergniaud, que usou essas palavras, desmentiu-as no mesmo discurso em que as pronunciou. "Detesto a guerra", esbravejou ele, mas depois acrescentou: "se forem obrigados a ela... sigam o curso de seu grande destino... a glória espera por vocês." Na atmosfera frenética da Manège de 1791, os girondinos não se manteriam fiéis aos princípios pacíficos de 1790. Não estavam sequer argumentando em favor da guerra como um aguilhão à virtude cívica, à moda de Rousseau ou Mably. Estavam argumentando em favor da guerra como uma causa sagrada. Brissot e seus aliados não sentiam amor nenhum pela Igreja Católica, mas invocavam obsessivamente a linguagem religiosa — "cruzada", "guerra santa", "guerra expiatória" — para descrever a conflagração pela qual ansiavam. O grande orador Georges Danton usou uma expressão arrepiante, "o anjo da liberdade é um anjo exterminador."

Na verdade, os girondinos estavam se apaixonando pela guerra — bem, ao menos pela ideia de guerra. Começaram a romantizá-la e a exultar com sua força criativa. Uma carta espantosamente franca, redigida por um dos espíritos-guias do grupo, Jeanne-Marie Roland, poucos dias depois da fuga do rei em 1791, demonstra muito claramente esse ponto de vista: "É algo cruel de se pensar", escreveu ela, "mas está se tornando mais claro a cada dia: a paz está nos fazendo regredir. Só seremos regenerados pelo sangue. Nosso caráter nacional oco, e nossa moral frívola ou corrupta, são incompatíveis com a liberdade e só podem ser reformados com a raspadeira da adversidade." A palavra-chave da carta — "regenerar", uma das favoritas dos revolucionários radicais — tinha não só conotações religiosas de redenção, mas também conotações orgânicas de novo crescimento, e essa visão orgânica impregnaria os discursos pró-guerra de Brissot, em particular. Ele falava incessantemente da França como uma nação que havia "secado" e "ficara apática" por causa dos séculos de despotismo dos reis, que precisava de "consolidação" e de um purgante violento. "Tenho um único receio", declarou ele no Clube Jacobino a 30 de dezembro: "é o de não sermos traídos... Precisamos de grandes traições, elas serão a nossa salvação; pois ainda há um veneno forte no corpo da França, e precisamos de explosões violentas para expeli-lo." Nesse sentido, a linguagem girondina chegou fantasticamente perto daquela usada pelos entusiastas alemães que defendiam a guerra, discutidos no capítulo anterior — a de Johann Embser, por exemplo, que havia caracterizado a guerra como "rejuvenescedora", ou como a de Humboldt, que afirmava que ela ajudaria a "cultivar" a raça humana. É praticamente certo que os girondinos não tinham conhecimento de seus congêneres alemães, mas suas palavras expressavam uma reação semelhante contra o sonho iluminista de paz universal e uma visão similar da guerra como algo excepcional — mas sublime, e redentora, ao menos quando travada pela causa certa.

A retórica girondina teve um efeito inebriante sobre a Assembleia, mas não saiu vencedora durante muitos meses. Embora a postura do rei tenha solapado a oposição da ala direita à guerra, um pequeno bando de políticos de esquerda lutou contra os girondinos durante todo o inverno. No Clube Jacobino, Robespierre fez uma série de discursos ferinos e brilhantes contra Brissot, apresentando três razões pelas quais a França não devia entrar em guerra — ao menos não ainda. Em primeiro lugar, o principal perigo para a Revolução não era o patético punhado de *émigrés* concentrado em Koblenz, ele estava, isso sim, dentro da própria França, era o perigo representado pelos sombrios contrarrevolucionários — alguns dos quais chegavam até a se disfarçar de patriotas. Em segundo lugar, hostilidades prematuras só favoreceriam o rei e os contrarrevolucionários e preparariam o terreno para generais ambiciosos estabelecerem uma ditadura. A guerra, sublinhou ele, acostumaria os soldados a uma "obediência passiva, a ficarem separados do povo" e geraria uma "idolatria pelo dirigente supremo do Exército."

Finalmente, tentar impor a democracia revolucionária aos povos vizinhos sairia pela culatra, pois eles não estavam preparados para ela. Sobre essa questão, incidentalmente, Robespierre mostrou uma compreensão melhor de alguns princípios básicos da sociologia política que alguns líderes democráticos mais recentes, de modo que vale a pena citar suas palavras:

> A ideia mais extravagante que pode vir à cabeça de um político é acreditar que basta um povo invadir um país estrangeiro para obrigá-lo a adotar suas leis e sua constituição. Ninguém gosta de missionários armados... A Declaração dos Direitos do Homem não é um raio de luz do sol que brilha sobre todos os homens, e não é um relâmpago que atinge todos os tronos ao mesmo tempo... Estou longe de dizer que

nossa Revolução não vai acabar influenciando o destino do mundo... Mas digo que não vai ser hoje.

Robespierre também ridicularizou a defesa que Brissot fez da "honra francesa" — que o próprio Brissot havia ridicularizado havia tão pouco tempo —, afirmando tratar-se de um entusiasmo infantil, no melhor dos casos e, no pior, de uma conspiração astuta para fazer a França mergulhar outra vez na escravidão.

Robespierre perdeu o debate, mas é difícil negar que os seus foram os melhores argumentos. Sua denúncia das ubíquas conspirações contrarrevolucionárias pode muito bem ter antecipado sua paranoia posterior; mas, nas questões substantivas, a história confirmaria as suas conclusões. A França *não* tinha de fato muito a temer dos *émigrés*, nem do imperador austríaco. As tentativas de impor a democracia revolucionária aos Estados vizinhos *sairia* pela culatra, sim. E a guerra *não demoraria* em levar ao poder um ditador militar, embora não do tipo que Robespierre imaginava. Mas os membros da Assembleia Legislativa não tinham como descortinar o futuro. Olharam, em vez disso, para o passado distante e viram colunas de bravos legionários romanos abrindo caminho entre as fileiras de seus inimigos. No dia 20 de abril de 1792, a despeito das palavras de Robespierre, os girondinos e o rei satisfizeram o seu desejo e foi declarada a guerra contra a Áustria. Poucos dias depois, tropas francesas invadiriam as fronteiras das Terras Baixas Austríacas (a Bélgica moderna). Mas o que esperavam encontrar ali? Sobre essa questão — como traduzir em estratégia militar prática os objetivos elevados de acabar com a guerra e de instituir a liberação universal — a Assembleia teve a atitude fatal de dar pouca orientação. Estava mandando seu exército para o vácuo.

4
A Última Cruzada

A guerra revolucionária é um antídoto que não somente elimina o veneno do inimigo como ainda nos purga de nossas próprias impurezas.*

— MAO ZEDONG

A despeito de ser notável a história da França revolucionária em guerra, e não obstante os inúmeros livros escritos a esse respeito, o assunto permanece surpreendentemente mal compreendido. Ao longo de gerações, uma linhagem respeitável de estudiosos franceses insistiu, de modo patriótico porém pouco convincente, na verdade simples dos ardorosos mitos dos próprios revolucionários: O Povo unido se insurgiu, com seu *élan* ideológico a compensar sua falta de preparo, e esmagou heroicamente seus adversários. Simultaneamente, uma linhagem de autoproclamados realistas de bom-senso alegremente desmontou os mitos, mas, ao fazê-lo, subestimou demais o papel do mito como uma força histórica em si mesma. Uma apreciação completa é impossível sem alguma sensibilidade para os modos pelos quais o mito e a prática se influenciaram mutuamente — muitas vezes de maneira inesperada.**

---

* Mao, cap. 5.
** Sobre a historiografia das guerras, ver Connelly, "Historiography". Para um exemplo recente de "desmontagem" de mitos, ver Mackenzie. As mais importantes fontes secundárias sobre o período são Bertaud, *La Révolution armée*, e Lynn, *Bayonets*.

Discernir essas influências, entretanto, está longe de ser algo fácil. Os textos que constituem nossas principais fontes não oferecem um olhar direto sobre o passado. As vozes dos mortos são algumas vezes fracas; outras vezes, enganosamente claras. Devemos ouvir com cuidado.

O melhor lugar para se começar a ouvir é entre soldados comuns. Tome-se Gabriel-Nicolas Noël como exemplo. Um jovem bem-educado de Lorraine, voluntário no exército francês a partir de dezembro de 1791, que nos meses seguintes escreveu uma série de cartas evocatórias e inquietantes para a mãe e a irmã adotivas. Embora Noël tivesse momentos de exaltação patriótica, as cartas basicamente expressavam suas saudades da família (ele se dizia um cachorro ansioso para lamber as mãos dos familiares!) e descreviam sua rotina cotidiana. Um dia, seu assunto foi o gosto repugnante de seus colegas por "encher a boca e a garganta com fumaça fedorenta". No outro, ele brincou com a dificuldade de se comunicar com os camponeses de língua alemã com quem estava hospedado. Para conseguir leite, tinha que posicionar sua mão para baixo de modo que ela parecesse uma teta e então fingir ordenhá-la. Os camponeses não tinham camas suficientes, o que levava a outros problemas. Em 27 de fevereiro de 1792, Noël dedicou a maior parte de uma carta à descrição entusiasmada de seu novo companheiro de cama, um filho de mercador de velas chamado Gilbaut. Ao contrário de seu antecessor, Gilbaut era limpo, bom conversador e não se queixava quando Noël se mexia durante a noite. "Dormimos juntos tão tranquilamente como se cada qual estivesse na própria cama."*

Depois de a guerra ter começado em abril, é óbvio que poucos soldados tinham essa sorte na hora de dormir. Gilbert Favier era filho de um advogado da região montanhosa de Auvergne. Em 2 de agosto de 1792, do leste da França ele escreveu à família que, por uma semana, "uma chuva quase ininterrupta deixou nosso acampamento intransitável; apesar dos diques que fizemos, a água entrou nas nossas barracas

---

* Noël, p. 135 (19 de março de 1792), 12 (18 de janeiro de 1792), 19 (19 de janeiro de 1792, 105 (27 de fevereiro de 1792).

e transformou o pouco de palha que tínhamos para dormir em algo tão sujo e fedido quanto estrume." Ao acordar depois de uma noite no chão frio e molhado, os braços e pernas de Favier tremeram violentamente por uma hora.* Outro voluntário tinha queixas semelhantes: "Sempre dormimos no chão, acampamos próximo ao inimigo, toda hora afundados na lama até os joelhos. Não sei como consegui me manter vivo."** Já Claude Simon, granadeiro de Paris, escreveu a um amigo em março de 1793: "Faz 14 dias e 14 noites, meu amigo, que eu não piso em uma casa ou durmo mais de duas horas seguidas [...] há 326 horas não como nada quente. Vivo com o pão do exército, nem sempre com água, e às vezes um pouco de *pecquet* ruim (um aguardente horrível)."***

As cartas e as memórias dos soldados revolucionários estão repletas de queixas como essas: comida ruim ou falta de comida, sapatos apodrecidos, tédio, doença, cansaço, correio precário. E ainda havia as batalhas. Louis-Joseph Bricard, um artilheiro de Paris, teve o azar de participar, junto com seu irmão Honoré, na desastrosa derrota francesa de Neerwinden (Bélgica), em 1793. Em um diário amargurado, ele lembrou que, nos momentos que antecederam a batalha, um oficial inexperiente ordenou que a bateria disparasse cedo demais ao se aproximar da cavalaria austríaca. Aproveitando-se do erro, vieram austríacos incólumes, abrindo caminho com seus sabres bem afiados e provocando uma "pavorosa carnificina". Perto dali, a artilharia francesa piorou as coisas ao mirar em austríacos e atingir sem distinção amigos e inimigos. Bricard só conseguiu sobreviver porque, desesperado, defendeu-se de um golpe de sabre com uma vassoura e assustou o cavalo de seu agressor. Ao final, novas colunas francesas avançaram e fizeram os austríacos (que, segundo Bricard, estavam em sua maioria bêbados) abandonar posição. Na confusão, entretanto, Bricard havia perdido seu irmão de

---

* Duchet, p. 58-9 (2 de agosto de 1792).
** Bertaud, *La Révolution Armée*, p. 220.
*** Simon, p. 70 (12 de março de 1793).

vista. Quando a noite caiu e as hostilidades foram temporariamente suspensas, ele procurou angustiado por Honoré, "indo de cadáver em cadáver". Visitou os celeiros e estábulos aonde haviam sido levados os feridos e gastou a maior parte da noite vagando atormentado pelo campo de batalha. Finalmente, descobriu que Honoré havia sido morto, literalmente explodido por uma bomba amiga. Bricard desmaiou ao ouvir as notícias. Em choque, com fome, sem dormir, nem sequer se deu conta do resto da batalha e da retirada francesa que se seguiu. Muitos dias depois, escreveu aos pais que seu irmão havia sido levado ao hospital para ser tratado por fadiga. Bricard temia que a verdade os matasse.*

Os soldados acertadamente consideravam a quantidade de feridos apavorante. Dez dias após Neerwinden, o granadeiro Simon teve a perna esmagada e recebeu uma pancada violenta quando uma bala de canhão derrubou em cima dele um pesado ramo de árvore. Ele acordou 15 horas depois e se viu levado para o Sul sacolejando em uma carroça, "sofrendo dores indescritíveis na cabeça e nas pernas, com meu chapéu e meus calções rasgados. Eu perguntei onde estava e o que havia acontecido: responderam que, como eu estava falando, não tinha morrido, ao contrário do que haviam pensado". Ao chegar em Mons, Bélgica, perto da fronteira com a França, Simon foi levado para um hospital onde faltavam médicos, curativos e camas apropriadas. Ele acabou por ganhar um colchão velho no chão e uma xícara de água quente, mas foi retirado dali pouco depois, quando os franceses decidiram evacuar a cidade. Custou-lhe mais doze horas de agonia em uma carroça de munição para chegar a Valenciennes, onde, como formulou Simon ironicamente, "compaixão e meu dinheiro me valeram o coração dos atendentes", que o colocaram em uma cama de verdade.** Simon pelo menos sobreviveu. A maioria dos feridos graves, não.

Esses relatos nos dão uma noção vívida e imediata das experiências dos soldados, embora em certo sentido sejam enganosos. Ao manifes-

---

* Bricard, p. 35-47.
** Simon, p. 75.

tar queixas típicas de soldados, dão a impressão de que relativamente pouco mudara desde o início da Revolução. É bem verdade que, se um combatente da batalha de Fontenoy de 1745 adormecesse e acordasse, como um Rip van Winkle, em um acampamento militar francês do início dos anos 1790, ele se sentiria muito mais em casa do que um veterano das trincheiras da Primeira Guerra igualmente arrancado de seu tempo e jogado aos exércitos mecanizados de Rommel e Eisenhower. Os uniformes eram em geral muito parecidos, assim como os equipamentos: os mesmos mosquetes pesados, toscos e imprecisos; as mesmas espadas e os mesmos pacotes incômodos; as mesmas bolsas de munição. Marchar sob esse peso impunha as mesmas dores. O viajante do tempo poderia notar algumas modificações importantes na artilharia e na engenharia militar, logo acrescidas de grandes reformas nas táticas de batalhas. A organização do exército, no entanto, permanecia basicamente a mesma na maioria dos países europeus. Na decisiva vitória francesa de Fleurus, em 1794, surgiu uma grande novidade:* um balão de cem pés de largura, batizado *Enterprising*, do qual observadores franceses viam a batalha e a relatavam para seus comandantes que ficavam embaixo. Essa primeira tentativa de força aérea francesa teve, contudo, um efeito mais simbólico do que propriamente prático. Os generais ainda se fiavam mais em pequenos telescópios para examinar os campos esfumaçados.

Em um sentido fundamental, porém, os relatos dos soldados revelam algo verdadeiramente novo: o fato de que eles realmente existiram. Antes de 1789, os soldados comuns franceses escreviam muito poucas cartas inteligentes e vivazes como as de Noël e Simon, pela simples razão de o exército do Antigo Regime ter relativamente poucos soldados que soubessem escrever, e menos ainda que houvessem recebido boa educação. É por isso que, para recriar a experiência da guerra sob o Antigo Regime, precisamos nos basear essencialmente nos testemunhos de oficiais, os quais tendiam a seguir as convenções categóricas

---

* Ver Palmer, *Twelve Who Ruled*, p. 354.

associadas com o código aristocrático. Os soldados comuns, infelizmente, ficavam em silêncio. A Revolução, no entanto, transformou radicalmente as forças armadas. Conforme vimos, ela dizimou a antiga corporação de oficiais, abriu novas vias de promoção e recrutamento e assistiu à rebelião de muitas unidades. Ela também levou à emergência de um novo tipo de soldado europeu (prefigurado, em muitos aspectos, pelos soldados da Revolução Americana): o soldado-cidadão articulado, de que Noël, Simon e Favier são exemplos perfeitos.

Levou tempo e houve alguns falsos começos, contudo, antes que algo próximo a um verdadeiro exército de cidadãos emergisse. Antes da Revolução, vários leitores proeminentes de Rousseau e Mably haviam planejado um exército assim, com a ideia de que ele viesse a suplementar (embora não substituir) o exército ativo francês, composto por profissionais e mercenários.* Em dezembro de 1789, Edmond Dubois-Crancé, deputado e ex-oficial, propôs formalmente à Assembleia Nacional a criação de um forte contingente reserva de 1,2 milhão de convocados. "Na França, todo cidadão deve ser um soldado, e todo soldado deve ser um cidadão, ou nunca teremos uma Constituição", argumentou.** Ao manter o teor otimista do pensamento militar de 1789-1791, Dubois-Crancé e os outros reformistas supunham que, como um novo contingente tornaria a França muito forte para ser atacada por qualquer inimigo são, e como os franceses haviam "se curado da doença da conquista" (como o futuro ministro da Guerra, Joseph Servant, diria com satisfação em uma outra discussão sobre o serviço militar), o país nunca mais voltaria a lutar guerras externas.***

É claro que os exércitos, no entanto, não existem simplesmente para lutar guerras externas. Em 1789, a Assembleia Nacional proclamou grandiosamente o fim do velho sistema social "feudal", com seu es-

---

* Ver, particularmente, Servan, *Le Soldat citoyen*; Servan, *Projet de constitution*.
** Edmond Dubois-Crancé, "Observations sur la constitution militaire", 15 de dezembro de 1789, *AP*, vol. X, p. 595-614, citado da p. 612. Sobre Dubois-Crancé, ver Iung. Sobre a convocação militar, ver Hippler.
*** Servan, *Projet*, p. 6.

quema complexo e sufocante de títulos, dízimos, encargos e obrigações senhoriais. Com as fundações de uma nova ordem social ainda incipientes, espalharam-se medo e confusão — especialmente entre os camponeses, que padeciam havia muito —, o que ocasionou grandes ondas de distúrbios sociais no meio rural. As forças armadas seriam necessárias para manter a paz. Mas o tipo de suspeição que Robespierre havia manifestado a respeito de um exército régio impediu os deputados de tomarem as providências para aumentar o exército (eles recusaram a proposta de Dubois-Crancé). Na verdade, deixaram o exército encolher radicalmente enquanto os motins se espalhavam e o corpo de oficiais se esfacelava.

Alternativamente, a Revolução começou a criar e treinar, à parte, uma força nova para manter a ordem e promover a participação cívica: a chamada Guarda Nacional, comandada pelo ex-ajudante de ordens de George Washington, o marquês de Lafayette, agora a liderar revolucionários moderados. Centenas de milhares de homens, sobretudo de segmentos relativamente prósperos e cultos da sociedade francesa, apresentaram-se voluntariamente à Guarda Nacional. Inicialmente, esses homens tiveram que improvisar seus próprios uniformes, bandeiras e armas, mas a Guarda rapidamente adquiriu eficiência e assumiu tarefas cruciais como a de assegurar o suprimento de alimentos para a cidade de Paris. Depois, em 1791, com a guerra chegando, a Assembleia autorizou a incorporação de uma parte da Guarda em novas unidades militares "voluntárias" que completariam o exército ativo. Noël e Favier chegaram ambos ao serviço militar como voluntários dessa espécie. Ao mesmo tempo, a abertura de vias de promoção tornava as carreiras no exército ativo mais atraentes para homens como Claude Simon (que expressou admiração pelos voluntários em suas cartas).*

Em certo sentido, essa transformação das Forças Armadas estava quebrando as barreiras entre vidas "militares" e "civis", possibilitando alguma experiência militar a homens que, antes de 1789, poderiam

---

* Ver Simon, p. 14.

muito bem rir da própria ideia de se alistarem. O fenômeno presumivelmente teria agradado a Rousseau e Mably, devotos dos exércitos de cidadãos. Mas a criação da Guarda Nacional e de suas unidades voluntárias também serviu para *criar* novas distinções entre coisas militares e civis. Como ilustram as cartas de Noël e Favier, os novos soldados tendiam a ver o serviço militar como algo estranho e extraordinário. Eles se maravilhavam continuamente com as diferenças em relação à vida civil que haviam conhecido (e logo ansiariam retornar a ela). Se geralmente aceitavam o serviço como uma necessidade patriótica, também o viam como uma fase distinta e extraordinária de suas vidas que um dia terminaria.

A Revolução também enfatizava o contraste entre esferas civis e militares ao exibir as forças militares perante a população civil de modo mais conspícuo do que em qualquer época na história então recente, e não apenas por necessidade de ordem. Em grande parte da França, a Guarda Nacional armada e fardada tornava-se o símbolo mais visível de mudança política. Em 14 de julho de 1790, no aniversário da queda da Bastilha, a Assembleia Nacional decretou um gigantesco festival comemorativo — a *fête de la fédération* — celebrado em Paris e pela França afora. Cidadãos comuns marcaram a data a seu próprio modo alvoroçado, mas guardas e soldados dominaram os eventos: executaram treinamentos e paradas, ouviram sermões e homilias patrióticas, tiveram suas bandeiras abençoadas por padres, fizeram apelos solenes para se "federarem" uns aos outros, juraram lealdade à nação e ao rei. Pode ser um exagero dizer que a militarização da França começava ali,* mas muitos observadores detectaram algo parecido e teceram críticas a respeito. O jornal esquerdista *Révolutions de Paris*, por exemplo, havia denunciado a Guarda anteriormente por adotar um estilo militar de vestimenta, argumentando que "o espírito militar é sempre um espírito de

---

* Não obstante, ver o convincente artigo de Lüsebrink.

opressão".* O jornalista ultrarradical Jean-Paul Marat, que à versão disciplinada e militar do derramamento de sangue preferia a sua, anárquica e "popular", escreveu no final de 1790 que "nunca houve um projeto mais ridículo do que o de forçar toda a nação a se tornar um povo de soldados."** Outros revolucionários, no entanto, viam a Guarda Nacional simplesmente como um contrapeso necessário ao exército ativo.

O novo feitio dos exércitos franceses foi apenas uma das novidades precoces e cruciais das guerras revolucionárias. O auxílio financeiro associado às campanhas políticas aumentou enormemente. A divisão entre combatentes e não combatentes, que as forças revolucionárias tanto fizeram por aprofundar, tornou-se nebulosa, tanto em relação a populações inimigas quanto ao que hoje em dia chamamos de "frente interna". A destruição absoluta do inimigo tornou-se um imperativo moral, levantando a possibilidade de o conflito se estender indefinidamente no futuro. Essas mudanças podem ser vislumbradas, imperfeitamente, nos relatos dos soldados. No entanto, para perceber os contornos gerais daquilo que se tornava a guerra total, precisamos, tal qual o balonista de Fleurus, erguer-nos acima do campo de batalha e investigar as grandes tendências.

No começo da guerra, a mudança mais óbvia envolveu os objetivos estratégicos franceses — ou a falta deles. A julgar por Brissot e outros oradores pró-guerra durante a Convenção, a França embarcava em uma cruzada pela liberdade universal. Mas como uma visão tão grandiosa se traduz em planos práticos de guerra? Surpreendentemente, o governo girondino não tinha uma ideia clara a esse respeito. Apesar da obsessão com os *émigrés* franceses na Alemanha, a França havia emitido uma declaração de guerra contra a Áustria, e não aos príncipes germânicos que abrigavam aqueles *émigrés*. A Prússia,

---
* *Révolutions de Paris*, 19-26 de setembro de 1789, p. 27.
** Apud Kruse, p. 40.

como aliada da Áustria, imediatamente entrou na guerra também. Nem austríacos nem prussianos, contudo, significavam uma ameaça iminente à França.* Então, onde a França deveria atacar? Na ausência de uma estratégia clara, o governo essencialmente obedeceu a um hábito profundamente enraizado e enviou suas forças para o Norte, ao que hoje é a Bélgica. O país, com fronteiras perigosamente próximas a Paris, pertencia à Áustria desde 1714; havia sido um alvo perene das ambições territoriais francesas; e tivera seus próprios distúrbios políticos desde 1789. Alguns oficiais pensaram que possivelmente os belgas "abraçariam a causa da liberdade", realizando os sonhos girondinos.**

Nada disso aconteceu. "Não consigo conceber como pudemos declarar guerra sem estar preparados para nada", escreveu Lafayette,*** agora comandando o Exército do Centro francês, poucas semanas após a declaração de guerra. Seu espanto era mais do que razoável. Graças à saída de mercenários e de outros soldados profissionais, à onda de motins e ao caos administrativo, o vigor do exército francês sofrera um abalo significativo, mesmo com as novas unidades "voluntárias". Os próprios voluntários eram mal treinados — particularmente aqueles que haviam começado a servir na primavera de 1792. A falta de oficiais experientes era desesperadora, e as unidades voluntárias pioraram as coisas ao eleger os oficiais: a popularidade frequentemente prevalecia sobre o mérito. Nas altas fileiras, os girondinos não tinham outra escolha senão a de confiar em homens dos quais desconfiavam profundamente: aristocratas que haviam resistido à tentação de emigrarem, como Lafayette, Lauzun ou Nicholas Luckner, um bávaro extravagante de 70 anos que nem sequer falava bem francês. Simplesmente não havia outros generais disponíveis. Em outras palavras, o exército tinha tudo menos as condições

---

* Sobre o começo das guerras, ver Blanning, *The French Revolutionary Wars*, p. 71-74; Guiomar, p.28-30.
** Dumouriez, apud Gontaut-Biron, p. 250.
*** Apud Hublot, p. 120.

ideais para lançar uma guerra de amplo alcance, para não falar em uma cruzada pela liberdade. O resultado oficial foi um fiasco mais do que previsível.

Quem testemunhou isso nas linhas de frente foi Lauzun, que havia retornado ao exército após o fim da Assembleia Nacional em 1791. Ele permaneceu leal à Revolução, mas só tinha a zombar dos voluntários sob seu comando: "Eles não sabem como usar as armas, não têm ideia de disciplina", escreveu. "Todos os oficiais a quem quero cedê-los antes os temem do que os querem".* Pouco depois da declaração de guerra, ele liderou uma coluna do Exército do Norte que atravessou a fronteira em direção à cidade belga de Mons. Mas, ao chegar aos cumes de Bertaumont e Jemappes, Lauzun percebeu que suas rotas estavam bloqueadas, ao passo que o país, como havia previsto Robespierre, não dera nenhum sinal de se mobilizar para saudar os "libertadores". Enquanto isso, rumores de um contra-ataque maciço da Áustria circulavam insistentemente nas tropas. No início de maio de 1792, Lauzun conseguiu expulsar os austríacos de Quiévrain. No entanto, quando mandou que dois batalhões avançassem para ocupar a cidade, eles recusaram, e antes que Lauzun conseguisse restabelecer a ordem, um pânico cego tomou conta de todo o destacamento, que se livrou do peso desnecessário e fugiu em direção ao Sul. "Em um piscar de olhos", recordou um dos assistentes de Lauzun, "as estradas e as planícies estavam cobertas de mosquetes, espadas, mochilas, equipamento quebrado, carroças abandonadas, homens morrendo."** Lauzun pelo menos não teve o mesmo destino de um outro general francês, Théobald Dillon, cujas tropas também entraram em pânico depois de submetidas a uma pesada artilharia austríaca. Os soldados o acusaram de traição, arrancaram-no de sua carruagem na cidade francesa de Lille, lincharam-no e penduraram seu corpo mutilado em um poste.

---

* Lauzun a Joseph Servan, apud Gontaut-Biron, p. 261.
** Foissac-Latour apud Gontaut-Biron, p. 256.

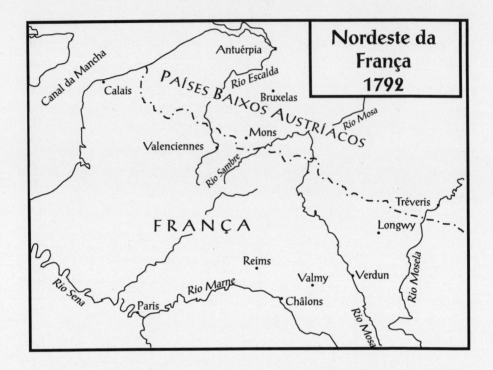

Felizmente para os franceses, os austríacos não prosseguiram com seus sucessos iniciais. Assim, pelos primeiros meses da guerra, a violência mais significativa não ocorreu na fronteira setentrional francesa. Um jornal francês radical proclamou corretamente: "A primeira batalha nós lutaremos dentro de Paris, não fora".* Opositores da monarquia, apoiados por grupos populares conhecidos como os *sans-culottes* (isto é, aqueles "sem os culotes" próprios dos homens das classes altas), agora acusavam abertamente o rei de traição e exigiam o estabelecimento de uma república. Em 10 de agosto de 1792, após meses de tensão, *sans-culottes* armados e homens da Guarda Nacional invadiram o palácio real de Tuileries, em uma reedição mais agressiva e sangrenta das Jornadas de outubro de 1789. Em meio à fumaça e ao sangue que transformaram partes do centro de Paris em uma zona de

---

* Apud Blanning, *The French Revolutionary Wars*, p. 72.

combate, a família real, aterrorizada, refugiou-se no Manège e salvou a própria vida, mas a monarquia francesa havia acabado. Entre os girondinos, a alegria foi contida, pois eles haviam arriscado demais na aliança profana com o rei em torno da questão da guerra. Agora, porém, não tinham outra escolha senão a de agarrarem-se desesperadamente à revolução que eles haviam deliberadamente feito rumar para o desconhecido. Lafayette, chocado, tentou desesperadamente reunir suas tropas para marchar em Paris, mas quando seus esforços malograram, desertou para o lado dos austríacos, que imediatamente o puseram na prisão.

Essa radicalização política rapidamente afetou a guerra e a fez tomar direções também sem precedentes. Mesmo antes de 10 de agosto, a Prússia estava se preparando para atacar a França a partir da Renânia alemã. O comandante prussiano, duque de Brunswick, emitiu um manifesto ameaçando destruir Paris se algum mal fosse feito a Luís XVI. Até então, os prussianos ainda se comportavam como se estivessem a combater um conflito conhecido e limitado contra oponentes honrosos. Após a queda da monarquia, essa ideia já não era crível, e uma alteração crucial na estratégia prussiana logo refletiu a mudança. O exército prussiano, cuja marcha era acompanhada pessoalmente pelo rei Frederico Guilherme, havia tido inicialmente um sucesso fácil na captura de diversas cidades fortificadas importantes. Mas e agora? Ele deveria marchar diretamente para o Oeste, em direção a Paris? Ou deveria avançar para o Norte e estabelecer posições a partir das quais poderia se deslocar para Paris na primavera seguinte?

Brunswick, um cuidadoso militar de 57 anos formado essencialmente no molde setecentista aristocrático, preferia a segunda opção. A parte do outono da tradicional temporada de campanhas militares se aproximava. Pior: um inimigo tão poderoso quanto os franceses — a disenteria — afetava algo como dois terços de suas tropas. Muitos prussianos sofriam tanto que não conseguiam sequer se arrastar para a latrina, transformando seus bivaques em mefíticos "campos de merda".* Dos 42 mil que cruzaram a fronteira francesa, um quinto não conseguiu chegar ao local da primeira grande batalha, e muitos dos que conseguiram mal podiam ficar em pé. Contudo, em um concílio de guerra ocorrido na primeira semana de setembro, os oficias *émigrés* franceses que acompanhavam os prussianos insistiram em que havia muito em jogo para aguardar. Distribuindo fantasias otimistas como aquelas dos girondinos, eles retrataram a população francesa como somente à espera para se rebelar contra a revolução e saudar com flores as forças invasoras. Depois da queda da cidade fortificada de Verdun, não obstante a notável falta de flores, o rei prussiano deu ordem para que se marchasse em direção ao Oeste.**

Quando as notícias do avanço inimigo chegaram a Paris, a discrepância entre a fantasia dos radicais e a realidade militar provou-se um gerador assustadoramente eficiente de terror. Se os franceses eram invencíveis como diziam os girondinos, então a queda de Verdun não poderia ter ocorrido em decorrência de uma falha do exército, mas somente por meio de atos de traição, como aquele que Lafayette acabara de cometer. Rumores de conspirações proliferaram, e na primeira semana de setembro uma multidão de *sans-culottes* invadiu as prisões de Paris e delas retirou todos os suspeitos de traição. Nas ruas, administrou-se uma justiça popular rápida e brutal, com sentenças de morte seguindo-se instantaneamente aos "julgamentos" sumários. Pelo menos 1.100 prisioneiros morreram.*** As histórias de cadáveres ensanguentados e terrivelmente mutilados empilhados em ruas chiques de Paris fizeram, de imediato, grande parte da opinião pública europeia voltar-se contra a Revolução. O *Times* de Londres, outrora tão favorável às mudanças na França, inflacionou o número de mortes para 12 mil; descreveu como os "animais bípedes parisienses" mutilaram e arrastaram duran-

---

* Ver Chuquet, *Valmy*, especialmente p. 76, 169; Hublot, especialmente p. 341, 385. Sobre a campanha de Valmy em geral, ver Bertaud, *Valmy*.
** Ver Chuquet, *Valmy*, p. 82-6; Massenbach, vol. I, p. 96-97.
*** Doyle, *Oxford History*, p. 191-192.

te dois dias pela cidade o cadáver da ex-dama de companhia de Maria Antonieta; e comparou os franceses aos godos e aos vândalos.*

Esse mesmo momento de histeria parisiense é, contudo, tradicionalmente identificado pelos historiadores como as origens de um *élan* revolucionário heroico que supostamente mudou a maré da guerra. Essa continua a ser a versão oficial dessa história na França, como pode testemunhar qualquer pessoa que tenha caminhado pelo Boulevard Saint-Germain em Paris e visto, próxima à rue de l'Odéon, a estátua do orador revolucionário Georges Danton. Uma figura fisicamente imponente, rústica, Danton construiu sua reputação nas ruas e nos clubes políticos de Paris, não nas assembleias. Tinha por hábito falar em público de improviso, em vez de fazê-lo com base em textos cuidadosamente preparados, de modo que temos poucos registros de seus discursos. Na base de sua estátua, todavia, estão gravadas as palavras emblemáticas de seu discurso mais famoso, proferido perante a Assembleia em 2 de setembro de 1792: "Os sinos que soarão não são sinal de alarme, mas uma ordem para investir contra os inimigos da *patrie*. Para derrotá-los, *messieurs*, necessitamos de ousadia, mais ousadia, sempre ousadia, e a França será salva." (Fica melhor em francês: "Il faut de l'audace, encore de l'audace, toujours de l'audace et la France será sauveé").** Danton também exigiu pena de morte para qualquer um que não cooperasse, embora essa parte do discurso seja citada com muito menos frequência.

Os parisienses de fato responderam com audácia, conclamando, aos milhares, para "avançar em massa sobre o inimigo".*** Mesmo antes do discurso de Danton, a Assembleia havia autorizado outro grande recrutamento de voluntários, dessa vez saídos sobretudo das classes baixas *sans-culottes*. Em Paris, a Guarda nacional desfilou nas ruas, ao som de canhões e tambores, e conseguiu reunir 15 mil recrutas em uma

---

* *The Times* (Londres), n. 2.408, 10 de setembro de 1792, p. 1.
** Georges Danton, *AP*, vol. XLIX, p. 209.
*** Apud Hublot, p. 223.

única semana.* Mais voluntários incorporaram-se às tropas depois do discurso. Esse entusiasmo, contudo, tinha efeitos militares algo ambíguos. O *Times* não exagerou de todo em sua descrição sensacionalista dos novos recrutas: "O exército que marcha a partir de Paris tem um grupo muito heterogêneo. Há tantas mulheres quanto homens, muita gente desarmada e poucos suprimentos."** Outros recrutas tampouco eram muito melhores. O general François-Christophe Kelermann, comandante do Exército do Centro, escreveu em 23 de agosto: "A maioria desses soldados, sem armas, sem munição e vestidos com trapos lamentáveis, não pode ser útil."*** Na madrugada de 10 de agosto, o governo mal funcionava, muito menos para treinar, equipar e alimentar milhares de novos soldados que, em sua maioria, não tinham qualquer experiência militar. E o tempo urgia.

Em 20 de setembro de 1792, esse exército francês maltrapilho deparou com os prussianos na batalha de Valmy, 25 milhas a oeste de Verdun. Foi algo relativamente pequeno. Pelo número modesto de homens mortos, a batalha de Valmy dificilmente mereceria ser incluída — ao lado de Maratona, Hastings e Waterloo — em livros como o canônico *Fifteen Decisive Battles of the World*, de Sir Edward Creasy.**** A batalha teve, contudo, a sorte de ser testemunhada por um poeta famoso, Goethe, que acompanhou os prussianos e alegou ter dito depois a seus companheiros: "Deste lugar, e deste dia em diante, começa uma nova era na história do mundo, e todos vocês podem dizer que presenciaram seu nascimento."***** Os historiadores raramente deixam de citar essas palavras. Mas Goethe escreveu seu relato décadas mais tarde, depois de a lenda já ter tomado forma, e valeu-se significativamente das descrições de outros ao fazê-lo.

---

* Bertaud, *La Révolution Armée*, p. 80.
** *The Times* (Londres), n. 2.408, 10 de setembro de 1792, p. 1.
*** Rousset, p. 100.
**** Creasy. O livro foi reimpresso centenas de vezes e continua a ser editado hoje.
***** Ver Suratteau, "Goethe et le 'tournant de Valmy'", p. 477-479.

Mesmo assim, Valmy merece sua importância simbólica. Durante a campanha, ambos os lados aumentaram deliberadamente as apostas políticas e militares de um modo que prefigurava diretamente a guerra total por vir. Os prussianos, como vimos, jogaram tudo em uma marcha rumo a Paris, na esperança de uma vitória rápida e decisiva. Eles correram o risco de dar à Revolução um triunfo propagandístico e a oportunidade de se recuperar de seu caos políticos e administrativo. Os franceses também apostaram em Valmy, de maneira que teria chocado os generais do Antigo Regime.

O apostador-chave da França foi o novo general a comandar o Exército do Norte: Charles-François Dumouriez. Personagem surpreendente, ele tinha muito mais em comum com Napoleão do que com generais franceses anteriores. Nascido em 1739, veio de uma família nobre — mas, como Napoleão, de uma pequena nobreza que jamais poderia aspirar a uma patente elevada antes de 1789. Baixo, de pele esverdeada, vivaz, ele atravessou as casas dos 20 e 30 anos oferecendo seus serviços como soldado ou agente secreto a qualquer potência que o empregasse. Era amigo de reformistas militares como Guibert e Servan, mas também de Lauzun. Suas ambições eram grandiosas.*

A Revolução finalmente deu a Dumouriez as oportunidades que o próprio acreditava merecer, e ele se dedicou a elas com todo afinco. Em 1791, ao ganhar certa proeminência, Dumouriez entrou em um perigoso jogo duplo político, prometendo sua lealdade tanto aos girondinos quanto ao rei. Isso funcionou por um tempo. No início de 1792, Luís XVI o nomeou ministro de Relações Exteriores do novo governo girondino. Nessa função, ele desempenhou um papel crucial na concepção da ofensiva inicial da França na Bélgica. No entanto, conforme cresciam as tensões entre os girondinos e o rei, ele acabou por perder a confiança de ambos os lados e foi demitido. Àquela altura, já estava perfeitamente claro que Dumouriez não se importava com

---

* A biografia mais recente é de Henry, mas ela não se compara a *Dumouriez*, de Chuquet, brilhantemente escrita.

nenhum princípio político, apenas com ele próprio. Mas talento militar experiente era escasso na França e se tornou ainda mais depois de 10 de agosto. Quando Lafayette debandou para o lado dos austríacos, Dumouriez o substituiu como *général-en-chef** do Exército do Norte.

Nessa nova posição, ele essencialmente inventou um tipo novo e importante de figura francesa: o general político. Muito mais do que seus antecessores do Antigo Regime, esses generais manobravam ativamente e faziam articulações no mundo traiçoeiro da política parisiense. No campo de batalha, eles regularmente tomavam decisões sobre assuntos muito distantes de sua especialidade militar, inclusive a negociação de tratados. Lutavam com superiores civis pelo controle da direção estratégica da guerra e frequentemente extrapolavam suas instruções. Dumouriez e Lafayette foram os primeiros exemplos, e muitos se seguiriam; Napoleão Bonaparte era uma perfeita encarnação da espécie. Eles tipificaram e contribuíram para que avançasse a dissolução de fronteiras entre os domínios político e militar, a qual caracterizou a era da guerra total.

As primeiras semanas de comando de Dumouriez em agosto não inspiraram muita confiança. Primeiro, ele pressionou o novo governo de transição de Paris a apoiar seu projeto preferido, uma nova invasão da Bélgica para distrair os prussianos. Com dificuldade, o novo ministro da Guerra, Servan, incutiu-lhe a urgência de deter os prussianos. Dumouriez concordou e conduziu seu exército em uma marcha forçada em direção à floresta de Argonne, disposta em uma linha Norte-Sul a dez milhas do limite oeste de Verdun. Cinco corredores estreitos atravessavam a mata densa; se os franceses conseguissem ocupá-los, talvez conseguissem bloquear o avanço do inimigo, não obstante a queda de Verdun. Mas um general austríaco sob comando de Brunswick apode-

---

* Durante a Revolução Francesa, o título de *général en chef* era concedido a oficiais com posto de *général de division* (general de divisão, na hierarquia militar brasileira) que comandavam exércitos. Os *généraux en chef* levavam quatro estrelas nos ombros, em vez das três estrelas características dos *généraux de division*. O título foi abolido da hierarquia militar francesa em 1848. [N. da E.]

rou-se de um corredor, e um destacamento francês fugiu de outro. Na segunda semana de setembro, os prussianos cruzaram a floresta de Argonne e em seguida se reagruparam na principal estrada que conduzia a Paris na direção Oeste.

Dumouriez apressou-se desesperadamente em direção a eles. Ele também ordenou que o Exército do Centro, comandado pelo impassível e confiável general Kellermann, fosse ao encontro de seu Exército do Norte. Em 19 de setembro, as duas forças francesas se encontraram e se espalharam de ambos os lados da estrada, próximo à pequena aldeia de Valmy. O exército de Brunswick já havia passado e rumava para Oeste; estava cada vez mais perto de Paris. No entanto, com as tropas prussianas doentes e carregadas de bagagem (incluindo as típicas carruagens de carga descomunais dos aristocratas), Brunswick não podia arriscar ter sua retirada obstruída. Ele voltou para lutar, e Dumouriez voltou-se para enfrentá-lo. Em uma ironia da história, nada menos do que cinco então atuais e futuros reis presenciaram essa primeira grande batalha das guerras revolucionárias: Frederico Guilherme, da Prússia; seu filho; os dois irmãos mais novos de Luís XVI, ambos os quais reinariam após a queda de Napoleão; e o primo deles, Louis-Philippe, que ocupou o trono de 1830 a 1848. De todos eles, apenas o último, cujo pai havia renunciado ao título de duque e abraçado a Revolução, estava do lado da França.

Ao aceitar a batalha em Valmy, Dumouriez corria um risco enorme. É verdade que ele tinha 52 mil soldados enfrentando os 34 mil de um inimigo arrasado pela disenteria. Mas se a artilharia e a cavalaria francesas compunham-se essencialmente de soldados profissionais, metade da infantaria era de novos voluntários, e metade dos soldados restantes haviam se alistado depois do começo da Revolução. Um pânico como aquele que estorvara Lauzun, condenara Théobald Dillon e levara à deserção do corredor de Argonne era uma possibilidade real. Com os principais exércitos franceses concentrados em uma única área, e com a estrada livre para o Oeste, uma onda de pânico poderia perfeitamente ter decretado o fim da Revolução.

Na noite de 19-20 de setembro, desabou uma chuva que rapidamente encharcou as tendas de lona e afetou especialmente os desafortunados prussianos. Ao amanhecer, o tempo finalmente começou a melhorar, mas os campos ao redor de Valmy haviam se tornado planícies de lama em que os soldados se afundavam até os tornozelos. Quando os prussianos tentavam preparar seus canhões, a lama cobria as rodas com enormes quantidades de uma terra grudenta. A batalha propriamente dita começou pouco depois da alvorada e logo teve um movimento decisivo por parte dos franceses. Sob ordens de Kellermann, Louis-Philipe tomou o moinho de vento que ficava no ponto mais alto e mais estratégico da aldeia; em frente ao moinho, colocou uma bateria de artilharia.

A batalha durou o dia todo, mas na maior parte do tempo a luta coube inteiramente à artilharia.* Os experientes artilheiros franceses tiveram ampla oportunidade de demonstrar os aperfeiçoamentos tecnológicos recentes de sua arte — especialmente o desenvolvimento de armas leves, manejáveis e rapidamente recarregáveis. Como em Fontenoy, 47 anos antes, o solo molhado minimizou os ricochetes mortais das balas de canhão. Em vez disso, enormes gotas de lama se espalhavam a partir dos pontos atingidos pelas balas. Goethe, atrás das linhas prussianas, diria mais tarde que os projéteis de canhão a cortar o ar soavam como o murmúrio das frondes, o borbulhar da água e o chilrear dos pássaros.** Tais analogias elaboradas não ocorriam aos soldados, mas tropas francesas experientes relatariam que jamais tinham escutado tantos canhões usados tão intensamente. No total, o dia teve mais de 20 mil tiros de canhão.***

Ao meio-dia, enfim, o próprio rei Frederico Guilherme ordenou que a infantaria prussiana entrasse em ação, contra as hesitações de um

---

* Ver Bertaud, *Valmy*, p. 35. Sobre a batalha em geral, ver as ricas narrativas de Bertaud e Chuquet, *Valmy*, complementadas por Hublot. Mas, a respeito deste último, ver a resenha cautelosa de Rothenberg, "Soldiers and Revolution".
** Apud Schama, p. 639.
*** Bertaud, *La vie quotidienne*, p. 92.

cauteloso Brunswick. Com a precisão adquirida em anos de treinamento impiedoso, as tropas formaram três colunas, marcharam em direção à artilharia adversária de modo que se dispusessem dentro de um raio de 1.200 jardas da elevação onde ela se encontrava e se recompuseram em linhas para atacá-la. Atrás das tropas prussianas, 54 armas dispararam balas de canhão e bombas nos franceses. Kellermann, no moinho, escapou por pouco da morte quando uma bala de canhão atingiu seu cavalo. Às duas da tarde, uma bomba prussiana atingiu alguns carregamentos de munição franceses, provocando uma enorme explosão. Vários pelotões das tropas francesas estiveram à beira de fugir, aterrorizados. Quase todas as representações artísticas de Valmy, inclusive o famoso quadro oitocentista de Horace Vernet, retratam esse momento.

Os franceses, no entanto, resistiram. As tropas saudavam cada disparo francês e cada erro prussiano com o brado "*Vive la Nation!*". Cantavam as canções revolucionárias, em particular a sanguinária "Ça ira" ("Vai dar certo"), que prometia que os aristocratas seriam enforcados nos postes, e a recém-tornada favorita, a *Marseillese*. Os franceses não se comparavam aos prussianos em matéria de disciplina, mas sua própria indisciplina podia lhes conferir um certo grau de bravura. Em uma anedota da batalha, um general diz ao canhoneiro que ele estava mirando alto demais, ao que respondeu o homem: "Verá que não, general". E disparou. O disparo atingiu o alvo, e o general e o soldado se abraçaram, aos gritos de "*Vive la Nation!*".* Mais bem fundamentada é a história de que, no momento do ataque da infantaria prussiana, Kellermann ergueu-se apoiando-se nos estribos da sela que vestia seu cavalo, colocou na ponta da espada seu chapéu com penacho da Revolução e liderou suas tropas aos gritos de "*Vive la Nation!*". Enquanto isso, os franceses disparavam salvas e mais salvas nos prussianos. Mesmo sem os ricochetes, as balas de canhão produziam sua habitual e terrível carnificina, arrancando cabeças e membros. Finalmente, com suas tropas sofridas a ainda seiscentas jardas da elevação, Brunswick

---

* Bertaud, *Valmy*, p. 29.

cancelou o ataque e ordenou a retirada. *"Hier schlagen wir nicht"*, observou ele de maneira lacônica. "Aqui nós não lutamos."*

Na noite de 20 de setembro, os líderes prussianos se recolheram a um pequeno hotel de quatro cômodos próximo ao campo de batalha. O grosso de suas tropas permaneceu do lado de fora, enquanto começava a cair uma nova chuva gelada. Desesperadas para se manterem aquecidas, elas fizeram fogueiras com os álamos que costeavam a estrada. Na manhã seguinte, iniciaram sua retirada para a Alemanha. Do lado francês, os soldados estavam igualmente desconfortáveis, mas em um melhor estado de espírito. Um deles escreveu para casa no dia seguinte: "Tentem decifrar minha carta o melhor que puderem. Estou sentado no chão e escrevendo com um pedaço de palha. Estamos dormindo no chão feito ratos, e não é nem quente nem agradável. Mas, apesar disso, *ça ira, ça ira, ça ira*."**

O duque de Brunswick havia se comportado ao bom estilo aristocrático do Antigo Regime e não pensava que houvesse sido derrotado. Em vez de arriscar a vida de milhares de soldados treinados a um alto custo, ele havia escolhido o caminho da retirada cautelosa, a guerra de manobra, e manteve intactas suas tropas enfraquecidas. Por conseguinte, a "batalha" foi um simples duelo de artilharia com algumas centenas de vítimas de cada lado e quase nenhuma ação real por parte da infantaria — à exceção do ataque prussiano abortado. O voluntário Gabriel-Nicolas Noël, agora integrante do Exército do Norte, escreveu à família com bastante precisão que "os soldados foram, por assim dizer, espectadores" em Valmy.*** Mas aquilo que Brunswick podia tratar como praticamente um não evento, os franceses rapidamente elevaram ao nível de mito. "Não se explica Valmy", escreveria mais tarde o político francês Georges Clémenceau. "Não se pode relacioná-lo a outras

---

* Apud Chuquet, *Valmy*, p. 215.
** Apud Bertaud, *Valmy*, p. 39.
*** Nöel, carta de 21 de setembro de 1792, p. 271.

coisas, próximas ou distantes [...]. É uma aurora, uma aurora de esperança [...] um fenômeno moral."*

Kellermann, com sua decisão de fortificar o moinho e com seu teatro patriótico, foi o herói do momento. Quando Napoleão lhe ofereceu um pariato muitos anos depois, ele escolheu o título de duque de Valmy. A campanha em geral coubera, contudo, a Dumouriez. O próprio Napoleão criticou-o por assumir uma posição ousada demais em Valmy, acrescentando em tom cáustico: "isso deveria contar muito, pois eu me considero, na guerra, o homem mais ousado que jamais existiu".** De qualquer forma, a aposta havia compensado. Um regime e uma revolução haviam estado em jogo, e Dumouriez empenhara todas as suas forças em um único confronto. Primeiro os prussianos e depois os franceses haviam, portanto, abandonado decisivamente o tradicional e cauteloso jogo de xadrez da manobra militar. Em seu lugar, eles haviam começado a desenvolver um estilo de movimento rápido e choques decisivos, ligado a uma aceitação de grandes riscos políticos. "Eles arriscavam permanentemente tudo para ganhar tudo", escreveu, com admiração, um oficial russo poucos anos depois.*** Nesse aspecto, entre Valmy e Waterloo, existe uma linha direta.

Em Paris, ao mesmo tempo em que os canhões disparavam em Valmy, uma outra assembleia se reunia no Manège: uma Convenção Nacional, eleita, pela primeira vez na história da Europa, pelo voto universal dos adultos do sexo masculino, e que incluía entre seus 749 membros Brissot e Robespierre. Embora fosse teoricamente um grupo apenas temporário, a Convenção governaria por três anos, período no qual ocorreu o que se poderia chamar de uma tremenda compressão da história: décadas de eventos foram atochadas em uma espiral intensa de radicalização. Vou mencionar somente o que de mais importante houve.

---

* Apud Hublot, p. 373.
** Napoleão apud Las Cases, vol. II, p. 297.
*** Apud Mathiez, *La victoire en l'an II*, p. 235.

No dia seguinte de Valmy, a Convenção dissolveu a monarquia e proclamou a república na França. No inverno de 1792-1793, a Convenção levou Luís XVI a julgamento, declarou-o culpado e o condenou à morte por decapitação, cortesia de um artefato de execução novo, dito mais humano, chamado guilhotina. No verão seguinte, a briga de facções quase destruiu a Convenção, provocando a queda e por fim a execução de Brissot e dos girondinos. Por todo o país, eclodiram rebeliões contra o governo revolucionário. No outono de 1793, o ditatorial Comitê de Segurança Pública, composto de doze homens, mas cada vez mais dominado por Robespierre, começou a implementar o que veio a ser conhecido como Terror, que custou a vida de dezenas de milhares de pessoas em Paris e muito mais nas províncias. A Convenção também atacou a cristandade, aboliu o calendário cristão e vislumbrou planos ambiciosos impraticáveis para uma nova ordem social. Em seu magistral romance *Noventa e três*, Victor Hugo escreveu: "E hoje, passados oitenta anos, sempre que a Convenção surge no pensamento de um homem, seja ele quem for, historiador ou filósofo, esse homem para e medita. Impossível não atentar para essa grande passagem de sombras."*

A guerra se intensificou em um ritmo igualmente vertiginoso. Na esteira de Valmy, Dumouriez obteve uma vitória decisiva sobre os austríacos em Jemappes. Os franceses foram adiante e ocuparam a Bélgica e grande parte da Renânia alemã. Em 1793, Holanda, Espanha e Grã-Bretanha entraram no conflito ao lado da Áustria e da Prússia, forçando a França a lutar contra uma grande aliança europeia. Em março, Dumouriez sofreu uma derrota desastrosa em Neerwinden, abrindo novamente a possibilidade de os exércitos inimigos marcharem sobre Paris. O próprio Dumouriez tentou armar um golpe de estado, mas fracassou e desertou para o lado inimigo, como Lafayette fizera antes dele — mais uma figura arrastada pelo *tsunami* revolucionário. Uma luta desesperada pela sobrevivência militar havia começado. Ao longo do ano seguinte, a Convenção trabalhou incessantemente para superar

---
* Ver V. Hugo.

seu número cada vez maior de inimigos. Nessas condições, mesmo os antigos defensores da paz, como Robespierre, transformaram-se em defensores sem remorso da vitória militar.

A França tinha necessidades militares caracteristicamente modernas: mosquetes, canhões, oficiais bem treinados e recrutas que ali não estivessem por simples obrigação. Mesmo assim, os sonhos clássicos, primeiro cultivados pelos girondinos, continuavam a moldar a conduta da guerra de modo surpreendentemente importante e continuavam a ser um dos elementos mais significativos do período. Esses sonhos resultavam em muito mais do que uma simples romanticização do esforço de guerra — algo que ocorreu na maioria das guerras, antigas e modernas. Uma porção significativa dos líderes políticos acreditava fervorosamente nessa verdade fundamental: a Revolução havia transformado a guerra tanto quanto a política, tornando em geral ou mesmo totalmente irrelevante a velha ciência militar concebida para comandantes aristocráticos de exércitos de mercenários. Tais líderes acreditavam que a Revolução havia conduzido a guerra de volta a sua condição supostamente natural de ruptura extraordinária na história humana, a qual transformaria para sempre as sociedades que a empreendessem. E, então, eles lutavam para adequar as realidades dos campos de batalha a sua visão de uma luta apocalíptica para acabar entre cidadãos livres heroicos e escravos desprezíveis.

Há uma grande ironia aqui. Sonhos inspirados por uma leitura dos clássicos e fundados em uma rejeição à guerra moderna, científica, conduziam a França a uma espécie de guerra que nós agora vemos como essencialmente moderna, caracterizada pela mobilização sem precedentes da população e pelo abandono do regime de contenção que havia prevalecido antes de 1789: guerra total. No fim das contas, um grupo de líderes mais sóbrios e impiedosos do que Brissot e os girondinos encontraria modos práticos e bem-sucedidos de "revolucionar" a guerra e de traduzir os sonhos clássicos na realidade. Ao longo do percurso, porém, outras pessoas do conjunto de líderes radicais implementariam políticas que eram, na melhor das hipóteses, diversionismo e, na pior delas, fragmentos de fantasias perigosamente contraprodutivas.

Tome-se por exemplo a crença de que a liberdade conferia aos "cidadãos-soldados" algo próximo a poderes sobrenaturais, não obstante sua falta de treinamento e de experiência. Ao manter essa crença, os exércitos revolucionários recusavam-se a sujeitar seus soldados a códigos disciplinares tradicionais. As transgressões dos soldados eram julgadas pelos próprios colegas, e casos de insubordinação que teriam posto qualquer *poilu* da Primeira Guerra Mundial perante um pelotão de fuzilamento ganhavam por vezes não mais do que reprimendas leves ou punições simbólicas, como raspar as sobrancelhas e o cabelo. Essa leniência teria supostamente um poderoso efeito motivacional, dando aos soldados ordinários um sentimento de serem verdadeiramente cidadãos iguais.* Mas isso poderia ser levado a um extremo temerário. "Os que comandam e os que obedecem são iguais", escreveu o jornalista radical Jacques Hébert.**

Havia ainda a curiosa questão da lança.*** Como arma, ela não era vista nos campos de batalha da Europa ocidental havia um século. Quando usada para perfurar os corpos de cavalos da cavalaria em movimento, ainda tinha alguma utilidade; mas soldados se fiarem nela ao enfrentarem companhias de mosqueteiros bem treinados era nada menos do que suicídio. Todavia, a lança havia sido promovida tranquilamente pelos girondinos como verdadeira arma dos cidadãos livres antes da guerra, e o culto a ela continuou a florescer mesmo depois de os prussianos iniciarem sua ofensiva.**** Em setembro de 1792, o departamento de Marne, situado na rota prussiana rumo a Paris, ordenou ferreiros e chaveiros a interromper seus trabalhos para produzir lanças. O sóbrio engenheiro militar Lazare Carnot, futuro membro do Comitê de Segurança Pública, manifestou-se favoravelmente à distribuição de lanças a toda a população adulta.***** Em uma reveladora discussão

---

* Esse é o argumento de Lynn, *Bayonets*, p. 24. Ver também Chuquet, *Valmy*, p.143; Forrest, *Soldiers*, p. 191.
** Apud Lynn, *Bayonets*, p. 94.
*** A respeito desse assunto, ver, sobretudo, Lynn, "French Opinion".
**** Ver, por exemplo, Lemny, p. 222.
***** Bertaud, *Valmy*, p. 103; ver ainda Bertaud, *La Révolution Armée*, p. 162.

na Assembleia Legislativa, um deputado criticou Carnot por tomar os lanceiros macedônios e romanos como modelos. Os inimigos da França, observou ele com sensibilidade, "não realizam seus ataques com estilingues e lanças, armas dos selvagens, mas com poder de fogo controlado por cálculos científicos. A terrível arte da guerra está longe de sua infância". Mas outro deputado imediatamente retrucou, sob aplausos entusiásticos: "Se não fomos até agora espartanos ou atenienses, deveríamos passar a sê-los".* Em 1793, um general revolucionário se queixaria de que o governo o havia entulhado com nada menos do que "60 mil [lanças] que não servem para nada".**

Talvez fosse possível dizer que as lanças também tinham um efeito psicológico, pois eram símbolos-chave do movimento *sans-culotte*.*** Em mais de uma ocasião, as lanças foram adornadas com cabeças decepadas de aristocratas. E em meio a uma elite intelectual viciada no estudo do "caráter nacional", considerava-se o uso da lança como de acordo com a suposta natureza "impetuosa" dos homens franceses, que jamais tolerariam o treinamento árduo ao modo prussiano.**** Mas outras ideias passadas à frente por líderes revolucionários eram simplesmente delirantes. Jean Bon Saint-André, membro do Comitê de Segurança Pública, defendeu entusiasticamente que os franceses ignorassem um século de transformações na tecnologia naval e se valessem de grupos de abordagem, no lugar de canhões, para dominar navios adversários — como se os britânicos não fossem afundar qualquer navio francês que não fizesse uso máximo de sua artilharia.***** Enquanto isso, Bouchote, ministro da Guerra, argumentava que fazia sentido promover oficiais somente com base na ortodoxia política. Quando o irmão mais novo de Robespierre protestou contra a promo-

---

* *AP*, vol. XLVII, p. 123-124, 25 de julho de 1792. A discussão foi entre Laureau e Lecointre-Puyraveau.
** General Santerre em J.-J. Savary, v. II, p. 5.
*** Ver Soboul, *The Sans-Culottes*, p. 227-8.
**** Ibid.
***** Bodinier, "Le Républicanisation de la Marine", p. 249-59, em especial p. 257.

ção de um jovem segundo-tenente ao posto de general, o ministro replicou asperamente: "Os *sans-culottes* enxergam patriotismo e republicanismo como os talentos mais importantes."* Bouchotte e muitos de seus assessores pertenciam à facção radical liderada pelo jornalista Hébert, que escrevia seu jornal, *Le père Duchesne*, como um *sans-culotte* fanático, sanguinário e desbocado, e se arvorava em porta-voz do movimento popular. Após a queda dos girondinos, essa facção, os "hebertistas", fez de tudo para promover os sonhos clássicos.

Embora fáceis de se ridicularizar, esses sonhos provinham diretamente da convicção de que a guerra era mais uma questão de moralidade do que de ciência ou de arte aristocrática. Do ponto de vista hebertista, assim como do ponto de vista de seus predecessores girondinos, havia algo distintamente *imoral* no combate a distância, com armas e canhões — depositando-se mais fé na ciência e na tecnologia do que na força e na coragem de guerreiros individuais. Aqui, ironicamente, esses homens ecoavam precisamente as lamentações dos cavaleiros nobres do começo da era da pólvora, ao passo que desdenhavam da mesma tecnologia que havia salvado a Revolução em Valmy. Eles não desejavam de jeito nenhum o retorno aos tempos da cavalaria. É verdade que, tal qual os oficiais aristocratas do Antigo Regime, viam a guerra como uma provação pessoal. À diferença daqueles oficiais, contudo, eles não entendiam que essa provação envolvesse sobretudo habilidade, precisão e elegância; não a viam como uma performance baseada no controle estrito do corpo e das emoções. Ao contrário, viam-na como uma provação da própria essência da pessoa, de suas qualidades morais e de suas intenções. Não era uma questão de autocontrole, mas de autoexpressão. Nas imagens alucinatórias da luta corpo a corpo — armas a ferir diretamente a carne inimiga —, podem ser vistas as mesmas exaltações da morte, a mesma esperança da "regeneração pelo sangue", que atravessavam a retórica de guerra dos girondinos em 1791-1792. Uma gravura alegórica *sans-culotte*,

---

* Apud H. Brown, *War, Revolution*, p. 79.

intitulada *Quinhentos mil republicanos defendendo a Constituição*, ilustra exatamente esse fascínio pelo combate físico básico. No fundo, distante da ação, há canhões; logo abaixo, estão os soldados com mosquetes (cuja maioria está erguida), com suas baionetas no ar, feito lanças. No primeiro plano, as armas são lanças, espadas, machados, e, no centro, figura um *sans-culotte* a balançar uma enorme clava, estranhamente primitiva.

Associadas a essas imagens de agressão física masculina, havia aquelas da morte sacrificial e o martírio. Em setembro de 1793, a Convenção começou a publicar uma *Coleção das ações heroicas e cívicas dos republicanos franceses*, um periódico cujos leitores possivelmente se contavam aos milhões (tinha distribuição gratuita nas escolas, nos clubes políticos e no Exército). Seus editores gostavam de relatos assombrosos de heróis fazendo o máximo para obter uma morte sangrenta pela França. Por exemplo:

> Félix Cabanes, granadeiro do Terceiro Batalhão de Gers, atingido por uma bala na coxa, no acampamento em Sarre, dispara vinte cartuchos, e suporta a investida do inimigo. Levado ao hospital, ele retira a bala com seu saca-rolha [...]. Em 23 de julho, ele é ferido a bala na parte de trás da cabeça [...] mas dispara duzentos cartuchos, e mata seis catalães com uma faca. Em 23 de agosto, uma bala de canhão cai em seus joelhos e o afunda no solo, enquanto outra [...] provoca um ferimento profundo no lado direito de seu abdome; no mesmo momento, uma bala envenenada penetra seu chapéu, arranca-lhe um olho e permanece alojada na órbita ocular. Levado ao hospital, ele entra em um estado de asfixia que o faz parecer morto. Estão prontos a enterrá-lo quando de súbito ele grita: "Miseráveis, querem me enterrar vivo! Ainda tenho um pouco de sangue a derramar por meu país!".*

---

* Citado em Baecque, p. 288. Sobre o periódico, ver também Julia, p. 208-213; T. Rousseau.

A própria Convenção acolheu uma parada dos mutilados (mais de cem, no total): soldados sem braços, sem pernas, com terríveis feridas no peito, e até um que havia perdido o maxilar superior, os ossos do nariz, os olhos e as órbitas oculares ("nenhum de nós recusaria a glória ao preço que ela lhe custou", disse Carnot a ele, sem convencer).*

De modo impressionante, desenvolveu-se uma espécie de culto ao martírio em torno de dois voluntários muito jovens — Joseph Bara e Agricol Viala — que haviam sido mortos por rebeldes contrarrevolucionários. O relato da morte de Bara, de 13 anos de idade, chegou à Convenção em Dezembro de 1793, e Robespierre louvou o episódio como exemplo perfeito para a juventude francesa. Foi a deixa para escritores se apressarem em produzir discursos, peças e poemas comemorativos do rapaz.** O pintor Jacques-Louis David deixou uma incrível pintura inacabada de Bara moribundo, que, no entanto, não tem relação alguma com as circunstâncias efetivas da morte. O general que primeiro narrou o caso protestou: "Penso que ele deveria ser mostrado como de fato estava quando recebeu os golpes finais, a pé, segurando dois cavalos pelas rédeas, cercado por bandidos, e retorquindo[-lhes]: 'seus bandidos [de merda], dar-lhes os cavalos? Certamente que não!'"*** A figura de David, nua, andrógina, sem marcas e serena não conta a história da real coragem de Bara nem tenta evocar o horror dos reais ferimentos exibidos pelos soldados nas dependências da Convenção. Em vez disso, associa a morte sacrificial a uma imagem profundamente sensual e perturbadora de beleza e pureza, transformando-a em nada menos do que um objeto de desejo. Como o poeta Augustin Ximenez escreveu à época: "É bonito perecer". *Il est beau de périr.*****

---

* Jeismann, p. 153. A citação de Carnot está em Baecque, p. 300.
** Robespierre via isso como uma alternativa ao culto semirreligioso do recém-assassinado Marat. Ver Baecque, p. 281. Sobre as peças, ver Mannucci, p. 189-256. Para um exemplo, ver Briois.
*** Apud Roberts, p. 311.
**** Apud Bertaud, *Guerre et société*, p.161.

As fantasias tinham ainda um aspecto perturbador. Se mártires deveriam ser exaltados e invejados, os inimigos — monstros morais — deveriam ser contundentemente abominados e erradicados. Quando começou a guerra, a retórica da "guerra até a morte" se intensificou e foi acrescida de uma onda feroz de ódio contra qualquer um que ousasse pegar em armas contra a França. Esses eram condenados como "hordas sanguinárias", "bárbaros", "víboras", "monstros". Os ingleses, que a longo prazo representavam a pior ameaça à França e cuja própria herança revolucionária fazia sua inimizade soar como traição, eram submetidos às piores ofensas. "O ódio nacional deve ressoar", disparou Bertrand Barère, membro do Comitê de Segurança Pública, em 1794. "Jovens republicanos franceses devem sugar, juntamente com o leite materno, o ódio ao nome dos ingleses [...] [Os ingleses] são um povo estranho à Europa, estranho à humanidade. Eles devem desaparecer".* Oradores espalhados pela França clamavam pelo "extermínio" dos ingleses, e a Convenção endossou formalmente a ideia ao emitir um decreto proibindo os comandantes franceses de darem clemência a soldados ingleses.** "Somente os mortos não voltam para lutar de novo", observaram Barère e Carnot.*** É verdade que antes, quando outro deputado sugeriu o envio de assassinos para matar o primeiro-ministro britânico, os membros o vaiaram, horrorizados.**** Nesse caso, ao menos, a guerra do final do século XVIII parece mais restrita do que a do início do século XXI. Mesmo assim, a Convenção parecia pronta a aprovar o assassinato em massa.

Os historiadores muitas vezes desconsideram o significado dessa retórica exterminadora, notando que, diferentemente do que ocorria nos

---

* Barère, *Rapport*, p. 13, 18.
** Ver Bell, *Cult of the Nations*, p. 98-101. Cf. Wahnich, p. 237-346. O decreto também se aplicava a soldados do estado germânico de Hanôver, governado por Jorge III, da Grã-Bretanha.
*** Apud Reinhard, *Le grand Carnot*, v. II, p. 106.
**** *AP*, v. LXX (7 de agosto de 1793), p. 451. O deputado em questão era Jacques Garnier des Saintes.

casos da disciplina militar e das lanças, ela tinha um impacto muito pequeno sobre os exércitos. Na prática, observam, as forças francesas geralmente ignoravam o decreto de "não fazer prisioneiros". Chegou a circular a história de soldados que recebiam ordens de deputados visitantes para matar os prisioneiros e que respondiam que os próprios deputados teriam de cumprir essa tarefa.* Os deputados poderiam acusar a fraternidade dos homens de armas de ser uma farsa aristocrática, mas os comandantes em campanha sabiam perfeitamente bem que seriam seus homens que pagariam o preço, sob forma de vingança inimiga, por atirarem em prisioneiros.

A retórica, no entanto, é importante. Ela demonstra o quão completa era agora a rejeição, por parte do Estado francês, ao antigo regime de guerra limitada. "A guerra é um estado de coisas violento", comentou laconicamente Lazare Carnot. "Ela deve ser levada ao extremo".** Robespierre foi além, invocando a alta corte da história tão ao gosto dos *philosophes*. Em um esboço para uma nova declaração de direitos, ele escreveu: "Aqueles que empreendem guerra contra um povo para interromper o progresso da liberdade e para destruir os direitos dos homens devem ser atacados por todos — não como inimigos comuns, mas como assassinos e bandidos rebeldes."*** Ao defender o decreto de "não fazer prisioneiros", ele ressaltou friamente junto ao Comitê de Segurança Pública que não podia haver um denominador comum entre o homem livre e o lacaio do despotismo: qualquer ideia de tratar o inimigo como um adversário honroso era simplesmente absurda.**** Surpreendentemente, Robespierre agora classificava a guerra em termos religiosos, como "um choque de proselitismos".***** Afinal, ele e seus

---

* Pelzer, p. 196. Pelzer e Wahnich apresentam as discussões mais recentes e sofisticadas do decreto de "não fazer prisioneiros".
** Apud Reinhard, *Le Grand Carnot*, v. II, p. 106.
*** Apud Belissa, *Fraternité universelle*, p. 365.
**** Robespierre, 21 de junho de 1794, apud Aulard, *La Société des Jacobins*, v. VI, p. 183-5.
***** Robespierre apud Bertaud, *La Révolution armée*, p. 194.

aliados radicais acreditavam que quaisquer meios eram justificáveis, pois aquela guerra seria a última. "Preparem-se para a paz universal", insistia Carnot, ainda que ele trabalhasse freneticamente para fortalecer o poderio militar francês.*

O sinal mais claro de que as normas do Antigo Regime já não se sustentavam não envolvia o tratamento de prisioneiros, e sim o tratamento do território estrangeiro. Sob o Antigo Regime, era entendido que qualquer transferência formal de territórios, assim como qualquer modificação dos sistemas político e social dentro deles, deveria aguardar um acerto formal de paz para então ser levada a efeito por meio, pelo menos em tese, de acordo mútuo. Mas logo após a vitória de Dumouriez em Jemappes em 1792, a Convenção sinalizou que não mais respeitaria os direitos das forças inimigas, declarando que "concederia fraternidade e ajuda a todos os povos que [desejassem] recuperar sua liberdade — ou seja, encorajaria a revolução Europa afora".** É verdade que a Convenção rapidamente abriria mão desse programa incrivelmente ambicioso e que, menos de um ano depois, renunciaria explicitamente a "ideias filantrópicas" de guerra em geral. De agora em diante, ela dizia, o exército francês "se comportará em relação aos inimigos da França do mesmo modo que as forças aliadas estão se comportando em relação a nós, e aplicará os direitos comuns de guerra."*** Essa mudança de direção não implicava, contudo, que a França retornaria inteiramente às práticas tradicionais. Na verdade, a França começou a anexar territórios belgas e germânicos conquistados sem esperar por tratados. Todo o leque de reformas revolucionárias ali teve lugar, inclusive ataques à religião, fim de privilégios "feudais", abolição da nobreza — e, o mais importante, introdução de um aparato de estado capaz de extrair dos territórios o esforço de guerra.

---

* Citado em Reinhard, *Le grand Carnot*, vol. II, p. 37.
** Citado em Belissa, *Fraternité universelle*, p. 322.
*** Ibid., p. 396. Essa questão é discutida em detalhe em ibid., p. 253-408.

Deve-se ressaltar que a rejeição às normas do Antigo Regime não era totalmente limitada aos franceses, embora eles articulassem a questão com mais veemência. Do outro lado do canal da Mancha, a opinião pública inglesa se enfureceu com o decreto de "não fazer prisioneiros", mas importantes políticos ingleses haviam exigido políticas semelhantes mesmo antes da eclosão das hostilidades. "O modo de guerra civilizado não será praticado", escreveu Edmund Burke já em 1791, "e tampouco os franceses têm o direito de esperá-lo... as bestas-feras da guerra, de todos os lados, estarão sem coleiras e sem focinheiras."* Com a França e a Grã-Bretanha ainda em paz em 1792, o diplomata britânico lorde Auckland reclamava a execução dos prisioneiros franceses e a dispensa das "cortesias da época atual".** Felizmente, os comandantes britânicos receberam esse conselho com menos entusiasmo ainda do que seus colegas franceses.

Mesmo assim, na França a retórica foi mais forte. Também na França o governo fez um esforço maior para difundir a visão apocalíptica da guerra entre a população. Ele subsidiava a produção de peças teatrais encenadas nas grandes cidades e nos acampamentos militares. Seis mil exemplares de uma obra teatral fantasiosa sobre o triunfo mundial dos *sans-culottes* foram enviadas ao Exército do Norte, junto com 400 mil exemplares de uma nova constituição e com bem mais de um milhão de *Le père Duchesne*, o jornal de Hébert.*** Esses números superam em muito qualquer coisa jamais vista na história francesa (além do mais, cada exemplar tinha vários leitores). E os esforços não se limitavam aos alfabetizados. "As pessoas ainda cantam muito mais do que leem", lembrou o compositor Tho-

---

* Burke, *A Letter From Mr. Burke*.
** William, Lord Auckland, para Morton Eden, 31 de agosto de 1792, apud Black, *European Warfare*, p. 170.
*** Lynn, *Bayonets*, p. 157, 141, 143. Ver também Bertaud, *La Revolution armée*, p. 146-147.

mas Rousseau ao ministro da Guerra; em resposta, ele recebeu a incumbência de enviar ao Exército 100 mil cancioneiros.* Testemunhas oculares concordavam que os franceses cantavam continuamente nas marchas, no acampamento, na batalha:

> *Courons en masse mes amis*
> *Pour écraser nos ennemis*
> *Que ces lâches guerriers,*
> *Sortent de nos foyers,*
> *En mordant la poussière,*
>   *Au joli son,*
>   *Au joli son,*
> *En mordant la poussière,*
>   *Au joli son*
>   *Du canon.*
>
> *La patrie attend de nos bras*
> *La mort de tous ces scélérats...*
> *[Qui] mordront la poussière,*
>   *Au joli son, etc.*
>
> Corramos em massa, meus amigos,
> Para esmagar nossos inimigos
> Que esses guerreiros covardes
> Saiam da nossa terra
> Comendo poeira
>   Ao belo som
>   Ao belo som
> Comendo poeira

---

* Apud Forrest, *Soldiers of the French Revolution*, p. 105. Ver ainda Lynn, *Bayonets*, p. 143.

> Ao belo som
> Do canhão
>
> A pátria espera de nossos braços
> A morte de todos esses celerados
> [Que] comerão, todos, poeira
> Ao belo som, etc.*

Essa canção, apenas uma das centenas que se cantavam à época, apareceu em 1794, em um jornal chamado O *Anoitecer no Acampamento*. Não era uma canção muito boa, para dizer o mínimo. Contudo, era simples, facilmente compreendida, e cantada sobre uma melodia popular. Os editores tinham boas razões para esperar que, em questão de dias, ela fosse gorjeada, sem afinação mas com empolgação, do canal da Mancha aos Pireneus.

Infelizmente, é difícil dizer como os soldados e a população em geral reagiram a essa bateria de propaganda. Jornais revolucionários noticiavam que a reação era de ardoroso entusiasmo, mas tais descrições eram elas mesmas peças de propaganda. É razoavelmente fácil encontrar ecos das canções e dos artigos de jornal nas cartas dos soldados, mas eles sabiam que sua correspondência podia ser aberta e lida. Ainda assim, é equivocado pensar que tal propaganda somente seria "bem-sucedida" se transformasse leitores e ouvintes em militantes obedientes. Simplesmente por seu alcance, pela repetição incessante de suas imagens de morte, martírio e extermínio, a propaganda enviava aos destinatários um conjunto de ideias elementares, mas potencialmente transformadoras. Essa guerra, dizia-se, era de fato diferente de qualquer coisa que a houvesse precedido. Era extrema, de escopo amplo. Não terminaria com um tratado de paz, mas com vitória ou derrota derradeiras. O fato de, por duas vezes, nos verões de 1792 e de 1793,

---

* La soirée du camp, n. 2, 3 termidor ano II (21 de julho de 1794), p. 3-4. Cantava-se isso ao som da "Carmagnole".

não parecer existir nada que evitasse a tomada de Paris pelos exércitos aliados dava credibilidade à mensagem. E, dessa maneira, a propaganda preparou a população para as exigências drásticas e sem precedentes do verdadeiro esforço de guerra.

Em 1793-1794, o Estado francês começou a tomar medidas mais efetivas para transformar em realidade o sonho clássico de mobilização total. Dois homens em especial personificaram essa mudança. Primeiro foi Carnot, "o organizador da vitória", um competente engenheiro e matemático que antes havia defendido a tática tradicional da manobra e do cerco contra os inovadores como Guibert. Carnot conhecia assuntos de guerra melhor do que qualquer membro da Convenção, mas também ele bebera dos clássicos e não estava imune às tentações da fantasia. Como jovem oficial em Arras ao final do Antigo Regime, ele havia participado, junto com Robespierre, de uma sociedade literária que reunia o tipo de jovens profissionais que devoravam Rousseau e Voltaire (retrospectivamente, é estranho que isso tenha fornecido um ambiente para os dois futuros líderes do Terror trocarem versos cômicos e lerem poesias de amor em voz alta). No começo da guerra, não era de todo surpreendente descobrir que Carnot era um dos oficiais defensores do retorno das lanças às guerras europeias.*

Muito mais fantasista era Louis Saint-Just, autor de uma declaração célebre: "o mundo está vazio desde os romanos". Nascido em 1767, filho de um oficial não nobre do exército, ele passou sua adolescência e os primeiros anos da vida adulta buscando fervorosamente uma reputação literária e política. Entre seus feitos mais lamentáveis estava um longo poema erótico intitulado *Organt*, que incluía cenas de estupro e bestialismo. Eleito para a Convenção com apenas 21 anos, ele construiu sua reputação com discursos apaixonados em favor da morte de Luís XVI e rapidamente se ligou a Robespierre, que se tornou seu ídolo e o levou ao Comitê de Segurança Pública. A fria insistência de Saint-Just em ex-

---

* A biografia definitiva de Carnot é o magnífico *Le Grand Carnot*, de Reinhard.

purgar e executar aqueles revolucionários que divergiam de seus padrões rígidos de virtude clássica acarretou-lhe a fama de arcanjo do Terror.*

Foram Carnot e Saint-Just, apoiados por outros membros do Comitê, que comandaram o esforço de guerra nos anos cruciais de 1793-1794.** Valendo-se de métodos brutais para superar obstáculos ingratos, eles conseguiram em um tempo incrivelmente curto mobilizar e redirecionar os recursos da nação francesa para o objetivo maior da vitória militar. Os três elementos principais para seu sucesso foram potencial humano, controle político e a reconstrução do exército. Com esses elementos ajustados, a mobilização total prometida desde os debates de 1791-9172 começaria a assumir uma forma palpável.

Potencial humano era óbvio. Como havia observado o reformador Dubois-Crancé em 1789, com a população francesa de 28 milhões superando de longe a de outros estados europeus ocidentais, a França tinha em tese a capacidade de esmagar facilmente os inimigos.*** O problema era de fato conseguir homens para o exército. O alistamento de voluntários em 1791 e em 1792 fizera pouco mais do que compensar as carências provocadas pela desintegração da antiga força régia. Então, no início de 1793, a Convenção tentou novamente, dessa vez ordenando aos departamentos da França fornecer um adicional de 300 mil homens. Era um movimento rumo ao recrutamento obrigatório, e isso foi recebido com desobediência quase generalizada e até revolta. Houve êxito em reunir 150 mil homens,**** mas essa quantidade não era suficiente. No começo de agosto de 1793, um momento de perigo máximo para a jovem República, deputados da Convenção em departamentos do Norte reivindicaram a mobilização total.***** Em Paris, Hébert

---

* Sobre Saint-Just, ver Vinot.
** Sobre o Comitê de Segurança Pública, o melhor estudo geral continua a ser o clássico de Palmer, *Twelve Who Ruled*.
*** Dubois-Crancé, "Observations sur la constitution militaire", 15 de dezembro de 1789, *AP*, v. X, p. 595-614.
**** Ver Bertaud, *La Révolution armée*, p. 91-104.
***** Rousset, p. 235.

abraçou a causa, e porta-vozes de todos os cantos do país exigiram que a Convenção ordenasse formalmente uma insurreição geral, uma *levée en masse*. Em 23 de agosto, a Convenção anuiu: "A partir deste momento, até que nossos inimigos sejam expulsos do território da república, todos os franceses são requisitados a servir às Forças Armadas".*

A *levée* tinha seus próprios elementos de fantasia. Embora geralmente vista como prelúdio da era da convocação dos exércitos em massa, a medida a rigor referia-se tanto ao passado antigo quanto ao futuro. Ao reivindicá-la, Hébert sintomaticamente exortou os homens a se armarem com lanças, espadas, foices e espetos de carne; e as mulheres, a esquentarem óleo e enxofre para jogar no inimigo.** O texto do decreto, esboçado por Carnot e reescrito por Barère, não devia pouco aos devaneios clássicos:

> Os jovens lutarão; os homens casados forjarão armas e transportarão mantimentos; as mulheres fabricarão tendas e uniformes e servirão nos hospitais; as crianças transformarão linho velho em gaze; homens idosos serão levados a praças públicas para elevar a coragem daqueles que lutam, para pregar o ódio aos reis e a unidade da República.***

Na prática, é sabido que a Convenção não se importou muito com crianças enrolando linho e procurou evitar foices e espetos de carne. Por outro lado, transformou rapidamente a linguagem empolada em um chamamento sério a todos os homens adultos que tivessem entre 18 e 25 anos de idade para que se apresentassem ao serviço militar. Ao fazê-lo, conseguiu reunir outros 300 mil homens, o que elevou o tamanho das Forças Armadas francesas a bem mais do que 750 mil homens,**** muito maior do que de qualquer um de seus adversários.

---

* *AP*, v. LXXII, 23 de agosto de 1793, p. 674. Sobre a *levée*, ver sobretudo Forrest "*La* Patrie *en danger*".
** Apud Soboul, *Les Soldats de l'an II*, p. 117.
*** *AP*, v. LXXII, p. 674.
**** Forrest, *Soldiers*, p. 82.

A Convenção ainda enfrentava obstáculos enormes para equipar, treinar e distribuir essas massas. Em setembro de 1793, por exemplo, a principal fábrica de armas francesa produzia uma média de apenas 9 mil mosquetes por ano. Mas o Comitê de Segurança Pública agiu de modo decisivo para atacar o problema, montando uma oficina para melhorar a precisão do mecanismo, o que veio a permitir cada vez mais o uso de peças intercambiáveis — uma inovação crucial, dada a tendência das peças do mosquete a enguiçarem nas condições dos campos de batalha. Em outubro de 1794, 5 mil armeiros produziam em média 145 mil armas por ano, e uma única fábrica parisiense produzia 30 mil libras de pólvora por dia.*

Simultaneamente, tornava-se claro que o nível de educação e a forma física dos novos recrutas não se comparavam aos dos voluntários de 1791; e o número elevado de recrutas ultrapassava a capacidade do Exército de usá-los.** Mais uma vez, com uma rapidez impressionante, o governo adaptou-se às novas condições. Já em janeiro de 1793, um dos melhores pensadores militares do período, Philipe-Henri Grimoard, havia escrito que a França democrática, "substituindo a arte por números", precisaria abandonar as noções "aristocráticas" de manobras sofisticadas e simplesmente direcionar uma força brutal contra pontos especiais.*** A ideia inicialmente não contou com a boa vontade dos generais. Ela foi, contudo, levada adiante por Carnot, que a aplicou pessoalmente, e com sucesso imediato, na batalha de Wattignies, em 15 e 16 de outubro de 1793, depois de os britânicos e os austríacos terem desperdiçado suas chances de tomar Paris durante o verão.

Wattignies foi um momento crucial. A princípio, as forças francesas, sob comando do general Jean-Baptiste Jourdan, progrediram pouco diante de austríacos mais bem treinados, a despeito da superioridade numérica de dois homens para cada adversário. Os franceses,

---

* Forrest *"La Patrie en danger"*, p. 18; Rothenberg, *The Art of Warfare*, p. 121-122; e, em geral, Alder.
** Sobre esse assunto, ver Rousset, especialmente p. 225-231.
*** Grimoard, l. I, p. 367-9.

entretanto, detectaram um ponto fraco, e foi nele que, no dia seguinte, Carnot insistiu em concentrar os franceses maciçamente — contra as objeções de Jourdan. Três colunas em marcha avançaram, com a maior parte das tropas inicialmente mantida fora do alcance do fogo inimigo direto, para evitar que entrasse em pânico. Em uma tática que se tornaria característica dos exércitos revolucionários, um número pequeno de homens foi disposto em formação de batalha como escaramuçadores, para atirar e enfraquecer o inimigo. Em seguida, o grosso do exército avançou de uma só vez, em um ataque rápido, desorganizado, mas bem-sucedido, ao som de canções revolucionárias. "Cinquenta mil animais selvagens, salivando feito canibais, avançam em velocidade máxima", escreveu um oficial *emigré* francês a propósito dessa tática.*

A batalha não foi tão simbolicamente rica quanto Valmy, mas teve quase a mesma importância para a sobrevivência da Revolução. Nos meses seguintes, Carnot e o Comitê de Segurança Pública emitiram decreto atrás de decreto instando a nova tática a todas as forças francesas: "As regras gerais são sempre agir *en masse* e ofensivamente"; "agredir, agredir constantemente"; "Atormentar como um relâmpago e atacar como um trovão".** O uso de escaramuçadores aumentou muito. Oficiais encarregados de tarefas administrativas começaram a separar os exércitos em divisões de 5 mil soldados ou mais — grandes massas móveis de homens. As vitórias vieram, mas a um custo terrível, pois os ataques selvagens da infantaria implicavam um número elevado de franceses mortos e feridos. Nos dois anos de 1794 e 1795, de acordo com as melhores pesquisas disponíveis, 200 mil soldados franceses morreram.*** Graças, porém, ao "recrutamento obrigatório", a Convenção os substituía facilmente, e os generais se ajustavam às mudanças

---

* Apud Rothenberg, *The Art of Warfare*, p. 115. Ver também Bertaud, *Atlas*, p. 156.
** Comitê de Segurança Pública, 2 de fevereiro de 1794; 27 de maio de 1794; 21 de agosto de 1794, apud Bertaud, *La Révolution*, p. 230; Soboul, *Les Soldats de l'an II*, p. 209.
*** Bertaud, *La Révolution*, p. 248.

com um pragmatismo frio. Como escreveu em poucas palavras o historiador Gunther Rothenberg: "soldados antes eram caros, agora haviam se tornado baratos".* Pintores e poetas podiam sonhar com o autossacrifício heroico, mas, na prática, a vitória exigia a tática mais sinistra e prosaica de lançar jovens ao inferno pulverizador da artilharia e dos tiros de mosquete inimigos.

A presença de Carnot no campo de batalha ilustra o segundo elemento da fórmula vencedora da Convenção: controle estrito do esforço de guerra. Tratava-se, novamente, de algo que os idealistas não haviam previsto. O persistente sonho radical era de que as intenções patrióticas virtuosas gerariam automaticamente resultados desejáveis, sem nenhuma necessidade de disciplina rígida ou de ordem.** "Nada de planos de batalha, de ordem no exército, de oficiais, de generais, de hierarquia de posto: todos são soldados, e todos lutam como heróis." Assim o dramaturgo girondino Olympe de Gouges imaginava as forças francesas vitoriosas em Jemappes.*** Era, claro, absurdo. Não somente os soldados necessitavam, sim, de planos de batalha e generais, mas também os generais precisavam de coordenação, comando e de todo o apoio possível de Paris. Esse trabalho de organização não viria de um Estado-Maior, que inexistia, e não viria do Ministério da Guerra. Os *apparatchik* que lá prevaleciam prestavam-se tranquilamente a compilar enormes dossiês sobre a confiabilidade política dos oficiais (sobre Ney e Hoche, futuros marechais de Napoleão, escreveram: "sem valor"****). Mas eles não davam muita assistência real aos militares.

Em vez disso, o verdadeiro trabalho era feito pelo Comitê de Segurança Pública e pelos membros da Convenção enviados a campo como todo-poderosos "representantes em missão". Foi aqui que Saint-Just se

---

* Rothenberg, *The Art of Warfare*, p. 61.
** Ver Ozouf, *L'Homme régénéré*.
*** Gouges, p. 133.
**** Arquivos mantidos por Pierre Calliez, do Ministério da Guerra, apud Chuquet, *Lettres de 1793*, p. 258-9. Sobre esse assunto em geral, ver H. Brown, *War, Revolution*.

destacou.* No final de outubro de 1793, depois de Wattignies mas com a situação militar ainda perigosa, ele foi com outro representante ao Exército do Reno, na cidade alsaciana de Estrasburgo. Lá, apresentou uma retórica inspirada, mas apresentou também o Terror. Entre sua chegada e o início de março, um tribunal militar na cidade sentenciou à morte 27 soldados e oficiais, a maioria pelo imperdoável crime do fracasso. Saint-Just impôs um enorme empréstimo forçado à cidade, e quando se deu conta da quantidade de tropas às quais faltavam calçados apropriados, exigiu que os cidadãos trouxessem os seus próprios. Com o som da guilhotina em suas palavras, ele rapidamente coletou 17 mil pares de sapatos e 21 mil camisas. Embora brutais, os métodos eram eficientes e ajudaram os franceses a expulsar as forças inimigas da Alsácia no final do ano. "Saint-Just não surgiu como um representante, mas como um rei, um deus", escreveria anos depois Jules Michelet.** Em toda França, nos anos de 1793-1794, foram executados nada menos do que 84 generais e dispensados outros 352*** — um incentivo e tanto para que se tivesse um bom desempenho.

Na primavera seguinte, Saint-Just acompanhou o Exército do Norte na campanha decisiva que deu fim à ameaça dos aliados ao território francês. Quando o comandante da guarnição austríaca em Charleroi pediu para negociar, Saint-Just orgulhosamente insistiu em uma rendição incondicional. Isso desonraria a guarnição, protestou o oficial. A fria resposta de Saint-Just ecoou a advertência de Robespierre contra a fraternidade no campo de batalha: "Não podemos nem honrá-lo nem desonrá-lo, assim como o senhor não tem o poder de honrar ou desonrar a nação francesa. Não há nada em comum entre nós e os senhores".**** No final de junho, enquanto o balão de observação sobrevoava o campo de batalha de Fleurus, Saint-Just galopou em meio

---
* Sobre Saint-Just em Estrasburgo, ver Palmer, *Twelve Who Ruled*, p. 177-201; Vinot, p. 213-235.
** Apud Vinot, p. 214.
*** Blanning, *French Revolutionary Wars*, p. 126.
**** Apud Palmer, *Twelve Who Ruled*, p. 353.

às tropas, instando-as a avançar. Na fusão entre militar e autoridade política autoritária que ele representou, é possível entrever um pouco do futuro napoleônico.

O controle político exercido pela Convenção foi decisivo para o esforço de guerra. Mas seus esforços teriam sido inúteis sem uma reconstrução final do exército. Em 1793, expurgos políticos completaram o extermínio entre os oficiais, fazendo nobres somarem meros 3% da corporação.* Um grupo heterogêneo os substituía: predominantemente, ex-soldados e oficiais sem patente do antigo exército real, assim como ex-civis eleitos para novos batalhões voluntários. Em ambos os grupos, representantes em missão detectaram uma assustadora abundância de inexperiência, ignorância e incompetência, muitas vezes combinada, no caso de soldados antigos, com analfabetismo. Em Marselha, oficiais de um batalhão voluntário incluíam um pedreiro, um chaveiro, um moleiro, um carpinteiro, um tanoeiro, um alfaiate, um fabricante de meias, um maquinista e um boticário.** E entre esses oficiais, alguns dos mais competentes recusavam terminantemente a promoção, antevendo o preço mortal que o fracasso com uma patente mais alta poderia implicar.*** No início de 1793, batalhões do velho exército real permaneciam separados dos — e, muitas vezes, perigosamente antagonizados com — os batalhões de novos recrutas.

A Convenção, entretanto, trabalhou incessantemente para lidar com esses problemas. Em fevereiro de 1793, a antigo exército regular e os novos batalhões voluntários começaram, lentamente, a se "amalgamarem" em uma força única. Enquanto isso ocorria, a Convenção começou a mostrar uma distinta preferência por colocar ex-soldados alfabetizados e experientes, oriundos do exército regular, nas posições de comando.**** Em outras palavras, à pureza ideológica, Robespierre,

---

* Blaufarb, *The French Army*, p. 126; Lynn, *Bayonets*, p. 67.
** Mathiez, *La Victoire en l'an II*, p. 67-8.
*** Mackenzie, p. 44.
**** Ver Blaufarb, p. 106-32. Sobre o "amálgama" ver, sobretudo, Bertaud, *La Revolution armée*, p. 165-93.

Saint-Just e Carnot estavam preferindo definitivamente a competência. Era bom ter mártires heroicos, mas, acima de tudo, a França necessitava de homens que soubessem lutar. O Comitê também começou a reinstaurar uma disciplina militar rígida. O artilheiro parisiense Bricard notou os resultados dessa mudança em agosto de 1794, quando seis tamborileiros em seu batalhão foram flagrados furtando. Os dois mais velhos foram fuzilados, um deles gritando desesperadamente pela mãe, enquanto os quatro mais jovens foram obrigados a assistir.*

Os grandes beneficiários dessas novas práticas eram os oficiais recém-promovidos. Entre 1791 e 1794, milhares de homens de origens relativamente modestas foram alçados, ainda muito jovens, a postos militares elevados, com os quais nem sequer sonhariam sob o Antigo Regime. Lazare Hoche foi de sargento em 1792 a *général en chef* do Exército de Moselle no ano seguinte, aos 24 anos de idade; François Marceau, um soldado raso transformado em assistente de advogado, passou pela Guarda Nacional e chegou a general encarregado de uma divisão em 1793, também aos 24 anos.** Guillaume Brune, um revisor de textos e poeta fracassado convertido em jornalista revolucionário, entrou no Exército pela Guarda Nacional e tornou-se general em 1793, aos 30.*** A idade média dos novos generais na década de 1790 era de apenas 33 anos.**** Entre eles estava um jovem oficial corso, enérgico, de inclinações literárias, chamado Napoleão Bonaparte.

Desnecessário dizer, esses novos soldados eram de um tipo muito diferente daquele dos aristocratas que haviam comandado as Forças Armadas francesas antes de 1789. Eles não tinham os modos da corte, e muitos, como Napoleão, falavam francês com um forte sotaque provinciano; preferiam uniformes a vestimentas civis chiques; não eram donos de grandes propriedades fundiárias e nem de mansões parisienses suntuosas (não ainda!). Quando entravam para o Exército, era o

---

* Bricard, p. 126-7.
** Mathiez, *La Victoire en l'an II*, p. 276.
*** Phipps, v. I, p. 198-201.
**** Rothenberg, *The Art of Warfare*, p. 104.

Exército que passava a ser sua vida. Viam-se como profissionais devotados à tarefa da guerra, não como membros de uma ordem privilegiada do Estado que podia oscilar tranquilamente entre a corte e a campanha militar. Em um acontecimento pouco notado mas significativo, no início de 1792, o professor de dança da escola militar em Brienne foi dispensado e deixado na miséria.*

Grande parte do resto deste livro trata desses novos oficiais e dos rastros sangrentos que eles deixaram por todo o continente europeu e fora dele nos anos seguintes a 1794. Antes de nos dedicarmos a esse período posterior, no entanto, um último episódio da Revolução Francesa merece atenção. Pois, durante o Terror de 1793-1794 e os eventos que acabei de descrever, a ideia de extermínio físico e total dos inimigos da França não ficou confortavelmente no plano teórico, como havia sido o caso do decreto de "não fazer prisioneiros". Os inimigos em questão, todavia, não eram ingleses, austríacos ou prussianos, e os campos de batalha não eram a Bélgica ou a Renânia. Em vez disso, o lema da guerra total foi primeiro aplicado a uma região da própria França: a Vendeia.

---

* Liesse para Louis-Marie-Jacques de Narbonne, 3 de janeiro de 1792, apud Chuquet, *Lettres de 1792*, p. 3.

5
Anjos Exterminadores

Os mercenários do despotismo serão banidos pelo anjo exterminador da liberdade.
— GEORGES DANTON, 1791*

Vocês devem decidir previamente o destino das mulheres e crianças que encontrarei nesse país rebelde. Se eles devem todos ser mortos pela espada, não posso tomar essa medida sem um decreto que me livre de responsabilidade.
— LOUIS-MARIE TURREAU, 1794.**

Châteaumur (departamento de Vendeia), 28 de janeiro de 1794.
Vincent Chapelain está nervoso. Com 36 anos de idade, prefeito de uma pequena aldeia da França ocidental, ele tem procurado nos últimos meses restaurar a ordem, no rastro da terrível guerra civil entre as forças do governo revolucionário e os rebeldes favoráveis à monarquia francesa e à Igreja Católica. Não era tarefa simples, pois um exército rebelde permanecia ativo nas redondezas, e ainda estavam vivas as memórias da matança brutal por parte de ambos os lados. Mesmo assim, Chapelain conseguiu, em suas próprias palavras, "patriotizar" o distrito local, onde ele é a principal figura remanescente da Repú-

---
* Georges Danton apud Michon, p. 38.
** Louis-Marie Turreau, em SHAT B⁵8: Armée de l'Ouest, Correspondence: Janvier-Mars 1794.

blica. Confiscou com êxito centenas de armas, recrutou uma unidade da Guarda Nacional para manter a ordem, e pôs o governo local para trabalhar novamente. Ele também removeu sinos de mais de vinte igrejas, os quais seriam derretidos e reaproveitados em armamentos para o esforço nacional de guerra. O momento, acreditava Chapelain, é de perdão e de fim da violência.*

Mais violência, contudo, está por vir, sob a forma de colunas de soldados republicanos — "azuis" — que atravessam a Vendeia, com ordens para matar todos os "bandidos" remanescentes e tornar a região inabitável para eles. Alguns dias antes, o próprio Chapelain havia abrigado um destacamento de duzentos soldados, dando comida e vinho e fornecendo camas para aqueles que haviam se embebedado demais para cambalearem de volta para seus bivaques. Um outro destacamento passou por uma aldeia a cinco milhas e atirou em 25 jovens que pertenciam à Guarda Nacional, assim como em dois oficiais locais que vestiam a faixa oficial da República. Os azuis alegaram que os homens, na verdade, eram rebeldes. E, agora, mais um destacamento chegou a Châteaumur.

Chapelain, como prefeito, vai encontrar o comandante do destacamento, o general Louis Grigon, soldado de carreira de 45 anos que a Revolução elevou à patente de general de brigada. Ainda se recuperando de um ferimento na perna infligido por rebeldes no dia anterior, Grigon deu a suas tropas ordens para queimar todas as construções que vissem e matar todos os seres humanos. "Eu sei que devem restar alguns poucos patriotas nesta área", ele teria dito a seus homens; "não importa. Todos devem ser sacrificados."** Agora ele grita para um apavorado Chapelain: "quem é você?". O prefeito enumera todos os postos

---

* Esse relato baseia-se no depoimento juramentado de Chapelain em AN W 22, reimpresso em Chassin, *La Vendée patriote*, v. IV, p. 272-474. Ver também a carta de Chapelain ao administrador da Vendée, 26 de novembro de 1793(ibid., vl. III, p. 368-369). O testemunho de Chapelain é corroborado pelo de Biraud, prefeito de Boupère (ibid., v. IV, p. 274-275).

** Apud Lequino, p. 66. sobre Grigon, ver Six, *Dictionnaire*, v. 1, p. 527.

que ocupa e cita a autoridade do antigo comandante da região, general Antoine-Marie Bard. Grigon responde asperamente que não reconhece nenhum cargo local e tampouco reconhece o general Bard. De algum lugar, uma voz berra que "o prefeito é um suspeito", e isso basta: Grigon ordena que atirem em Chapelain. No último minuto, entretanto, um soldado reconhece o prefeito como alguém que permaneceu leal à República durante toda a guerra. O próprio Chapelain insiste desesperadamente em que, longe de ajudar os "bandidos", o que ele fez foi ajudar a caçá-los. Ao final, Grigon cede. Àquela altura, porém, seus azuis já haviam matado oito dos guardas de Chapelain e saqueado sua casa.

Grigon então obriga Chapelain a guiar os azuis pela estrada que leva à aldeia vizinha, La Flocelière. Chapelain se oferece para fornecer uma lista dos principais rebeldes do local, na esperança de limitar a violência, mas o general rechaça a oferta. Quando as colunas chegam, os soldados avançam alucinados, matando seis homens e saqueando casas. "Estupraram as mulheres", recordaria Chapelain mais tarde, "trinta deles se revezando em apenas uma; outra não escapou apesar de ter 60 anos de idade e um olho desfigurado". Ao longo da tarde, mais trinta pessoas são mortas, inclusive seis homens com salvo-condutos que deram o azar de estar de passagem na estrada. Grigon segue depois para a cidade de Pouzages, onde janta no castelo local. Muitas jovens são mantidas prisioneiras por lá, e Grigon e sua equipe as convidam para um café. Mais tarde, Chapelain ouve os soldados se gabarem do fato de as mulheres terem sido violentadas e assassinadas — todas, exceto "a bonita", por quem os soldados tinham uma queda. Finalmente, em 31 de janeiro, Grigon e seus colegas saem do distrito. "Provocamos incêndios e fizemos cabeças rolarem, como de hábito", contou a seus superiores em um relatório lacônico. Mas Chapelain recordaria que "por duas milhas e meia, era possível seguir a coluna tanto pelo rastro de corpos que ela havia deixado para trás quanto pela luz dos incêndios que havia provocado".*

---

* O relato de Grigon está em J.-J. Savary, v. III, p. 89.

* * *

As guerras civis são as guerras mais cruéis. Por definição, nenhum lado reconhece a legitimidade do outro (ao menos de início): não há adversários honrosos, apenas traidores. Por definição, a luta ocorre dentro do território doméstico. Por definição, é difícil, senão impossível, distinguir amigos de inimigos. Como vimos, mesmo durante o século de guerras relativamente restritas que precedeu a Revolução Francesa, guerras civis cobraram um preço altíssimo em várias áreas da Europa Ocidental, especialmente nas montanhas de Cévennes, no sul da França, depois da revolta protestante *camisard* de 1702-1704, e nas Terras Altas da Escócia depois da rebelião jacobita de 1745, com milhares de mortes em cada caso.

A Guerra da Vendeia, no entanto, tem uma dimensão de horror diferente. Segundo as estimativas mais confiáveis, entre 200 mil e 250 mil homens, mulheres e crianças — mais de um quarto da população da região insurgente — perderam suas vidas por lá entre 1793-1794.* A principal campanha contra o exército "católico e real" de camponeses da Vendeia, que durou de março a dezembro de 1793, estabeleceu um novo padrão europeu de atrocidades. Depois, no começo de 1794, o general republicano Louis-Marie Turreau enviou doze destacamentos, de 2 ou 3 mil soldados cada, para marchar sobre o território percorrendo setores estratégicos, com ordens para torná-lo inabitável. Essas "colunas infernais" queimavam casas e florestas, confiscavam e destruíam armazéns de alimentos, matavam criações de animais e se envolviam em estupros, pilhagens e massacres. Em alguns casos, matavam somente os suspeitos de rebeldia. Em outros, como em La Flocelière, liquidavam indiscriminadamente homens, mulheres e crianças, incluindo "patriotas" que haviam permanecido leais à República, com base na ideia de que nenhuma pessoa viva na Vendeia podia ser verdadeira-

---

* Hussenet, p. 237-245; J.-C. Martin, *La Vendée et la France*, p. 315-316. O livro de Martin, centrado nas relações amplas da região de Vendée com a França, é o melhor relato da guerra.

mente leal. Na cidade portuária de Nantes, as autoridades republicanas vislumbraram novos e pavorosos métodos de assassinato em massa para eliminar os "bandidos" de modo mais eficiente e para minimizar o esforço exigido dos assassinos. De modo repugnante, amarravam milhares de prisioneiros a barcaças, que eram rebocadas para o estuário do Loire e ali afundadas. A Guerra da Vendeia foi "a mais terrível guerra civil que já houve", observou Turreau — o homem que mais do que ninguém contribuiu para que ela assim fosse.*

Da Revolução para cá, nada divide os franceses como a guerra da Vendeia, exceto Vichy. Desde o início, os contrarrevolucionários transformaram-na praticamente em um ícone religioso: um símbolo da fé pura e simples; da resistência ao mal da Revolução; de martírio. Em 1939, a Igreja Católica começou um processo de beatificação de muitas centenas de crianças supostamente mortas nas aldeias gêmeas de Les Lucs no fim de fevereiro de 1794.** Hoje em dia, monumentos aos generais vendeanos, às batalhas cruciais, às atrocidades revolucionárias abundam na região, um pouco à maneira da comemoração sulista americana da "causa perdida" da Confederação. Ao mesmo tempo, escritores favoráveis à Revolução, embora deplorando os "excessos", enfatizam que os horrores foram cometidos de ambos os lados e que os insurgentes, afinal de contas, cerraram fileiras com os inimigos da França em tempos de guerra. Os historiadores mantêm um antagonismo tão acirrado que um dos melhores livros sobre o assunto, de Claude Petitfrère, tem uma bibliografia para trabalhos pró e contrarrevolucionários.***

Nos últimos vinte anos, a Guerra da Vendeia atingiu uma nova proeminência mundial graças a uma reviravolta dos argumentos perturbadora e caracteristicamente contemporânea. Em 1985, um nativo da região, Reynald Secher, publicou um livro incendiário sobre a guerra, intitulado *A French Genocide* (Um genocídio francês). Secher apresenta muito pou-

---

* Turreau, p. 199n.
** J.-C. Martin e Lardière, p. 16.
*** Petifrère, *La Vendée*.

co de pesquisa original, escreve mal e argumenta, com precisão absurdamente exagerada, a favor de uma estimativa conservadora de 117.247 mortos.* O livro surgiu, contudo, em um momento em que os franceses confrontavam o legado de sua colaboração com o genocídio nazista. Políticos de extrema-direita deleitaram-se com a mensagem implícita de Secher de que a Primeira República, e não Vichy, havia sido o pior e mais criminoso regime francês. Como a década de 1980 também foi um período em que historiadores de todo o espectro político assumiam uma visão mais crítica a respeito de revoluções em geral, os argumentos de Secher encontraram forte eco em muitos leitores de fora da França. Simon Schama e Norman Davies repetiram esses argumentos acriticamente em livros campeões de vendas,** e a ideia do genocídio vendeano tornou-se amplamente aceita. Em 1993, ninguém menos que Alexander Solzhenitsyn viajou a Les Lucs para inaugurar um novo monumento à Guerra da Vendeia e a suas vítimas.*** Tanto ele quanto os construtores ignoravam que novas pesquisas, feitas com cuidado, demonstravam que o suposto massacre das aldeias não havia ocorrido de fato — ao menos não na proporção e com o grau de premeditação de que se falava.****

Teria a Guerra da Vendeia sido um genocídio — uma tentativa deliberada e sistemática de exterminar uma população étnica específica? Secher não foi o primeiro, na verdade, a dizer que sim. Já em 1795, o agitador protocomunista Gracchus Babeuf acusou o governo revolucionário de "voltar a foice da morte para toda a raça vendeana", e chamou o representante do governo em Nantes, Jean-Baptiste Carrier, de "populicida".***** Mas Babeuf fez a acusação como parte de uma

---

* Secher, Le génocide. A estatística é dada na p. 253. Uso aqui o título da tradução inglesa, que saiu em 2003.
** Schama, p. 787-790; Davies, p. 704-707. Ver a minha resenha da tradução inglesa: Bell, "History Robed in Reckless Rethoric".
*** Le Gendre.
**** Ver Martin e Lardière.
***** Babeuf, p. 110, 119. Secher e outros comentadores atribuíram equivocadamente a Babeuf a invenção do substantivo "genocídio". Ele usou o termo francês "populicide" como adjetivo.

teoria conspiratória estúpida, e seu livro foi ignorado à época. Secher usou "genocídio" como um trunfo retórico destinado a expor os detratores à acusação de minimizarem, ou até mesmo justificarem, o crime original. Não é insulto à memória das vítimas, contudo, reconhecer que, nesse caso, o termo é inadequado.

Para começo de conversa, os revolucionários não consideravam os vendeanos um grupo étnico específico. A palavra "raça", que aparecia frequentemente na retórica revolucionária, ainda não tinha sua conotação biológica moderna e significava pouco mais do que "grupo". Hoje em dia, nós estremecemos ao ler o apelo do revolucionário radical Bertrand Barère por "medidas para exterminar esta raça rebelde" (1º de agosto de 1793), mas o contexto torna claro que ele tratava apenas de rebeldes armados; e duas frases adiante, ele insistiu em que o tratamento a ser dispensado às famílias dos rebeldes fosse de compaixão.* Várias colunas de Turreau de fato massacraram deliberadamente "patriotas" confessos, como em La Flocelière, mas não porque acreditassem que uma pessoa estaria eternamente maculada por haver nascido vendeana. Mataram sistematicamente quer porque acreditavam que não haviam restado patriotas verdadeiros na Vendeia depois de um ano de guerra, quer porque consideravam os assassinatos uma realidade militar.** Significativamente, nenhum vendeano "patriota" que estivesse *fora* da província rebelde foi perseguido em razão de sua origem, como seria de se esperar caso uma verdadeira teoria racial estivesse em vigor.

Ademais, como o historiador Jean-Clément Martin demonstrou, os massacres cometidos por Turreau, Carrier e outros não faziam parte de nenhuma espécie de grande plano de extermínio. É verdade que os líderes revolucionários raramente perdiam a oportunidade de clamar por "destruição", "extermínio", "pulverização" ou até "despovoamento" da Ven-

---

* Barère, em *AP*, v. LXX, 1º de agosto de 1793, p. 101. Sobre o significado contemporâneo de "raça", ver Bell, *Cult of the Nation*, p. 101-106.
** O general Grigon, por exemplo, enfatizou para o oficial local em 23 de janeiro que "na Vendée não restam senão bandidos". Depoimento juramentado do cidadão Barrion, apud Chassin, *La Vendée patriote*, v. IV, p. 267.

deia. Mas eles faziam essas ameaças contra a *maioria* de seus inimigos, entre os quais aristocratas, monarquistas, padres "refratários" e toda a população da Áustria e da Inglaterra. Jules Michelet certa vez brincou que Barère "exterminava os monarquistas duas vezes por semana, do palanque".* Se os jacobinos tornavam-se particularmente raivosos com a questão da "inexplicável Vendeia", era porque viam aí a pedra de toque de uma estrutura muito maior de contrarrevolução, que deveria ser *toda* ela destruída.** A linguagem sanguinária não é de todo sem importância, mas existe um oceano de diferenças entre os discursos excessivamente acalorados de Barère e, por exemplo, a conferência de Wannsee, de 1942, na qual oficiais nazistas planejaram metodicamente o extermínio dos judeus europeus. Em três ou quatro ocasiões, um punhado de revolucionários especulou sobre matar em grandes proporções fazendo uso de conhaque envenenado e até de gás venenoso, mas não há indicação de que alguém jamais tenha tentado implementar essas ideias.***

A Convenção efetivamente exigiu a devastação física da Vendeia: florestas e moitas queimadas ou devastadas, colheitas destruídas, criações de animais apreendidas, mulheres e crianças deportadas da região rebelde.**** Ela também declarou que seria negada a proteção da lei a todos os rebeldes capturados com armas ou com o penacho branco dos exércitos vendeanos; esses deveriam ser executados sumariamente.***** Alguns dos agentes da Convenção ordenaram tais execuções em escala industrial (2 mil pessoas somente na cidade de Angers), enquanto o Comitê de Segurança Pública recomendou a outros que "tomassem todas as medidas que julgassem necessárias".****** Quando, porém, Turreau solicitou um decreto que o autorizasse explicitamente

---

* Michelet, v. II, p. 578.
** Ver especialmente o relato de Barère sobre a "inexplicável Vendée" de 1º de outubro de 1793, em *AP*, v. LXXV, p. 108.
*** Ver Secher, *Le génocide*, p. 155.
**** Decreto de 1º de agosto de 1793, em *AP*, v. LXX, p. 108.
***** Decreto de 19 de março de 1793, em *AP*, v. LX, p. 331.
****** Sutherland, *The French Revolution*, p. 204, 222.

a matar mulheres e crianças, o Comitê hesitou durante semanas e depois deu um endosso ambivalente das "intenções" do general.* Pode-se dizer que eles estavam dando uma aprovação tácita. Mesmo assim, os políticos em Paris, entretidos com suas próprias batalhas políticas, estavam reagindo conforme surgiam os fatos, e não planejando assassinatos em massa. Muitas mortes resultaram da ação independente de "tribunais revolucionários" locais. O próprio Turreau escreveu mais tarde que suas colunas agiam "sem nenhuma autorização".** Na Guerra da Vendeia, ordens conflitantes partidas do comitê, do radical Ministério da Guerra e de diversos "representantes em missão" produziram um caos administrativo, no qual oficiais militares muitas vezes agiam por iniciativa própria e praticamente sem coordenação.***

Embora Martin e seus colegas tenham refutado a teoria do "genocídio", eles tiveram menos sucesso em propor sua própria explicação para o rio de sangue jorrado na Vendeia. Não resta nenhuma visão geral que dê conta do caráter aterrorizador da guerra. Babeuf, em seu delírio, comparou de maneira notável as forças revolucionárias aos conquistadores espanhóis no México e no Peru: "Lá [...] dizia-se às pessoas que nunca tinham ouvido falar de Jesus da Galileia: *reconheçam seu Deus ou morram*. Aqui [...] aqueles que nunca desenvolveram ideias de liberdade são aconselhados: *acreditem [na bandeira] tricolor, ou sintam meu punhal*".**** O elemento de fanatismo religioso ou ideológico era realmente crucial, mas isso estava igualmente presente na revolta camisard do início do século XVIII. O que tornava a Vendeia tão pior?

---

* A resposta do Comitê, datada de 6 de fevereiro de 1794, está em J.-J.Savary, v. III, p. 151.
** Louis-Marie Turreau ao Comitê de Segurança Pública, 27 Nivoso II (15 de janeiro de 1794), em SHAT B^{5}8; Turreau a Bourbotte, 15 de fevereiro de 1794, apud Secher, p. 159. Sobre os tribunais, ver Sutherland, *The French Revolution*, p. 203-204.
*** Ver, especialmente, Martin e Lardière, p. 27-36; e J.-C. Martin, "Le Cas Turreau". A tese da aprovação tácita, avançada originalmente por Jean-Julien Savary na década de 1820 (ver J.-J. Savary, v. III, p. 201), foi recuperada por Gueniffey, p. 265.
**** Babeuf, p. 40.

A diferença era a guerra total. A questão não era simplesmente a guerra civil da Vendeia ter ocorrido em tempo de guerra externa (o mesmo se dera com a revolta camisard e com o levante escocês de 1745); era ela ter ocorrido no contexto de um tipo de guerra cujas proporções tinham poucos precedentes, quiçá nenhum, fosse em matéria de mobilização de população e recursos, de ambições e de objetivos de guerra mal definidos, ou de ameaças aos líderes franceses em caso de derrota. Era uma guerra percebida como mortal, na qual, como vimos, parte dos líderes revolucionários começava a romantizar o combate de um modo novo e sinistro. Nesse tipo de guerra, as ameaças de "extermínio" feitas por todas as partes envolvidas eram de fato concebidas com uma seriedade mortal. Inimigos da Revolução, fossem vendeanos, aristocratas, austríacos ou ingleses, eram percebidos como a encarnação do mal. Eram monstros desumanos. Eram bárbaros, condenados pelo tribunal da história por não aceitarem a bênção da civilização revolucionária. Eram obstáculos ao triunfo da liberdade e, portanto, ao advento de uma paz universal derradeira. Decerto mereciam a morte. Em sua teoria mesma, a guerra se tornava exterminadora.

Na maioria dos campos de batalha franceses entre 1792-1794, a prática não fez jus à teoria. Mas, na Vendeia, uma convergência entre elas foi favorecida pela combinação de três condições excepcionais. Em primeiro lugar, depois de dezembro de 1793, as forças revolucionárias da região não tiveram uma oposição militar séria e puderam, portanto, agir sem a expectativa de retaliações que alhures ajudou a limitar as atrocidades — por exemplo, impedindo que generais franceses ordenassem a execução de prisioneiros britânicos. Em segundo lugar, a experiência de guerra civil e de guerrilha, com massacres de ambos os lados e com a constante ameaça de emboscada, gerava um tal estado de ódio e medo que os soldados podiam superar sua repugnância humana natural pela matança de prisioneiros e civis indefesos.

Em terceiro lugar, por um período breve porém decisivo entre o final de 1793 e o início de 1794, o controle das operações militares na Vendeia, na medida em que existia, passou parcialmente para as mãos de uma facção revolucionária conhecida como os hebertistas, em alusão a Jacques Hébert, editor de *Le Père Duchesne*. Como vimos no capítulo anterior, os hebertistas eram os revolucionários que combinavam a mais fervorosa dedicação às fantasias clássicas de guerra total com a menor experiência militar efetiva. Eles eram também aqueles que mais provavelmente exigiriam a guilhotina para generais insuficientemente vitoriosos e sanguinários. Turreau seguiu o que era em grande medida o plano dos hebertistas, e agiu sob sua influência, embora temeroso, conforme disse mais tarde em suas memórias autojustificadoras, de que "a menor recusa — ou melhor, a menor negligência — levasse ao cadafalso".* Foi graças a esses fatores que, na Guerra da Vendeia, a retórica da guerra total foi inteiramente transformada em um fato tingido de sangue, exterminador.

A Vendeia nem sequer existia como região específica antes de 1789. Ela nasceu da guerra, nas regiões costeiras ocidentais ao sul do rio Loire, em partes das antigas províncias reais de Poitou, Anjou e Bretanha. Em 1790, a Assembleia nacional aboliu as províncias e criou 83 novos departamentos, um dos quais foi nomeado Vendeia por causa de um rio outrora insignificante. A região insurgente estava centrada aí, mas estendia-se para além de suas fronteiras e incluía uma variedade de terrenos, economias e padrões de atividade política.

Como grande parte do oeste da França, essa região experimentou uma tensão rural durante os primeiros anos da Revolução.** Em 1789, os camponeses miseráveis haviam reivindicado melhores estradas e impostos mais baixos. A Revolução basicamente lhes deu impostos mais altos e os excluiu do *boom* de terras provocado pelo confisco e venda das propriedades da Igreja. Em muitas das áreas mais isoladas, a sujeição, imposta pela Revolução, da Igreja Católica à autoridade secular do Estado atacou o cerne da vida comunitária. Algumas aldeias

---

* Turreau, p. 198n.
** Sobre as origens da insurreição, ver P. Bois; Fauchaux, Tilly.

ficaram enfurecidas pela demissão de padres em serviço havia anos. Consequentemente, murmúrios de ansiedade e de raiva entraram em ebulição na vida rural. O levante mais sério ocorreu depois da queda da monarquia no outono de 1792, quando multidões de camponeses armados sobretudo com lanças e foices ocuparam diversas cidades da região, levando a um combate que deixou cem mortos.

Em seguida, veio a convocação militar. Em fevereiro de 1793, como vimos, a Convenção exigiu o recrutamento de mais 300 mil soldados. Com o contingente de voluntários praticamente exauridos, oficiais locais de todo o país se prepararam para reunir grupos de convocados. Mas em muitas regiões já descontentes com os impostos, as lutas religiosas e a execução do rei, a ideia de mandar mais jovens morrerem pela República acirrava os ânimos. Em centenas de *communes*, grupos de camponeses, por vezes aos milhares, atacaram aldeias e cidades, armados com todo tipo de instrumentos afiados e de armas de fogo que tivessem à mão. Promoveram um espetáculo aterrorizador. Em Machecoul, na Vendeia, o som que produziam fez Germain Behuis, de 7 anos, pensar em uma tempestade marítima; ao olhar para a estrada que levava à cidade, o menino confundiu os revoltosos com uma "nuvem negra, barulhenta".* Os oficiais locais os viam como irracionais e assassinos; quando possível, fugiam deles. A revolta havia começado, com as exigências de guerra total no exterior a detonar uma guerra total dentro do próprio território.

O que os camponeses desejavam realizar? Dispomos de poucos relatos da revolta que não tenham sido submetidos a um forte filtro retrospectivo e mitológico, mas parece que, de modo geral, os camponeses seguiam um roteiro conhecido, não de todo irracional. Durante séculos, a "jacquerie" — insurreição contra nobres, moradores das cidades e especialmente coletores de impostos — havia sido o último recurso das eternamente empobrecidas classes rurais francesas. Medo, raiva e exaltação podiam torná-los dispostos a matar e suscetíveis às mensagens milenaristas de líderes carismáticos e "profetas". Em relação ao governo, a expectativa era de repressão brutal, e os líderes camponeses não tinham esperança maior do que a de serem pouco torturados antes de morrer. As revoltas, no entanto, também serviam a um propósito, pois passada a onda inicial de punição exemplar, o governo muitas vezes cedia discretamente a algumas das reivindicações camponesas.** Os revoltosos do oeste da França de 1793 a princípio mantiveram-se

---

* Germain Bethuis, "Extrait des souvenirs d'un magistrate, fils d'un massacre", em Chassin, *La preparation de la Guerre de la Vendée*, v. III, p. 335-339.
** Bercé, especialmente p. 353-383.

fiéis a esse padrão e, pelo menos de início, desejavam sobretudo o fim do alistamento obrigatório e o retorno dos antigos padres, mas não esperavam a derrubada da Revolução.

Os revoltosos buscaram líderes na nobreza local, que, em sua maioria, mostrou inicialmente pouco entusiasmo pela causa. É verdade que muitos pertenciam a uma organização secreta contrarrevolucionária, a Associação Bretã.* Quase por definição, porém, os nobres contrarrevolucionários mais virulentos haviam deixado a França à época para lutar pelos exércitos dos emigrados. O marquês de Bonchamps insistiu corretamente com os camponeses desse distrito que uma revolta não lhes traria nada além de saques, massacres e miséria;** Louis-Célestin Sapinaud de la Verrie experimentou uma metáfora caseira: "Vocês querem jogar uma panela de barro contra uma panela de ferro. Nós seremos estraçalhados".*** Em muitos casos, os camponeses frustrados respondiam oferecendo a seus eleitos a escolha entre serem líderes ou vítimas. Inicialmente, eles nem sequer confiaram um cavalo a Sapinaud. Já com relação ao ex-oficial da Marinha François-Athanase Charette, que logo se tornaria um dos mais famosos comandantes vendeanos, os camponeses literalmente arrancaram-no de debaixo da cama.****

Mal armados, sem treinamento e sob uma liderança relutante, os camponeses, no entanto, estavam em número expressivo. Em centenas de cidades e aldeias, superaram facilmente a Guarda Nacional, a qual, como eles, consistia no mais das vezes de homens do campo inexperientes e mal treinados. O exército, que havia ajudado a manter a ordem rural no começo da Revolução, agora estava distante, lutando nas fronteiras. Em algumas cidades, os rebeldes assassinaram oficiais republicanos e simpatizantes.***** Em Machecoul, um oficial do distrito

---

* Sobre a Associação Bretã, ver Godechot, *The Counter-Revolution*, p. 207-211.
** Bonchamps, p. 38-40.
*** Sapinaud, p. 3.
**** Gras, p. 18.
***** la Champonnière, p. 10-15.

convertido em rebelde, de nome René-François Souchu, condenou à morte centenas de homens — inclusive o pai de Germain Bethuis. Os prisioneiros eram amarrados uns aos outros pelos braços — de modo a formar "rosários" —, caminhavam em direção à beira da fossa do castelo local e ali recebiam tiros e facadas. Quando os azuis reconquistaram Machecoul algumas semanas depois, Souchu se apressou em saudá-los, com o chapéu vermelho da liberdade, dizendo que havia sido mantido contra a vontade na cidade — em vão, pois foi rapidamente denunciado e morto.*

Em Paris, as notícias da revolta causaram consternação e logo foram tratadas como mais uma grande conspiração contra a Revolução. Encarregado de informar a Convenção sobre a situação, André Mercier du Rocher, um administrador da Vendeia, testemunhou uma cena surreal na qual o ultrarrevolucionário Marat agitou perante seus colegas um modelo de punhal que ele propusera distribuir à população: "Olhem bem para esta lâmina!", ele repetia, como se proferisse um feitiço. "Como ela é afiada! Como é cortante!"** Barère disse-lhe que os deputados tinham coisas mais urgentes para se ocupar, Marat o acusou de traição e os dois quase chegaram às vias de fato. A Convenção logo depois aprovou sua medida draconiana de permitir a execução sumária de rebeldes.

Assim que conseguiu reunir unidades militares regulares, a República de fato começou, na maioria das regiões, a controlar as revoltas do Oeste.*** Na Bretanha, tropas republicanas derrotaram os camponeses na ponte de Kerguidu e retomaram a cidade de Chateaubriand, executando 96 rebeldes nesse processo. Também em outras áreas soldados experientes conseguiram, aos poucos e de maneira dolorosa, resolver os contratempos provocados pelo decreto da convocação, que continuavam basicamente sob forma de campanhas de guerrilha, moderadas

---

* Petifrère, *La Vendée*, p. 51.
** Mercier du Rocher, p. 143.
*** Ver J.-C. Martin, *Le Vendée*, p. 43-51. Ver também Sutherland, *The Chouans*.

mas perigosas, conhecidas como a Chouannerie. Mas a República estava muito desgastada. Simultaneamente a uma insurreição ainda latente, o desastre de Neerwinden expunha o norte da França ao ataque austríaco, e a ampliação da guerra, agora com a participação de Grã-Bretanha e Espanha, exigia ainda mais de um exército sobrecarregado, com menos homens do que necessário e inexperiente. Na Vendeia, o resultado foi desastroso.

O coração da Vendeia, conhecido como Bocage, era um pesadelo para um exército. O visitante moderno, ao ver as estradas bem pavimentadas, os campos amplos e os prados viçosos, não faz ideia de como era o lugar no tempo da revolta. Temperaturas moderadas e chuvas abundantes o tornavam extraordinariamente fértil, mas uma série de pequenas montanhas, ravinas e riachos deixava boa parte do terreno inadequado para o cultivo, e as terras ficavam alqueivadas por anos a fio. No lugar de colheitas, ali cresciam uma infinidade de tojos floridos e brilhantes, urzes, cardos e pequenas árvores, enquanto os campos eram cercados de valas sobre as quais erguiam-se sebes grandes, fortes e espinhosas. Devido à saturação do solo, riachos transbordavam e estradas inundavam a cada chuva forte. As estradas extremamente sulcadas e permanentemente enlameadas raramente eram mais largas do que aproximadamente 6 pés, o que dificultava a manobra das carroças. Comboios militares dificilmente viajavam mais de 7 milhas por dia. Mercier du Rocher lembrava o Bocage como "encantado [...] pródigo em árvores frutíferas [...] e pássaros de todo tipo", mas o general republicano Jean-Baptiste Kléber amaldiçoou o lugar como "um labirinto profundo, escuro", e Turreau recordou amargamente as sebes que pareciam "paliçadas em torno de um forte". Ele chamou a terra "um asilo de bandidagem e crime". *

Em 19 de março de 1793, o general Louis-Henri-François Marcé, oficial veterano e herói da Guerra dos Sete Anos, marchou da cidade de

---

* Mercier du Rocher, p. 43; Kléber, apud Secher, *Le génocide*, p.130; Turreau, p. 30-34.

Chantonnay em direção ao Norte, Bocage adentro. Junto com ele iam 2.400 recrutas, em sua maioria inexperientes, 9 canhões e 2 membros da Convenção. À tarde, quando Marcé interrompeu a viagem para que uma pequena ponte fosse consertada, uma multidão de homens armados foi avistada em um monte próximo. Marcé abriu fogo com seu canhão, ao que um dos deputados cancelou a ordem, alegando que ouvira os homens cantando a *Marselhesa*. Seriam amigos? Quando um batedor confirmou que não eram, já caíra a penumbra. Marcé decidiu acampar e lutar pela manhã. Mas os vendeanos, liderados pelo outrora relutante Sapinaud e equipados com armas tomadas de arsenais do governo, haviam se aproveitado da confusão e avançado até as sebes espessas que cercavam a estrada estreita. Ao cair da noite, quando os homens de Marcé começavam a armar as barracas e a acender as fogueiras, um brilho de tiro de mosquete surgiu na frente de sua coluna, seguido de gritos dos agressores. Marcé tentou desesperadamente organizar outros batalhões, mas a confusão era grande demais. Seus jovens soldados, espremidos na estrada, pouco viam além da luz do fogo das armas e pouco ouviam além dos disparos e dos gritos. Os vendeanos atiraram à vontade contra a massa adversária; evidentemente, os azuis entraram em pânico e fugiram, tropeçando uns nos outros e gritando *"sauve qui peut!"* ("salve-se quem puder!"). No dia seguinte, Marcé não teve outra escolha senão a de reunir os remanescentes e bater em retirada em direção a La Rochelle, na costa, fora da Vendeia, tendo perdido ao menos quinhentos homens.*

A derrota de Marcé, um exemplo clássico da guerra de guerrilha que os vendeanos repetiriam muitas vezes com sucesso (e que Marcé expiaria na guilhotina), marcou a primeira grande guinada da rebelião. Como Jean-Clément Martin argumentou, não havia nada distintamente reacionário na Vendeia em comparação com outras áreas

---

* Chassin reuniu relatos desse episódio em *La Préparation de la guerre de la Vendée*, v. III, p. 473-481. O relato mais confiável, de François Boulard, está nas p. 476-479.

da França, a despeito do que disseram os mitos posteriores à guerra.*
Mas na Vendeia, por causa da derrota de Marcé, a República perdeu
o controle. Em 21 de março, com os azuis em retirada, as várias forças
camponesas irregulares começaram a se agrupar em um Exército Real
e Católico, de cerca de 20 mil homens, conhecido como os "brancos".
Seus líderes eram sobretudo antigos oficiais nobres, como Charette,
Sapinaud, Bonchamps e o enérgico Henri de la Rochejaquelein, de 21
anos. Havia também populares, como Jacques Cathelineau, um car-
roceiro alto, macambúzio e profundamente religioso, que se tornou o
primeiro comandante em chefe dos vendeanos. Os brancos depois formaram um Conselho Superior que reclamava autoridade sobre a região
insurgente em nome do jovem filho do rei morto (mantido prisioneiro
pela Convenção em Paris). O Conselho declarou inválidas todas as leis
revolucionárias, começou a emitir seu próprio papel-moeda e reinsti-
tuiu o dízimo obrigatório à Igreja Católica.

Mesmo depois de suas primeiras vitórias, os vendeanos nunca
adotaram uma verdadeira disciplina militar. Permaneceram essencialmente uma força de camponeses não treinados que obedeciam ordens
quando queriam e iam embora quando necessário para cuidar de suas
famílias e de suas terras. Não tinham outros uniformes que não pedaços de tecido branco adornados com um coração vermelho e uma cruz.
Mesmo depois de capturar muitos canhões, eles raramente travavam
batalhas formais, de campo, contra as forças republicanas. Preferiam
emboscadas no terreno acidentado e coberto de vegetação, assim como
ataques súbitos e intensos ao som de seu grito rebelde: "Rembarre!".
Victor Hugo escreveu mais tarde: "Batalhões invisíveis espreitavam.
Esses exércitos ignorados moviam-se sorrateiramente sob e ao redor
dos exércitos republicanos, saíam da terra por um instante e voltavam a
ela, davam incontáveis saltos e desapareciam, onipresentes e dispersos,
avalanche, depois poeira."**

---

* Ver J.-C. Martin, *La Vendée*, p. 33-51.
** V. Hugo, cap. III.

O que os sustentava era, acima de tudo, a religião. Segundo descrição de testemunhas, marchavam em um silêncio solene, rezavam terços, paravam para orações e faziam o sinal da cruz antes de se lançarem ao combate. Padres os acompanhavam e antes da batalha perdoavam-lhes os pecados. Nos sermões de batalha, os padres citavam passagens bíblicas que supostamente prediziam o triunfo da causa dos vendeanos. "Marchemos. O Deus das batalhas luta conosco. O que podem contra Ele os blasfemadores?"* O general Cathelineau, muito possivelmente imitando conscientemente Joana D'Arc, passava horas prostrado perante altares de igreja. Tornou-se conhecido como o "santo de Anjou".** Por vezes, a onda de fé se tornava claramente supersticiosa. Na cidade de Cholet, os brancos apreenderam um canhão velho, ornamentado com inscrições por toda parte, mas ainda em funcionamento, que havia sido feito para o cardeal Richelieu mais de 150 anos antes. Os camponeses cobriram-no com fitas, apelidaram-no "Marie-Jeanne", e proclamaram que ele sempre os levaria à vitória.*** O episódio possivelmente mais estranho de todos envolveu um ex-padre chamado Guyot de Folleville, que a República havia convocado para o Exército. Feito prisioneiro pelos brancos, ele mostrou-lhes um emblema de sagrado coração e disse ser um enviado secreto do papa, que o havia ordenado bispo de Agra. Seus captores não apenas acreditaram nele, como também o fizeram presidente do Conselho Superior e não tomaram nenhuma atitude quando enviados verdadeiros do papa negaram a história de Folleville. Ele terminou por se estabelecer no Exército, andando em meio aos camponeses com roupas que lembravam vestes episcopais, seguido por um padre que carregava sua mitra e seu báculo.****

Na primavera de 1793, esse exército de sucesso improvável obteve diversas vitórias, conquistando armas e munição a todo momento, e

---

* Apud Mercier du Rocher, p. 139. Sobre o fervor religioso, ver também Clémenceau, p. xvii; Tilly, p. 332.
** Ver Clémenceau, p. 33-34; Godechot, *Counter-Revolution*, p. 219.
*** Ver Sapinaud, p. 25n.
**** Clémenceau, p. xxi, 62.

conteve as forças republicanas. No início de junho, ele teve uma inesperada boa notícia. Em Paris, os girondinos foram expulsos da Convenção (depois de muita insistência por parte de *sans-culottes* armados, que cercaram o Manège com canhões). Em consequência desse rebuliço, várias cidades grandes da França, por sua vez, revoltaram-se contra o governo. Esses novos rebeldes se consideravam revolucionários leais e tinham pouco apreço pela Vendeia. O tumulto, no entanto, distraiu os azuis e os obrigou novamente a dividir suas forças justo no momento em que os exércitos austríacos e britânicos pareciam posicionados para investir contra a França. Em 9 de junho, os vendeanos capturaram Saumur, uma das maiores cidades do vale do Loire, a mais ou menos 80 milhas da costa, matando ao menos 1.500 soldados republicanos e tomando 8 mil prisioneiros. Foi o momento de maior perigo da República.

A inquietação geral no país não explica, no entanto, por que os azuis saíram-se tão mal contra camponeses destreinados. Muitos outros fatores contribuíram para o fiasco. A Convenção, tentando sufocar de uma só vez ataques diversos, enviou poucas tropas para a Vendeia. Aquelas que foram enviadas eram no mais das vezes compostas por voluntários mal treinados que tendiam a desertar e entrar em pânico sob o fogo inimigo. E os azuis sofriam dos mesmos problemas de seus colegas franceses que combatiam na Bélgica e na Alemanha: falta crônica de alimentos, roupas, sapatos e barracas; oficiais recém-promovidos incapazes de conter seus homens famintos e indisciplinados. Os vários comandantes brigavam incessantemente uns com os outros e com os deputados da Convenção que os rodeavam.

Todos esses problemas eram óbvios para o general que chegou para assumir o comando do Exército das Costas de la Rochelle no fim de maio. Era ninguém menos do que Lauzun, que, mais uma vez, embora não sendo uma figura central, havia gravitado para o epicentro das mudanças no modo de fazer guerra, como se atraído por uma força magnética irresistível. "Encontrei uma confusão inacreditável, um bando de homens que não se pode chamar de exército", escreveu ele da

Vendeia para Bouchotte, o ministro da Guerra. O êxito dos brancos, continuava Lauzun, devia-se inteiramente às "medidas incoerentes e insuficientes que foram parcialmente tomadas contra eles [...]. A causa desses infortúnios é o abandono de toda organização, de todos os princípios militares".* Lauzun queixou-se amargamente da falta de comida: "Não conseguimos assegurar as rações diárias antecipadamente e, se tentássemos marchar, terminaríamos inevitavelmente sem pão".**

Eu já discuti um outro fator em jogo. Alguns anos antes, o exército francês poderia ter se valido de uma experiência considerável na luta contra tropas irregulares, como a dos vendeanos. Muitos de seus homens e oficiais haviam participado de operações como a da Córsega no final da década de 1760 ou a da Índia no início dos anos 1780, ou ainda combatido ao lado das forças revolucionárias americanas. Mas a destruição do corpo de oficiais e o rearranjo das patentes fizeram o exército se reconstruir do zero. Lauzun, com sua vasta experiência colonial, agora era exceção, não a regra, e a própria Vendeia tornou-se a matriz das futuras guerras coloniais. Quando as forças francesas se viram atoladas no Haiti em 1797, Lazare Carnot rapidamente apelidou o território caribenho de "a Vendeia colonial".***

Os brancos, à época, tinham vantagens iniciais importantes. Sofriam, contudo, uma limitação experimentada por quase todos os exércitos de guerrilha: uma incapacidade de operar longe de sua base. De Saumur, em junho, eles poderiam ter seguido em direção ao leste do Loire para Orléans, apenas 70 milhas ao sul de Paris, sem encontrar oposição. Napoleão mais tarde comentou: "Nada teria barrado a marcha triunfante do exército régio. A bandeira branca tremularia dos campanários de Notre-Dame antes que o Exército do Reno voltasse correndo para salvar seu governo".**** Charette e Cathelineau, contudo, hesitavam em conduzir seus homens em um território hostil tão

---
* Biron (Lauzun) a Bouchotte, Niort, 31 de maio de 1793, apud Rousset, p. 281-282.
** Apud Maugras, *The Duc de Lauzun and the Court of Marie-Antoinette*, p. 475.
*** *Extrait du régistre*, p. 2. Devo essa citação a Malick Ghachem.
**** Apud Petifrère, *La Vendée*, p. 53-4.

distante. Em vez disso, foram para o Oeste. Em 18 de junho, eles tomaram a cidade de Angers, do vale do Loire, e uma semana depois sitiaram a grande cidade portuária de Nantes. Uma vitória ali poderia ter se provado decisiva a longo prazo, pois teria aberto a França ocidental às forças britânicas. Em Nantes, porém, os brancos depararam com um inimigo mais competente do que antes: 5 mil soldados experientes, apoiados por 5 mil homens da Guarda Nacional, sob comando do rígido e calejado general Jean-Baptiste Canclaux. Um assalto branco mal coordenado em 29 de junho fracassou, e Cathelineau, o "santo de Anjou", foi ferido de morte. Desencorajado, o exército camponês retirou-se para o Sul, de volta às sebes da Vendeia.

A batalha de Nantes marcou a última vez em que os vendeanos criaram uma ameaça séria à Revolução. Durante o verão, o Exército Católico e Real, agora sob comando de generais aristocratas, obteve muitas outras vitórias e conteve os azuis, mas não se aventurou a ir além da região insurgente. Enquanto isso, a pesada e opressora máquina de mobilização nacional começava a funcionar, de modo lento mas implacável, para esmagá-los. Em 1º de agosto, a Convenção adotou formalmente sua política de terra arrasada contra a Vendeia. Ela também votou pelo envio de uma nova força à região: a guarnição francesa de Mainz, que se rendera aos prussianos na crise militar geral da primavera de 1793, mas a quem fora permitida a volta para casa. A deserção desfalcava os brancos, que tinham escassos 40 mil combatentes ao final do verão (os azuis logo somariam quase 75 mil na região). Os brancos chegaram a impor uma derrota significativa à antiga guarnição de Mainz em 19 de setembro, mas não podiam evitar o inevitável. Em 17 de outubro, uma grande força azul enfrentou os vendeanos na cidade de Cholet, 20 milhas ao sul do Loire, e os derrotou decisivamente. Se "guerra" é algo definido como um conflito entre exércitos, então a guerra da Vendeia havia acabado. O massacre, no entanto, apenas começara.

Quando da batalha de Cholet, o Exército Católico e Real já era menos uma força militar do que uma cidade assustada em marcha. Esposas, filhos e pais dos soldados remanescentes haviam se unido às fileiras do Exército em busca de segurança, assim como milhares de padres, inflando o número de pessoas ali reunidas para bem mais de 60 mil.* Eles tinham razão em fazê-lo: no outono de 1793, o massacre de não combatentes estava se tornando a moeda comum que azuis e brancos trocavam entre si, em uma mórbida espiral inflacionária. Isso havia começado com os "rosários" de Machecoul, mas depois continuou sem cessar. Na primavera, após tomar a cidade de Montaingu, os brancos supostamente encheram um poço de 240 pés com os corpos de "patriotas" mortos.** Em setembro, os azuis retaliaram, supostamente jogando nada menos do que quatrocentas vítimas, muitas delas ainda vivas, no gigantesco poço do Château de Clisson, que pertencia a um dos generais vendeanos.*** Em toda a região insurgente, tanto cortes ordinárias quanto "tribunais revolucionários" especiais proferiram tantas sentenças de morte que houve falta de guilhotinas, e as cidades estabeleceram cronogramas para compartilhar o estoque limitado. Ambos os lados rotineiramente matavam os soldados inimigos capturados. Cada lado justificava sua conduta com referências ao outro. O general republicano François-Nicolas Salomon daria uma formulação brutal da questão no dia 17 de junho: "Como esta é uma guerra de bandidos, devemos nos tornar nós mesmos bandidos. Devemos, por algum tempo, esquecer todas as regras militares".****

Nada nesse comportamento representava uma grande novidade na história das guerras civis europeias. Mas isso rapidamente gerou aquela espécie de ódio feroz e impiedoso que pode converter o soldado comum em um assassino em massa. Do lado dos azuis, as autoridades revolucionárias fizeram o possível para manter e intensificar essas emoções. A todo momento, davam publicidade às atrocidades brancas por meio de jornais, panfletos, músicas, peças de teatro e gravuras populares.

---

* Ver J.-C. Martin, *La Vendée*, p. 206-10.
** Petifrère, *La Vendée*, p. 53-4.
*** La Bouëre, p. 77.
**** Apud Secher, *Le génocide*, p. 145.

No início de outubro, mesmo com os azuis ganhando o controle do conflito, parisienses a passeio no Boulevard du Temple podiam parar para assistir a uma "ópera *vaudeville*" intitulada *Os bandidos da Vendeia*, que previsivelmente apresentava rebeldes sedentos por sangue que saqueavam, queimavam, e massacravam patriotas inocentes. Para o caso de as audiências não tirarem as próprias conclusões, um dos heróis as explicitava: "Invistam contra eles sem piedade. Não poupem sequer um".* Na Vendeia, os azuis, que viviam sob medo constante de emboscada ou sabotagem, não precisavam ser persuadidos.

Foi, contudo, depois de Cholet e do fim da ameaça militar séria que as atrocidades e os crimes de guerra começaram a redundar em algo ainda pior. O início se deu com a fuga dos vendeanos derrotados. Temerosos de retornarem a suas terras, que de modo geral haviam sido postas sob domínio azul, a maioria errante do Exército Católico e Real tomou a decisão desesperada de fugir para o Norte, cruzando as margens do rio Loire, em direção ao canal da Mancha. Em esquifes e em balsas improvisadas, cerca de 80 mil homens, mulheres e crianças fizeram a travessia em menos de dois dias.** Ao se reagruparem do outro lado, começaram aquilo que se chama de *Virée de Galerne*, a Virada do Galerno: uma tentativa desesperada de sublevar a Normandia e a Bretanha e de abrir à marinha britânica um porto francês, algo visado pelos britânicos desde que a guerra com a França começara na primavera. Sem dispor sequer de suprimentos básicos, uma enorme coluna disforme espalhou-se por milhas de ambos os lados de sua rota, catando comida. Marie-Louise Victoire Donissan, viúva de um general vendeano, recordou que em alguns dias ela e sua família sobreviveram de cebolas arrancadas do chão. Em outra ocasião, comiam maçãs ainda verdes que provocavam uma diarreia violenta e até mesmo disenteria. Essa *grande dame* de 21 anos, marquesa que passou a infância no Palácio de Versa-

---

* Boullault, citação p. 32. A capa do programa afirma que a peça foi encenada no Théatre des Variétés Amusantes em 2 e 3 de outubro de 1793.
** Chassin, *La Vendée patriote*, v. III, p. 220-461.

lhes, agora se via vestida com cobertores velhos amarrados por barbantes e cheios de piolhos.* Era uma ironia que não passou despercebida aos azuis. Um deles lembrou que "era um espetáculo curioso ver essas grandes damas, que antes mal conseguiam se mexer sem a ajuda de dois lacaios, agora andarem com dificuldade no meio da lama".** Entre os líderes vendeanos, um se cobriu com uma toga de advogado; outro, com uma roupa turca e um turbante pegos pelo caminho em um teatro.***

Não houve um levante em massa nas províncias do norte do Loire. Às hordas apavoradas, cada vez mais famintas, não restava outra escolha se não a de se dirigirem desesperadamente para a costa. Em meados de novembro, chegaram ao pequeno porto normando de Granville, ao norte do monte Saint-Michel.**** Não havia, contudo, navios britânicos naquelas águas cinzentas — o que não chegava a ser uma surpresa, pois o contato entre vendeanos e britânicos havia sido esporádico e a frota não fora avisada do encontro. Para piorar, Granville estava fortemente protegida, e os brancos não conseguiram tomá-la. Com relutância, eles deram meia-volta e seguiram novamente rumo ao Loire. A uma distância de apenas 30 milhas da costa, um pouco além do horizonte triste, ficava a ilha britânica de Jersey, absolutamente inatingível.

O exército doente e ofegante agora cambaleava, agonizante, em meio a uma região que ele próprio deixara sem nada. Chuvas frias de outono caíam sem parar, encharcando suas roupas esfarrapadas e cobrindo os vendeanos de lama até que a massa marrom-cinza de seres humanos parecesse dissolvida nos campos marrom-cinza da França ocidental. Cada vez mais, porém, o quadro era vivificado pelas torrentes escarlates de sangue. Os azuis haviam de início perseguido os vendeanos com a mesma incompetência demonstrada ao longo da campanha, mas seus ataques, aos poucos, começavam a causar sérios prejuízos aos adversários. Conforme o dramaturgo parisiense havia informado, eles

---
* La Rochejacquelein, p. 163-9, 183.
** Jean-Claude Benaben apud Chassin, *La Vendée patriote*, v. III, p. 420.
*** Secher, *Le Génocide*, p. 145.
**** Ver Chassin, *La Vendée patriote*, v. III, p. 276-317.

não tinham piedade. Um comandante em particular distinguiu-se em matéria de ferocidade. François-Joseph Westermann era um homem de 42 anos, oriundo da baixa nobreza, que outrora havia servido na *entourage* do irmão do rei.* Tornado revolucionário, ele lutou em Valmy e se tornou ajudante de ordens de Dumouriez, conexão que quase lhe custou a vida após a deserção do general. Daí em diante, ele agiu como se pudesse provar sua lealdade por meio de impetuosidade e brutalidade. Durante o verão de 1793, ele tomou uma importante fortaleza vendeana mas perdeu-a em seguida em um ataque surpresa, com os brancos matando e aprisionando quase todos seus 6 mil homens. Processado por negligência, Westermann disse a seus juízes que "somente podemos derrotar a Vendeia se a destruirmos".** Foi absolvido. Ao perseguir os vendeanos ao norte do Loire, ele se exibiu sem casaco, com as mangas arregaçadas, empunhando o sabre e comandando seus homens em ataques sangrentos.*** Depois disso, despachou uma carta para Paris, vangloriando-se do número de mortes.

Depois de um mês de fuga agonizante, as forças vendeanas em decomposição entraram na cidade de Le Mans em 10 de dezembro enfrentando resistência mínima. Testemunhas disseram que eles haviam deixado tantos corpos pelo caminho que, nas milhas ao redor, o ar se tornara irrespirável.**** Na cidade, eles tomaram avidamente toda comida, roupas e sapatos que encontraram.***** Dois dias mais tarde, os azuis se aproximaram a partir do Sudeste. Westermann, ansioso por ganhar o crédito de uma vitória, atacou prematuramente, avançou pouco e começou a bater com a face de sua espada, alucinadamente, em suas próprias tropas, para evitar que elas recuassem. No dia seguinte, o

---

* Ver Six, *Dictionnaire*, v. II, p. 569-570.
** Apud Gras, p. 55. Ver também Chassin, *La Vendée patriote*, v. II, p. 284-320.
*** Ver discurso de Antoine Merlin de Thionville em SHAT B^{5}8, dezembro de 1793. Ver também La Bouëre, p. 78.
**** J.-C. Martin, *La Vendée*, p. 181.
***** Documentos da batalha de Le Mans estão reunidos em Chassin, *La Vendée patriote*, v. III, p. 412-427.

general Kléber chegou com mais 15 mil soldados. Na praça central da cidade, o derradeiro canhão vendeano os recebeu com metralha, mas os azuis tinham sua própria artilharia e se puseram a reduzir a área a escombros. Os brancos, em menor número e exaustos, se dispersaram e fugiram.

A matança atingia um novo patamar. O jovem e brilhante general François-Séverin Marceau interrompeu um "massacre hediondo" somente fazendo rufar os tambores, mas nem todas as autoridades presentes aprovaram a atitude. Três deputados da Convenção escreveram a seus colegas com satisfação: "Pilhas de corpos são o único obstáculo que o inimigo consegue oferecer a nossas tropas. O massacre ocorre há 15 horas".* Um oficial republicano que perseguia sobreviventes vendeanos na estrada que conduzia a Laval relatou que o caminho estava cheio de cadáveres. "Mulheres, padres, monges, homens e crianças, todos mortos. Não fiz prisioneiros. Cumpri um dever, mas dá prazer vingar o próprio país."** Westermann também glorificou o banho de sangue:

> Sem parar nenhum instante, segui o inimigo na estrada para Laval [...] os bandidos fugiram para a mata, abandonando o exército, mas os cidadãos da área foram atrás deles e os trouxeram de volta, aos montes. Todos eles estavam aos frangalhos. Eu os acossei tão de perto que as princesas e os marqueses tiveram de abandonar suas carruagens e mergulhar na lama.***

Um republicano contou que viu uma centena de corpos nus ordenadamente empilhados na beira da estrada, lembrando porcos mortos antes de serem salgados em um açougue.**** Onde os rebeldes caíam nas mãos

---
* Pierre Bourbotte, Pierre-Louis Prieur (de la Marne) e Louis Marie Turreau-Linière (primo do general), em um relatório à Convenção, lido em 15 de dezembro de 1793, apud Chassin, *La Vendée patriote*, p. 416. Ver também J.-J. Savary, v. II, p. 430.
** J. Maignan, 14 de dezembro de 1793, em Chassin, *La Vendée patriote*, v. III, p. 417.
*** Apud Secher, *Le Génocide*, p. 145.
**** Apud Secher, *Le Génocide*, p. 147.

dos tribunais revolucionários locais, seguiam-se sentenças de morte com uma velocidade implacável.

Nos onze dias seguintes, os sobreviventes da Vendeia percorreram mais 150 milhas, com Marceau e Westermann em seu encalço. Próximo ao Loire, milhares tentaram cruzar de volta para a Vendeia em barcos, balsas e até barris. Outros milhares foram perseguidos em pântanos próximos, e terminaram baleados ou afogados. No dia 23 de dezembro, os remanescentes do Exército Católico e Real firmaram inutilmente uma última posição perto da aldeia de Savenay e foram aniquilados. Westermann mais uma vez providenciou para que as autoridades parisienses soubessem das proporções de seu zelo impiedoso, em uma carta que se tornou justamente notória:

> Não existe mais Vendeia, cidadãos. Ela morreu sob nossa espada livre, com suas mulheres e crianças. Acabei de enterrá-la nos pântanos e nas florestas de Savenay. Seguindo suas ordens, eu esmaguei crianças sob os cascos dos cavalos, e massacrei mulheres, as quais — essas, ao menos — não parirão mais bandidos. Não há sequer um prisioneiro vivo que me descredite. Exterminei todos.*

Nos dois meses que se seguiram a Cholet, mais vendeanos haviam sido assassinados do que sentenciados à morte em Paris durante todo o período do Terror. E a carnificina ainda não estava perto de acabar. As colunas de Turreau ainda não haviam marchado.

O que explica a ferocidade com a qual os azuis caçaram os frágeis remanescentes da insurreição? Contava muito o desejo de vingança contra os vendeanos, que eram considerados responsáveis por massacres, emboscadas e tortura de prisioneiros. Era igualmente importante a convicção, surgida da experiência da guerra de guerrilha, de que *to-*

---

* Westermann ao Comitê de Segurança Pública, dezembro de 1793, Apud Secher, *Le Génocide*, p. 150.

dos os vendeanos eram soldados em potencial. Os próprios vendeanos não haviam hesitado em gabar-se por toda sua população haver ido à guerra. Muitas mulheres que lutavam abertamente pelos brancos tornaram-se heroínas populares.* No início de outubro, porém, Antoine-François Momoro, delegado do radical governo municipal parisiense, jogou este fato contra os brancos:

> Esta guerra de modo algum se assemelha àquela que as forças aliadas empreendem contra nós [...]. É contra uma população inteira que devemos lutar [...]. Podemos portanto considerar como inimigos toda a população da área, inclusive as mulheres que servem como espiãs e até como soldados, quando necessário — até mesmo como canhoneiras, pois muitas foram mortas em suas fileiras, despedaçadas e, nos pedaços, seu sexo disfarçado foi mais tarde reconhecido.**

Três deputados da Convenção empregaram a mesma lógica mortal: "*Todos* os atuais habitantes da Vendeia são rebeldes dedicados. Mulheres e moças e rapazes com mais de doze anos de idade são os mais cruéis. Fazem crueldades indizíveis com nossos voluntários. Alguns deles foram cortados aos pedaços, outros, queimados, e são as mulheres que cometem essas atrocidades".***

Se os azuis tinham motivos, tinham também oportunidades. Depois de meados de outubro de 1793, os remanescentes dos vendeanos ainda podiam subjugar cidades grandes e pequenas de defesa precária, mas já não podiam garantir seu território contra uma força republicana séria. Os azuis podiam, portanto, agir sem medo de grandes represálias. Como há muito tempo observam os historiadores militares, nunca há ameaça maior a prisioneiros e não combatentes do que quando o

---

* Ver as memórias de uma delas: Bordereau.
** Antoine-François Momoro, "Rapport sur l'état politique et la situation actuelle de la Vendée", 22 vendemiário, ano II, em SHAT B^{57}.
*** Pierre-Anselme Garrau, Nicholas Hentz e Marie-Pierre-Adrien Francastel ao Comitê de Segurança Pública, Nantes, 1 ventoso, ano II, em SHAT B^{5}8. Grifo meu.

exército vence uma grande batalha, está tomado por uma tensão e um medo reprimidos e tem o inimigo à sua mercê. Um oficial republicano considerou a possibilidade de represálias com tanta tranquilidade que chegou a clamar por mais: ele ordenou que se atirasse em prisioneiros brancos quando o inimigo se aproximasse, porque então os brancos "fariam o mesmo", e os soldados republicanos não ousariam se render.*

Mesmo assim, se essas condições ajudam a explicar o derramamento de sangue, elas não são suficientes. Afinal, elas caracterizaram partes de quase todas as insurreições de guerrilha modernas. O que essencialmente distingue a Vendeia de outras insurreições é a política — e não simplesmente o pano de fundo geral da Revolução. Também importava a influência de uma facção radical específica durante o estágio mais surpreendente, exaltado e perigoso da Revolução, sob condições de guerra total. É verdade que não podemos falar de facções revolucionárias da mesma maneira que poderíamos falar de partidos políticos modernos. Os revolucionários franceses abominavam a própria ideia de partido — de qualquer coisa que implicasse divisão dentro do corpo político fraternal —, e a formação de grupos na prática era sempre ardilosa e elusiva. Tampouco podemos falar de qualquer constelação específica de figuras que dominassem a Guerra da Vendeia, pois, como o próprio Turreau observou, uma das principais características do exército revolucionário era a "incoerência".** Todavia, para o período crucial entre a batalha de Nantes (junho de 1793) e o fim das "colunas infernais" de Turreau (março de 1794), percebe-se um certo padrão.

Uma figura-chave na Vendeia no verão de 1793 foi um homem de quem falamos rapidamente no capítulo anterior: Charles-Philippe Ronsin.*** Nascido em 1751, ele serviu brevemente ao Exército na juventude, chegando ao posto de cabo, mas saiu para escrever uma série de peças medíocres, nenhuma das quais jamais foi encenada. Dono de

---

* Joseph-Marie Lequinio, *Gazette de France*, 3 nivoso, ano II, em SHAT B^{5}7.
** Turreau a Bouchotte, 11 de janeiro de 1794, em SHAT B^{5}8.
*** Sobre Ronsin, ver G.Brown; Cobb, p. 63-65. Herlaut; J.-C. Martin, *La Vendée*, p. 160-165.

um físico imponente e dado a ataques de fúria, ele se tornou um dos "pobres-diabos" zombados por Voltaire, e frequentava, ressentido, as margens de um mundo literário cujas portas glamourosas lhe haviam sido fechadas. Assim como com muitas figuras oriundas daquilo que Robert Darnton chamou de "submundo literário do Antigo Regime",* sua raiva encontrou forte expressão na Revolução. Em agosto de 1789, ele publicou um panfleto ensandecido dizendo que uma Maria Antonieta depravada e ninfomaníaca tentara assassinar seu marido.** Ronsin também se incorporou ao radical Clube Cordelier, lar político de Danton e Marat. Conforme se tornou politicamente proeminente, os teatros de Paris finalmente começaram a encenar suas peças; em 1791; obteve êxito especial com a peça que clamava precocemente por uma guerra em toda a Europa em nome da paz universal. Após a queda da monarquia, tornou-se parte do círculo de Hébert e foi trabalhar no Ministério da Guerra, controlado pelos hebertistas.

Mandado à Vendeia como um agente civil em maio de 1793, Ronsin dedicou tanto tempo aos expurgos políticos quanto ao esforço de guerra. Ele desenvolveu um ódio particularmente selvagem em relação a Lauzun, e ao longo de várias semanas os dois se viram envolvidos em um intenso e complexo duelo burocrático. Isso expressava muito mais do que mera rivalidade pessoal. De um lado estava um ex-soldado raso e dramaturgo, raivoso e desbocado, uma cria dos clubes políticos, que falava fluentemente a língua do extermínio em massa. Em uma fase posterior de sua carreira, Ronsin insistiria em que na cidade de Lion, que também havia se rebelado contra a Convenção, somente 1.500 dos 140 mil habitantes mereciam viver.*** De outro lado havia um duque cortês e afável, fidalgo do reino, frequentador de Versalhes, igualmente à vontade em campanha militar e em budoares aristocráticos. Lauzun era capaz de, no calor da guerra da Vendeia, escrever ao Comitê de Se-

---

* Darnton, *Literary Underground*, especialmente p. 1-40.
** Ronsin, *La Ligue aristocratique*.
*** Citado em Slavin, p. 72. Agradeço a David Woodworth por esta citação.

gurança Pública uma carta na qual bafejava algo do velho espírito aristocrático de contenção: "Aqui, franceses caem sob investidas de outros franceses; as aldeias que saqueamos são nossas, e o sangue derramado também é nosso; esses homens iludidos deixarão de ser nossos inimigos tão logo reconheçam seus erros".* Desnecessário dizer, a carta não teve nenhum resultado.

Em suma, na batalha entre Ronsin e Lauzun, estiveram frente a frente duas culturas de guerra opostas. Não podia haver muita dúvida quanto ao desfecho. O dramaturgo acusou o duque de perder Angers por incompetência: "a conduta [de Lauzun] é realmente estarrecedora [...] Sua demora [...] sua perseguição aos melhores patriotas e, sobretudo, sua posição de *ci-devan* [ex-nobre] dão motivos para temer que ele venha a deixar nosso exército perecer".** Os hebertistas do Ministério da Guerra apoiaram a acusação, e em pouco tempo Lauzun foi chamado de volta a Paris e posto na prisão. Alguns meses mais tarde, o promotor público formalizou uma acusação previsível: "Nascido na casta dos antigos privilegiados, tendo passado a vida no coração da corte corrupta [...] ele vestiu a máscara do patriotismo [...] somente para enganar a nação".*** Em 31 de dezembro, Lauzun foi levado à guilhotina. Enquanto isso, os aliados de Ronsin o recompensavam com uma transferência para o Exército e com a mais rápida promoção da história militar da França. Capitão em 30 de junho, ele ascendeu nos quatro dias seguintes às patentes de major, tenente-coronel, coronel e general de brigada. Sua ascensão na hierarquia militar foi mais rápida até do que a do próprio Napoleão.****

---

* Lauzun (Biron), *Compte rendu au Comité de Salut public*, citado em Gontaut-Biron, p. 309. Mais inacreditável ainda é o fato de Lauzun ter escrito a carta depois de ser dispensado de seu posto de comando e de estar sob ameaça de ir para a guilhotina.
** Citado em Maugras, *The Duc de Lauzun and the Court of Marie-Antoinette*, p. 453.
*** Citado em um apêndice, em Lauzun, p. 307.
**** Herlaut, p. 102. A passagem de capitão a general de brigada custou três meses a Napoleão. Ver Chandler, *The Campaigns of Napoleon*, p. 22-28.

A queda de Lauzun foi parte da campanha empreendida por Ronsin e seus aliados, durante o verão e o outono de 1793, para assumir o controle do esforço de guerra na Vendeia. Em setembro, eles conseguiram substituir Canclaux, defensor de Nantes, por um *sans-culotte* insignificante chamado Jean Léchelle, que logo seria incumbido de um novo comando unificado de todas as forças republicanas.* Léchelle, por sua vez, deu lugar a um instável ex-ourives, que encorajava soldados a desobedecer às ordens de oficiais insuficientemente radicais. Ronsin também tornou generais dois amigos atores de longa data que nunca tinham visto um verdadeiro campo de batalha, mas apenas encenações dele. Mas para os hebertistas, conforme vimos, ortodoxia política tinha uma primazia absoluta sobre experiência militar. Ao nomear Turreau comandante supremo em novembro, o ministro da Guerra Bouchotte o instruiu a dispensar qualquer oficial "que não seja reconhecido como republicano ou totalmente devotado ao sistema popular".** Soldados profissionais, como Canclaux e Kléber, não escondiam seu desgosto pelos hebertistas. Depois de uma derrota especialmente humilhante, Léchelle exclamou abertamente: "O que fiz para merecer comandar esses covardes?". Um dos homens feridos de Kléber retrucou: "O que fizemos para merecer o comando de um tal *Jean-Foutre*?" (algo como "canalha de merda").***

O soldado tinha alguma razão. Ronsin tinha um talento militar pouco destacado, e seus protegidos provaram-se um completo desastre no campo de batalha (obviamente, assim como alguns dos soldados profissionais). Eles favoreciam planos de batalha abstratos e impraticáveis, bem como privilegiavam a redução das forças vendeanas por meio de atritos agudos e sangrentos. Durante a Virada do Galerno, um desses protegidos, sob protestos de Kléber, alinhou toda sua força

---

* Ver J.-C. Martin, *La Vendée*, p. 161-166. Six, *Dictionnaire*, v. II, p. 110, 376-377, 392-393.
** Bouchotte a Turreau, 28 de novembro de 1793, em SHAT B^{57}.
*** Apud Chassin, *La Vendée patriote*, v. III, p. 247. Ver p. 247-248 para as tensões entre Lechelle e os habitantes da Mogúncia.

de 20 mil homens em uma única coluna para atacar os brancos, com resultados previsivelmente desastrosos. Em uma tentativa de acobertar seu erro, ele então acusou Kléber de estar sendo pago pelos britânicos e tentou mandá-lo à guilhotina.* Os historiadores há muito tempo reconhecem que tal confusão contribuiu tanto quanto a tenacidade dos rebeldes para a longa sobrevivência da "inexplicável Vendeia".

A falta de experiência militar e total devoção à ortodoxia tinham, no entanto, um outro efeito, consideravelmente mais sinistro, o qual os historiadores de modo geral ignoraram. Sem conseguir atender à exigência, por parte da Convenção, de pôr fim à resistência militar, os generais hebertistas não tinham outra maneira de demonstrar seus progressos que não a de apresentar um número elevado de cadáveres. Ao mesmo tempo, sua inexperiência militar os deixava com pouco mais do que a retórica da guerra total. Como vimos no capítulo anterior, foram os hebertistas que fizeram o uso mais frequente e extremo dessa retórica em 1793-1794, reivindicando a mobilização total da população francesa e o extermínio total dos inimigos da França, estrangeiros e domésticos, como parte daquilo que apresentavam como um confronto apocalíptico entre o bem e o mal. Não era coincidência que as ideias mais extremas para limpar a Vendeia viessem de generais hebertistas. Foi um dos protegidos de Ronsin que solicitou à Convenção que químicos desenvolvessem meios de envenenar toda a região. Foi ainda um outro deles que, de modo similar, reivindicou minas carregadas de gás venenoso.**

Dessas reivindicações não saiu nada, mas, durante a Virada do Galerno, os hebertistas fizeram tudo, menos frear o Exército em sua conduta em relação aos vendeanos em fuga. Mesmo aqueles oficiais de alta patente *não* alinhados à facção sentiram-se pressionados a seguir a tendência geral, sob pena de serem acusados do grave pecado da "moderação" e de se juntarem a Lauzun na guilhotina. Westermann, já sob

---

* Chassin, *La Vendée patriote*, p. 244-247.
** Secher, *Le Génocide*, p. 155, que sabidamente não é a mais confiável das fontes.

suspeição, é o melhor exemplo dessa dinâmica mortal. Em seu caso, no entanto, não funcionou. Poucos dias após a vitória em Savenay, a Convenção o chamou de volta e o processou junto com seu patrono, Danton. Eles foram guilhotinados juntos em abril de 1794.

A tentativa mais letal de traduzir a retórica abstrata da guerra total em uma realidade militar ainda estava por vir. Depois de Savenay, somente alguns milhares de homens sob o comando de Charette, que havia se recusado a cruzar o Loire, ainda apresentavam uma resistência militar séria no Oeste. O governo revolucionário deu-se ao luxo de escolher como "pacificar" a Vendeia de uma vez por todas. Kléber propôs um plano sóbrio, o qual envolvia uma série de postos avançados por todo o território, com colunas móveis que perseguiriam e destruiriam os bandos remanescentes de "bandidos". Ele enfatizou a exaustão da população vendeana e sua prontidão a abandonar a luta, desde que os azuis pudessem ganhar sua confiança "por meio de uma disciplina diligente". Kléber também advertiu: "É impossível cobrir toda a extensão deste vasto território com as nossas tropas." * A tentativa de fazê-lo resultaria apenas no reavivamento das chamas da rebelião.

Contra isso, Turreau sugeriu seu plano: as colunas infernais, ou o que ele chamou de um "passeio militar" pela Vendeia, de um extremo a outro.** Como vimos, o Comitê de Segurança Pública, embora não aprovando explicitamente o plano, confirmou a autoridade de Turreau como comandante supremo no Oeste e lhe permitiu agir. Em 20 de janeiro, as colunas marcharam.

Não sendo um *sans-culotte* e nem uma cria dos clubes políticos, Turreau não era ele próprio um hebertista.*** Nascido em 1756 em uma família de modestos funcionários do sistema judiciário na Normandia, ele mal começara uma carreira como soldado profissional quando a Revolução eclodiu. Como muitos outros oficiais do período, galgou

---

* Apud Gras, p. 126.
** Turreau ao Comitê de Segurança Pública, 27 nivoso, ano II, SHAT B^{5}8.
*** Sobre Turreau, ver Gueniffey, p. 265; Six, *Dictionnaire*, v. II, p. 517-518.

rapidamente as patentes da Guarda Nacional e serviu na Bélgica e no Sul antes de assumir o comando na Vendeia. Mas os hebertistas consideravam Turreau um amigo, e ele conhecia bem Ronsin (com cuja viúva mais tarde se casaria). Turreau, por sua vez, temia os hebertistas e seguia seus conselhos. Seu plano para o "passeio" veio em parte de um companheiro de Ronsin, Joseph Robert, que servia como seu chefe de gabinete. O plano se adequava perfeitamente à visão hebertista da Vendeia: era aprazivelmente apocalíptico, assustadoramente abstrato, e completamente impraticável.

Os resultados do "passeio" foram tão terríveis que os historiadores nunca de fato pararam para apreciar o quão fantasioso ele era inicialmente. Vale a pena citar as ordens que Turreau deu ao comandante da coluna em 17 de janeiro: "Todos os meios devem ser utilizados para descobrir os rebeldes; todos perecerão sob a espada; aldeias, quintas, matagais, urzais, bosques e tudo que puder ser queimado será incendiado."* O coração da insurreição, deve-se notar, cobre uma área de 5 mil milhas quadradas — mais de 3 milhões de acres — e tem um dos climas mais úmidos da Europa ocidental. Como exatamente Turreau pretendia — no auge do inverno — queimar matagais e urzais? E como ele achava que colunas lentas de homens a pé, que levavam consigo bagagens pesadas, pegariam rebeldes que podiam facilmente escapar para suas florestas nativas? Há pouca indicação de que ele tenha levado seriamente essas coisas em consideração. Turreau apenas tentava aplicar literalmente a retórica de Barère, de agosto, a qual a Convenção aprovara, mas não tomara medidas para implementar: "exterminar essa raça rebelde, destruir seus esconderijos, queimar suas florestas, acabar com suas colheitas."**

No curto prazo, as colunas eram muito previsivelmente ineficientes para sua missão principal. Antoinette-Charlotte de La Bouëre, esposa de um líder vendeano, faria uma descrição expressiva de como os re-

---

* Chassin, *La Vendée patriote*, v. IV, p. 250.
** Barère, em *AP*, v. LXX, p. 101 (1º de agosto de 1793). Ver também J.-C. Martin, *La Vendée*, p. 196.

beldes mais comprometidos, sabendo que não podiam esperar misericórdia dos azuis, fugiam todo dia para a mata, escondendo-se em bosques cerrados e mantendo-se por horas a fio enrolados em cobertores sobre o chão molhado. Eles conseguiam avistar facilmente as colunas, que marchavam ao som de tambores e cujas tentativas de incendiar as propriedades alheias deixavam pelo caminho densas nuvens de fumaça. "Um sinal cruel", no dizer de La Bouëre, "mas salvou três quartos dos habitantes, estima-se."* Por conseguinte, em uma ironia cruel, os vendeanos mais vulneráveis às colunas foram aqueles que, como Vincent Chapelain, supunham não ter nada a temer. Previsivelmente, o "passeio" pouco fez para atingir Charette, que recrutou mais soldados dentre os alvos republicanos e impôs derrotas acachapantes a duas das colunas no início de fevereiro. O próprio Turreau escreveu ao Comitê de Segurança pública em 25 de fevereiro para confessar: "Estou sem esperanças de conseguir pôr fogo nas florestas".** De modo delirante, ele sugeriu que, em vez de queimadas, as florestas devessem ser cortadas. Para ele, o fluxo contínuo de voluntários para Charette só tornava seu plano de extermínio mais urgente.***

Em face da impossibilidade de levar adiante seu plano de maneira sistemática, os 30 mil homens de Turreau podiam reagir com pouco mais do que fúria e matança eventuais. Nem todos seguiram suas ordens. Oficiais sob o comando do general Nicholas Haxo viriam a dizer que ele se recusou a obedecer a determinações "imorais"; o general Bard foi suspenso por uma razão parecida.**** Cidades e aldeias "patrióticas" na região tentaram evitar que as colunas empreendessem massacres, e uma delas, Luçon, conseguiu fazer com que um deputado especialmente sádico fosse processado e condenado por roubo, estupro e assassinato. Nem todas as colunas ganharam a reputação de bárbaras adquirida por aquelas coman-

---
* La Bouëre, p.126-30; citação: p. 130.
** Chassin, *La Vendée patriote*, v. IV, p. 257.
*** Ver J.-C. Martin, *La Vendée*, p. 230.
**** Ver as memórias de Dominique Aubertin, em J.-L.-S. Hugo, v. I, p. 106-107; J.-C. Martin, *La Vendée*, p. 244-245.

dadas por Grigon e Cordelier. Mesmo assim, depois de longos meses de um derramamento de sangue ininterrupto, muitos soldados republicanos estavam prontos a lançar sua vingança sobre uma população indefesa.

As cartas escritas pelos azuis falam por si. Eis o voluntário François-Xavier Joliclerc, ao escrever aos seus a partir de Cholet, quando sua coluna se preparava para marchar: "Vamos carregar ferro e fogo, arma em uma das mãos, tocha na outra. Homens e mulheres serão executados. Todos devem morrer, exceto crianças pequenas".* Ou vejamos um certo capitão Dupuy, ao escrever a sua irmã em janeiro:

> Aonde vamos, levamos fogo e morte. Idade, sexo, nada se respeita. Ontem, um dos nossos destacamentos queimou uma aldeia. Um voluntário matou três mulheres com suas próprias mãos. É uma atrocidade, mas a segurança da República exige isso de modo imperativo. Que guerra! Atiramos em todos os indivíduos que avistamos. Por toda parte o chão está salpicado de cadáveres.**

Há também um oficial republicano local, ao descrever a tática azul para um amigo em 24 de fevereiro:

> Destruir os moinhos de água, os moinhos de vento, acabar com os fornos. Depender da humanidade da cavalaria a cada dia para reunir as crianças às quais se pode dar uma educação republicana; mandá-las acompanhar os comboios de grãos, os rebanhos[...] o resto das pessoas se executa, qualquer que seja o sexo, seja jovem ou velha. Tornei-me cruel. As dores que esta guerra amaldiçoada me fez sentir forçaram-me a sê-lo.***

Ou ainda o agente de provisões Beudesson, recordando a cena da estrada de Cholet para Vihiers: "Por toda parte batia-se o olho em cenas

---
* Carta de 25 de janeiro de 1794 reproduzida em Joliclerc, p. 155.
** Apud Secher, *Le Génocide*, p. 164.
*** Pardou (ou Pardon — a caligrafia não é clara) a um amigo, 24 de fevereiro de 1794, SHAT B⁵8.

sangrentas; [...] dentro das casas semiqueimadas, o que encontrei? Pais, mães, crianças [...] nadando em seu próprio sangue, nus, e em posturas que a alma mais feroz não poderia encarar sem sentir calafrios".*

As histórias sangrentas daquilo que as colunas fizeram poderiam ser contadas quase que infinitamente. Charles-Louis Chassin, um historiador favorável à Revolução, que no final do século XIX publicou a coleção de documentos definitiva sobre a Vendeia, tem centenas de páginas a esse respeito.** Historiadores leais à memória da Vendeia têm ainda mais.*** Mesmo hoje em dia, é possível ler suas histórias como martirológios católicos. Elas mesclam indiscriminadamente relatos atestados em cartas contemporâneas e depoimentos com histórias recontadas décadas depois em memórias parcialmente ficcionais.**** Dão crédito a histórias selvagens de sadismo que evocam as crueldades da SS. Algumas dessas histórias podem ser verdadeiras, mas, como ocorreu em relação ao suposto massacre em Les Lucs, muitas provavelmente são exageradas, equivocadamente lembradas ou pura e simplesmente inventadas.

As atrocidades cometidas na cidade de Nantes sob o comando de Jean-Baptiste Carrier têm mais elementos que se podem atestar, em parte porque graças a elas Carrier veio a ser processado e executado.***** Carrier também tinha vínculos com os hebertistas, mas, em seu caso, o

---

* Declaração de Beaudesson, 6 de outubro de 1794, aoud Chassin, *La Vendée patriote*, v. IV, p. 261-262.
** Principalmente no v. IV de *La Vendée patriote*, especialmente p. 152-498.
*** Ver, por exemplo, os diversos trabalhos de Elie Fournier, Simone Loidreau e, obviamente, Reynald Secher.
**** No trabalho de Reynald Secher, encontram-se afirmações de que François-Pierre-Joseph Amey, deputado do general Grigon, queimava mulheres e crianças vivas em fornos de assar pão e que, quando suas tropas ficavam sem rebeldes para queimar, voltavam-se contra "patriotas"; de que mulheres, nuas, eram penduradas pelos pés em árvores e cortadas ao meio por espadas; de que grávidas eram esmagadas em prensas de vinho até que suas barrigas explodissem; de que oficiais vestiam culotes feitos de pele humana curtida. Ver Secher, *Le Génocide*, especialmente p. 163-173.
***** Sobre Carrier e Nantes, ver especialmente Dugast-Matifeux; Lallié; J.-C. Martin, *La Vendée*.

assassinato em massa não se seguiu a um plano fantasticamente abstrato de campanha militar. Na condição de representante em missão em Nantes no outono de 1793, ele deparou com o problema de como lidar com milhares de prisioneiros vendeanos atochados em celas inseguras e insalubres, aos quais se somavam outros tantos diariamente, criando o duplo perigo de fuga e epidemia. Ele e seus colegas representantes decidiram resolver o problema matando o máximo possível.

A guilhotina, no entanto, mostrou-se demasiado lenta e literalmente nauseante para os patriotas da cidade: nenhum método de execução derrama mais sangue do que esse. As autoridades então recorreram aos pelotões de fuzilamento, mas como disse um cidadão de Nantes a um deputado: "atirar neles leva muito tempo e consome pólvora e balas demais".* Foi então que se lançou mão do pavoroso expediente de se amarrar prisioneiros a barcaças a afundá-las no Loire. Os revolucionários vislumbraram muitos eufemismos para esse assassinato em massa: "mandar para o reservatório d'água"; "mandar a Nantes por água"; e, pior ainda, em um retrospecto pós-1945, "deportação".** Carrier relatou com sadismo à Convenção que os prisioneiros haviam "acidentalmente" se afogado*** (de modo semelhante, o general Robert contou que 2 mil vendeanos haviam "infelizmente" se afogado a caminho da nascente do rio quando tentavam escapar, pois "infelizmente" estavam com mãos e braços amarrados****). "Que torrente revolucionária o Loire se tornou!", declarou Carrier.***** Há uma estimativa confiável de que de 2.800 a 4.600 pessoas morreram nesses afogamentos em massa em Nantes, e que outras 1.896 foram executadas por meio da guilhotina ou do pelotão de fuzilamento.****** Cadáveres apareceram nas margens do rio por meses. "É por um princípio de humanidade que eu estou pur-

---

* Apud Secher, *Le Génocide*, p. 152.
** Lallié,. 118, 162-163.
*** Lallié, p. 84.
**** Apud Petifrère, *La Vendée*, p. 60.
***** Apud Lallié, p. 126.
****** Ver Godechot, *The Counter-Revolution*, p. 224.

gando a terra da liberdade desses monstros", disse Carrier em 20 de dezembro de 1793.*

Quando a primavera chegou à França ocidental em 1794, o ritmo da matança finalmente começou a diminuir. Em Paris, uma das batalhas políticas titânicas do Terror terminou com Hébert, Ronsin e diversos outros "ultrarrevolucionários" na guilhotina. Os vitoriosos, liderados por Robespierre e Saint-Just, estavam longe de serem moderados, mas apreciavam um derramamento de sangue bem ordenado e eficiente, e não selvagem e anárquico. Seu êxito foi uma péssima notícia para os suspeitos de crimes políticos em Paris, que tinham de comparecer perante tribunais informais e de lá saíam direto para a guilhotina, em um ritmo vertiginoso. Entre abril e julho, o Terror tomou uma direção totalitária. A vitória era, porém, notícia boa para a Vendeia, onde o episódio das colunas infernais não se repetiria.

Em julho, o próprio Terror terminou. Um conjunto de deputados da Convenção, temerosos quanto a suas vidas, convenceu seus colegas a prender Robespierre, Saint-Just e alguns aliados. No dia seguinte, o homem que havia proposto a paz ao mundo em 1790 e argumentado tenazmente contra a guerra em 1791-1792, para depois se ver à frente do mais intenso esforço de guerra que a Europa jamais conhecera, morreu, de maneira hedionda, na guilhotina à qual ele mesmo havia condenado tantos outros (uma tentativa fracassada de suicídio havia desfigurado sua mandíbula; para ajustar seu pescoço na posição correta abaixo da lâmina, o carrasco arrancou os curativos). Os novos governantes da Convenção, embora manchados pelo Terror, tentavam agora se distanciar rapidamente dos excessos cometidos. No outono, na Vendeia, o governo começou a conceder anistias. A região permaneceu agitada, e pequenas revoltas continuaram a acontecer por muitos anos em todo o Oeste, como a pouco intensa Choannerie, mas a "guerra da Vendeia" terminara. Quanto a

---
* Apud Lallié, p. 149.

Turreau, ele foi chamado de volta e processado. Durante seu período na prisão, ele escreveu suas longas e autoindulgentes memórias, nas quais insistia, com linguagem retrospectivamente fria, em que nada fizera senão seguir ordens:

> Qual é a razão dessa inconcebível obstinação com que vocês agora perseguem aqueles que obedeciam a ordens, os executores *verdadeiramente passivos* dos desejos do governo? Vocês substituíram medidas leves por medidas terríveis de que pensavam necessitar para pôr fim à guerra; já é tarde, mas ao menos admitam que tencionavam a destruição completa da Vendeia, e não persigam seus agentes!*

Carrier fora levado à guilhotina seis meses antes.

Turreau, no entanto, não teve o mesmo destino que ele. Foi inocentado e obteve sua patente de volta. Entre 1797 e 1801, lutou pela França na Bélgica, na Alemanha, na Itália e na Áustria. Em 1803, Napoleão o nomeou embaixador nos Estados Unidos, onde ele permaneceu por oito anos. Lá, Turreau ajudou a supervisionar a transferência da Louisiana e ganhou notoriedade** por fazer seu secretário tocar música para abafar gritos quando ele batia em sua esposa (viúva de Ronsin). De volta ao Exército francês no momento em que o império napoleônico entrava em colapso em 1814, ele escolheu o momento certo para a rendição da cidadela que comandava e para declarar sua lealdade ao irmão do assassinado Luís XVI, que o laureou com a mais alta condecoração militar da França. Turreau morreu pacificamente em casa em 1816. Vinte anos depois, seu nome foi gravado no Arco do Triunfo em Paris, onde ainda hoje é visível, ao lado do de outros generais de Napoleão.*** Ao vermos isso, damo-nos conta de que Reynald Secher, não obstante sua flagrante exploração do termo "genocídio", tem alguma razão

---

* Turreau, p. 198n.
** "Trivia".
*** Ver a notícia biográfica em Six, *Dictionnaire*, v. II, p. 517-8.

quando se queixa de que a Quinta República francesa ainda tem que aquiescer aos crimes da Primeira.

A guerra na Vendeia não foi um genocídio. Isso, porém, é provavelmente a única coisa positiva que se pode dizer a seu respeito. Foi uma tragédia de dimensões extraordinárias, e sua repressão foi um crime terrível, assim como uma mancha indelével na Revolução, pois permitiu que homens como Westermann, Ronsin e Turreau conquistassem um espaço significativo. A responsabilidade por esse crime não pode recair somente sobre líderes revolucionários, que não administraram uma ditadura tão eficiente quanto imaginam certos historiadores. No entanto, na medida em que existiu uma dinâmica de radicalização dentro da Revolução, uma competição por poder que favorecia muito os expoentes das posições e políticas mais extremas, a Vendeia condena a Revolução, e condena aqueles que ajudaram a levá-la adiante.*

A Vendeia foi a face da guerra total, que seguiu sua própria dinâmica de radicalização. Foi o lugar onde a versão moderna do fenômeno primeiro foi revelada em toda sua dimensão sinistra. Assim como na maioria dos casos modernos, sua "totalidade" não decorreu sobretudo dos choques no campo de batalha entre dois exércitos organizados (a Primeira Guerra Mundial é uma exceção diversiva nesse caso). O que a tornava total era antes a extinção de qualquer fronteira entre combatentes e não combatentes e o massacre deliberado e gratuito de ambos — e a reboque mais da política do que da necessidade militar. Na verdade, de um ponto de vista estritamente militar, as "colunas infernais" de Turreau não tinham propósito sério algum. Seu plano era uma mistura de ódio, medo, fantasia e loucura; sua execução era um terror sem meio-termo, e contraprodutivo na medida em que estimulava mais resistência. À época, porém, o extermínio do inimigo, ao contrário de desarmá-lo, nem sequer já havia servido a um propósito militar sério. "Destruímos a aldeia a fim de salvá-la." Dizer que a barbárie de um

---

* Ver Furet, *Penser la Révolution Française*.

lado alimentava a barbárie de outro não é desculpa. É a desculpa do general Salomon: para derrotar o inimigo, precisamos nos transformar nele.

Felizmente, nada nos 21 anos seguintes de guerras revolucionárias e napoleônicas chegou ao nível do derramamento de sangue da Vendeia. Esta, no entanto, serviu de precedente, de matriz da experiência francesa. Durante aqueles 21 anos, a República e o Império franceses depariam com muitos casos de insurreição e de guerras irregulares, no mais das vezes empreendidas por católicos rurais muito similares aos vendeanos. A Vendeia deu uma aparente advertência sobre o quão perigosas poderiam vir a ser tais insurreições e quais métodos poderiam ser necessários para suprimi-las. E não foi apenas uma memória nacional geral que ensinou essa lição, mas uma cadeia viva de memória militar. Mesmo antes de 1815, muitos veteranos da Vendeia ocupavam posições proeminentes no exército francês e continuamente se referiam àquela guerra como o principal aspecto de sua experiência militar. "Um ponto que vale a pena notar, e que confere à guerra de invasão da Espanha um caráter especial, é que, tal como a guerra da Vendeia, trata-se inteiramente de uma guerra do povo", observou o general Joseph Hugo, que serviu em ambas as campanhas.*

A Vendeia não foi um genocídio, mas mesmo assim traz à tona memórias de recentes horrores genocidas — o suficiente para se pensar que ela deve ter removido o último traço de romantismo das guerras europeias. E, no entanto, não o fez. Justamente com as colunas infernais em marcha, os vendeanos teciam seus mitos românticos sobre o conflito, enquanto Robespierre, conforme já vimos, construía o culto romântico ao menino herói Joseph Bara, morto por rebeldes vendeanos. Depois, e ao longo do século que estava por vir, a Vendeia teria um apelo profundamente romântico para a imaginação europeia, a ponto de alguns dos maiores escritores do continente — Balzac, Du-

---

* J.-L.-S. Hugo, v. II, p. 263.

mas e mesmo Anthony Trollope — tentarem produzir seus retratos da guerra. Sem falar no filho do general Hugo, Victor, que fez da Vendeia o assunto de uma de suas principais novelas, *Noventa e Três*. "Essa Guerra do Ignorante", ele escreveu, "tão estúpida e tão esplêndida, abominável e magnífica, devastou a França e deu-lhe orgulho. A Vendeia é um flagelo que é também uma glória."* Mas a Vendeia não foi o que chamou a atenção de Victor Hugo e seus leitores como o aspecto *mais* sedutoramente romântico das guerras. Por *isso* eles procuraram alhures, naquilo que viam como encarnação da glória militar na vida de um único homem.

---
* V. Hugo, parte III, livro I, cap. I.

6
A Atração da Águia

> Ambição, como todas as paixões desenfreadas, é um delírio violento e impensado [...]. Como um fogo alimentado por um vento impiedoso, só para de queimar depois de consumir tudo o que estiver em seu caminho.
> — NAPOLEÃO BONAPARTE, 1791*

Durante seus 51 anos de vida, Napoleão Bonaparte se expôs ao fogo inimigo em diversas batalhas e sobreviveu, pelo menos, a quatro planos de assassinato.** Não é despropositado, portanto, indagar como ele seria lembrado caso houvesse morrido antes. Evidentemente, uma especulação contrafactual dessa espécie tem sempre algo de um jogo de adivinhação, mas neste caso revela muito sobre Napoleão e sobre os primórdios da guerra total descritos nos capítulos anteriores.

Imaginemos, por exemplo, que o homem que ainda assinava "Napoleone Buonaparte" houvesse morrido em seu primeiro combate militar, um ataque desastrado empreendido pelas forças francesas da Córsega contra a ilha de La Maddalena, próxima à costa da Sardenha, no início de 1793. Isso poderia perfeitamente ter acontecido, pois é provável que o líder corso Pasquale Paoli tenha enviado a uma expedição perigosa aquele oficial jovem, irritantemente ambicioso, jus-

---
* N. Bonaparte, *Oeuvres*, v. II, p. 227.
** Sobre o flerte de Napoleão com a morte, ver Chandler, "Napoleon and Death".

tamente para se livrar dele.* Napoleão era então um desconhecido oficial de artilharia de 23 anos que deixaria poucos rastros nos livros de história. Mas se os historiadores posteriormente deparassem com ele nos arquivos, acaso encontrariam sinais de possível grandeza? Apesar dos relatos mais tarde difundidos pelos conhecidos de Napoleão sobre seu gênio estratégico precoce — por exemplo, nas guerras de neve na escola** —, a resposta mais provável é negativa. As fontes desse período basicamente apresentam Napoleão como um típico aspirante a oficial do Antigo Regime. Nascido em meio à pequena nobreza da Córsega em 1769, um ano após a anexação da ilha pela França, ele se beneficiou das tentativas setecentistas de profissionalizar a classe dos oficiais franceses e foi admitido na nova Escola Militar de Brienne. Mesmo depois de obter seu grau em 1785, Napoleão não teve uma carreira profissional marcada pela dedicação. Conforme vimos, tal qual muitos de seus pares, ele passou mais tempo de folga do que com seu regimento. Mesmo quando supostamente estava a serviço, Napoleão, sempre que possível, privilegiava o estudo solitário, em detrimento de assuntos militares.

Embora houvesse sido extremamente ambicioso desde sempre, o jovem Napoleão sabia que pequenos nobres corsos tinham pouca esperança de elevação na hierarquia do Exército francês. Uma carreira militar brilhante somente poderia ser conseguida no exterior — ainda em 1794, Napoleão cogitava alistar-se ao Exército turco.*** Brilhar na França significaria seguir outro caminho, e antes de 1789 Napoleão pensou seriamente em se tornar escritor. Sonhava, apaixonadamente, com a independência da Córsega, mas essa causa parecia perdida antes de 1789.**** Devotou, portanto, grande parte de sua energia ao esboço de

---

* S. Englund, *Napoleon*, p. 53. A biografia de Englund é de longe a melhor disponível em inglês. Ver também, como referência, Tulard, *Napoléon, ou le mythe du sauveur*; Schom.
** Ver, por exemplo, Bourienne, v. I, p. 4-5; *Some Account of... Buonaparte*, p. 24.
*** Ver Englund, p. 77.
**** Sobre o assunto, ver Dwys, "From Corsican Nationalist".

diálogos filosóficos, ensaios históricos e até histórias de amor.* Nessa juvenília, aliás, expressou um desprezo, muito comum no fim do Iluminismo, pelo tipo de ambição militar "que se alimenta de sangue e de crimes" e que levara figuras como Alexandre, Cromwell e Luís XIV a "conquistar e devastar o mundo."**

Agora pulemos alguns meses e imaginemos que a morte de Napoleão houvesse ocorrido no final de 1793, durante a tentativa da França de retomar dos britânicos a cidade portuária de Toulon. Na batalha, seu cavalo foi de fato alvejado quando o carregava, e ele próprio foi ferido por uma baioneta na coxa, levando um jornal inglês a declará-lo morto em combate (o historiador Trevelyan, que descobriu o artigo, fez uma troça: "tudo o que eu soube desde então aumentou meu lamento de que a notícia fosse falsa").*** Napoleão ainda não mereceria mais do que umas poucas linhas em livros de história especializados, mas agora pareceria menos um oficial nobre típico do que um jovem soldado característico da Revolução. É verdade que entre 1789 e meados de 1793 sua atenção permanecera voltada para a Córsega e para a tentativa de conciliação com Paoli, o herói veterano das campanhas anteriores da ilha por independência. "General, eu nasci quando a pátria estava morrendo", escreveu ele de modo piegas ao se apresentar a Paoli.**** Mas depois de ser diversas vezes esnobado e rechaçado, Napoleão se desiludiu e começou a tramar planos contra o próprio Paoli — que retaliou também tramando seus planos, e com mais eficiência, pois forçou toda a família Bonaparte a fugir para o continente.

Antes mesmo dessa fuga, Napoleão também havia exibido um genuíno entusiasmo revolucionário. Ele já expressara publicamente sua admiração pelas principais figuras da Revolução: "Oh, Lameth! Oh,

---

* Ver os primeiros dois volumes de N. Bonaparte, *Oeuvres*; N. Bonaparte, *Napoléon inconnu*.
** "Discours sur la question proposé par l'Académie de Lyon", in N. Bonaparte, *Oeuvres*, v. II, p. 227.
*** Chandler, *Campaigns*, p. 27; e G. M. Trevelyan apud Johnson, p. 20.
**** Bonaparte a Pasquale Paoli, 12 de junho de 1789, *CGN*, v. I, p. 76 (n. 29).

Robespierre! Oh, Mirabeau! Oh, Barnave!".* Certa vez, ao ler a respeito de um assassinato político, dissera a seu irmão mais velho: "é um gordo aristocrata a menos".** Napoleão fundara um clube revolucionário na cidade corsa de Ajaccio e manobrara inescrupulosamente para vencer a eleição para uma alta patente do contingente local da Guarda Nacional.*** Depois de chegar ao continente em 1793, escreveu um panfleto favorável aos jacobinos, o que lhe valeu a proteção de Augustin Robespierre, irmão de Maximilien. Augustin o indicou para o cobiçado posto de artilharia no exército que cercava Toulon. Quando as ideias de Napoleão para pôr fim ao cerco se mostraram bem-sucedidas, ele foi promovido a general de brigada. "Eu acrescentaria à lista de patriotas", escreveu Augustin Robespierre, "o nome do cidadão Buonaparte [...] um oficial de mérito notável."**** Graças à Revolução, Napoleão não mais contemplava uma carreira de escritor: lançava-se de corpo e alma à causa de uma nação revolucionária envolvida em uma guerra total.

Finalmente, pulemos mais quatro anos e imaginemos que Napoleão houvesse morrido em novembro de 1796 na batalha de Arcola, no norte da Itália. Outra vez, isso quase aconteceu, pois em um momento crucial seu cavalo escorregou em uma barragem e o atirou em um canal pantanoso.***** Vários de seus soldados o resgataram sob fogo cerrado, e um foi morto. Àquela altura, Napoleão havia estabelecido uma reputação formidável e mereceria um lugar maior em qualquer história das guerras revolucionárias. Ao assumir o comando do exército que estava na Itália no verão de 1796, ele liderou uma campanha brilhante: separou os exércitos austríaco e sardo, aliados contra a França, alijando totalmente os sardos da guerra e em seguida derrotando os austríacos batalha após batalha. A maior parte do norte da Itália então caiu sob

---

* Napoleão a Matteo Buttafuoco, 23 de janeiro de 1791, *GCN*, v. I, p. 96 (n. 44).
** Napoleão apud S. Englund, p. 43.
*** Ver Lyons, *Napoleon*, p. 10.
**** Apud S. Englund, p. 67.
***** Sobre Arcola, ver Connolly.

domínio napoleônico — um objetivo que por séculos havia escapado aos generais franceses.

Esse Napoleão, no entanto, tinha um perfil social e político muito diferente do perfil do Napoleão de anos anteriores. Seus dias como revolucionário radical terminaram quando o golpe do Termidor de 1794 derrubou Robespierre e Saint-Just e pôs fim ao Terror. O próprio Napoleão, graças a seus vínculos com radicais, passou onze dias apreensivos na cadeia depois do golpe. Depois daquilo, alterou rapidamente seu perfil e se comportou menos como revolucionário convicto do que como um "general político" clássico, à maneira do que Dumouriez havia inaugurado em 1792-1793 — ou seja, como alguém que sem qualquer constrangimento punha seus interesses acima da ideologia e que, para exercer influência política em Paris, batalhava com vigor semelhante ao empenhado na conquista de territórios inimigos. Quando o governo tentou mandá-lo à Vendeia para caçar os remanescentes do exército branco na província devastada, Napoleão recusou essa clássica tarefa jacobina, fingindo-se doente, demorando-se, ignorando ordens e quase saindo do Exército em protesto. Ele também se vinculou a um novo protetor que conheceu em Toulon — um deputado inescrupuloso chamado Paul Barras, que havia ajudado a tramar o golpe do Termidor. Quando uma multidão monarquista marchou para a Convenção no final do verão de 1795, Barras chamou Bonaparte, que voltou a artilharia para aquelas pessoas no Centro de Paris — o famoso massacre pelo "sopro da metralha", cujas marcas ainda estão gravadas nas paredes da igreja de Saint-Roch. Mas sua crueldade servia ao mesmo propósito de sua escrita de panfletos jacobinos: angariava-lhe atenção e o impulsionava na escada das promoções. Em um ano, graças a Barras, ele havia assumido o comando do Exército na Itália. Ao menos um colega general (Suchet, que Napoleão nomearia marechal em 1811) o desprezava como "general conhecido apenas pelos parisienses [...] um intriguista sem sustentação".* Somente com a campanha italiana de

---

* Apud Boycott-Brown, p. 131.

1796-1797 o Napoleão dos nossos livros de história começaria a ganhar forma.

Esse pequeno exercício contrafactual nos mostra um Napoleão muito diferente da imagem popular do homem que, em todos os tempos e lugares, era uma força da natureza incontida. O início de sua carreira refletiu de modo tão preciso as transformações da guerra que possibilita uma boa recapitulação dos primeiros capítulos deste livro. A cada estágio, as estratégias de Napoleão para avanço nasceram de seu extraordinário senso de possibilidades existentes para alguém em sua posição. Isso foi percebido por seu irmão mais novo, Lucien, que discorreu sobre as implicações dessa qualidade para o caráter de Napoleão em uma carta reveladora ao irmão mais velho de ambos, Joseph, escrita em 1792:

> Não há homens mais odiados na história do que aqueles que dançam conforme a música. Dir-lhe-ei em caráter confidencial que sempre detectei em Napoleão uma ambição que não é de todo egoísta, mas que supera seu amor pelo bem comum; acredito verdadeiramente que, livre, ele seria um homem perigoso [...]. Ele parece inclinado a ser um tirano, e o seria, creio eu, caso fosse rei.*

Profético, para dizer o mínimo. Napoleão "dançando conforme a música", no entanto, significava algo mais do que mero oportunismo cínico. Como veremos, ele era psicologicamente mais complexo do que isso e podia vir a acreditar fervorosamente nos papéis que desempenhava: a máscara transformava-se no homem. Mesmo seu jacobinismo, que parecia um disfarce abandonado por Napoleão após o Termidor, manteve-se forte: 25 anos mais tarde, depois de reivindicar um título imperial e de casar com a sobrinha-neta de Maria Antonieta, ele ainda era capaz de expressar admiração por Robespierre e lamentar sua queda.**

---

* Lucien Bonaparte a Joseph Bonaparte, 24 de junho de 1792. In: N. Bonaparte, *Napoléon inconnu*, v. II, p. 397.
** Ver S. Englund, p. 68-9.

Uma ênfase na adaptabilidade de Napoleão é particularmente útil para entender os anos de sua ascensão ao poder: 1794-1799. Nesse período, Napoleão notou com uma precisão fora do comum as mudanças em curso na natureza da guerra e da política europeias, explorou essas mudanças com uma habilidade incomparável, e as direcionou para uma concentração de poder até então impensável na história da Europa. Ele é forçosamente a figura central daqueles anos, a ponto de as cores vivas e brilhantes de sua história pessoal fazerem todo o resto parecer pálido.

As mudanças de 1794-1799 foram algumas das de maior alcance de todo o século XVIII. Foi quando os franceses desistiram de quase toda pretensão de lutar por uma paz justa e perpétua entre as nações. Eles agora buscavam expansão e conquista sem muito remorso. Se concediam aos povos conquistados um papel na nova ordem europeia, essa ordem continuava a ser enfaticamente *deles*, franceses. No máximo, os líderes franceses procediam a partir da crença de que somente uma Europa conduzida por eles poderia continuar no caminho do progresso histórico traçado pelos escritores do final do Iluminismo. Ao mesmo tempo, naqueles anos, oficiais militares voltaram a ocupar posições de destaque na política e na sociedade francesas, depois da ascendência civil de 1789-1794. E o período foi ainda de uma firme reglorificação da guerra: uma convicção crescente na cultura de que se tratava de uma atividade que valia a pena empreender não somente por um bem maior, mas também por si mesma.

Esses anos, contudo, não marcaram um retorno ao antigo regime de guerra, predominante antes de 1789. A guerra permanecia total, ao modo revolucionário. Em momentos cruciais, os líderes franceses viam o conflito contínuo em termos apocalípticos, e essa visão os estimulava a tentar usar todos os meios políticos de que dispunham para mobilizar os recursos da nação. Isso os fez lutar não simplesmente para derrotar os inimigos da França, mas também para destruí-los e incorporar os resquícios dos regimes a novas configurações de poder. Os oponentes eram tratados antes como monstros do que como adversários honráveis. Quando as populações inimigas resistiam à ocupação francesa, administrava-se a elas o remédio amargo da Vendeia.

Na própria França, a nação e os militares, depois de supostamente se fundirem no auge da *levée en masse*, não voltaram a se cristalizar no antigo entrelaçamento social complexo dominado por uma classe militar hereditária. Em vez disso, ocorreu um processo muito mais radical, no qual "os militares" formaram uma sociedade e uma cultura muito mais distintas do que antes, separadas de uma esfera que agora podia ser totalmente caracterizada, por oposição, como "civil". Finalmente, a reglorificação da guerra de modo algum implicou um retorno ao código aristocrático tradicional de esplendor, autocontrole e dedicação a serviço do príncipe herdeiro. O novo modelo de glória militar era menos um modelo de perfeição aristocrática do que de transcendência romântica. Ele tinha uma relação com a febril celebração revolucionária do autossacrifício patriótico, mas agora se centrava menos nos ideais frios e elevados da Revolução do que na proeza de guerreiros individuais. Em suma, a guerra se tornava cada vez mais algo que as sociedades podiam desejar, e esse desejo se materializou na pessoa de Napoleão.

A França na qual essas mudanças ocorreram tem má reputação histórica. A versão padrão mantida por muito tempo foi a de que depois da virtude impiedosa e austera do Terror veio um tempo de devassidão. Segundo essa visão, a queda de Robespierre e de seus aliados abriu espaço para uma onda de prazeres depravados. Sob líderes inescrupulosos que governaram entre 1794 e 1799, os pobres sofreram uma negligência perniciosa, enquanto a burguesia entregou-se a uma onda de consumo manifesto. Dândis trajavam suas amantes com vestidos diáfanos. Nos chamados *bals des victimes*, parentes dos guilhotinados durante o Terror amarravam fitas vermelhas ao pescoço em uma homenagem macabra aos mortos.

Estudos recentes têm feito o possível para desfazer esse conjunto de clichês.* Eles ressaltam que os ideais revolucionários não evaporaram

---

* Ver especialmente Jainchill; Jourdan, *La Révolution*; Livesey; Schechter; Woloch, *The New Regime*.

entre 1794 e 1799. Pelo país afora, algumas práticas democráticas se difundiram e se solidificaram. Novas instituições do Estado para promover a educação, o bem-estar e a justiça se enraizaram. Um quadro de intelectuais influentes procurou estabilizar a Revolução assentando-a em princípios científicos. Os *bals des victimes*, revelou-se, nunca aconteceram — foram inventados por autores românticos do início do século XIX.

Não se nega, no entanto, que entre 1794 e 1799 tenha havido um completo fracasso em concretizar um regime constitucional estável. No ano seguinte ao golpe do Termidor, os sobreviventes da Convenção derrotaram de modo sangrento as contestações da esquerda e da direita. Também terminaram por conseguir elaborar uma nova Constituição. Em um inibido recuo do radicalismo anterior, tornaram a restringir o eleitorado aos ricos e dividiram o poder entre uma legislatura bicameral e um diretório executivo composto por cinco pessoas. Por meio desse exercício da moderação, procuraram unir as facções beligerantes que emergiram do Terror. Mas sacrificaram sua própria credibilidade democrática quase imediatamente ao decretar que dois terços da nova legislatura viriam das suas próprias fileiras, com intuito de assegurar sua sobrevivência política. O colapso do frágil papel-moeda revolucionário pouco fez para acalmar a insatisfação popular.

Por dois anos, pareceu, contudo, que esse novo regime ainda pudesse se consolidar. Um grupo político relativamente moderado, "neojacobino", emergiu como força proeminente, comprometido com a reforma revolucionária sem associação com o Terror. No verão de 1797, porém, a direita se fortaleceu rapidamente e pareceu que estava perto de substituir a República por uma monarquia restaurada (o irmão mais novo de Luís XVI reivindicava o trono). Para impedir que isso acontecesse, três "diretores" republicanos, apoiados pelo Exército, deram um golpe, destituindo duzentos deputados e seus dois colegas mais conservadores. Seguiram dois outros golpes menores em 1798-1799, despindo o regime de praticamente qualquer legitimidade. Pior de tudo, com as repercussões do Terror ainda a dividir comunidades locais, a criminalidade e a violência cresceram em níveis sem precedentes. Para contê-las, o regime sentiu que sua única escolha era convocar o Exército e processar civis em tribunais militares. No outono de 1799, 40% da França puseram-se sob um governo militar de fato.* Era previsível que àquela altura a figura dominante do Diretório — Emmanuel Sieyès, um herói do início da Revolução — desejasse levar essas várias tendências a sua conclusão lógica. "Preciso de uma espada", declarou.**

Condições materiais eram igualmente ruins no exército. O governo pouco fizera em termos de recrutamento ou convocação em larga escala desde a *levée en masse*, de modo que a incumbência dos combates pesava sobre os mesmos soldados que haviam ingressado nas fileiras em 1791-1794. O colapso econômico, ademais, deixou os soldados com salários irrisórios e uma miséria em mantimentos. "Nós não estamos vivendo, apenas sofrendo", escreveu um tenente no verão de 1795. O próprio ainda descreveria de modo lacônico suas rações diárias: "nada de pão, só duas libras de batata, três onças de ervilhas secas, consumidas por vermes [...] em 10 de agosto, tendo pegado um gato, não tivemos outra escolha que não a de colocá-lo na nossa panela de ensopado."*** O cúmulo aconteceu no início de 1796, quando o Exército na Itália teve o contingente espantoso de quatro quintos de seus homens internados no hospital.**** Um soldado escreveu amargurado para casa, dizendo que tinha de marchar sem sapato ou casaco apropriados nas montanhas cobertas de neve, enquanto na França os cidadãos usufruíam de camas quentes. "Por que lutamos?", ele indagou em uma carta mal escrita. "Eles nos levaram a crer que era por nossa liberdade, mas foi o inverso, somos agora mais escravos do que jamais fomos."*****

E, no entanto, apesar dessas limitações, os exércitos franceses tiveram uma série notável de sucessos que contrastava dramaticamente

---

* Ver H. Brown, "Domestic State Violence", p. 612-613.
** Apud S. Englung, p. 157.
*** Tenente Michel apud Bertaud, *La Révolution armée*, p. 284.
**** Boycott-Brown, p. 126.
***** Apud Bertaud, *La Révolution armée*, p. 310.

com os conflitos internos do país. Em razão da devastação da Vendeia, as insurreições do Oeste haviam sido rebaixadas de uma ameaça mortal a uma chateação agonizante, embora séria, e as vitórias de 1794 haviam levado os inimigos para mais longe das fronteiras francesas. Então, em uma ofensiva de inverno, quando o gelo impediu que os holandeses abrissem os diques para retardar os invasores, as forças francesas se deslocaram em direção ao Norte para ocupar os Países Baixos e transformá-los em um Estado-fantoche. No verão de 1795, a França assinou um tratado de paz com a Prússia, que desejava concentrar suas energias no Leste; outro exército francês penetrou o norte da Espanha, forçando os espanhóis a mudarem de lado e se aliarem aos antigos inimigos. Com esses flancos seguros, o Diretório então planejou uma tripla investida contra o principal inimigo remanescente da França no continente: a Áustria. No verão de 1796, três exércitos atacariam em direção ao Leste: um a partir da Renânia, outro, da Alsácia e outro, da costa mediterrânea. Este último, o menor deles, era o Exército da Itália de Napoleão, que atacaria como forma de desviar a atenção do inimigo, permitindo que os outros dois arremetessem contra a área central da Áustria.

Os primeiros dois exércitos, no entanto, tiveram suas ofensivas rapidamente barradas. Enquanto isso, Napoleão atravessou o norte da Itália, surpreendendo os oponentes com suas manobras precisas e sua capacidade de mobilizar forças superiores no tempo e no lugar certos. Em 16 de maio, entrou em Milão e desviou para o Sul. Os pequenos Estados em que se dividia a península não conseguiam resistir a ele, e em um mês tudo ao norte de Roma estava sob seu controle. A Áustria continuava a resistir, agarrando-se à grande fortaleza da cidade de Mântua. Mas Napoleão continuou sua série de vitórias: Castiglione, Arcola e, finalmente, em janeiro de 1797, a decisiva batalha de Rivoli.

As negociações que se seguiram terminaram por levar ao tratado de Compo-Formio, assinado em outubro de 1797, que deixou a Grã-Bretanha como única potência ainda em guerra com a França. A Áustria reconheceu o domínio francês na Bélgica e também a criação, por Napoleão, de um novo Estado-fantoche na Itália: a República Cisalpina, cuja Constituição seguia o modelo francês. Em cinco anos de guerra, a França havia quebrado de maneira decisiva o velho equilíbrio de poderes. Em seus ganhos territoriais e em suas vitórias italianas, realizou os sonhos que a monarquia teve por muito tempo frustrados e atingiu o que seus apologistas chamavam de "fronteiras naturais" do país: o Reno, os Alpes, os Pireneus e o mar. Uma mudança de tal alcance e tão decisiva jamais poderia ter ocorrido sob o antigo regime de guerra, com suas campanhas cuidadosas de manobras e seu código de contenção aristocrática. Nem Frederico, o Grande, o mais ousado dos líderes oitocentistas, chegou perto de redesenhar o mapa com tal rapidez e redimensionar os poderes de modo tão dramático.

A nova era continuaria? Napoleão dava alguns sinais de que não. O imenso prestígio adquirido com sua vitória permitiu-lhe comportar-se como um pequeno rei no território que conquistara. Estabeleceu uma corte virtual para si, em Montebello, e insistiu em que ali se seguissem regras estritas de etiqueta social.* Jantava perante espectadores, como faziam os Bourbons em Versalhes, e chegou a Rastart, na Alemanha, para negociações, em uma elaborada berlinda puxada por oito cavalos — um privilégio tradicionalmente reservado aos monarcas. De modo ainda mais significativo, nas negociações propriamente ditas, que Napoleão tentou apresentar ao Diretório como fato consumado, ele nem sequer disfarçou um respeito ao direito de autonomia dos povos. Para compensar a Áustria pela perda da Bélgica, concordou tranquilamente em deixá-la anexar a república de Veneza, que existia como república independente — embora não fosse um modelo de democracia — havia séculos. A decisão, digna de um diplomata aristocrático do Antigo Regime, chocou os neojacobinos franceses, que até então contavam o jovem general como um dos seus. No fim das contas, porém, o apreço de Napoleão pelo esplendor real e pela *Realpolitk* era enganoso. Ele abraçava formas tradicionais de legitimação, mas sem rejeitar o novo

---

* Dwer, "Napoleon Bonaparte as Hero", p. 390-392; Miot de Melito, p. 92-94.

regime da guerra. Esse desejo de fazer as duas coisas ao mesmo tempo seria uma característica duradoura de sua carreira. E, de fato, a guerra ao final da década de 1790 tinha novamente uma virada radical.

Para entender essa virada mais de perto, nada melhor do que começar pelo próprio Napoleão no momento em que assumiu o comando do Exército da Itália: 27 de março de 1796. Ele tinha ainda 26 anos de idade e, segundo todos os relatos, ainda não se fizera uma figura de grande impacto. Diversas descrições de Napoleão nesse período chamam atenção para suas roupas ruins e sua aparência desleixada, especialmente no que diz respeito aos cabelos: mal cortados, mal penteados e mal empoados, caindo-lhe sobre ombros, escorridos.* Os subordinados do Exército da Itália de início tinham dificuldade em acreditar que aquele era o general em chefe. A esposa do general Junot escreveu mais tarde: "ainda posso vê-lo cruzando o pátio do Hôtel de la Tranquilité com um andar desajeitado e hesitante, com um horroroso chapéu redondo caído sobre os olhos [...] mãos longas, finas, misteriosas [...] calçando botas malfeitas e mal-polidas, e toda aquela aparência de adoentado, por causa de sua compleição magra e amarelada."** Ademais, Napoleão falava um francês incorreto, com sotaque carregado.

Mesmo assim, Napoleão tinha diversas qualidades que contavam positivamente para seu sucesso. Em primeiro lugar, ele tinha capacidades mentais realmente extraordinárias que incluíam, de acordo com alguns relatos, uma memória quase fotográfica. Segundo, sua energia e sua capacidade de trabalho eram fenomenais. Como prova, basta consultar as quase 2 mil cartas que ele escreveu ou ditou somente nos anos de 1796 e 1797, que ocupam mais de mil páginas cheias de sua *Correspondência Geral*. Nelas, vemos Napoleão se encarregar de assuntos que iam do número de carroças necessárias para transportar a papela-

---

* Ver, por exemplo, Miot de Melito, p. 51; François Vigo-Roussillon apud Boycott-Brown, p. 232; Paul-Charles Thiébault apud Jourdan, *Napoléon*, p. 62; Laure Adélaïde, duchesse d'Abrantès, apud Tulard, *Napoléon*, p. 69-70.
** Duchesse d'Abrantès apud Tulard, *Napoléon*, p. 69.

da de um regimento à quantidade de munição carregada por soldados, passando pela posição dos tambores em uma coluna em marcha.* Em suas campanhas, muito de seu sucesso decorria de sua capacidade de guardar de cabeça as posições dos milhares de homens dispostos em unidades militares diversas, junto com informações sobre munição e suprimentos, e de calcular como manobrá-los para obtenção do melhor resultado possível.

Napoleão também pôde se valer de um treinamento militar perfeitamente adequado ao modo pelo qual a guerra à época se desenvolvia. Muito antes de 1789, o Exército francês havia desenvolvido um novo sistema móvel de armamento pesado, equipamento e pessoal para facilitar o movimento e a rápida concentração de unidades separadas.** Como jovem oficial de artilharia, Napoleão recebeu um treinamento intensivo nesse sistema, o que lhe deu uma inclinação natural para a tática que o Exército francês adotou durante a Revolução, envolvendo a rápida disposição em posição de combate de tropas grandes e móveis e a concentração de uma força esmagadora contra uma única posição inimiga.*** Enquanto os comandantes de 1793-1794 tinham de lidar com tropas mal treinadas e mal organizadas, Napoleão podia contar com unidades menores de soldados experientes e disciplinados — os mesmos homens de antes, mas agora com a vivência de várias campanhas anteriores. Ele podia exigir muito deles e assim o fazia, levando seus homens a marcharem com um peso de sessenta libras nas costas por até cinquenta milhas ao longo de 36 horas. Como um de seus soldados se queixou orgulhosamente anos depois: "O imperador descobriu

---

* Ver Ordre du jour, 23 frutidor V, *CN*, v. I, p. 373 (n. 2.175); Napoleão ao ministro do Interior, 18 pradial V, *CN*, v. I, p. 128 (n. 1.873). Ver também Hazareesingh, "Force for Glory".
** Para uma descrição concisa da relação de Napoleão com o "sistema Gibreuval", ver H. Parker.
*** Sobre a tática de Napoleão, ver Chandler, *Campaigns*, especialmente p. 131-201; Connelly, *Blundering to Glory*; Rothenberg, *The Art of Warfare*, especialmente p. 96-164.

uma nova maneira de fazer guerra; ele usa nossas pernas em vez de nossas baionetas."*

Esses são os fatores para os quais os biógrafos chamaram mais atenção ao explicar a ascensão de Napoleão a uma posição de destaque. Tais fatores certamente ajudam a explicar os incríveis sucessos militares obtidos na Itália. Igualmente importante, contudo, foi o modo pelo qual Napoleão moldou sua própria imagem como figura extraordinária — como o deus de uma nova era da guerra. Na Itália e ao longo de suas campanhas anteriores, ele exigiu de seus soldados mais do que qualquer outro general do período e não o teria feito sem o entusiasmo ativo desses soldados — sem, na verdade, aquilo que por vezes equivalia a uma devoção fanática. Napoleão também estabeleceu rapidamente uma popularidade entre os franceses inigualável por qualquer outra figura, civil ou militar. Ele não teria conseguido isso sem um senso muito agudo de como falar a seus compatriotas — e, mais ainda, como comovê-los.

O primeiro elemento crucial foi Napoleão simplesmente mostrar a seus soldados que se importava com eles. Ao assumir o comando do Exército da Itália em 1796, dedicou-se imediatamente a melhorar as condições de vida dos soldados.** Napoleão aumentou a remuneração e tentou intimidar fornecedores desonestos a suprirem suas tropas a um preço justo. Muito de sua correspondência do fim de março lida com o assunto banal, porém fundamental, da carne, sequer vista por uma de suas divisões havia meses.*** Ele ordenou que ela recebesse carne fresca todo dia 2 e carne salgada nos outros dias. Três meses depois, Napoleão vangloriou-se: "Dei carne, pão, forragem [...] meus soldados têm me demonstrado uma confiança indescritível."**** Uma vez na Itália, ele não hesitou em depenar o país para manter seus soldados bem alimentados e confortá-

---

* Apud Chandler, *Campaigns*, p. 148.
** Ver Boycott-Brown, p. 144-5144; Chandler, *Campaigns*, p. 53-7.
*** Ver as cartas de Napoleão do 8-10 germinal, ano IV, *CGN*, v. I, p. 302-312 (n. 423-441).
**** Napoleão a Joséphine, Nice, 10 germinal, ano IV, *CGN*, v. I, p. 311 (n. 439).

veis. Aonde quer que suas tropas chegassem, havia exigências de "contribuições" pesadas: bois às centenas, rações de pão às centenas de milhares, garrafas de vinho e conhaque às dezenas de milhares, e o máximo possível de casacos e pares de sapatos. Nas batalhas, liderava com frequência pessoalmente seus soldados, dividindo visivelmente com eles os perigos.

Napoleão também entendeu a importância de recompensas menos tangíveis — de honra e distinção — e nunca pensou em limitar essas coisas à classe de oficiais. Em novembro de 1797, por exemplo, elaborou uma lista de cem soldados, incluindo simples soldados rasos e borileiros, que receberiam sabres com inscrições especiais por feitos como levar cartas através das linhas inimigas ou como a recusa a se render depois de receber sete golpes de espada.* Em seguida, ele estampou os prêmios na primeira página do jornal de língua francesa publicado sob sua supervisão em Milão. Seu código de honra podia repartir a desgraça também facilmente. Quando duas unidades francesas cederam e fugiram na Itália, ele as repreendeu em termos assombrosos: "Soldados, não estou feliz convosco [...] vós sucumbistes ao primeiro revés. Soldados da 85ª e da 39ª, não sois mais soldados franceses". Os homens em questão imploraram por uma chance de se redimirem e, na batalha seguinte, sofreram baixas terríveis, mas se cobriram de glórias.**

Igualmente importante foi Napoleão ter tratado seus soldados como iguais. Como segundo-tenente, seu treinamento incluíra a tarefa de artilheiro simples, aprendendo a carregar, disparar e limpar um canhão. Foi uma experiência que lhe ensinou uma lição crucial: não ser condescendente. Como ele disse a seu irmão Lucien no início de 1792, reprovando-o por escrever uma declaração pública excessivamente abstrata e verborrágica: "Isso não é maneira de falar ao povo, que tem mais sensibilidade do que você imagina".*** Na primeira declaração feita

---

* Napoleão ao general Vignole, Milão, 21 brumário, ano IV, *CGN*, v. I, p. 1.283-1.289; *Le Courrier de l'armée d'Italie*, n. 137 (1º de outubro de 1797), p. 161.
** O episódio é contado no prefácio de Philipe Sagnac a Bourgin e Godechot, p. 2.
*** Napoleão a Lucien Bonaparte, verão de 1792, *CGN*, v. I, p. 109 (n. 61).

por ele próprio, Napoleão optou por se chamar de "companheiro de armas" dos soldados. Seis semanas mais tarde, na batalha de Lodi, ele teria intervindo para ajudar a posicionar as peças da artilharia. Foi uma peça de fanfarrice que lhe rendeu um apelido duradouro que nenhum general do Antigo Regime teria tolerado: "o pequeno cabo". Napoleão até permitia que alguns soldados comuns o tuteassem. Em declarações e discursos, que ele fazia mais frequentemente do que qualquer outro general, dirigia-se aos soldados em uma linguagem relaxada, familiar e emocional. "Não consigo expressar os sentimentos que tenho por vós de outro modo senão dizendo que carrego em meu coração o amor que demonstrais todo dia."*

Ainda assim, como um compositor de talento, Napoleão podia falar a seus homens em diferentes registros e frequentemente modulava o gorjeio íntimo da segunda pessoa do singular com o grave profundo da declaração épica. 26 de abril de 1796:

> Soldados, a pátria tem o direito de esperar muito de vós [...] Existe alguém entre vós cuja coragem vacila? [...] Não, ninguém... Todos inflamai-vos para elevar a glória do povo francês [...]. Todos desejais poder dizer com orgulho, ao retornarem a suas aldeias, "Eu fui parte do conquistador Exército da Itália!"**

20 de maio de 1796:

> Soldados, vós vos precipitastes como uma avalanche do alto dos Alpes, derrubastes, dispersastes e fizestes desaparecer tudo o que barrava vosso avanço... Sim, soldados, fizestes muito, mas muito não resta a ser feito? [...] Portanto, vamos partir! Ainda temos marchas forçadas a fazer, inimigos a subjugar, louros a colher e insultos a vingar.***

---

* Apud Roger, p. 384.
** "Proclamation à l'armée", 26 de abril de 1796, *CN*, v. I, p. 219 (n. 234).
*** "A ses frères d'armes", 20 de maio de 1796, *CN*, v. I, p. 368-369 (n. 461).

20 de maio de 1798:

> Soldados, a Europa volta seus olhos para vós. Tendes um grande destino a cumprir... Fareis mais do que fizestes, pela prosperidade da pátria, pela felicidade da humanidade e por vossa glória.*

Às sensibilidades modernas, a grandiloquência é quase insuportável, mas funcionava: os soldados respondiam.

Embora em sua relação com as tropas Napoleão tivesse vários antecessores, ele foi original como o primeiro "general midiático" do mundo, explorando todos os meios possíveis de comunicação para difundir e popularizar a imagem de si que ele próprio fabricava.** Foi muito importante o fato de Napoleão ter fundado jornais como, na campanha italiana, o *Correio do Exército da Itália* e *A França Vista do Exército da Itália*.*** O primeiro, impresso a cada dois dias, levava aos soldados notícias militares e francesas, e provavelmente tinha uma circulação considerável também na França. Suas edições de quatro páginas, com diagramação compacta, valiam-se fartamente dos jornais parisienses de esquerda, mas Napoleão contribuía com alguns artigos. O segundo jornal, preenchido por artigos mais longos, reflexivos e politicamente moderados, era dirigido a um público de civis franceses.

O *Correio* em especial refletia fielmente os vários aspectos da imagem cuidadosamente construída de Napoleão. Exalava preocupação com soldados comuns, ecoando suas queixas e produzindo notícias favoráveis a eles. Também noticiava fielmente os feitos do "pequeno cabo", com ênfase em como ele compartilhava os perigos e desconforto

---

* "Aux soldats de terre et de mer de l'armée de la Méditerrannée", 10 de maio de 1798, CN, v. IV, p. 128 (n. 2.570).
** Os trabalhos essenciais sobre o assunto são Hanley; Jourdan, *Napoléon*.
*** *Le Courrier de l'Armée d'Italie* foi publicado em Milão, com 248 edições entre julho de 1797 e dezembro de 1798, totalizando mais de 100 páginas. O menos bem-sucedido *La France Vue de l'Armée d'Italie*, também publicado em Milão, foi editado 18 vezes entre agosto e novembro de 1797. Ver Daline; Hanley, cap. III; Jourdan, *Napoléon*, p. 71; Martin; Tulard, *Napoléon*, p. 84.

de seus homens. Era capaz, contudo, de adotar com regozijo o tom épico dos discursos de Napoleão, particularmente em um longo relato da campanha, publicado em outubro de 1797:

> Hoje, a glória escreveu um novo nome em suas tábuas imortais, sem medo de que esse nome um dia venha a ser apagado. As previsões de um destino brilhante para o jovem ilhéu se realizaram. Foi-se o tempo em que ele se trancava em sua tenda, um prisioneiro voluntário, um novo Arquimedes sempre a trabalhar... Ele sabe que é um dos homens que não têm limites para seus poderes, a não ser aqueles estabelecidos de próprio grado, homens cujas virtudes sublimes complementam sua genialidade assombrosa... Ele prometeu vitória, e a trouxe. Ele se move como um raio, e ataca como um trovão. Tal velocidade somente é comparável à precisão e à prudência de seus movimentos. Ele está por toda parte. Vê tudo. Feito um cometa a rasgar as nuvens, ele aparece ao mesmo tempo nas margens atordoadas de dois rios diferentes.*

Essa autopromoção sem pudores, tão distante das abstrações frias da Revolução radical, não merece simplesmente o rótulo de *propaganda*: ela marca o início do culto à personalidade. Se agora a guerra era vista como um fenômeno extraordinário, completamente estranho à vida comum da sociedade, Napoleão era o homem extraordinário, de êxitos quase sobrenaturais, que a encarnava.

O culto se espalhou rapidamente. Em Paris, um outro periódico começou a ser publicado sob o modesto título de *Jornal de Bonaparte e dos Homens Virtuosos*.** Proliferaram gravuras populares, inclusive uma que mostrava Napoleão sendo coroado com folhas de louro, como um conquistador clássico. Em 1796-1797, teatros exibiram nada

---

* *Courrier de l'Armée d'Italie*, n. 48, 23 de outubro de 1797, p. 206.
** *Journal de Bonaparte et des Hommes Vertueux*, publicado em Paris, com quarenta edições, entre fevereiro e março de 1797.

menos do que doze peças diferentes e ao menos uma ópera consagrada às proezas do general. Surgiram também várias biografias populares, que inventavam todo tipo de feitos na infância para Napoleão — como a famosa vitória da guerra de neve no pátio da escola e um dramático voo de balão sobre Paris aos 15 anos de idade.* Poetas que enalteciam reis agora adulavam Napoleão: "Herói, caro à paz, às artes e à vitória / em dois anos, conquistou mil anos de glória".**

Os principais poetas franceses de fins da década de 1790 não eram muito relevantes, ao contrário dos pintores franceses, que também fizeram de Napoleão um tema de sua predileção. Antoine-Jean Gros, em especial, imortalizou o momento em que Napoleão supostamente levou seus homens à glória em Arcola, tomando em suas mãos uma bandeira e avançando na ponte sob fogo austríaco.*** Na verdade, o ataque não aconteceu, e um subordinado de Napoleão, o general Augereau, que primeiro liderou os homens sobre a ponte, teve o papel verdadeiramente heroico. Isso, contudo, pouco importava para Gros, que pintou uma obra formidável e complexa. Diferentemente das gravuras populares da batalha, que mostravam Napoleão (ou Augereau) a segurar bandeiras tricolores republicanas, apoiados por seus homens, na interpretação de Gros Napoleão está só, e sua bandeira (não tricolor) se dissolve no fundo sombrio, de modo que se destacam seu rosto brilhante e suas roupas esplendorosas. Ele avança confiante, mas olha para trás, em direção a seus homens, exibindo perfeitamente a imagem de um líder superior. Alguns estudiosos argumentam que Gros conscientemente modelou a pose de Napoleão com base em uma famosa gravura renascentista da figura alada da História, fazendo da ponte de Arcola uma ponte simbólica entre passado e futuro.

---

* Ver Dwyer, "Napoleon Bonaparte as Hero", p. 388; Hanley, cap. IV; Tulard, *Napoléon*, p. 93.
** Pelo poeta Lebrun, anteriormente um adulador da monarquia e da Revolução. Apud Jourdan, *Napoléon*, p. 78.
*** Sobre o retrato, ver Bosséno; Connolly; Prendergast, p. 145-149; Vovelle, p. 113-119.

É difícil dizer o quanto dessa imensa produção midiática foi orquestrada pelo próprio Napoleão. Ele certamente patrocinou os jornais. Também encomendou o retrato a Gros, embora exista a lenda de que, impaciente, tenha tido dificuldade de ficar parado para o pintor e que sua esposa então tenha tido de sentar e segurar seus joelhos para evitar que ele saísse do lugar.* Mas sua popularidade era genuína, e não inventada. E como poderia ser diferente para alguém que já podia se dizer, em 1797, o mais bem-sucedido general da história francesa e que acabara de negociar um acordo de paz triunfante com a Áustria depois de cinco anos de combates exaustivos? Todos os memoriais desse período dão testemunho da adulação difundida a Napoleão. E embora a década de 1790 estivesse felizmente livre das pesquisas de opinião, havia um equivalente rudimentar delas: espiões policiais que espreitavam em cafés e esquinas para avaliar o estado da opinião pública. Em seus relatos, atestam repetidamente a "enxurrada de elogios" que o general recebia.**

Como Napoleão foi tão mais bem-sucedido em fabricar uma imagem para si do que qualquer um de seus antecessores revolucionários? Foi simplesmente uma questão dos sucessos que obteve e de seu temperamento excêntrico? Na verdade, embora Napoleão alimentasse o culto de seu heroísmo com uma habilidade incomparável, a forma que o culto assumiu, assim como seu impacto na política e na guerra europeias, nasceram da nova compreensão do "eu" humano que emergia no final do período iluminista e revolucionário, particularmente no mundo da literatura.

Para entender esse ponto, devemos primeiro reconhecer o quanto o culto de Napoleão rompeu com formas anteriores de celebrar os "grandes homens". As elites francesas do século XVIII tinham um apetite

---
* Ver Prendergast, p. 145.
** Ver Aulard, *Paris pendent la réaction themodorienne*, v. III, p. 749 (14 de fevereiro de 1797); v. IV, p. 75 (22 de abril de 1797); v. IV, p. 84 (27 de abril de 1797).

voraz por essas celebrações, pois acreditavam fervorosamente que a virtude era mais estimulada se grandes exemplos dela fossem exibidos ao povo.* A Académie Française inaugurou em 1758 concursos anuais de ensaios em homenagem a "grandes franceses" designados por ela, e a coroa francesa encomendou séries caras de pinturas e esculturas de "grandes homens": estadistas e soldados, claro, mas também, cada vez mais, artistas e escritores (inclusive o bispo Fénelon). A Revolução coroou a tendência ao transformar a enorme e lúgubre igreja nova de Saint-Geneviève, em Paris, em um Panteão de heróis nacionais, uma função que mantém até hoje.

Curiosamente, porém, os panegíricos e os monumentos do século XVIII eram unidimensionais. Adotava-se como principal medida de "grandeza" a dedicação altruísta de alguém ao bem comum e tendia-se a deixar todo o resto fora da cena. Consequentemente, uma longa cadeia de patriotas tediosamente abnegados misturava uns e outros sem distinção. O culto a Napoleão era diferente, pois tinha uma qualidade palpável, vivaz. Embora centrado nos grandes feitos do general, o culto encantava por suas qualidades únicas, até mesmo idiossincráticas. Não se tentava omitir a formação corsa ou as antigas tentativas de atrair atenção. O retrato de Gros, apesar de conformado a um modelo de heroísmo clássico, traçava uma personalidade distinta, original. Em geral, o culto devia menos à antiga celebração dos grandes homens do que ao modo pelo qual a literatura começava a formar novas percepções acerca do indivíduo.**

Os gostos literários de Napoleão ajudam a revelar a natureza dessas percepções. Como vimos, ele tinha um amor genuíno pela literatura, que não o abandonou nem mesmo depois de sua desistência da carreira literária. Adorava história, filosofia e as tragédias de Corneille e Voltaire. Poesia em geral o enfastiava, embora tal qual muitos

---

* Ver Bell, *Cult of the Nation*, p. 107-139; Bonnet, *Naissance du Panthéon*; Jourdan, "Du sacre du philosophe".
** Sobre as noções cambiantes de "eu" no período, ver Goldstein; e Wahrman, a cujo livro eu devo muito.

europeus da época ele houvesse se entusiasmado pelos versos bombásticos do antigo bardo celta Ossian, então recentemente "descoberto" e "traduzido" por James MacPherson (na verdade, forjado por ele). A bordo de um navio que rumava para o Egito em 1798, Napoleão lia Ossian em voz alta e o declarava superior àquele "andarilho", Homero.*

A forma de criação literária mais importante para Napoleão era o romance. Não era algo declarado, mas ele, se não se arriscou pela poesia e pelo drama, escreveu — ou pelo menos começou — vários contos e até um romance, *Clisson e Eugénie*, a história sentimental de um jovem oficial apaixonado. Napoleão leu muitos dos romances populares da época, entre os quais *O Jovem Werther*, de Goethe, e *A Nova Heloísa*, de Rousseau. Mais tarde, formou uma biblioteca de viagem, que tinha, em meio a uma profusão de livros de história, quarenta volumes de epopeias, quarenta de teatro e cem de romances, de autores como Goethe, Rousseau e Fénelon (inclusive, surpreendentemente, seu pacifista *Telêmaco*).**

Conforme críticos literários explicaram, o surgimento do romance no século XVIII conferiu aos leitores um modo fundamentalmente novo de se relacionar com personagens literários — algo que Napoleão claramente compartilhava. Embora essas criaturas pudessem participar de aventuras extraordinárias e se apresentar como tipos humanos extraordinários, o gênero também parecia dar um acesso sem precedentes às profundezas e à unicidade de suas personalidades, permitindo um novo grau de intimidade psicológica entre personagem e leitor.*** É um lugar-comum da história cultural que os leitores do século XVIII poderiam tomar os personagens como pessoas reais de um modo es-

---

* Sobre esse assunto, ver Andy Martin, especialmente p. 3-4; Tieghem, v. II, p. 3-13. Thiébault, subordinado de Napoleão, achava que os panfletos do último tinham um sotaque "ossiânico". Ver Jourdan, *Napoléon*.
** Bourienne, v. I, p. 133.
*** Ver o estudo clássico de Watt; e também Lynch.

tarrecedoramente literal.* Leitores fanáticos de Rousseau mandavam cartas aos personagens, aos cuidados do autor, chamando atenção para as manchas de suas lágrimas no papel.

Steven Englund escreveu, elegantemente, que Napoleão "escolheu 'escrever' seu romance no mundo, e não no papel".** Eu iria mais longe para sugerir que Napoleão se viu como algo próximo a um personagem de romance ao longo de sua vida. Os romances lhe deram um modo de compreender sua própria história de vida única e extraordinária. Exilado em Santa Helena, ele cunhou a famosa frase: "Mas que romance tem sido a minha vida!". Também sustentou que, com alguns anos a mais no poder, teria feito de "Paris a capital do universo, e de toda a França um verdadeiro romance." Seu companheiro acrescentou: "O imperador repetia com frequência essas últimas palavras".*** Existem, no entanto, testemunhos mais importantes do período da campanha italiana, sobretudo em sua relação com as mulheres.

Os casos amorosos de Napoleão certamente mereceriam um romance. Em 1794, em Marselha, ele conheceu e se apaixonou brevemente pela bela e encantadora Desirée Clary, filha de um mercador local. Desirée, assim como Napoleão, tornou-se mais tarde personagem de muitos romances reais: depois de se casar com outro general francês, o furacão de possibilidades da época a fez aterrissar, inesperadamente, em Estocolmo, na condição de rainha da Suécia (seus descendentes ocupam o trono sueco até hoje). Sua relação com Napoleão não foi longa, mas enquanto durou ele lhe deu um novo nome — Eugénie, como a heroína de seu romance.****

Alguns meses depois, Napoleão conheceu uma mulher cuja vida parecia ainda mais digna de romantização. Rose Tascher de la Pagerie vinha de uma família de nobres ricos, donos de *plantations* nas ilhas açucareiras do Caribe francês. Casou-se com Alexandre de Beauharnais,

---

* Darnton, *Great Cat Massacre*, p. 215-56.
** S. Englund, p. 426.
*** Napoleão, in Las Cases, vol. I, p. 859, 403.
**** Napoleão a Desirée Clary, 10 de setembro de 1794, *CGN*, vol. I, p. 201 (no. 244).

um nobre liberal que permaneceu no exército francês mesmo depois de 1792. Durante o Terror, no entanto, ambos foram presos porque eram aristocratas, e Alexandre morreu na guilhotina. Depois do Termidor, Rose se tornou amante do patrono de Napoleão, Paul Barras, por meio de quem conheceu o próprio Napoleão. Ele ficou instantaneamente embevecido pela beleza e pela sofisticação de Rose, não se importando com o fato de que Barras, na verdade, havia entregue Rose a Napoleão de mão beijada. Em 1796, em meio aos preparativos da partida de Napoleão para a Itália, eles se casaram.

As cartas trocadas pelos dois são documentos extraordinários. Mais uma vez, Napoleão deu um novo nome à amada: Joséphine (teria ele a nomeado em homenagem ao irmão mais velho Joseph, o homem "a quem meu coração pertence inteiramente?"* Eis uma questão que se deve deixar para um biógrafo psicanalítico). Uma vez mais, sua eloquência romântica foi estendida ao máximo. Dezembro de 1795:

> Doce e incomparável Joséphine, quão estranho é o efeito que tens sobre meu coração! [...] Extraio de teus lábios, de teu coração, uma chama que arde em mim [...] Eu te verei em três horas. Enquanto isso, *mio dolce amor*, aqui vão mil beijos; mas não me dês nenhum, pois eles queimam meu sangue.**

Ou 31 de março de 1796: "Joséphine! Joséphine! Lembra o que eu por vezes te disse: a natureza me deu uma alma forte e determinada; a ti, ela fez de renda e escumilha."*** Eventualmente, seus pensamentos ficavam picantes: "Um beijo mais abaixo, abaixo <u>do coração</u>!"**** E ainda:

---

* Napoelão a Joseph Bonaparte, 24 de junho de 1795, *CGN*, v. I, p. 233 (n. 308).
** Napoleão a Joséphine, dezembro de 1795, *CGN*, v. I, p. 285 (n. 387).
*** Napoleão a Joséphine, 30 de março de 1796, *CGN*, v. I, p. 311 (n. 439).
**** Napoleão a Joséphine, 7 de abril de 1796, *CGN*, v. I, p. 327 (n. 467), grifado no original.

"ao teu pequeno seio branco, flexível, tão firme [...] e à tua pequena floresta negra, eu mando mil beijos."*

Joséphine, no entanto, não respondia com nada semelhante a esse ardor, pelo qual se sentia claramente oprimida. Na verdade, quando Napoleão foi para a Itália, ela se tornou amante de um jovem oficial, Hippolyte Charles. Pressionada por seu marido a ir para a Itália, ela alegou doença e (falsa) gravidez e parou de escrever. Ele respondeu com cartas marcadas por uma pieguice melodramática. 8 de junho de 1796:

> Cruel! Como pudeste me fazer esperar por um sentimento que não tinhas! [...] Adeus, Joséphine, fica em Paris. Não me escrevas mais... Mil punhais cortam meu coração, não os crava mais fundo.**

17 de outubro de 1796:

> Tuas cartas são frias como a meia-idade; se parecem com 15 anos de casamento... Ah, Joséphine! É tanta perversidade, maldade e traição de tua parte.***

23 de novembro de 1796:

> Não te amo mais. Ao contrário, te odeio. És diabólica, inconveniente, estúpida, decrépita [...]. O que fazes o dia inteiro, madame? O que é tão importante que não tens tempo para escrever? [...] Quem poderia ser esse novo amante maravilhoso que toma todo teu tempo[...]? Cuidado, Joséphine! Uma bela noite as portas serão arrom-

---

* Napoleão a Joséphine, 21 de novembro de 1796, *CGN*, v. I, p. 672 (n. 1.068). Os editores da *CGN* observam que o original da segunda dessas cartas não foi achado e que seu tom e seu vocabulário diferem dos das outras. Eles a aceitam, todavia, como autêntica.
** Napoleão a Joséphine, 8 de junho de 1796, *CGN*, v. I, p. 436 (n. 662).
*** Napoleão a Joséphine, 17 de outubro de 1796, *CGN*, v. I, p. 638 (n. 1.005).

badas e lá estarei eu na tua cama. Lembra-te! Pequeno punhal de Otelo!*

Seriam, contudo, esses escritos puras explosões de emoção? Uma janela para as profundezas do coração de Napoleão? Se os lermos de perto, fica claro que Napoleão não queria que Joséphine os levasse totalmente a sério. "Na verdade, estou preocupado, minha cara amiga", continuou, imediatamente após sua grotesca ameaça de assassinato. "Não tenho tido notícias tuas. Escreve-me rapidamente [...]. Espero segurar-te em meus braços em breve." Em outras palavras, a explosão era, pelo menos em parte, uma encenação. Napoleão vestia conscientemente um personagem e expressava suas emoções da maneira que havia aprendido, pelo menos em parte, nos romances. Não é tão estranho. Todos seguimos modelos, literários ou outros, consciente ou inconscientemente, quando expressamos nossos sentimentos. Napoleão, no entanto, parece ter levado esse hábito cultural banal a um extremo.

Nesse movimento do campo de batalha de Arcola à intimidade do budoar de Joséphine, pode parecer que nós nos desviamos muito do tema da guerra total. A rigor, porém, amor e guerra não se distanciam tanto um do outro (se você duvida, leia Stendhal). E a percepção que Napoleão tinha de si como um personagem de romance — algo que salta aos olhos em suas cartas a Joséphine — não era de modo algum circunstancial em sua carreira militar e política. Sua sensibilidade romanesca, sua capacidade de espetacularizar o âmago de sua personalidade, explica em certa medida como ele pôde criar aquela espécie de vínculo com seus soldados e, mais tarde, com grande parte do povo francês. Vinha daí o sentimento, por parte dos soldados e dos franceses em geral, de que Napoleão — o "pequeno cabo" — era alguém que conheciam pessoalmente, com quem podiam se preocupar e a quem podiam se afeiçoar.

Essa espécie de autoapresentação pública, vale enfatizar, era algo novo na história da França. Os reis franceses nunca permitiram esse

---

* Napoleão a Joséphine, 23 de novembro de 1796, *CGN*, v. I, p. 675 (n. 1.074).

grau de intimidade e familiaridade com seus súditos. Quanto aos líderes da Revolução, suas referências literárias eram, no mais das vezes, as grandes obras moralizantes da Antiguidade Clássica. Robespierre e Saint-Just nunca se deixaram ver como figuras com quem o francês comum pudesse se sentir à vontade, menos ainda íntimo. Eram homens das grandes e etéreas abstrações. Mirabeau talvez se aproximasse de Napoleão nesse aspecto, mas morreu muito cedo. Marat também tinha algo das inclinações de Napoleão, mas a persona que escolheu oferecer a seus leitores — a de um psicopata delirante e fanático — atraía apenas um grupo restrito de admiradores. Danton tinha uma enorme habilidade no trato com o público, mas raramente registrava suas palavras por escrito, e o tipo de relação de que Napoleão desfrutava com seu público somente poderia se constituir por meio de textos impressos. Na verdade, sem a grande difusão dos jornais durante a Revolução, o sucesso de Napoleão seria inimaginável.

Napoleão, em suma, foi o primeiro grande populista da era revolucionária: o primeiro que podia falar à sua plateia em termos pessoais e simples e ser aceito como homem do povo mesmo ao se apresentar como gênio extraordinário. É essa qualidade, fundada em sua sensibilidade literária, que explica a riqueza e a profundidade do culto a Napoleão que ele próprio ajudou a desenvolver desde o início da campanha italiana. E, quando associada aos sucessos militares extraordinários, essa qualidade explica como Napoleão produziu um vínculo tão intenso com seus soldados e certamente com o povo francês.

Ao produzir esse vínculo, Napoleão podia ocasionalmente posar de personagem surpreendentemente próximo à tradição iluminista de hostilidade à guerra: "o pacificador deste vasto universo", como foi chamado em um panfleto.* Na Itália, ele ergueu um monumento cuja inscrição clamava pela deposição das armas e pela "extirpação da morte".** Durante a campanha, ostentou preocupação com relação às

---
* *Époques*, p. 9.
** *Courrier de l'Armée d'Italie*, n. 1, 20 de julho de 1797, p. 3.

artes e às letras italianas, declarando que todos os artistas e eruditos eminentes deveriam ter cidadania francesa, qualquer que fosse seu local de nascimento* (enquanto isso, suas tropas tornavam francesas as obras de arte italianas de maneira bem mais literal: roubavam-nas em grandes quantidades e as despachavam para o Louvre). Depois de seu retorno da Itália em 1797, Napoleão incorporou-se com alarde ao novo Instituto Nacional de eruditos e passou frequentar as sessões regularmente, vestindo roupas civis.**

Napoleão, no entanto, nunca adotaria Telêmaco como modelo de personagem. Se ele se via como um personagem literário, sua história era acima de tudo de glória militar. Como contou o próprio Napoleão, o momento-chave foi a batalha de Lodi, em 10 de maio de 1796, quando ele comandou pessoalmente as operações, abrindo caminho pelo rio Adda e derrotando espetacularmente um exército austríaco que já batia em retirada. Anos mais tarde, no exílio, Napoleão disse a membros de seu pequeno *entourage* que "foi apenas na noite do Lodi que eu me cri um homem superior, e que me veio a ambição de realizar os grandes feitos que até então ocupavam meus pensamentos apenas como fantasias".*** Em sua própria avaliação, portanto, seu eu mais íntimo foi definido pela guerra — a guerra foi um teste final, que o marcou como uma personalidade única.

E, de fato, à proporção que crescia o culto a Napoleão, uma reglorificação da guerra ocorria na França, centrada na ideia de que a guerra poderia se provar uma experiência regenerativa e redentora para indivíduos e sociedades. O credo iluminista da paz era submetido a críticas mais diretas agora do que em qualquer momento do período revolucionário. Sintomaticamente, foi no jornal de Napoleão, o *Cor-*

---

* Napoleão a Oriani, 24 de maio de 1796, *CGN*, v. 1, p. 415 (n. 627).
** Ver Jourdan, *Napoléon*, p. 81.
*** Apud Dwyer, "Napoleon Bonaparte as Hero", p. 382. Isso foi dito a Montholon. Observações semelhantes a outros membros do grupo de Santa Helena também são citadas em Dwyer. (a Gourgot); Boycott-Brown, p. 323 (a Bertrand); e Tulard, *Napoleon*, p. 81 (a interlocutor desconhecido).

reio do Exército da Itália, que um jornalista escreveu o que viria a ser o obituário desse credo, uma renúncia explícita da declaração de paz de 1790 da Assembleia Nacional:

> Se ao menos consultássemos nossos sentimentos, desejaríamos ardorosamente que o destino pusesse fim a esse banho de sangue [...]. Mas se nós [...] voltarmos nosso olhar para o futuro, veremos a triste necessidade de novas batalhas. A Assembleia [Nacional] [...] declarou que a França renunciou a todas as conquistas. Essa ideia pode até parecer sublime à primeira vista, mas foi movida antes por uma falsa filantropia do que por um amor ilustrado pela humanidade [...]. Uma república conquistadora é benfeitora das nações que conquista [...]. E vós, jovem herói, que já igualastes os maiores homens de todos os tempos, e que sois ainda capaz de ultrapassá-los... Podeis construir a glória dupla de conquistador e benfeitor das nações.*

Note-se a última frase. Apesar do cuidado do autor em defender a guerra em nome de um bem revolucionário maior, ele, todavia, faz do título de "conquistador" uma fonte de glória por si mesma. À medida que a carreira de Napoleão progredia, a glória da conquista brilharia cada vez mais intensamente sob o fino véu da justificação ideológica, até que esse véu se tornasse praticamente invisível. Observe-se, por exemplo, a grande aventura seguinte do herói.

Em 1º de julho de 1798, uma frota francesa surgiu na costa ensolarada e coberta de palmeiras do Egito trazendo um exército de 25 mil homens sob o comando de Napoleão.** Naquela noite, em uma operação difícil, cerca de 4.300 deles desembarcaram e, no alvorecer, se posicio-

---
* "Réflexions sur la paix et la guerre, par Leussère, rédacteur de la Sentinelle et ci-devant collaborateur Plébéian", *Courrier de l'Armée d'Italie*, n. 47, 12 de outubro de 1797, p. 202.
** Sobre a expedição no Egito, ver Laurens; Lassius; e Thompson, *Napoleon*, p. 107-133.

naram em frente aos portões de Alexandria. Os governantes da cidade recusaram a exigência francesa de rendição, e então, ao meio-dia, os invasores trouxeram escadas, escalaram as paredes e atacaram. Rapidamente, Alexandria estava em mãos francesas.

Uma semana depois, o exército iniciou um avanço de 120 milhas no Cairo. Napoleão fez as habituais exigências severas a seus comandados, forçando-os a marchar todos os dias, mesmo no meio da tarde, sob o calor escaldante do verão do norte da África.* Um oficial do Estado-Maior escreveu a seus pais que muitos soldados, sob o peso de roupas e mochilas pesadas, não aguentavam o esforço: "Víamos eles morrerem de sede, de fome, de calor; outros, ao verem o sofrimento de seus companheiros, davam um tiro na cabeça; outros se jogavam no Nilo com suas armas e mochilas, e se afogavam."** O exército não tinha pão e marchava a base de abóbora, melão, galinhas minguadas e, eventualmente, legumes ressecados. Napoleão compartilhava esses desconfortos e por vezes passava o dia inteiro sem comer. O exército permaneceu intacto.

Em 21 de julho, próximo às pirâmides, os franceses enfrentaram as forças dos mamelucos, casta guerreira que governou o Egito sob a égide distante do sultão turco. Napoleão afirmaria mais tarde ter dito a seus homens: "Soldados, quarenta séculos de história vos contemplam".*** Seis mil cavaleiros mamelucos, apoiados por 12 mil soldados a pé, investiram bravamente contra as posições francesas, mas não tinham esperanças de prevalecer sobre o bem treinado exército napoleônico, que disparou salvas a partir de quadrados de infantaria inexpugnáveis e provocou devastação com sua poderosa artilharia móvel. A batalha foi

---

* Ver François Etienne-Damas a Jean-Baptiste Kléber, Boulac, 27 de julho de 1798, *Copies of Original Letters*, p. 74.
** Pierre François Boyer a seus pais, Cairo, 28 de julho de 1798, *Copies of Original Letters*, p. 143-144. A carta é assinada "Boyer" e só pode ser o Pierre-François Boyer que serviu no Estado-Maior do exército de Napoleão.
*** "Allocution avant la bataille des pyramides", 21 de julho de 1798, *CN*, v. IV, p. 340 (n. 2.816).

praticamente um massacre, e em 24 de julho os franceses fizeram uma entrada triunfal na capital.

Ao longo de muitos meses depois disso, Napoleão se esforçou para transformar o Egito em um modelo de colônia francesa — um suposto exemplo de civilização ilustrada no coração do Oriente Médio. Foi estabelecido por ele um novo governo, que se baseava em um sistema de conselhos nativos, mas que Napoleão desautorizava corriqueiramente. Ele também organizou um novo sistema jurídico, um serviço de correio, uma casa da moeda, hospitais e uma guarda nacional. Iniciou um processo de reforma agrária. Criou gráficas e passou a publicar um jornal semanal. Napoleão havia obviamente esquecido a advertência de Robespierre — apesar de sua ainda existente admiração por ele — de que "ninguém gosta de missionários armados".* Também significativo foi Napoleão ter criado um Instituto do Egito, composto por 160 eruditos, artistas e engenheiros franceses de destaque. Havia duas reuniões semanais, nas quais se discutia um pouco de tudo — as asas dos avestruzes egípcios, o lodo do Nilo, a descoberta de antiguidades egípcias etc.** Nessa última área, o instituto realizou feitos heroicos, como a célebre descoberta da Pedra de Roseta, que permitiu a decifração dos hieróglifos egípcios.

Ao contrário de outros invasores europeus, os franceses não haviam vindo pela glória do deus cristão, e esperavam que a falta de conflito religioso suavizasse sua conquista. Napoleão declarou em alto e bom som seu respeito pelo Islã e incrivelmente sugeriu ainda mais. "Nós franceses", ele escreveu ao paxá de Alepo, "não somos mais os infiéis que vieram lutar contra vossa fé; percebemos o quão sublime ela é; *nós mesmos a professamos*; e é chegado o momento de todos os franceses [...] se tornarem crentes como vós".*** Ele começou a ler o Corão e se envolveu em discussões com clérigos muçulmanos. Uma

---
* Maximilien Robespierre no Clube Jacobino em 2 de janeiro de 1792 (Robespierre, *Discours*).
** Ver *Memoirs Relative to Egypt*.
*** Apud Thompson, *Napoleon*, p. 120 (grifo meu).

parte de um verso árabe publicado em seu jornal o louvou como instrumento de Deus, em termos que fariam corar até mesmo seus panegiristas europeus: "Reis curvam suas cabeças perante o invencível BONAPARTE, o leão das batalhas [...] os céus da glória se curvam a ele."* Mas todas as reformas e o flerte religioso não foram suficientes para impedir uma insurreição no Cairo, brutalmente reprimida pelas forças napoleônicas.

Napoleão tampouco ficou no Egito tempo o bastante para ver frutificarem seus planos ambiciosos. No início de agosto de 1798, uma frota britânica sob comando do almirante de esquadra Nelson dizimou os franceses na baía de Aboukir, isolando Napoleão da França e tornando, na melhor das hipóteses, improváveis suas perspectivas de longo prazo no Egito. Em fevereiro de 1799, por temer um ataque dos turcos otomanos, Napoleão fez 10 mil soldados marcharem para o leste do Egito, atravessando o Sinai, até chegarem ao que é hoje em dia a costa de Israel. Seus soldados mais uma vez tiveram de carregar o fardo, bebendo água salobra e comendo cachorros e camelos. Mesmo assim, no dia 7 de março tomaram Jaffa, nas proximidades do que é atualmente Tel-Aviv, e seguiram junto à costa em direção à fortaleza turca de Acre. No entanto, cerca de 3 mil dos homens de Napoleão adoeceram de peste, e marinheiros de uma fragata britânica capturaram grande parte da artilharia francesa. Não obstante diversos ataques ensandecidos, comandados pessoalmente por Napoleão, Acre — banhada pelo mar em três lados e reabastecida de mantimentos e armas pelos britânicos — não sucumbiu. Os franceses conseguiram manter o Egito temporariamente. Em abril, Napoleão juntou-se a um outro exército francês, comandado por Kléber, e derrotou uma força turca no monte Tabor. Ao retornar ao Egito, aniquilou uma tentativa otomana de desembarcar em Aboukir. Todavia, enquanto os britânicos controlassem o Mediterrâneo, Napoleão não poderia contar com reforços suficientes para manter a colônia forte o bastante para sobreviver.

---

* "Ode arabe sur la Conquête de l'Egypte", *Décade Egyptienne*, v. I. 1798, p. 86.

Para piorar, as cartas que furavam o bloqueio britânico traziam notícias desesperadas da Europa ocidental, onde, em parte em consequência da campanha egípcia, uma segunda coalizão armada se havia formado contra a França. Os turcos haviam declarado guerra. O mesmo fizera o tsar Paulo I da Rússia, contrariado com a ambição francesa no Leste. Forças austríacas e russas, sob comando do notório general Suvorov, penetravam na Itália, ajudando a armar enormes insurreições antifrancesas e reduzindo as repúblicas-fantoches italianas a dejetos no caminho da guerra. As forças francesas começavam a sucumbir também no Norte, enquanto dentro da França os resquícios da Vendeia tornavam a ganhar vulto: os rebeldes chegaram a tomar por um breve tempo as cidades de Nantes e Le Mans. Partes dos novos territórios belgas também se rebelaram, em uma insurreição que durou dois meses. O total das forças francesas caíra para menos de 200 mil homens, uma pequena fração de seu tamanho em 1794, e inicialmente não se conseguia conter as perdas.*

Por um breve momento, o sinistro verão de 1799 assemelhou-se muito ao sinistro verão de 1793, que havia trazido a *levée en masse* e o Terror.** Uma repetição de ambos os episódios agora parecia possível. Para remediar a falta de homens, o Diretório implementou a lei Jourdan, aprovada no ano anterior, que estabeleceu um sistema regular de recrutamento militar. Ao contrário da medida isolada da *levée*, isso tornou o alistamento um traço permanente da vida francesa. Em julho de 1799, uma Lei dos Reféns tornou parentes de emigrados legalmente responsáveis pelos atos dos últimos. Seguiu-se a imposição à população de um empréstimo, em meio a clamores por uma declaração formal de *patrie en danger*, o que facultaria medidas ainda mais repressivas. Os eventos, em suma, se sucediam como um furacão, e era tempo de Napoleão voltar para casa. Aliás, ele também já recebera relatos da infidelidade de Joséphine e agora ansiava por confrontá-la.

---

* Blanning, *French Revolutionary Wars*, p. 231.
** Blanning, *French Revolutionary Wars*, p. 230-56.

A conclusão da expedição egípcia não dava muito crédito a seu arquiteto. No fim de agosto de 1799, Napoleão e quase todos seus principais comandantes embarcaram em duas fragatas rápidas. Eles conseguiram passar pela rede britânica e chegaram à França no início de outubro. Napoleão deixou seu sucessor, Kléber, para combater os cada vez mais incessantes e renovados ataques turcos, com pouca chance de reforços. Em 1800, um muçulmano fanático assassinaria Kléber no Cairo. Um ano depois, seu sucessor, Menou (a mesma pessoa que vimos como deputado aristocrata liberal na Assembleia Nacional), finalmente se renderia aos turcos e aos britânicos, dando um fim previsível e inglório à breve colônia francesa.

Os historiadores muitas vezes apresentam a queda do Egito francês como um fim trágico de uma aventura de resto gloriosa. Mas esse episódio, que custou dezenas de milhares de vidas francesas e mais ainda de vidas muçulmanas, foi problemático — beirando o absurdo — desde o início. Atribui-se um crédito demasiado à ideia de que tudo constituiu uma ofensiva estratégica séria contra a Grã-Bretanha. Especula-se demais sobre o possível papel do Egito como uma colônia francesa. Os historiadores têm coberto de atenção o trabalho do Instituto Egípcio. Na verdade, porém, houve poucos motivos racionais para a invasão. O Egito talvez pudesse ter servido como uma base contra a Índia britânica. Todavia, em uma época em que a maior parte do tráfico britânico para a Índia perfazia o longo caminho ao redor da África (o canal de Suez somente seria construído no século seguinte), o valor estratégico do Egito permanecia relativamente pequeno — especialmente dada a clara superioridade marítima britânica. Conforme viajantes franceses que visitavam a região relatavam desde muito tempo, o país tinha um potencial econômico como colônia muito limitado, e o trabalho do Instituto, por mais ambicioso e interessante que fosse, era por si só pouco para justificar um gasto tão expressivo de vidas e recursos.

Existe alguma verdade na ideia de que Napoleão foi para o Egito em parte porque agradava a quase todos que ele estivesse fora da França. Depois da paz de 1797 com a Áustria, ele considerara pela primeira vez a invasão da Inglaterra, mas desistiu do plano porque era impraticável. Napoleão tinha ambições políticas elevadas, mas ainda nenhuma esperança de alcançá-las. Permanecer na França e tomar posição na cada vez mais mesquinha política francesa apenas mancharia sua imagem. Melhor seria ganhar novos louros em outro lugar. Quanto aos cinco diretores na chefia do governo, eles também simpatizaram com a oportunidade de se livrar de um general incomodamente ambicioso e popular.

A invasão do Egito, contudo, dizia respeito a algo ainda menos substancial do que conveniência política: glória. No início de 1798, a visão que Napoleão tinha de si como "homem superior" lhe havia sido confirmada sucessivamente pelos eventos e pela reverberação de sua própria máquina de propaganda. A julgar por seus comentários à época, ele realmente acreditava que poderia ser um novo Alexandre. E qual lugar melhor para provar isso do que o próprio domínio alexandrino — "o Oriente"? Tal como então ocorria à maioria dos europeus cultivados, o regime literário da juventude de Napoleão incluíra, entre novelas e história, uma boa dose de exotismo "oriental".* Essas obras forneciam pouca informação confiável sobre a cadeia de civilizações que se estendiam do norte da África ao leste da Ásia. Ao contrário, descreviam o oriente como um reino misterioso de extremos: de luxo, perversão e despotismo, mas também de feitos heroicos. Era um lugar em que uma personalidade superior, ousada, poderia se expressar mais livremente do que em meio às restrições da Europa "civilizada". Era certamente essa fantasia sedutora o que inspirava Napoleão quando ele disse a seu amigo e secretário Bourrienne: "Tudo aqui se desgasta; minha glória já desapareceu. Esta pequena Europa não me dá glória suficiente. Devo procurar a glória em sua fonte, no Oriente."** Mesmo depois de seu retorno nada glorioso, ele não conseguia abandonar essas ilusões. Em uma carta escrita a madame Rémusat no início da

---

* Ver as notas de leitura em N. Bonaparte, *Oeuvres*, v. I, passim.
** Apud Bourrienne, v. I, p. 125.

década de 1800, já era como se a verdaderia expedição jamais houvesse ocorrido:

> No Egito, eu me encontrava livre dos obstáculos de uma civilização maçante. Eu tinha muitos sonhos. Via-me fundando uma religião, marchando pela Ásia, andando de elefante, com um turbante na cabeça e tendo às mãos um novo Corão escrito por mim para atender às minhas necessidades. Nessa empreitada, eu combinava a experiência de dois mundos, explorando em benefício próprio o teatro de toda a história [...]. O tempo que passei no Egito foi o mais bonito da minha vida, porque foi o mais ideal.*

Uma fantasia absurda, claro, mas encantadora, especialmente para ele próprio. Assim como durante a Revolução, a fantasia foi um fator de condução da política militar a um grau que os observadores modernos poderiam achar quase impossível — isto é, não fosse a mais recente invasão ocidental de um grande país do Oriente Médio, sob pretextos igualmente implausíveis.

Ausente dos devaneios de Napoleão estava qualquer consideração da tática de fato usada para conquistar e depois manter a ordem no Egito. Longe, porém, de representar um retorno à guerra cavalheiresca de tempos passados, a campanha egípcia se encaixa perfeitamente no padrão de guerra total revolucionária. Nenhum príncipe do Antigo Regime teria tentado impor uma ordem política e social inteiramente nova a qualquer estado conquistado, como impôs Napoleão suas reformas no Egito. E poucos príncipes do Antigo Regime teriam tratado a população do Egito como ele.

Tome-se como exemplo a revolta do Cairo. No final de outubro de 1798, insurgentes abalaram o domínio francês na cidade e mataram diversos oficiais de alta patente, entre os quais o ajudante de ordens de

---

* Apud Chandler, *Campaigns*, p. 248.

Napoleão. Em resposta, os franceses não hesitaram em usar a tática que haviam usado com sucesso na Vendeia, saqueando a vizinhança de Al-Azhar e matando cerca de 3 mil egípcios.* Quando o principal grupo de rebeldes se refugiou na grande mesquita do Cairo e pediu clemência, Napoleão teria retorquido: "a hora da vingança soou. Vós começastes, eu terminarei."** A correspondência oficial de Napoleão preserva a ordem sinistra que ele deu a seu chefe de Estado-Maior: "Cidadão general, ordenai ao comandante na praça que corte as gargantas de todos os prisioneiros pegos com armas. Eles serão levados hoje à noite às margens do Nilo [...] e seus corpos sem cabeça serão jogados ao rio."***

Essa não foi a pior atrocidade cometida. Quando os franceses tomaram Jaffa em março de 1799, 4 mil soldados otomanos se renderam a eles. Napoleão ordenou que todos, exceto os oficiais, fossem levados à praia, alinhados e fuzilados — supostamente sob protestos dos mais importantes membros de sua administração.**** Bourrienne depois construiu uma elaborada justificativa para esse ato, insistindo em que os franceses não tinham água e comida para dar aos prisioneiros.***** É um argumento espúrio — se Napoleão se importasse com as provisões, não teria se incomodado em enfatizar, por escrito, que "precauções deveriam ser tomadas para evitar a fuga de qualquer prisioneiro".****** Qualquer que fosse a situação logística, é muito possível que Napoleão também estivesse tentando impressionar o supostamente impiedoso governador turco da Síria. Foi o tipo de grande gesto obsceno que Alexandre talvez tivesse feito.

---

* Laurens, p. 149-151.
** François, *From Valmy to Waterloo*, p. 73.
*** Napoleão a Berthier, Cairo, 2 brumário, ano VII, *CN*, v. V, p. 115 (n. 3.527).
**** Napoleão a Berthier, Jaffa, 10 ventoso, ano VII, *CN*, v. V, p. 451 (n. 4.013). Ver também a obra de 1803 de R. Wilson, *History of the British Expedition to Egypt*, apud Tulard, *L'Anti-Napoléon*, p 55.
***** Bourrienne, *Memoirs*, v. I, p. 194-197.
****** Napoleão a Berthier, Cairo, 2 brumário, ano VII, *CN*, v. V, p. 451 (n. 4.013).

Não era um tipo de gesto que Napoleão reservasse exclusivamente para o "Oriente". Embora não fosse imune ao racismo dominante da época, Napoleão cometia assassinatos com igualdade de oportunidades. Desde o começo de suas explorações militares significativas, impôs exigências sem precedentes às populações civis ocupadas. Quando essas populações resistiam, ele respondia com uma violência sem limites.

Considere-se o que acontecera no norte da Itália em maio de 1796.* As forças de Napoleão haviam acabado de entrar em Milão, e a área permanecia instável. Espalhavam-se rumores de derrotas francesas. Em muitas áreas, milhares de camponeses se juntavam, armados com ferramentas de cultivo, lanças e armas de caça, para perseguir os invasores. A cidade de Pavia também se rebelou, e a pequena guarnição francesa que ali havia foi capturada. Napoleão rapidamente mandou colunas móveis combater as forças insurgentes. Uma delas interceptou milhares de camponeses nas proximidades da pequena cidade de Binasco, matou cem deles e afugentou o resto. Binasco em si não havia participado da insurreição, mas Napoleão, ansioso por evitar que os problemas se espalhassem, ordenou que se tocasse fogo na cidade. "Uma grande conspiração se armava contra nós", ele escreveu a seu chefe de Estado-Maior como justificativa.** Em uma declaração oficial, anunciou com aspereza que aqueles que não demonstrassem sua lealdade seriam "tratados como rebeldes; suas aldeias, queimadas. Que o terrível exemplo de Binasco lhes abra os olhos!".*** Napoleão então atacou Pavia e retirou a ordem de destruição total da cidade somente quando a guarnição francesa sitiada apareceu sã e salva.**** Assim, ele se contentou em deixar seus soldados barbarizarem por 24 horas, estuprando e saqueando. Também prendeu várias centenas

---

* Sobre a revolta, ver Lumbroso; Malacrida.
** Napoleão a Berthier, Milão, 6 pradial, ano IV, *GCN*, v. I, p. 416 (n. 629).
*** "Proclamation aux Habitants de la Lombardie", 6 pradial, ano IV, in *CN*, v. I, p. 394 (n. 493).
**** Napoleão ao Diretório, 13 pradial, ano IV, in GCN, v. I, p. 421-422 (n. 639).

de cidadãos de destaque da região e os mandou para a França como reféns.*

Tais cenas se repetiram ao longo dos anos do Diretório. Após as forças de Napoleão rumarem para o Sul no verão de 1796, foi a vez de Lugo, nos Estados Pontifícios, ter o mesmo destino de Binasco. Quando os franceses se deslocaram para a Suíça em 1798, vários cantões católicos resistiram, o que fez os principais observadores da França apelidá-los de "Vendeia suíça" e responder com uma tática digna de Turreau. Dentro e fora da cidade suíça de Stanz, cerca de 600 casas foram queimadas, e 1.200 homens, mulheres e crianças morreram.** Outras cenas que lembravam a Vendeia ocorreram por toda a Itália durante as grandes revoltas de 1799,*** especialmente no Sul, onde o general francês Championnet tentara transformar o reino de Nápoles em uma "República Partenopeia".

Algumas das piores atrocidades, porém, aconteceram fora da Europa, naquilo que havia sido a joia da coroa das colônias açucareiras francesas: São Domingos, atual Haiti. Em 1790, 50 mil colonos brancos dominavam com crueldade incomum uma população dez vezes maior, composta por escravos nascidos majoritariamente na África.**** A Revolução Francesa, entretanto, desestabilizou essa situação frágil e desencadeou a maior rebelião escrava da história humana. Em 1801, depois de uma década de lutas terríveis e inacabadas, chegou ao país uma expedição para restaurar o domínio francês, comandada pelo cunhado de Napoleão, Charles-Victor-Emmanuel Leclerc. Inicialmente, a expedição teve algum sucesso. Leclerc até conseguiu deportar para a França o carismático general Toussain L'Ouverture. Mas quando

---

* Ver Lumbroso, p. 23-26.
** Ver Rothenberg, *The Art of Warfare*, p. 120; Sciout, p. 2.761-2.765; Suratteau, "Occupation, occupants et occupés".
*** Para um bom sumário, ver Blanning, *The French Revolutionary Wars*, especialmente p. 238-248.
**** Sobre a Revolução Haitiana, ver Dubois; Dubois e Garrigus. Ver os números em Dubois e Garrigus, p 13.

tentou desarmar milhares de ex-escravos, provocou uma insurreição, à qual respondeu com uma tática de extermínio. "Eis minha opinião sobre este país", escreveu a Napoleão no outono de 1802. "Devemos destruir todos os pretos das montanhas, homens e mulheres, livrando apenas crianças menores de doze anos; destruir metade dos pretos das planícies e não deixar vivo na colônia sequer um homem de cor que tenha usado uma dragona. Sem isso, a colônia jamais será pacífica."* Palavras dignas do general Turreau na Vendeia! Antes que uma violenta febre amarela condenasse a força francesa (matando Leclerc), seus líderes fizeram de tudo para honrar sua promessa sanguinária. Eles executaram sumariamente os rebeldes capturados, tiveram acessos de matança indiscriminada e até importaram de Cuba cães comedores de gente. Embora o número de mortos no Haiti seja ainda mais difícil de calcular do que o da Vendeia, é certo que muitas dezenas de milhares morreram de todas as causas possíveis — e é concebível que o número de mortos tenha chegado a um terço da população pré-guerra.**

Examinaremos mais de perto a história das ocupações francesas no capítulo 8, mas vale observar aqui um ponto básico: os horrores vividos nos territórios ocupados não eram simplesmente o resultado de uma liderança francesa ruim ou criminosa. Eles decorriam das transformações da natureza da guerra que se seguiram à queda das restrições do Antigo Regime e à experiência da Revolução. Aonde quer que o Exército francês chegou como força de ocupação, houve frequentemente insurreições sangrentas, respondidas com uma contrainsurgência brutal. Cada território que os franceses ocuparam tinha o potencial de se transformar em uma Vendeia.

Por quê? Primeiro, pelo fato, muito citado pelos historiadores, de que, diferentemente dos exércitos do Antigo Regime, as forças francesas tentavam ao máximo viver da terra ocupada — fazer a "guerra

---

* Apud Auguste e Auguste, p. 236. Esse livro continua a ser uma fonte confiável sobre a Expedição Leclerc e as atrocidades cometidas durante sua vigência.
** Para um exame cuidadoso dos números disponíveis, ver Auguste e Auguste, p. 313-316.

alimentar a guerra". Na maioria das áreas que ocuparam, impuseram impostos elevados e multas pesadas à população nativa. Confiscaram grandes quantidades de tesouros artísticos e propriedades religiosas. Napoleão tentou reprimir a pilhagem e o roubo por soldados individuais, mas seus homens viam as campanhas justamente como uma oportunidade de fazerem fortuna. Napoleão provavelmente não prometeu "honra, glória e riqueza" na Itália a seus homens "nus e famintos", para citar palavras que ele posteriormente disse ter proferido, mas esses homens agiram como se tal promessa houvesse sido feita.*

A chegada dos franceses implicou mais do que encargos financeiros. Nos países europeus, significou o fim do Antigo Regime. Ao contrário das ocupações conduzidas durante as guerras do início do século XVIII, que tendiam a deixar intactas as instituições tradicionais, pelo menos até um acordo de paz final, as forças revolucionárias repetiam nos territórios conquistados o que já haviam feito em seu próprio país.** Elas eliminavam ou modificavam sistemas complexos de impostos, administração e justiça. Cortavam ou aboliam privilégios sociais. Assim como na França, as mudanças atingiam a vida de quase toda a população, ameaçando meios de vida estabelecidos e gerando enorme ansiedade. Mesmo onde grupos específicos estavam em posição de se beneficiar com a ocupação — ao ver abolido um imposto odiado, ao ganhar um tribunal mais próximo de casa ou ao ver uma terra cobiçada subitamente posta à venda —, o alto grau de incerteza fazia com que os insurgentes recebessem apoio. Em áreas anexadas pela França, as tentativas de introduzir o alistamento militar obrigatório em 1798-1799 tiveram o mesmo efeito que na Vendeia em 1793: exigências de guerra total acenderam revoltas sangrentas.

---

* A suposta declaração de Napoleão foi feita em Nice em 27 de março de 1796. Está em CN, v. I, p. 118 (n. 91), mas é tomada das recordações de Napoleão em Santa Helena.
** *La Grande Nation*, de Godechot, ainda é o guia mais completo sobre esse assunto, mas foi recentemente complementado e atualizado por Belissa, *Repenser*.

Assim como na França, a religião fornecia um pavio altamente inflamável para tanto, e os franceses espalharam faíscas. Em 1796, a maioria dos oficiais e soldados franceses passara ao menos três anos em um exército sem Deus, do qual haviam sido excluídos capelães e cerimônias religiosas, ainda que a República em si não mais considerasse a Cristandade como inimiga. Assim, o Exército e as populações ocupadas viam-se mutuamente como estranhos, mesmo antes de os franceses começarem a vasculhar as igrejas e a confiscar as terras. Em Lugo, a insurreição começou quando autoridades locais, agindo em nome dos franceses, tentaram confiscar a estátua de Santo Hilário, padroeiro da cidade. Uma multidão comandada por padres e frades retomou-a à força, levou-a de volta à sua igreja sob badaladas dos sinos e em seguida atacou a cidadela da cidade "em nome de nossa santa religião".* Augereau, representante altamente anticlerical de Napoleão, que havia servido na Vendeia, não demonstrou nenhum desejo de negociar com gente que ele chamou de "répteis miseráveis".** Em vez disso, atacou Lugo e matou centenas de pessoas.

Assim como na França, a guerra rapidamente assumiu o caráter de uma guerra civil. Ali onde os franceses tomaram o poder na Europa, um número significativo de pessoas, especialmente nas cidades, saudou-os em nome de valores revolucionários: "patriotas" holandeses, "Jakobiner" alemães, "giacobini" italianos. Esses homens ocuparam os governos das novas repúblicas satélites e conduziram — alegremente, pelo menos no começo — reformas inspiradas nos franceses com as quais sonhavam havia anos. Marcadamente urbanos e cosmopolitas, eles viam os insurgentes rurais e de classes baixas à maneira dos franceses: como ignorantes, obstáculos supersticiosos às forças do progresso histórico. Assim, a ocupação tornou-se a ocasião de acertos de contas pendentes: entre cidade e campo, entre regiões, entre instituições concorrentes.

---

* Apud Zagui, p. 175.
** Apud Zagui, p. 180.

O grande potencial para derramamento de sangue não ocorreu onde a autoridade francesa era mais opressiva, embora aparentemente mais frágil. Em 1799, com a Segunda Coalizão fazendo os exércitos franceses recuarem em toda a Europa, revoltas esperançosas se espalharam pelo continente como um rastro de gasolina em chamas. Na província de Calábria, no sul da Itália, o cardeal Fabrício Ruffo proclamou uma cruzada contra os franceses e reuniu um exército popular que cometeu atrocidades terríveis contra soldados franceses capturados, "giacobini" e judeus (os quais os rebeldes associavam imediatamente com os franceses). De modo semelhante, 13 judeus foram queimados vivos e quatrocentas pessoas suspeitas de serem "giacobini" foram massacradas. Onde os franceses puderam, responderam brutalmente, mantendo sua própria dinâmica de guerra total.

A propagação de insurreições sugeriria que a distinção entre populações civis e militares permanecia pouco clara entre 1794-1799. Nos campos de batalha irregulares dos territórios ocupados pelos franceses, isso era verdade. Tal como na Vendeia, populações inteiras eram tratadas como combatentes. Na França, entretanto, assistiu-se no mesmo período a um fenômeno oposto: uma separação crescente entre esferas civil e militar. As consequências políticas seriam imensas.

Como vimos, os Estados europeus no século XVIII já haviam mostrado certa tendência a segregar suas forças militares do resto da sociedade, sobretudo pela instauração de acampamentos e casernas permanentes para soldados e pela tentativa de transformar o corpo de oficiais em corpos profissionais em tempo integral. Na França, contudo, essas reformas não foram longe o bastante para mudar o caráter essencialmente aristocrático dos militares, e foi precisamente essa qualidade que no começo da Revolução tornou o exército um objeto de uma desconfiança tão grande, quase paranoica, por parte dos radicais. Consequentemente, não apenas os jacobinos expulsaram de modo sangrento os aristocratas do corpo de oficiais, como também, por meio da *levée en masse*, procuraram apagar inteiramente a distinção entre Exército e nação. "O que é o Exército?", indagou um deputado. "É a França como um todo... Todos os cidadãos franceses são o Exército."* Muitos radicais ainda acreditavam no fim vindouro da era da guerra e não queriam ver a França transformada em uma Esparta permanentemente guerreira. Até a paz final, porém, todos lutariam.

Depois de 1794, no entanto, cisões novas e mais profundas se abriram entre os militares e a sociedade civil. Os soldados recrutados nos primeiros dois anos da guerra permaneceram no campo, normalmente fora da França e isolados da sociedade civil. Naturalmente, começaram a se identificar, sobretudo, com o próprio Exército e com generais como Napoleão, que de modo tão manifesto zelavam por seu bem-estar.** A doutrinação revolucionária por meio de discursos, canções e jornais, à qual os jacobinos haviam submetido as fileiras, não sobreviveu ao fim do Terror e seus entusiasmos radicais. Agora, os generais encorajavam os soldados a se orgulharem da vitória em si mesma e da consequente ampliação do poder francês. Em uma declaração típica, Napoleão disse: "Soldados! Fazei uma vez mais aquilo que tantas vezes já fizestes, e a Europa não desafiará nosso título de nação mais brava e mais poderosa do mundo!".*** Os generais forçaram o governo central enfraquecido a acabar com os comissários políticos que haviam acompanhado os exércitos durante o Terror. Cada vez mais, como Napoleão na Itália, eles se comportavam como príncipes.

De modo muito significativo para o futuro, os generais traçavam um contraste acentuado entre o patriotismo que supostamente prevalecia nas Forças Armadas e a corrupção e as querelas partidárias na França. Napoleão, com seu incomparável talento para o espetáculo, sabia exatamente como incutir em seus soldados esse sentimento de superioridade moral. Em 14 de julho de 1797, no Dia da Queda da

---

* Apud Lyons, *France under the Directory*, p. 146.
** Ver Bertaud, *La Révolution armée*, p. 322-43.
*** Proclamação de 21 brumário, ano V, *CN*, v. II, p. 136 (n. 1.180).

Bastilha, ele promoveu uma parada militar em Milão na qual os soldados marchavam em frente a um monumento com os nomes dos mortos durante a campanha. Napoleão disse a eles: "Tendes diante de vós os nomes dos nossos companheiros de armas que morreram no campo da honra". Em seguida, mudando o registro, voltou-se para um tema mais sombrio: "os infortúnios que ameaçam a *patrie*" — uma clara referência à situação política deteriorada da França.* Quando o desfile prosseguiu, um despachado cabo saiu das fileiras e gritou para Napoleão: "General, salvastes a França! Vossos filhos, que têm a glória de pertencer a este exército invencível, proteger-vos-ão com seus próprios corpos. Agora, salvai a República!".**

Na França, os remanescentes dos jacobinos ajudavam inadvertidamente a aumentar as divisões, ao mesmo tempo que aceleravam a desintegração do regime. Nas eleições de 1797, quando os direitistas ressurgentes triunfaram, a esquerda procurou socorro no Exército. Um jornal esquerdista tratou a questão da maneira mais incisiva possível: "O grande dilúvio foi necessário para purgar a Terra. Agora precisamos das Forças Armadas para purificar a França". De modo semelhante, um diretor esquerdista declarou em um discurso que "a República não existe em nenhum lugar além do Exército".*** Napoleão aliou-se aos conspiradores, emprestando seu já enorme prestígio à causa deles. Por isso promoveu aquele espetáculo no 14 de julho, quando preparou o Exército e declarou que a República nada tinha a temer dos monarquistas. Em seguida, despachou um de seus subordinados a Paris, junto com tropas. Com a ajuda delas, as assembleias e o Diretório foram purgados em 4 de setembro — 18 frutidor, segundo o calendário novo. A esquerda havia prevalecido, mas ao custo imenso de legitimar a interferência militar na política nacional e de fazer do Exército, nas palavras do historiador Jean-Paul Bertaud, "um contrapoder".****

---

* "A l'armée", 26 messidor, ano V, *CN*, v. III, p. 239-240 (n. 2.010).
** *Courrier de l'Armée d'Italie*, n. 1 (20 de julho de 1797), p. 4.
*** Apud Kruse, p. 317, 312.
**** Bertaud, *La Révolution armée*, p. 341.

Quanto a Napoleão, o episódio apenas lhe confirmou a superioridade que sentia em relação a políticos desde o começo da campanha italiana. Posteriormente, um dito dele foi lembrado por seu secretário: "Devo derrubá-los e me tornar rei";* Napoleão desprezava os diretores como "uma corja de advogados".** Um diplomata também citou Napoleão chamando a República de "moda passageira [...]. A nação precisa de um chefe". Mas ele próprio teria acrescentado, de acordo com ambos os testemunhos, que "o momento ainda não havia chegado". É difícil não concordar com o jornal monarquista que, mesmo antes do 18 frutidor, brincou que Napoleão lutava como Alexandre, mas era um cidadão à maneira de Júlio César.*** Depois do golpe, um outro jornal indagou: "O Rubicão já foi atravessado? Nós evitaremos uma república militar?"****

A França napoleônica nunca se transformaria em uma verdadeira ditadura militar, mas o golpe do frutidor marcou um estágio crucial no surgimento do militarismo moderno.***** Estabelecera-se uma separação entre civis e militares, e os líderes dos últimos haviam chegado à conclusão de que eles, mais do que qualquer político, representavam verdadeiramente a nação. Portanto, tinham o direito de impor aos civis valores militares de ordem, disciplina e patriotismo inquestionável. Já em 1799, algumas figuras do Exército diziam isso explicitamente. Um capitão escreveu naquele ano que "quando um povo se torna conquistador, é indispensável que o espírito militar predomine em todas as outras esferas".****** Segundo o general Picault-Desdorides, "nossas guerras quase ininterruptas provam aos franceses que eles deveriam ser um povo inteiramente militar".******* Tais ideias haviam sido quase que literal-

---

* Bourienne, v. I, p. 134.
** Miot de Mélito, p. 94.
*** *Chronique de Paris, ci-devant Courier Républicain*, n. 5, 3 germinal, v. V, p. 3.
**** *Messager du soir* apud Dwyer, "Napoleon Bonaparte as Hero", p. 389.
***** Sobre o militarismo, ver a introdução a Jansen, p. 9-23. Minha perspectiva é mais próxima a essa do que a estudos mais antigos, como Finer; Vagts.
****** Apud Bertaud, *La Révolution armée*, p. 341.
******* Kruse, p. 329.

mente impensáveis no Antigo Regime, quando as forças armadas comandadas por aristocratas eram consideradas mais como uma parte essencial do tecido social do que como uma sociedade por si só distinta. Um golpe militar era impossível, porque no cerne do código militar aristocrático estava o princípio da lealdade absoluta ao rei. Agora, porém, o código e o rei já não existiam, e o general mais popular da época esperava sua oportunidade.

Ela veio dois anos depois. Enquanto Napoleão bebia de sua "fonte de glória" egípcia, o Diretório continuou a se esfacelar, e o inescrupuloso Sieyès — o ex-herói revolucionário, que se transformara em um executivo cínico — iniciou sua procura por uma "espada". A situação militar também era terrível, devido ao recuo das forças republicanas e às insurreições deflagradas na Europa.

Quando Napoleão chegou de volta à França, no início de outubro, pelo menos a situação militar havia melhorado. Seu antigo assistente na Itália, André Masséna, derrotara os russos em uma batalha climática próximo a Zurique. O general russo Suvorov havia sido empurrado para os Alpes, onde o frio e a fome dizimaram seu exército. O general Brune derrotou as forças anglo-russas nos Países Baixos, e no dia 22 de outubro o instável tsar Paulo I, frustrado com as derrotas e insatisfeito com seus aliados austríacos, retirou-se da coalizão.

Sieyès, no entanto, mantinha-se firme em sua procura por um general. Um homem frio, preciso, que certa vez defendera o cruzamento de macacos e humanos para prover uma nova espécie de escravos natos, Sieyès perdera havia muito tempo o entusiasmo do início da Revolução.* Quando indagado sobre o que fizera durante o Terror, dava uma resposta lacônica: "Sobrevivi". Agora, ele desejava simplesmente restaurar a ordem e talvez enriquecer nesse processo. Napoleão não era sua primeira opção para o papel de homem montado em um bucéfalo. Sieyés teria preferido uma marionete que não fizesse sombra a todas as outras figuras políticas. Mas seu escolhido, o general Barthélémy-

---

* Ver Sewell, especialmente p. 153-154. Sobre Sieyès, ver também Bredin.

Catherine Joubert, morrera em agosto na batalha de Novi. Sieyès então procurou o general Jean-Victor Moreau. Os dois estariam juntos quando souberam do retorno de Napoleão. "Eis o vosso homem", teria dito Moreau a Sieyès.*

As notícias dos fracassos no Egito não haviam acompanhado Napoleão. Ao contrário, a expedição apenas aumentara a lenda, exatamente como ele esperava. Espiões da polícia relataram que nos distritos de trabalhadores em Paris Napoleão era agora enaltecido como "herói exilado" e como "nosso pai, nosso salvador" em canções populares.** Quando ele chegou a Lion em outubro, as pessoas dançaram nas ruas. Menos de um dia depois, encenou-se ali uma peça intitulada *O retorno de um herói, ou Bonaparte em Lion*. Ao ser dada a notícia de seu retorno em teatros parisienses, as plateias ficaram de pé e fizeram uma ovação. "Em cada rosto, em cada conversa, inscreviam-se a esperança de salvação e o pressentimento de felicidade."*** Napoleão, para esses homens e mulheres comuns, representava segurança, estabilidade — e glória.

Uma vez em Paris, Napoleão reuniu-se com Sieyès e um plano foi rapidamente tramado (ele também se reconciliou — de modo tempestuoso — com Joséphine). O regime do Diretório deveria ser dissolvido e substituído por três "cônsules" interinos: Napoleão, Sieyès e um colega de Sieyés, Roger Ducos, um zero à esquerda. Em 9 de novembro de 1799 — o 18 brumário — a câmara alta do parlamento, reunida na ausência dos deputados de esquerda, declarou oportunamente que, com a França ameaçada, ambas as câmaras se transferiram no dia seguinte para a cidade suburbana de Saint-Cloud. Napoleão, perante suas tropas, soltou algumas injúrias contra o governo: "O que fizestes com a França que deixei tão brilhante? Deixei-vos paz, encontro guerra! Deixei-vos conquistas, encontro o inimigo nas nossas fronteiras!".****

---
* Apud Crook, p. 51.
** Ver Gotteri.
*** Dwyer, "Napoleon Bonaparte as Hero", p. 393-395.
**** Apud S. Englund, p. 162.

Na verdade, a guerra renovada era tanto responsabilidade sua quanto de qualquer outro, e o inimigo já havia sido rechaçado — o que era mais do que ele cumprira na outra ponta do Mediterrâneo. Como sempre com Napoleão, porém, a lenda tinha uma força independente da verdade.

No dia seguinte, o parlamento, sob a "proteção" dos soldados de Napoleão em Saint-Cloud, reuniu-se para cometer suicídio institucional. Isso quase não aconteceu, pois na Câmara Baixa, cujos membros se vestiam com ridículos simulacros de togas romanas, muitos deputados resistiram. Quais perigos eram tão prementes que exigissem sua dissolução, indagavam eles em meio a uma grandiloquente profusão de juramentos. Quando Napoleão surgiu diante deles, estava despreparado para encontrar oposição e terminou por gaguejar algumas ameaças vagas: "Não esquecei, eu caminho com o deus da guerra e com o deus da vitória!".* Foi recebido com protestos efusivos, e saiu da sala de reunião. Um deputado chegou a sacar um punhal. Houvesse uma figura forte emergido na Câmara, é bem possível que o Parlamento declarasse Napoleão um criminoso e o mandasse para a guilhotina.

Uma vez mais, porém, como em Maddalena, Toulon e Arcola, Napoleão sobreviveu, e os livros de história portanto não o lembram como um glorioso general republicano que morreu em meio a uma tentativa frustrada de golpe. Não surgiu um Mirabeau para unir os deputados; do lado de fora, Lucien Bonaparte encorajou os soldados agitando um punhal e ameaçando cravá-lo no peito de Napoleão caso este se tornasse um tirano. Os soldados então entraram na sala, dispersaram a maioria dos deputados e juntaram uma minoria (100 do total de 750) que votou obedientemente pela dissolução do regime e nomeou os três cônsules para substituí-lo. Esse recurso à força ("Cidadãos, estais dissolvidos!", disse o general Murat aos deputados**) alterou a natureza do golpe, cunhando-lhe um caráter mais explicitamente militar do que

---

* Apud S. Englund, p. 164. Ver também Chandler, "Napoleon and Death".
** Apud Benoît e Chevalier, p. 79.

havia planejado Sieyès. E dos três cônsules, como Sieyès rapidamente descobriria, somente um contava. Um soldado chegara ao poder.

Para falar a verdade, Napoleão gozava de um apoio que se estendia muito além das fileiras militares, e o Dezoito Brumário, como ficou conhecido, não significou o simples triunfo do exército sobre a população civil. Napoleão atraiu uma ampla faixa dos franceses — proprietários ricos, sobretudo — que desejavam estabilidade social e política depois de tantos anos de alvoroço; gerou entusiasmo entre intelectuais influentes; acalmou seus apoiadores mais hesitantes com a promessa de que sua ascensão ao poder *não* implicaria a instalação de um regime militar. No entanto, o vínculo que Napoleão criara com os franceses nascera, e dependia, da glória militar. O brumário aconteceu em meio a uma guerra revolucionária ampla, com grande parte dos franceses já vivendo sob domínio militar. A ascensão de Napoleão poderia apontar para um retorno das lutas internas, mas também prometia uma guerra sem fim. Na prática, as duas coisas eram inseparáveis.

7
Dias de Glória

Hoje em dia [...] nenhum governo ousaria dizer à sua nação: Vamos conquistar o mundo.

— BENJAMIN CONSTANT, 1813*

Eu queria governar o mundo — quem, no meu lugar, não quereria?
— NAPOLEÃO BONAPARTE A BENJAMIN CONSTANT, 1815**

Marengo, norte da Itália. 14 de junho de 1800. 17 hs.
O dia está se transformando em um desastre.*** Na planície lamacenta de Bormida, 45 milhas ao norte de Gênova, um bem treinado Exército austríaco aos poucos conduz metodicamente Napoleão Bonaparte à derrota. Como primeiro cônsul da França, ele veste, por baixo do sobretudo cinza, um suntuoso uniforme azul-escuro adornado com folhas de ouro e carrega uma pesada espada cerimonial, cuja empunhadura é elegantemente esculpida com duas cabeças de leão.**** O esplendor, porém, não é capaz de fazê-lo esquecer o fato de haver cometido um erro terrível. Pensando que o confronto com o Exército austríaco do general Michael Melas ocorreria dias depois, Napoleão dispersou

---
* Constant, p. 1.004.
** Napoleão Bonaparte apud Herold, p. 276.
*** Sobre Marengo, ver Benoît e Chevallier; Chandler, *Campaigns*, p. 286-298.
**** Benoît e Chevallier, p. 13.

suas tropas pela planície e mandou seu melhor subordinado, Louis Desaix, rumar em direção ao Sul para bloquear a rota de fuga de Melas. Mesmo depois de os austríacos atravessarem com força o rio Bormida pela manhã, Napoleão levou mais de uma hora para perceber que não se tratava de um mero ataque simulado. Agora, ele sente desesperadamente que lhe faltam soldados. Em um bilhete a Desaix, escreve: "Pelo amor de Deus, volte para cá se ainda for possível".*

Seus soldados estão exaustos e perigosamente desmoralizados. Na 96ª meia-brigada francesa, os granadeiros mal conseguem ver um ao outro em meio à fumaça. Apesar da chuva do dia anterior, a artilharia incendiou os campos de trigo, e as caixas de cartuchos deixadas no chão explodem, espalhando ondas de pânico pelas tropas. Faz horas que nenhum reforço chega, e a munição está acabando. Para piorar, os canos dos mosquetes estão de tal modo aquecidos, em razão dos seguidos disparos, que não se pode carregá-los sem o risco de explosão nas mãos de quem os empunha.** Desesperados, os soldados usam o clássico remédio: abaixam as calças e urinam nas próprias armas para esfriá-las. Uma investida forte por parte da cavalaria austríaca pode ser o bastante para transpor as linhas francesas e transformar um recuo calculado em uma debandada geral.

E então? Napoleão pode reagrupar suas tropas e derrotar Melas em outro lugar. Nesse momento em Marengo, no entanto, com Melas já recebendo os aplausos de seus oficiais administrativos, as coisas parecem pouco promissoras.*** Apenas dez dias antes, o último estado satélite da França na Itália, a "República Liguriana" de Gênova, havia sido dominado pelos austríacos. Todas as conquistas anteriores de Napoleão naquele país foram apagadas. Caso sofra essa derrota decisiva em Marengo, Napoleão parecerá perigosamente um homem do passado. Outros generais aguardam notícias e lançam iscas exploratórias nas

---

* Apud S. Englund, p. 174.
** Ver o relato da batalha em Coignet, p. 74-79.
*** General Danican em *Bataille de Marengo*, p. 139.

águas turvas e traiçoeiras da política parisiense.* Conseguirá Napoleão mover-se nessas águas melhor do que Luís XVI ou Robespierre?

Agora, porém, com o sol de fim de primavera ainda alto, dá-se o primeiro ato de salvação. Desaix está de volta. Na verdade, ele fez suas tropas darem meia-volta antes mesmo de receber o bilhete de Napoleão, ao julgar corretamente pelo som distante das armas que a grande batalha já havia começado. Desaix claramente gosta da atenção que recebe ao galopar para ser consultado. Aos 32 anos de idade, ele é como um dândi, com uma fisionomia de traços delicados e uma vasta cabeleira negra solta sobre os ombros. "A batalha está completamente perdida", teria observado Desaix, mas "nós temos tempo para ganhar mais um dia".** Entre as vacilantes tropas francesas, a notícia de sua chegada é comemorada.

A batalha começa novamente. Desaix coloca sua divisão no caminho da principal coluna austríaca. À sua direita, os franceses juntam uma bateria de 18 canhões, e à esquerda posiciona-se uma unidade de cavalaria comandada pelo general François-Etienne Kellerman, filho do vencedor de Valmy. Os canhões disparam metralha na vanguarda austríaca, mas a maior parte da coluna inimiga se mantém firme. Desaix lidera um ataque frontal montado a cavalo. A catástrofe em potencial: quase imediatamente, uma bala atinge o peito do general, e ele desaba de seu cavalo, morto. Seu cadáver permanecerá no chão por horas a fio, até que alguém por fim o reconheça por sua cabeleira característica.*** Suas tropas recuam desordenadamente.

Os franceses têm uma última chance.**** Kellermann, de 30 anos, leva 500 cavaleiros para a direita da posição de Desaix e comanda uma nova investida contra a parte lateral da coluna austríaca. Por destreza ou sorte, ele escolhe o momento certo, imediatamente após uma salva da artilharia francesa, e confronta os austríacos no momento de confu-

---
* Ver Miot de Mélito, p. 173-174.
** Apud Bourienne, vo. II, p. 13.
*** Benoît e Chevallier, p. 137.
**** Ver em especial a descrição de Marmont, v. II, p. 134.

são máxima. Montados em cavalos bufantes, os soldados agitam seus sabres com terríveis consequências. A coluna austríaca desfaz-se em meio a um furor de pânico, com homens a correr ou a implorar para que lhes poupassem a vida. Em minutos, 3 mil são mortos ou capturados, e a batalha, definitivamente, passa a pender em favor de Napoleão. Outra cavalaria austríaca, exausta e desordenada, permanece fora de combate. Os comandantes austríacos por fim não têm outra escolha senão ordenar um recuo geral pelo Bormida.

O general Melas perde quase 10 mil homens, entre mortos e prisioneiros.* Mesmo assim, a maior parte de seu exército sobrevive como conjunto. Um comandante mais aventureiro — mais napoleônico — poderia tentar a sorte novamente. Melas, porém, um homem de 71 anos de idade, que passou mais de meio século no Exército austríaco, não é afeito a apostas. Como oficial aristocrático e prudente, ao estilo do Antigo Regime, ele tem muito em comum com seu contemporâneo duque de Brunswick, que em Valmy em 1792 preferiu a retirada do Exército prussiano intacto ao risco de continuar na batalha, assim concedendo aos revolucionários franceses sua vitória mais famosa. Melas agora faz algo parecido: recua, pede para negociar e, em 16 de junho, avaliando que suas tropas se encontram em uma posição desvantajosa, assina um armistício, pelo qual concorda em retirar as forças austríacas da Lombardia e de Gênova. O teórico militar Heinrich Dietrich von Bülow, o mais agudo observador contemporâneo da campanha de 1800, concluiria que Napoleão não conquistou o sucesso: foi Melas quem o desperdiçou.**

O sucesso, no entanto, ocorre. Graças à máquina de propaganda napoleônica, agora reforçada por todos os recursos do Exército francês, Marengo se tornaria nada menos do que uma batalha épica (além de uma famosa receita de galinha, supostamente originada do jantar de Napoleão antes da batalha). Os inúmeros jornalistas, poetas, oradores e escultores de sempre transformariam o desempenho excepcionalmente

---

* Benoît e Chevallier, p. 122.
** Bülow, p. 538.

sem brilho do líder francês em uma sagacidade estratégica quase mágica, e sua sorte no campo de batalha, em uma efusão de pura genialidade tática.* O ataque no tempo perfeito de Kellermann seria minimizado, completamente ignorado ou, ainda, atribuído a ordens diretas do comandante onisciente.** Desaix seria louvado como herói glorioso, mas, convenientemente, estava morto. A atenção conferida à batalha seria habilmente desviada pelos propagandistas para a decisão de Napoleão, ao começo da campanha, de fazer seu exército marchar na Itália através da passagem alta e traiçoeira de St. Bernard, nos Alpes, na esperança de surpreender Melas. O Exército foi favorecido por condições climáticas boas e mesmo assim quase sucumbiu nas montanhas antes de despontar nas planícies italianas, para consternação dos austríacos. A travessia tornar-se-ia um episódio-chave na lenda napoleônica, incitando comparações do general francês com Aníbal e Carlos Magno. Dela surgiria a mais famosa imagem de Napoleão, pintada pelo flexível Jacques-Louis David, que originalmente estava a serviço do rei da Espanha. No quadro, o jovem líder, sem os casacos de pele que usou nas montanhas, montado em um cavalo de batalha, em vez de na mula que de fato o conduzira, parece dominar as pedras, o vento e o céu.

Em 2 de julho, Napoleão retorna triunfante a Paris. Os rumores sobre sua queda haviam sumido como gotículas em um dia de sol forte. Seu poder estava assegurado. Alguns meses mais tarde, depois de o general Moreau novamente derrotar os austríacos em Hohenlinden, forçando-os a sair definitivamente da guerra, esse poder seria reforçado. Como observou o historiador François Furet, Marengo, "muito mais do que o Brumário", serviu como a "verdadeira coroação do poder e do regime [de Napoleão]". A coroação, todavia, deu-se a um certo preço. Tratava-se nada menos do que "o resultado do contrato mais unilateral que uma nação jamais fizera com seu líder, forçado a

---

* Ver, por exemplo, Boisson de Quency; Desorgues; e Lamontagne.
** Particularmente na avaliação do chefe do Estado-Maior de Napoleão: Berthier, p. 48.

assumir um compromisso que jamais deveria ser superado".* Napoleão faria o máximo possível para honrar tal compromisso. Nos 15 anos seguintes, entretanto, os adversários da França aprenderiam a jogar o jogo da guerra total. À medida que aprendiam, Napoleão descobriria que a grande luta pela Europa era tão difícil de controlar quanto os pequenos eventos da planície de Bormida.

Retrospectivamente, é tentador pensar toda a carreira de Napoleão como irresistivelmente direcionada àquele confronto colossal. Por muitos anos, porém, mesmo depois de sua ascensão ao poder, esse destino final supostamente inevitável não estava de modo algum visível no horizonte. Durante o período conhecido como Consulado (1799-1804), o próprio Napoleão nem sequer sonhava que aos 40 anos de idade governaria o maior império que a Europa conhecera desde a época dos césares, entrando vitorioso em palácios reais da Áustria e da Prússia (a Rússia viria em seguida). Embora sua carreira até aquele momento fosse impressionante, a conclusão dela, ainda mais impressionante, era então impensável. O caminho para o "grande império", e daí para sua queda rápida e cataclísmica, foi surpreendentemente tortuoso.

O Consulado foi um período de êxitos extraordinários, mas também de tensões igualmente extraordinárias. Por um lado, apesar de rapidamente arrogar-se um poder supremo e de esmagar os últimos cacos de democracia francesa, Napoleão reforçou ostentosamente elementos críticos da ordem social revolucionária, como a igualdade perante a lei e a liberdade religiosa. Hipocritamente, ele também reverenciou a soberania popular ao submeter seu governo a repetidos plebiscitos. Sua popularidade real era tamanha ("à exceção de [George] Washington nos Estados Unidos, nenhum magistrado principal de nenhuma república jamais foi tão universalmente popular", escreveu um adversário**), que

---

* Furet, *Revolutionary France*, p. 218.
** Apud S. Englund, p. 217. Sobre os plebiscitos, ver Woloch, *Napoleon and His Collaborators*, p. 94-96.

Napoleão conseguiu vitórias genuínas nessas consultas, embora mesmo assim trapaceasse, de modo que o apoio recebido parecesse ainda maior. Alguns anos mais tarde, depois de executar um príncipe Bourbon que havia conspirado contra ele, Napoleão declarou, aparentemente convicto: "Eu sou a Revolução Francesa. Isso eu repito e nisso eu insisto."*

Ao mesmo tempo que consolidava esses elementos da herança revolucionária, Napoleão também buscava antigas formas de legitimação. Em 1802, assinou um "Concordat" com o Papa Pio VII que devolvia ao catolicismo romano uma função pública formal na sociedade francesa, embora o subordinasse firmemente ao Estado.** No mesmo ano, Napoleão se aproximou da monarquia ao fazer de si mesmo "cônsul vitalício". Em 1804, ele finalmente dispensou a República, ao se proclamar imperador. Em 2 de dezembro, na Catedral de Notre-Dame, Napoleão recebeu das mãos do Papa Pio uma coroa e a colocou em sua própria cabeça (de maneira inimitável, virou-se na ocasião para o irmão Joseph e disse, em italiano: *"si babbù ci vede"* — "se papai nos visse agora"). Jean-Auguste-Dominique Ingres, ex-aluno de Jacques-Louis David, pintou o novo imperador, com a indumentária da coroação, como um ícone medieval lúgubre, entediado, pálido e inexpressivo sob suas roupas pesadas (um crítico chamou o trabalho de uma tentativa de "fazer a arte recuar quatro séculos"***). Significativamente, mesmo assim Napoleão se recusou a romper com as formas constitucionais modernas. O Império não passou a existir com a coroação, e sim com um ato do Senado domesticado de Napoleão.****

O Consulado também estava dividido entre o militarismo que Napoleão levara ao poder e a ambição sincera que ele mantinha de constituir um regime explicitamente "civil". Decerto não se pode negar a centralidade da glória militar para o governo napoleônico, como atestam a

---

* Apud S. Englund, p. 227.
** Ver Boudon, *Napoléon et les cultes*.
*** Apud Boime, p. 15.
**** S. Englund, p. 229.

insistência de Napoleão em comandar pessoalmente seu Exército e toda a adulação em torno dele depois de Marengo. Os senadores escolhidos a dedo que fundaram o Império em 1804 invocavam a todo momento os êxitos militares de Napoleão. "Qual glória", indagou um deles em uma efusão típica, "não se eclipsa ou se apaga perante aquela do Herói incomparável que conquistou a todos, que tudo colheu do caos e criou um outro universo para nós?".* O Consulado, porém, não era um regime militar.** Napoleão não aparelhou seus ministérios com soldados e não se valia do Exército para manter a ordem. Na verdade, tal foi seu sucesso em "pacificar" o território francês, que em 1804 o papel de policiamento atribuído ao Exército havia diminuído consideravelmente em relação aos anárquicos anos finais da década de 1790. Napoleão disse a um colega: "Eu não governo como general, governo porque a nação acredita que eu tenho as qualidades civis necessárias para governar".*** Assim, ele dedicou grande parte de seu tempo e de sua energia a uma reforma administrativa e a um novo código legal; e cultivou o apoio dos grandes proprietários tanto quanto aquele de seus generais.

Por fim, e eis o mais importante para a história aqui contada, Napoleão posava não somente como conquistador glorioso, mas também como pacificador. A mesma máquina de propaganda que celebrava "os relâmpagos da guerra"**** também insistia em que Napoleão lutara em 1800 para pôr fim à guerra. Em uma mensagem a seu Parlamento em 1801, o primeiro cônsul explicou que o fim da Revolução no país significaria também o fim dela no exterior. O tempo das "abstrações vãs" havia acabado. A França agora respeitaria tanto as velhas quanto as novas formas de governo. Dali em diante era possível esperar que "as nações do Sul e do Norte conjuntamente [...] abjurassem seus ódios e decidissem pôr fim a suas disputas".***** Os ecos da linguagem iluminis-

---

* Em Lentz e Clot, p. 83.
** Ver Lentz, "Was the Napoleonic Regime?"
*** Apud Bluche, p. 26.
**** Boisson de Quency, p. 5.
***** Apud Belissa, *Repenser*, p. 173-174.

ta da paz e do progresso eram inconfundíveis, e um dos legisladores de Napoleão a invocou um ano depois de maneira ainda mais explícita:

> Agora que, em nossa época, o furor da guerra deu lugar a ideias sociais, agora que a França retornou com glória a seu lugar apropriado na família europeia, o país deveria [...] coordenar suas intenções com aquelas de outros povos, para preservar a harmonia de princípios que [...] perpetua aquela paz tão necessária para a felicidade de todas as nações.*

Não se tratava da esperança utópica por paz perpétua e imediata, que havia mobilizado os deputados de esquerda da Assembleia Nacional em 1790 e que Napoleão, quando exilado, afirmaria de modo inconvincente haver sempre estimado.** Tampouco se tratava dos desejos histéricos de "regeneração pelo sangue", que haviam mobilizado os girondinos em sua pressão pela guerra nos anos de 1791-92.

A rigor, durante toda a carreira de Napoleão, as defesas mais contundentes da guerra como algo positivo não vieram dele, e sim dos adversários da França. Em 1797, o reacionário oracular de Saboia, Joseph de Maistre, publicou um livro agressivo e extremamente influente, intitulado *Considerações sobre a França*, no qual denunciava a natureza como inescapavelmente violenta, graças ao pecado original da humanidade. E em palavras sinistras que lembravam os girondinos (embora a comparação provavelmente lhe teria provocado calafrios), de Maistre acrescentou: "Quando a alma humana perde a força graças à frouxidão, ao ceticismo e aos vícios podres que derivam de um excesso de civilização [!], ela somente pode ser revigorada pelo sangue".*** Três anos depois, o publicista conservador alemão Friederich Gentz retomou o tema em um ensaio formulado como réplica a *A paz perpétua* de Kant.

---

* Tribune Adet, 19 de maio de 1802, *AP*, segunda série, v. III, p. 729.
** Ver, no entanto, Jourdan, "Napoléon et la paix universelle".
*** Maistre, *Considérations sur la France*, p. 48.

Embora Gentz concordasse com Kant que a razão humana conduzia a humanidade ao fim da guerra, a "lei crua da natureza", enfatizava ele, apontava para outra direção: "A criatura animal vive e prospera apenas pela guerra".* Os ecos dos antigos entusiastas iluministas da guerra, como Ebser e Humboldt, eram claros.

Napoleão, apesar de parecer a muitos como o próprio epítome dessa "natureza crua", nunca adotou esse tipo de linguagem. Ao contrário, suas declarações públicas sobre a guerra tendiam a oscilar entre invocações do velho código aristocrático de honra e o conceito iluminista de paz. E entre 1800 e 1803, ele conseguiu cumprir o papel de pacificador com uma convicção notável. Nesse curto período, Napoleão firmou separadamente acordos diplomáticos com Estados Unidos, Espanha, Áustria, Nápoles, Baviera, Portugal, Rússia e Império Otomano. O mais importante foi ter assinado, em 25 de março de 1802, a Paz de Amiens com a Grã-Bretanha, pondo fim às hostilidades com o mais forte e determinado oponente da França e levando as guerras revolucionárias propriamente ditas a seu termo. Seu coro propagandístico previsivelmente louvou-o como "anjo da paz" e "pacificador das nações".**

A paz, contudo, não durou. Na verdade, demorou somente um ano para que as hostilidades entre França e Grã-Bretanha retornassem, seguidas dois anos mais tarde pela formação de outra grande coalizão antifrancesa. Dali em diante, os embates continuariam, ininterruptos, até o colapso do império de Napoleão em 1814. Há dois séculos os historiadores debatem por que a paz não durou e, por pelo menos mais dois, certamente continuarão a debater. A maioria segue os oponentes de Napoleão ao atribuir a culpa principalmente a ele, dados sua ambição insaciável e seu vício por conquistas. A retórica da paz de 1803 é dita por essa maioria um mero estratagema, e alguns, como Paul

---
* Gentz, p. 484-485.
** Ver, por exemplo, a página título do panfleto *Cri de la religion*.

Schroeder, chegam ao ponto de rotular Napoleão de criminoso.* Na França, todavia, alguns estudiosos mantêm uma visão mais nuançada ou até mesmo seguem Napoleão no argumento de que seus adversários o forçaram à guerra. O imperador, em seus prolixos anos finais, forneceu muitos elementos para sustentar as concepções de ambos os lados, declarando fartamente suas intenções pacíficas, mas também observando casualmente a Benjamin Constant: "Eu queria governar o mundo — quem, no meu lugar, não quereria?".**

Os detratores de Napoleão provavelmente têm os melhores argumentos, mas os dois lados subestimam um dinamismo e uma lógica da guerra independentes das intenções de qualquer um. Não se reconhece o quanto o meteoro da Revolução, com seus efeitos contínuos e violentos, havia desestabilizado as relações internacionais europeias, tornando qualquer acordo de paz ainda mais frágil do que os anteriores. Depois de mais de um século em que as fronteiras da Europa ocidental haviam mudado muito pouco, a década de 1792-1802 assistira à França incorporar a atual Bélgica, a Renânia alemã, partes da Itália setentrional, ao mesmo tempo que transformava a Holanda, a Suíça e outras parte do norte italiano em Estados-satélites. Essas grandes transferências deixaram diversas questões de fronteira em suspenso. Ao mesmo tempo, para guardar seu território e sua esfera de influência recém-incorporados, a França agora percebia interesses estratégicos vitais em áreas que outrora mal atraíam sua atenção. Napoleão também acreditava que a França merecia readquirir o império colonial que perdera durante a Guerra dos Sete Anos (1756-1763) e a Revolução Haitiana de 1791. Assim, formou-se rapidamente uma longa lista de pontos críticos em potencial, com os Países Baixos (onde Napoleão insistia em manter suas tropas, por desconfiança do tratado), Malta (de onde os britânicos se recusavam a sair, também por não confiarem no

---

* Ver Schroeder, *Transformation*, p. 229-230; Schroeder, "Napoleon's Foreign Policy: A Criminal Enterprise"; também Johnson. Para uma visão diferente, ver Lentz, *Nouvelle histoire*.
** Apud Herold, p. 276.

tratado), Egito (que Napoleão falava abertamente em retomar), Haiti (para onde, como vimos no capítulo anterior, ele mandou uma expedição com o objetivo de reaver o território, com resultados desastrosos), o território da Louisana (que ele havia readquirido da Espanha antes de vendê-lo para os Estados Unidos), e por aí vai. Na Itália, Napoleão anexou territórios adicionais além da "fronteira natural" dos Alpes. Na Alemanha, ajudou a produzir uma grande reorganização territorial (conhecida, em inimitável alemão, *Reichsdeputationshauptschluss*) que impiedosamente varreu do mapa os pequenos Estados cuja sobrevivência dependia do imperador Habsburgo. Como era de se esperar, aquilo que Napoleão apresentava como simples defesa da nova posição da França era visto pelos adversários como agressão nua e crua.

Em segundo lugar, não se tem levado em conta que, apesar de todos os gestos de Napoleão conducentes a antigas formas de legitimidade, ele jamais conseguiu restabelecer com seus inimigos a relação de "adversários honrados" que havia caracterizado a guerra antes de 1789. Na Grã-Bretanha, em especial, a desconfiança em relação a Napoleão permanecia enorme. "Seu poder sobre a França é o da espada, e ele não tem outro", advertira o primeiro-ministro William Pitt em 1800. "Será que ele pode ser dar ao luxo de deixar seu renome militar se esvair, deixar seus louros murcharem, deixar a memória de seus êxitos afundar na obscuridade?"* Embora Pitt tenha deixado o cargo em 1801, suas opiniões eram compartilhadas por muitos na Grã-Bretanha, em grande parte por causa do passado jacobino de Napoleão e do ódio que ele tinha de tudo que fosse britânico. "Se minha voz tiver qualquer influência", Napoleão prometera em 1798, "nunca daremos sequer uma hora de descanso à Inglaterra. Sim, sim! Guerra à Inglaterra, até à morte! Sempre! — até que ela seja destruída!". Seu sonho era que as ilhas se tornassem "um mero apêndice da França"** — algo como a Córsega.

---

* Pitt, 329.
** Ambas as passagens são citadas por Herold, p. 191. Napoleão, como a maioria dos franceses à época, misturava rotineiramente Inglaterra e Grã-Bretanha.

Portanto, não surpreendia que os britânicos, por sua vez, vissem-no como um usurpador.

Finalmente, precisamos lembrar que, em grande medida, Pitt estava certo: a sobrevivência política de Napoleão *realmente* dependia de sucessos militares contínuos. Ele próprio disse isso à época da Paz de Amiens: "Um primeiro-cônsul não é como os reis [...] que veem seus estados como herança; ele precisa de feitos brilhantes e, portanto, de guerra".* Ele até podia posar de pacificador, mas somente como um pacificador que *impusesse* a paz a partir de uma posição de força. Não podia se permitir aparentar fraqueza e teimosamente recusar o envolvimento em sucessivas disputas. O ministro do Exterior de Napoleão, Talleyrand, escreveria mais tarde sobre 1802-1803 que "essa paz ainda não havia sido completada antes de Napoleão lançar as sementes de novas guerras".** Em maio de 1803, a Grã-Bretanha apreendeu todos os navios franceses nos portos britânicos, e Napoleão ordenou a prisão de milhares de britânicos que deram o azar de serem pegos em solo francês. A guerra recomeçava.

E continuava a ser guerra total. Não obstante os gestos de Napoleão em direção ao Antigo Regime, ele não podia rejeitar facilmente o estilo de guerra em grandes proporções e fulminante adotado em suas campanhas italianas. Ademais, o elevado número de possíveis pontos críticos no combate aos aliados, o enorme tamanho dos territórios que ele agora sentia que devia proteger e o grande número de tropas que precisavam ser reunidas, equipadas e apoiadas exigiam um grau de mobilização não visto nem no tempo da Revolução. Ao mesmo tempo, a recusa da Grã-Bretanha a ver Napoleão como um soberano legítimo tornou a lhe inspirar as fantasias de destruir a "nova Cartago" de maneira tão completa quanto fizera Roma com a velha Cartago. Napoleão se importava imensamente com o que os britânicos pensavam dele, a ponto

---

* Napoleão apud Tulard, *Napoléon*, p. 180. Dez anos depois, ele disse basicamente a mesma coisa a Metternich. Ver Metternich, v. I, p. 148.
** Apud Esdaile, *The Wars of Napoleon*, p. 13. Ver também Dwyer, "Napoleon and the Drive for Glory".

de, no período de paz, haver exigido do governo da Grã-Bretanha que suprimisse os ataques feitos a ele e a sua família na imprensa daquele país* (os ataques apareciam em profusão, e com uma ferocidade que deixaria para trás os tabloides britânicos atuais). Quando a guerra recomeçou, além de dar o passo radical de prender todos os súditos britânicos na França, Napoleão contratou Bertrand Barère, autor do decreto de "não fazer prisioneiros" de 1794, para reciclar os mal-humorados escritos revolucionários que haviam clamado pelo assassinato da traiçoeira Albion.**

Quando Napoleão retornou aos campos de batalha, os recursos com os quais podia contar de fato tornavam um ataque esmagador a seus adversários uma possibilidade realista. Esses recursos incluíam a incomparável riqueza da França, reconstruída após o turbilhão revolucionário; sua grande população, que ultrapassava em muito a marca de 30 milhões, devido às anexações; a tradição revolucionária da nação em armas, que uma legislação de 1798 transformara em um sistema de recrutamento regular; as eficientes reformas do Estado francês realizadas por Napoleão; a experiência militar de seus soldados com muito tempo de serviço; a capacidade e a energia extraordinárias de Napoleão. Normalmente, ele trabalhava 18 horas diárias, começando pouco depois da meia-noite, dormindo por uma ou duas horas antes do amanhecer e depois continuando direto até às oito ou nove horas da noite. Napoleão ainda conseguia guardar de cabeça os detalhes relevantes sobre posição, comando e condição de todas as unidades no Exército; exauria sua equipe.*** "Pena que o homem não era preguiçoso", gracejou Talleyrand.****

A nova guerra também marcou o advento da era da tática militar revolucionária, perfeitamente adequada ao desferimento do tipo de

---

* Ver Tombs e Tombs, p. 242.
** Ver particularmente o jornal antibritânico de Barère, *Mémorial anti-britannique, journal historique et politique* (1803-4).
*** Sobre os hábitos de trabalho de Napoleão, ver Chandler, *Campaigns*, p. 374-6, 462.
**** Citado em S. Englund, *Napoleon*, p. 279.

golpe que Napoleão concebia. Em vez de manobras lentas e cuidadosas e de desconfiança de combates de grandes proporções, as forças francesas agora faziam marchas forçadas para obrigar a batalhas decisivas. No lugar de tentar capturar cidades e fortalezas inimigas, os franceses visavam a completa destruição do Exército inimigo. Em vez do balé das colunas e das linhas, eles continuaram a empregar hordas de escaramuçadores e arriscavam o sucesso da operação em ataques maciços, seguidos por uma perseguição incansável do inimigo já derrotado. Sobretudo, no lugar de um certo número de exércitos separados agindo com uma coordenação frouxa entre eles, Napoleão agora comandava uma *Grande Armée* enorme e estritamente centralizada, ainda que flexível. Era o veículo perfeito para a implementação da guerra total.

Nos dois anos seguintes ao fim da paz, Napoleão manteve essa arma de destruição em massa acampada na costa do canal, treinando os homens obsessivamente para uma invasão da Inglaterra. Para fazê-los atravessar o "fosso", como ele dizia, Napoleão ordenou a construção de mais de 2.500 canhoneiras, barcaças e botes.* Mesmo assim, a invasão nunca se concretizou. Apesar de todo o escárnio do imperador em relação aos "comerciantes" britânicos, os marinheiros da Grã-Bretanha mantiveram de maneira muito eficiente a frota da França presa no Mediterrâneo, e sem sua proteção a flotilha planejada não podia navegar. O almirante Villeneuve finalmente conseguiu levar os navios franceses para o Atlântico no outono de 1805, mas buscou abrigo no porto espanhol de Cádiz em vez de confrontar os britânicos no canal. E quando Napoleão ordenou que Villeneuve voltasse ao mar em outubro, o almirante Nelson surpreendeu as frotas francesa e espanhola nas proximidades do cabo de Trafalgar e as aniquilou. É sabido que Nelson morreu na batalha, mas ele venceu e pôs fim a qualquer esperança da França de competir com a Grã-Bretanha nos mares e, mais ainda, de invadi-la.

---

* Tombs e Tombs, p. 245.

Mesmo antes de Trafalgar, no entanto, a *Grande Armée* passara a ter um objetivo diferente. No verão de 1805, em seguida à contínua interferência de Napoleão na política alemã e ao sequestro e execução, por ele, do príncipe Bourbon conspirador, d'Enghien ("mais do que um crime, um erro crasso", na famosa apóstrofe de Fouché*), a Áustria e a Rússia se juntaram à Grã-Bretanha na guerra. Em resposta, no dia 23 de agosto, Napoleão deslocou o Exército, com cerca de 200 mil homens, dos acampamentos da costa do canal em direção à Alemanha, em uma velocidade que normalmente excedia vinte milhas por dia e às vezes chegava a 35, apesar dos equipamentos pesados dos soldados.** Cinco semanas depois, com um número de perdas por doença e deserção notavelmente baixo, as tropas, firmes e experientes, cruzaram o Reno. Em meados de outubro, haviam chegado ao Danúbio. Depois de algumas das mais brilhantes manobras de Napoleão, cercaram o general austríaco Mack na cidade bávara de Ulm, que rapidamente se transformou em um antro pestilento castigado por tiros. Mack se enfureceu, grunhiu, chegou perto de ser dispensado por motivo de insanidade e, por fim, rendeu-se. Menos de um mês mais tarde, o Exército francês entrava em Viena.

No dia 2 de dezembro, no aniversário de sua coroação, Napoleão enfrentou as forças austríacas remanescentes e os russos próximo à aldeia tcheca de Austerlitz.*** Os governantes da Áustria e da Rússia lá estavam pessoalmente, tornando Austerlitz "a batalha dos três imperadores". A concentração da realeza, contudo, fez tão bem em Austerlitz quanto em Valmy. O comandante russo, Kutuzov, clamou pelo recuo, mas o novo tsar, Alexandre I, insistiu impetuosamente na batalha. Os franceses consentiram e obtiveram uma vitória esmagadora, deixando o tsar literalmente chorando embaixo de uma árvore pela ruína de seu Exército. Quando as tropas russas fugiram pelos lagos congelados,

---

* Apud Gates, p. 17.
** Ver Rothenberg, *The Art of War*, p. 149.
*** Sobre a campanha de Austerlitz, ver Chandler, *Campaigns*, p. 381-439; Gates, p. 21-34.

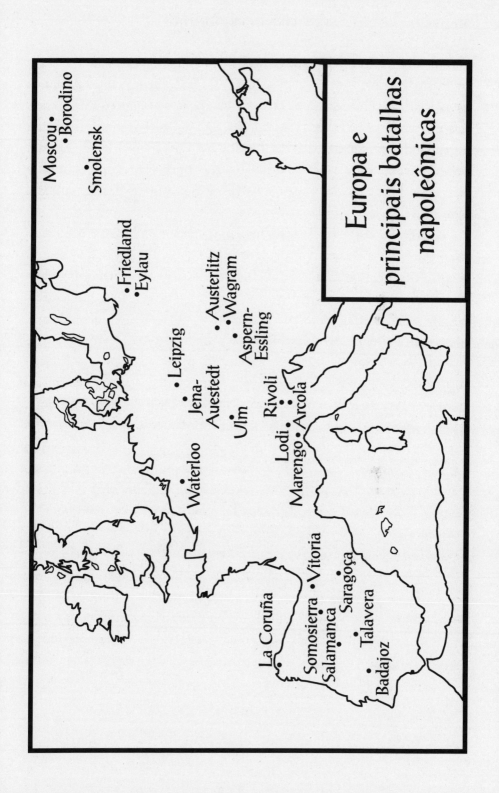

Napoleão ordenou o disparo de balas de canhão no gelo. Ao quebrar-se o gelo, como recordaria um general francês, "nós víamos milhares de russos com seus cavalos, armas e carroças aos poucos afundarem nas profundezas!".* Um terço das forças aliadas foi morto, ferido ou aprisionado, e centenas de seus canhões se tornaram literalmente um pedestal para Napoleão — ou melhor, a estátua dele erguida na Place Vendôme, em Paris. Dias depois, os desmoralizados austríacos suplicavam pela paz.

Depois de desferir o golpe fatal em termos militares, Napoleão prosseguiu para desferir um golpe de misericórdia político. Ao contrário dos soberanos do Antigo Regime, aos quais ele se imaginava equiparado, Napoleão não usava a vitória para fazer ajustes moderados em um equilíbrio de poder relativamente estático. Em vez disso, impunha termos draconianos, produzindo grandes alterações no mapa da Europa. No Tratado de Pressburg, depois de Austerlitz, os austríacos foram forçados a entregar Veneza e a costa dálmata àquilo que se tornara o Reino da Itália de Napoleão (sucessor da República Cisalpina, por ele controlada). Os austríacos também não tiveram outra escolha senão assistir a Napoleão continuar sua reorganização do território alemão, misturando os Estados germânicos de tamanho médio a oeste da Prússia e da Áustria em uma subserviente Confederação do Reno (entre 1792 e 1815, cerca de 60% da população alemã mudaram de governante**). Em seguida a essa reorganização, um importante evento simbólico deu-se quase como uma reflexão tardia. Em 6 de agosto de 1806, um arauto cerimonial soprou uma trombeta em uma igreja de Viena, e, em sua nota plangente, o Sacro Império Romano-germânico — moribundo havia muito tempo, mas outrora considerado o legítimo sucessor do reino de Carlos Magno e, mais além, de Roma mesmo — suavemente deixou de existir.***

---

* Marbot, *Memoirs*, v. I, p. 200.
** Sheenan, p. 251.
*** Sheenan, p. 235.

Embora a campanha de Austerlitz houvesse sido impressionante, a vitória mais espetacularmente esmagadora de Napoleão veio um ano depois, contra outro inimigo. A derrota imposta à Prússia em 1806 não somente prefigurou de modo assustador as guerras totais do século XX, como também ajudou a produzi-las, ao acender uma tocha de ressentimento alemão que levaria 140 anos para se apagar. O filósofo Hegel, que assistiu aos eventos de perto, considerou-os o ponto crítico no qual a história do mundo mudara de direção. "Os liames do mundo estão dissolvidos, e desmoronam como imagens de um sonho", escreveu ele antes mesmo do fim da campanha.* Hegel chamou Napoleão, que ele havia visto cavalgando próximo a sua casa em Viena, de nada menos do que "a alma-mundo [...] que, aqui montado em um cavalo, alcança todo o mundo e o domina."**

A Prússia não lutava contra a França havia mais de uma década. Seu jovem e inseguro rei Frederico Guilherme III tinha péssimas lembranças de Valmy e por muito tempo preferira voltar suas atenções para o Leste. Desde a divisão final da Polônia em 1795, seus territórios mais ricos jaziam, semidigeridos, na boca do Estado prussiano (ao qual quase 90% da atual Polônia pertenciam). Assim, os prussianos não tinham a princípio nenhum desejo especial de desafiar Napoleão. Chegaram até a firmar uma breve aliança com ele, provocando uma fracassada declaração de guerra contra os prussianos por parte da Grã-Bretanha. No verão de 1806, contudo, as inquietações quanto às atividades de Napoleão em suas fronteiras ocidentais levou o rei a mudar de lado e ingressar em uma "Quarta Coalizão", que também incluía a Grã-Bretanha e a Rússia.

Foi um erro desastroso. O Exército prussiano ainda vivia exageradamente da lenda de Frederico, o Grande. De fato, muitos de seus generais tinham memórias pessoais dos dias de glória de Frederico, cinquenta anos antes (o historiador Gordon Craig certa vez ironizou: "parecia

---

* Hegel, apud Sheenan, p. 350.
** Carta de Hegel a Niethammer, 13 de outubro de 1806 (Hegel, v. I, p. 120).

literalmente verdade que, na Prússia, velhos soldados nunca morrem"*).
O velho e ponderoso duque de Brunswick, que perdera a Batalha de
Valmy, continuava a ser o mais alto comandante do reino. O Exército de Frederico Guilherme, composto por 235 mil homens, era grande
e bem-treinado — mas para os padrões do Antigo Regime. Composto em larga medida por camponeses relutantes, mercenários e antigos
prisioneiros de guerra, mantidos à base da tradicionalmente selvagem
disciplina prussiana, o exército continuava a usar sua ordem de batalha
convencional, apesar das novas táticas que Napoleão aperfeiçoara.

No final de agosto, sem esperar pelo reforço russo, os prussianos
deram a Napoleão o ultimato de retirar seu exército para além do Reno
ou lutar.** Em resposta, Napoleão tomou parte na *Grande Armée*, que
já se encontrava na Alemanha, e lhe conferiu o formato de um poderoso quadrado de 180 mil homens — o chamado *bataillon carré* —, o que
lhe permitiu concentrar uma força imensa rapidamente e em um ponto
decisivo. Em 14 de outubro, a *Grande Armée* confrontou os prussianos
nas batalhas gêmeas de Jena e Auerstadt. Como tantas outras, essas
começaram com uma comédia de erros. Quando surgiu a alvorada,
Napoleão, que comandava um destacamento concentrado de 46 mil
homens em um monte estratégico próximo a Jena (onde Hegel o vira
no dia anterior), viu-se em face de cerca de 38 mil prussianos liderados
pelo sexagenário príncipe de Hohenlohe. Pensando se tratar do exército
principal de Brunswick, Napoleão rapidamente convocou reforços. À
tarde, já contava com 96 mil homens à sua disposição. Contra tal contingente, Hohenlohe não tinha chance alguma. Ele próprio construiu
sua derrota ao teimosamente expor 20 mil homens de infantaria enfileirados, como se estes ainda combatessem na Guerra dos Sete Anos,
sob o fogo impiedoso dos escaramuçadores franceses escondidos atrás
dos muros de um jardim. Ao fim do dia, os franceses haviam matado
10 mil dos homens de Hohenlohe e ferido outros 15 mil. Enquanto isso,

---
* Craig, p. 26.
** Sobre a Guerra da Quarta Coalizão, ver Chandler, *Campaigns*, p. 442-590.

perto dali, Brunswick estava envolvido com uma manobra característica — o recuo — mas deparou com uma divisão francesa comandada pelo marechal Louis Davout. Em uma ação brilhante e desesperada, Davout derrotou a maior força prussiana. O próprio Brunswick foi ferido de morte. As batalhas deixaram os militares prussianos irreparavelmente destroçados.

O triunfo francês, no entanto, não parou aí, pois as forças de Napoleão perseguiram incansavelmente os prussianos. Em 16 de outubro, Erfurt caiu perante o marechal Murat, com 6 mil homens feitos prisioneiros; no dia seguinte, Halle se rendeu ao Marechal Bernadotte. Uma por uma, as fortalezas prussianas remanescentes passavam para mãos francesas, muitas vezes sem sequer oferecer o mínimo de resistência: Hameln, Plassenburg, Stettin, Spandau, Magdeburg. No início de novembro, Napoleão marchou triunfante em Berlim, exibindo prisioneiros da Guarda Nobre de Frederico Guilherme. O próprio rei fugira para a Prússia oriental. Dos 171 mil soldados que ele havia mandado contra Napoleão no fim do verão, havia perdido nada menos do que 96%: 25 mil mortos ou feridos e 140 mil prisioneiros.* Napoleão emitiu um boletim declarando que o insucesso de Rossbach — a célebre derrota francesa para Frederico, o Grande, em 1757 — havia sido "expungida"; e fez uma visita ao túmulo do próprio Frederico em Potsdam. "Ele parou na entrada, em uma atitude circunspecta e meditativa", recordou Ségur, ajudante de ordens de Napoleão. "Ali permaneceu por dez minutos, imóvel e em silêncio".** Em seguida, saiu, mas não sem antes pegar a espada, a faixa e a condecoração Águia Negra de Frederico para exibir em Paris. Como escreveria mais tarde o futuro estrategista militar Clausewitz, testemunha ocular da campanha, o Exército prussiano havia sido arrasado "de modo mais completo do que jamais fora qualquer Exército no campo de batalha".***

---

* Chandler, *Campaigns*, p. 449-502.
** Apud Chandler, *Campaigns*, p. 499.
*** Clausewitz, *On War*, p. 153-154.

Apesar da derrota histórica, o conflito se arrastou por mais oito meses. Os russos ainda não haviam se dado por vencidos, e em fevereiro de 1807 Napoleão lutou contra eles na terrível batalha de Eylau (Polônia), sob uma neve pungente e ofuscante, sem resultados significativos. Em junho, porém, Napoleão esmagou os russos na batalha de Friedland. Um mês depois, encontrou-se com o tsar Alexandre em uma balsa no meio do rio Niemen, próximo a Tilsit, na fronteira russa. Fiel a suas pretensões monárquicas, Napoleão chamou o jovem monarca de seu "irmão", comprometeu-se tratá-lo como igual e o seduziu a formar uma aliança. Frederico Guilherme foi forçado a aguardar na margem, feito uma criança malcriada, e o tratado subsequente reduziu a Prússia a um status de potência de segunda linha. Os prussianos perderam inteiramente metade de seu território e de seus súditos (de 10 milhões passaram a 4,6 milhão), foram forçados a pagar enormes reparações de guerra, viram seu Exército ser reduzido a uma microforça de 42 mil homens e, em consequência de tudo isso, sofreram um colapso econômico.*

Na história europeia moderna, somente uma campanha se compara à derrota imposta por Napoleão à Prússia em matéria de velocidade e força absolutas e esmagadoras: a conquista da França por Hitler na primavera de 1940. Ambas levaram menos de seis semanas (Napoleão, com 33 dias, foi mais rápido, não obstante a ausência de tanques); destruíram o moral do adversário, assim como sua capacidade física de resistir; terminaram com um exército inteiro de prisioneiros. Ao cessarem as hostilidades, ambas as forças derrotadas tiveram seus territórios ocupados (muito mais a Prússia do que a França). E ambos os vitoriosos descreveram a guerra como a revanche de uma derrota anterior — daí o célebre gesto de Hitler de forçar os franceses a assinarem o armistício no mesmo vagão de trem em que os alemães haviam se rendido ao final da Primeira Guerra Mundial. A visita de Napoleão ao túmulo de Frederico, o Grande, foi uma antecipação lúgubre da visita que um Hitler

---

* Ver Hageamann, "Mannlicher Muth", p. 18-22.

silencioso e pensativo fez em 1940 aos Invalides e ao túmulo do próprio Napoleão. Em outras palavras, 1806 foi uma *blitzkrieg*. E assim como a *blitzkrieg* de 1940, deixou a Grã-Bretanha sozinha na luta. Em novembro de 1806, William Wordsworth escreveu:

> Um outro ano! Outro ataque mortal!
> Outro poderoso império derrotado!
> E nós somos deixados, ou devemos sê-lo, sós;
> Os últimos a ousar combater o Inimigo.*

O observador mais agudo da campanha foi Clausewitz. Fruto da pequena nobreza prussiana, Clausewitz, então com 26 anos, já passara metade da vida fardado.** Era um homem sério, trabalhador, dedicado ao exército prussiano, de modo que o fracasso retumbante o atingiu tanto pessoalmente (ele passou dois anos como prisioneiro na França) quanto filosoficamente. Nos anos imediatamente seguintes, o choque se converteu em fúria quando ele assistiu ao rei Frederico Guilherme seguir docilmente os ditames de Napoleão. Finalmente, em 1812, Clausewitz empreendeu a apostasia última de um oficial, abandonando seu país durante a guerra e se oferecendo aos russos, que novamente combatiam a França. Em uma justificativa apaixonada de seu ato, a qual resultaria em uma profissão de fé militar, ele denunciou não somente seu próprio governo desonrado, como também, significativamente, o estilo de guerra no qual esse governo outrora se destacara:

> Antigamente [...] uma guerra era travada da mesma maneira que um par de duelistas conduzia sua luta pedante. Batalhava-se com moderação e consideração, segundo os atributos convencionais... A guerra era causada por nada menos do que capricho diplomático, e o espírito de algo assim dificilmente prevaleceria sobre o objetivo de honra mi-

---

* Wordsworth.
** Ver Peter Paret, "The Genesis of *On War*".

litar [...]. Não se fala mais nesse tipo de guerra, e seria preciso estar cego para não conseguir perceber a diferença em relação às nossas guerras, ou seja, às guerras que a nossa época e as nossas condições exigem [...]. A guerra dos tempos atuais é de todos contra todos. Não é o rei que guerreia contra um rei, nem um Exército que guerreia contra um Exército, mas um povo que guerreia contra o outro, e o rei e o Exército estão contidos no povo.

É muito difícil que a guerra perca este caráter, e, na verdade, o retorno daquele antigo jogo de xadrez, sangrento, embora frequentemente chato, não deve ser desejado.*

A passagem resume brilhantemente as mudanças que haviam ocorrido na guerra desde 1792, antecipando a grande obra de Clausewitz, *On War (Guerra)*. Ele agora via as antigas convenções aristocráticas como mera frivolidade, como um artifício que distorcia o curso verdadeiro e natural da guerra. Essa natureza verdadeira e natural envolvia o comprometimento de todo recurso e de toda violência possíveis, à maneira do que fizera a França na pátria de Clausewitz. Não surpreende que ele tenha citado a famosa frase de Thomas Hobbes. Parecia mesmo uma guerra de todos contra todos.

No verão de 1807, tendo novamente derrotado todos seus oponentes da Europa continental, Napoleão, aos 38 anos de idade, estava em seu auge. Mais uma vez, parecia que estava ao alcance a possibilidade de escapar ao ciclo incessante da guerra e de estabelecer o império em uma base sólida e permanente. O imperador podia jactar-se de haver conquistado seu lugar legítimo entre os "irmãos soberanos" e agora buscava transformar os Bonaparte em uma dinastia para ofuscar os Habsburgo e os Bourbon. Napoleão autoritariamente colocou seu irmão Joseph no trono do reino sul-italiano de Nápoles (cujo governante Bourbon, com um senso de oportunidade especialmente ruim, havia

---

* Clausewitz, "Bekenntnisdenkschrift", p. 749-750.

declarado guerra à França logo depois de Austerlitz), fez de seu irmão Louis rei da Holanda, e criou um novo reino germânico, Westphalia, para seu irmão Jerôme. Ele próprio já usava a coroa do novo Reino da Itália, onde instalou seu enteado Eugène de Beauharnais na função de vice-rei. O anseio por um filho de fato seu já superava a decadente adoração de Napoleão por Joséphine, e no espaço de três anos ele se divorciou dela e casou com a princesa austríaca Marie-Louise, sobrinha-neta da falecida e não lamentada Maria Antonieta. Atendo-se a esses desígnios de grandiosidade, Napoleão também criou uma nova nobreza, transformando seguidores em duques de Otranto, Rivoli e Parma; em príncipes de Benevento, Ponte-Corvo e Eckmühl; e por aí vai. Um autoritário nato, tolerava pouco a oposição de seus parlamentos e impôs a mais rigorosa censura de imprensa da história francesa, no que em muitos aspectos significou um retorno ao despotismo esclarecido.* Mesmo assim, Napoleão preferia calar seus oponentes a aprisioná-los ou matá-los. A dureza de seu governo não é comparável àquela dos ditadores do século XX.

Mesmo depois de 1807, porém, o Império não marcou um retorno ao Antigo Regime, e as tensões que o haviam dividido desde o início continuavam fortes. O imperador continuava a manter os princípios de igualdade civil e meritocracia, defendia a distribuição da riqueza fundiária feita pela Revolução e reservava os cargos de alto escalão de seu governo para antigos revolucionários. Um deles era o veterano chefe da segurança interna, Joseph Fouché, que no período do Terror fizera vistas grossas aos massacres de "traidores", forçara padres a se casar e distribuíra placas por cemitérios com os dizeres "a morte é um sono eterno". Apesar de haver formalmente se acertado com a Igreja, Napoleão permaneceu profundamente anticlerical (o Papa Pio terminaria por excomungá-lo; Napoleão, em contrapartida, manteve o Papa prisioneiro por mais de seis anos). As Forças Armadas, cujo forne-

---

* Sobre a repressão interna, ver Bergeron.

cimento de capelães era deliberadamente negligenciado por Napoleão, conservava a mesma hostilidade à religião.*

A herança revolucionária se manifestava com força total nas terras que Napoleão conquistava. Os territórios anexados ao Império, independentemente de suas tradições e de sua história, eram dissolvidos em uma versão padrão dos *départements* franceses, com estruturas administrativas espelhadas nas da França. E com a administração francesa vinha toda a panóplia de reformas revolucionárias, impostas, se necessário, por meio das armas. Os "reinos satélites", embora nem sempre forçados a engolir essas altas doses de remédio jacobino, também passavam por transformações profundas. Graças a essa mistura, Napoleão foi mais longe do que qualquer um na história moderna na criação de um verdadeiro Superestado europeu (muito mais longe do que os arquitetos da atual União Europeia). "Devo transformar todos os povos da Europa em apenas um", ele disse a Fouché, "e Paris, na capital do mundo".** Em seus últimos anos de vida, ele recordaria com ternura seus planos não realizados de instituir moeda, sistema métrico e leis únicos.***

Esses mesmos planos também atestam a constante esperança de Napoleão de constituir um regime explicitamente civil. A nova máquina administrativa do Império, do augusto Conselho de Estado em Paris às mais modestas subprefeituras das províncias recém-anexadas, era de natureza civil. A principal sustentação política de Napoleão ainda eram grandes proprietários de terra, homens de negócios e *rentiers* — os chamados notáveis, oriundos tanto da velha nobreza quanto da burguesia — para quem o regime representava estabilidade, prosperidade e progresso.**** Napoleão continuava a se apresentar insistentemen-

---

* Ver Broers, *Europe under Napoleon*, p. 37.
** Apud Zamoyski, p. 9. Sobre o processo de integração européia, ver Connely, *Napoleon's Satellite Kingdoms*; Woolf.
*** Las Cases, v. I, p. 1.075 e v. II, p. 345.
**** Esta é a perspectiva de Bergeron; Soboul, *Le Premier empire*, e Tulard, *Napoléon*.

te como um patrono civil das artes e das ciências.* Fiel a esse padrão estabelecido no Consulado, ele continuava a insistir, em meio à guerra sem fim, em sua devoção ininterrupta a um ideal de paz. Tomava cada campanha militar como resposta a uma agressão estrangeira: acima de tudo contra os supostos esforços da Grã-Bretanha para estrangular o comércio francês, seduzir aliados leais da França e incitar rebelião nas províncias francesas.**

Tais intenções, enunciadas em alto e bom som, tinham, contudo, de competir com o militarismo que havia marcado a história napoleônica desde o princípio e que, em um tempo de repetidas e inacreditáveis vitórias francesas, continuava a ser uma força poderosa a moldar a sociedade e a cultura imperiais. Em primeiro lugar, a inclusão de arminhos no guarda-roupa de Napoleão e de títulos fictícios nos cartões de visita dos marechais não produziu um retorno ao etos militar aristocrático do Antigo Regime. Os militares franceses ainda eram o que a Revolução deles fizera: um mundo distinto da sociedade civil.*** Seu comprometimento contínuo com os princípios de mérito da Revolução só reforçava essa distinção, pois agora mais de três quartos dos oficiais aspirantes franceses haviam passado anos nas fileiras, enquanto Napoleão procurava ceder as patentes mais altas aos graduados de uma nova escola militar intensiva. O corpo de oficiais continuava a ser uma profissão em tempo integral, a ponto de alguns dos marechais de Napoleão se queixarem publicamente de não terem tempo para desfrutar seus novos títulos e a riqueza injustamente adquirida.**** Os tempos em que Lauzun podia sair suavemente da corte para uma campanha militar e depois retornar haviam acabado. Quanto às fileiras, apenas metade de seus soldados era composta, até os anos finais do Império, pelo protótipo de camponês que, recrutado, ansiava voltar para sua

---

* Ver Jourdan, *Napoléon*.
** Ver especialmente Napoleão ao Senado francês, Berlim, 21 de novembro de 1806, *CN*, v. XIII, p. 679-681 (n. 11.281).
*** Ver Blaufarb, p. 164-193; ver também Hughes, do qual tomei conhecimento muito tarde para consultar na íntegra.
**** Ségur, p. xii.

família e seus campos; o resto era constituído por profissionais com longo tempo de serviço.*

Mesmo sem a restauração da antiga ordem aristocrática, Napoleão conferiu enorme prestígio e muitos privilégios aos militares, dando a impressão de que eles não eram simplesmente distintos da sociedade civil, mas superiores a ela. Embora Napoleão tenha podido não governar *por meio* dos militares, ele governou, em larga medida, *para* eles. Por exemplo, 59% dos 3 mil títulos nobiliárquicos excêntricos que ele criou foram destinados a militares de alta patente.** Quanto à Legião de Honra, criada como recompensa pelo "mérito", ela revelava com particular clareza como Napoleão muitas vezes deixava de seguir sua retórica "civil". "Se esta honra fosse somente para os militares", ele enfatizou ao fundar a Legião em 1802, "a nação não significaria mais nada".*** E, no entanto, nada menos do que 97% das 48 mil pessoas que ganharam a cobiçada fita vermelha da Legião antes de 1815 eram militares.**** Em cerimônias oficiais do Estado, marechais da França tinham prioridade em relação às mais altas autoridades civis.*****

É ainda mais significativo que o Exército tenha se tornado, em certos aspectos, um modelo para a sociedade civil.****** Muitos civis usavam uniformes, inspirados nas fardas militares, e seus subordinados trabalhavam de acordo com regras rígidas, que mimetizavam a disciplina militar. Celebrações e festivais públicos assumiram um caráter cada vez mais militar,******* e os teatros apresentavam uma interminável série de peças (pelo menos 143 na França entre 1799 e 1815********) que destacavam os feitos gloriosos dos soldados. Nos 45 novos liceus mas-

---

* Ver Chandler, *Campaigns*, p. 333-334; Connelly, *Blundering to Glory*, p. 73-74.
** Ver Bertaud, "Napoleon's Officers", p. 97-99.
*** Napoleão, citado no *site* da Legião de Honra, http://www.legiondhonneur.fr/shared/fr/histoire/fhisto.html, consultado em 26 de junho de 2006.
**** Forrest, "Military Culture", p. 52.
***** Bertaud, "Napoleon's Officers", p. 97. Ver também Godechot, *Institutions*, p. 739.
****** Godechot, *Institutions*, p. 690.
******* Forrest, "Military Culture", p. 56.
******** Bertaud, "Théâtre", p. 177.

culinos de elite criados pelo regime, os rapazes eram organizados em "companhias" comandadas por "sargentos".* Eles usavam uniformes, iam para a sala de aula ao som de batidas de tambor, passavam por treinamento militar e escutavam infindáveis palestras sobre honra, patriotismo e dever para com o imperador, nas quais se tentava deliberadamente adaptar a linguagem do Antigo Regime ao mundo novo do Primeiro Império. Um exemplo típico foi a palestra proferida por um retórico chamado Pierre Crouzet em 14 de agosto de 1806, que informava aos estudantes em termos inequívocos o que poderia esperar por eles após a formatura: "cansaço, perigo, ferro, sangue, carnificina e morte".** Mas eles não podiam se encolher, acrescentou Crouzet, pois os covardes carregariam para sempre a marca da desonra. A honra importava acima de tudo. De fato, "tamanho é o amor do francês pela honra que ele por vezes o transformará no mais cruel fanatismo [...] e inundará seus altares com o sangue de seus irmãos." Estas são palavras perfeitas para adolescentes reunidos em uma tarde de verão! Em suma, o maior adversário de Napoleão, o duque de Wellington, não estava totalmente errado ao dizer que o Império "foi constituído sobre uma base militar. Todas as suas instituições foram estruturadas com o propósito de formar e manter as Forças Armadas com vistas à conquista."***

O simples fato de que o alistamento obrigatório estabelecido em 1798 continuou a funcionar, arregimentando até 80 mil novos recrutas por ano entre 1805 e 1810 e mais de 6 vezes esse número entre 1812 e 1814, tinha lá seus efeitos.**** Historiadores do assunto chamaram atenção sobretudo para como o serviço militar obrigatório representou uma mal recebida imposição à sociedade francesa, inspirando muita resistência.***** As abundantes cartas de soldados do período que sobre-

---

* Godechot, *Institutions*, p. 739.
** Crouzet, p. 3, 6, 8, 11.
*** Apud Howard, *War in European History*, p. 82.
**** Boudon, *Histoire du Consulat et de l'Empire*, p. 226; Connlly, *Blundering*, p. 74.
***** Ver especialmente Forrest, *Conscripts and Desertes*; Woloch, *The New Regime*, p. 363-409.

viveram de fato testemunham de maneira eloquente a saudade de casa e um certo atordoamento. Nem sempre eles sabiam em que país estavam, tampouco como soletrar os nomes dos lugares (Austerlitz virou Osterlique, Osterlis, Esterlix etc.*). Um soldado em marcha para o Leste em direção à Rússia em 1812 acreditava que estava em uma rota terrestre secreta para a Inglaterra!** Outros soldados alegravam-se com as oportunidades que o Exército proporcionava: fosse promoção, enriquecimento (por meio de pilhagem), bebida à vontade, educação, a simples novidade de estar ali ou fuga de suas vidas de trabalho duro.

De todo modo, quer gostassem quer não, o Exército se tornou seu lar, com sua disciplina, seu companheirismo masculino, suas fadigas, seus perigos. Eles haviam deixado a sociedade "civil" para se juntar à sociedade "militar". E naquilo que podemos começar a pensar como o "fronte interno", as famílias também se viram unidas pelo medo comum que sentiam por seus entes queridos estarem em perigo longe dali. Todas temiam receber a visita do subprefeito ou de outra autoridade local que trouxesse a notícia de uma morte ou um desaparecimento, por vezes com meses de atraso, junto com uma manifestação formal e padronizada de pêsames que de modo algum as consolava de sua agonia. "Quando transmitir esta terrível notícia aos pais do Monsieur Montigny, você pode lhes dizer que esse jovem oficial, ao morrer, leva consigo a dor e a estima de seus comandantes e companheiros [...] [Era] um bravo oficial que pagou com sua vida a bela reputação desfrutada pelo 127º regimento."*** Em seu brilhante quadro de 1808, *A leitura do boletim do grande Exército*, Louis-Léopold Boilly deu uma medida do quão intensamente as famílias dos soldados agora acompanhavam as notícias de batalhas distantes e traçavam o progresso do Exército francês no mapa.

---

* Fairon e Heuse, p. 86, 145.
** Carta de Nicolas-Joseph Halleux a seu pai, Lissa (Polônia), 24 de abril de 1812, apud Fairon e Heuse, p. 271.
*** Chrétien-Henri, barão Schoeffer, ao subprefeito de Périgny, apud Fairon e Heuse, p. 287.

E havia a arquitetura. Qualquer um que caminhe pelo Centro de Paris hoje em dia pode notar a marca militar que Napoleão imprimiu em grande parte da capital. Ele concebeu um grande programa de construção,* centrado em monumentos a suas vitórias: o arco do Triunfo, iniciado sob seu governo, mas concluído uma década mais tarde; a coluna de Vendôme, ao estilo da coluna de Trajano em Roma, composta pelo metal de canhões russos apreendidos em Austerlitz e encimada por uma estátua do imperador; o arco do Carrossel no pátio do Louvre. Napoleão pensava em fazer da estrutura clássica do que é hoje a Igreja da Madalena um templo de glória militar. Renovou os Invalides, construído sob o Antigo Regime para os veteranos inválidos, e reconstruiu sua igreja principal como um templo de Marte. Em uma cerimônia sofisticada, um dos maiores heróis militares do Antigo Regime, Marechal Turenne, foi reenterrado ali, em um sarcófago adornado com a bala de canhão que o havia matado. Na Place des Victoires, estátuas dos tempos dos Bourbon deram lugar a um imenso nu de bronze de Desaix, o herói de Marengo, que chocou a burguesia local por sua exatidão anatômica.

Desnecessário dizer, a essa cultura de militarismo não faltava um culto, plenamente desenvolvido, à personalidade do comandante supremo. A mesma autopromoção desavergonhada que havia caracterizado a ascensão de Napoleão ao poder agora era despejada em escala industrial, por instituições culturais aptas a tanto, sobre três quartos da Europa. Para aqueles que preferiam seus heróis com roupagem religiosa, o intimidado papa prestativamente "descobriu" um antigo mártir cristão chamado Neopolis, rebatizou-o "São Napoleão" e estabeleceu que o dia do santo seria 15 de agosto, aniversário de Napoleão, que se tornou um novo feriado nacional na França (convenientemente ofuscando a festa católica da Assunção).** Gravuras que mostravam o santo com

---

* Sobre esse assunto, ver Jacobson. Sobre o reenterro de Turenne, ver Lindsay. Ver também Holtman, p. 163-14.
** Sobre o feriado, ver Hazareesingh, *The Saint-Napoleon*.

uma semelhança suspeita em relação a seu xará moderno transformou a adoração a Napoleão, o herói, literalmente em um culto religioso. É verdade que Napoleão, o imperador, e Napoleão, o santo, nunca conseguiram totalmente substituir o Napoleão, homem do povo. O comandante supremo continuou a fazer questão de tratar soldados comuns — quando não cidadãos comuns — como iguais. Seus soldados repetiam avidamente as histórias de como Napoleão assumiu a função de guarda de um recruta exausto ou de como permitiu que um senhor simples, veterano do Exército, o tuteasse.* Mas à medida que Napoleão e seu império envelheciam, sua afamada sensibilidade popular parecia se fazer sentir cada vez menos.

O militarismo encorajava a mesma celebração quase erótica da violência que havia proliferado na cultura francesa desde o começo das guerras revolucionárias. A despeito da facilidade com que abraçava uma linguagem pacifista, Napoleão ainda tinha uma tendência a exaltar a grandeza das ações militares. Em uma conversa de 1810, ele defendeu a "gloriosa" destruição do Palatinado por Luís XIV, que autores do Iluminismo haviam condenado como a maior atrocidade da época.** Durante a campanha russa de 1812, Napoleão se deliciou ao incendiar Smolensk e respondeu aos protestos de seu grão-cavalariço com as seguintes palavras: "Ah! Senhores, lembrem-se das palavras de um imperador romano: 'Um inimigo morto tem sempre um cheiro doce!'".*** O regime explorou o sacrifício heroico do general Desaix em Marengo em uma longa série de retratos, gravuras e estátuas — inclusive o constrangedor nu na Place des Victoires — que lembravam a beleza sensual do menino mártir Bara, pintado por Jean-Louis David. Entre as muitas pinturas de guerra exibidas nos salões de prestígio, a maior parte (e mais popular) oferecia uma visão direta das batalhas.

---

* Por exemplo, Coignet, p. 115; um recruta de Theux, Lémon, 12 termidor, ano VIII (Fairon e Heuse, p. 82); ver também Napoleão apud Lynn, "Toward an Army of Honor", p. 172.
** Napoleão apud Herold, p. 209.
*** Caulaincourt, p. 77.

Mas os visitantes também podiam admirar o impressionante quadro de 1810 de Anne-Louis Girodet, *Revolta do Cairo*, com sua massa agitada de corpos masculinos entrelaçados. O quadro, nas palavras de um historiador da arte, "faz o momento da morte parecer encantadoramente bonito."* Em suma, embora Napoleão não louvasse explicitamente a guerra como algo positivo à maneira de Humboldt ou Gentz, seu regime deu prosseguimento à reglorificação da guerra iniciada no período do Diretório.

Perto do fim do Primeiro Império, o mais perspicaz pensador liberal da época, Benjamin Constant, denunciou Napoleão perante o tribunal da história dos *philosophes* em um brilhante ensaio intitulado *O espírito da conquista e da usurpação*. Sem mencionar nominalmente o imperador, Constant o acusou de hipocrisia por falar a linguagem da paz e ao mesmo tempo viver o credo de que "a glória militar é a maior das glórias". É verdade que Constant escreveu que a celebração explícita da guerra havia se tornado quase impensável na era moderna: "nenhum governo ousaria dizer a sua nação: vamos conquistar o mundo. A nação responderia unanimemente: Nós não desejamos conquistar o mundo"** (dois anos depois, Napoleão de fato confessaria esse mesmo desejo ao próprio Constant, mas em uma conversa privada). Todavia, acusou Constant, a conquista era o objetivo de Napoleão, e o escritor valeu-se do pensamento histórico do Iluminismo para condená-lo em termos veementes: "Em algumas épocas da história", escreveu, "a guerra estava na natureza do homem [...]. Mas o mundo moderno é, nesse aspecto, o oposto do mundo antigo [...]. Nós chegamos à era do comércio, que deve necessariamente substituir a era da guerra." Ao contrário dos *philosophes*, Constant descrevia o comércio menos como uma solução para conflitos internacionais do que como sua continuação por outros meios. Também ele (muito provavelmente de maneira inadvertida) compartilhava da opinião de Humboldt de que na época

---

* Wilson-Smith, p. 176. Sobre Girodet, ver Grisby.
** Constant, p. 1.024, 1.004.

clássica a guerra extraíra as mais nobres qualidades da alma humana. Ao contrário de Humboldt, porém, enfatizava que nos tempos modernos os custos humanos e econômicos da guerra superavam em muito qualquer possível benefício que ela pudesse proporcionar. E, portanto, todo governo moderno que empreendia guerras de conquista era culpado de um "grosseiro e mortal anacronismo".*

Constant concluiu a primeira parte de seu ensaio sugerindo que a França tinha apenas de renunciar a esse "anacronismo" para retomar seu lugar entre os povos civilizados do globo.** Ao fazer isso, porém, Constant subestimava seriamente o quanto as guerras tinham uma lógica e uma inércia próprias e o quanto Napoleão estava em última instância aprisionado nelas, reagindo aos eventos mais para manter sua posição do que para tentar simplesmente satisfazer sua ambição insaciável. Ademais, como descobriria o imperador, apesar de seus seguidos triunfos, uma vitória final provar-se-ia semelhante a uma assíntota em um gráfico, ou seja, impossível de atingir. Quanto mais ele se aproximava da vitória permanente, mais forças poderosas ele gerava contra si, até que o império ruísse com a pressão.

Decerto, foi difícil a paz se estabelecer depois de Tilsit e da pausa que se seguiu à derrota da Quarta Coalizão em 1807, assim como havia sido após a Paz de Amiens, de 1802.*** Como antes, a tomada de um novo território, a criação de novos Estados-satélites e a expansão de esferas de influência criavam uma fronteira mais ampla a defender (dessa vez muito mais ampla do antes) e mais pontos críticos. Como veremos no capítulo seguinte, isso levou também a mais revoltas contra a autoridade francesa — uma sequência de novas Vendeias que eclodiam onde quer que o domínio francês parecesse frágil, tal como acontecera em 1798-1799.

---

* Constant, p. 991, 993, 995.
** Constant, p. 1.025.
*** Devo esta análise a Guiomar.

De fato, depois da Quarta Coalizão, em toda a linha costeira da Europa continental havia pontos críticos. Apesar dos acordos de Napoleão com as potências continentais, a Grã-Bretanha, novamente seu único adversário restante, estava mais forte do que nunca, graças à destruição das frotas francesas e espanholas em Trafalgar. Incapaz de invadir a Grã-Bretanha ou de resistir a seu poder naval, e sofrendo com o estrangulamento do comércio marítimo francês, Napoleão decidiu destruir a Grã-Bretanha economicamente privando-a do acesso aos mercados europeus. Foi o "bloqueio continental" que ele esboçou em decretos emitidos em Berlim no final de 1806, por fim expandido para se transformar em um ambicioso "sistema econômico continental".

Os riscos mortais dessa estratégia rapidamente se tornaram claros. Em julho de 1807, Napoleão ordenou que Portugal, tradicional aliado e parceiro comercial britânico, fechasse os portos aos navios britânicos. Quando os portugueses desobedeceram a ordem, Napoleão enviou o general Junot para tomar o país. No entanto, a necessidade de deslocar grandes exércitos franceses através do território espanhol desestabilizou ainda mais as relações já desgastadas da França com a Espanha, aliada de longa data. No início de 1808, Napoleão finalmente decidiu substituir os Bourbon espanhóis por um Bonaparte: Joseph, que ele tirou de Nápoles para esse fim. Mas esse golpe provocou uma grande rebelião, a "Úlcera Espanhola", pela qual o ácido da guerra de guerrilha corroeu os órgãos vitais do império. As forças expedicionárias britânicas, sob comando de Arthur Wellesley (futuro lorde Wellington) e John Moore, foram prestar ajuda a portugueses e espanhóis, forçando Napoleão a se encarregar pessoalmente da campanha no verão de 1808. Embora ele tenha obtido outras vitórias esmagadoras e forçado a saída britânica do território espanhol, a rebelião teimou em continuar.

Para piorar as coisas, em 1809, o império austríaco, tentado pela fragilidade que a guerra espanhola expusera, recomeçou a luta contra a França. O arquiduque Carlos, mais competente comandante da Áustria, impôs a Napoleão um empate extremamente custoso na batalha de Aspern-Essling. Foi necessária uma outra campanha extenuante em

Wagram, com vitória francesa em julho, para levar os austríacos novamente à mesa de negociações (era a quarta derrota para Napoleão). Dessa vez, os termos de paz incluiriam o casamento de Napoleão com a princesa Marie-Louise, que em 1811 lhe daria o tão desejado filho e herdeiro. Mas de onde viria o próximo vazamento no bloqueio continental? É difícil não pensar em Napoleão nesse período como um menino holandês de desenho animado freneticamente enfiando dedo após dedo em um dique não muito estável.

A lógica da guerra total agora começava a atuar contra Napoleão também em outros sentidos. À medida que a guerra se espalhava, o nível do combate aumentava inexoravelmente. Não era simplesmente porque em 1809 as forças francesas se viam dispostas em arenas de operação que iam da península Ibérica à Itália e ao norte da costa germânica, sem falar na grande campanha contra os soldados austríacos. Não era apenas porque Napoleão teve de delegar cada vez mais autoridade a subordinados que não tinham o mesmo talento que ele como comandante. As proporções das batalhas aumentavam perigosamente. Em Marengo, em 1800, cerca de 60 mil soldados dos dois lados haviam participado do combate.* Cinco anos mais tarde, em Austerlitz, o número havia aumentado para quase 165 mil.** Quatro anos depois disso, em Wagram, a maior batalha então vista na era da pólvora, foram 300 mil, com mais ou menos 80 mil mortos e feridos.*** E em 1813, em Leipzig, o número total excedeu 500 mil, com 150 mil mortos e feridos.**** O fronte no qual se dispunham os exércitos de Napoleão no início da campanha se expandiu de 80 milhas na Itália em 1796 para 130 milhas na Alemanha em 1806 e para 240 milhas na fronteira russa em 1812.***** Chateaubriand escreveu de modo eloquente que "essas batalhas vão além da glória" e as contrastou fortemente com a velha "guerra civili-

---

* Benoît e Chavalier, p. 117.
** Chandler, *Campaigns*, p. 410.
*** Gates, p. 139, 207.
**** Rothenberg, *Art of Warfare*, p. 81; Hagemann, *"Mannlicher Muth"*, p. 36.
***** Chandler, *Campaings*, p. 151-152.

zada [...] que deixa povos em paz enquanto um número pequeno de soldados cumpre seu dever."*

Na teoria, com sua enorme reserva de recrutas baratos e descartáveis, a França podia dar conta desses números. A cada 100 mil soldados mortos e feridos ou desesperados por morrer no campo de batalha, havia sempre outros 100 mil para substituí-los. Isso impediu que Napoleão tivesse algum intervalo no envio de soldados para o massacre, não obstante seu famoso vínculo sentimental com eles. O estadista austríaco Metternich contou o que Napoleão teria lhe dito em uma reunião em junho de 1813: "eu cresci em um campo de batalha. Um homem como eu não liga a mínima para a vida de um milhão de homens."**

Napoleão era ameaçado por essas batalhas grandiosas por razões que, no entanto, nada tinham a ver com seus terríveis custos humanos. O sucesso de Napoleão como general sempre decorreu de seu controle estrito e centralizado sobre cada aspecto de suas campanhas, que por sua vez dependia de sua memória e agilidade mental extraordinárias. Mas à época da guerra de 1809, as batalhas tornavam-se grandes demais e incontroláveis para um único homem supervisioná-las dessa maneira. E, o que é pior, justamente quando Napoleão mais precisava de sua capacidade, ele começava a perdê-la. Em 1805, ele teria dito a seu camareiro: "O tempo para se viver guerreando é limitado. Eu serei bom por mais seis anos; depois disso, devo dizer 'Alto!'".*** Muito antes de se passarem os seis anos, pessoas ligadas a Napoleão notaram que suas reações haviam ficado mais lentas, que seu corpo estava mais gordo e mais vulnerável a doenças. Napoleão sofria frequentemente de disúria, um problema que faz a urina ficar mais densa e granulada, quase impossível de passar sem grande dor. Na crítica batalha de Borodino em

---

* Chateaubriand, p. 206-207.
** Metternich, v. I, p. 151-152. Metternich citou a frase como "un homme comme moi se soucie peu de la vie d'un million d'hommes", acrescentando uma nota: "Je n'ose pas répéter ici l'expression bien plus crue dont se servit Napoléon". Essa expressão era obviamente "un homme comme moi se fout de la vie d'un million d'hommes".
*** Apud Chandler, *Campaings*, p. 733.

1812, uma crise de disúria induziu-o a uma febre violenta.* Napoleão teve que administrar a batalha com tremedeiras, dor constante e pernas inchadas. Embora os franceses tenham de certo modo vencido, eles perderam a chance de destruir o Exército russo como haviam destruído os prussianos em 1806.

Entre 1807 e 1814, o dique se sustentou, em grande parte devido à hesitação das forças aliadas. É verdade que em 1807 já era óbvio para muitos observadores dos aliados que derrotar Napoleão exigiria uma dolorosa reconstrução de seus governos e de seus exércitos. Mesmo antes da tomada do poder por Napoleão, reformistas como o prussiano Gerhard von Scharhorst haviam clamado pela criação de forças militares verdadeiramente nacionais para competir com o exército da *levée en masse*. As elites governantes, no entanto, sofriam com a possibilidade de uma "revolução a partir de cima",** como chamou uma autoridade prussiana, provocar um revolução ao estilo francês, vinda de baixo.

A Áustria era o caso mais conspícuo de resistência.*** Em 9 de junho de 1808, o imperador Francisco I, parecendo ceder aos apelos reformistas, estabeleceu uma *Landwehr* (Exército natal) e tornou passíveis de serviço militar todos os homens entre 18 e 45 anos nascidos nas terras hereditárias e boêmias da coroa austríaca. Em tese, tratava-se de algo parecido com o alistamento obrigatório, ao menos para a porção mais confiável da população diversificada do império austríaco. Ainda assim, permanecia algo em larga medida simbólico. O recrutamento durante a guerra de 1809 não chegou perto do alvo de 230 mil homens; aqueles que serviram, equipados com armas de má qualidade e submetidos a um comando ruim, foram de mal a pior no campo de batalha. O governo não fez força para levar a experiência adiante e acabou com ela de vez em 1813.

---

* Ver Zamoysky, p. 257.
** Apud Levinger, p. 263.
*** Sobre esse assunto, ver Rothenberg, *Napoleon's Great Adversaries*, p. 118-119; Rothenberg, *The Art of War*, p. 242.

Um movimento de reforma muito mais importante foi iniciado na Prússia naqueles anos.* A catástrofe de 1806-1807 fragilizou, chocou e humilhou coletivamente a elite do reino devido ao rápido colapso de seu Exército. Em seguida a Jena e Tilsit, o rei procurou ajuda de antigos reformistas, especialmente do absolutista pragmático Karl von Harenberg e do aristocrata liberal Karl von Stein, os quais a lenda alemã transformaria mais tarde em nacionalistas visionários. Na verdade, ambos eram homens práticos que se importavam mais com a modernização do Estado prussiano do que com a união mística de todos os germânicos. Na busca de seus objetivos, contudo, eles de fato realizaram mudanças que equivaliam a uma "revolução a partir de cima": a abolição da servidão rural e das guildas urbanas, a abertura das profissões a todos, a uniformização da carga tributária e uma medida de tolerância religiosa (inclusive para judeus). Um comitê militar dominado por Scharnhorst e Neithardt von Gneisenau trabalhou para transformar os militares prussianos em uma força profissional, na qual a progressão fosse determinada por mérito, e não por nascimento ou favor do monarca, e na qual os homens prestassem obediência por lealdade genuína, e não por temerem uma punição selvagem. O historiador germânico Friederich Meincke concluiu em tom de aprovação que os reformadores conseguiram transformar o exército "de mera ferramenta nas mãos do comandante em chefe, para uma instituição viva".** Isso significava, claro, que eles o transformaram em um domínio específico, não civil, facilitando a emergência do militarismo. Em um sinal do desejo de separar os domínios o máximo possível e de modo visível, o alto comando tentou excluir inteiramente as mulheres da vida do Exército.***

Embora tenham tido imensas consequências de longo prazo para a história alemã, as reformas prussianas não tiveram impacto imediato na situação militar. Ao longo de mais de cinco anos após Tilsit, o rei,

---

* Sobre esse assunto, ver Dwyer, "Prussia during the French Revolutionary and Napoleonic Wars"; Gray; Sheenan, p. 291-310.
** Meinecke, p. 93.
*** Hagemann, "*Mannlicher Muth*", p. 81-83.

cauteloso e vacilante, cioso de seu território encolhido e de seus recursos reduzidos, não ousou desafiar Napoleão (para o desgosto de Clausewitz, como vimos). O rei ignorou a reivindicação de uma *Landwehr* prussiana por Scharnhorst, recusou a participação austríaca na guerra de 1809 (alguns de seus oficiais mais exaltados comandaram tropas por conta própria, com resultados desastrosos) e respeitou os limites que a França impusera a seu Exército. Ele ainda desencorajou qualquer coisa que lembrasse uma retórica nacionalista: "Nação? Isso soa *Jakobinisch*".* Cedendo a pressões de Napoleão, terminou por demitir a maioria dos reformistas, inclusive Stein e Hardenberg. Em março de 1812, o rei firmou uma aliança formal com a França e enviou 30 mil homens para ajudar na invasão da Rússia.

Estranhamente, como demonstrou Linda Colley, algumas das mudanças mais significativas ocorreram na Grã-Bretanha, que, bem protegida por sua Marinha, nunca recorreu ao alistamento obrigatório. As forças armadas britânicas ainda assim conseguiram sextuplicar em tamanho entre 1789 e 1814 — e ainda assim contava com apenas com cerca de 250 mil homens.** Unidades de homens que não serviam em tempo integral e unidades de voluntários somavam meio milhão a esse contingente, embora apenas metade deles tivesse armas. Nos primeiros anos da guerra, segundo escreve Colley, o "governo tinha [...] tanto medo de seu próprio povo quanto do inimigo". Em 1803, porém, já se ouviam vozes favoráveis a que o governo seguisse o exemplo francês do povo em armas.*** Mais impactantes ainda foram as ações empreendidas pelos britânicos depois de 1808 em Portugal, onde o general William Carr Beresford reorganizou e reforçou o exército e por algum tempo agiu como ditador.**** Beresford utilizou instituições portuguesas tradicionais para

---

* Apud S. Englund, p. 402.
** Colley, *Britons*, p. 287. Ver também Cookson; Muir, *Britain and the Defeat of Napoleon*.
*** Colley, *Britons*, p. 293, 289, 318; citação da p. 289.
**** Sobre Beresford em Portugal, ver Oman, v. III, p. 171-187 e v. V, p. 149; Broers, *Europe Under Napoleon*, p. 217; Glover, "A Particular Service".

impor um recrutamento eficiente, insistiu em que os habitantes evacuassem e arrasassem qualquer território com risco de ocupação francesa, e mobilizou todo o país para a guerra. Em janeiro de 1812, havia 110 mil portugueses servindo no Exército e em milícias — uma proporção muito maior da população do que os franceses jamais conseguiram reunir.

Os processos desiguais de reforma entre os aliados foram comparáveis ao desenvolvimento desigual de estratégia e tática militares. Maior adversário de Napoleão, o duque de Wellington foi provavelmente o menos napoleônico de todos — um general inconfundivelmente aristocrático que se baseava em manobras cuidadosas de corpos relativamente pequenos de soldados profissionais altamente treinados. "Meu grande objetivo [...] era geralmente evitar [lutar] uma grande batalha", recordaria ele mais tarde, em termos que faziam lembrar Maurício da Saxônia.* Mesmo assim, quando a situação exigia, não hesitava em ordenar ataques fulminantes.** O arquiduque Carlos, irmão do imperador austríaco, que sujeitou Napoleão à sangrenta batalha de Aspern-Essling em 1809, também se manteve parcialmente fiel a velhos princípios, embora tivesse boa vontade em aceitar algumas lições da Revolução Francesa em relação a mobilidade e a combates travados em formação aberta (fora de forma).*** A figura mais napoleônica dos aliados, Alexander Suvorov da Rússia, teve cedo seu momento de glória, antes mesmo do auge de Napoleão.**** Um crente devoto da mobilidade rápida e da destruição total das forças inimigas, ele inspirou em seus soldados um culto da personalidade ao estilo napoleônico. Mas Suvorov tinha também um desprezo aristocrático, totalmente não napoleônico, por detalhes e por trabalho burocrático, o que ajudou a limitar seu sucesso. E sua excentricidade era alvo de piada. Um observador inglês escreveu a seu respeito: "Eu nunca vi nada tão completamente louco".***** Suvorov morreu em 1800, e seus

---

* Apud Gates, p. 4.
** Ver A. Roberts, p. 41-42.
*** Ver Rothenberg, *Napoleon's Great Adversaries*, especialmente p. 106-108.
**** Ver Longworth.
***** Apud Longworth, p. 291.

sucessores — especialmente o marechal Mikhail Kutuzov — provaram-se consideravelmente mais cautelosos em seus estilos de comando.

Em aspectos importantes, portanto, as guerras mantiveram, até 1812, o mesmo desencontro que as havia caracterizado a princípio, com uma França muito transformada a combater adversários ainda parcialmente afeitos a uma guerra de modos aristocráticos, típica do Antigo Regime. Em somente um sentido os aliados haviam adotado com entusiasmo real atitudes caras à Revolução Francesa, embora também aqui com uma coloração mais claramente religiosa: sua visão apocalíptica do inimigo. Apesar de Napoleão ter adquirido um título imperial e ter casado com uma Habsburgo, ele ainda era tudo menos um oponente honrado aos olhos das potências que o combatiam. Continuava a ser a personificação do mal revolucionário — o "ogro da Córsega" ou o "mulato mediterrâneo", como a imprensa britânica gostava de dizer; ou, ainda, o Anticristo. Uma gravura amplamente circulada o retratava literalmente como filho do Demônio. E um poeta alemão muito popular, Ernst Moritz Arndt, o identificou com Satã, na apropriadamente intitulada "Canção da Vingança", de 1811:

Denn der Satan ist gekommen
Er hat sich Fleisch und Bein genommen
Und will der Herr der Erde sein.

Pois Satã chegou
Tomou forma de carne e osso
E quer ser o dono do mundo.*

Em novembro de 1806, o Sínodo Sagrado da Igreja Ortodoxa Russa condenou formalmente Napoleão como um falso messias que havia conspirado com os judeus contra a fé cristã.**

---

* Arndt, "Lied der Rach", *Gedichte*.
** Zamoyski, p. 27.

Até 1812, aqueles no campo aliado que procuravam presságios de salvação do flagelo napoleônico tiveram decepções e alegrias. Otimisticamente, tomaram a batalha de Eylau (1807), a menos bem-sucedida de Napoleão desde o Egito, como prova de sua falibilidade em matéria de estratégia. Mesmo os boletins franceses,* que normalmente punham as necessidades do moral acima daquelas da verdade ("mentir como um boletim" era um provérbio**), falaram em "horror" e "massacre" para descrever os resultados chocantes e terríveis da batalha. A Eylau, no entanto, seguiram-se uma vitória em Friedland e a reunião de cúpula de Tilsit. O empate sangrento em Aspern-Essling em 1809 novamente provocou excitação na Europa. Um jornal alemão anunciou entusiasticamente a morte de Napoleão no campo de batalha.*** Mas o arquiduque Carlos pouco fez para explorar seu sucesso, e Napoleão terminou por impor mais um tratado de paz humilhante ao império austríaco.

O fim, contudo, veio rápido — tão rápido que Chateaubriand chamou o Primeiro Império de nada além de "um imenso sonho, tão breve quanto a noite agitada que o havia engendrado".**** Em 1812, todas as tendências que já discuti — a "superextensão imperial"***** da França, o aumento incontrolável do tamanho das Forças Armadas e das batalhas, a fragilização das aptidões de Napoleão — finalmente se juntaram na tempestade perfeita que foi a Rússia. No começo dessa campanha, o Primeiro Império ainda estava ligeiramente instável, mas continuava a ser a maior potência jamais vista na história europeia. Seis meses mais tarde, era um gigante gravemente ferido, jorrando sangue sob o olhar ávido de seus inimigos e aliados.

Nada ilustra melhor a lógica implacável da guerra total do que a decisão de Napoleão de atacar a Rússia. Ele tinha boas razões *políticas* para fazê-lo: em 1812, o tsar Alexandre havia se tornado um aliado es-

---

* S. Englund, p. 291.
** Boudon, "un outil; Cabanis, p. 271.
*** Tulard, *Napoleon*, p. 355.
**** Chateaubriand, p. 93.
***** A expressão é de Paul M. Kennedy. Ver especialmente p. 126-139.

pecialmente não confiável, minando o Sistema Continental e ameaçando o controle da França sobre a Alemanha e a Polônia. Militarmente, porém, a campanha fazia pouco sentido. Napoleão foi à guerra com objetivos militares indefinidos, como haviam feito os revolucionários franceses vinte anos antes. É claro que sua expectativa era destruir o Exército russo, tal como destruíra os prussianos em 1806. Na Rússia, contudo, ele enfrentou um oponente com uma população maior do que a francesa e com um território que se estendia por 1.500 milhas somente em sua porção europeia — e, além disso, 5 mil milhas através da Sibéria (o tsar enfatizou que recuaria até o Pacífico antes de se render*). O Exército russo, composto de modo geral por recrutas com longo tempo de serviço, já contava com intimidadores 600 mil homens no começo de 1812 e aumentaria para mais de 900 mil em setembro.**

O próprio Napoleão admitia não saber precisamente por qual objetivo marchava. Em 1808, ele havia fantasiosamente proposto ao tsar uma invasão conjunta da Índia britânica. Quatro anos mais tarde, o Oriente ainda enfeitiçava seus pensamentos, tal como havia ocorrido no Egito. "Eu não temo o longo caminho costeado por desertos", disse ele, segundo lembrou seu ajudante de ordens Narbonne. "Afinal de contas, esse longo caminho é o caminho para a Índia. Alexandre, o Grande, para chegar ao Ganges, também saiu de um ponto tão distante dali quanto Moscou."*** Narbonne diz que Napoleão pronunciou essas palavras em meio a uma exaltação extática. Elas certamente refletiam um estado de êxtase apartado da realidade, pois Napoleão não poderia comandar a *Grande Armée* por 4 mil milhas Ásia adentro sem que seu império explodisse atrás dele (ao fim, perigosas conspirações contra o governo napoleônico se desenvolveram em Paris durante a campanha russa). Napoleão também sabia perfeitamente da loucura cometida pelo rei Carlos XII da Suécia um século antes,

---

* Zamoyski, p. 73.
** Zamoyski p. 116.
*** Napoleão, segundo relatado por Narbonne, (Herold, p. 199). Sobre os pensamentos de Napoleão a respeito da Índia, ver também Guimoar, p. 289; Zamoyski, p. 33.

quando ele levou seu exército à destruição em Poltava, nas profundezas do território russo. O imperador havia lido atentamente a história de Carlos XII escrita por Voltaire e chegou a levá-la consigo durante a campanha.*

Se ele precisasse de uma desculpa para não ir, poderia alegar os presságios. Logo no começo da campanha, ao deparar com uma ponte destruída sobre o rio Viliya, ele ordenou desdenhosamente que um esquadrão da cavalaria polonesa atravessasse por um banco de areia. No meio do caminho, a correnteza derrubou os cavalos, e os cavaleiros fortemente equipados se debateram e morreram afogados. "Quando eles estavam prestes a afundar", recordou o ajudante de ordens Ségur, "viraram-se para Napoleão e gritaram "Vive l'Empereur!".** Mesmo antes desse incidente, os céus pareciam dar um aviso, sob forma de um grande cometa que apareceu nos céus europeus na primavera de 1811. Nas palavras inesquecíveis de Tolstói: "Quase no centro desse firmamento [...], cercado e protegido por todos os lados por estrelas, mas delas distinto por sua proximidade da Terra, por sua cauda branca e erguida, brilhou o cometa do ano de 1812 — o cometa sobre o qual se disse ser o presságio de todo tipo de horrores e do fim do mundo."***

Ainda assim, Napoleão foi em frente. Em junho de 1812, o maior exército jamais reunido na história europeia aproximou-se do rio Niemen, na fronteira ocidental da Rússia. Ali estavam 200 mil homens do território francês pré-1792, outros 100 mil de territórios recém-anexados, 160 mil germânicos, 90 mil poloneses e lituanos, além de algumas pessoas de outras nacionalidades — uma força verdadeiramente europeia. A guerra em curso na Espanha segurou 200 mil soldados que poderiam ter acompanhado Napoleão. Mesmo assim, ele contava com 450 mil homens em seu Exército principal e com 655 mil no total.**** Nos seis meses seguintes, ao menos metade deles morreria.

---

* Ségur, p. 20.
** Ségur, p. 9.
*** Tolstói, p. 711.
**** Ver Chandler, *Campaigns*, p. 852-853; Connelly, *Blundering*, p. 159.

A imaginação popular associa o desastre russo de Napoleão — assim como o de Hitler — às vitórias do famoso "general Inverno". Outra estação, porém, cumpriu um papel igualmente importante. Pouco depois de iniciada a invasão, as temperaturas chegaram a subir até 36° C, fazendo as tropas, com seus pesados uniformes e mochilas, padecerem o calor intenso. Aos veteranos mais antigos, a situação deve ter inspirado a lembrança da campanha egípcia. No Egito, contudo, os franceses inicialmente tiveram de marchar meras 150 milhas. Para chegar a Moscou a partir do Niemen, eles tinham de percorrer cerca de quatro vezes essa distância. Os camponeses da região haviam, de modo geral, fugido, levando alimentos ou os escondendo nas florestas. Para a *Grande Armée*, comida e água rapidamente tornaram-se artigos escassos. Jacob Walter, um pedreiro de 24 anos do sul da Alemanha, recordaria a marcha em detalhes nauseantes. Tão famintos estavam os homens que, quando encontravam um porco, nem sequer paravam para cozinhá-lo:

> [...] frequentemente ainda vivo, o porco era cortado e despedaçado. Muitas vezes eu consegui cortar alguma coisa; mas tinha de mastigar e comer o pedaço cru, pois minha fome não conseguia esperar por uma chance de esquentar a carne. Com o intuito de obter água para beber e cozinhar, cavavam-se buracos nos pântanos com uma profundidade de três pés nos quais a água era coletada. A água, no entanto, era muito quente, e tinha uma cor marrom-avermelhada, com milhões de vermes vermelhos, de modo que era preciso apanhá-la com um pedaço de linho e sugá-la por esse trapo.*

Rapidamente, uma disenteria, que só fez aumentar a desidratação, seguiu-se a essa dieta asquerosa, transformando a estrada para Moscou na maior e mais nojenta latrina a céu aberto da história da humanidade. Soldados se deitavam e tentavam prender a respiração para não vo-

---

* J. Walter, p. 41, 43.

mitar. "Estou torcendo para ser morto", escreveu um recruta à família, "pois estou morrendo enquanto marcho".*

De algum modo, a *Grande Armée* se sustentou e seguiu para o Leste no encalço dos russos. Em vez de arriscarem sua própria destruição, os russos recuaram, e os franceses não conseguiram alcançá-los. Napoleão então operava em uma escala maior do que nunca e tinha de confiar cada vez mais em seus subordinados pouco brilhantes (em uma ocasião, ele castigou o próprio irmão Jerôme por lhe faltar "a compreensão mais básica da prática de soldado"**). Em muitos momentos, ele cogitou recuar, mas todas as vezes decidiu ir adiante, ainda com esperança de aniquilar o Exército russo. Em meados de agosto, Napoleão quase conseguiu o feito em Smolensk, mas não concretizou seu plano e terminou com pouco mais do que uma cidade queimada e destruída. "Nós passamos pelas ruínas esfumaçadas em formação militar, com nossa música marcial e nossa habitual pompa, triunfantes sobre o cenário de desolação, mas sem outras testemunhas de nossa glória além de nós mesmos", escreveu Ségur.*** No dia 7 de setembro, com seu comandante sofrendo de febre e de dor urinária, os franceses obtiveram outra vitória custosa em Borodino, perto de Moscou, abrindo caminho para a cidade, mas perdendo 28 mil homens que foram mortos ou feridos, entre os quais 48 generais.**** E os russos novamente escaparam.

Uma semana depois, os franceses ocuparam Moscou (à época, São Petersburgo já era capital da Rússia havia um século). A cidade acabara de ser evacuada, e os relógios do Kremilin ainda funcionavam.***** Encontrando comida e bebida, os famintos soldados franceses se empanturraram. Depois, saquearam, despojando as casas de roupas, móveis, tapeçarias, joias, ícones religiosos: ou seja, de tudo o que pudesse ser carregado. Mas havia somente 100 mil deles. Mesmo levando-se em

---

* Fairon e Heuse, p. 274, apud Zamoyski, p. 144.
** Apud Zaymoski, p. 167.
*** Ségur, p. 33.
**** Zamoyski, p. 288.
***** Apud Caulaincourt, p. 112.

conta os muitos milhares estacionados atrás deles, ou rumando para São Petersburgo sob comando do marechal Macdonald, as perdas já superavam tudo já visto nas guerras europeias. Não era certo se o que restara da *Grande Armée* poderia se manter na cidade durante o inverno ou mesmo tentar fazê-lo. E então, muito provavelmente devido uma ação deliberada dos russos, a cidade pegou fogo, em uma proporção não vista na Europa desde o incêndio de Londres em 1666. Como um Nero, Napoleão observou fascinado. Como ele lembraria no exílio em Santa Helena:

> Era o espetáculo de um mar de labaredas, de céu e de nuvens em chamas — montanhas de chamas vermelhas, que rolavam como imensas ondas do mar, ora queimando tudo pela frente, ora se erguendo aos céus, para em seguida se afundarem no oceano incandescente abaixo. Oh, foi a maior, mais sublime e mais terrível visão que o mundo jamais teve.*

O outrora aspirante a romancista havia certamente produzido um espetáculo real comparável a uma obra de arte. O gênero, contudo, havia mudado de épico heroico para tragédia shakespeariana.

O ato final veio com a retirada. Tendo perdido grande parte de seu Exército na marcha para Moscou, Napoleão agora sacrificava quase todo o resto. "Embora estejamos menos aclimatados do que os russos, nós somos essencialmente mais robustos", insistiu ele sem convencer, em meio às ruínas esfumaçadas de Moscou. "Ainda não chegou o outono; devemos ter ainda muitos dias bons antes de o inverno chegar".** Em 19 de outubro, o Exército exaurido, carregando os frutos de sua pilhagem, começou a deixar a cidade. Nove dias depois, eles passaram pelo campo de batalha de Borodino, onde dezenas de milhares de cadáveres ainda estavam jogados a céu aberto, semidevorados por animais e

---

* Napoleão, segundo citado (em inglês) por O'Meara (Herold, p. 205).
** Caulaincourt, p. 155.

parasitas, em meio a um cenário chocante de troncos de árvore carbonizados e detritos de guerra: "capacetes e peitorais surrados, tambores quebrados, fragmentos de armas, farrapos de uniformes e bandeiras ensanguentadas."*

Então, em 6 de novembro, a neve começou, o termômetro despencou (chegando a -37° C), e a tragédia se transformou em um horror fantasmagórico, quase inimaginável. Diz Jean-Michel Chevalier, um oficial francês de Versalhes:

> Nós não víamos mais soldados franceses nas estradas, somente fantasmas maltrapilhos, figuras pálidas com barbas longas, sujas e cinzentas; suas cabeças, cobertas com lenços; suas mãos e pés, envolvidos em pele de cordeiro; com colchas velhas, saias, cobertores de cavalos e peles de animais a cobrir suas cabeças e seus corpos, de modo que mal se podiam ver suas fisionomias sombrias, esquálidas. E todo esse monte de restos nojentos, dilacerados e queimados marchava mecanicamente, sem objetivo, aleatoriamente, sem um fio de esperança. Pouco a pouco, o sangue parava de circular; os pés inchavam primeiro; depois, o sangue subia para a cabeça, os olhos ficavam macilentos, nada vendo senão imagens fantasiosas; então, o sangue escorria pelo nariz [...] um riso satânico e convulsivo [...] palavras ininteligíveis [...] os infelizes ficavam cegos, cambaleavam como bêbados, e caíam, rindo um riso infernal.**

E eis Jean-Roch Coignet, um "grognard" de origem camponesa, com muito tempo de serviço, que havia sido promovido a oficial da excepcional Guarda Imperial:

> Já não havia nenhuma disciplina ou sentimento humano de um pelo outro. Cada um cuidava de si. Todo sentimento de humanidade havia

---
* Ségur, p. 159.
** Chevalier, p. 221.

acabado. Ninguém teria estendido a mão a seu próprio pai, e isso pode ser facilmente entendido. Pois aquele que se agachasse para ajudar o companheiro não conseguiria mais se levantar [...]. Os homens caíam congelados, enrijecidos, por todo o caminho [...]. Se, por acaso, qualquer um deles fosse ao bivaque de outro infeliz que estivesse se aquecendo, empurrava o outro e se apossava de seu fogo. A pobre criatura então permanceria deitada, para morrer sob a neve. É preciso ter visto esses horrores para acreditar neles.*

Os soldados famintos se desfaziam de seu butim e tentavam desesperadamente trocar joias e ícones preciosos por pequenas porções de comida. Alguns comiam carne crua arrancada das partes laterais de cavalos vivos — que nem sequer notavam, por causa do frio.** Outros, ao encontrarem pequenas quantidades de farinha, faziam uma pasta de pão repugnante, com graxa no lugar da gordura, e pólvora em vez de sal.*** Os homens dormiam a céu aberto. Ao despertarem pela manhã, os vivos se levantavam em meio a um campo de cadáveres cobertos de neve.**** Piolhos e vermes os corroíam. Dedos, narizes e pênis sofriam com ulcerações provocadas pelo frio; os olhos eram cegos pela neve. Em 23 de novembro, os restos do Exército chegaram ao rio Berezina e depararam com o outro lado ocupado pelos russos. Nos dias seguintes, alguns soldados heroicos, em sua maioria holandeses, construíram duas pontes provisórias ao norte, imersos na água gelada até a altura do queixo. A maior parte do exército passou, mas uma ponte não suportou o peso. À medida que os russos se aproximavam, um pânico insano se instaurou na outra ponte. Milhares de soldados e civis se precipitaram sobre ela, derrubando uns aos outros nas águas que asfixiavam pelo frio. Pelo menos 9 mil pessoas morreram.*****

---

* Coignet, p. 238.
** Zamoyski, p. 448.
*** Zamoyski, p. 401.
**** Chevalier, p. 222.
***** Zamoyski, p. 458-480, faz um relato cativante, completo e imparcial do episódio.

A guerra total acaba com um exército transformado em um aglomerado de gente faminta, esquelética, consumida por piolhos, quase inumana, coberta de farrapos, com os olhos vazios e desesperançados. Havia sido o caso da Vendeia, no fim da Virada do Galerno, quando os remanescentes do Exército Católico e Real se arrastaram para o massacre às margens do Loire. Foi o caso na Rússia ocidental, quando a *Grande Armée* deslocou-se a duras penas através do Niemen. "Supondo que o objetivo de Napoleão fosse destruir seu próprio exército", escreveu Tolstói, "o melhor estrategista não conseguiria conceber outra série de ações que houvessem cumprido tão completa e infalivelmente esse propósito".* De fato, Napoleão não apenas igualara a loucura russa de Carlos XII, como fora muito além dela. Segundo o historiador David Chandler, ele perdeu um total de 370 mil homens mortos e 200 mil aprisionados pelos russos. Os números incluíam quase todos os 50 mil de sua fortíssima Guarda Imperial, 200 mil cavalos e 1.050 canhões.** "A crosta nas minhas mãos, nas minhas orelhas e no meu nariz parecia uma casca de abeto, com rachaduras e camadas negras de carvão", lembrou Jakob Walter sobre o fim da retirada. "Meu rosto parecia o de um camponês russo de barba grossa; quando me vi no espelho, espantei-me."*** O império de Napoleão também mudara profundamente.

Essa catástrofe quase inimaginável, contudo, não selou por si só o destino de Napoleão. Ele ainda controlava a maior parte do continente europeu e ainda tinha a Prússia e a Áustria como aliados, pelo menos oficialmente. Ainda estava à sua disposição um sistema eficiente de recrutamento e sua expectativa era levantar, em 1813, nada menos do que 656 mil novos soldados para continuar a guerra.**** Napoleão não chegou perto disso, mas os números de todo modo dão uma ideia da escala de seu poderio. Mas quando os sobreviventes da campanha rus-

---

* Tolstói, p. 1.185.
** Chandler, *Campaigns*, p. 853.
*** J. Walter, p. 100.
**** Chandler, *Campaigns*, p. 866-868.

sa chegaram a um abrigo temporariamente seguro na Polônia, tiveram de lidar com as consequências de dois desastres militares, e não apenas um. Pois a guerra total naquele período tinha uma dupla face. Uma era o choque de grandes proporções entre exércitos, tal como visto em Austerlitz, Wagram, Borodino e Leipzig. Havia, porém, uma outra, semelhante à Vendeia.

8
O Altar Sangrento da Guerra

Milhões compelidos a lutar, a lutar ou morrer
Jazem no altar sangrento da guerra, em pilhas de mutilados.
— PERCY BYSSHE SHELLEY, 1809*

Devo eu morrer em prosa?

— THEODOR KÖRNER, 1813**

No outono de 1806, ao mesmo tempo que a *Grande Armée* de Napoleão Bonaparte arrasava o norte da Alemanha, um destacamento reduzido de seus soldados, situado 900 milhas ao Sul, vacilava no cumprimento de uma tarefa aparentemente simples. Na região de Abruzzi, sul da Itália, o major Joseph-Léopold Hugo liderava cerca de oitocentos homens nos Montes Apeninos. Era um grupo heterogêneo, mesmo para os padrões do novo império multinacional de Napoleão: franceses, corsos, italianos e, o mais estranho, negros haitianos — que no combate à luta de independência de Toussaint L'Ouverture haviam sido feitos prisioneiros de guerra, despachados para a Europa e reunidos em uma unidade francesa conhecida como "Pioneiros Negros" (mais

---
* Percy Bysshe Shelley, "Poetical Essay", apud Woudhuysen, p. 12.
** Theodor Körner, "Mißmut", em Körner, *Leier und Schwert*.

tarde, "Africanos Reais").* Todos deviam obediência nominal ao Reino de Nápoles, agora governado pelo irmão de Napoleão, Joseph. Na prática, porém, seguiam ordens de Paris. Estavam à caça de um famoso líder rebelde, Michele Pessa, que era conhecido pelo apelido de "Fra Diavolo" (Irmão Diabo).

Deveria ser uma tarefa fácil. No ano anterior, os franceses haviam conquistado o Reino de Nápoles, que cobria a parte de baixo da península Itálica. Em fevereiro, Joseph chegara para tomar posse. Como na outra invasão francesa, em 1799, uma insurreição localizada eclodiu rapidamente, com mais força na Calábria, a "ponta da bota". Dessa vez, os franceses dispunham de muito mais força do que antes. A frota britânica, no entanto, controlava as águas napolitanas e a todo momento desembarcava líderes insurgentes na costa para manter viva a rebelião. No final de agosto, deixaram Fra Diavolo em Sperlunga, ao norte de Nápoles, e ele reuniu uma força de 1.500 combatentes irregulares.**

Ao longo de setembro, Hugo os perseguiu nos montes Apeninos, densamente arborizados.*** Em suas memórias, o oficial francês traçou um quadro da expedição: seus homens lutando para subir caminhos íngremes e traiçoeiros; escorregando pelas pedras; constantemente alertas a emboscadas. O clima do outono chegou cedo: uma sequência de temporais encharcou os soldados e deixou suas armas quase inutilizáveis. Em uma ocasião, Hugo viu vários de seus homens morrerem atingidos por um raio. Um forte terremoto havia atingido Abruzzi alguns meses antes, parte das aldeias estava em ruínas, as casas, com estrutura danificada, a ponto de desabar. Por toda parte, a população conhecia a lenda de Fra Diavolo, um camponês, ex-montador de mulas, de pequenos olhos negros, que saíra da obscuridade em 1799 e agora reivindicava o título de duque de Cassano, assim como a patente de brigadeiro do Exército napolitano.

---

* Ver Elting, p. 274-275.
** Ver Finley, p. 77; J.-L.-S. Hugo, v. I, p. 126 (nota do autor: números em Hugo, v. I, referem-se à segunda paginação). Sobre a campanha, ver também Esdaile, "Patriots".
*** Ver Gachot, p. 220-221; .-L.-S. Hugo, v. I, p. 125-128.

Fra Diavolo a todo momento escapava de Hugo.* Em 24 de setembro, a força francesa finalmente encurralou seus homens e dispersou grande parte deles, mas Fra Diavolo fugiu com 150 seguidores. Em outubro, enquanto Napoleão triturava o Exército prussiano e fazia sua visita triunfal ao túmulo de Frederico, o Grande, o major Hugo dividia desesperadamente seus homens para vasculhar vastos pedaços de terra, na esperança de impedir Fra Diavolo de atingir a costa e se safar em um navio britânico. Filho de um carpinteiro de Lorraine, Hugo, com 32 anos de idade e 18 de exército francês, deve ter se perguntado se o fracasso poria um fim prematuro a sua carreira militar — que sua volúvel esposa já prejudicara bastante ao se envolver com um notório conspirador antinapoleônico. Hugo talvez tenha pensado ainda em um momento igualmente frustrante de sua vida militar, quando, ao perseguir sobreviventes da rebelião da Vendeia nos campos da Bretanha, foi seriamente ferido no pé.**

Por um golpe de sorte, no dia 1° de novembro, um boticário da aldeia de Baronissi avistou e denunciou Fra Diavolo à polícia local, que o entregou aos franceses.*** Dez dias mais tarde, o líder insurgente foi morto em uma forca de Nápoles. Hugo, agora redimido das transgressões de sua esposa, pôde retomar sua ascensão militar, chegando a se tornar general e conde na Espanha bonapartista. Pelo resto de sua vida, ele aborreceria comensais em jantares com a história de sua dramática perseguição no Abruzzi. "Enrugava o nariz feito um coelho (uma expressão típica dos Hugo), dava uma piscadela, como se avisasse que tinha um caso novo a contar, e então nos dizia o que já tínhamos ouvido vinte vezes."**** A descrição evocatória é do filho de Hugo, Victor, nascido em 1802, que mais do que herdou do pai a habilidade para a prosa vivaz.

---

* Ver Finley, p. 77; J.-L.-S. Hugo, v. I, p. 139-147.
** J.-L.-S. Hugo, v. I, p. 10-61; Robb, p. 19-20.
*** Finley, p. 78.
**** Apud Robb, p. 20.

E, no entanto, a despeito de toda a satisfação de Hugo, seu êxito surpreendentemente fez pouca diferença. A insurgência na Calábria não acabou por causa da captura de um líder importante como Fra Diavolo: continuou por mais quatro anos. Os franceses precisaram de políticas brutais, de terra arrasada, para extingui-la. Para cada líder capturado, surgia outro. Grupos de guerrilheiros continuaram a assaltar comboios franceses, a matar soldados franceses e a forçar os franceses a desviar recursos escassos. Em suma, a Calábria permaneceu uma ferida aberta no império napoleônico: uma distração desnecessária, na melhor das hipóteses; uma fonte de infecção perigosa, na pior. E era apenas um entre muitos casos.

A história da perseguição de Hugo ilustra, portanto, outra maneira de o império napoleônico ser esmagado por forças que o próprio Napoleão havia criado. À medida que se inflava o território sob controle francês, eclodia em partes dele uma série de revoltas intensas e danosas. De Portugal à Rússia, passando por Tirol, insurgentes declararam guerra total à França. Em um eco irônico da *levée en masse* francesa, os revoltosos chamavam à luta todos os adultos do sexo masculino, insistiam para que a população inteira contribuísse de todas as maneiras possíveis e clamavam pela morte de todo soldado francês a infestar suas terras. O Império respondeu basicamente como a República fizera na Vendeia: transformou os insurgentes e quem os apoiava em bandidos que não mereciam nenhum dos direitos de combatentes comuns ou de criminosos comuns. Declarou-se que todos podiam ser sumariamente executados, e suas casas e aldeias, destruídas. Ou seja, ali assomava o tipo de conflito que Carl Schmitt chamaria de "inimizade absoluta".*

Em certos aspectos, é claro, essas impiedosas guerras localizadas lembravam um longo histórico de outros conflitos do gênero: os conflitos de 1798-1799, que se haviam estendido da Bélgica e da Alemanha à Itália, passando pela própria França; antes disso, a Vendeia; antes dela, várias rebeliões durante o Antigo Regime. Um ponto em comum

---

* Schmitt, *Theorie des Partisanen*, p. 55.

dessa cadeia de revoltas é que as insurgências antinapoleônicas mantiveram um forte componente religioso, com muitos a invocar uma causa cristã contra o Império secular, assim como seus predecessores haviam feito contra oponentes religiosos ou a República francesa "sem Deus". Ainda assim, os movimentos antinapoleônicos também representaram algo genuinamente diferente, tanto em suas vastas proporções quanto no lugar que vieram a ocupar no imaginário europeu. Nas lutas de 1806-1814 — longas, excruciantes, plenas de ódio —, grupos heterogêneos de rebeldes foram transfigurados em uma nova espécie de figura histórica: a guerrilha, símbolo de um conflito sem regras e sem perdão, onde cada lado negava completamente o direito do outro de lutar ou, na verdade, de existir — símbolo, em outras palavras, da guerra total. Mesmo os levantes de 1798 e 1799, por maiores que tenham sido, não duraram tempo o bastante para produzir esses efeitos (basicamente, ou bem os franceses restauraram a ordem, ou bem fugiram desordenadamente). Apenas nos anos napoleônicos surgiu uma nova palavra — "guerrilla", termo espanhol para "guerra pequena" — para descrever o que os europeus viam como um tipo de conflito muito diferente de tudo que conheciam.*

Desnecessário dizer, esse mito e a retórica disfarçavam uma realidade muito mais complexa. As guerrilhas não representavam de fato populações inteiras — em muitos países, Napoleão gozava de um apoio significativo. Elas não agiam sempre por interesse patriótico, e muitas vezes se assemelhavam realmente a bandidos (muito mais do que seus admiradores modernos gostam de admitir). Sua tendência era mobilizar e atacar onde o domínio francês era mais precário, e não mais opressivo. Seu êxito era maior onde melhor se imitassem as Forças Armadas regulares, e não onde o entusiasmo popular anárquico se fizesse sentir com intensidade entre guerrilheiros. Os franceses, por sua vez, não empreendiam campanhas sistemáticas de extermínio. Na verdade, eles muitas vezes perdiam o controle de suas operações, deixando

---

* Ver Artola, "Guerra".

seus comandantes no campo de batalha agirem em condições próximas ao caos, como havia ocorrido na Vendeia. Alguns desses comandantes chegaram a acordos informais ou tácitos com seus oponentes "fora da lei". Outros cometeram atrocidades, por uma frustração desvairada ou para provar a seus superiores sua tentativa de fazer alguma coisa, qualquer coisa, para restaurar a ordem.

Mesmo assim, a importância do mito e da retórica foi real, pois ajudou a conferir às insurgências uma enorme influência. Houve mais do que o efeito imediato de imobilizar centenas de milhares de soldados dos quais o Império tanto necessitava em outros lugares. Com mito e retórica, reforçou-se a imagem difundida de Napoleão como um "ogro" e delinquente que não merecia o status de adversário honrado, independentemente de quantos imperadores ele abraçasse. E o mito e a retórica inspiraram os oponentes de Napoleão a conceber a guerra de uma nova maneira, especialmente no país onde Napoleão obteve seus maiores triunfos: a Alemanha. Foi lá, afinal, em meio aos campos de batalha que decretaram o fim das ambições imperiais de Napoleão, que o espetáculo das insurgências ajudou a transformar o entusiasmo pela guerra em si mesma (que antes atraía só uma pequena corrente de intelectuais) em um movimento cujos tons ressoavam profundamente nas classes médias e altas e que teria enormes consequências no século vindouro.

É tentador pensar que Napoleão poderia ter evitado todos esses eventos simplesmente se demonstrasse mais comedimento. Escapar à lógica da guerra total, contudo, era impossível. Como vimos no capítulo anterior, em 1812 a França controlava quase todo o continente europeu, com exceções feitas às ilhas Britânicas, à Escandinávia, à Rússia e ao Império Turco. A maior parte do território ou estava sob domínio direto de Paris, ou pertencia a um aliado ou Estado-satélite (muitos comandados pelos Bonaparte). Nenhum conquistador conseguiria controlar facilmente terras tão vastas, e a natureza do imperialismo napoleônico tornou a tarefa ainda mais difícil. Vitoriosos de guerras anteriores, ao tomarem um estado periférico como Nápoles, talvez se contentassem em pilhar tudo e colocar seus próprios sátrapas à frente do governo, deixando intacto, contudo, o grosso do sistema social e político. À proporção, porém, que o alvo da guerra aumentava, Napoleão necessitava de novas terras para se prover de renda e, cada vez mais, recrutas para alimentar sua sempre faminta máquina de guerra.

O resultado era uma reforma drástica e altamente impopular. No Reino da Itália, os franceses dobraram os impostos individuais e de consumo, criaram uma "contribuição extraordinária" de 15 milhões de *lire* e instituíram o recrutamento para serviço militar com duração de quatro anos.* Em Nápoles, apesar da efervescência das rebeliões, o governo conseguiu praticamente dobrar seus rendimentos com impostos nas administrações de Joseph e de seu sucessor, Joachim Murat.** Por toda a Europa, Napoleão procurou taxar a riqueza clerical e nobiliárquica — que regimes anteriores haviam isentado de contribuições — e confiscar as imensas terras da Igreja Católica, tal como haviam feito os revolucionários na França. Essas políticas implicaram uma mudança radical na natureza — e no peso — da influência do governo na vida cotidiana. Grandes áreas da Europa descobriram um novo fenômeno: a propagação da burocracia, especialmente por meio de novas agências para coleta de impostos e recrutamento militar. Com a burocracia, geralmente, vinham o Código Civil napoleônico e a reorganização do território à maneira francesa, em *départements* — ambas as novidades destruíam as formas tradicionais de governo e relações sociais. Para implementar a nova ordem, vinham novas forças policiais, normalmente constituídas por franceses. No fim, Napoleão considerava muitas vezes que essas mudanças complexas eram mais fáceis de implementar por meio da anexação simples ao Império. Em 1812, auge do imperialismo napoleônico, o território havia se alastrado pelos Países Baixos e pela costa germânica do mar do Norte, descia pela Catalunha e chegava à costa leste do Adriático, área que hoje pertence basicamente à

---

* Ver Grab, "State Power", p. 43.
** Talleyrand, v. II, p. 49.

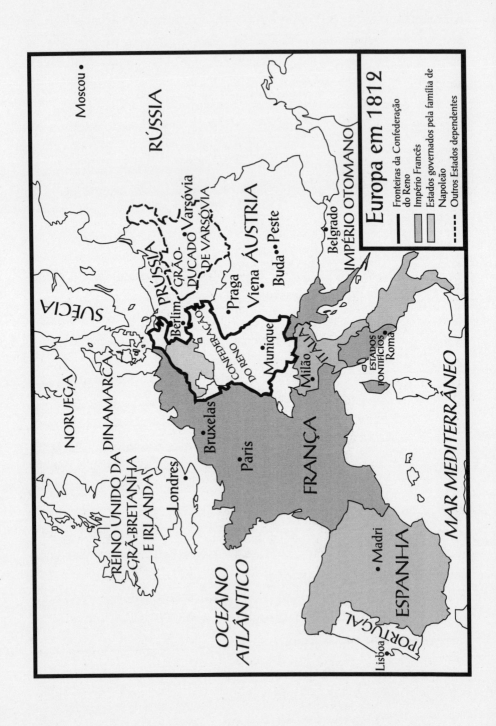

Eslovênia e à Croácia. Como observou o historiador Stuart Woolf, "a anexação se tornou uma arte especializada",* praticada por um corpo de profissionais que ia de território em território, logrando a absorção de cada um deles sucessivamente.

Tais deslocamentos, todavia, especialmente quando combinados com ataques à Igreja Católica, alimentavam as insurreições. É verdade que as maiores rebeliões eclodiram apenas em áreas relativamente restritas: Calábria, Tirol, Portugal e Espanha. Mas uma resistência de baixa intensidade ao domínio francês era latente em grande parte do resto da Europa, e para trazê-la à tona bastavam muitas vezes pequenos conflitos. Em 1809, por exemplo, a introdução de novas taxas e novos regulamentos no cultivo do trigo no norte da Itália levou milhares de camponeses, armados no mais das vezes com foices e forcados, a atacar grandes cidades, entre elas Bolonha. Os camponeses dominaram Rovigo, no Veneto, por quatro dias, roubando casas ricas e infligindo especial violência aos judeus (que, assim como em 1798-1799, serviam como a primeira escolha da península para bode expiatório). Foi preciso o esforço conjunto da polícia italiana, da Guarda Nacional e do Exército para restaurar a ordem. Valendo-se do exemplo da própria França do período do Diretório, funcionários imperiais estabeleceram "comissões militares" de linha dura no lugar de tribunais civis, e lhes deram o poder de impor penas de morte sem apelação: foram 150 até o fim de 1809.**

Napoleão esperava essas dificuldades e, até certo ponto, lidava bem com elas. Pouco depois de despachar seu irmão Joseph para Nápoles, advertiu-lhe: "Inclua em seus cálculos o fato de que, em duas semanas, mais ou menos, você verá uma insurreição. É algo que acontece constantemente nos países ocupados".*** Assim, Napoleão deu a militares experientes um lugar de destaque entre os "profissionais" da

---
* Woolf, p. 50, 69.
** Ver Grab, "State Power", p. 58-61; Broers, *Napoleonic Empire*, especialmente p. 9, 108.
*** Napoleão a Joseph, Paris, 2 de março de 1806, *CN*, v. XII, p. 147 (n. 9.911).

anexação. Um deles era Jacques-François Menou, o outrora aristocrata liberal que pertencera à Assembleia Constituinte, sobrevivera ao Terror e acompanhara Napoleão ao Egito (onde se converteu ao islamismo). Menou serviu eficazmente no Piemonte, foi elevado a governador-geral da Toscana, onde ficou famoso por sua severidade excessiva, e por fim se mudou para o Veneto, onde comandou a supressão dos problemas de 1809.*

Apesar dos excessos, homens como Menou sabiam o que faziam, e por um tempo surpreendentemente longo o regime napoleônico conseguiu manter uma ordem aparente. Mas quando o Império tentou acabar com a grande insurreição espanhola iniciada em 1808, simplesmente não conseguiu fazê-lo. Ao contrário, a Espanha se tornou a célebre "úlcera" que consumiu os órgãos vitais do Império, antes mesmo de os membros sucumbirem ao frio russo. Em especial, a Espanha viu o desenvolvimento de uma guerrilha igualmente destrutiva e sombriamente similar à insurgência atualmente em curso no Iraque do início do século XXI.

Antes da Espanha, no entanto, houve o sul da Itália em 1806-1810, onde grande parte do padrão se estabeleceu. As memórias vivas de 1799, quando o general francês Championnet havia tentado transformar o Reino de Nápoles em uma "República Partenopeia", preparou os habitantes para a resistência posterior. Havia sido durante o colapso desse instável Estado-fantoche que Fra Diavolo tornara seu nome conhecido; e que Fabrizio Ruffo organizara dezenas de milhares de homens em pequenos bandos guerrilheiros conhecidos como a *masse* em um exército à maneira vendeana, chamado *Santa Fede* (Santa Fé), o qual cometeu atrocidades terríveis contra soldados franceses em retirada. Não custaria muito para que esses bandos, que se baseavam em padrões consolidados de contrabando, banditismo e resistência à autoridade central, viessem a se juntar novamente.

---

* Broers, *Napoleonic Empire*, p. 108.

Inicialmente, o nova conquista dos franceses parecia muito mais tranquila. No final de dezembro de 1805, quando os governantes Bourbon cometeram o equívoco de entrar na guerra, Napoleão declarou: "a dinastia de Nápoles deixou de reinar".* A declaração bombástica foi acompanhada da mobilização de três unidades militares francesas, das quais duas avançaram facilmente pela península Itálica. No fim de março, toda a porção continental do reino estava sob controle francês. Os governantes Bourbon fugiram por estreitos rumo à proteção da Marinha britânica na Sicília. Para seu lugar veio Joseph Bonaparte, o reflexivo e hedonista irmão mais velho de Napoleão, com quem partilhava os pendores literários, tendo até mesmo publicado um romance em 1799 (*Moina, ou a Garota Camponesa de Mont-Cenis*).** Antes, Joseph frequentemente se aborrecia com o estilo prepotente de Napoleão, e protestava contra sua "tirania" e "ambição insaciável", e contra a sua tendência a transformar até os parentes em "escravos".*** A promessa de um reino, contudo, produziu rapidamente uma mudança de sentimentos. O rei "Giuseppe I" em pouco tempo promovia audiências reais em Nápoles.

A situação na Calábria — isolada, montanhosa, próxima à Sicília — continuava, entretanto, instável. No dia 22 de março, em Soveria, próximo ao mar Jônico, houve uma confusão com a população local provocada pela exigência de cavalos por parte de soldados franceses. O general Jean-Antoine Verdier então enviou duzentos homens para restaurar a ordem.**** Um grupo de mais de mil camponeses armados os emboscou, matou ou feriu quarenta e capturou 26, que foram torturados e, em alguns casos, castrados. O exército francês voltou com força, arrasando a aldeia e fazendo centenas de prisioneiros. Comissões militares processaram e mataram duzentos deles. Ainda assim,

---

* "Proclamation à l'armée", Schönbrunn, 27 de dezembro de 1805, CN, v. XI, p. 620 (n. 9.625).
** Sobre Joseph, ver Connelly, *The Gentle Bonaparte*; Ross.
*** Miot de Melito, p. 288.
**** Ver Finley, p. 26-27.

nas semanas seguintes, diversas outras cidades se levantaram contra os franceses.

Naquele momento, as forças francesas estavam dispostas de modo muito disperso para conseguir apagar cada faísca de resistência. As unidades comandadas pelo marechal Masséna continuaram sobrecarregadas ao norte de Nápoles, enquanto o general Reynier, no Sul, dispunha de meros 9 mil homens — muitos deles, doentes — dos 20 mil que julgava necessário para exercer um controle firme na Calábria. No vácuo, a *masse* rapidamente tornou a entrar em ação, sob líderes que operavam com apelidos pitorescos de chefes de bando, como O Carrasco (*Il Boia*), O Esquisito (*Il Bizarro*), O Monge (*Il Monacho*), Zezinho (*Giusipello*) e, claro, Fra Diavolo.* Os britânicos pioraram as coisas transportando insurgentes pelo mar e desembarcando milhares de seus soldados na própria Calábria.** Em 4 de julho, eles derrotaram fragorosamente a unidade de Reynier na batalha de Maida, deixando-a com, no máximo, 4 mil homens em condições de lutar. No fim das contas, ainda mais aldeias se rebelaram, e destacamentos isolados das tropas francesas tiveram destinos terríveis, junto com italianos que apoiavam o regime de Joseph. Em Acri, o líder guerrilheiro Spaccapitta ("O Pedreiro") queimou vivos funcionários pró-franceses.*** Um insurgente fez um discurso em Fiumefreddo argumentando que uma "guerra do povo" era diferente da luta comum: "Nós devemos agredir os inimigos, emboscá-los, cortar sua comunicação e seus suprimentos, e, então, tanto agressores quanto espectadores, retirarmo-nos para lugares seguros."**** Acima de tudo, os italianos precisavam travar uma "guerra de extermínio" contra aqueles que apoiavam o rei Joseph. As palavras equivaliam a um manifesto da guerra de guerrilha.

---

* Desvernois, p. 103-104, 108-9; Finley, p. 123-124; Gachot, p. 139.
** Ver Finley, p. 36-48.
*** Finley, p. 49-52.
**** Apud Mozillo, v. I, p. 349-350. Mozillo observa que o cronista contemporâneo pode perfeitamente ter colocado palavras na boca dos insurgentes.

Os insurgentes não se encaixavam no modelo de combatentes pela liberdade abnegados e nacionalistas. O oficial francês Nicolas Desvernois — sabidamente, uma testemunha não muito imparcial — sustentou que "O Monge" e "O Diácono" estavam mais preocupados em extorquir comida, armas, dinheiro e até mulheres dos proprietários ricos calabreses do que em atacar os franceses.* Mas mesmo o general britânico sir John Moore, aliado dos insurgentes, chamou-os de "máfia [...] bandidos sem lei, inimigos de todo e qualquer governo [...] feitos para pilhar e matar, mas covardes demais para enfrentar um inimigo."** Tanto os insurgentes quanto os italianos que serviam ao novo regime com frequência se envolviam em longas vendetas e rivalidades sob o disfarce de suas retóricas políticas antagônicas.*** Mesmo assim, infligiram um dano real aos franceses, naquilo que o próprio Reynier chamou de "a mais monstruosa das guerras".****

No final de junho de 1806, os franceses pareceram de algum modo se recuperar. Masséna finalmente foi para o Sul com um contingente adicional de 6 mil homens. Os britânicos, contemporizadores, novamente se retiraram para a Sicília, permitindo que Reynier se movesse livremente pela região. Os franceses também lutaram para criar uma força local de guardas civis e uma unidade de cavalaria nativa.***** Em algum momento, esperavam eles, os nativos italianos terminariam por assumir a responsabilidade de manter a ordem no reino, com as forças francesas incumbidas unicamente da tarefa de proteger contra uma invasão britânica. Essa é uma resposta clássica à guerrilha, de Napoleão à política de "vietnamização" de Richard Nixon, chegando às atuais tentativas americanas de criar um novo Exército iraquiano. A longo prazo, no reino de Nápoles, seria uma resposta bem-sucedida.

---

* Desvernois, p. 109.
** Apud Esdaile, "Patriots", p. 9.
*** Ver Finley, p. 73.
**** Apud Finley, p. x.
***** Finley, p. 64, 69.

No curto prazo, porém, o governo de Joseph Bonaparte preferiu em geral uma estratégia diferente, de cunho ainda mais brutal: repressão total, como na Vendeia. Em 24 de julho, seu conselho de gabinete aprovou um manifesto concebido por Antoine-Christophe Salicetti, um antigo patrono corso de Napoleão que havia se tornado um dos principais "profissionais de anexação". O manifesto declarava um estado de rebelião na Calábria e ordenava que se confiscassem as propriedades dos rebeldes, que se queimassem suas aldeias e se erguessem palanques públicos para exibir os corpos dos insurgentes capturados. "Todas essas medidas", comentou significativamente Miot de Melito, conselheiro de Joseph, "[eram] parecidas com aquelas tomadas pela Convenção durante a Guerra da Vendeia".*

Em dias, Masséna provou a justeza da comparação. Em 8 de agosto de 1806, a vanguarda de sua força de 6 mil homens, marchando na Calábria em direção ao Sul, chegou à cidade de Lauria, onde a *masse* tinha decidido tomar uma posição. Circundada por penhascos íngremes e densamente arborizados, rochedos e ravinas, cercada por muros enormes e ostentando uma impressionante cidadela antiga, Lauria era adequada para uma sólida posição de defesa. Um oficial francês se aproximou, com uma bandeira de trégua, para demandar submissão e provisões. A *masse*, no entanto, recusou da maneira mais dramática possível: mandou o homem de volta aos pedaços, em uma cesta, com uma carta que dizia: "aqui está a cota de provisões que a cidade de Lauria envia aos franceses, a única adequada a vocês".** Em resposta, Masséna ordenou um ataque geral impiedoso. Jean-Michel Chevalier (que mais tarde acompanharia Napoleão na Rússia) recordou:

> Nossos soldados enraivecidos escalaram o rochedo em volta da cidade e, apesar da defesa desesperada dos habitantes, apesar da chuva

---
* Miot de Mélito, p. 410.
** Tal como contado por Chevalier, p. 74.

de balas, nós chegamos à principal praça da cidade. E aí tudo foi sacrificado em nome de nossa vingança implacável. Velhos, mulheres e crianças disparavam contra nós das janelas e nos jogavam pedras [...]. Fomos por fim forçados a atear fogo em toda a cidade. E então ocorreu sob nossos olhos a cena mais terrível: mulheres, velhos e crianças saíam correndo desesperados das casas em chamas e se jogavam aos pés de seus conquistadores [...]. Mas os soldados enlouquecidos e furiosos os massacravam!*

Em uma carta ao rei Joseph, Masséna enfatizou que não havia sido capaz de evitar "os excessos em meio à animação da vitória", mas acrescentou: "não se pode duvidar de que [Lauria] terá um resultado saudável".** O próprio Joseph contou a seu irmão que "este terrível exemplo parece haver restaurado a ordem".*** Os franceses, que seguiram para saquear outras 25 aldeias na vizinhança, encontraram 734 corpos em Lauria e nos arredores. Um coronel napolitano estimou que os mortos e os feridos somavam 3 mil pessoas.****

Nos meses seguintes, os franceses continuaram a usar essas táticas, todas evocatórias das "colunas infernais" da Vendeia. Depois de Reynier dispersar várias centenas de insurgentes nas proximidades de San Giovanni, enforcou os cinquenta que tentaram se render. Em uma outra aldeia insurgente, os franceses prenderam todos os habitantes até que eles denunciassem os líderes insurgentes.***** Desvernois lembraria com orgulho o fato de haver exibido as cabeças de 184 insurgentes em gaiolas ao longo da estrada ao sul de Lauria. "Foi importante", ele escreveu, "manter o terror salutar espalhado por esses exemplos".******

---

* Chebalier, p. 74.
** André Masséna a Joseph Bonaparte (J. Bonaparte, v. III, p. 115).
*** Joseph Bonaparte a Napoleão, (J. Bonaparte, v. III, p. 124).
**** Ver Finley, p. 65-66; Mozillo, p. 368, encarte.
***** Finley, p. 67.
****** Desvernois, p. 103-104, 108.

Era frustrante, contudo, que, apesar desses exemplos, o mais poderoso Exército da terra não conseguisse impor sua vontade. Ele poderia tomar as grandes cidades, mas tal êxito pouco significava em uma região cuja população das maiores cidades — Moteleone e Reggio — mal chegava a somar 27 mil habitantes. As unidades do Exército francês conseguiam se deslocar sem ser incomodadas, mas destacamentos menores eram regularmente vítimas de ataques de centenas, até milhares, de camponeses e artesãos (armados geralmente de bacamartes e forcados) que por vezes torturavam seus prisioneiros até a morte. Como havia insistido o líder guerrilheiro Fiumefreddo, as comunicações e os suprimentos franceses eram regularmente cortados. Mas mal os ataques terríveis e caóticos ocorriam, e os insurgentes sumiam novamente nas montanhas.

O Império somente triunfaria no inverno de 1810-1811, quando Napoleão já deslocara Joseph para a Espanha. Um novo general francês, Charles-Antoine Manhès, despachou guardas civis para áreas suspeitas de dar apoio aos guerrilheiros, com ordens para atirar em qualquer um que saísse da aldeia à noite ou carregasse comida para fora dela durante o dia.* Famintos e cada vez mais isolados dos camponeses, os guerrilheiros se descuidaram, e seus líderes caíram um por um nas mãos dos franceses. A Calábria, apesar de toda a ferocidade ocasional de sua resistência, provou-se em última instância muito frágil e muito dividida para barrar em caráter permanente a máquina de guerra de Napoleão. Por essa razão, teóricos como Carl Schmitt geralmente ignoram o fato de que ela ajudou a prefigurar a insurreição espanhola, que foi mais bem-sucedida. Todavia, um rastro de sangue liga diretamente a Vendeia à Calábria, e de lá se espalha pela Europa.

Seria necessário um livro longuíssimo para discutir detalhadamente todos os lugares atingidos por esse rastro de sangue. O rastro chegou à

---
* Ver Finley, p. 121-129.

Rússia em 1812, onde "destacamentos aéreos" aprovados pelo general Kutuzov atacaram soldados retardatários e as linhas de suprimentos dos franceses; e onde o oficial hussardo Denis Davidov, usando roupas camponesas e uma grande cruz de Santa Ana, liderou milhares de camponeses e tropas irregulares no combate a unidades do Exército de Napoleão.* O rastro de sangue chegou à Alemanha, como veremos, e à fortaleza alpina de Tirol, região hoje atualmente entre Áustria e Itália. Em 1805, Napoleão havia tomado o Tirol de seus tradicionais governantes austríacos e o repassado ao controle de linha dura de um aliado, o rei Maximiliano José da Baviera. Quando o controle da Baviera se instabilizou, no entanto, uma insurreição eclodiu sob comando do zeloso e carismático albergueiro Andreas Hofer. Os bávaros responderam com uma mistura desastrosa de selvageria e incompetência, forçando Napoleão a lançar mão de suas próprias forças de repressão, mais eficientes, que terminariam por destruir os bandos entusiasmados porém mal armados de Hofer. A uma certa altura, o imperador ordenou a seu comandante: "Declare que eu tratarei o país a ferro e fogo caso eles não entreguem suas armas [...]. Toda casa em que houver uma arma será saqueada, e todo tirolês com quem se encontrar uma arma será morto".**

O rastro de sangue foi mais intenso na Espanha: lá, a resistência violenta começou antes da revolta tirolesa e continuou depois dela, e a onda de insurreições foi grande o bastante para abalar o poder de Napoleão.*** Já no verão de 1807, Napoleão havia contemplado a derrubada do braço espanhol da dinastia Bourbon, que se mostrara um aliado não confiável. Ele havia culpado os Bourbon pelo desastre naval

---

* Ver Zamoyski, p. 327-329.
** Napoleão ao marechal Lefebvre, 30 de julho de 1809 (N. Bonaparte, *Lettres inédites*, v. I, p. 337-338). Sobre a revolta do Tirol, ver Eyck.
*** Para uma história geral da Espanha nesse período, a apreciação mais abrangente continua a ser Lovett, *Napoleon*. Para questões militares, no entanto, e especialmente para a guerrilha, Lovett foi superado por Esdaile, *The Peninsular War*, e Esdaile, *Fighting Napoleon*. Uma referência fundamental é Arteche e Moro.

de Trafalgar, e, depois de tomar Berlim em 1806, descobrira que a Espanha havia brevemente conspirado com a Prússia contra a França. Ademais, a conduta da família real espanhola oscilava constrangedoramente entre o melodrama e a farsa. Por anos, o obtuso e instável rei Carlos IV havia de fato entregue o poder a um protegido, Manuel Godoy, conhecido como o amante da rainha Maria Luísa. Fernando, filho e herdeiro do casal real, então com 23 anos de idade, era um fanático vaidoso e ignorante, que havia conspirado contra seu pai e escrito a Napoleão para oferecer ajuda. Em outubro de 1807, essas cartas vieram à luz, e o rei ordenou que seu filho fosse preso.

Enquanto isso, Godoy, de maneira constrangedoramente servil, procurava acalmar seu patrão francês. No mesmo dia da prisão de Fernando, Espanha e França assinaram o Tratado de Fontainebleu, cujos termos secretos permitiam que o Exército francês cruzasse o território espanhol a caminho de sua invasão de Portugal, que desafiara o bloqueio continental. O tratado previa a divisão de Portugal em três partes, com uma delas destinada ao próprio Godoy. Em novembro, o general Jean-Andoche atravessou os Pireneus com 28 mil soldados. Apesar da logística ruim, que deixara seus homens famintos e por muito tempo quase descalços, eles superaram a frágil resistência portuguesa e pisaram em Lisboa no início de dezembro. A família real portuguesa fugiu para uma de suas colônias, o Brasil.

Napoleão, no entanto, decidiu não prosseguir com o plano de divisão do território português.* Em vez disso, sondou seu irmão, àquela altura já relativamente seguro em Nápoles, sobre a possibilidade de mudar para a Espanha. Joseph a princípio recusou, mas Napoleão resolveu esperar por uma oportunidade melhor. Continuou então a reforçar seu Exército na Espanha, até chegar, na primavera de 1808, a quase 120 mil homens.** Valendo-se de artimanhas (como, em um dado momento, distrair soldados espanhóis com uma guerra de neve),

---
* Ver Connelly, *The Gentle Bonaparte*, p. 87.
** Broers, *Europe under Napoleon*, p. 151.

as tropas francesas ocuparam pacificamente importantes fortalezas espanholas.* O marechal Murat fez uma entrada triunfal a cavalo em Madri, acompanhado por trombeteiros, tamborileiros, cavalaria fartamente uniformizada e 87 mamelucos egípcios de turbante, relíquia viva da expedição ao Egito.** Murat, que era cunhado de Napoleão, esperava que o imperador pudesse dar a coroa espanhola a *ele*, e seus alegres relatos a Paris a respeito da opinião espanhola serviam a essa ambição. "Vossa Majestade", escreveu ele certa vez a Napoleão, "é esperada por aqui como um Messias".*** Um *leve* exagero, para dizer o mínimo. Inicialmente, porém, poucos espanhóis viam os franceses como invasores.

Mesmo antes da chegada de Murat, o conspirador Fernando, liberado da prisão que lhe fora imposta pelo pai, dera a Napoleão a chance para a desejada mudança de dinastia. Em 17 de março, seus aliados amotinaram-se na residência real de Aranjuez, forçando a demissão de Godoy e a abdicação de Carlos. Napoleão, todavia, recusou-se a reconhecer a ascensão de Fernando ao trono e convocou pai e filho para se reunirem com ele. Simultaneamente, a população espanhola finalmente começava a se incomodar com a forte presença francesa. Quando se espalharam rumores de que Murat havia sequestrado um príncipe Bourbon, houve um levante em Madri, que os franceses reprimiram em uma sangrenta luta nas ruas da cidade. No dia seguinte, pelotões de fuzilamento executaram centenas de prisioneiros. O pintor Francisco de Goya devotaria duas de suas obras mais brilhantes a esses dois dias de maio. Uma pintura enfatizava o pequeno grupo de mamelucos na força francesa, de modo a evocar a longa luta da Espanha contra o Islã. Outra oferecia um retrato fantasmagórico de soldados implacáveis alvejando a sangue frio uma vítima iluminada, tal qual um Cristo. As pinturas transfor-

---

* Connelly, *The Gentle Bonaparte*, p. 95.
** Apud Hocquellet, p. 35.
*** Tone, p. 43-44.

maram *Dos de Mayo* e *Tres de Mayo* em datas simbólicas da Guerra Espanhola.

Em Bayonne, pouco depois da fronteira francesa, o homem mais arrogante da época agia justamente como se no auge de sua arrogância. Em vez de tentar reconciliar pai e filho régios, insistia em que *ambos* abdicassem em favor *dele*, que alternava entre persuasão e ameaças, e eventualmente explodia em ataques de fúria. Napoleão nutria desprezo especial por Fernando. "Ele é tão estúpido que não consegui lhe arrancar uma palavra que fosse", escreveu a Talleyrand. "Seja ele repreendido ou louvado, seu rosto permanece inexpressivo."* Ao conselheiro de Fernando, Escoiquiz, Napoleão alardeou que "nações com muitos frades são fáceis de subjugar — eu tenho experiência com elas". Quando Escoiquiz protestou que toda a Espanha se rebelaria, o imperador respondeu — no fim das contas, profeticamente: "Mesmo que isso aconteça, mesmo que eu tenha de sacrificar 200 mil homens, faria a mesma coisa".** A curto prazo, as ameaças funcionaram. Pai e filho abriram mão de seus direitos e partiram para o exílio na França. O imperador então começou a brincar de "dança dos tronos", obrigando Joseph a trocar Nápoles por Madri e dando a Murat, um ex-comerciante de secos e molhados e soldado raso, o prêmio menor, mas ainda assim régio, do sul da Itália. Em Madri, os Bonaparte de início tentaram a conciliação, com uma nova constituição moderada que respeitava ao menos algumas das tradições políticas espanholas.

A confiança e o desprezo que os homens de Napoleão sentiam ao tomarem a Espanha no final do verão de 1808 podiam não se equivaler aos do imperador em Bayonne, mas mesmo assim eram enormes. Decerto, segundo acreditavam, aquele país sonolento e corrupto não conseguiria oferecer resistência séria ao maior império desde Roma. A julgar por suas cartas e memórias, soldados e administradores im-

---

* Napoleão a Talleyrand, Bayonne, 1º de maio de 1808, *CN*, v. XVII, p. 76 (n. 13.815).
** Escoiquiz p. 131.

periais pareciam ter basicamente as mesmas impressões: a aparência suja, pobre e ultrapassada das casas espanholas, a profusão de trajes monásticos nas ruas, o "aspecto soturno e selvagem dos homens", que aparentavam ser consumidos por parasitas.* Aqueles dentre os franceses com inclinação mais literária comparavam a travessia dos Pireneus com uma viagem no tempo. O financista Ouvrard escreveu com eloquência:

> Eu estava saindo de um país em que todos os traços do passado haviam desaparecido, onde tudo datava do dia anterior [...]. Logo eu me via recuar vários séculos [...]. Os trajes monásticos misturados ao povo [...] aquilo era uma representação do século XVII; era a história em ação.**

De acordo com o oficial Heinrich von Brandt (um dos muitos alemães que serviram ao Império na Espanha), os espanhóis ainda acreditavam que hereges e judeus tinham chifres e rabos.*** Seguindo os *philosophes* do Iluminismo, que julgavam as sociedades pelo lugar que ocupavam na grande escada do progresso histórico, e na esteira dos revolucionários, que haviam transformado tais juízos em ação política, os homens de Napoleão condenavam os espanhóis como frágeis e arcaicos em igual medida.

O que os franceses não esperavam era o seguinte: "Oh, felizes góticos, bárbaros e fanáticos espanhóis! Felizes com nossos monges e nossa Inquisição, que, segundo as ideias do Iluminismo francês, manteve-nos um século atrás de outras nações. Oh, se ao menos pudéssemos recuar mais dois séculos!"**** Essas linhas, escritas pelo general espanhol Manuel Freyre de Castrillon em 1808, eram parte da enxurrada de jornais

---

* Ver, por exemplo, Coignet, p. 165; Marcel, p. 7 ("aspecto soturno e selvagem"); Schumacher, p. 28-29; Thiébault, v. IV, p. 313
** Apud Vilar, p. 242.
*** Brandt, p. 167.
**** Manuel Freyre de Castrillon apud Hocquellet, p. 107.

e panfletos que responderam às ações de Napoleão e ajudaram a incitar os levantes.* Esses escritos tinham pouca coerência ideológica verdadeira. Alguns falavam de liberdade e independência em termos que os liberais franceses reconheceriam e até ajustariam à melodia da *Marselhesa*. Alguns adotavam uma linguagem de ódio nacional similar àquela de Robespierre ou de Barère, descrevendo os franceses como bárbaros, inumanos: "Que tipo de coisa é um francês? Um ser monstruoso e indefinível, uma semicriatura. Não há ninguém que não tenha direito de matar esses animais ferozes".** Outros, muitos outros, apelavam à fé religiosa: "Vós [Napoleão] insultais todo o céu, blasfemais Deus e sua santa Mãe [...] pisoteais o Sagrado Coração de Jesus Cristo".*** O que os escritores faziam, de um modo ou de outro, era voltar contra os invasores os juízos que eles faziam dos espanhóis e afirmar como dados de força as supostas fraquezas da Espanha. E eram acompanhados por levantes país afora que pareciam provar o argumento: Barcelona, Saragoça, Oviedo, Sevilha, Valência, Madri e muito mais. Não se tratava da inevitável "insurreição de duas semanas" sobre a qual Napoleão advertira Joseph em Nápoles: era uma rebelião de grandes proporções.

A chamada Guerra Peninsular seguiria um curso tortuoso e complexo por mais de cinco anos. Nos primeiros combates, a resistência popular espalhada pelo país, combinada com a ação das forças regulares espanholas, quase empurrou os franceses de volta para o outro lado dos Pireneus. Em Baylen, no dia 9 de julho de 1808, os espanhóis chegaram a forçar uma rendição humilhante de todo um exército francês. Pouco depois, a força expedicionária britânica comandada pelo futuro lorde Wellington obrigou Junot a sair de Portugal. Napoleão, no entanto, encarregou-se pessoalmente na batalha de retorno, esmagando os espanhóis em Burgos e Somosierra no outono de 1809 e recolocando Joseph em Madri, com uma nova Constituição — mais radical

---

* Ver textos citados em Mesonero Romanos, especialmente p. 134.
** Junta Central (1808), apud Tone, p. 53.
*** Apud Hocquellet, p. 113.

— que atingiu os direitos "feudais" e instituiu a tolerância religiosa. Dali até 1813, forças francesas, espanholas, portuguesas e britânicas circularam pela península. Ao mesmo tempo, os grupos guerrilheiros cresciam e se organizavam, tornando-se mais parecidos com Forças Armadas comuns. As lutas entre os exércitos ativos se concentravam especialmente em torno da fronteira entre Espanha e Portugal, com fortalezas como Ciudad Rodrigo e Badajoz mudando de mãos diversas vezes. Um governo espanhol legalista, leal ao "rei desejado" Fernando (*el rey deseado*), enfrentou o rei "José" Bonaparte sobretudo a partir da cidade meridional de Cádiz. Por vezes, os franceses encontravam pouca oposição por parte dos exércitos ativos. As guerrilhas, todavia, eram algo completamente diferente, e um testemunho eloquente de sua importância é o número de soldados que Napoleão tinha de manter na Península: de 165 mil em junho de 1808 para mais de 300 mil em outubro e bem mais de 350 mil em julho de 1811. Somente quando a campanha russa arrastou soldados para si, o número diminuiu, caindo abaixo dos 100 mil em julho de 1813, com consequências catastróficas. As estimativas do número de militares franceses mortos na Espanha variam muito, mas chegam a 180 mil — número aterradoramente próximo às previsões de Napoleão em 1808.*

Nos significados que ela teve para seus participantes, a Guerra Peninsular, tal como a calabresa, mostrou-se diametralmente oposta às guerras do Antigo Regime. Longe de se reconhecerem como adversários honrados, franceses e espanhóis se trataram basicamente como criminosos sem qualquer vestígio de legitimidade para combater. Ambos os lados também insistiram em uma identificação absoluta entre combatentes e população em geral. "Se quiséssemos levar adiante o decreto do marechal Soult contra os espanhóis insurgentes, teríamos de matar quase toda a população do país", disse o oficial francês Albert-Jean Rocca.** Com esses elementos de inimizade absoluta em ação, estava

---

* Artola, "Guerra", p. 33, 41.
** Rocca, p. 225.

criado o cenário para a guerra total, e ela logo se materializou, tornando a Guerra Peninsular o conflito mais impiedoso da Europa desde a Vendeia.

Embora a guerrilha tenha inspirado as imagens mais duradouras, os excessos e atrocidades da guerra assumiram formas diversas. Houve as execuções de Madri em 1808, gravadas na memória europeia por Goya tanto quanto a Guernica de Picasso. Houve a feroz reação inicial aos franceses — por exemplo, o massacre de 330 cidadãos franceses por uma multidão em Valência em 5 de junho de 1808.* E houve a marcha brutal de Napoleão sobre Madri no outono de 1809, na qual soldados ávidos por vingança e desesperados pela falta de suprimentos pilharam cidades que nem sequer ofereceram resistência. "As igrejas foram saqueadas, as ruas foram entulhadas com os mortos e os moribundos", escreveu Miot de Melito, conselheiro de Joseph, a propósito do saque a Burgos. "Na verdade, nós testemunhamos todos os horrores de um assalto, embora a cidade não nos tenha oposto defesa alguma! [...] Podemos estabelecer este período como a data da mudança moral manifesta ocorrida no exército francês [...] Os soldados nada faziam senão lutar e pilhar; a disciplina militar sumiu."** Em termos que lembravam suas palavras de 1806 sobre a adoção do "barbarismo" por seus inimigos, o próprio Napoleão fez a seguinte proclamação sobre o tratamento a ser dispensado aos espanhóis, caso não sucumbissem: "[Eu os tratarei] como províncias conquistadas e darei a meu irmão um outro trono. Eu então porei a coroa de Espanha em minha própria cabeça e saberei fazê-la respeitada pelos iníquos".***

O pior horror da guerra não passou pelas guerrilhas, mas por tropas uniformizadas envolvidas naquela forma clássica de guerra no Antigo Regime, o cerco. Antes de 1789, os cercos eram frequentemente

---
* Hocquellet, p. 85.
** Miot de Mélito, p. 459.
*** "Proclamation aux Espagnols", Madri, 7 de dezembro de 1808, *CN*, v. XVIII, p. 121 (n. 14.537).

terríveis, mas normalmente terminavam assim que os sitiantes rompessem a defesa de uma cidade (a honra não exigia mais do que isso). Na cidade aragonesa de Saragoça, em 1808, um cenário diferente foi armado.*

No começo da guerra, Saragoça, às margens do rio Ebro, estava em lento declínio. Sua população havia caído dos 80 mil de 100 anos antes para meros 43 mil, e sua indústria mais visível era a devoção católica, como evidenciavam seus 25 monastérios, 16 conventos, sua catedral e sua basílica enormes e 70 outras igrejas. O povo tinha particular apego à basílica de *el Pilar* — local onde a Virgem Maria havia supostamente aparecido em um pilar de mármore e ordenado ao apóstolo Tiago a construir uma igreja. Na primavera de 1808, Saragoça, como muitas outras cidades espanholas, declarou-se rebelada contra o "rei intruso" (*el rey intruso*), e grande parte do poder passou para as mãos de um oficial nobre local chamado José Palafox (cujo papel subsequente foi muito exagerado, especialmente pelo próprio). A cidade permaneceu mal protegida, com apenas mil soldados espanhóis ativos disponíveis para defendê-la. Em 15 de junho, o general francês Lefebvre Desnouette tentou invadi-la. A população, no entanto, ofereceu uma resistência inesperadamente forte, estimulada pela aparição miraculosa, um mês antes, de uma palmeira encimada por uma coroa no céu acima da basílica.** Milhares de homens e mulheres correram para os muros da cidade, ajudados por camponeses da área rural próxima, ávidos por servir a "virgem do pilar". Os franceses recuaram desordenadamente.

Em 28 de junho, houve nova tentativa, dessa vez sob comando de Jean-Antoine Verdier, o mesmo homem que ajudara a castigar o sul da Itália. Uma vez mais, Saragoça derrotou os franceses. Segundo a lenda, uma garota catalã chamada Augustina Zaragoza Domenech conseguiu

---

* Sobre os cercos a Saragoça — Zaragoza, em espanhol —, duas das principais fontes primárias são Alcaide Ibieca e Ayere y Lierta. Ver também Lafoz Rabaza; e Rudorff.
** Ver Esdaile, *Fighting Napoleon*, p. 63.

tomar o canhão de seu namorado moribundo e dispará-lo à queima-roupa nos franceses que avançavam, salvando um bastião crucial.* Verdier recuou e então iniciou um intenso bombardeio. Somente em 30 de junho, seus homens dispararam 1.400 bombas na cidade.** O cerco continuou até meados de agosto, tendo atingido seu auge no último dia de julho, quando as bombas incendiaram o hospital de Nuestra Señora de Gracia. Pacientes e funcionários se safaram, ao passo que lunáticos encarcerados, indefesos, gritavam desesperados. Uma testemunha francesa relatou que "a cidade parecia um vulcão com as seguidas explosões [...]. As ruas estavam cobertas de cadáveres".*** Bombas e granadas lançavam pedaços inteiros dos prédios às ruas, enquanto balas de canhão abriam passagem nos muros da cidade para os soldados franceses. Uma testemunha britânica contaria que praticamente todas as casas ostentavam a marca de um tiro de canhão.**** Mas quando Verdier exigiu a rendição, os líderes da cidade enviaram a mensagem *Guerra y cuchillo* — guerra na faca. A falta de soldados impediu que Verdier articulasse um ataque exitoso, e ele terminou por se retirar. Contentes, homens e mulheres de Saragoça fizeram uma procissão em que cantavam: "a Virgem de Pilar não quer ser francesa".*****

Vários meses depois, os franceses retornaram com uma força muito maior, comandada pelo experiente e competente marechal Lannes. Os espanhóis também tinham muito mais combatentes e haviam construído fortificações sofisticadas. Uma vez mais, os franceses lançaram uma tempestade de fogo, chegando a disparar 42 mil projéteis explosivos na cidade durante dezembro.****** Com Saragoça superpovoada por soldados, combatentes civis e refugiados da área rural, teve início uma

---

* Ver Esdaile, *The Peninsular War*, p. 75
** Alcaide Ibieca, v. I, p. 120.
*** Rudorff, p. 141, 155.
**** Alcaide Ibieca, vol. I, p. 199; Lovett, *Napoleon*, p. 258.
***** Apud Rudorff, p. 148, 166. Sobre o fim do primeiro cerco, ver as observações pertinentes de Esdaile, *The Peninsular War*, p. 77.
****** Ayerbe y Lierta, p. 233.

epidemia de tifo, que matou mais de 350 pessoas por dia. Em janeiro, a infantaria de Lannes começou a penetrar na cidade, mas apesar das condições verdadeiramente infernais que predominavam por lá, Palafox mais uma vez recusou a rendição e prometeu enforcar todos os combatentes que abandonassem seu posto.*

Ali começou então o pior combate urbano jamais visto na Europa antes do século XX. Os franceses avançaram literalmente casa por casa. "É necessário miná-las e explodi-las uma por uma, derrubar as paredes divisórias e avançar por cima dos entulhos."** Por vezes, a batalha acontecia de cômodo a cômodo, com ambos os lados a cavar buracos nas paredes, nos quais enfiavam seus mosquetes para atirar à queima-roupa uns nos outros.*** Um terço da cidade tornou-se praticamente um labirinto de pedras quebradas através do qual os franceses só conseguiam se mover seguindo os caminhos abertos por seus engenheiros e marcados com estacas. O barão francês Marbot admirou-se com a coragem dos defensores da cidade, que não abandonavam suas casas nem mesmo ao ouvirem as minas serem enfiadas logo abaixo do local em que se encontravam. Ele recordaria depois: "Era possível ouvi-los cantar ladainha no momento em que as paredes subiam pelos ares e se chocavam de volta no chão, esmagando grande parte deles".**** Os que sobreviviam imediatamente procuravam um lugar para se proteger e começavam a atirar de novo.

Nos estabelecimentos religiosos da cidade, cenas fantasmagóricas se desenrolaram. Militares franceses avançavam usando como escudo imensos fólios sobre as vidas dos mártires, tomados de uma biblioteca de convento.***** Durante uma tempestade, os franceses se abrigaram sob quadros pintados e polidos da crucificação. Nos porões dos monastérios, homens se afogaram no azeite e no vinho derramados em seguida

---

* Lovett, *Napoleon*, p. 273-274.
** Apud Lovett, *Napoleon*, , p. 275.
*** Ver Rudorff, p. 232-233.
**** Marbot, v. I, p. 361.
***** Farias, p. 162-163.

à explosão de enormes recipientes de cerâmica contendo os produtos.*
Antigos cadáveres foram expelidos de suas tumbas. No monastério de São Francisco, um soldado francês viu "o rosto lívido e descarnado e metade do corpo de um bispo que havia sido enterrado em seus hábitos pontifícios. Os braços ossudos e ressecados que apontavam em nossa direção, as órbitas dos olhos profundas e sombrias, a boca assustadora — tudo fazia com que ele nos parecesse um fantasma."**

Finalmente, em meados de fevereiro, Saragoça se rendeu. Dos 34 mil soldados de linha de Palafox, somente 12 mil sobreviveram para serem presos.*** O número total de mortos na cidade chegou a pelo menos 50 mil — quantidade superior à da população pré-guerra. Muitas vítimas haviam morrido de doença. O alemão von Brandt escreveu: "Sob os arcos, e em uma confusão indescritível, estavam crianças, idosos, os moribundos e os mortos [...]. Havia um amontoado de cadáveres, muitos completamente nus, empilhados no meio da rua [...]. Desde então, eu presenciei muitas cenas de massacre [...]. Mas em parte alguma experimentei a mesma emoção que tive naquele momento".****

Em Saragoça, os franceses terminaram por prevalecer. Em grande parte da área rural, contudo, isso não aconteceu. O campo assistiu ao desenvolvimento das guerrilhas que atormentaram a força e o moral franceses, tendo perturbado seriamente a administração do país. A guerra de guerrilha não foi a manifestação pura de espírito nacional tão frequentemente evocada por historiadores e romancistas espanhóis (para citar um romance: "imaginem que a terra pegue em armas para se defender contra uma invasão, que as montanhas, os riachos, os desfiladeiros e as grutas sejam máquinas mortíferas que enfrentam os exércitos"*****).

---

* Rudorff, p. 236.
** Apud Rudorff, p. 247.
*** Ver Lovett, *Napoleon*, p. 281.
**** Brandt, p. 64.
***** Benito Pérez Galdós apud Lovett, "The Spanish Guerrillas", p. 81.

Ela foi consideravelmente mais complexa e menos heroica, mas, a longo prazo, teve mesmo assim efeitos mortais.*

Para compreender a essência do conflito, precisamos olhar para além da situação desconfortavelmente semelhante que se desenvolveu no Iraque após a vitória americana em 2003. Os Estados Unidos e as forças aliadas se envolveram em uma tentativa prolongada e frustrante de pacificar e estabilizar o Iraque, e uma parte da população iraquiana, comandada pelo governo titular, aliou-se a eles. Outra parte, provavelmente maior, permaneceu alheia, concentrando-se em sua segurança e seu bem-estar. Uma terceira parte via as forças estrangeiras com franca hostilidade, enquanto uma quarta parte, provavelmente bastante pequena, engajou-se na resistência. Como esses insurgentes não tinham chance de êxito no confronto com o Exército americano em batalhas campais, eles optaram por realizar ataques furtivos a pequenos destacamentos ou a civis e logo em seguida misturar-se novamente à população geral. Suas ações praticamente impossibilitaram que americanos deixassem bases altamente fortificadas, a não ser em comboios extremamente protegidos. Soldados americanos queixaram-se em caráter privado de que não podiam manter a segurança de nenhum território fora do alcance de suas armas, com a consequência de que eles precisavam, nas palavras de um fuzileiro naval, repetidamente "livrar essas mesmas cidades dos mesmos insurgentes, ou de outros insurgentes, sem conseguir dominá-las ou garantir sua segurança".**

Na Espanha, o equivalente ao novo governo iraquiano foi o frágil regime de Joseph Bonaparte, apoiado pelos autoproclamados espanhóis "ilustrados", conhecidos como os *afrancesados*.*** Grande parte

---

* Ver particularmente a análise de Esdaile, *Fighting Napoleon*, contrariando a interpretação mais tradicional de Artola, "Guerra". Duas monografias mais específicas, porém iluminadoras, sobre as guerrilhas são Alexander e especialmente Tone.
** Cabo Edward Schroeder, segundo narrado por seu pai in Hebert. Sobre esse assunto, ver também a comparação direta estabelecida por Trocóniz.
*** Ver Artola, *Los afrancesados*.

da população manteve-se alheia a todo o conflito. Outro segmento foi hostil em relação aos franceses. Os grupos guerrilheiros propriamente ditos nunca ultrapassaram o número de 40 mil pessoas.*

Seu efeito, contudo, foi desproporcional a esse número e muito maior do que aquele dos insurgentes da Calábria. Seu método predileto de ataque (na falta de carros-bomba e de explosivos plásticos) era se lançar de surpresa, às centenas, contra pequenos destacamentos isolados das tropas francesas — retardatários, sentinelas, batedores e mensageiros. Valiam-se do fator surpresa e do choque, e normalmente recuavam ao depararem com o mínimo de resistência. As memórias e a correspondência dos soldados franceses sobre o assunto têm um só tom: "Nós somos donos de todas as cidades e vilas próximas às estradas, mas não dos arredores a partir de cem passos de distância delas";** "sentinelas nossos eram levados ou desarmados por inimigos invisíveis todas as noites";*** havia "lutas diariamente contra agressores invisíveis, espalhados aos milhares detrás das moitas, ao sopé dos barrancos, escondidos em cada canto de cada muro".**** Em um único dia, 20 de novembro de 1807, 80 dos 719 soldados franceses a cruzar a Sierra de Gata a caminho de Portugal simplesmente desapareceram.***** Como disse Miot de Melito, dramaticamente: "Um exército invisível se espalhou por quase toda a Espanha, como uma rede de cujas malhas não se podia escapar".******

Eis um exemplo. Na primavera de 1812, o general Louis Brun viajava pela Espanha central na companhia de muitos civis franceses e com uma escolta de oitenta soldados.******* O caminho passava por um barranco alto cortado pelo rio Guadarrama, não muito distante de

---

* Esdaile, *The Peninsular War*, p. 268. Esse número refere-se às vinte maiores *partidas*.
** E. Blaze, p. 56.
*** Brandt, p. 72.
**** Jean Marnier apud Forrest, "The Ubiquitous Brigand", p. 35.
***** Moreno Alonso, p. 53.
****** Miot de Melito, p. 557.
******* Brun de Villeret, p. 130-131.

Madri. Quando Brun se aproximou da ponte, uma salva de mosquete acabou com a calma do dia. Treze de seus soldados tombaram, e quando Brun procurou uma saída do barranco, avistou duzentos guerrilheiros a cavalo que bloqueavam sua retirada. Felizmente, havia por perto um cercado de pedras para ovelhas, com paredes de três pés de espessura. Brun e outros sobreviventes se posicionaram ali e conseguiram se manter seguros até a chegada de uma força francesa de Segovia, a qual provocou a fuga dos agressores. Brun recordava que um dos civis, um francês mercador de vinhos, deitou-se no chão do cercado e se recusou a pegar uma arma até que Brun lhe desferisse chutes em série. Cenas como essa se repetiram centenas, quando não milhares, de vezes durante os anos de guerra, frequentemente com resultados cruéis para os franceses.

As forças guerrilheiras não eram páreo para as tropas ativas francesas em uma batalha campal. Mas pegá-los em uma batalha campal era algo mais fácil de falar do que de fazer. Em vez de sair à procura dessas pequenas forças móveis, os franceses terminaram por se concentrar em algumas cidadelas, deixando o resto do país escassamente ocupado e, portanto, efetivamente fora de seu controle. Toda uma unidade do Exército dedicava-se a proteger a estrada crucial de Madri para a França. O general Honoré-Charles Reille, governador militar de Navarra, no norte da Espanha, formulou a questão com uma eloquência ímpar em uma carta de 1810: "Infelizmente, nesta região, assim como em muitas outras da Espanha, nossa influência vai até onde nosso canhão alcança [...]. Os espanhóis dizem com razão que nossos soldados estão arando a água".*

As guerrilhas tinham um perfil complexo. Assim como na Calábria, seus líderes eram em parte comandantes militares, em parte chefes de bandidos. Também lá eles ganhavam apelidos curiosos: "O Oleiro" (*El Cantarero*), "O Padre" (*El Cura*), "O Moço" (*El Mozo*), "O

---

* General Honoré-Charles Reille ao general Jean-Baptiste Drouet, Pamplona, 17 de agosto de 1810 (SHAT C^8 268).

Avô" (*El Abuelo*), "O Médico" (*El Medico*), "O Obstinado" (*El Empecinado*).* A composição social variava bastante. Muitas vezes, como enfatizou Charles Esdaile, os bandos vitimizavam seus compatriotas tanto quanto — ou até mais do que — os franceses.** Em 1810-1811, alguns tinham criado sistemas regulares de pedágios e impostos.*** Até os franceses podiam ficar incólumes, desde que pagassem. Muitos bandos haviam se originado das unidades do velho exército espanhol, parcialmente desmembrado após as vitórias de Napoleão em 1808. Com o tempo, outros bandos transformaram-se eles próprios em novas unidades, com direito a patentes, organização regimental, uniformes e até artilharia (em geral tomada dos franceses).**** Em 1813, Francisco Espoz y Mina ("Tio Francisco" ou "O rei de Navarra"), comandante basco do bando mais bem-sucedido, tinha mais de 6 mil soldados organizados em dez regimentos, vestidos com culotes e paletós, armados com mosquetes e baionetas, e treinados para lutar em linha e em coluna.***** Mesmo assim, ele continuou a utilizar táticas de guerrilha consagradas e conseguiu encurralar até 38 mil soldados franceses em 1812-1813.******

Apesar das semelhanças com bandidos e soldados de linha, os grupos guerrilheiros representavam algo diferente de ambos. Desde o início, os remanescentes do velho Estado espanhol procuraram lhes conferir uma posição oficial, recorrendo à linguagem da "nação em armas". Em junho de 1808, os defensores de Fernando na chamada "Junta de Sevilha" já convocavam "todos os espanhóis" a lutar contra os franceses.******* Em dezembro, vieram leis que autorizaram a criação de *partidas*, ou grupos guerrilheiros. Em 17 de abril de 1809, surgiu a

---

* Esdaile, *The Peninsular War*, p. 266; Rocca, p. 378.
** Esdaile, *Fighting Napoleon*.
*** Segundo Miot de Melito, p. 558.
**** Ver Tone, p. 93-97; Esdaile, *Fighting Napoleon*, p. 38-41.
***** Sobre a força de Mina, ver Martín, e as memórias do próprio Mina: Espoz y Mina.
****** Artola, "Guerra", p. 35.
******* Sobre os vários decretos espanhóis autorizando a guerra de guerrilha, ver Rigoulet Roze.

declaração do chamado *Corso Terrestre*: "Todos os habitantes das províncias ocupadas pelas tropas francesas que sejam capazes de pegar em armas estão autorizados a fazê-lo — ainda que seja para usar armas proibidas — para atacar e despojar soldados franceses [...], para dificultar-lhes a vida neste país, para tomar suas provisões [...] em suma, para prejudicá-los de todas as formas possíveis."* Jornais e panfletos repetiram a mensagem, conclamando a "um novo sistema de guerra", no qual se oporia aos grandes exércitos franceses uma "guerra em pequena escala, com guerrilhas e mais guerrilhas".** "Todos os homens são soldados", declarou a gazeta da Junta da Catalunha: "nos campos, nas estradas [...] nas cidades ocupadas pelo inimigo, onde quer que os catalães demonstrem ódio profundo aos franceses".*** Essas afirmações sinistras ecoavam a declaração francesa da *levée en masse* de 1793. Dessa vez, porém, a encarnação da nação em guerra não era o voluntário uniformizado, a carregar sua lança e rumar para a fronteira, mas o combatente irregular, que pegava qualquer arma a seu alcance para expulsar invasores de seu país combalido.

O que confirmou a posição das guerrilhas de inimizade absoluta em relação aos franceses foi a religião. A presença maciça do clero em solo espanhol notada pelos observadores franceses teve um efeito real. Em 1808, um quarto da renda da terra espanhola ia para a Igreja. A população de 10 milhões de habitantes incluía 30 mil párocos e mais 120 mil monges, freiras e outros membros do clero.**** Esses homens e mulheres pregavam incessantemente contra os invasores e chegavam a prometer o perdão divino àqueles que os combatessem.***** Uma "Catequese Espanhola" de 1808, muito difundida, chamava os franceses de "antigos cristãos e atuais hereges",****** e enfatizava que havia tanto pecado em

---

* Aoud Lovett, *Napoleon*, p. 675, e Artola, "Guerra", p. 17.
** Apud Tone, p. 4.
*** Moliner Prada, p. 101.
**** Boudon, *Napoléon et les cultes*, p. 245.
***** Ver Artola, "Guerra", p. 22-23; Schumacher, p. 38.
****** *Catecismo Civil*.

matá-los quanto em matar um animal selvagem. O escritor liberal espanhol José Blanco White argumentaria mais tarde que "não foi o amor à independência e à liberdade o que fez o povo se erguer contra os Bonaparte", mas o medo das "reformas" que enfraqueceriam a Igreja.* Os oficiais franceses concordavam. O general Reille escreveu a seu superior: "Nós temos duas classes de homens que nos causam grandes prejuízos: padres e monges."**

Podiam os franceses destruir as guerrilhas? Em 1808-1813, eles já tinham uma vasta experiência no assunto. Uma grande parte dos oficiais em postos na Espanha havia enfrentado guerrilheiros anteriormente no Tirol e na Itália. Centenas deles tinham experiência com guerras irregulares desde a Vendeia. O general François-Pierre-Joseph Amey, acusado de alguns dos piores crimes cometidos nas "colunas infernais" da Vendeia, terminou na Espanha. Joseph Hugo, que iniciara sua carreira caçando os sobreviventes da Vendeia e depois perseguiu Fra Diavolo na Calábria, também foi para lá. O general Reille, responsável pela contrainsurgência em Aragão e em Navarra, ganhara reputação na Itália, integrando as forças italianas ao serviço imperial.*** Não foi à toa, portanto, que os franceses tentaram usar a mesma tática que havia funcionado em insurreições anteriores: grandes deslocamentos de colunas francesas para áreas de atividade guerrilheira, tomada de reféns para assegurar certa tranquilidade, punição exemplar de aldeias suspeitas de apoiar a guerrilha, execução rápida de civis capturados com armas e composição de uma força auxiliar local para assumir responsabilidades cada vez maiores. As ordens de execução sumária, tomada de reféns e de atear fogo vinham de cima. "Enforque uma dúzia em Madri", advertiu Napoleão a seu irmão. "Maus elementos para

---

* Apud Moreno Alonso, p. 190-191.
** Reille ao marechal Jean-Baptiste Bessières, duque de Istria, Pamplona, 22 de fevereiro de 1811, SHAT C^8 268.
*** Six, *Dictionnaire*, s.v. Amey; J. L. S. Hugo; Broers, "Center and Perifery", p. 68. A asserção sobre centenas de oficiais com experiência na Itália e na Vendeia se baseia em investigações de Six, *Dictionnaire*.

tanto não faltam."* "Diga [a Reille] para prender os parentes dos bandidos e mandá-los à França", escreveu em uma outra ocasião. "Colete impostos das cidades em que operam os salteadores, e queime as casas dos parentes deles."**

Em poucos casos, a tática deu sinal de êxito. O duro e talentoso marechal Louis Suchet, por exemplo, conseguiu por algum tempo impor algo próximo à paz e à ordem nas áreas do norte. Isso foi feito em parte por meio da cooptação de nobres e grandes proprietários de terras e, em parte, por meio do terror. Suas colunas móveis atiraram em guerrilheiros capturados e em padres desarmados. Praticamente varreram a cidade de Saliente do mapa,*** assim como o general Masséna havia destruído Lauria, na Calábria. Suchet fez reféns e tentou recrutar auxiliares locais. O historiador dessa campanha em Aragão, no entanto, concluiu: "O sucesso de Suchet nessa campanha foi enganoso e fugaz. Ele não havia eliminado, mas simplesmente atordoado a resistência."**** Não ajudava o fato de os comandantes franceses brigarem entre si e de, cada vez mais, terem de recorrer a recrutas inexperientes recém-chegados da França. O principal problema era que eles não tinham homens suficientes para fazer a tática funcionar — especialmente porque os guerrilheiros matavam ou capturavam uma média de 25 soldados por dia.***** Em 1812, o controle a duras penas conquistado simplesmente ruiu nas mãos de Suchet.

Os relatórios do general Reille sobre a cidade de Pamplona, no norte, dão um testemunho particularmente eloquente do caráter sisífico da guerra de guerrilha para os franceses.****** Entre meados de 1810 e meados de 1811, Reille lutou em vão contra as forças cada vez mais profis-

---

* Napoleão a Joseph Bonaparte, Valladolid, 11 de janeiro de 1809, *CN*, v. XVIII, p. 232 (n. 14.684).
** Napoleão a Berthier, 11 de abril de 1811 (N. Bonaparte, *Correspondence Inédite*, v. IV, p. 244 (n. 5.377)).
*** Alexander, p. 24-25.
**** Alexander, p. 232.
***** Alexander, p. 235-237.
****** SHAT C^8 268: "Registre de Correspondence du Gal Reille, du 21 7bre 1811 au 24 Mars 1812". Ver também Tone, p. 121-122.

sionalizadas de Espoz y Mina. Em uma série de cartas, reclamou da má influência exercida por padres e monges, da quantidade cada vez maior de guerrilheiros e da incapacidade de forçá-los ao enfrentamento em batalhas campais ou de contê-los sem ter de guarnecer todas as grandes cidades. Em tom amargo, reprovou seus superiores por retirarem, em vez de enviarem mais tropas. Reille vangloriou-se a esses mesmos superiores dos padres que seus homens haviam matado e dos reféns que haviam feito. Em Paris, contudo, não causou boa impressão: em 1811, o próprio Napoleão desaprovou Reille por "ser pouco enérgico" e "deixar tudo sem punição".* Esse raio do Olimpo deixou o general quase sem fala de tão chocado. Ele reagiu tornando sua tática cada vez mais cruel, e seus relatórios começaram a parecer o esboço de um documento de acusação dele próprio por crimes de guerra. Em 8 de julho de 1811, Reille mandou fuzilar 40 supostos guerrilheiros, presos na cidadela de Pamplona, e advertiu que faria o mesmo com outros 170 se os guerrilheiros não abandonassem suas operações.**

Eis a "inimizade absoluta" também do lado francês. E não requer muito esforço imaginar que tipo de guerra se seguiu às posturas respectivas de guerrilheiros e franceses. Até oficiais franceses de alta patente admitiram francamente em suas memórias a inclemência geral do conflito. Joseph Hugo o chamava de "guerra de assassinos", que associava explicitamente à Vendeia.*** Albert-Jean Rocca, que servia sob ordens do marechal Soult na Andaluzia, escreveu: "Os franceses só podiam se manter na Espanha pelo terror. Constantemente, deparavam com a necessidade de punir o inocente junto com o culpado, de se vingar dos fracos, em vez de se vingar dos poderosos."**** Depois, ele ainda escreveria sobre como as ordens de Soult implicavam literalmente o extermínio de toda a população. Ambos oficiais explicavam a crueldade como uma

---

* Napoleão a Berthier, 11 de abril de 1811 (N. Bonaparte, *Correspondence inédite*, v. IV, p. 244 (n. 5.377)).
** Reille ao vice-chefe de polícia, 11 de julho de 1811, SHAT C^8 268.
*** J.-L.-S Hugo, v. II, p. 119, 262-263.
**** Rocca, p. 144.

consequência da tentativa de lutar contra uma população inteira, e não contra um Exército ativo.* Um fato da guerra em Navarra nos diz ainda mais dos que esses comentários. A uma certa altura, tanto o general Reille quanto o líder guerrilheiro Espoz y Mina prometeram executar quatro adversários para cada um dos seus aprisionados ou mortos.**
"É possível encher vários volumes com as atrocidades cometidas por ambos os lados nessa guerra desgraçada", escreveu o capitão francês Elzéar Blaze anos depois.*** De fato é verdade. O próprio Blaze recordou histórias terríveis de soldados esfolados vivos pelos guerrilheiros ou postos entre duas tábuas de madeira e serrados ao meio.**** Soldados belgas escreveram aos familiares que haviam visto vítimas dos guerrilheiros com os olhos arrancados, a genitália cortada e enfiada na boca.***** Militares franceses contaram ter visto companheiros literalmente pregados a portas de celeiro e ali deixados para morrer. Do lado francês, o general Jean-Marie-Pierre Dorsenne, governador de Burgos, ganhou a péssima reputação de praticar a tortura.****** Tinha a política de manter permanentemente pendurados os corpos de três guerrilheiros em patíbulos do lado de fora de seu gabinete; quando parentes roubavam um corpo durante a noite, ele imediatamente encomendava a execução de um prisioneiro para que se efetuasse a substituição. As centenas de relatos que sobreviveram de ambos os lados são normalmente impossíveis de confirmar e muitas vezes se contradizem.******* (Teria sido o general francês René serrado ao meio? Ou mergulhado aos poucos em um caldeirão de água fervendo? Existem as duas histórias.)******** De modo geral, porém, não se pode negar o caráter inuma-

---

* J.-L.-S Hugo, v. II, p. 263; Rocca, p. 5.
** Reille a Berthier, Pamplona, 13 de outubro de 1810, SHAT C^8 268; Tone, p. 129.
*** Blaze, p. 58-59.
**** Blaze, p. 58.
***** Ferdinand Chantraine, Madri, 3 de novembro de 1810, apud Fairon e Heuse, p. 182.
****** Thiébault, vol. IV, p. 404.
******* Sobre o lado espanhol, ver particularmente Martín, vol. II, pp. 69-111.
******** François, *From Valmy to Waterloo*, p. 183; Schumacher, citado por Connelly, *The Gentle Bonaparte*, p. 111.

no da guerra, tampouco o fato desconfortável de que os homens sentiam um prazer macabro terrível ao infligir dor e morte.

O tratamento administrado a Lauria foi muitas vezes repetido na Espanha, e uma história assemelha-se à da cidade calabresa em detalhes sinistros.* No início de 1809, o marechal Victor, operando na Espanha central, próximo a Talavera, enviou um destacamento de 25 soldados alemães a aldeias próximas para pedir suprimentos. Quatro deles pararam na aldeia de Arenas, onde os habitantes fingiram recebê-los amigavelmente mas em seguida atacaram e mataram os soldados. Segundo o relato deixado por seu oficial, Karl Franz von Holzing, as mulheres espanholas, antes de assassinar os soldados, esmagaram ossos e testículos e cortaram os pênis das vítimas. O próprio Holzing então liderou uma expedição contra Arenas. Quando os aldeões tentaram fugir, seus homens atiraram neles a uma distância própria de expedições de caça, rindo quando seus alvos tombavam na grama. Os franceses então incendiaram a aldeia. Holzing recordou, horrorizado, como soldados selvagens e descontrolados arrastaram jovens para as ruas e as violentaram; e, em um caso, bateram violentamente a cabeça de um bebê contra um muro e jogaram o corpo em uma fogueira, diante da mãe aos berros.

Quando os franceses se retiraram de Portugal na primavera de 1811, após uma última tentativa de invadir o país, sua conduta evocou aquilo que Shakespeare chamou de "as nuvens tempestuosas do assassínio violento, da pilhagem, da infâmia inominável".** O comando cabia ao general Masséna, o mesmo homem que havia supervisionado o saque a Lauria quatro anos e meio antes. Na cidade de Porto de Mós, duzentos homens, mulheres e crianças foram queimados até a morte dentro da igreja local.*** Um alemão no serviço britânico recordou:

---

* Holzing, p. 93-8.
** *Henri*que V, ato III, cena 3.
*** Esdaile, *The Peninsular War*, p. 330.

Todas as manhãs, no alvorecer, quando começávamos o dia, as aldeias, as vilas e as florestas em chamas, a iluminar o céu, avisavam-nos da progressão dos franceses. Havia camponeses assassinados por toda parte. Em um lugar de belas construções, eu parei em uma casa para implorar água a um homem sentado na soleira da porta que olhava fixamente para a frente. Ele estava morto, e simplesmente havia sido posto ali, como se ainda vivo, por brincadeira [...]. O cadáver de outro camponês português havia sido colocado em uma posição ridícula em um buraco aberto na mureta de um jardim, pelo qual passara a infantaria. Havia sido posto ali provavelmente para zombar de nós quando chegássemos [...]. As aldeias pelas quais passávamos nada mais eram do que pilhas de escombros.*

A capacidade de seguir as colunas francesas pela fumaça das aldeias queimadas lembra a Vendeia, onde os homens de Turreau marcavam o céu da mesma maneira. Um soldado francês na Ibéria escreveu à família que seu coração sempre se animava quando ele via colunas de fumaça no ar: eram como uma seta gigante a lhe apontar os compatriotas.**

As evocações mais poderosas dos horrores dessa guerra não vieram à luz antes de 1863. Durante a guerra, o grande pintor Goya, um espanhol bastante "iluminista" e com pouca simpatia pela Igreja, havia flertado com o novo regime — ele chegou a pintar um retrato de Joseph Bonaparte. Mas a série interminável de atrocidades o revoltou: levou-o a pintar seus grandes quadros do 2 e do 3 de maio de 1808, que se tornaram ícones do sentimento nacional espanhol; foi também o que o fez produzir a série de gravuras em água-forte intitulada *Os desastres da guerra*, que descreviam as atrocidades cometidas por ambos os lados. Os detalhes ousados e deliberadamente obscenos expunham os horrores da guerra de maneira raramente vista até então na arte europeia. Na verdade, as gravuras tocam mais a

---

* Schaumann, p. 290-291.
** Apud Farias, p. 163.

sensibilidades tardias, o que talvez explique por que Goya nunca as publicou em vida.

Os guerrilheiros, entretanto, não derrotaram Napoleão na Espanha. Mesmo quando forças como a de Espoz y Mina se transformaram em algo similar a exércitos ativos (e conseguiram fazer os franceses cessarem as execuções sumárias de prisioneiros), eles não podiam esperar vencer os homens de Napoleão em batalhas. Conseguiram, todavia, reter centenas de milhares de soldados franceses tão necessários em outros cenários de operação (especialmente a Rússia), ao mesmo tempo em que os feriam seriamente e destruíam seu moral. "A guerra espanhola: mortes para os soldados, ruína para os oficiais, fortunas para os generais", dizia uma pichação cínica feita em uma parede espanhola.*

A honra de derrotar os franceses no campo de batalha coube, sobretudo, aos britânicos e a seu firme e meticuloso comandante, Wellington. À frente de seu Exército profissional disciplinado e relativamente pequeno, mas auxiliado por soldados do velho Exército espanhol e pelos portugueses outrora organizados por seu colega Beresford, Wellington conduziu uma série de vitórias brilhantes: Talavera, Busaco, Salamanca, Vitoria. Em 1809-1810, por conta própria em Portugal, construiu enormes fortificações e impediu o avanço francês. Finalmente, em 1813, com Napoleão retirando suas tropas da península para repor as perdas da batalha na Rússia, Wellington forçou o Exército francês a recuar para os Pireneus, e o regime de Joseph Bonaparte naufragou. Na batalha de Vitoria, em 21 de junho de 1813, um comboio que carregava os documentos e tesouros do "rei José" foi interceptado e pilhado, deixando baús, livros de contabilidade, obras de literatura e moedas jogados pelo chão — um símbolo adequado para a ruína das ambições francesas. O butim enriqueceu muitos soldados rasos britânicos, e o urinol de prata do rei virou o cálice da missa de um regimento hussardo britânico.** O próprio Joseph Bonaparte fugiu para a França; depois da

---

* Apud Lovett, "The Spanish Guerrillas", p. 86.
** Glover, *Legacy of Glory*, ilustração, p. 165.

derrota final de seu irmão, emigrou para o sul de Nova Jersey, onde viveu como um devasso senhor de fino trato do interior até a década de 1840, em uma terra atualmente usada pela Ocean Spray para cultivar oxicocos. Wellington atravessou os Pireneus e invadiu a França.

A história da guerra total naquele período teria ainda outra virada. Os anos de 1812-1814 talvez tenham marcado o fim áspero da primeira experiência francesa com o fenômeno. Ao mesmo tempo, o período marcou verdadeira iniciação da Alemanha na guerra total. Antes de 1812, várias poderes germânicos haviam certamente sentido a força da agressão da França pós-revolucionária, mas, como vimos, adaptaram-se muito lentamente às políticas e às táticas dos inimigos. A Prússia, que foi mais longe na reforma do Estado, manteve-se fora da luta. No entanto, durante as tentativas convulsivas por parte de Napoleão de preservar seu império depois das derrotas na Rússia e na Espanha, muitos prussianos, inspirados no exemplo espanhol, finalmente abraçaram a ideia de um conflito de todos, com um fervor comparável a tudo que se vira na França.

Esse episódio durou apenas um ano, da primavera de 1813 à primavera de 1814. Nesse período, Napoleão eventualmente lutou com um brilho que fazia lembrar o começo de sua carreira, e o Exército francês, com a pátria novamente em perigo, readquiriu um pouco do elã de seus dias revolucionários. A máquina de recrutamento repôs as perdas da Rússia e da Espanha com uma velocidade espantosa. O Exército francês, contudo, não havia de fato se recuperado. A cavalaria e a artilharia continuavam desfalcadas dos cavalos e canhões perdidos na Rússia. Os novos soldados eram jovens, inexperientes e, de modo geral, sem vontade. Para piorar, os supostos aliados germânicos de Napoleão logo o abandonaram. Mesmo antes da queda, muitos funcionários e oficiais prussianos contrariados haviam, como Clausewitz, abandonado seu rei cauteloso e se alistado para servir ao lado dos russos. Nos últimos dias de 1812, o general Hans David Yorck, da Prússia, comandante de um contingente prussiano de 30 mil homens sob ordens do marechal francês Macdonald, encontrou-se com oficiais russos, tendo Clausewitz como intermediário, e trocou formalmente de lado. "Com o coração partido, eu rompo os vínculos de obediência, e travo guerra por conta própria", declarou ele em tons de melodrama.* Embora Frederico Guilherme tenha furiosamente rotulado Yorck como um traidor fora da lei, a pressão para que o rei fizesse como seu general aumentava cada vez mais. Em março de 1813, ele declarou, com atraso, guerra à França. Logo depois, a Suécia seguiu o exemplo. E, em agosto, depois de negociações inúteis entre Napoleão e seu sogro, o império austríaco fez o mesmo. O golpe decisivo veio em outubro, na grande "Batalha das Nações" nos arredores de Leipzig, que terminou em uma acachapante derrota francesa. No início de 1814, os aliados já cruzavam o Reno e os Pireneus. Na primavera, Napoleão renunciou, na esperança de colocar seu jovem filho no trono, e os aliados entraram na capital.

Durante aquilo que os alemães mais tarde chamaram de "guerra de libertação", um entusiasmo pela guerra como atividade redentora e regeneradora — anteriormente encontrado apenas nos escritos de uns poucos intelectuais, como Humboldt e Gentz — penetrou a cultura da elite germânica. Muitas das figuras literárias mais conhecidas da época — Ernst Moritz Arndt, Heinrich von Kleist, Johann Gottlieb Fichte, Theodor Körner — louvavam a guerra em curso como um bom teste para o espírito germânico, pelo qual uma nação dividida e letárgica despertaria e cresceria mais forte e saudável. Comparavam o evento a um despertar mais antigo — a revolta das tribos germânicas contra os romanos, liderada por Armínio, suposto aliado de Roma. Kleist, um dramaturgo que havia servido no Exército prussiano na década de 1790, fez de Armínio o assunto de uma peça com a qual ele pretendia incentivar seus compatriotas à unidade nacional e ao extermínio do inimigo: "Pois o mundo inteiro somente obterá paz da linhagem desse lobo quando o ninho do ladrão for completamente destruído,

---

* Apud Weber, *Lyrik*, p. 152. Ver também Yorck.

e nada além de uma bandeira preta acenar em meio a suas ruínas de desolação".* Arndt, poeta prolífico, historiador e ex-clérigo, ecoava o mesmo tema do despertar nacional:

> *Was ist des Deutschen Vaterland?* [...]
> *So weit die Deutsche Zunge kilngt*
> *Und Gott im Himmel Lieder singt*
> *Das soll es sein*
> *Das ganze Deutschland soll es sein!*
>
> O que é a pátria alemã? [...]
> Até onde a língua alemã soar
> E Deus no Céu cantar canções
> É o que deve ser!
> Deve tudo ser da Alemanha!**

Esse poema, um dos mais populares da época, praticamente se tornou um hino nacional seis décadas depois de se haver de fato chegado à unificação alemã.***

Esses escritores também tinham uma ideia muito clara de quais contornos a guerra deveria assumir: deveria ser uma "guerra do povo", a envolver toda a população. No entanto, como no caso dos girondinos e dos *sans-culottes*, sua fantasia de engajamento total não implicava a destruição autônoma e mecanizada de grandes proporções. Ao contrário, envolvia um retorno às formas mais elementares de combate, nas quais a força, a virtude e a paixão do indivíduo determinariam o resultado final. "Às armas! Às armas!", escreveu Kleist em versos concebidos para serem cantados — de modo horrorizante — na melodia de "Ode à alegria", de Beethoven. "Com um porrete, com um bastão

---

* Kleist, *Die Hermaannsschalcht*, p. 187-188.
** Arndt, "Des Deutschen Vaterland", em *Gedichte*.
*** Ver Weber, *Lyrik*, p. 166.

[...] Bata para matá-lo! O tribunal do mundo não perguntará seus motivos!" *

Em uma ironia que os franceses não teriam apreciado, os alemães viram dois eventos então recentes como exemplos dessa guerra primitiva nobre: a Vendeia e a Espanha. Clausewitz citava ambas para provar que se toda uma população se erguesse, a pior tirania não poderia vencê-la. Embora o "tigre" da Revolução Francesa houvesse passado pela Vendeia "com a espada da devastação, com assassinato e fogo",** ele não a havia subjugado. Os sobreviventes das colunas de Turreau podem não ter dado um relato tão sanguinolento de suas experiências sanguinárias, mas, em 1812, uma nova lenda da Vendeia havia surgido, na qual a destruição tinha menos importância do que o heroísmo tenaz dos rebeldes.*** Com suas semelhanças óbvias em relação à Vendeia, a guerrilha espanhola também foi integrada pelos alemães em sua história.**** Kleist escreveu uma ode a Palafox, o herói de Saragoça, e adotou a "catequese" espanhola ao contexto germânico.***** Carl Schmitt mais tarde escreveria: "A fagulha que voou do norte da Espanha em 1808 encontrou forma teórica em Berlim".******

Uma guerra do povo também envolvia ódio intenso ao inimigo, e os intelectuais superaram até os jacobinos do Ano II em seu ímpeto de estimular tal sentimento. Arndt, em particular, forneceu, com sua prolífica invectiva xenófoba, um aperitivo amargo de algumas das piores coisas da história alemã subsequente. Assim como Barère insistira para que as crianças francesas sorvessem a anglofobia como ao leite materno, Arndt pediu que as crianças alemãs aprendessem desde o berço a odiar os franceses. Ele chamava a França de "um Nada vazio,

---

* Kleiste, "Ode".
** Clausewitz, "Bekenntnisdenkschrift", p. 734.
*** Uma nova história francesa com essa nova lenda apareceu em tradução alemã em 1808, e o ministro prussiano von Stein teve por ela a mais alta consideração. Ver Johnson, p. 7-10.
**** Ver Rassow.
***** Johnston, p. 47; Schmitt, *Theorie des Partisanen*, p. 15.
****** Schmitt, *Theorie des Partisanen*, p. 52.

oco, feito boneco, sem forma, sem conteúdo, a quem faltam força, sentido e caráter". Identificando inimigos atuais e vítimas futuras da Alemanha, disse que os franceses eram "maus judeus refinados", "um povo judeu".* Igualmente revoltante foi a publicação, em 1813, de seu tratado com o carinhoso título de *Sobre o Ódio Nacional* (*Über Volkshaβ*), pois Arndt acreditava que o fenômeno de modo geral deveria ser encorajado. "Como Ele é o deus do amor, então o ódio também o agrada", escreveu o ex-padre, com impressionante falta de lógica. "Toda a natureza vive e cria somente por meio de guerra e luta eternas [...]. Deus criou [...] inimizade entre nações." Portanto, "eu quero ódio contra os franceses, não apenas para esta guerra, mas por muito tempo, para sempre [...]. Este ódio brilha como a religião do povo germânico, como uma mania sagrada em cada coração."** Eis as consequências lógicas das reflexões desapaixonadas de Humboldt sobre linguagem e crescimento orgânico, no contexto da guerra real. Arndt as expressava com uma vulgaridade notável, mas, de modo geral, ele não era atípico. (Aliás, a universidade do norte da Alemanha frequentada por esse modelo de erudição e tolerância foi renomeada em sua homenagem no ano em que Hitler tomou o poder e ainda hoje carrega seu nome.)

No início de 1813, os governantes prussianos começaram a tomar medidas para traduzir essa retórica em ação.*** Agindo por conta própria em fevereiro, as classes políticas governantes da Prússia oriental criaram um *Landwehr* (Exército Interno) da província. Em março, o rei relutante fez o exemplo ser seguido no país inteiro, com serviço militar obrigatório para todos os homens entre 18 e 40 anos de idade nas classes médias e entre os camponeses proprietários de terras.**** Além disso, por escrito, o rei clamou dramaticamente pela unidade patriótica. O passo verdadeiramente decisivo aconteceu em abril, quando

---

* Apud Jeismann, p. 93.
** Dwyer, "Prussia", p. 254.
*** Huber, v. I, p. 49-50; Leggieri, p. 57.
**** Apud Hagemann, *Mannlicher Muth*, p. 249.

Frederico Guilherme publicou um outro edito. Em primeiro lugar, esse edito acrescentava à *Landwehr* uma *Landsturm* (Guarda Nacional), concebida para incluir todos os homens adultos com idade inferior a 60 anos. Depois, dava as seguintes ordens a toda a população: "Todo cidadão deve resistir ao avanço inimigo com todos os tipos de armas; não obedecer a suas ordens verbais ou escritas; se o inimigo tentar forçá-lo a obedecer com violência, o cidadão deve feri-lo usando todos os meios disponíveis".* Havia ainda uma lista de outras censuras mais detalhadas. Qualquer prussiano servindo de guia aos franceses "seria fuzilado". A ecoar Clausewitz, o rei citava precedentes da Vendeia e da Espanha e se baseava explicitamente na proclamação espanhola do *Corso Terrestre* de abril de 1809. Sua própria imprimátur régia, todavia, conferia ao edito uma autoridade que faltava aos antecessores. Nesse sentido, seu verdadeiro precedente foi o decreto francês da *levée en masse*, emitido quase vinte anos antes. Mas no chamado a uma resistência armada universal, e não simplesmente a uma participação universal no esforço de guerra, os prussianos podem ter apresentado uma visão ainda mais radical da guerra. Schmitt chamava o documento de "Magna Carta da guerra de guerrilha".**

É verdade que, de certo modo, sua importância — assim como de toda a mudança cultural que está por trás dela — pode ser exagerada. A *Landsturm*, como vimos, provocou sérias críticas por parte das elites da Prússia, e, ao contrário da *levée en masse*, nunca foi posta em prática. Mesmo a *Landwehr*, mais limitada, sofreu uma grande resistência. Apesar das referências à Espanha e à Vendeia, o território prussiano na verdade teve muito pouca atividade guerrilheira no verão de 1813 — a guerra continuou a ser um duelo de exércitos fardados.*** O entusiasmo de fato levou mais de 20 mil homens a se apresentarem voluntariamente para o combate, mas isso ainda correspondia a ape-

---

* "Verordnung über den Landsturm", 21 de abril de 1813 (Huber, v. I, p. 50-53).
** Schmitt, *Theorie des Partisanen*, p. 48.
*** Sobre essa campanha, ver Leggiere.

nas 12% do total das forças prussianas.* Do nacionalismo alemão difundido, supostamente surgido em 1813, há poucos indícios que vão além dos letrados. O próprio Frederico Guilherme reconheceu o caráter multinacional da Prússia ao destinar seu edito de março não aos "germânicos", mas aos "prussianos, pomerânios e lituanos". Heinrich Heine mais tarde troçaria: "Disseram-nos para sermos patriotas, e nos tornamos patriotas, porque sempre fazemos o que nossos príncipes nos dizem".**

Mesmo assim, os letrados tiveram uma importância real. Arndt, em particular, era próximo ao estadista Stein, acompanhou-o em seu retorno do exílio russo em 1812-1813, e escreveu, em parte, por encomenda dele.*** Ademais, a visão da guerra que ele e seus colegas escritores elaboraram era compartilhada por alguns dos homens mais poderosos do estado prussiano e pelos militares, entre os quais Stein, Scharnorst e Gneisenau. A retórica da regeneração pela guerra, portanto, penetrava nos níveis mais altos da sociedade e do governo prussianos. Igualmente importante foi que, embora não correspondesse à realidade do Exército prussiano em transformação, a retórica moldou o significado que "guerra de libertação" teria para as gerações subsequentes. Símbolos-chave da identidade alemã moderna, como a cruz de ferro, foram inventados no "Freikorps" de voluntários de 1813 comandado pelo barão Adolf von Lützow, que tinha entre seus membros alguns jovens escritores.**** Chateaubriand não foi completamente arbitrário ao propor que se renomeasse a guerra de 1813 de "a campanha da Jovem Alemanha, ou a Campanha dos Poetas".*****

---

* Ver Hagemann, *"Mannlicher Muth"*, p. 37. À p. 41, o autor julga a tentativa de mobilização como "relativamente bem-sucedida". Ver também Hagemann, "Of 'Manly Valor'".
** Apud Gates, p. 230, 231.
*** Ver Hagemann, "Of 'Manly Valor'", p. 209.
**** Ver Moran, "Arms and the Concert", p. 62.
***** Chateaubriand, p. 278.

Uma figura em especial veio rapidamente a encarnar essa campanha em nome dos alemães cultivados. Theodor Körner nasceu em Dresden em 1791, filho de um próspero oficial saxônico que frequentava círculos intelectuais.* Não teve descanso na adolescência, quando estudou Mineração, Direito, História e Filosofia em diversas instituições. Largou tudo aos 20 anos de idade e se mudou para Viena para tentar a sorte como dramaturgo. Körner teve sucesso imediato, sobretudo por uma obra chamada *Zriny*, que celebrava o heroísmo patriótico em um seguro contexto húngaro — assim adequando-se ao momento de estímulo ao fervor público antinapoleônico sem desafiar abertamente um governo ainda oficialmente aliado à França. Em Viena, Körner também ganhou a amizade e o patrocínio de ninguém menos do que Wilhelm von Humboldt, antigo defensor da regeneração pela guerra.

Em março de 1813, ainda com apenas 21 anos de idade, Körner leu a respeito da declaração de guerra da Prússia à França e o apelo de Frederico Guilherme à população. Entusiasmado, alistou-se no *Freikorps* de Lützow e logo se tornou tenente. Apesar de um sério ferimento na cabeça, retornou à luta em meados do verão. Körner escreveu poemas quase continuamente sobre suas experiências. Na elegante descrição de Chateaubriand, ele era "jovem, louro e lindo, um Apolo a cavalo".**

Grande parte dos poemas era convencionalmente patriótica, ao estilo romântico da época ("a nação se ergue, a tempestade começa"), ou louvava a nova forma de guerra de um modo que Clausewitz teria aprovado: "Este não é o tipo de guerra que as coroas conhecem / É uma cruzada, uma guerra santa".*** Diferia, contudo, do tom enfático de poetas mais velhos, como Arndt. Os poemas eram muito pessoais, descrevendo os sentimentos mais íntimos de Körner e narrando suas

---

* Sobre Körner, ver Zipper.
** Chateaubriand, p. 280.
*** Körner, "Männer und Buben"; "Aufruf", (*Leier und Schwert*). Todas as citações do livro são tomadas dessa fonte e identificadas pelo poema.

experiências individuais, fosse sentado nos galhos de um carvalho ("Os carvalhos") ou cantando à própria espada antes de uma batalha ("Canção da espada"). A guerra era tratada não somente como uma cruzada, mas também como o que um historiador chamou de "veículo de realização pessoal".* Na verdade, assim como Napoleão muitas vezes parecia se apresentar como personagem de um romance, Körner fez de si próprio o herói de um ciclo de poemas e canções, fazendo as vezes alternadamente de um cruzado, de um caçador a galopar ao som de "estridentes trombetas" ("A caçada selvagem de Lützow") ou de um admirador apaixonado da linda rainha Luise, da Prússia, já morta. Como era frequente à época, ambições literárias e militares se entrelaçavam.

Por vezes, a poesia apresentava a guerra como uma gloriosa aventura juvenil. Em outros momentos, exibia um fascínio sombrio e claramente erótico pela morte: a rigor, uma espécie de desejo sensual por ela.** A palavra "noiva" aparece com frequência nos versos de Körner. Às vezes, trata-se de sua espada; às vezes, da "Germânia" ou da "pátria" ("No campo de batalha de Aspern"). Na "Canção do cavaleiro", de 1813, ele incluiu o seguinte:

Die Ehre ist der Hochzeitsgast
Das Vaterland die Braut
Wer sie rechtbrünstiglch umfasst,
Denn hat der Tod getraut.

No casamento, a honra é convidada
E a pátria, a noiva
Aquele que a toma para si com volúpia
Casa-se com a morte

---
* Moran, "Arms and Concert", p. 59.
** Ver a análise de Weber, *Lyrik*, p. 195-196.

Em uma carta à mulher amada, Körner escreveu que o *Freikorps* marchava e que "esperamos para daqui a dois dias nosso casamento com a morte".* Em um poema composto na véspera da batalha de Danneberg, em maio de 1813, ele declarou que a verdadeira felicidade somente chegaria pelo risco da morte sacrificial. Acima de tudo, Körner temia a morte banal, não poética. Sentado, frustrado, à beira do rio, na função de guarda, enquanto escutava aos sons distantes da batalha, ele escreveu:

Soll ich in der Prosa sterben
Poesie, du Flammenqell
Brich nur los mit leuchtendem Verderben
Aber schnell!

Devo eu morrer em prosa?
A poesia, embora fonte de fogo
Esvai-se com a ruína brilhante
Rapidamente!**

Em 25 de agosto de 1813, o poeta consumou seu tão almejado casamento, ao ser ferido mortalmente em uma batalha, poucas horas depois de haver composto sua canção à própria espada. Mas a bala que lhe abreviou a vida ao mesmo tempo construiu sua reputação, principalmente depois de, no ano seguinte, o pai de Körner reunir os poemas do filho e publicá-los com o título de *Lira e espada*. O livro imediatamente causou sensação e ganhou várias reedições. É possível dizer que Körner se tornou o poeta mais popular da Alemanha de sua geração.*** Graças à juventude e à beleza, ele inspirou algo parecido com as emoções sentidas pela geração revolucionária francesa ao contemplar o

---
* Apud Sheenan, p. 384.
** Körner, "Missmut".
*** Weber, *Lyrik*, p. 190-192.

sacrifício do jovem Bara. Hoje em dia, versos sobre a beleza da morte sacrificial felizmente perderam sua popularidade na Alemanha, mas até 1945 Körner permaneceu uma figura central no cânone poético popular do país. Em *O triunfo da vontade*, filme de Leni Riefenstahl, a banda das *Sturmtruppen* que tocava para Hitler na reunião das tropas em Nuremberg executa a música composta para acompanhar o poema "A caçada selvagem de Lützow", de Körner.* Em 1943, quando Joseph Goebbels deu o famoso brado à multidão no palácio de Esportes de Berlim — "Vocês querem guerra total?" —, terminou seu discurso citando "Homens e meninos", poema de Körner.**

Com Körner, a reglorificação da guerra, iniciada na França revolucionária, atingiu sua forma mais plena e mais estranha. Como argumentei aqui, essa reglorificação não marcou um retorno à cultura de guerra do Antigo Regime. A guerra continuava a ser uma experiência extraordinária e excepcional para Körner, como havia sido para os *philosophes* do século XVIII; era, como havia escrito vigorosamente seu amigo Humboldt, o "extremo sabidamente temível". Para Körner, porém, e por extensão para toda sua geração na Alemanha, a guerra havia se tornado um extremo bem-vindo, pelo qual indivíduos e sociedades eram testados, provados e fortalecidos. Era uma fantasia de violência criativa, de engajamento total que terminaria quer em uma vitória gloriosa, quer em uma igualmente gloriosa autoimolação.

Apenas sete meses após a morte de Körner, o momento de autoimolação pareceu chegar também para Napoleão. Em seguida ao fracasso da campanha francesa brilhante de Napoleão no início de 1814, as tropas aliadas entraram em Paris no final de março. Em 3 de abril, instigado pelo volúvel ex-primeiro-ministro Talleyrand, o Senado proclamou que o imperador havia perdido o direito ao trono. Em 12 de abril, depois de vacilar quanto a sua abdicação, Napoleão engoliu o veneno que

---

* Ver Johnston, p. 203.
** O discurso pode ser encontrado em http://www.stern.de/politik/historie/351801.html, consultado em 6 de julho de 2006.

seu médico lhe havia preparado dois anos antes.* O veneno perdera a eficácia e só o fez passar mal. Ele sobreviveu para produzir mais um episódio extraordinário e então desempenhar o papel de Prometeu moderno, acorrentado a uma rocha solitária do Atlântico Sul, atacado por abutres britânicos. E dado o brilho de sua lenda, tornar-se-ia impossível imaginar que qualquer outro tipo de figura militar, ou qualquer outro tipo de guerra, houvesse algum dia sido considerado natural.

---

* Ver Tullard, *Napoléon*, p. 419.

Epílogo

> A guerra é divina.
> — JOSEPH DE MAISTRE*

Ao fim dessa odisseia sangrenta, pode ser um alívio afastar-se, ainda que momentaneamente, dos relatos de batalhas e atrocidades. Considerem-se, por um instante, duas passagens clássicas da literatura francesa que lidam com algo em aparência completamente distinto: o problema de como seduzir uma mulher casada virtuosa. A primeira vem do grande livro de Chordelos de Laclos, *Ligações perigosas*, de 1782. Trata-se de um romance epistolar, e a carta em questão é um de seus clímax. O visconde de Valmont descreve à sua correspondente, a marquesa de Merteuil, como ele finalmente seduziu a angelical madame de Tourvel.

> Até aqui, minha cara, você encontrará em mim, creio, uma clareza de métodos que lhe dará prazer; e verá que não me afastei um milímetro dos verdadeiros princípios desta espécie de guerra que muitas vezes observamos ser tão semelhante à outra. Julgue-me, portanto, como Turenne ou Frederico. Obriguei a combater o inimigo, que queria apenas ganhar tempo; conquistei, por meio de hábeis manobras, o di-

---
* Maistre, *Soirées*, v. II, p. 36.

reito de escolha do terreno e da disposição das forças; soube inspirar segurança ao inimigo para alcançá-lo melhor na sua retirada; soube substituir nele o sentimento de segurança pelo terror antes de chegar ao combate; nada deixei ao acaso [...] enfim, somente engajei a ação com uma retirada garantida por onde pudesse cobrir e conservar tudo o que conquistara anteriormente.*

A segunda passagem é de um livro publicado cerca de 48 anos depois: *O Vermelho e o negro*, de Stendhal. Trata-se da descrição dos primeiros passos dados pelo jovem herói, Julien Sorel, ao seduzir a dona da casa (madame de Rênal) em que trabalha como tutor, segurando sua mão:

> Era singular o seu olhar [...] quando tornou a ver a senhora de Rênal; observava-a como a um inimigo com o qual é mister bater-se [...] Abreviou muito as lições das crianças, e a seguir, quando a presença da senhora de Rênal veio chamá-lo [...] aos seus desejos de glória, decidiu ele que era absolutamente necessário que naquela noite ela deixasse ficar a sua mão na dele. O sol em declínio, que aproximava o momento decisivo, fez o coração de Julien bater de um modo singular [...]. O combate terrível que o dever travava com a timidez era muito penoso, o que o punha em estado de nada poder observar fora de si mesmo. Acabavam de soar as nove e três quartos no relógio do castelo e ele a nada se atrevera ainda. Indignado com a própria covardia, Julien pensou: "Precisamente no momento em que o relógio bater dez horas, hei de executar o que durante todo dia me comprometi a fazer, ou então subo ao meu quarto e rebento os miolos."**

Como parece óbvio, a distância entre seduzir e lutar não era, na verdade, tão grande para nenhum dos romancistas. Mas como são di-

---

* Chordelos de Laclos, carta 125.
** Stendhal, livro I, capítulo IX.

ferentes as batalhas de cada um deles! Em Laclos, o tom do sedutor é completamente seguro e confiante. Em sua batalha nada é deixado ao sabor da sorte. Tudo é calculado, planejado, até o último detalhe. As forças são dispostas perfeitamente para combate e, mesmo assim, uma rota de retirada é cuidadosamente resguardada. A batalha como um todo equivale a uma imensa *performance*, estranhamente impessoal. Os leitores logo ficam sabendo que Laclos na verdade armou uma grande ironia, pois nada é menos seguro ou previsível do que o resultado desse embate específico. O tom das cartas, contudo, diz muito das suposições e expectativas de Valmont naquele momento, antes de sua "vitória" tomar rumos estranhos. O tom de Julien Sorel, por outro lado, não poderia ser menos confiante ou mais angustiado. Em *sua* batalha, nada é meticulosamente preparado, e quase tudo é deixado ao acaso. O agressor depende simplesmente de força e sorte. Não está em questão nenhum tipo de *performance* pessoal. O que está em jogo é a própria alma de Julien.

Embora curtas, essas belas passagens ilustram a transformação da função da guerra no imaginário europeu durante o período de vida de Napoleão, que eu tracei neste livro. Com o personagem Valmont, Laclos — ele próprio um soldado experiente — apresentou a seus leitores um puro oficial aristocrático do Antigo Regime. Suave, gracioso, autocontrolado, Valmont era precisamente o tipo que poderia ter levado um par extra de meias de seda para a campanha, que teria empoado cuidadosamente sua peruca na véspera da batalha e que teria ido para o combate vestindo trajes esplendorosos. Ele e seus contemporâneos não veriam nada de inadequado à guerra nesse comportamento. Ao contrário, era exatamente o que se esperava de verdadeiros guerreiros aristocráticos, que deviam transitar despercebidamente entre os teatros associados da vida aristocrática, que eram a corte e o campo de batalha, cumprindo performances igualmente magnificentes e controladas em ambos.

Quanto a Stendhal — outro autor com considerável experiência em matérias militares, inclusive tendo acompanhado o Exército de Napoleão na Rússia —, seu Julien Sorel ilustrava o que a profissão de armas viera a representar para milhões de europeus no início do século XIX. Julien sonha com uma carreira militar (é o "vermelho" do título do livro), e nela embarca brevemente no romance, mas não para desempenhar qualquer papel social preestabelecido. Filho de um dono de serraria pobre, deseja se impor no mundo; a vida militar é um meio de satisfazer suas fantasias e ambições. Ele anseia por conflitos heroicos e apocalípticos nos quais possa conquistar uma grande glória (ou morrer na tentativa). Desnecessário dizer, seu deus é Napoleão Bonaparte. Na cena em que Julien primeiro aparece, ele lê um livro em vez de vigiar uma serra, e seu pai rústico e analfabeto joga o livro na água. "[Julien] olhou tristemente o regato onde o livro caíra — era, de todos, o que mais prezava, o *Memorial de Santa Helena* [de Napoleão]."*

Os últimos anos do governo e da vida de Napoleão só fizeram fortalecer o apelo da guerra como teste redentor e transformador — e a capacidade do próprio Napoleão de corporificar esse apelo. Depois da queda de Paris em 1814, os aliados vitoriosos desterraram-no para a ilha de Elba, nas proximidades da Córsega (jornalistas britânicos brincavam sobre a falta de "espaço para os cotovelos" na pequena ilha, em um trocadilho entre a palavra inglesa *elbow* (cotovelo) e o nome Elba.).** O irmão mais jovem do já falecido Luís XVI reclamou o trono para os Bourbon. Mas depois de menos de dez meses, Napoleão escapou a bordo de um navio chamado *Inconstante* e logo desembarcou na costa mediterrânea da França, dando início ao episódio conhecido como os Cem Dias. Pouco se via naquela figura barriguda e careca que lembrasse o general magro, elétrico, de cabelos longos, retratado por Gros 18 anos antes. Os franceses não tinham começado a esquecer seu autoritarismo, os milhões que haviam morrido durante suas guerras ou o rebaixamento nacional que acompanhara sua derrota. O novo

---

* Stendhal, livro IV, capítulo IV ("Un pére et un fils").
** Sobre os Cem Dias, ver S. Englund, p. 429-447. Villepin deve ser estritamente evitado.

rei Luís XVIII, rechonchudo e afetado, rapidamente gastara suas não muito entusiásticas boas-vindas, e a audácia de Napoleão produziu um efeito espantoso. A população local saiu em seu auxílio, e a mesma coisa fez o Exército à medida que Napoleão marchava em direção ao norte. Em diversas ocasiões, soldados simplesmente recusavam ordens de disparar nele. Embora alguns de seus antigos generais houvessem se associado ao regime Bourbon que os havia perdoado, outros — como o extravagante general Michel Ney — voltaram a se pôr a seu lado. Quando Napoleão se aproximou de Paris em 20 de março, todos os grandes clichês românticos a seu respeito — uma torrente irresistível, uma tempestade acachapante, uma fogueira insaciável — pareciam novamente ganhar ares de verdade. Luís XVIII convenientemente esqueceu seu juramento — antes morrer do que abandonar a França uma segunda vez — e fugiu para a Bélgica. Napoleão, tendo seduzido seu crítico mais severo, Benjamin Constant, a colaborar, reviu sua constituição imperial e lhe conferiu um caráter mais liberal. Os aliados mobilizaram seus exércitos para esmagá-lo de uma vez por todas, e de seu lado ele também se mobilizou.

Dessa vez, porém, Napoleão tinha poucas chances de sucesso. Seus exércitos estavam exauridos; armas, coudelaria e suprimentos, mais ainda. Esforços hercúleos para se rearmar não foram suficientes para obter o efeito necessário. E, então, o fim veio com uma velocidade impiedosa. Napoleão entrou com seus exércitos reconstruídos na Bélgica e, em meados de junho, depois de algumas batalhas não decididas, enfrentou britânicos e prussianos em Waterloo. Pela primeira vez, ele se viu no mesmo campo de batalha do duque de Wellington, o rival não derrotado na Espanha. Como em Marengo, em 1800, suas forças estavam divididas, com o marechal Grouchy e 33 mil homens destacados para combater os prussianos, estes últimos comandados pelo marechal Blücher. À diferença de Marengo, contudo, o subordinado de Napoleão não retornou com suas tropas a tempo, ao passo que Blücher forneceu reforços cruciais aos britânicos. Um dia terrivelmente sangrento chegou ao ápice quando, sob o céu de primavera ainda brilhante às 19h, Napoleão lançou sua lendária Velha Guarda contra a "delgada linha vermelha" de Wellington. O Exército britânico manteve-se firme; o francês ruiu, e, com ele, ruíram as esperanças de Napoleão. Quatro dias mais tarde, de volta a Paris, Napoleão abdicou uma segunda vez e, depois de intensa manobra política, rendeu-se aos britânicos. Dessa vez, os aliados se precaveram e o exilaram em Santa Helena, uma ilha pedregosa do Atlântico Sul, pouco mais de duas vezes maior do que o distrito de Columbia. Lá, Napoleão amuou-se, tramou e querelou com seus carcereiros britânicos (que se recusavam a reconhecer seu título imperial), aborreceu seu pequeno *entourage* com leituras intermináveis de suas peças favoritas e recordou em voz alta suas campanhas. Morreu em 1821, provavelmente de câncer de estômago, embora um grupo resoluto de teóricos da conspiração continue a sustentar que ele foi envenenado com arsênico.

Foi um fim indigno, para dizer o mínimo. E, no entanto, a mordacidade desse fim, advindo após um último espasmo de glória nos Cem Dias, exercia uma atração irresistível no imaginário romântico. Um dos companheiros de Napoleão em Santa Helena, o conde Emanuel de las Cases, contribuiu ainda mais ao publicar um relato do exílio, pleno de transcrições extensas das reminiscências de Napoleão, sob o título de *O memorial de Santa Helena*. Objeto de grande aclamação popular em 1823 (como sugere a paixão de Julien Sorel pelo livro), o *Memorial* selou a lenda napoleônica. Sua estrutura era aparentemente irregular e confusa, mas suas transições frequentes e rápidas das banalidades miseráveis de Santa Helena para os grandes momentos de glória de Napoleão conseguiram transformar o imperador em uma figura pela qual se podia nutrir compaixão.* Na própria França, sua imagem subsistiu por toda parte.** Moedas, desenhos, cartuns, cartas de baralho, caixas de tabaco e estatuetas circulavam apesar de todos os esforços do (re-)restaurado regime Bourbon. Rumores de um novo retorno à França também circulavam, reforçados pela aparição regular de impostores

---

* Ver Morrissey.
** Ver Hazareesingh, *The Legend of Napoleon*, especialmente p. 68-98.

a reivindicar a púrpura imperial — na década de 1840, houve mais loucos franceses se fazendo passar por Napoleão do que por qualquer outra figura, à exceção de Jesus Cristo. Muito compatriotas sãos expressavam esperança por seu retorno usando violetas nas lapelas — a flor desabrocha, assim como Napoleão retornou, em março.

A lenda foi além da França. Na Grã-Bretanha, cujos súditos haviam combatido Napoleão com muito custo durante quase duas décadas, era de se esperar pouca simpatia por ele.* De fato, para celebrar Waterloo, efígies do imperador foram queimadas por todas as ilhas britânicas (em Yarmouth, os citadinos colocaram uma no topo de uma pirâmide de barris de navio para queimar melhor e ficaram admirando sentados ao redor de uma enorme mesa de banquete de mil jardas, devorando pratos britânicos típicos como o rosbife e a torta de ameixas). Uma parte significativa de radicais britânicos, contudo, idealizava o imperador e deplorava o tratamento dispensado por seu próprio governo a ele: "Mas como ainda resplandece o sol poente;/ Transportado para uma tumba viva", escreveu William Cobbet.** Quando o *Belerofonte*, levando Napoleão para Santa Helena, rapidamente aportou em Plymouth (o mais próximo à Inglaterra que Napoleão jamais chegou), o governo rapidamente ordenou que a embarcação se retirasse de águas territoriais britânicas, temendo que um magistrado simpatizante emitisse um mandado de *habeas corpus* para mantê-lo ali.

A lenda, é claro, nunca morreu. Mesmo hoje, Napoleão continua a ser possivelmente a figura mais conhecida de toda história europeia. Ele certamente esteve presente em mais obras de ficção do que qualquer outra pessoa, tanto em algumas das maiores (*Guerra e Paz*, de Tolstoi, "L'Expiation", de Victor Hugo, *Napoleon*, filme de Abel Gance) quanto das piores (por exemplo, a peça italiana *Campo di Maggio*, de 1931, cujo coautor secreto era ninguém menos do que Benito Mussolini). Em um nível menos elevado, sua imagem vende de tudo, desde conhaques

---
* Ver Semmel, especialmente p. 148, 173.
** Cobbett apud Semmel, p. 221.

e chocolates, a preservativos e antiácidos. Seus críticos continuam a incluí-lo no grupo dos maiores vilões da história.* Mas apesar de todo sofrimento humano pelo qual Napoleão foi responsável, a maior parte do público apreciador de história ainda resiste instintivamente a colocá-lo na mesma classe de Hitler, Stalin ou Mao. Uma razão disso é a qualidade profundamente humana que Napoleão tão facilmente exibe ("que romance é a minha vida"). Outra, especialmente na França, está relacionada às reformas benéficas que ele implementou: em especial, o Código Civil, com sua garantia de igualdade civil, e o sistema administrativo francês moderno. A razão mais importante, todavia, é que ele continua a simbolizar, para bem e para mal, um certo tipo de possibilidade humana, até de grandeza humana — alcançada, sobretudo, por meio da guerra. Julien Sorel está ao lado de milhões de homens e mulheres reais que respiraram esses ares intoxicantes.

A lenda de Napoleão persistiu depois de 1815, mas o tipo de guerra que ele corporificava entrou em declínio. Para os líderes dos estados que o derrotaram, sua lenda e tudo que ela representava eram menos intoxicantes do que simplesmente tóxicos, e eles estavam determinados a evitar que algo similar às guerras napoleônicas tornasse a acontecer. Isso não significava, no entanto, restaurar a guerra do Antigo Regime. É verdade que os aliados continuaram a ser, de modo geral, monarquias não reformadas, cujas sociedades e cujos militares, ainda dominados por aristocracias hereditárias, haviam mudado menos do que a França durante o quarto de século de guerra. O tsar russo ainda tinha cerca de 20 milhões de servos — praticamente escravos — entre seus súditos. Mas assim como a guerra napoleônica havia forçado a Áustria e a Prússia a flertar com a ideia de suas próprias *levées en masse* e a abrir seu corpo de oficiais a plebeus de talento, ela fizera os governantes desses países porem em questão a conveniência do retorno ao estilo pré-1789 de guerras frequentes e política de "equilíbrio de poder". A Revolução e

---

* Ver Johnson; Ribbe.

Napoleão haviam tornado claro para eles que a guerra limitada, comedida e aristocrática simplesmente já não era uma possibilidade. A guerra se tornara uma caixa de Pandora que ameaçava libertar os espíritos malignos do messianismo revolucionário e das ambições imperiais. Portanto, quando os aliados se reuniram no chamado Congresso de Viena de 1814 para negociar os contornos de uma nova ordem europeia (algo que inicialmente não planejavam, mas que fizeram), terminaram na verdade por adotar algo mais próximo dos sonhos dos visionários iluministas do que daqueles dos príncipes do Antigo Regime.

Para falar a verdade, os estadistas práticos do Congresso não tinham muita esperança de que a paz perpétua terminaria por surgir da difusão do comércio e da civilização. Eles tinham menos em comum com Montesquieu ou Benjamin Constant, que haviam desenvolvido essa teoria, do que com o abade Saint-Pierre e Kant, que, apesar de toda a falta de senso prático filosófico, reconheciam que a paz viria somente por meio de ação política acordada e da formação de uma federação de Estados. O sistema de Estados nascido em 1814-1815 não era uma federação, mas realmente se baseava na ideia de que as grandes potências agiriam de modo articulado para administrar os desacordos internacionais e evitar conflitos violentos.* O Tratado da Santa Aliança, assinado em setembro de 1815 por Rússia, Áustria e Prússia, foi ainda mais além. Inspirado nas crenças idealistas do tsar Alexandre, o tratado determinava que os signatários, como observou Paul Schroeder, "lidassem uns com os outros e com seus povos tendo por base o Evangelho, de modo que a aliança europeia se tornaria uma união fraternal entre governantes e povos, eliminando guerras e conflitos da face da Terra".** Na soma geral, os acordos de 1814-1815 foram muito além dos armistícios europeus anteriores ao estabelecer mecanismos ativos para evitar futuras guerras.

---

* Ver Schroeder, *Tranformation*, p. 517-582; e também as observações perspicazes de Padgen.
** Schroeder, *Transformation*, p. 558.

Por algum tempo, o êxito foi notável. As décadas seguintes a Waterloo tiveram lá sua cota de violência militar. As Forças Armadas da França e de seus re-restaurados Bourbons voltaram a agir já em 1823 — logo na Espanha, para apoiar o reinstaurado Fernando VII contra a oposição liberal. Mas eles o fizeram dentro do contexto amplo do "Concerto da Europa", e os combates foram leves para os padrões de 1808-1814. De modo geral, as grandes potências conseguiram limitar os conflitos na Europa ocidental e central e assim acabar com o perigo da guerra total. Nenhuma lutou contra outra novamente até a Guerra da Crimeia de 1854-1856, que opôs à Rússia a Grã-Bretanha e a França (e a Turquia). E comparada às guerras napoleônicas, mesmo a Crimeia foi algo menor, com batalhas que nunca envolveram mais de 100 mil combatentes. A Guerra Franco-Prussiana de 1870-1871, que levou à unificação da Alemanha, teve batalhas de grandes proporções, mas durou menos de nove meses. Pode-se argumentar que as grandes potências não propriamente estabeleceram paz, mas sim levaram a guerra para o exterior — para seus violentos impérios coloniais. A Guerra da Independência Indiana de 1857 contra a Grã-Bretanha chegou perto do nível da guerra total, com atrocidades que deixavam para trás tudo o que se vira na Espanha napoleônica (senão na Vendeia). Contudo, o êxito da "longa paz" na Europa, por mais imperfeito e transitório que tenha sido, foi de todo modo significativo. Algo assim nunca havia sido feito. Os aliados, portanto, conseguiram impedir que a primeira guerra total se transformasse no início de uma *era* de guerra total.

Eles não conseguiram, entretanto, exorcizar o espectro da guerra total por completo. O próprio modo com que trataram Napoleão após sua derrota marcou aceitação por parte deles de pelo menos algumas das crenças que haviam tornado a guerra total possível. Pois embora eles não tenham *formalmente* rotulado Napoleão como um criminoso ou o levado a julgamento, tampouco lhe concederam o status de adversário honrado. Em termos formais, o exílio em Santa Helena caía em um limbo conceitual, mas na prática todos sabiam que equivalia a encarcerar um prisioneiro. Napoleão continuou a ser, literalmente, um criminoso perturbador da paz, e contra tais criaturas o emprego de meios extraordinários era permitido, até encorajado. (Por outro lado, comandantes franceses de patente mais baixa, como Reille ou Dorsenne, que o nosso próprio século condenaria por crimes de guerra, não foram punidos por seus atos na Espanha; seus nomes ainda aparecem no Arco do Triunfo em Paris, ao lado do nome do general Turreau, o carniceiro da Vendeia.)

Em outra continuidade com o Iluminismo, o século XIX assistiu a expressões renovadas de uma cruzada pacifista na Europa — na verdade, à emergência de algo que havia faltado ao Iluminismo: movimentos pacifistas formalizados.* E apesar de desilusões sangrentas que haviam estraçalhado esperanças anteriores, alguns escritores logo desencavariam o argumento dos *philosophes* de que a guerra estava desaparecendo do mundo por conta própria. O proeminente liberal britânico Richard Cobden escreveu em 1835: "o comércio é a grande panaceia, que [...] servirá para inocular em todas as nações do mundo a saúde e o gosto salvador pela civilização".** Cerca de 75 anos depois, à beira da Primeira Guerra Mundial, o mesmo tema era ecoado pelo jornalista anglo-americano Norman Angell, cujo livro, imensamente popular, *The Great Illusion*, argumentava que na era moderna tornara-se impossível, para qualquer país, lucrar materialmente com a guerra: "o poderio militar é social e economicamente fútil".*** O livro foi traduzido para 25 idiomas e vendeu 2 milhões de exemplares. Anos depois, Jean Renoir evidentemente tomou emprestado o título do livro para dar nome a seu magnífico filme sobre a Primeira Guerra Mundial.

Em suma, um grande número de europeus do século XIX continuou a ver a guerra de modo parecido com os *philosophes*: como algo extraordinário e abominável para o progresso da civilização moder-

---

* Ver, especialmente, Ceadel; Chickering, *Imperial Germany*; S. Cooper; Grossi.
** Apud Ceadel, p. 42.
*** Angell, *The Great Illusion*, p. ix.

na. O relativo sucesso do sistema congressual, associado ao desenvolvimento contínuo do comércio internacional, encorajou-os a pensar que, *dessa* vez, realmente, a guerra estava prestes a ser extinta. E, então, quando outra guerra total, mais destrutiva do que as napoleônicas, começou em 1914, as forças aliadas estavam preparadas para redescobrir a paradoxal visão girondina de uma guerra final e devastadora para chegar à paz perpétua: "a guerra para acabar com todas as guerras".

Essa visão pacifista, no entanto, não foi o único legado do Iluminismo e do quarto de século de guerra total a sobreviver depois de 1815. Havia também seu par sombrio: a visão da guerra como exceção sublime, redentora, *desejável*. Na verdade, durante o século que se seguiu a Waterloo, aumentou o poder inebriante dessa visão, graças a escritores como o reacionário Joseph de Maistre, que já havia escrito sobre os poderes purificadores da guerra no final da década de 1790. Nos anos 1820, ele se estendeu sobre o tema em um influente devaneio sinistro sobre como a vontade de Deus prescrevia não somente um ciclo infindável de sangue e morte, mas também um desejo terrível que conduz o mais manso dos homens à carnificina:

> A terra grita e pede sangue [...]. Assim se conduz sem cessar, da minhoca ao homem, a grande lei da destruição violenta de seres vivos. O mundo inteiro, continuamente saturado de sangue, nada mais é do que um imenso altar onde tudo o que vive deve ser massacrado, sem fim, sem medida, sem descanso, até que todas as coisas sejam devoradas, até a extinção do mal, até a morte da morte [...]. A guerra é, portanto, divina em si e por si mesma, pois é uma lei do mundo [...]. A guerra é divina na glória misteriosa que a cerca, e na não menos inexplicável atração que nos leva a ela.*

---

* Maistre, Soirées, v. II, p. 33, 34, 36.

EPÍLOGO   419

Posteriormente, outros se baseariam no trabalho de Charles Darwin para dar um novo formato distorcido a ideias dessa estirpe.* Raças, nações e mesmo classes sociais, dir-se-ia, competiam umas com as outras como espécies no mundo selvagem, e somente os mais aptos sobreviviam. Guerra era um veículo de evolução social. Na virada do século XIX para o XX, o conceito de guerra redentora havia se tornado tão comumente aceito que o filósofo William James sentia que a raça humana somente poderia chegar à paz se descobrisse um "equivalente moral da guerra", um canal pacífico para o qual dirigir a natural belicosidade humana. "A história é um banho de sangue", admitia James. "Nossos ancestrais nos infundiram belicosidade até a medula, e milhares de anos de paz não nos tirarão isso." "Guerra é a vida forte", a ecoar Humboldt e de Maistre, "é vida *in extremis*".**

Nos anos anteriores à Primeira Guerra Mundial, muitos outros escritores adotaram essa suposta lei da natureza. Crendo que suas sociedades eram cada vez mais materialistas, corruptas, medíocres, eles ansiavam por uma purificação terrível, uma provação sublime. "Eu quase desejo uma guerra monstruosa", escreveu o poeta francês Paul Valéry em 1891,*** expressando um sentimento inteiramente banal para muitos intelectuais da época. Heinrich von Treitschke, um dos principais escritores de história e política da Alemanha imperial, chamou a guerra de "sagrada", "a esfera específica na qual podemos traçar mais claramente o triunfo da razão humana". Acrescentou ainda que "o ideal de paz perpétua não é apenas impossível, mas também imoral".**** Talvez os mais insistentes fossem os artistas conhecidos como futuristas, que, em seu manifesto de 1909, proclamavam: "a guerra é a única higiene do mundo [...] queremos glorificar a guerra, única cura para o mundo".*****

---

* Ver, por exemplo, Steinmetz.
** James, p. 22-23.
*** Apud Stromberg, p. 180.
**** Treitschke, v. I, p. 29; v. II, p. 599.
***** "The FuturistManifesto", em http://evans-experientialism.freewebspace.com/marinetti.htm, site consultado em 26 de junho de 2006.

Essa mensagem extrema tinha relativamente poucos partidários, mas, em um sentido mais amplo, a noção de guerra como um teste ajudou a formar, em aspectos cruciais, o modo pelo qual os europeus entenderam e experimentaram coisas militares durante o século XIX e o início do XX. Antes de mais nada, ela levou ao crescimento contínuo do militarismo. Ao longo de grande parte do período, os exércitos se tornaram cada vez mais profissionais e apartados, em casernas e acampamentos, da sociedade civil. Tornaram-se sociedades distintas, frequentemente consideradas superiores em razão de sua prontidão para o sacrifício, de sua disciplina e, especialmente, dos efeitos supostamente purificadores da guerra. O padrão de intervenção militar na vida política, iniciado em sua forma moderna na França de 1795-1799, tornou-se lugar-comum na história europeia. Mesmo onde os golpes militares não aconteceram, a pretensão militar à superioridade moral podia provocar efeitos devastadores na vida política. No Caso Dreyfus da França da virada do século, o exército, temeroso de manchar sua honra e seu prestígio sagrados, recusou-se a admitir ter errado ao acusar um oficial judeu de traição e exacerbou tremendamente as divisões políticas e sociais do país.

Os europeus, de maneira nova, também passaram a pensar a guerra como um teste de indivíduos e a se fixar na experiência individual dela. Os historiadores conhecem e são gratos ao fato de que antes mesmo de se deporem as armas em 1815, uma avalanche de memórias pessoais, diários e correspondência impressa sobre as guerras começou a sair das editoras* (às vezes parece que todo soldado britânico na Batalha de Waterloo registrou depois por escrito suas recordações do evento). No entanto, os historiadores raras vezes refletiram sobre a novidade do fenômeno. Até o final do século XVIII, relativamente poucos militares (desses, quase todos oficiais) escreviam memórias militares.** Esses ho-

---

* Para a França, ver Tulard, *Nouvelle Bibliographie*. Ver também dois *sites* úteis: http://napoleonico-literature.com/AgeOfNapoleon/Memoirs.html e http://www.napoleon-series.org/research/eyewitness/c_british.html. consultados em 26 de junho de 2006.
** Para memórias do período renascentista, ver Harari.

mens quase nunca apresentavam pensamentos sobre suas vidas íntimas e tinham pouca preocupação pelo sabor e pelo tom de um evento específico. Eles celebravam feitos que se adequassem às imagens de valor da nobreza, tornando a escrita insípida e tediosa para as sensibilidades modernas. As narrativas pós-napoleônicas romperam dramaticamente com essa tradição — no número muito maior em que eram produzidas, em sua preocupação com o realismo e em seu estilo francamente pessoal. Embora poucos desses relatos discutissem a guerra da maneira carregada e existencial de Theodor Körner, o mero fato de que eles eram escritos e que encontravam um mercado ávido sugere uma conexão profunda entre guerra e noções românticas emergentes do "eu".* Desnecessário dizer, Napoleão fornecia o caso clássico dessa conexão e, consequentemente, tornou-se o personagem sobre o qual mais obsessivamente se escreveu na história até os dias atuais.

Essa mesma preocupação com a guerra e o "eu interior" também começou a permear um outro gênero significativo de escrita. Lembre-se que, no século XVIII, poucas obras de estratégia militar haviam dedicado muita atenção ao que nós chamaríamos de questões "psicológicas". A famosa afirmação de Napoleão de que, na batalha, fatores "morais" contam três vezes mais do que fatores "físicos"** já apontava uma nova abordagem, assim como as reflexões dos reformistas alemães (Scharnhorst é um dentre outros exemplos possíveis). A tendência se concretizou com Clausewitz em seu grande livro, *Da guerra*, escrito quase todo na década de 1820.*** De modo muito diferente de gente como Maurício da Saxônia, Clausewitz devotou muitas páginas à base mental da coragem e à presença de espírito, aos efeitos da luz, do barulho e da visão de companheiros feridos ou mortos. Muitas vezes, os comentadores atribuem a argúcia de Clausewitz unicamente a sua "genialidade", mas sua atenção à psicologia militar, que formou o modo

---

* Ver Taylor; Wahrman.
** Apud S. Englund, p. 105.
*** Ver especialmente Clausewitz, *On War*, p. 100-112 (livro I, capítulo III).

pelo qual exércitos são treinados desde então, refletem as mudanças culturais que ele vivenciou durante a era napoleônica.

Em 1914, exatamente um século após a primeira abdicação de Napoleão, a guerra total retornou à Europa. O sonho de que uma grande conflagração militar pudesse limpar e purificar o continente corrupto saía da arte e da literatura e novamente ajudava a orientar as ações de estadistas e soldados. Cada participante falava em mobilização total de recursos e, ao fim do conflito, em "guerra total" propriamente. No entanto, antes mesmo de os horrores da guerra de trincheira se tornarem amplamente conhecidos, poucos concordavam com o poeta Paul Claudel quanto à possibilidade de a alvorada sangrenta de 1914 trazer "a salvação e a regeneração de nosso pobre país"* (uma observação que ecoava sinistramente a madame Roland de 1791). Apesar da lenda difundida,** não é verdade que populações inteiras tenham, em êxtase, aceitado o chamado às armas. Ainda assim, a linguagem que justificava os combates, incluindo a linguagem da "guerra para acabar com todas as guerras", teve um efeito real. Em campos de batalha profundamente transformados — em relação aos campos napoleônicos — pela Revolução Industrial, essa linguagem estimulou exércitos europeus a persistir em uma carnificina que o próprio Napoleão, a despeito de seu desprezo pela "vida de um milhão de homens", jamais poderia imaginar.

A Primeira Guerra Mundial e os outros vários abismos em que se meteria o século XX, assim como o modo pelo qual tais abismos mudariam novamente o lugar da guerra no imaginário ocidental,*** vão além do objetivo deste livro. As mudanças foram inegavelmente amplas, e ficou muito fácil supor que elas equivaleram a uma espécie de ruptura na história; que aquilo que Niall Ferguson bem chama de "Guerra do

---

* Apud Stromberg, p. 201n; sobre o assunto, ver Stromberg, passim.
** Ver, por exemplo, Becker.
*** Sobre esse assunto, ver o clássico de Fussel.

Mundo"* do século XX obliterou qualquer ligação entre as guerras de 1792-1815, travadas com mosquete e canhão, e as do mundo atual.

Como eu argumentei nestas páginas, no entanto, a ideia de uma ruptura absoluta é falsa. Pois apesar do impacto das guerras do século XX, ainda há continuidades. Ecos. Rastros. As mudanças que ocorreram na Europa de Napoleão ainda guardam uma relação crucial com o mundo em que vivemos, sobretudo na ideia da guerra como algo excepcional, seja desastroso ou sublime, mas distinto e estranho ao curso ordinário da vida moderna. Os ecos vão além da Europa, e hoje atingem os Estados Unidos com a mesma — talvez até mais — força do que o próprio Velho Continente. Os Estados Unidos foram em muitos sentidos o filho mais velho do Iluminismo e, a princípio, se provaram receptivos às promessas iluministas de paz perpétua (como na pronta aceitação por parte de Washington das ideias de Chastellux sobre superar "o desperdício da guerra e a fúria da conquista"). Nos séculos XX e XXI, à medida que os perigos externos cada vez mais povoavam o imaginário americano, suas atitudes em relação à guerra passaram a se parecer com aquelas dos europeus dos períodos da Revolução Francesa e dos conflitos napoleônicos.

Por algum tempo no século XX, as continuidades mostraram-se, é verdade, menos óbvias. Esse tempo foi o da Guerra Fria, que colocou grande parte do mundo em uma situação estranhamente semelhante à do Antigo Regime europeu. Por mais de quarenta anos, o equilíbrio de terror entre as superpotências impôs um limite ao escopo das guerras, o que, ironicamente, permitiu uma série quase contínua de conflitos de baixa intensidade — e fez tais conflitos parecerem normais. Mas no período imediatamente pós-Guerra Fria, quando a paz perpétua pareceu, por um breve tempo, uma perspectiva tão palpável, para em seguida ser novamente capturada pela trevas, feito Eurídice no caminho de saída do Hades, os ecos se tornaram particularmente claros, e os rastros pareceram particularmente fortes.

---

* N. Ferguson.

No momento em que escrevo estas palavras, em meados de 2006, os laços parecem mais visíveis do que nunca. Logo após o 11 de setembro, pareceu que os profetas da paz perpétua podiam sumir de cena para sempre. Em um tempo surpreendentemente curto, porém, eles começaram a se fazer ouvir novamente. Diversos jornalistas, cientistas políticos e institutos falam em um aparente declínio do "grande conflito" desde o colapso da União Soviética.* Segundo uma estimativa, "o número de conflitos armados decaiu mais de 40%, e o número de grandes conflitos [...] em até 80%".** Em 2005, o jornalista Gregg Easterbrook escreveu em *The New Republic*: "Sim, o fim da guerra foi previsto anteriormente, notadamente por H. G. Wells em 1915, e um terrível derramamento de sangue sobreveio. Mas será que as previsões poderiam estar certas desta vez?".***

Vale a pena responder a essa pergunta. Sim, as previsões podem estar certas. A Europa se tornou uma região pequena demais para que nela se possam medir tais tendências, mas o cumprimento do que parece ser uma paz verdadeira e durável entre Estados europeus é ainda assim uma razão para se ter esperança. O que esses jornalistas e cientistas políticos não percebem, contudo, é que tais previsões antecedem em muito H. G. Wells, Norman Angell e até Ricard Cobden; elas remetem a quase 13 anos atrás. E o problema não é apenas que muitas previsões anteriores parecessem empiricamente tão atraentes quanto as atuais. (Quando Joseph Cornich previu o fim da guerra em 1784, as nações europeias realmente pareciam se tornar menos belicosas.) Eles também não percebem que a guerra, a mais volátil e imprevisível das atividades humanas, é especificamente inadequada para o tipo de análise de tendência em que tanto creem. Um gráfico das mortes por combate no século XVIII compiladas em 1790 não teria dado dica alguma da hecatombe no horizonte. Um exercício semelhante em 1913 também teria

---

* Ver Easterbrook; Marshall e Gurr; Mueller, *Remants*.
** Ver Rogers.
*** Easterbrook.

sido inútil. Nós podemos esperar que as tendências atuais continuem, mas é próprio da guerra que tendências estáveis e previsíveis raramente tenham continuidade. Claro, os profetas da paz também passam ao largo do paradoxo que críticos como Carl Schmitt viam muito claramente: a esperança de uma paz duradoura pode provocar nas sociedades uma tentação fatal de se envolver em um grande paroxismo final de violência.

A visão da guerra como algo redentor também continua a florescer. Ela pode ter perdido muito de sua credibilidade intelectual nas trincheiras da Primeira Guerra Mundial, mas nunca sumiu por completo no Ocidente e hoje em dia parece especialmente forte nos Estados Unidos. Exista ou não o "novo militarismo americano", de que fala Andrew Bacevich,* é difícil negar o tremendo crédito moral cotidianamente atribuído ao serviço militar na cultura americana atual (lembremos mais uma vez a escolha do candidato presidencial do Partido Democrata em 2004 essencialmente com base em seu passado de herói de guerra). E é difícil deixar de perceber a nova onda de argumentos — apresentados embora ainda de modo hesitante, mesmo nos círculos conservadores — de que as intervenções militares americanas no exterior podem não ser simplesmente boas para o mundo; podem ser boas também para *nós*. "Tempos pacíficos são tempos superficiais", como escreveu o influente jornalista Robert Kaplan. Sem "grandes lutas militares [...] nós [...] não seremos a nação que um dia fomos."** O presidente Bush expressou uma ideia parecida. "Guerra é terrível", observou na primavera de 2006. "Mas ela alimenta, toca de algum modo o âmago de americanos que se apresentam como voluntários ao combate para proteger suas almas."***

---

* Ver Bacevich.
** Kaplan, "The New Evils", p. 20. Ver também Kaplan, *An Empire Wilderness*; Kaplan, "The Dangers of Peace"; Kaplan, *Imperial Grunts*; Lipsky. Para opiniões semlhantes à de Kaplan, ver Ledeen, p. 60-87.
*** Bush, entrevista a *Kudlow and Company*.

A sobrevivência de uma crença na guerra redentora ainda não levou, felizmente, à retomada de uma guerra real em proporções apocalípticas. O que nossos comentadores insistem em chamar de nossa "guerra mundial" contra o terrorismo islâmico tem provavelmente uma contagem de corpos inferior, em meados de 2006, a uma das batalhas napoleônicas — a Batalha das Nações travada nos arredores de Leipzig (teve 150.000 baixas) —, para não mencionar as verdadeiras guerras mundiais. No Iraque, apesar da indignação generalizada quanto à má conduta americana, ainda é verdade que os Estados Unidos e as forças aliadas têm lutado fervorosamente para evitar baixas civis (nesse sentido, fazem lembrar surpreendentemente os soldados do século XVIII). Por enquanto, apenas a linguagem é apocalíptica: veja-se a representação de terroristas que não têm exércitos e não exercem influência sobre não muçulmanos como "um inimigo que não irá parar enquanto não conseguir dominar o mundo e impor a todos uma vida destituída de liberdade", para citar uma recente contribuição hiperbólica do *Wall Street Journal*.*

Tomara que o conflito atual nunca inflija o tipo de destruição das guerras totais do passado. Mas como tentei demonstrar neste livro, a linguagem tem importância. Uma visão da guerra como algo totalmente excepcional — um paroxismo, final e purificador, de violência — não simplesmente precedeu a guerra total de 1792 e 1815, mas ajudou, decisivamente, a produzi-la. Líderes convencidos de que lutavam "a última guerra" não conseguiam resistir a empenhar cada vez mais recursos nela e, em última instância, a sacrificar vidas em uma escala industrial com o intuito de derrotar inimigos supostamente demoníacos. A linguagem apocalíptica dos terroristas do século XXI, assim como a linguagem apocalíptica que eles provocaram no Ocidente, ainda não se traduziu em violência de proporções apocalípticas. Criou, no

---

* Beamer. É inteiramente compreensível que o autor, que perdeu seu filho Todd no voo 93 da United Airlines, venha a se expressar desse modo. É menos compreensível que o *Wall Street Journal* publique suas palavras.

entanto, condições para o público americano vir a apoiar a equivocada Guerra no Iraque, que sugou vidas americanas, o tesouro americano e a credibilidade americana no mundo — e que possivelmente deixou os Estados Unidos menos seguros contra ameaças mais sérias vindas de outras partes.*

Infelizmente, como também sugeri neste livro, uma crença na excepcionalidade da guerra, com a consequente tendência a discuti-la em uma linguagem apocalíptica, é parte da condição moderna. Pode muito bem não haver modo de escapar disso. Devemos reconhecer, contudo, que em alguma medida se trata de uma ilusão romântica. Tal crença não trouxe nem paz nem transcendência, e ajudou a inspirar uma enorme carga de desgraça e morte. A guerra é mais bem pensada nesses termos? Pode ser válido se conformar com o fato de que a guerra, longe de ser divina, é simplesmente um aspecto inextricável do ser humano. É algo comum, gostemos ou não, e muito provavelmente continuará a sê-lo. O que importa, portanto, é restringir os danos humanos, aprender o comedimento e estabelecer limites ao ódio. Essa foi uma lição que os europeus ensaiaram, de modo hesitante e imperfeito, no século XVIII, na época de ouro do oficial aristocrático, cujo universo mental agora parece tão estranho a nós. Eis então uma última reflexão. Se ainda vamos encontrar coisas a celebrar e a admirar na história europeia, devemos certamente voltar nossos olhares para o período do Iluminismo, da Revolução Francesa e de Napoleão. Mas não devemos subestimar o que eles destruíram.

---

* Ver Benjamin e Simon.

Notas

ABREVIAÇÕES

NA   Archives Nationales, Paris.
AP   *Archives parlementaires de 1787 à 1860, Recueil complet dês débats legislatifs & politiques dês Chambres françaises, première série (1787-1799)*, org. M.J. Mavidal e M.E. Laurent, 82 vols. (Paris: Paul Dupont, 1879-1913).
BNF   Bibliothèque Nationale de France, Paris.
CCEHD   *Cahiers Du Centre d'Etudes d'Histoire de La Défènse.*
CN   Napoléon Bonaparte, *Correspondance de Napoléon Ier, publiée par ordre de l'empereur Napoléon III,* 32 vols. (Paris: Imprimerie Impériale, 1858-60).
DC   Edna Hindie Lemay, org., *Dictionnaire des Constituants, 1789-91,* 2 vols. (Paris: Universitas, 1991).
CGN   Napoléon Bonaparte, *Correspondance générale,* org. Thierry Lentz et al., 12 vols. (Paris: Fayard, 2004-).
Moniteur   *Réimpression de l'ancien Moniteur: Seule histoire authentique et inaltérée de la révolution française depuis La réunion des États généraux jusqu'au Consulat (mai 1769-novembre 1799),* org. A. Ray, 32 vols. (Paris: Plon, 1858-63).
SHAT   Services Historiques de l'Armée de Terre, Vincenne.

página   Introdução

13.   "Esta será a última guerra": Charles- François Dumouriez, *AP,* vol. LII, p. 472 (12 de outubro de 1792).
      "Alguns pensavam que o mundo": Ver, por exemplo, Mueller, *Retreat from Doomsday.*

14. "democracias supostamente não lutariam": Ver principalmente Russett.
"forma apropriada de sociedade": Fukuyama.
"Alguns célebres defensores de seu governo": Ver, por exemplo, Podhoretz.
"Entre nós, mantemos a lei": Cooper, "The New Liberal Imperialism."
"aproxima-se o tempo": Cornish, p. 24.
"Nela se prometia que dali em diante a França": *AP*, vol. XV, p. 661-2 (22 de maio de 1790).
15. "uma guerra até a morte": Jacques-François, Baron de Menou, *AP*, vol. XXII, p. 526-7 (28 de janeiro de 1791).
"custou-nos caro": Napoleão fala ao Senado francês em 21 de novembro de 1806, em *CN*, vol. XIII, p. 680 (n°. 11281).
16. "Americanos são de Marte": Kagan, "Power and Weakness." Ver também Kagan, *Of Paradise and Power*.
"Esta agora é uma guerra pela paz": Wells, p. 11.
"esta será a última guerra": Charles-François Dumouriez, *AP*, vol. LII, p. 472 (12 de outubro de 1792).
18. "cãezinhos amestrados": Citado em Blanning, *Origins*, p. 38.
19. "É o extremo concebível do assustador": Humboldt.
20. "o próprio conceito e a própria experiência do 'eu'": Ver acima Wahrman.
"Mais de um quinto": Rothenberg, *The Art of Warfare*, p. 61.
"Em 1809": Gates, p. 139.
"Quatro anos mais tarde": Rothenberg, *The Art of Warfare*, p. 81.
"Durante o período napoleônico": Sutherland, *The French Revolution*, p. 371.
21 "muitos historiadores usaram-no": Por exemplo, Guiomar e as obras que ele cita na p. 11; Blanning, *Origins*, p. 211.
"Essa formulação parece [...] bastante clara": Sobre esse tema, ver a obra de Chickering, principalmente "Total War"; e também Guiomar, p. 13.
"deveria ser simplesmente descartado": Chickering, "Total War", p. 23-6.
22. "tentativas concertadas de subjugar": Ver Guiomar, principalmente p. 11-26, 300-5. Não é absurdo dizer que certas formas de organização que pressagiavam a guerra total poderiam ser encontradas no século XVI em partes da Holanda durante sua guerra contra a Espanha e a Liga Católica de Paris. Ver. Koenigsberger.
"o termo 'guerra total'": Ver Chickering, "Total War", p. 16; Guiomar, p. 12-3.
23. "Convocações ao engajamento total": Guiomar, 302. Ver também o artigo soberbo de Geyer.
"É contra uma doutrina armada": Burke, *Two Letters*, p. 22-3.
24. "[Agora] não é o rei": Clausewitz, "Bekenntnisdenkschrift", vol. I, p. 750.
"a extensão da relação política": Clausewitz, *On War*, p. 87.
"O lema da 'guerra de nações'": Sobre essa quesão, ver Bell, *Cult of the Nation*, p. 78-106.

"sua ajuda no esforço de guerra francês foi menor": Mackenzie, p. 33-50; também Rousset, "Similar attempts at general levies": Rothenberg, *Napoleon's Great Adversaries,* p. 118-9; Rothenberg, *The Art of Warfare,* p. 242; Leggiere, p. 57-8.

25. "Napoleão contou com": Ver Chandler, *The Campaigns of Napoleon,* p. 333-4; Connelly, *Blundering to Glory,* p. 73-4.

    "Quanto à guerra espanhola": Ver principalmente Esdaile, *Fighting Napoleon.*

    "sociedades que buscavam ajuda de exércitos mercenários": Ver, por exemplo, o prefácio de Niccolò Machiavelli a *L'arte della guerra,* que faz distinção entre a 'vita civile' e a 'vita militare,' onde a primeira significa algo como 'a vida da cidade'." É significativo que, enquanto o homem que verteu o texto de Machiavelli para o inglês em 1720 tenha traduzido 'civile' por 'civil,' em uma versão posterior do século XVIII, o tradutor, tentando explicitamente usar um inglês mais coloquial, teve muito mais dificuldade com a palavra, traduzindo-a ora como 'civil', ora como 'comum,' ora como 'de um cidadão,' ora evitando-a por completo. Ver Machiavelli, *Works* (1720), p. 433; Machiavelli, *Works* (1775), vol. IV, p. 7.

    "Decerto a própria palavra 'civil': Ver o *Oxford English Dictionary* (http://dictionary.oed.com), s.v. civilian, e o *Trésor de La langue française* (http://atilf.atilffr/tlfhtm), s.v. civil. Ambos os websites foram consultados no dia 26 de junho de 2006.

26. "Já em 1793": Artigo 109 da constituição francesa aprovada — mas não implementada — de 1793, diz o seguinte: "Todos os franceses são soldados. Todos são treinados no uso das armas." (http://fr.wikisource.org/wiki/Constitution_du_24_juin_1793. Site consultado no dia 26 de junho de 2006).

    "um etos novo — um etos militar": Sobre essa questão, ver Hopkin, p. 350.

    "O militarismo, tal como eu o definiria": Ver o Capítulo 6.

27. "Nos Estados Unidos dos dias atuais": Bacevich.

    "220 mil livros e artigos": Esdaile, *The Wars of Napoleon,* p. ix.

28. "Fundamentalmente": Joas, p. 29-42: Mann.

29. "Ele também não exaltou a violência": Sobre essa questão, ver Arendt, p. 3-31.

    "viviam sobretudo na Alemanha": Ver Joas, p. 141-62.

    "Mesmo assim, o ódio que ele sentia": Para dispor de uma breve introdução ao pensamento de Schmitt, ver Lilla.

    "Tais guerras têm de ser particularmente": Schmitt, *The Concept of the Political,* p. 36.

30. "para o qual o próprio Schmitt": Ver principalmente Schmitt, *Le Nomos de La Terre,* e Schmitt, *Theorie des Partisanen.*

    "inimizade absoluta": Schmitt, *Theorie des Partisanen,* p. 55.

31. "a política é a continuação": Foucault, *Il faut défendre La société,* p. 16. Cf. Foucault, *Discipline and Punish,* p. 168.

31. "Esses historiadores se concentraram": Uma dessas obras clássicas é Corvisier, *L'armée française*.
"nem sequer iniciaram": Keegan, *The Face of Battle*, p. 52.
"Na Grã-Bretanha e nos Estados Unidos": Ver principalmente Armitage: Tuck.
"Na França": Ver principalmente Belissa, *Fraternité universelle*; Belissa, *Repenser*; Guiomar.
"Na Alemanha": Jeismann; Hagemann, *"Mannlicher Muth"*; Kruse. Ver também a coletânea de ensaios organizada por Kunisch e Münkler.
32. "este quarto de século": Citado em Casanova, p. 19.
33. "os leitores podem buscar": Bertaud, *La Révolution armée*; Blanning, *Origins*; Blanning, *French Revolutionary Wars*; Chandler, *Campaigns*; Lynn, *Bayonets*.
34. "a maioria dos impérios europeus": Sobre essa questão, ver principalmente Colley, *Captives*.
35. "Episódios como a Guerra Franco-indígena": Ver Edmunds e Peyser.
"'Os alemães'": Hull, p. 353.
"Poucos anos atrás": J.-C. Martin, *La Vendée*, p. 149.
"Mesmo antes": Blaufarb, p. 8; ver também Bertaud, *La Révolution armée*.

1. Oficiais, Cavalheiros e Poetas

37. "Enquanto refletia'": Whitman, "As I Ponder'e in Silence."
"herdeiro ainda de outro ducado": Sobre Lauzun, ver Gontaut-Biron; Maugras, *The Duc de Lauzun and the Court of Louis XV*; Maugras, *The Duc de Lauzun and the Court of Marie-Antoinette*. As memórias de Lauzun foram publicadas em muitas edições. Utilizei Lauzun, Ed. Pilon.
38. "Era a primeira experiência de Lauzun": A campanha é descrita em Lauzun, p. 87-106.
"Então eu o fiz voltar à vida": Ibid., p. 90. Para dispor de detalhes sobre a família Chardon, ver de Maricourt.
"O casal feliz": Maugras, *The Duc de Lauzun and the Court of Louis XV*, p. 189-90; de Maricourt, p. 253.
39. "Nesse percurso": Ver Darnton, *Mesmerism*, p. 74; Lauzun, p. 85; Lilti, p. 78, 241.
"Serviu com especial distinção": Ver Bodinier, *Les officiers*, p. 262.
"compara suas próprias conquistas amorosas": Choderlos de Laclos, carta 125.
40. "a mais articulada das resistências femininas": Sobre Richelieu, ver Cole; de Raillicourt, "The great *philosophe*": Voltaire, *Le Poëme*.
"famosos estetas do século XIX": Goncourt e Goncourt.
41. "até mesmo na Prússia": Büsch.
"com veste militar": Black, *European Warfare*, p. 154; Kennett, p. 81.

NOTAS 433

"durante a Grande Guerra do Norte": P. Englund, p. 56-7; "Quanto ao exército britânico": Wilson, *The Island Race*, p. 97-8.

42. "Quando posto de sentinela": Babeau, vol. II, p. 203.
"Eu vivia como um urso": Citado em N. Bonaparte, *Napoléon Inconnu*, vol. II, p. 202n.
"metade do período": S. Englund, p. 21-36. "a *maioria* dos oficiais franceses": Babeau, vol. II, p. 188, 90. "um excesso de contingente": Kenneth, p. 65. " Em 1789": Léonard, p. 290.
"Servindo em uma série": O caderno de palavras obscuras foi reimpresso em N. Bonaparte, *Napoléon inconnu*, vol. II, p. 258-67. *Rhizophage* significa comedor de raiz; *cacique* é um príncipe mexicano, e *tomogun* é um termo hindu equivalente a ganância.

43. "'tendo despertado'": Napoleão Bonaparte, "Le Comte d'Essex", em N. Bonaparte, *Oeuvres littéraires*, vol. I, p. 210.
"'O destino era mudo'": Chateaubriand, p. 403. Sobre as atividades literárias em geral de Napoleão, ver Andy Martin.
"Laclos [...] começou": Ver Poisson. "O rol de soldados-autores": Ver Schaeffer.
"Já Louis de Fénelon": Notas do Conde d'Argenson, republicadas em Tuetey, p. 348.
"Saint-Lambert": Ver Saint-Lambert.
"nada menos do que sete homens": http://www.academie-francaise.fr/immortels/. Site consultado no dia 26 de junho de 2006.

44. "Lauzun teve uma carreira típica": Gontaut-Biron, p. 5. "Maurício da Saxônia": J.-P. Bois, p. 22. "George, lorde de Ettrick": Childs, *The British Army*, p. 43.
"Os mais prestigiados postos franceses": Motley, p. 173.

45. "Os soldados estrangeiros": Chagniot, vol. II, p. 25.
"'Recordem Limerick": J.-P. Bois, p. 96. Como o Regimento Clare havia sido exilado da Irlanda desde a década de 1690, só 40% de seus membros ainda eram irlandeses em 1745, mas o número de franceses neste regimento era menor ainda.
"Lauzun considerou seriamente": Lauzun, p. 212. "o jovem Napoleão": S. Englund, p. 77.
"Considere-se também [...] o [...] *conde* de Saint-Germain": O pai do Marquês de Sade descreveu a carreira de Saint-Germain em uma carta de 1757 como se fosse a coisa mais comum do mundo. Ver Lever, vol. I, p. 737.
"Durante campanha militar na Polônia": P. Englund, p. 38-9.

46. "críticos queixaram-se": Babeau, vol. II, p. 153.
"'uma sociedade, uma família'": Ray, p. 14.
"o exército prussiano, contudo": Starkey, p. 24.
"escória da nação": Duffy, p. 89. "peça *Saint Patrick's Day*": Sheridan, ato I, cena i.

47. "'Proibida a entrada de cães": Lynn, *Bayonets*, p. 63.

"uma 'cultura guerreira' radicalmente demarcada": Keegan, *A History of Warfare*, p. 49-50.
47. "'A guerra é o assunto'": Burke, *A Vindication*, p. 20.
"'[t]udo no universo'": Citado em Léonard, p. 154.
"o estado prussiano [...] enquanto na França": Ver Rothenberg, *The Art of Warfare*, p. 12.
48. "Durante a Guerra da Sucessão Espanhola": Corvisier, *L'armée française,* vol. I, p. 65.
"ainda menino [...] Seu filho": Cornette, p. 152-9.
49. "'A forma apropriada, única essencial'": Montaigne, p. 277. "'A nobreza não conhece'": Citado em Tuetey, p. I.
"Na [...] Pomerânia": Büsch, p. 62. "Na Suécia": P. Englund, p. 32. "Nas eleições de 1789": Tackett, p. 32-4.
"Os nobres compunham a vasta maioria": Storrs e Scott, p. 15-7; ver também Forrest, *Soldiers of the French Revolution,* p. 36. "Durante a Guerra dos Sete Anos": Kennett, p. 57.
50. "'pensar que os queridos confrades'": Sheridan, ato I, cena ii.
"Coronéis franceses": Babeau, vol. II, p. 167. "Generais tinham muitas carruagens": Léonard, p. 172. "Já o desajeitado duque britânico de Cumberland": Duffy, p. 84-5.
"Richelieu participou": Sobre Richelieu, ver Cole, p. 22-5, 238 e passim; La Barre de Raillicourt, principalmente p. 210-17.
51. "Lauzun {...} insistiu": Lauzun, p. 88.
"Comandantes como Richelieu": Babeau, vol. II, p. 257-8; Black, *European Warfare*, p. 214-5; "'Cães!'": Citado em James, p. 27.
"Como [...] o sociólogo alemão Norbert Elias": Elias, *The Court Society;* Elias, *The History of Manners.*
52. "'Jesus, Maria!'": Ver Duffy, p. 75.
"dançar é muito necessário": ibid., p. 51. "Escola Militar Real": Babeau, vol. II, p. 50.
"'Senhores ingleses'": Ver J.-P. Bois, p. v-ix.
53. "a historieta ser amplamente repetida": Ver ibid.
"autores da Época Moderna": Ver a obra fundamental de Billacois, principalmente p. 367-70.
"Dois capitães": Ver Mercoyrol de Beaulieu, p. 352.
"Lauzun dizia": Lauzun, p. 259. Tarleton era célebre pelos maus-tratos que infligia aos civis americanos.
"'A questão da honra'": Citado em Duffy, p. 79.
54. "a honra fundava-se": "A natureza da honra", como afirmou o *philosophe* francês Montesquieu, "exige preferências e distinções." Montesquieu, *Spirit of the Laws,* p. 27.
"Nossas vidas e posses": Blaise de Montluc, *Commentaires* (1592), citado em Billacois, p. 351.

NOTAS

"'as fileiras estão cheias da escória'": Dalrymple, p. 8.

55. "Tentaram instilar": Ver as obras de Bien, J. Smith e Blaufarb, mas também a crítica mordaz de D. O'Brien, "Traditional Virtues".
"a Prússia de Frederico, o Grande": Ver Büsch; Craig; Schulze; Showalter.
"'a maioria dos Estados tem um exército'": Schulze, p. 201.
"'não ofereciam perigo'": Niccolò Machiavelli, citado em Contamine, p. 258.

56. "No ataque sueco": P. Englund, principalmente p. 203-9. Sobre o número de baixas em geral, ver Rothenberg, *The Art of Warfare*, p. 13.
"Fontenoy": para dispor das obras mais recentes sobre a batalha, ver J.-P. Bois; Starkey, p. 69-103. A melhor versão de uma batalha europeia do século XVIII é a de P. Englund.

57. "sete pares extras de meias de seda": Babeau, vol. II, p. 168.
"pelo médico britânico": Pringle, passim.

58. "O rei Luís e o delfim": J.-P. Bois, p. 86.

59. "nas condições da batalha": sobre os mosquetes do século XVIII, ver Duffy, p. 207-15.
"O total de vítimas": Starkey, p. 125.
"'Senhor, agora sabe o que a guerra realmente significa'": Citado em ibid.
"'Esse terrível espetáculo'": Citado em ibid.
"Os cadáveres despidos": René-Louis de Voyer de Paulmy, marquês d'Argenson, a Voltaire, nos arredores de Tournai, 15 de maio de 1745. Carta D3118, em Voltaire, *Oeuvres complètes,* XCIII, p. 245.

60. "'Se pudesses ouvir'": Owen.

61. "'Era o tipo de vida'": Lauzun, p. 90. "'Eu marchei sobre os ingleses'": ibid., p. 253.
"absolutamente típico": sobre as primeiras memórias militares modernas, ver Harari.
"'Cem trovoadas de bronze'": Voltaire, *Le Poëme*.

62. "'os franceses são grandes'": Ibid.
"'Como é que esses cortesãos doces'": Ibid.
"investimentos em fornecedores do exército": Pearson, p. 207.

63. "'Assim de bom grado eu narraria'": Addison, p. 244.
"uma antologia de 330 páginas": *Recueil general*.

64. "A primeira tiragem": Ver Pomeau, vol. I, p. 458-64.
"Paradoxalmente (aos nossos olhos)": Este argumento deve muito a Wahrman.
"'a religião fazia da humanidade um crime'": Froude, vol. X, p. 121.
"a tecnologia da guerra": Ver G. Parker; cf. Black, *A Military Revolution?*

65. "De 1600 a 1648": Ver Rabb, p. 122-23; Childs, *Armies and Warfare,* p. 9.
"'Não sou nem um pouco a favor de batalhas'": Citado em Léonard, p. 126-7. Ver Rothenberg, *The Art of Warfare,* p. 12, para dispor de outros comentários desse gênero.
"'Não são os grandes [...] exércitos'": Citado em Léonard, p. 149.

66. "18 mil saxões": Duffy, p. 7.

"'É uma pena muito grande perder um granadeiro'": Citado em Ray, p. 109.
"quando os franceses retornaram": Corvisier, *L'armée française*, vol. I, p. 75.
"seguiram suas vidas sem serem molestados": Ver van Houtte, vol. I, p. 135-7.
"De forma duvidosa, Adam Smith argumentou": Citado em Anderson, p. 53.
"'Virou moda'": Citado em Duffy, p. 305.
"'A destruição foi terrível'": Cigtado em Childs, *Armies and Warfare*, p. 24.

67. "Grotius não acreditava": ver Grotius.
"'Guerra [...] não é uma relação entre indivíduos'": J.-J. Rousseau, *Du contrat social*, em *Oeuvres*, vol. III, p. 357.

68. "Pelos padrões do início do século XVII": sobre a campanha, ver Lynn, "A Brutal Necessity?"; von Raumer.
"500 mil mortos": Starkey, p. 6.
"enforcaram moradores": Hermann, *Geschichte des russischen Staates*, citado em Sorel, vol. I, p. 85-6.
"26 mil prisioneiros turcos": Ibid., p. 86; Black, *European Warfare*, p. 231.
"Alguns historiadores": Ver particularmente Schroeder, *Transformation of European Politics*.

69. "'Existem menos canibais'": Citado em Chagniot, vol. II, p. 4.
"'Hoje em dia, a guerra é travada'": Citado em Léonard, p. 154.
"'as nações da Europa'": Citado em Best, *Humanity in Warfare*, p. 36. "'Os exércitos massacram uns aos outros'": Citado em ibid.
"'as guerras em geral têm'": Cornish, p. 24.

70. "Os franceses praticaram uma brutal tática de contra-insurgência": Sobre guerras civis do século XVIII, ver Black, *Culloden;* Frey e Frey, *Societies in Upheaval;* Joutard; Prebble.
"'inimigos da raça humana'": Sobre esse conceito, ver o ensaio estimulante de Edelstein.

71. "'eu detestaria ser'": Citado em Souleyman, p. 126. Sobre a reação à campanha, ver Cornette, p. 324.
"um dos grandes heróis culturais": Ver Bell, *Cult of the Nation*, p. 111-2, 121.

72. "como observou Carl Schmitt": ver principalmente *Le nomos de La terre*.
"Vattel julgava": Vattel, vol. 3, cap. 3, #34 (p. 245). Mais genericamente, ver Edelstein.
"'Prefiro enxergá-la como um tempo'": Ray, p. II.

2. Consciência, Comércio e História

75. "'A guerra é um assunto vasto'": Joseph de Maistre, citado em Lebrun, p. 45.
76. "combater ou guerrear contra qualquer homem": Citado em Brock, p. 269. Sobre o pacifismo quacre em geral, ver ibid., p. 255-366.
"quando Voltaire visitou a Grã-Bretanha": Voltaire, *Lettres philosophiques*, p. 24.
"45%": Ceadel, p. 151.

"'Quando apraz a Deus'": Penn, vol. II, p. 844.

"'Deixai o Jesus sagrado'": Bellers, p. 8.

77. "que não eram mais do que 50 mil": Ver Braithwaite, passim; Ceadel, p. 151.

"François de Salignac de la Mothe Fénelon": Sobre Fénelon, ver James Davis; Goré; Janet. Para dispor de uma análise concisa de sua política, ver Keohane, p. 332-42; a introdução de Patrick Riley a Fénelon, *Telemachus*, p. xiii-xxxi. Ver também Cuche.

78. "'Um homem alto, magro, bonito": Saint-Simon, vol. I, p. 284.

"Tentou desesperadamente": Saint-Simon escreveu, em dois momentos distintos, que "ele procurava agradar tanto o criado quanto o senhor". Ver Saint-Simon, vol. IX, p. 289, e vol. XI, p. 440.

81. "'É inútil dizer, Senhor'": Fénelon, "Lettre à Louis XIV," em Fénelon, *Oeuvres*, vol. III, p. 426-7.

82. "'para envelhecer sob o peso inútil'": Saint-Simon, vol. IX, p. 288.

"'Não posso resistir [...]. Ele sabe que eu estou sofrendo'": Fénelon ao duque de Chaulnes, 4 de março de 1712, em Fénelon, *Oeuvres,* vol. III, p. 679.

83. "Desde sua chegada a Versalhes": Ver Janet, p. 46-7.

"Ele as suplementou": Fénelon, *Dialogues des morts.*

"'A guerra é um mal'": Ibid., p. 102.

"O livro imediatamente causou admiração": Sobre a recepção de *Les aventures de Télémaque,* ver Cherel, p. 24-7, e o catálogo da Biblioteca Nacional Francesa: http://catalogue.bnf.fr As edições britânicas podem ser encontradas online nas Eighteenth-Century Collections Online, publicadas por Gale Thomson (http://infotrac.galegroup.com/menu). Websites consultados no dia 26 de junho de 2006.

84. "'Este é meu filho'": Tennyson.

85. "'naufrágio e morte'": Fénelon, *Les aventures de Télémaque,* p. 124.

"'Quando se percebe que não se está entendendo alguma coisa'": Darnton, *The Great Cat Massacre,* p. 78.

86. "'Todos os povos são irmãos'": Fénelon, *Les aventures de Télémaque,* p. 318.

"Historiadores do pensamento pacifista": Ver, por exemplo, Brock; Friedrich.

"Jean de La Bruyère": La Bruyère.

"distinguir assassinato de heroísmo": Pascal, p. 48.

"o abade de Saint-Pierre": A biografia mais completa continua sendo a de Drouet, mas ver também Perkins.

"seu livro mais importante": Saint-Pierre, *Projet*. Essa edição baseia-se na edição de 1713. O próprio Saint-Pierre republicou-a sob várias formas diferentes durante a sua vida.

88. "'o farmacêutico da Europa'" e "'Saint-Pierre da Utopia'": Drouet, p. 138, 334.

"'*Telêmaco* surgiu'": Bernardin de Saint-Pierre, vol. III, p. 489. "'se algum poema pudesse engendrar'": Terrasson, p. x.

"Lauzun leu o livro": Lauzun, p. 237.

"Massillon havia indagado de forma ousada": Kaiser, p. 138. "Panigiristas reais": Cherel, p. 301.

89. "Adiante naquele século": Petitfils, p. 46.
"Como demonstrou o historiador literário Jean-Claude Bonnet": Bonnet, *Naissance du Panthéon*, principalmente p. 29-49.
"O incansável abade de Saint-Pierre": Saint-Pierre, "Discours."
"'a verdadeira chave'": Bonnet, *Naissance Du Panthéon*, p. 48.
"o próprio Fénelon [...] entre os primeiros quatro nomes escolhidos": Ibid., p. 48-9, 395.
"ao final do século XVIII": Sobre o progresso dessa ideia, ver, por exemplo, Belissa, *Fraternité universelle*, p. 9; Fischbach, p. 92; Mathiez, "Pacifisme et nationalisme", p. 1; Silbernet, p. 269.

90. "A guerra, tal como o assassinato": Condorcet, p. 230.
"espreme-se a laranja": Citado em Pearson, p. 216.

91. "'Um milhão de assassinos'": Voltaire, *Candide*, p. 87. Sobre as atitudes de Voltaire em relação à guerra, ver Léonard, p. 206-37.
"diversas imitações": Ver a bibliografia compilada em http://ub-dok.uni-trier.de/ausstellung/candide/candide_fort.htm. Website consultado no dia 26 de junho de 2006. Sobre d'Holbach, ver sobretudo Kors, principalmente p. 11-4, 158-60.

92. "De acordo com Robert Darnton": Darnton, *The Forbidden Bestsellers*, p. 63-4.
"ele conseguiu para seu filho": Ver Kors, p. 150.

93. "'Estávamos andando'": Citado em Price, p. 223.
"'Será que existe algo mais contrário'": Holbach, *Système social*, vol. II, p. 117.
"'um estado natural pernicioso'": Fénelon, *Les aventures de Télémaque*, p. 433.
"Hobbes estabeleceu explicitamente e repetidas vezes": Ver Tuck, p. 109-39.

94. "inclusive no abade de Saint-Pierre": Ver Friedrich, p. 29; Tuck, p. 141.
"questionar as conclusões de Hobbes": Ver Tuck, p. 140-96.
"'o estado de paz'": Mercier de La Rivière, p. 467.
"'Hobbes argumentou'": "Paix", em *Encyclopédie*.
"'O estado de sociedade'": Holbach, *Système de La nature*, vol. II, p. 316-7.

95. "'Que é honra?'": Shakespeare, *Henry IV, Part I*, V:i; "'Guerra, cantou ele'": John Dryden, "Alexander's Feast."
"'Em que consiste essa [atual] honra?'": Holbach, *Système social*, vol. II, p. 151. Itálico no original.
"'assassinato, roubo, estupro, infâmia'": Holbach, *La morale universelle*, vol. II, p. 91.
"'os comandantes'": Ibid., vol. II, p. 127.
"'o medo de ser desprezado'": Ibid., vol. II, p. 95.

96. "'é claramente um vestígio'": Ibid., vol. II, p. 6.

"'uma nova humanidade'": Voltaire, *Essai sur lês moeurs,* Vol. VIII, p. 196.
97. "François-Jean de Chastellux": Sobre Chastellux, ver Carson; Kors, principalmente p. 152; Varnum.
"'ódio nacional' [...] recentemente estabeleceu": Chastellux, vol. II, p. 281.
98. "não podiam de forma alguma [...] levar": Ibid., vol. II, p. 294.
"'Os bárbaros [...] lançam-se à guerra'": Robertson, p. 10.
"'já não existem mais franceses'": J.-J. Rousseau, *Considerations,* em *Oeuvres,* vol. III, p. 960.
99. "'Toda a raça humana'": Holbach, *La morale universelle,* vol. II, p. 2.
100. "Somente Bordeaux": Cobban, vol. I, p. 40.
"O desenvolvimento do comércio": Ver Vardi.
"O abade de Saint-Pierre havia formulado esses argumentos": Saint-Pierre, *Projet,* principalmente p. 30, 180.
"'O espírito de conquista'": Melon, citado em Silberner, p. 172. "'o efeito natural do comércio'": Montesquieu, *Spirit of the Laws,* p. 338. "'O comércio tende a destituir'": Robertson, p. 95. "'É o *espírito de comércio*'": Kant, "Eternal Peace", p. 264. Neste capítulo refiro-me ao ensaio de Kant, "Zum ewigen Frieden", mais conhecido pelo seu título inglês de "Perpetual Peace." O original alemão pode ser encontrado online em http://philosophiebuch.de/ewfried.htm, site consultado no dia 26 de junho de 2006. Ver também Hirschman.
101. "proliferaram projetos bem-intencionados": Para dispor de um bom resumo dos planos franceses, ver Souleyman; sobre a Grã-Bretanha, ver Ceadel, p. 63-8.
"'desastrosas [...] fantasiosas e ridículas'": Bentham, vol. II, p. 535-60.
"A história, escreveu Condorcet": Condorcet, p. 229-30.
"'charmoso no som'": Para dispor de uma narrativa da primeira experiência militar de Washington, ver Jennings, p. 67-70.
"'Já é tempo'": George Washington a François-Jean de Beauvoir de Chastellux, 25 de abril de 1788, em Washington, p. 479.
103. "'estar preso em uma concha'": Shakespeare, *Hamlet,* II:ii.
"'Somos civilizados'": Kant, "Idea." Ver também a discussão em Friedrich, p. 79-84.
104. "uma pintura de uma placa", "um estado de guerra": Kant, "Eternal Peace", p. 245, 259-65.
"'o substituto negativo'": Ibid., p. 257.
"*Fiat justitia,*" "'aja de modo que'": Ibid., p. 274, 272.
105. "'inimigos da razão'", "'opressores da liberdade'": Condorcet, p. 166.
"*Die Weltgeschichte*": Schiller, "Resignation." G.W.F. Hegel adotou a frase como máximo em sua *Philosophy of Right.*
"'se é induzido'": Robespierre, *Rapport,* p. 4.
106. "'permitiria a paz perpétua'": Kant, "Eternal Peace", p. 248-9.
107. "o filósofo contrastou positivamente": J.-J. Rousseau, *Discours.*

440   PRIMEIRA GUERRA TOTAL

"'Todo cidadão deveria ser um soldado'": J.-J. Rousseau, *Considérations*, em *Oeuvres*, vol. III, p. 1013. A idéia deve muito a Machiavelli, *Discorsi*, principalmente o cap. 43.

108. "Mably argumentou": Mably, p. 146.

"'tão facilmente quanto [...] o vento Norte'": Guibert, p. 137. Sobre Guibert, ver Palmer, "Frederick the Great, Guibert, Bülow"; Gat, p. 43-53.

"'Seu estilo de Guerra'": Guibert, p. 149.

"Em ambos os países [...] e os inimigos como a Cartago moderna": Sobre essa questão, ver Colley, *Britons;* Wilson, *Sense of the People;* Bell, *Cult of the Nation,* p. 78-106; Dziembowski, *Un noveau patriotisme français:* Rowe; Salas.

"Pirateadas e musicadas": Ver Bell, "Aux origines de la 'Marseillaise.'"

109. "'os homens desejam harmonia'": Citado em Mori, p. 226.

"O próprio Kant": Kant, "Idea of a Universal Cosmopolitical History."

"'a guerra [...] tem algo de sublime'": Kant, *Critique of Judgement,* ss. 28.

"fenômeno necessário [...] 'rejuvenesce o povo' [...] '[o] projeto de paz perpétua'": Johann Valentin Embser, citado em Janssen, p. 51, 47n, 43.

"'existência maquinal [...] paralisia artificial'": Humboldt, cap. 5.

3. Declaração de Paz — Declaração de Guerra

113. "'A nação francesa'": Assembleia Nacional Francesa, 22 de maio de 1790, em *AP,* vol. XV, p. 662.

"'É algo cruel'": Madame Roland a Bancal, Paris, 25 de junho de 1791, em Roland, vol. II, p. 313.

116. "Nenhum monarca jamais voltará a morar": sobre os chamados Dias de Outubro, ver Doyle, *Oxford History,* p. 121-3; Schama, p. 456-70.

"'Agora faz 16 ou 17 anos'": Burke, *Reflections,* p. 66-7.

118. "Um lugar improvável": sobre o incidente de Nootka Sound, ver Cook, p. 146-249; Foucrier.

119. "A opinião patriótica": ver Cook, p. 215.

"O rei [...] ordenara": *Moniteur,* vol. IV, p. 366; *AP,* vol. XV, p. 510.

120. "Em suas atividades cotidianas": em geral, sobre os trabalhos da Assembleia Nacional, agora conhecida também como Assembleia Constituinte, ver Tackett, em particular a p. 209-313.

"Montmorin tentou usar sua influência": sobre esse momento do debate, ver *AP,* VOL. Xv, P. 311; Bradby, vol. 1, p. 236-9; Godechot, *La Grande Nation,* p. 70-1; *Moniteur,* vol. IV, p. 367. As análises mais completas do debate estão em Belissa, *Fraternité universelle,* p. 179-97, e em Whiteman, p. 115-38.

121. "nada menos de 35 deputados": ver ibid., p. 226-34; Aulard, *Les orateurs de la révolution.*

"Nos dias quentes da primavera": ver Bradby, vol. I, p. 165. "Félix Faulcon": Faulcon a Béra, 19 de maio de 1790, Falcon, vol. II, p. 225.

122. "A esquerda dividia-se ainda": sobre a divisão da Esquerda, ver TAckett, p. 277-82.
"'Bem, senhores'": citado em Williams, p. 52.
"Naquela noite": *Chronique de Paris,* n°. 145 (25 de maio de 1790), p. 578-9. Ver também Bradby, vol. I, p. 238, e Serna.
"o perigo de agitação social": ver principalmente Scott, "Problems of Law and Order."
123. "'Estou vendo a guerra civil'": André-Boniface-Louis de Riqueti, *vicomte* de Mirabeau, em *AP,* vol. XV, p. 592; *Moniteur,* vol. IV, p. 408.
"observadores tiveram de redefinir a própria palavra": ver Baker, p. 203-23; cf. Woloch, *The New Regime.*
"'Quem diria'": Faulcon a Barbier, 15 de maio de 1790, Faulcon, vol. II, p. 222.
124. "'E essa, repeti eu'": Williams, p. 45.
"Durante debates de peso": para dispor de descrições da Assembleia de Paris, ver ibid., p. 42-5; Bradby, vol. I, p. 164-82; Lameth, em particular o vol. II, p. 313; Tackett, p. 200-234.
"Lauzun entrara para": sobre Lauzun na Assembleia, ver *DC,* vol. I, p. 97-8; Tackett, p. 53; Velay.
125. "'um dos mais humilhantes'": citado em Gontaut-Biron, p. 202.
"'A paz pode ser comprada'": Armand-Louis de Gontaut, *duc* de Lauzun e Biron, em *AP,* XV, p. 515-6; *Moniteur,* vol. IV, p. 371.
126. "'Essa pergunta incidental'": Alexandre de Lameth em *AP,* vol. XV, p. 516; *Moniteur,* vol. IV, p. 372.
"Lameth parecia": sobre Lameth, ver Bradby, vol. I, p. 120-24; *DC,* vol. I, p. 509-12; Tackett, p 179-80.
"'sacrificavam povos inteiros'": Lameth em *AP,* vol. XI, p. 521 (9 de fevereiro de 1790).
"'a causa dos reis'": Lameth em *AP,* vol. XV, p. 516; *Moniteur,* vol. IV, p. 372.
127. "'seria um homem de poder'": William Augustus Miles, março de 1791, trecho retirado de Rudé, p. 88. A literatura sobre Robespierre é imensa. As biografias mais completas continuam sendo Thompson, *Robespierre,* e J. Walter, *Robespierre.* Para dispor de mais informações sobre sua carreira na Assembleia Constituinte, ver *DC,* vol. II, p. 813-6.
"'Por exemplo [...] vocês poderiam mostrar'": Maximilien Robespierre, em *AP,* vol. XV, p. 517; *Moniteur,* vol. IV, p. 373.
128. "'É difícil encarar'": citado em Aulard, *Les grands orateurs,* p. 58. Sobre Mirabeau, ver Castries; *DC,* vol. II, p. 673-5; e Welch, em particular p. 261-70.
"Havia feito recentemente": Welch, p. 261.
"Agora ele declarava": Honoré-Gabriel Riqueti, *comte* de Mirabeau, *AP,* vol. XV, p. 518; *Moniteur,* vol. IV, p. 374.
"uma guerra nacional, e não uma guerra ministerial": Jacques-François, *Baron* de Menou, em *AP,* vol. XV, p. 518; *Moniteur,* vol. IV, p. 374.

129. "A Assembleia Nacional declara também": Pierre-Marc-Gaston, *duc* de Lévis, *AP,* vol. XV, p. 519; *Moniteur,* vol. IV, p. 375. Sobre Lévis, ver *DC,* vol. II, p. 593-5.
"'A grande questão'" [...] "'Acho'": ver Lévis, p. 425-44, citação da p. 442.
"Na Manège": ver Lameth, vol. II, p. 274.
"'a mais importante que já foi levantada'": *The Times* (Londres), n°. 1687 (21 de maio de 1790), p. 3.
"Jacques-Pierre Brissot": sobre Brissot, ver d'Huart e a obra ainda útil de Ellery.
130. "'os sonhos da política antiga'" [...] "'Honra francesa!'": *Le patriote François,* n°. 281 (16 de maio de 1790), p. 2; n°. 280 (15 de maio de 1790), p. 2.
"'As alianças são mais úteis'": *duc* de Lévis, em *AP,* vol. XV, p. 526-7; o *Moniteur,* vol. IV, p. 383, tem uma versão muito mais sucinta do discurso. Sobre a questão das alianças, ver Frey e Frey, "'The Reign of Charlatans Is Over.'"
131. "'Se as nações forem'": Jacques Jallet, em *AP,* vol. XV, p. 528; *Moniteur,* vol. IV, p. 385-6; *The Times* (Londres), n°. 1688, 22 de maio de 1790, p. 3.
"fez alegações basicamente pragmáticas": Belissa está errado ao escrever, em *Fraternité,* p. 182, que a Direita recorreu mais tarde às alegações pragmáticas durante o debate. Elas dominaram a argumentação desde o início.
"'É o interesse do povo'": Armand-Sigismond-Félicité-Marie, *comte* de Sérent, em *AP,* vol. XV, p. 527-8; *Moniteur,* vol. IV, p. 383-4. Sobre Sérent, ver *DC,* vol. II, p. 858-60.
132. "a antiga aristocracia militar": a nobreza militar dominou o debate inteiro, de 14 a 22 de maio, o que ser visto, na sua versão mais completa, em *AP,* vol. XV, p. 510-662. Sobre os antecedentes familiares, ver *DC,* vol. I, p. 6, 254; vol. II, p. 512, 858.
"mesmo antes de 1789": ver o Capítulo 1. Esses comentários baseiam-se na obra de Bien; Blaufarb, em particular p. 12-81; e J. Smith, *The Culture of Merit.*
"Um projeto de recrutamento universal já": ver Blaufarb, p. 57-60; Edmond-Louis-Alexis Dubois-Crancé, "Observations sur la constitution militaire" em *AP,* vol. X, p. 595-614 (15 de dezembro de 1789).
133. "'Somos cidadãos em primeiro lugar'": *Avis aux grenadiers,* p. 3 e passim. Sobre esse assunto em geral, ver Bertaud, *La Révolution arméed,* p. 43-6; Scott, *The Response of the Royal Army,* em particular p. 51-69.
"'A deserção do Exército'": Chagniot, vol. II, p. 128. Gilbert Bodinier, no mesmo volume, p. 195, atribui virtualmente a mesma citação a Miot de Melito.
"Em 1790, longe de diminuir": ver Bertaud, *La Révolution armée,* p. 46-54; Blaufarb, p. 75-81; Scott, "Problems of Law and Order", p. 865; Scott, *Response of the Royal Army,* p. 81-97.
"'a Constituição será atacada'": Charles-Malo-François, *comte* de Lameth, em *AP,* vol. XV, p. 529-30; *Moniteur,* vol. IV, p. 386-7.
134. "'A plataforma do orador'": Lameth, *Histoire,* vol. II, p. 275.

"Pierre-Victor Malouet": sobre Malouet, ver *DC,* vol. II, p. 627-30; Griffiths.

135. "'O comércio mudou a face'": Pierre-Victor Malouet, em *AP,* VOL. Xv, P. 533-6. *Moniteur,* vol. IV, p. 388-9, tem uma versão muito abreviada do discurso.
"um agente pago": para dispor de evidência sobre a corrupção de Pétion, ver Duncker, em particular p. 21. Duncker sugere também, menos persuasivamente, que Barnave também recebia dinheiro prussiano. "'Esse rei vaidoso, supersticioso'": Jérôme Pétion de Villeneuve, em *AP,* vol. XV, p. 536-8. *Moniteur,* vol. IV, p. 389-91, tem uma versão muito abreviada do discurso. Sobre Pétion, ver *DC,* vol. II, p. 746-9.

136. "'Abram os livros de história'": Pétion, em *AP,* vol. XV, p. 539.
"Pétion chegou a invocar até": *AP,* vol. XV, p. 540-4.
"'monstros odiosos'": Pétion, em *AP,* vol. XV, p. 539.

137. "'uma prateleira de metafísica'": François-Dominique de Reynaud, *Chevalier de Montlosier,* em *AP,* vol. XV, p. 544-6, citação da p. 545. A versão do discurso publicada pelo *Moniteur,* vol. IV, p. 391, é incompleta. Sobre Montlosier, ver *DC,* vol. II, p. 691-3.
"'É um espetáculo grandioso, sublime'": Montlosier, em *AP,* vol. XV, p. 546.
"Nem Brissot": *Le patriote françois,* n°. 283 (18 de maio de 1790), p. 2.
"'um triste objeto de piedade'": Jean-Siffrein Maury, em *AP,* vol. XV, p. 564-75, citação da p. 575; o *Moniteur* apresenta uma versão muito abreviada no vol. IV, p. 398-400. Sobre Maury, ver Beik; *DC,* p. 645-8; Raduget.

138. "'Até hoje'": Constantin-François Chassebeuf de Volney, em *AP,* vol. XV, p. 576; *Moniteur,* vol. IV, p. 402-3. Sobre Volney, ver *DC,* vol. II, p. 942-3, que também apresenta a principal bibliografia de suas obras.
"'Esse Congresso pacífico'": *Le patriote françois,* n°. 284 (19 de maio de 1790), p. 3.
"A manhã assistiu": ver, em particular, Augustin-Félix-Elisabeth Barrin, *comte* de La Galissonière, e Philippe-Jacques de Bengy de Puyvallée, *AP,* vol. XV, p. 610, 616; o *Moniteur,* vol. IV, p. 410, tem o primeiro discurso, mas omitiu por completo o segundo.

139. "'sou um *porta-voz*'": a história foi contada em Lameth, vol. II, p. 280-2n. Itálicos do original.
"'A nação francesa renuncia'": Mirabeau, em *AP,* vol. XV, p. 618-26, citação da p. 626; *Moniteur,* vol. IV, p. 413-20, citação da p. 420. A versão apresentado pelo *Moniteur,* embora um pouco deturpada e fora de ordem, é mais digna de confiança, porque a versão de *AP* baseou-se em uma versão impressa mais antiga que o próprio Mirabeau corrigira para fazer o discurso parecer mais favorável à Esquerda. Ver Bradby, vol. I, p. 253-5.
"Ele repetiu extensamente": *Moniteur,* vol. IV, p. 416, 420.

140. "'Muitos oradores'": Jacques-Antoine-Marie de Cazalès, em *AP,* vol. XV, p. 640; *Moniteur,* vol. IV, p. 421. Sobre Cazalès, ver *DC,* vol. I, p. 179-81.
"Mas, na França de 1790": a íntegra do discurso está em *AP,* vol. XV, p. 639-41; *Moniteur,* vol. IV, p. 421-2.

141. "No tocante a essa questão, assim como a muitas outras": esse ponto de vista foi defendido de forma convincente e vigorosa por Tackett, principalmente p. 302-13.
"Brissot não teve como deixar": *Le patriote françois,* n°. 288 (23 de maio de 1790), p. 1-2. Sobre esse momento, ver também Faulcon, vol. II, p. 231; Lameth, vol. II, p. 313.
"'Agora você levou seus crimes e mentiras'": citado em Castries, p. 437. Sobre esse incidente em geral, ver ibid., p. 437-8; Welch, p. 267-8. O panfleto costuma ser atribuído ao jornalista Sébastien Brumeau de la Croix.
"Barnave... refutou indignadamente": Barnave, em *AP*, vol. XV, p. 641-44; *Moniteur,* vol. IV, p. 422-4. Ver também Bradby, vol. I, p. 245-9; Castries, p. 438.
"'Pendurem-no no poste de luz!'": Castries, p. 438.
"Em um discurso inspirado": Mirabeau, em *AP,* vol. XV, p. 655-9, citação da p. 655; *Moniteur,* vol. IV, p. 438-42.

142. "a proposta emendada de Mirabeau": para dispor do texto do decreto final, ver *AP,* vol. XV, p. 661-2, citação da p. 439.
"que chegaria intacta": ver http://mjp.univ-perp.fr/france/co1791htm, "Constitution de 1791", Artigo VI, website consultado no dia 26 de junho de 2006.
"Camille Desmoulins distorceu": citado em Belissa, *Fraternité,* p. 193.
"'Franceses, vocês ainda são escravos!'": *Révolutions de Paris,* n°. 46 (22-29 de maio de 1790), p. 406.
"Jean-Paul Marat concordou": *L'Ami du peuple,* n°. 112 (24 de maio de 1790) e n°. 113 (25 de maio de 1790), em Marat, p. 749, 752.
"'uma assembleia de estadistas'" *The Times* (Londres), n°. 1691 (26 de maio de 1790), p. 2.
"O escritor escocês": Mackintosh, p. 291.

143. "o poeta Klopstock": Klopstock, "Sie, und nicht Wir."
"'um princípio que ninguém vai adotar'": citado em Belissa, *Fraternité,* p. 195.
"'A proclamação platônica'": Sorel, vol. II, p. 89.

144. "'O reinado dos charlatães'": Guillaume-François-Charles Goupil-Préfelne, em *AP,* vol. XV, p. 548; *Moniteur,* vol. IV, p. 392.
"No dia 19 de junho": *AP,* vol. XVI, p. 374-8. Sobre a abolição da nobreza, ver Blaufarb, p. 60-6; Doyle, "The French Revolution and the Abolition of Nobility"; Tackett, p. 292-6.
"a Espanha cedeu": ver Evans.

146. "milhares de nobres": Scott, *Response of the Royal Army,* p. 106.
"Em setembro de 1790": ver Blaufarb, p. 66-74.
"'Qualquer nação'": citado em Belissa, *Fraternité universelle,* p. 210.
"'Todo dia [...] perguntamos uns aos outros'": Mautort, p. 404.
"mais de 60%": Blaufarb, p. 88.

147. "A fraqueza e o caos aparente": a autoridade sobre as origens das guerras é a obra de Blanning, *Origins.*

148. "No dia 20 de outubro": *AP,* vol. XVIV, 20 de outubro de 1791, citação da p. 315.
149. "escreveu calmamente": Brissot a François Dupont, 22 de outubro de 1791, em Brissot, *J.P. Brissot: Correspondance,* p. 274.
"'vinguem sua glória'": citado em Schama, p. 593; cf. *AP,* vol. XXXIV, p. 316.
"a evidência deixa claro": sobre as manobras de Brissot, ver Furet, "Les Girondins et la guerre"; Gueniffey, p. 132-47.
"'A melhor forma de nos ajudar [...] Esses imbecis não veem'": citado em Michon, p. 29n.
151. "'esforços prodigiosos, sobrenaturais'": Brissot, *Discours sur la question de savoir si Le roi peut être jugé,* reimpresso em Aulaurd, *La société des Jacobins,* vol. II, p. 608-26, citação da p. 619.
"um vistoso quadro vivo": *AP,* vol. XVI, p. 372-3; Avenel, p. 111-7.
"ele disse a seus membros": Cloots, "Discours à l'Assemblée Législative", 13 de dezembro de 1791, *AP,* vol. XXXVI, p. 79-80.
"Assim que as tropas francesas cruzassem as fronteiras": "Extrait de l'histoire de la guerre de 1792", *Chronique de Paris,* 15 de janeiro de 1792, p. 59.
152. "'do ventre do direito natural'": Ronsin, *La ligue des fanatiques,* p. 23. A peça foi representada pela primeira vez no Théâtre Molière no dia 18 de junho de 1791.
"'detesto a guerra'": Pierre-Victurnien Vergniaud, "Projet d'adresse au peuple Français", 27 de dezembro de 1791, em Vergniaud et al., p. 113-20, citação da p. 119.
"'É por querer a paz'": Anacharsis Cloots, no Clube Jacobino, 1º. de janeiro de 1792, citado em Michon, p. 48.
153. "'Essa guerra vai ser a última guerra'": Charles-François Dumouriez, na Convenção Nacional, 12 de outubro de 1792, *AP,* vol. LII, p. 472.
"'Essa Revolução tem tido'": Malouet, 5 de fevereiro de 1791, *AP,* vol. XXV, p. 499.
"'Está declarada a guerra'": Ronsin, *Ligue,* página de rosto.
"'Essa guerra expiatória'": *Patriote françois,* nº. 857, 13 de dezembro de 1791, p. 1.
"'Lembram-se daquelas cruzadas'": Brissot, *Second discours [sic],* p. 27.
"'Todas as nações da Europa'": Menou, 28 de janeiro de 1791, *AP,* vol. XXII, p. 526-7.
154. "'Os franceses, como leões'": Anacharsis Cloots, "Discours", *AP,* vol. XXXVI, p. 79.
"'Vamos então, senhores'": Marguerite-Élie Guadet, 14 de janeiro de 1792, *AP,* vol. XXXVII, p. 413.
155. "'o anjo da liberdade é um anjo exterminador'": citado em Michon, p. 38. A expressão francesa *"ange exterminateur"* deriva da antiga tradução consagrada para o francês de I Coríntios 10:10 e também é usada frequentemente para descrever o anjo da morte que assassinava os primogênitos no Egito.

"'É algo cruel de se pensar'": Madame Roland a Bancal, Paris, 25 de junho de 1791, Roland, vol. II, p. 313.
"'havia' secado e 'ficara apática'": Brissot, 29 de dezembro de 1791, *AP,* vol. XXXVI, p. 607. "'Tenho um único receio'": Brissot, *Second discours,* p. 15.

156. "'obediência passiva'": Maximilien Robespierre, no Clube Jacobino, 2 de janeiro de 1792, em Robespierre, *Discours.*
"'A ideia mais extravagante'": ibid.

4. A Última Cruzada

159. "'A guerra revolucionária'": Mao, cap. 5.
"Uma apreciação completa é impossível": Sobre a historiografia das guerras, ver Connelly, "Historiography." Para dispor de um exemplo mais recente da abordagem de "denúncia", ver Mackenzie. As fontes secundárias mais importantes sobre o período são Bertaud, *La Révolution armée,* e Lynn, *Bayonets.*
160. "as cartas basicamente expressavam": Noël, p. 135 (19 de março de 1792), 12 (18 de janeiro de 1792), 19 (19 de janeiro de 1792), 105 (27 de fevereiro de 1792).
"'uma chuva quase ininterrupta'": Duchet, p. 58-9 (2 de agosto de 1792).
161. "'Sempre dormimos no chão'": Citado em Bertaud, *La Révolution armée,* p. 220.
"'Faz 14 dias'": Simon, p. 70 (12 de março de 1793).
"Louis-Joseph Bricard": Bricard, p. 35-47.
162. "'sofrendo dores indescritíveis'": Simon, p. 75.
163. "uma grande novidade": Ver Palmer, *Twelve Who Ruled,* p. 354.
164. "vários leitores proeminentes": Ver particularmente Servan, *Le soldat citoyen;* Servan, *Projet de constitution.*
"'Na França, todo cidadão'": 15 de dezembro de 1789, *AP,* vol. X, p. 595-614, citação da p. 612. Sobre Dubois-Crancé, ver Iung. Sobre o recrutamento para serviço militar revolucionário, a obra mais recente é a de Hippler.
"'se curado da doença'": Servan, *Projet,* p. 6.
165. "que expressou admiração": Ver Simon, p. 14.
"Pode ser um exagero dizer": Mesmo assim, ver o artigo excelente de Lüsebrink.
"'o espírito militar'": *Révolutions de Paris,* 19-26 de setembro de 1789, p. 27.
167. "'nunca houve um projeto mais ridículo'": Citado em Kruse, p. 40.
168. "Nem austríacos": Sobre o início das guerras, ver Blanning, *The French Revolutionary Wars,* p. 71-4; Guiomar, p. 28-30.
"'abraçariam a causa'": Dumouriez, citado em Gontaut-Biron, p. 250.
"'Não consigo conceber'": Citado em Hublot, p. 120.
169. "'Eles não sabem como usar as armas'": Lauzun para Joseph Servan, citado em Gontaut-Biron, p. 261.
"'Em um piscar de olhos'": Foissac-Latour, citado em ibid., p. 256.
170. "'A primeira batalha nós lutaremos'": Citado em Blanning, *The French Revolutionary Wars,* p. 72.

NOTAS

172. "'campos de merda'": Ver Chuquet, *Valmy,* principalmente p. 76, 169; Hublot, principalmente p. 341, 385. Sobre a campanha de Valmy em geral, ver Bertaud, *Valmy.*
"Depois da queda": ver Chuquet, *Valmy,* p. 82-6; Massenbach, vol. I, p. 96-7.
"Pelo menos 1.100 prisioneiros": Doyle, *Oxford History,* p. 191-2.
"'animais bípedes parisienses'": *The Times* (Londres), n°. 2408, 10 de setembro de 1792, p. I.
173. "'Os sinos que soarão'": Georges Danton, *AP,* vol. XLIX, p. 209.
"'investir contra os inimigos'": Citado em Hublot, p. 223.
"15 mil recrutas": Bertaud, *La Révolution armée,* p. 80.
174. "'O exército que marcha a partir de Paris'": *The Times* (Londres), n°. 2408, 10 de setembro de 1792, p. I.
"'A maioria desses soldados'": Rousset, p. 100.
"de Sir Edward Creasy": Creasy. O livro foi reimpresso centenas de vezes e continua em catálogo hoje.
"'Deste lugar'": Ver Suratteau, "Goethe et le 'tornant de Valmy,'", p. 477-9.
175. "Personagem surpreendente": A biografia mais recente é a de Henry. Mas não se compara a *Dumouriez,* um texto brilhante escrito por Chuquet.
178. "A batalha durou o dia todo": Ver Bertaud, *Valmy,* texto suplementado por Hublot. Mas, sobre Hublot, ver o artigo de advertência de Rothenberg, "Soldiers and the Revolution."
"o murmúrio das frondes": Citado em Schama, p. 639.
"20 mil tiros de canhão": Bertaud, *La vie quotidienne,* p. 92.
179. "um general diz ao canhoneiro": Bertaud, *Valmy,* p. 29.
180. "'*Hier schlagen wir nicht*'": Citado em Chuquet, *Valmy,* p. 215.
"'Tentem decifrar minha carta'": Citado em Bertaud, *Valmy,* p. 39.
"'os soldados foram [...] espectadores'": Noël, carta de 21 de setembro de 1792, p. 271.
"'Não se explica Valmy'": Citado em Hublot, p. 373.
181. "'isso deveria contar muito'": Napoleon, citado em Las Cases, vol. II, p. 297.
"'Eles arriscavam permanentemente tudo'": Citado em Mathiez, *La victoire em l'an II,* p. 235.
182. "'E hoje, passados oitenta anos'": V. Hugo.
184. "Essa leniência": Este é o argumento de Lynn, *Bayonets,* p. 24. Ver também Chuquet, *Valmy,* p. 143; Forrest, *Soldiers,* p. 191.
"'Os que comandam e os que obedecem'": Citado em Lynn, *Bayonets,* p. 94.
"a curiosa questão da lança": Sobre esse tema, ver sobretudo Lynn, "French Opinion."
"havia sido promovida tranquilamente pelos girondinos": Ver, por exemplo, Lemny, p. 222.
"Carnot [...] manifestou-se": Bertaud, *Valmy,* p. 103; ver também Bertaud, *La Révolution armée,* p. 162.

185. "'não realizam seus ataques... Se não fomos até agora espartanos nem atenienses'": *AP*, vol. XLVII, p. 123-4, 25 de julho de 1792. A conversa foi entre Laureau e Lecointre-Puyraveau.
"'não servem para nada'": General Santerre em J.-J. Savary, vol. II, p. 5.
"símbolos-chave": Ver Soboul, *The Sans-Culottes*, p. 227-8.
"com a suposta natureza 'impetuosa'": Ibid.
"Jean Bon Saint-André": Ver Bodinier, "La républicanisation de la marine", p. 249-59, principalmente a p. 257.

186. "'Os *sans-culottes* enxergam patriotismo'": Citado em H. Brown, *War, Revolution*, p. 79.

187. "'Félix Cabanes'": Citado em Baecque, p. 288. Sobre o periódico, ver Julia, p. 208-13; T. Rousseau.

188. "A própria Convenção": Jeismann, p. 153. "'nenhum de nós recusaria a glória'": Citado em Baecque, p. 300.
"Foi a deixa": Robespierre via isso como alternativa ao culto semirreligioso a Marat, morto há pouco tempo. Ver Baecque, p. 281. Sobre as peças, ver Mannucci, p. 189-256. Para dispor de um exemplo, ver Briois.
"Penso que ele deveria ser mostrado": Citado em W. Roberts, p. 311.
"'É bonito perecer'": Citado em Bertaud, *Guerre et société*, p. 161.

189. "'O ódio nacional deve ressoar [...] [Os ingleses] são um povo'": Barère, *Rapport*, p. 13, 18.
"Oradores espalhados pela França": Ver Bell, *Cult of the Nation*, p. 98-101. Cf. Wahnich, p. 237-346. O decreto aplicava-se também a soldados do estado alemão de Hanover, governado por Jorge III da Grã-Bretanha.
"'Somente os mortos'": Citado em Reinhard, *Le grand Carnot*, vol. II, p. 107, 130.
"quando outro deputado sugeriu": *AP*, vol. LXX (7 de agosto de 1793), p. 451. O deputado em questão era Jacques Garnier des Saintes.

190. "Chegou a circular a história": Pelzer, p. 196. Pelzer e Wahnich apresentam as discussões mais recentes e sofisticadas sobre o decreto de "não fazer prisioneiros."
"'A guerra é um estado de coisas violento'": Citado em Reihard, *Le grand Carnot*, vol. II, p. 106.
"'Aqueles que empreendem guerra'": Citado em Belissa, *Fraternité universelle*, p. 365.
"ele ressaltou friamente": Robespierre, 21 de junho de 1794, em Aulard, *La société des jacobins*, vol. VI, p. 183-5.
"'um choque de proselitismos'": Robespierre, citado em Bertaud, *La Révolution armée*, p. 194.

191. "'Preparem-se para a paz universal'": Citado em Reinhard, *Le grand Carnot*, vol. II, p. 37.
"'concederia fraternidade e ajuda'": Citado em Belissa, *Fraternité universelle*, p. 322.

"'ideias filantrópicas [...] se comportará em relação aos inimigos'": ibid., p. 396. Essa evolução é discutida em detalhe em ibid., p. 253-408.

192. "'O modo de guerra civilizado'": Burke, *A Letter From Mr. Burke*.
"lorde Auckland reclamava": William, Lorde Auckland, a Morton Eden, 31 de agosto de 1792, citado em Black, *European Warfare*, p. 170.
"Seis mil exemplares [...] 400 mil exemplares [...] e com bem mais de um milhão": Lynn, *Bayonets*, p. 157, 141, 143. Ver também Bertaud, *La Révolution armée*, p. 146-7.

193. "100 mil cancioneiros": Citado em Forrest, *Soldiers of the French Revolution*, p. 105. Ver também Lynn, *Bayonets*, p. 143.
"'Corramos em massa'": *Le soirée du camp,* nº. 2, 3 Termidor, Ano II (21 de julho de 1794), p. 3-4. Os versos eram cantados com a música da "Carmagnole."

195. "Primeiro foi Carnot": A biografia definitiva de Carnot é a obra magnífica de Reinhard, *Le grand Carnot*.
"A fria insistência de Saint-Just": Sobre Saint-Just, ver Vinot.

196. "Foram Carnot e Saint-Just": Sobre o Comitê de Segurança Pública, o melhor estudo geral continua sendo o clássico de Palmer, *Twelve Who Ruled*.
"Como havia observado o reformador": Dubois-Crancé, "Observations sur la constitution militaire", 15 de dezembro de 1789, *AP,* vol. X, p. 595-614.
"150 mil homens": Ver Bertaud, *La Révolution armée*, p. 91-104.
"deputados da Convenção": Rousset, p. 235.

197. "'A partir deste momento'": *AP,* vol. LXXII, 23 de agosto de 1793, p. 674. Sobre o *levée,* ver sobretudo Forrest, *"La patrie en danger"*.
"Hébert sintomaticamente exortou": Citado em Soboul, *Les soldats de l'an II,* p. 117.
"'Os jovens lutarão'": *AP,* vol. LXXII, p. 674.
"'bem mais do que 750 mil'": Forrest, *Soldiers,* p. 82.

198. "Em outubro de 1794": Forrest, *"La patrie en danger",* p. 18; Rothenberg, "The Art of Warfare", p. 121-2; e, em geral, ver Alder.
"tornava-se claro": Sobre essa questão, ver Rousset, principalmente p. 225-31.
"Philippe-Henri Grimoard": Grimoard, vol. I, p. 367-9.

199. "'Cinquenta mil animais selvagens'": Citado em Rothenberg, *The Art of Warfare,* p. 115. Ver também Bertaud, *Atlas,* p. 56.
"'As regras gerais [...] atormentar como um relâmpago'": Comitê de Segurança Pública, 2 de fevereiro de 1794; 27 de maio de 1794; 21 de agosto de 1794. Citado em Bertaud, *La Révolution,* p. 230; Soboul, *Les soldats de l'an II,* p. 209.
"200 mil soldados franceses morreram": Bertaud, *La Révolution,* p. 248.

200. "'soldados antes eram caros'": Rothenberg, *The Art of Warfare,* p. 61.
"O persistente sonho radical": Ver Ozouf, *L'homme régénéré*.
"'Nada de planos de batalha'": Gouges, p. 133.

"sobre Ney e Hoche": Arquivos mantidos por Pierre Celliez, do Ministério da Guerra, citados em Chuquet, *Lettres de 1793,* p. 258-9. Sobre essa questão geral, ver H. Brown, *War, Revolution.*
"Foi aqui que Saint-Just se destacou": Sobre Saint-Just em Estrasburgo, ver Palmer, *Twelve Who Ruled,* p. 177-201; Vinot, p. 213-35.

201. "'Saint-Just não surgiu'": Citado em Vinot, p. 214.
"nada menos do que 84 generais": Blanning, *French Revolutionary Wars,* p. 126.
"'Não podemos nem honrá-lo nem desonrá-lo'": Citado em Palmer, *Twelve Who Ruled,* p. 353.

202. "meros 3%": Blaufarb, *The French Army,* p. 126; Lynn, *Bayonets,* p. 67.
"oficiais de um batalhão voluntário": Mathiez, *La Victoire em l'an II,* p. 67-8.
"alguns dos mais competentes recusavam terminantemente a promoção": Mackenzie, p. 44.
"a Convenção começou a mostrar": Ver Blaufarb, p. 106-32. Sobre o "amálgama", ver sobretudo Bertaud, *La Révolution armée,* p. 165-93.

203. "O artilheiro parisiense Bricard": Bricard, p. 126-7.
"Guillaume Brune": Phipps, vol. I, p. 198-201.
"A idade média": Rothenberg, *The Art of Warfare,* p. 104.

204. "o professor de dança": Liesse a Louis-Marie-Jacques de Narbonne, 3 de janeiro de 1792, em Chuquet, *Lettres de 1792,* p. 3.

5. Anjos Exterminadores

205. "'Os mercenários do despotismo'": Georges Danton, citado em Michon, p. 38.
"'Vocês devem decidir'": Louis-Marie Turreau, em SHAT B^{5}8: Armée de l'Ouest, Correspondence: Janvier-Mars 1794.
"Vincent Chapelain está nervoso": Essa história se baseia na declaração de Chapelain, extraído de AN W 22, reimpresso em Chassin, *La Vendée patriote,* vol. IV, p. 272-4. Ver também a carta de Chapelain aos administradores da Vendeia, 26 de novembro de 1793, reimpressa em Chassin, *La Vendée patriote,* vol. III, p. 368-9. O depoimento de Chapelain foi corroborado pelo de Biraud, o prefeito de Boupère, em Chassin, *La Vendée patriote,* vol. IV, p. 274-5.

206. "'Eu sei que devem restar alguns poucos patriotas'": Citado em Lequinio, p. 66. Sobre Grignon, ver Six, *Dictionnaire,* vol. I, p. 527.

207. "'Provocamos incêndios e fizemos cabeças rolarem'": O relatório de Grignon está em J.-J. Savary, vol. III, p. 89.

208. "220 mil e 250 mil": Hussenet, p. 237-45; J.-C. Martin, *La Vendée et la France,* p. 315-6. O livro de Martin, que focaliza a relação mais ampla da região da Vendeia com a França, é a melhor versão que temos da guerra.

209. "'a mais terrível guerra civil'": Turreau, p. 199n.
"Em 1939, a Igreja Católica": J.-C. Martin e Lardière, p. 16.
"um dos melhores livros": Petifrère, *La Vendée.*

NOTAS

210. "Secher apresenta muito pouco de pesquisa original": Secher, *Le génocide*. A estatística está na p. 253. Estou usando o título da tradução inglesa, publicada em 2003.
"Simon Schama e Norman Davies": Schama, p. 787-90; Davies, p. 704-7. Ver meu comentário a respeito da tradução inglesa: Bell, "History Robed in Reckless Rhetoric."
"ninguém menos que Alexander Solzhenitsyn": Le Gendre.
"não havia ocorrido de fato": Ver Martin e Lardière.
"'voltar a foice... populocida'": Babeuf, p. 110, 9. Secher e outros comentaristas dão a Babeuf o crédito indevido de ter cunhado o termo "genocida." Ele usava o termo francês "populocida" como adjetivo.

211. "'medidas para exterminar'": Barère, em *AP*, vol. LXX, 1º. de agosto de 1793, p. 101. Sobre o significado contemporâneo de "raça", ver Bell, *Cult of the Nation*, p. 101-6.
"Mataram sistematicamente": O General Grignon, por exemplo, insistiu em dizer a uma autoridade local, no dia 23 de janeiro, que "não há nada além de bandidos na Vendeia". Depoimento do cidadão Barrion, em Chassin, *La Vendée patriote*, Vol. IV, p. 267.

212. "'exterminava os monarquistas'": Michelet, vol. II, p. 578.
"particularmente raivosos": Ver principalmente o relatório de Barère sobre a "Vendeia inexplicável" de 1º. de outubro de 1793, em *AP*, vol. LXXV, p. 421-6.
"conhaque envenenado e até de gás venenoso": Ver Secher, *Le génocide*, p. 155.
"A Convenção efetivamente exigiu": Decreto de 1º. de agosto de 1793, em *AP*, vol. LXX, p. 108.
"Ela também declarou": Decreto de 19 de março de 1793, em *AP*, vol. LX, p. 331.
"Alguns dos agentes da Convenção ordenaram... 'tomassem todas as medidas'": Sutherland, *The French Revolution*, p. 204, 222.

213. "um endosso ambivalente": A resposta dada pelo Comitê a 6 de fevereiro de 1794 está em J.-J. Savary, vol. III, p. 151.
"'sem nenhuma autorização'": Louis-Marie Turreau ao Comitê de Segurança Pública, 27 nivoso (15 de janeiro de 1794), em SHAT B⁵8; Turreau a Bourbotte, 15 de fevereiro de 1794, citado em Secher, p. 159. Sobre os tribunais, ver Sutherland, *The French Revolution*, p. 203-4.
"ordens conflitantes": Ver principalmente Martin e Ladière, p. 27-36; e J.-C. Martin, "Le cas de Turreau." A tese de aprovação tácita, apresentada originalmente por Jean-Julien Savory na década de 1820 (ver J.-J. Savary, vol. III, p. 201), foi ressuscitada por Gueniffey, p. 265.
"'Lá [...] dizia-se'": Babeuf, p. 40.

215. "'a menor recusa'": Turreau, p. 198n.
"Como grande parte do oeste da França": Sobre as origens da insurreição, ver P. Bois; Faucheux; Tilly.

217. "'nuvem negra, barulhenta'": Germain Bethuis. "Extrait des souvenirs d'un magistrat, fils d'un massacre", em Chassin, *La preparation de la Guerre de Vendée,* vol. III, p 335-9.
"Durante séculos": Ver Bercé, principalmente p. 353-83.
218. "É verdade que muitos pertenciam": Sobre a Associação Breton, ver Godechot, *The Counter-Revolution,* p. 207-11.
"O marquês de Bonchamps": Bonchamps, p. 38-40.
"'Vocês querem jogar'": Sapinaud, p. 3.
"Já com relação ao ex-oficial da Marinha": Gras, p. 18.
"Em algumas cidades": la Championnière, p. 10-15.
"Quando os azuis reconquistaram Machecoul": Petifrère, *La Vendée,* p. 51.
219. "'Olhem bem para esta lâmina!'": Mercier du Rochet, p. 143.
"a República de fato começou": Ver J.-C. Martin, *La Vendée,* p. 43-51. Ver também Sutherland, *The Chouans.*
220. "'encantado [...] pródigo'": Mercier Du Rocher, p. 43. "'profundo, escuro'": Kléber, citado em Secher, *Le génocide,* p. 130. "'paliçadas em torno de um forte'": Turreau, p. 30-4. "Em 19 de março": Chassin compilou versões desse episódio em *La préparation de La guerre de Vendée,* vol. III, p. 473-81. A mais verossímil, a do General Henri-François Boulard, está na p. 476-9.
221. "Como Jean-Clément Martin argumentou": Ver J.-C. Martin, *La Vendée,* p. 33-51.
222. "'Batalhões invisíveis'": V. Hugo, cap. III.
223. "'Marchemos'": Citado por Mercier Du Rocher, p. 139. Sobre o fervor religioso, ver também Clémanceau, p. xvii; Tilly, p. 332.
"general Cathelineau": Ver Clémanceau, p. 33-4; Godechot, *Counter-Revolution,* p. 219.
"Na cidade de Cholet": Ver Sapinaud, p. 25n.
"O episódio possivelmente mais estranho de todos": Clémanceau, p. xxi, 62.
224. "'Encontrei... todos os princípios militares'": Biron (Lauzun) a Bouchotte, Niort, 31 de maio de 1793, citado em Rousset, p. 281-2.
225. "'Não conseguimos assegurar'": Citado em Maugras, *The Duc de Lauzun and the Court of Marie-Antoinette,* p. 475.
"'a Vendeia colonial'": *Extrait du registre,* p. 2. Devo essa citação a Malick Ghachem.
"'Nada teria barrado'": Citado em Petifrère, *La Vendée,* p. 37.
227. "para bem mais de 60 mil": Ver J.-C. Martin, *La Vendée,* p. 206-10.
"após tomar a cidade de Montaigu": Petifrère, *La Vendée,* p. 53-4.
"os azuis retaliaram": La Bouëre, p. 77.
"'Como esta é uma guerra de bandidos'": Citado em Secher, *Le génocide,* p. 143.
228. "'Invistam contra eles'": Boullault, citação da p. 32. A página de rosto diz que a peça foi representada no Théâtre des Variétés Amusants em 2 e 3 de outubro de 1793.

NOTAS 453

"Em esquifes e em balsas improvisadas": Chassin, *La Vendée patriote*, vol. III, p. 220-461.
"Marie-Louise-Victoire Donissan": La Rochejaquelein, p. 163-9, 183.

229. "'era um espetáculo curioso'": Jean-Claude Benaben em Chassin, *La Vendée patriote*, vol. III, p. 420.
"Entre os líderes vendeanos": Secher, *Le génocide*, p. 145.
"Em meados de novembro": Ver Chassin, *La Vendée patriote*, vol. II, p. 276-317.

230. "François-Joseph Westermann": Ver Six, *Dictionnaire*, vol. II, p. 569-70.
"'somente podemos derrotar a Vendeia'": Citado em Gras, p. 55. Ver também Chassin, *La Vendée patriote*, vol. II, p. 284-320.
"ele se exibiu sem casaco": Ver o discurso de Antoine Merlin de Thionville em SHAT B^{5}8, dezembro de 1793; e também La Bouëte, p. 78.
"Testemunhas disseram": J.-C. Martin, *La Vendée*, p. 181.
"Na cidade": Documentos da batalha de Le Mans foram compilados em Chassin, *La Vendée patriote*, vol. III, p. 412-27.

231. "'massacre hediondo [...] 15 horas'": Pierre Bourbotte, Pierre-Louis Prieur (de la Marne) e Louis Marie Turreau-Linière (primo do general), em um relatório à Convenção, lido no dia 15 de dezembro de 1793, em Chassin, *La Vendée patriote*, p. 416. Ver também J.-J. Savary, vol. II, p. 430.
"'Mulheres, padres, monges'": J. Maignan, 14 de dezembro de 1793, em Chassin, *La Vendée patriote*, vol. III, p. 417.
"'Sem parar nenhum instante'": Citado em Secher, *Le génocide*, p. 145.
"Um republicano contou": Citado em ibid., p. 147.

232. "'Não existe mais Vendeia'": Westermann ao Comitê de Segurança Pública, dezembro de 1793, citado em ibid., p. 150.

233. "Muitas mulheres que lutavam": Ver as memórias de uma delas: Bordereau.
"'Esta guerra de modo algum se assemelha'": Antoine-François Momoro, "Rapport sur l'état politique et la situation actuelle de La Vendée", 22 Vendémiaire, ano II, em SHAT B^{5}7.
"'*Todos* os atuais habitantes'": Pierre-Anselme Garrau, Nicolas Hentz e Marie-Pierre-Adrien Francastel ao Comitê de Segurança Pública, Nantes, 1 ventoso, ano II, em SHAT^{5}7. Itálicos meus.

234. "'fariam o mesmo'": Joseph-Marie Lequinio, extraído da *Gazette de France*, 3 nivoso, ano II, em SHAT B^{5}7.
"uma das principais características": Turreau a Bouchotte, 11 de janeiro de 1794, em SHATB^{5}8.
"Charles-Philippe Ronsin": Sobre Ronsin, ver G. Brown; Cobb, p. 63-5; Herlaut; J.-C. Martin, *La Vendée*, p. 160-5.

235. "'submundo literário'": Darnton, *Literary Underground*, principalmente p. 1-40.
"panfleto ensandecido": Ronsin, *La ligue aristocratique*.
"somente 1.500": Citado em Slavin, p. 72. Meus agradecimentos a David Woodworth por essa citação.

236. "'Aqui, franceses caem'": Lauzun (Biron), *Compte rendu au Comité de Salut public,* citado em Gontaut-Biron, p. 309. Mais incrível ainda foi Lauzun ter escrito a carta depois de ter sido afastado do comando e correr perigo de ser guilhotinado.
"'a conduta [de Lauzun] é realmente estarrecedora'": Citado em Maugras, *The Duc de Lauzun and the Court of Marie-Antoinette,* p. 453.
"'Nascido na casta'": Citado em um apêndice em Lauzun, p. 307.
"Capitão em 30 de junho": Herlaut, p. 102. De capitão a general de brigada, Napoleão levou 3 meses. Ver Chandler, *The Campaigns of Napoleon,* p. 22-8.

237. "Em setembro": Ver J.-C. Martin, *La Vendée,* p. 161-6; Six, *Dictionnaire,* vol. II, p. 110, 376-7, 392-3.
"'que não seja reconhecido como republicano'": Bouchotte a Turreau, 28 de novembro de 1793, em SHAT B^{5}7.
"'O que fiz'": Citado em Chassin, *La Vendée patriote,* vol. III, p. 247. Ver p. 247-8 para saber das tensões entre Léchelle e o "Mayençais."

238. "um desses protegidos": Ibid., p. 244-7.
"um dos protegidos de Ronsin": Secher, *Le génocide,* p. 155, não é, reconhecidamente, uma das fontes mais fidedignas.

239. "'disciplina diligente... É impossível cobrir'": Citado em Gras, p. 126.
"'passeio militar'": Turreau ao Comitê de Segurança Pública, 27 nivoso, ano II, em SHAT B^{58}.
"Não sendo um *sans-culotte*": Sobre Turreau, ver Gueniffey, p. 265; Six, *Dictionnaire,* vol. II, p. 517-8.

240. "'Todos os meios devem ser utilizados'": Chassin, *La Vendée patriote,* vol. IV, p. 250.
"'exterminar essa raça rebelde'": Barère em *AP,* vol. LXX, p. 101 (1º. de agosto de 1793). Ver também J.-C. Martin, *La Vendée,* p. 196.
"Antoinette-Charlotte de La Bouëre": La Bouëre, p. 126-30, citação da p. 130.

241. "'Estou sem esperanças'": Chassin, *La Vendée patriote,* p. 257.
"Para ele, o fluxo contínuo" Ver J.-C. Martin, *La Vendée,* p. 230.
"Oficiais sob o comando do general Nicolas Haxo": Ver as memórias de Dominique Aubertin, em J.-L.-S. Hugo, vol. I, p. 106-7; J.-C. Martin, *La Vendée,* p. 244-5.

242. "'Vamos carregar ferro e fogo'": Carta de 25 de janeiro de 1794, em Joliclerc, p. 155.
"'Aonde vamos'": Citado em Sechet, *Le génocide,* p. 164.
"'Destruir os moinhos de água'": Pardou (ou Pardon — a caligrafia deixa margem à dúvida) a um amigo, 24 de fevereiro de 1794, SHAT B^{5}8.
"'Por toda parte batia-se o olho'": Declaração de Beaudesson, 6 de outubro de 1794, em Chassin, *La Vendée patriote,* vol. IV, p. 261-2.

243. "centenas de páginas": Principalmente no vol. IV de *La Vendée patriote,* em particular p. 152-498.

NOTAS 455

"Historiadores leais à memória": Ver, por exemplo, as muitas obras de Elie Fournier, Alain Gérard, Simone Loidreau e, claro está, de Reynald Secher.
"Elas mesclam indiscriminadamente": Na obra de Reynald Secher, há alegações de que François-Pierre-Joseph Amey, representante do general Grignon, queimou vivas mulheres e crianças em fornos de assar pão e, quando suas tropas ficaram sem rebeldes para queimar, voltaram-se para os "patriotas"; que mulheres eram penduradas nuas nas árvores pelos pés e cortadas ao meio com espadas; que mulheres grávidas eram esmagadas com prensas de uva até a barriga estourar; que havia oficiais que usavam coletes feitos de pele humana tingida. Ver Secher, *Le génocide,* p. 163-73.
"As atrocidades cometidas": Sobre Carrier em Nantes, ver particularmente Dugast-Matifeux; Lallié; J.-C. Martin, *La Vendée,* p. 213-25.

244. "'atirar neles leva muito tempo'": Citado em Secher, *Le génocide,* p. 152.
"muitos eufemismos": Lallié, p. 118, 162-3.
"Carrier relatou com sadismo à Convenção": Lallié, p. 84. "O General Robert contou": Citado em Petifrère, *La Vendée,* p. 60. "'Que torrente revolucionária'": Citado em Lallié, p. 126.
"Há uma estimativa confiável": Ver Godechot, *The Counter-Revolution,* p. 224.
"'É por um princípio de humanidade'": Citado em Lallié, p. 149.

246. "'Qual é a razão'": Turreau, p. 1980.
"e ganhou notoriedade": "Trivia."
"Vinte anos depois": Ver a nota biográfica em Six, *Dictionnaire,* vol. II, p. 517-8.

247. "uma dinâmica de radicalização": Ver Furet, *Penser La Révolution française.*
248. "'Um ponto que vale a pena notar'": J.-L.-S. Hugo, vol. II, p. 263.
249. "'Essa Guerra do Ignorante'": V. Hugo, parte III, livro I, cap. I.

6. A Atração da Águia

251. "'Ambição, como todas as paixões desenfreadas'": N. Bonaparte, *Oeuvres,* vol. II, p. 227.
"Durante seus 51 anos": Sobre os encontros de Napoleão com a morte, ver Chandler, "Napoleon and Death."
"é provável que o líder corso Pasquale Paoli": S. Englund, *Napoleon,* p. 53. A biografia escrita por Englund é de longe a melhor em língua inglesa. Ver também, como referência, Tulard, *Napoléon, ou le mythe du sauveur;* Schom.

252. "Apesar dos relatos": Ver, por exemplo, Bourrienne, vol. I, p. 4-5; *Some Account of... Buonaparte,* p. 24.
"Napoleão cogitava alistar-se": Ver S. Englund, p. 77.
"Sonhava, apaixonadamente": Mais recentemente sobre essa questão, ver Dwyer, "From Corsican Nationalist."
"Devotou, portanto": Ver os dois primeiros volumes de N. Bonaparte, *Oeuvres;* N. Bonaparte, *Napoléon inconnu.*

253. "'que se alimenta de sangue"': "Discours sur La question proposée par l'académie de Lyon", em N. Bonaparte, *Oeuvres*, vol. II, p. 227.
"Na batalha": Chandler, *Campaigns*, p. 27.
"'tudo o que eu soube desde então'": G.M. Tievelyan, citado em Johnson, p. 20.
"'General, eu nasci'": Bonaparte a Pasquale Paoli, 12 de junho de 1789, em *cgn*, vol. I, p. 76 (n°. 29).
"Ele já expressara publicamente sua admiração": Napoleão a Matteo Buttafuoco, 23 de janeiro de 1791, em *CGN*, vol. I, p. 96 (n°. 44). "'é um aristocrata gordo a menos'": Napoleão, citado em S. Englund, p. 43.
254. "fundara um clube revolucionário": Ver Lyons, *Napoleon*, p. 10.
"'Eu acrescentaria à lista de patriotas'": Citado em S. Englund, p. 67.
"em um momento crucial": Sobre Arcola, ver Connolly.
255. "'conhecido apenas pelos parisienses'": Citado em Boycott-Brown, p. 131.
256. "'Não há homens'": Lucien Bonaparte a Joseph Bonaparte, 24 de junho de 1792, em N. Bonaparte, *Napoléon inconnu*, vol. II, p. 397.
"ele ainda era capaz de expressar admiração por Robespierre": Ver S. Englund, p. 68-9.
258. "Estudos recentes": Ver principalmente Jainchill; Jourdan, *La Révolution*; Livesey; Schechter; Woloch, *The New Regime*.
260. "No outono de 1799": Ver H. Brown, "Domestic State Violence", p. 612-3.
"'Preciso de uma espada'": Citado em S. Englund, p. 157.
"'Nós não estamos vivendo'": Tenente Michel, citado em Bertaud, *La Révolution armée*, p. 284.
"quatro quintos de seus homens": Boycott-Brown, p. 126.
"'Por que lutamos?'": Soldado citado em Bertaud, *La Révolution armée*, p. 310.
262. "Estabeleceu uma corte virtual para si": Dwyer, "Napoleon Bonaparte as Hero", p. 390-2; Miot de Melito, p. 92-4.
263. "Diversas descrições": Ver, por exemplo, Miot de Melito, p. 51; François Vigo-Roussillon, citado em Boycott-Brown, p. 232; Paul-Charles Thiébault, citado em Jourdan, *Napoléon*, p. 62; Laure-Adélaïde, duquesa d'Abrantès, citada em Tulard, *Napoléon*, p. 69-70.
"'ainda posso vê-lo'": Duquesa d'Abrantès, citada em Tulard, *Napoléon*, p. 69.
"vemos Napoleão se encarregar de assuntos": Ver Ordre Du jour, 23 frutidor V, em *CN*, vol. I, p. 373 (n°. 2175); Napoleão ao ministro do Interior, 18 pradial V, em *CN*, vol. III, p. 128 (n°. 1873). Ver também Hazareesingh, "Force for Glory."
264. "Muito antes de 1789": Para dispor de uma descrição concisa da relação de Napoleão com o "sistema Gribeauval", ver H. Parker.
"a tática que o Exército francês adotou": Sobre as táticas de Napoleão, ver Chandler, *Campaigns*, principalmente p., 131-201; Connelly, *Blundering to Glory*; Rothenberg, *The Art of Warfare*, principalmente p. 95-164.
"'O imperador descobriu'": Citado em Chandler, *Campaigns*, p. 148.

265. "Ao assumir o comando": Ver Boycott-Brown, p. 144-5; Chandler, *Campaigns*, p. 53-7.
"Muito de sua correspondência": Ver as cartas de Napoleão de 8-10 germinal, ano IV, em *CGN*, vol. I, p. 302-12 (n°s. 423-41).
"'Dei carne'": Napoleão a Joséphine, Nice, 10 germinal, ano IV, em *CGN*, vol. I, p. 311 (n°. 439).
266. "elaborou uma lista": Napoleão ao General Vignolle, Milão, 21 de Brumaire, ano VI, em *CGN*, VOL. I, P. 1283-89; *Le courrier de l'armée d'Italie*, n°. 137 (1°. de outubro de 1797), p. 161.
"'Os homens em questão'": O episódio é contado no prefácio de Philippe Sagnac ao livro de Bourgin e Godechot, p. 2.
"'Isso não é maneira'": Napoleão a Lucien Bonaparte, primavera de 1792, *CGN*, vol. I, p. 109 (n°. 61).
267. "'Não consigo expressar'": Citado em Roger, p. 384.
"'Soldados, a pátria'": "Proclamation à l'armée", 26 de abril de 1796, em *CN*, vol. I, p. 219 (n°. 234).
"'Soldados, vós vos precipitastes'": "A sés frères d'armes", 20 de maio de 1796, em *CN*, vol. I, p. 368-9 (n°. 461).
268. "'Soldados, a Europa'": "Aux soldats de terre et de mer de l'armée de La Méditerrannée", 10 de maio de 1798, em *CN*, vol. IV, P. 128 (n°. 2570).
"o primeiro 'general midiático'": As obras essenciais sobre esse tema são Hanley; Jourdan, *Napoléon*.
"Foi muito importante o fato de Napoleão ter fundado jornais": *Le Courrier de l'armée d'Italie* era publicado em Milão, e houve 248 números entre julho de 1797 e dezembro de 1798, totalizando mais de mil páginas. *La France vue de l'armée d'Italie*, também publicado em Milão, teve menos sucesso — só 18 números entre agosto e novembro de 1797. Ver Daline; Hanley, cap. III; Jourdan, *Napoléon*, p. 71; Martin; Tulard, *Napoléon*, p. 84.
269. "'Hoje, a glória escreveu'": *Courrier de l'armée d'Italie*, n°. 48, 23 de outubro de 1797, p. 206.
"*Journal de Bonaparte*": *Journal de Bonaparte et des hommes vertueux*, publicado em Paris, teve 40 números em fevereiro e março de 1797.
"gravuras populares [...] biografias populares": Ver Dwyer, "Napoleon Bonaparte as Hero", p. 388; Hanley, cap. VI; Tulard, *Napoléon*, p. 93.
270. "'Herói, caro à paz'": De autoria do poeta Lebrun, antes um bajulador da monarquia e da Revolução. Citado em Jourdan, *Napoléon*, p. 78.
"Gros, em especial, imortalizou o momento": Sobre o retrato, ver Bosséno; Connolly. Prendergast, p. 145-9; Vovelle, p. 113-9.
271. "sua esposa tenha tido de sentar e segurar": Ver Prendergast, p. 145.
"Em seus relatos": Ver Aulard, *Paris pendant la réaction thermidorienne*, vol. III, p. 749 (14 de fevereiro de 1797); vol. IV, p. 75 (22 de abril de 1797); vol. IV, p., 84 (27 de abril de 1797).

"As elites francesas do século XVIII": Ver Bell, *Cult of the Nation*, p. 107-39; Bonnet, *Naissance du Panthéon;* Jourdan, "Du sacre du philosophe."

272. "novas percepções acerca do indivíduo": Sobre as noções dessa época — que estavam mudando — a respeito do eu, ver Goldstein, e Wahrman, um livro ao qual devo muito.
"Os gostos literários de Napoleão": Sobre esse tema, ver Andy Martin, principalmente p. 3-4; Tieghem, vol. II, p. 3-13; Thiébault, subordinado de Napoleão, achava que seus panfletos tinham um sotaque "ossiânico"; Ver Jourdan, *Napoléon,* p. 70.

273. "Mais tarde": Bourrienne, vol. I, p. 133.
"o gênero também parecia dar": Ver o estudo clássico de Watt; e também Lynch.
"um lugar-comum da história cultural": Darnton, *The Great Cat Massacre,* p. 215-56.

274. "escolheu 'escrever' seu romance": S. Englund, p. 426.
"'Mas que romance tem sido a minha vida!'": Napoleão, em Las Cases, vol. I, p. 859, 403.
"ele lhe deu um novo nome": Napoleão a Desirée Clary, 10 de setembro de 1794, *CGN,* vol. I, p. 201 (n°. 244).

275. "'a quem meu coração pertence inteiramente'": Napoleão a Joseph Bonaparte, 24 de junho de 1795, *CGN,* vol. I, p. 233 (n°. 308).
"'Doce e incomparável Joséphine'": Napoleão a Joséphine, dezembro de 1795, *CGN,* vol. I, p. 285 (n°. 387).
"'Joséphine! Joséphine!'": Napoleão a Joséphine, 30 de março de 1796, *CGN,* vol. I, p. 311 (n°. 439).
"'Um beijo mais abaixo'": Napoleão a Joséphine, 7 de abril de 1796, *CGN,* vol. I, p. 327 (n°. 467), grifado no original.

276. "'teu pequeno seio branco'": Napoleão a Joséphine, 21 de novembro de 1796, *CGN,* vol. I, p. 672 (n°. 1068). Os editores da CGN observam que o original da segunda dessas cartas não foi encontrado e que o tom e o vocabulário diferem daqueles das outras cartas. Apesar disso, consideram-na autêntica.
"'Cruel'": Napoleão a Joséphine, 8 de junho de 1796, *CGN,* vol. I, p, 436 (n°. 662).
"'Tuas cartas'": Napoleão a Joséphine, 17 de outubro de 1796, *CGN,* vol. I, p. 638 (n°. 1005).
"'Não te amo mais'": Napoleão a Joséphine, 23 de novembro de 1796, *CGN,* vol. I, p. 675 (n°. 1074).

278. "'o pacificador deste vasto universo'": *Époques,* p. 9.
"cuja inscrição clamava": *Courrier de l'armée d'Italie,* n°. 1, 20 de julho de 1797, p. 3.

279. "todos os artistas e eruditos eminentes": Napoleão a Oriani, 24 de maio de 1796, *CGN,* vol. I, p. 415 (n°. 627).
"Napoleão incorporou-se com alarde": Ver Jourdan, *Napoléon,* p. 81.

NOTAS 459

"'foi apenas na noite do Lodi'": Citado em Dwyer, "Napoleon Bonaparte as Hero", p. 382. Esse comentário foi feito a Montholon. Observações semelhantes a outros membros da *ménage* de Santa Helena foram citadas em ibid. (a Gourgaud); Boycott-Brown, p. 323 (a Bertrand); e Tulard, *Napoleon*, p. 81 (a alguém incerto).

280. "'Se ao menos consultássemos'": "Réfléxions sur la paix et la guerre, par Leussère, réddacteur de La Sentinelle et ci-devant collaborateur de l'Orateur Plébéien", *Courrier de l'armée d'Italie*, n°. 47, 21 de outubro de 1797, p. 202.
"'Em 1° de julho de 1798'": Sobre a expedição egípcia, ver Laurens; Lassius; e Thompson, *Napoleon*, p. 107-33.
"as habituais exigências severas": Ver François-Etienne Damas a Jean-Baptiste Kléber, Boulac, 27 de julho de 1798, em *Copies of Original Letters*, p. 74.

281. "'Víamos eles morrerem de sede'": Pierre-François Boyer a seus pais, Cairo, 28 de julho de 1798, em ibid., p. 143-4. A assinatura da carta é "Boyer" e só pode ser o Pierre-François Boyer que serviu no estado-maior do exército de Napoleão.
"'Soldados, quarenta séculos de história vos contemplam'": "Allocution avant la bataille des pyramides", 21 de julho de 1798, em *CN,* vol. IV, p. 340 (n°. 2816).

282. "'ninguém gosta de missionários armados'": Maximilien Robespierre, no Clube Jacobino, 2 de janeiro de 1792, em Robespierre, *Discours*.
"um Instituto do Egito": Ver *Memoirs Relative to Egypt*.
"'Nós franceses [...] não somos mais'": Citado em Thompson, *Napoleon*, p. 120. Ênfase acrescentada.

283. "'Reis curvam suas cabeças'": "Ode árabe sur La Conquête de l'Egypt" em *Décade egyptienne*, vol. I (1798), p. 86.

284. "200 mil homens": Blanning, *French Revolutionary Wars*, p. 231.
"o sinistro verão de 1799": Ibid., p. 230-56.

286. "o regime literário da juventude": Ver as notas de leitura em N. Bonaparte, *Oeuvres*, vol. I, passim.
"'Tudo aqui se desgasta'": Citado em Bourrienne, vol. I, p. 125.

287. "'No Egito, eu me encontrava'": Citado em Chandler, *Campaigns*, p. 248.

288. "Em resposta": Laurens, p. 149-51. "'a hora da vingança'": François, *From Valmy to Waterloo*, p. 73.
"'Cidadão general'": Napoleão a Berthier, Cairo, 2 de Brumaire, ano VII, *CN,* vol. V, p. 115 (n°. 3527).
"Napoleão ordenou": Napoleão a Berthier, Jaffa, 19 ventoso, ano VII, *CN,* vol. V, p. 451 (n°. 4013). Ver também a obra de 1803 de R. Wilson, *History of the British Expedition to Egypt,* citada em Tulard, *L'Anti-Napoléon*, p. 55.
"Bourrienne depois construiu": Bourrienne, *Memoirs,* vol. I, p. 194-7.
"'precauções deveriam ser tomadas'": Napoleão a Berthier, Cairo, 2 de Brumaire, ano VII, *CN,* vol. V, p. 451 (n°. 4013).

289. "o que acontecera no norte da Itália": Sobre a revolta, ver Lumbroso; Malacrida.

"'Uma grande conspiração'": Napoleão a Berthier, Milão, 6 pradial, ano IV, *CGN*, vol. I, p. 416 (n°. 629).

"seriam 'tratados como rebeldes'": "Proclamation aux Habitants de la Lombardie", 6 pradial, ano IV, em *CN*, vol. I, p. 394 (n° 493).

"e retirou a ordem": Napoleão ao Diretório, 13 pradial, ano IV, em *CGN*, vol. I, p. 421-2 (n°. 639).

289. "ele se contentou": Ver Lumbroso, p. 23-6.
290. "Dentro e fora da cidade": Ver Rothenberg, *The Art of Warfare*, p. 120; Sciout, p. 2761-5; Suratteau, "Occupation, occupants et occupies."

"as grandes revoltas de 1799": Para dispor de um bom resumo, ver Blanning, *The French Revolutionary Wars*, principalmente p. 238-48.

"Em 1790": Sobre a Revolução Haitiana, ver Dubois; Dubois e Garrigus. Números de Dubois e Garrigus, p. 13.

291. "'Eis minha opinião'": Citado em Auguste e Auguste, p. 236. Este livro continua sendo a fonte autorizada sobre a Expedição Leclerc e as atrocidades cometidas enquanto ela durou.

"Embora o número de mortos no Haiti": Para dispor de uma análise cuidadosa dos números existentes, ver ibid., p. 313-6.

292. "'honra, glória e riqueza'": A suposta proclamação teria sido feita em Nice no dia 27 de março de 1796. Está em *CN*, vol. I, p. 118 (n°. 91), mas foi extraída das recordações de Napoleão em Santa Helena.

"as forças revolucionárias repetiam": *La grande nation*, de Godechot, continua sendo o guia mais completo sobre esse tema e agora foi suplementada e atualizada por Belissa, *Repenser*.

293. "'em nome de nossa santa religião... répteis miseráveis'": Citado em Zaghi, p. 175, 180.

295. "'O que é o Exército?'" e "'É a França'": Citado em Lyons, *France under the Directory*, p. 146.

"começaram a se identificar": Ver Bertaud, *La Révolution armée*, p. 322-43.

"'Fazei uma vez mais'": Proclamação feita em 21 de Brumaire, ano V, em *CN*, vol. II, p. 136 (n°. 1180).

296. "'Tendes diante de vós'": "A l'armée", 26 de Messidor, ano V, em *CN*, vol. III, p. 239-240 (n°. 2010).

"'General, salvastes a França!'": *Courrier de l'armée d'Italie*, n°. I (20 de julho de 1797), p. 4.

"'O grande dilúvio... a República não existe'": Citado em Kruse, p. 317, 312.

"nas palavras do historiador Jean Paul Bertaud": Bertaud, *La Révolution armée*, p. 341.

297. "'Devo derrubá-los'": Bourrienne, vol. I, p. 134.

"'uma corja de advogados'": Miot de Melito, p. 94.

"Napoleão lutava como Alexandre": *Chronique de Paris, ci-devant Courier Républicain*, n°. 4, 3 germinal, ano V, p. 3.

NOTAS

"'O Rubicão já foi atravessado?'" *Messager du soir,* citado em Dwyer, "Napoleon Bonaparte as Hero", p. 389.

"surgimento do militarismo moderno": Sobre o militarismo, ver a introdução a Jansen, p. 9-23. Minha perspectiva se aproxima mais desta que daquela de estudos mais antigos, como o de Finer; Vagts.

"'quando um povo se torna'": Citado em Bertaud, *La Révolution armée,* p. 341.

"'nossas guerras quase ininterruptas'": Kruse, p. 329.

298. "Um homem frio, preciso": Ver Sewell, principalmente p. 153-4. Sobre Sieyès, ver também Bredin.

"'Eis o vosso homem'": Citado em Crook, p. 51.

"Espiões da polícia relataram": Ver Gotteri.

"Quando ele chegou a Lion... 'em cada rosto'": Dwyer, "Napoleon Bonaparte as Hero", p. 393-5, citação da p. 394.

299. "O que fizestes'": Citado em S. Englund, p. 162.

300. "'Não esquecei, eu caminho com o deus'": Citado em ibid., p. 164. Ver também Chandler, "Napoleon and Death."

"'Cidadãos, estais dissolvidos'": Citado em Benoît e Chevallier, p. 79.

7. Dias de Glória

303 "'Hoje em dia [...] nenhum governo'": Constant, p. 1004.

"'Eu queria governar o mundo'": Napoleão Bonaparte, citado em Herold, p. 276.

"'O dia está se transformando'": Sobre Marengo, ver Benoît e Chevallier, p. 13; *Bataille de Marengo,* p. 139.

304. "'Pelo amor de Deus'": Citado em S. Englund, p. 174.

"os canos dos mosquetes": Ver a descrição da batalha em Coignet, p. 74-9.

"com Melas já recebendo": General Danican em *Bataille de Marengo,* p. 139.

"Outros generais aguardam": Ver Miot de Melito, p. 173-4.

305. "'A batalha está completamente perdida'": Citado por Bourrienne, vol. II, p. 13.

"Seu cadáver permanecerá": Benoît e Chevalier, p. 137.

"uma última chance": Ver, em particular, a descrição de Marmont, vol. II, p. 134.

306. "10 mil homens": Benoît e Chevalier, p. 122.

"O teórico militar Heinrich Dietrich von Bülow": Bülow, p. 538.

"Os inúmeros jornalistas, poetas": Ver, por exemplo, Boisson de Quency; Desorgues; e Lamontagne.

307. "O ataque no tempo perfeito de Kellermann seria minimizado": Principalmente na versão do chefe do estado-maior de Napoleão: Berthier, p. 48.

"'muito mais do que o brumário... jamais deveria ser superado'": Furet, *Revolutionary France,* p. 218.

308. "'à exceção de [George] Washington'": Citado em S. Englund, p. 217. Sobre os plebiscitos, ver Woloch, *Napoleon and His Collaborators*, p. 94-6.
309. "'Eu sou a Revolução Francesa'": Citado em S. Englund, p. 227.
"devolvia ao catolicismo romano": Ver Boudon, *Napoléon et les cultes*.
"'fazer a arte recuar'": Citado em Boime, p. 15.
"com um ato": S. Englund, p. 229.
310. "'Qual glória'": Em Lentz e Clot, p. 83.
"O Consulado, porém": Ver Lentz, "Was the Napoleonic Regime?"
"'Eu não governo'": Citado em Bluche, p. 26.
"'os relâmpagos da guerra'": Boisson de Quency, p. 5.
"'as nações do Sul'": Citado em Belissa, *Repenser*, p. 173-4.
311. "'Agora que, em nossa época'": Tribune Adet, 19 de maio de 1802, em *AP*, segunda série, vol. III, p. 729.
"Não se tratava da esperança utópica": Mas ver Jourdan, "Napoléon et la paix universelle."
"'Quando a alma humana'": Maistre, *Considérations sur la France*, p. 48.
312. "'lei crua da natureza... pela guerra'": Gentz, p. 484-5.
"'anjo da paz'": Ver, por exemplo, o panfleto *Cri de la religion*, página de rosto.
"alguns, como Paul Schroeder": Ver Schroeder, *Transformation*, p. 229-30; Schroeder, "Napoleon's Foreign Policy: A Criminal Enterprise"; também Johnson. Para dispor de uma outra visão, ver Lentz, *Nouvelle histoire*.
313. "'Eu queria governar o mundo'": Citado em Herold, p. 276.
314. "'Seu poder sobre a França'" e "'Será que ele pode se dar ao luxo'": Pitt, p. 329.
"'Se minha voz tiver qualquer influência'" "'um mero apêndice'": ambas as frases citadas em Herold, p. 191. Napoleão, como a maior parte da França nessa época, confundia Inglaterra com Grã-Bretanha.
315. "'Um primeiro-cônsul não é como os reis'": Napoleão, citado em Tulard, *Napoléon*, p. 180. Dez anos mais tarde, ele disse algo muito parecido a Metternich. Ver Metternich, vol. I, p. 148.
"'essa paz ainda não havia sido completada'": Citado em Esdaile, *The Wars of Napoleon*, p. 13. Ver também Dwyer, "Napoleon and the Drive for Glory."
316. "haver exigido do governo da Grã-Bretanha": Ver Tombs e Tombs, p. 242.
"para reciclar os mal-humorados escritos revolucionários": Ver, em particular, o jornal antibritânico de Barère, *Mémorial anti-britannique, journal historique et politique* (1803-4).
"Normalmente, ele trabalhava": Sobre os hábitos de trabalho de Napoleão, ver Chandler, *Campaigns*, p. 374-6, 462. "'Pena que o homem'": Talleyrand, citado em S. Englund, *Napoleon*, p. 279.
317. "mais de 2.500 canhoneiras": Tombs e Tombs, p. 245.
318. "'mais do que um crime'": Citado em Gates, p. 17.
"Napoleão deslocou o Exército": Ver Rothenberg, *The Art of War*, p. 149.

"Napoleão enfrentou as forças austríacas": Sobre a campanha de Austerlitz, ver Chandler, *Campaigns,* p. 381-439; Gates, p. 21-34; "'nós víamos milhares de russos'": Marbot, *Memoirs,* vol. I., p. 200.

320. "cerca de 60%": Sheehan, p. 251.
"em sua nota plangente": Ibid., p. 235.
321 "'Os liames do mundo'": Hegel, citado em ibid., p. 350. "'a alma-mundo'": Hegel a Niethammer, 13 de outubro de 1806, em Hegel, vol. I, p. 120.
"'parecia literalmente verdade'": Craig, p. 26.
322. "No final de agosto": Sobre a Guerra da Quarta Coalizão, ver Chandler, *Campaigns,* p. 442-590.
323. "nada menos do que 96%": Ibid., p. 499-502.
"Ele parou... Ali permaneceu": Citado em ibid., p. 499.
"'de modo mais completo do que jamais fora qualquer Exército'": Clausewitz, *On War,* p. 153-4.
324. "Os prussianos perderam inteiramente metade de seu território": Ver Hagemann, *"Mannlicher Muth",* p. 18-22.
325. "'Um outro ano!'": Wordsworth.
"Fruto da pequena nobreza prussiana": Ver Peter Paret, "The Genesis of *On War.*"
"'Antigamente[...] uma guerra era travada'": Clausewitz, "Bekenntnisdenkschrift", p. 749-50.
327. "Um autoritário nato": Sobre a repressão interna, ver Bergeron.
"fornecimento de capelães era deliberadamente negligenciado": ver Broers, *Europe Under Napoleon,* p. 37.
328. "'Devo transformar todos os povos da Europa'": Citado em Zamoyski, p. 9. Sobre o processo de integração europeia, ver Connelly, *Napoléons Satellite Kingdoms;* Woolf.
"Em seus últimos anos": Las Cases, vol. I, p. 1075 e vol. II, p. 345.
"A principal sustentação política": Esta é a perspectiva notável de Bergeron; Soboul, *Le primiere empire,* e Tulard, *Napoleon.*
"continuava a se apresentar insistentemente": Ver Jourdan, *Napoléon.*
329. "Tomava cada campanha militar": Ver principalmente Napoleão ao Senado francês, Berlim, 21 de novembro de 1806, *CN,* vol. XIII, p. 679-81 (n°. 11281).
"Os militares franceses ainda eram": Ver Blaufarb, p. 164-93. Ver também Hughes, do qual só tomei conhecimento tarde demais para consultar na íntegra.
"alguns dos marechais de Napoleão se queixarem": Ségur, p. xii.
"pelo protótipo de camponês": Ver Chandler, *Campaigns,* p. 333-4; Connelly, *Blundering to Glory,* p. 73-4.
330. "59%": Ver Bertaud, "Napoleon's Officers", p. 97-9.
"'Se esta honra'": Napoleão, citado no website da Legião da Honra: http://www.legiondhonneur.fr/shared/fr/histoire/fhisto.html, consultado no dia 26 de junho de 2006.
"nada menos que 97%": Forrest, "Military Culture", p. 52.

"Em cerimônias oficiais do Estado": Bertaud, "Napoleon's Officers", p. 97. Ver também Godechot, *Institutions*, p. 699.
"o Exército tenha se tornado": Godechot, *Institutions*, p. 690. "Celebrações e festivais públicos": Forrest, "Military Culture", p. 56. "pelo menos 143 na França": Bertaud, "Théâtre", p. 177.
"Nos 45 novos liceus masculinos de elite": Godechot, *Institutions*, p. 739.

331. "suas fadigas, seus perigos... o sangue de seus irmãos": Crouzet, p. 3, 6, 8, 11.
"'foi constituído sobre uma base militar'": Citado em Howard, *War in European History*, p. 82.
"80 mil... e mais de 6 vezes esse número": Boudon, *Histoire du Consulat et de l'Empire*, p. 266; Connelly, *Blundering*, p. 74.
"Historiadores do assunto": Ver principalmente Forrest, *Conscripts and Deserters;* Woloch, *The New Regime*, p. 363-409.

332. "Osterlique, Osterlis": Fairon e Heuse, p. 86, 145.
"uma rota terrestre secreta": Nicolas-Joseph Halleux a seu pai, Lissa (Polônia), 24 de abril de 1812, em ibid., p. 271.
"'Quando transmitir esta terrível notícia'": Chréstien-Henri, Barão Schoeffer, ao vice-prefeito de Périgny, em ibid., p. 287.

333. "um grande programa de construção": Sobre esse tema, ver Jacobson. Sobre o segundo enterro de Turenne, ver Lindsay. Ver também Holtman, p. 163-4.
"'São Napoleão": Sobre o feriado, ver Hazareesingh, *The Saint-Napoleon*.

334. "Seus soldados repetiam avidamente as histórias": Por exemplo, Coignet, p. 115; um recruta de Theux, Lémon, 12 Termidor, ano VIII, em Fairon e Heuse, p. 82; Ver também Napoleão, citado em Lynn, "Toward an Army of Honor", p. 172.
"Em uma conversa de 1810": Napoleão, em Herold, p. 209; "'Ah! Senhores, lembrem-se'": Caulaincourt, p. 77.

335. "faz o momento da morte": Wilson-Smith, p. 176. Sobre Girodet, ver Grigsby.
"'a glória militar... nenhum governo ousaria'": Constant, p. 1024, 1004.
"'Em algumas épocas da história... anacronismo'": Ibid., p. 991, 993, 995.

336. "a França tinha apenas de renunciar": Ibid., p. 1025.
"Decerto, foi difícil": Quanto a essa análise, devo-a a Guiomar.

338. "Em Marengo": Benoît e Chevalier, p. 117. "em Austerlitz": Chandler, *Campaigns*, p. 410. "em Wagram": Gates, p. 139, 207. "em Leipzig": Rothenberg, *Art of Warfare*, p. 81; Hagemann, *"Mannlicher Muth"*, p. 36.
"O fronte no qual se dispunha": Chandler, *Campaigns*, p. 151-2.
"Chateaubriand escreveu de modo eloquente": Chateaubriand, p. 206-7.

339. "'eu cresci em um campo de batalha'": Metternich, vol. I, p. 151-2. Metternich citou a seguinte frase: "un homme comme moi se soucie peu de la vie d'un million d'hommes", acrescentando em uma nota: "Je n'ose pás répéter ici l'expression bien plus crue dont se servit Napoléon." Essa expressão era, obviamente, "un homme comme moi se fout de la vie d'un million d'hommes."

"'O tempo para se viver guerreando é limitado'": Citado em Chandler, *Campaigns*, p. 733.
"Na crítica batalha": Ver Zamoyski, p. 257.
340. "'revolução a partir de cima'": Citado em Levinger, p. 263.
"A Áustria era o caso mais conspícuo": Sobre essa questão, ver Dwyer, "Prussia during the French Revolutionary and Napoleonic Wars"; Gray; Sheehan, p. 291-310.
341. "Friedrich Meinecke concluiu": Meinecke, p. 93.
"Em um sinal do desejo": Hagemann, *"Mannlicher Muth"*, p. 81-3.
342. "'Nação? Isso soa *Jakobinisch*'": Citado em S. Englund, p. 402.
"As forças armadas britânicas ainda assim": Collin, *Britons*, p. 287. Ver também Cookson; Muir, *Britain and the Defeat of Napoleon*.
"Unidades de homens que não serviam em tempo integral e unidades de voluntários... seguisse o exemplo francês": Colley, *Britons*, p. 293, 289, 318, citação da p. 289.
"Mais impactantes ainda": Sobre Beresford em Portugal, ver Oman, vol. III, p. 171-87 e vol. V, p. 149; Broers, *Europe Under Napoleon*, p. 217; Glover, "'A Particular Service.'"
343. "'Meu grande objetivo'": Citado em Gates, p. 4.
"quando a situação exigia": Ver A. Roberts, p. 41-2.
"também se manteve parcialmente fiel": Ver Rothenberg, *Napoleon's Great Adversaries,* principalmente p. 106-8.
"Alexander Suvorov da Rússia": Ver Longworth, "'Nunca vi nada tão sinistramente louco'": Citado em ibid., p. 291.
344. "'Pois Satã chegou'": Arndt, "Lied der Rache" (1811), em *Gedichte*.
"o Sínodo Sagrado": Zamoyski, p. 27.
345. "Mesmo os boletins franceses": S. Englund, p. 291. "'mentir como um boletim'": Boudon, "Un outil"; Cabanis, p. 271.
"Um jornal alemão": Tulard, *Napoleon*, p. 355.
"'um imenso sonho'": Chateaubriand, p. 93.
"'superextensão imperial'": A frase é de Paul M. Kennedy. Ver principalmente p. 126-39.
346. "o tsar enfatizou": Zamoyski, p. 73.
"aumentaria para mais de 900 mil": Ibid., p. 116.
"'Eu não temo o longo caminho'": Napoleão, segundo versão de Narbonne, em Herold, p. 199. Sobre o que Napoleão pensava da Índia, ver também Guiomar, p. 289; Zamoyski, p. 33.
347. "O imperador havia lido": Ségur, p. 20.
"'Quando eles estavam prestes a afundar'": Ibid., p. 9.
"'Quase no centro desse firmamento'": Tolstói, p. 711.
"ele contava com 450 mil... Nos seis meses seguintes": Ver Chandler, *Campaigns,* p. 852-53; Connelly, *Blundering,* p. 159.
348. "'frequentemente ainda vivo'": J. Walter, p. 41, 43.

349. "'Estou torcendo para ser morto'": Fairon e Heuse, p. 274, citado em Zamoyski, p. 144.
"'a compreensão mais básica'": Citado em ibid., p. 167.
"'Nós passamos pelas ruínas esfumaçadas'": Ségur, p. 33.
"abrindo caminho para a cidade, mas perdendo 28 mil homens": Zamoyski, p. 288.
"os relógios do Kremlim": Citado por Caulaincourt, p. 112.
350. "'Era o espetáculo'": Napoleão, citado (em inglês) por O'Meara, em Herold, p. 205.
"Embora estejamos menos aclimatados": Caulaincourt, p. 155.
351. "'capacetes e peitorais surrados'": Ségur, p. 159.
"'Nós não víamos mais soldados'": Chevalier, p. 221.
"'Já não havia nenhuma disciplina'": Coignet, p. 238.
352. "Alguns comiam carne crua": Zamoyski, p. 448. "Outros... faziam uma pasta de pão repugnante": Ibid., p. 401. "Ao despertarem pela manhã, os vivos se levantavam em meio a um campo": Chevalier, p. 222.
"Em 23 de novembro": Zamoyski, p. 458-80, faz uma descrição cativante, completa e imparcial do episódio.
353. "'Supondo que o objetivo de Napoleão'": Tolstói, p. 1185.
"Segundo o historiador David Chandler": Chandler, *Campaigns,* p. 853.
"'A crosta nas minhas mãos'": J. Walter, p. 100.
"Ainda estava à sua disposição": Chandler, *Campaigns,* p. 866-8.

8. O Altar Sangrento da Guerra

355. "'Milhões compelidos a lutar'": Percy Bysshe Shelley, "Poetical Essay", citado em Woudhuysen, p. 12.
"'Devo eu morrer em prosa?'": Theodor Körner, "Missmut", em Körner, *Leier und Schwert.*
"negros haitianos": Ver Elting, p. 274-5.
356. "No final de agosto": Ver Finley, p. 77; J.-L.-S. Hugo, vol. I, p. 126 (NB: Os números de página em Hugo, vol. I, referem-se à segunda paginação). Sobre a campanha, ver também Esdaile, "Patriots."
"Ao longo de setembro": Ver Gachot, p. 220-1; J.-L.-S. Hugo, vol. I, p. 8.
357. "Fra Diavolo a todo momento escapava de Hugo": Finley, p. 77; J.-L.-S. Hugo, vol. I, p.139-47.
"Hugo talvez tenha pensado ainda": J.-L.-S. Hugo, vol. I, p. 10-61; Robb, p. 19-20.
"Por um golpe de sorte": Finley, p. 78.
"'Enrugava o nariz feito um coelho'": Citado em Robb, p. 20.
358. "'inimizade absoluta'": Schmitt, *Theorie des Partisanen,* p. 55.
359. "uma nova palavra": ver Artola, "Guerra."
361. "No Reino da Itália": Ver Grab, "State Power", p. 43.

"Em Nápoles, apesar da efervescência das rebeliões": Talleyrand, vol. II, p. 49.
363. "'a anexação se tornou uma arte especializada'": Woolf, p. 50, 69.
" Em 1809... foram 150 até o fim de 1809": Ver Grab, "State Power", p. 58-61; Broers, *Napoleonic Empire,* principalmente 9, 108.
"'Inclua em seus cálculos'": Napoleão a Joseph, Paris, 2 de março de 1806, em *CN,* vol. XII, p. 147 (n°. 9911).
364. "e por fim se mudou para o Veneto": Broers, *Napoleonic Empire,* p. 108.
365. "Napoleão declarou": "Proclamation à l'armée", Schönbrunn, 27 de dezembro de 1805, em *CN,* vol. XI, p. 620 (n°. 9625).
"Joseph Bonaparte": Sobre Joseph, ver Connelly, *The Gentle Bonaparte;* Ross.
"sua 'tirania' e 'ambição insaciável'": Miot de Melito, p. 288.
"No dia 22 de março, em Soveria": Ver Finley, p. 26-7.
366. "o General Reynier, no Sul... com apelidos pitorescos de chefes de bandos": Desvernois, p. 103-4, 108-9; Finley, p. 123-4; Gachot, p. 139.
"Os britânicos pioraram as coisas": Ver Finley, p. 36-48.
"Em Acri": Ibid., p. 49-52.
"'Nós devemos agredir os inimigos'": Citado em Mozzillo, vol. I, p. 349-50. Mozzillo observa que o cronista contemporâneo pode muito bem ter posto palavras na boca do insurgente.
367. "Desvernois... sustentou": Desvernois, p. 109.
"'máfia... bandidos sem lei'": Citado em Esdaile, "Patriots", p. 9.
"Tanto os insurgentes quanto os italianos": Ver Finley, p. 73.
"'a mais monstruosa das guerras'": Citado em ibid., p. x.
"Masséna finalmente foi... Os franceses também lutaram": Ibid., p. 64, 69.
368. "'Todas essas medidas'": Miot de Melito, p. 410.
"'aqui está a cota'": Segundo a versão de Chevalier, p. 74.
"'Nossos soldados enraivecidos'": Ibid.
369. "Masséna enfatizou": André Masséna a Joseph Bonaparte, em J. Bonaparte, vol. III, p. 115. "'este terrível exemplo'": Joseph Bonaparte a Napoleão, em ibid., vol. III, p. 124.
"734 corpos... 3 mil pessoas": Ver Finley, p. 65-6; Mozzillo, p. 368 encarte.
"enforcou os cinquenta... os franceses prenderam": Finley, p. 67.
"184 insurgentes... 'Foi importante... manter'": Desvernoirs, p. 103-4, 108.
370. "Charles-Antoine Manhès": Ver Finley, p. 121-9.
371. "o oficial hussardo Denis Davidov": Ver Zamoyski, p. 327-9.
"'Declare que eu tratarei o país a ferro e fogo'": Napoleão ao Marechal Lefebvre, 30 de julho de 1809, em N. Bonaparte, *Lettres inédites,* vol. I, p. 337-8. Sobre a revolta tirolesa, ver Eyck.
"O rastro de sangue foi mais intenso na Espanha": Para dispor de uma história geral da Espanha nesse período, a versão mais abrangente continua sendo a de Lovett, *Napoleon.* Mas, sobre questões militares e, em particular, sobre a guerra de guerrilha, Lovett foi suplantado por Esdaile, *The Peninsular War,* e Esdaile, *Fighting Napoleon.* Uma referência fundamental é Arteche y Moro.

372. "Napoleão, no entanto, decidiu não prosseguir": Ver Connelly, *The Gentle Bonaparte*, p. 87.
"quase 120 mil homens": Broers, *Europe under Napoleon*, p. 151.
"Valendo-se de artimanhas": Tone, p. 43-4.
373. "O Marechal Murat fez uma entrada triunfal": Connelly, *The Gentle Bonaparte*, p. 95. "'Vossa Majestade... é esperada por aqui'": Citado em Hocquellet, p. 35.
374. "'Ele é tão estúpido'": Napoleão a Talleyrand, Bayonne, 1º. de maio de 1808, *CN*, vol. XVII, p. 76 (nº. 13815).
"Napoleão alardeou... Escoiquiz protestou": Escoiquiz, p. 131.
"A julgar por suas cartas e memórias": Ver, por exemplo, Coignet, p. 165; Marcel, p. 7 ("aparência sinistra e selvagem"); Schumacher, p. 28-9; Thiébault, vol. IV, p. 313.
375. "'Eu estava saindo de um país'": Citado em Vilar, p. 242.
"De acordo com o oficial Heinrich von Brandt": Brandt, p. 167.
"'Oh felizes góticos, bárbaros'": Manuel Freyre de Castrillon, citado em Hocquellet, p. 107.
"parte da enxurrada": Ver textos citados por Mesonero Romanos, principalmente a p. 134.
376. "'Que tipo de coisa é um francês?'": Junta Central (1808), citado em Tone, p. 53.
"'Vós... insultais todo o céu'": Citado em Hocquellet, p. 113.
377. "De 165 mil... mas chegam a 180 mil": Artola, "Guerra", p. 33, 41.
"'Se quiséssemos levar adiante'": Rocca, p. 225.
378. "o massacre de 330 cidadãos franceses": Hocquellet, p. 85.
"'As igrejas foram saqueadas'": Miot de Melito, p. 459.
"'como províncias conquistadas'": "Proclamation aux Espagnols", Madri, 7 de dezembro de 1808, em *CN*, vol. XVIII, p. 121 (nº. 14537).
379. "Na cidade aragonesa de Saragoça": Sobre os cercos a Saragoça — em espanhol, Zaragoza — duas das principais fontes primárias de referência são Alcaide Ibieca e Ayerbe y Lierta. Ver também Lafoz Rabaza, e Rudorff.
"pela aparição miraculosa": Ver Esdaile, *Fighting Napoleon*, p. 63.
"Segundo a lenda": Ver Esdaile, *The Peninsular War*, p. 75.
380. "dispararam 1.400 bombas": Alcaide Ibieca, vol. I, p. 120.
"Pacientes e funcionários se safaram... Uma testemunha francesa": Rudorff, p. 141, 155.
"Bombas e granadas... Uma testemunha britânica": Alcaide Ibieca, vol. I, p. 199; Lovett, *Napoleon*, p. 258.
"*Guerra y cuchillo*"... "'a Virgem de Pilar'": Citado em Rudorff, p. 148, 166. Sobre o fim do primeiro cerco, ver as observações pertinentes de Esdaile, *The Peninsular War*, p. 77.
"chegando a disparar 42 mil projéteis explosivos": Ayerbe y Lierta, p. 233.
381. "Palafox mais uma vez recusou": Lovett, *Napoleon*, p. 273-4.

"'É necessário miná-las'": Citado em ibid., p. 275.
"Por vezes, a batalha": Ver Rudorff, p. 232-3.
"O barão francês Marbot": Marbot, vol. I, p. 361.
381. "Militares franceses avançavam": Farias, jp. 162-3.
"Nos porões dos monastérios": Rudorff, p. 236.
382. "'o rosto lívido e descarnado'": Citado em ibid., p. 247.
"Dos 34 mil soldados de linha de Palafox": Ver Lovett, *Napoleon,* p. 281.
"'Sob os arcos'": Brandt, p. 64.
"'imaginem que a terra'": Benito Pérez Galdós, citado em Lovett, "The Spanish Guerrillas", p. 81.
383. "Ela foi consideravelmente mais complexa": Ver, em particular, a análise de Esdaile, *Fighting Napoleon,* que se contrapõe à interpretação mais tradicional de Artola, "Guerra." Duas monografias mais limitadas, mas esclarecedoras sobre as guerrilhas são Alexander e principalmente Tone.
"'livrar essas mesmas cidades dos mesmos insurgentes'": Cabo Edward Shroeder, segundo seu pai, em Herbert. Sobre essa questão, ver também a comparação direta feita por Trocóniz.
"os *afrancesados*": Ver Artola, *Los afrancesados.*
384. "nunca ultrapassaram o número de 40 mil": Esdaile, *The Peninsular War,* p. 268. Esse número se refere às vinte maiores *partidas.*
"'Nós somos donos'": E. Blaze, p. 56. "'sentinelas nossos eram levados'": Brandt, p. 72. "'lutas diariamente'": Jean Marnier, citado em Forrest, "The Ubiquitous Brigand", p. 35.
"Em um único dia": Moreno Alonso, p. 53. "'Um exército invisível'": Miot de Melito, p. 557.
"Na primavera de 1812": Brun de Villeret, p. 130-1.
385. "'Infelizmente, nesta região": General Honoré-Charles Reille ao General Jean-Baptiste Drouet, Pamplona, 17 de agosto de 1810, em SHAT, C^{8}268.
"apelidos curiosos": Esdaile, *The Peninsular War,* p. 266; Rocca, p. 378.
386. "como enfatizou Charles Esdaile": Ver Esdaile, *Fighting Napoleon.*
"Em 1810-1811": Como disse Miot de Melito, p. 558.
"Com o tempo": Ver Tone, p. 93-7; Esdaile, *Fighting Napoleon,* p. 38-41. Sobre a força militar de Mina, ver Martín, e as memórias do próprio Mina: Expoz y Mina.
"38 mil soldados franceses": Artola, "Guerra", p. 35.
"Em junho de 1808": Sobre os vários decretos espanhóis autorizando a guerra de guerrilha, ver Rigoulet-Rose.
387. "'Todos os habitantes'": Citado em Lovett, *Napoleon,* p. 675, e Artola, "Guerra", p. 17.
"'um novo sistema de guerra'": Citado em Tone, p. 4.
"'Todos os homens são soldados'": Moliner Prada, p. 101.
"um quarto da renda... e mais 120 monges": Boudon, *Napoléon et les cultes,* p. 245.

"pregavam... e chegavam a prometer o perdão": Ver Artola, "Guerra", p. 22-3; Schumacher, p. 38.
"'antigos cristãos'": *Catecismo Civil*.

388. "o medo das 'reformas'": Citado em Moreno Alonso, p. 190-1.
"'Nós temos duas classes'": Reille ao Marechal Jean-Baptiste Bessières, duque de Istria, Pamplona, 22 de fevereiro de 1811, SHAT, C⁸268.
"Centenas deles tinham experiência... Amey... Hugo... Reille": Six, *Dictionnaire*, s.v. Amey; J.-L.-S. Hugo; Broers, "Center and Periphery", p. 68. A afirmação a respeito de centenas de oficiais com experiência na Itália e na Vendeia baseia-se nas investigações de Six, *Dictionnaire*.
"'Enforque uma dúzia em Madri'": Napoleão a Joseph Bonaparte, Valladolid, 11 de janeiro de 1809, *CN*, vol. XVIII, p. 232 (nº. 14684).

389. "'Diga [a Reille] para prender'": Napoleão a Berthier, 11 de abril de 1811, em N. Bonaparte, *Correspondance inédite*, vol. IV, p. 244 (nº. 5377).
"a cidade de Saliente": Alexander, p. 24-5.
"O sucesso de Suchet foi enganoso": Ibid., p. 232.
"uma média de 25 soldados franceses": Ibid., p. 235-7.
"Os relatórios do General Reille": SHAT C⁸268: "Registre de Correspondance du Gal Reille, du 12 juillet au 18 Sept 1811"; SHAT C⁸269: "Registre de Correspondance du Gal. Reille, Du 21 7bre au 24 Mars 1812." Ver também Tone, p. 121-2.

390. "o próprio Napoleão desaprovou Reille": Napoleão a Berthier, 11 de abril de 1811, N. Bonaparte, *Correspondance inédite*, vol. V, p. 244 (nº. 5377).
"Em 8 de julho de 1811": Reille ao vice-condestável, 11 de julho de 1811, SHAT C⁸268.
"Joseph Hugo o chamava": J.-L.-S. Hugo, vol. II, p. 119, 262-3.
"'Os franceses só podiam se manter'": Rocca, p. 144.
"Ambos oficiais explicavam": J.-L.-S. Hugo, vol. II, p. 263; Rocca, p. 5.

391. "tanto o General Reille quanto... Espoz y Mina": Reille a Berthier, Pamplona, 13 de outubro de 1810, SHAT, C⁸268; Tone, p. 129.
"'É possível encher vários volumes'": Blaze, p. 58-9.
"recordou histórias terríveis": Ibid., p. 58.
"Soldados belgas": Ferdinand Chantraine, Madri, 3 de novembro de 1810, em Fairon e Heuse, p. 182.
"a péssima reputação de praticar a tortura": Thiébault, vol. IV, p. 404.
"As centenas de relatos": Sobre o lado espanhol, ver principalmente Martín, vol. II, p. 69-111.
"Teria sido o general francês René serrado ao meio?" François, *From Valmy to Waterloo*, p. 183; Schumacher, citado por Connelly, *The Gentle Bonaparte*, p. 111.

392. "e uma história assemelha-se": Holzing, p. 93-8.
"'as nuvens tempestuosas": *Henry V*, III:3.
"Porto de Mós": Esdaile, *The Peninsular War*, p. 330.

393. "'Todas as manhãs, quando começávamos o dia'": Schaumann, p. 290-1.
"Um soldado francês na Ibéria": Citado em Farias, p. 163.
394. "'A guerra espanhola: morte para os soldados": Citado em Lovett, "The Spanish Guerrillas", p. 86.
"da missa de um regimento hussardo britânico": Glover, *Legacy of Glory*, ilustração na página oposta à p. 165.
396. "Com o coração partido": Citado em Weber, *Lyrik*, p. 152. Ver também Paret, *Yorck*.
"'Pois o mundo inteiro'": Kleist, *Die Hermannsschlacht*, p. 187-8.
397. "'O que é a pátria alemã?'": Arndt, "Des Deutschen Vaterland", em *Godlichte*.
"praticamente se tornou um hino nacional": Ver Weber, *Lyrik*, p. 166.
"'Às armas! Às armas!'": Kleist, "Ode."
398. "'com a espada da devastação'": Clausewitz, "Bekenntnisdenkschrift", p. 734.
"uma nova lenda da Vendeia": Uma nova história francesa que inclui essa nova lenda foi publicada em uma tradução alemã em 1808, e o ministro prussiano vom Stein lhe fez grandes elogios. Ver Johnston, p. 7-10.
"a guerrilha espanhola também foi integrada": Ver Rassow.
"Kleist escreveu": Johnston, p. 47; Schmitt, *Theorie des Partisanen*, p. 15.
"'A fagulha que voou'": Schmitt, *Theorie des Partisanen*, p. 52.
"Ele chamava a França... 'um povo judeu'": Citado em Hagemann, "*Mannlicher Muth*", p. 249.
399. "'Como Ele é o deus do amor'": Citado em Jeismann, p. 93.
"No início de 1813": Dwyer, "Prussia", p. 254.
"Em março": Huber, vol. I, p. 49-50; Leggiere, p. 57.
400. "'Todo cidadão'": "Verordnung über den Landsturm", 21 de abril de 1813, em Huber, vol. I, p. 50-3.
"'Magna Carta'": Schmitt, *Theorie des Partisanen*, p. 48.
"o território prussiano na verdade teve": Sobre essa campanha, ver Leggiere.
"20 mil homens a se apresentarem voluntariamente": Ver Hagemann, "*Mannlicher Muth*", p. 37. Na p. 41, o autor considera a tentativa de mobilização "relativamente bem-sucedida". Ver também Hageman, "Of 'Manly Valor.'"
401. "'prussianos, pomerânios e lituanos'"; "'Disseram-nos para sermos patriotas'": Citado em Gates, p. 230, 231.
"Arndt, em particular": Ver Hagemann, "Of 'Manly Valor,'" p. 209.
"Símbolos-chave": Ver Moran, "Arms and the Concert", p. 62.
"'a campanha da Jovem Alemanha'": Chateaubriand, p. 278.
402. "Uma figura em especial": Sobre Körner, ver Zipper.
"'jovem, louro e lindo'": Chateaubriand, p. 280.
"'a nação se ergue'": "'Este não é o tipo de guerra'": Körner, "Männer und Buben"; "Aufruf, em *Leier und Schwert*. Todas as citações do livro foram extraídas dessa fonte e identificadas pelo nome do poema.
403. "'realização pessoal'": Moran, "Arms and the Concert,'" p. 59.

"fascínio sombrio e claramente erótico": Ver a análise de Weber, *Lirik*, p. 195-6.

404. "'daqui a dois dias'": Citado em Sheehan, p. 384.
"'Devo eu morrer em prosa?'": Körner, "Missmut."
"Körner se tornou o poeta mais popular'": Weber, *Lirik*, p. 190-2.

405. "Em... filme de Leni Riefensthal": Ver Johnston, p. 203.
"Quando Joseph Goebbels": O discurso pode ser encontrado em http://www.stern.de/politik/historie/351801.html, website consultado no dia 6 de julho de 2006.
"Napoleão engoliu o veneno": Ver Tulard, *Napoléon*, p. 419.

Epílogo

407. "'A guerra é divina'": Maistre, *Soirées*, vol. II, p. 36.
"'Você encontrará em mim'": Choderlos de Laclos, Carta 125.

408. "'Era singular o seu olhar [...] quando tornou a ver'": Stendhal, Livro I, Capítulo IX.

410. "'[Julien] olhou tristemente'": Ibid., Livro IV, Capítulo IV ("Un père et um fils").
"Depois da queda de Paris": Sobre os Cem Dias, ver S. Englund, p. 429-47. Villepin deve ser rigorosamente evitado.

412. "Sua estrutura era aparentemente irregular": Ver Morrissey.
"Sua imagem subsistiu por toda a parte": Ver Hazareesingh, *The Legend f Napoleon*, principalmente p. 68-98.

413. "Na Grã-Bretanha": Ver Semmel, principalmente p. 148, 173.
"'Mas como ainda resplandece'": Cobbett, citado em ibid., p. 221.

414. "Seus críticos continuam": Ver Johnson; Ribbe.

415. "O sistema de Estados nascido em 1814-1815": Ver Schroeder, *Transformation*, p. 517-82; e também as observações perspicazes de Pagden.
"'lidassem uns com os outros'": Schroeder, *Transformation*, p. 558.

417. "O século XIX assistiu": Ver principalmente Ceadel; Chickering, *Imperial Germany;* S. Cooper; Grossi.
"'o comércio é a grande panaceia'": Citado em Ceadel, p. 42.
"'o poderio militar'": Angell, *The Great Illusion*, p. ix.

418. "'A terra grita... atração que nos leva a ela'": Maistre, *Soirées*, vol. II, p. 33, 34, 36.

419. "outros se baseariam": Ver, por exemplo, Steinmetz. "'A história é um banho de sangue... é vida *in extremis*'": James, p. 22-3.
"'Eu quase desejo'": Citado em Stromberg, p. 180.
"'sagrada'... 'a esfera específica'... 'o ideal de paz perpétua'": Treitschke, vol. I, p. 29; vol. II, p. 599.
"'a guerra é a única higiene do mundo'": "The Futurist Manifesto", em http://evans-experientialism.freewebspace.com/marinetti.htm, website consultado no dia 26 de junho de 2006.

420. "uma avalanche de memórias pessoais": Em relação à França, ver Tulard, *Nouvelle bibliographie*. Ver também os seguintes websites úteis: http://napoleonic-literature.com/AgeOfNapoleon/Memoirs.html e http://napoleon-series.org/research/eyewitness/c_british.html, consultados no dia 26 de junho de 2006.
"Até o final do século XVIII": Sobre memórias da Renascença, ver Harari.
421. "noções românticas emergentes do 'eu'": Ver Taylor; Wahrman.
"fatores 'morais'": Citado em S. Englund, p. 105.
"A tendência se concretizou": Ver principalmente Clausewitz, *On War*, p. 100-12 (Livro I, Capítulo III).
422. "'a salvação e a regeneração'": Citado em Stromberg, p. 201n. Sobre esse tema, ver Stromberg, passim.
"Apesar da lenda difundida": Ver, por exemplo, Becker.
"mudariam novamente o lugar da guerra": Ver, sobre essa questão, a obra clássica de Fussell.
"aquilo que Niall Ferguson bem chama": N. Ferguson.
424. "Diversos jornalistas, cientistas políticos": Ver Easterbrook; Marshall e Gurr; Mueller, *Remnants*. "'o número de conflitos armados'": ver Rogers.
"'Sim, o fim da guerra'": Easterbrook.
425. "'um novo militarismo americano'": Ver Bacevich.
"'Tempos pacíficos são tempos superficiais'": Kaplan, "The New Evils", p. 20. Ver também Kaplan, *An Empire Wilderness;* Kaplan, "The Dangers of Peace"; Kaplan, *Imperial Grunts;* Lipsky. Para visões semelhantes à de Kaplan, ver Ledeen, p. 60-87.
"'Guerra é terrível'": Bush, entrevista a *Kudlow and Company*.
426. "'um inimigo que não irá parar'": Beamer. É absolutamente compreensível que o autor, que perdeu seu filho Todd no voo United 93, expresse-se dessa forma. É menos compreensível que o *Wall Street Journal* tenha publicado suas palavras.
427. "e que possivelmente deixou": Ver Benjamin e Simon.

Bibliografia

Addison, Joseph, "The Campaign, A Poem," em Joseph Addison, *The Works of the Right Honourable Joseph Addison,* org. Sr. Tickell, 6 vols (Nova York: William Durell, 1811), vol. V, p. 229-45.

Alcaide Ibieca, Augustin. *Historia de los dos sitios que pusieron a Zaragoza en los años de 1808 y 1809 las tropas de Napoleon,* três vols. (Madri: D.M. de Burgos, 1830).

Alder, Ken, *Engineering the Revolution: Arms and Enlightenment in France, 1763-1815* (Princeton, N.J.: Princeton University Press, 1997).

Alexander, Don. W., *Rod of Iron: French Counterinsurgency Policy in Aragon During the Peninsular War* (Wilmington, Del.: Scholarly Resources, 1985).

Anderson, M.S. *The War of the Austrian Succession, 1740-1748* (Londres: Longman, 1995).

Angell, Norman. *The Great Illusion: A Study of the Relation of Military Power to National Advantage* (Nova York e Londres: G.P. Putnam, 1913).

_____, discurso do Prêmio Nobel da Paz (1933), em http://nobelprize.org/peace/laureates/1933/angell.bio.html, consultado no dia 26 de junho de 2006.

Arcq, Philppe-Auguste, *chevalier d',* *La noblesse militaire, ou le patriote François,* 3ª. ed. (n.p., 1756).

Arendt, Hannah. *On Violence* (Nova York: Harcourt Brace Jovanovich, 19770).

Armitage, David, "The Fifty Years' Rift: Intellectual History and International Relations," *Modern Intellectual History,* vol. I (2004), p. 97-109.

Arndt, Ernst Moritz, *Gedichte,* em http://gutenberg.spiegel.de/arndt/gedichte/ohtmldir.htm, website consultado no dia 26 de junho de 2006.

Arnold, Robert F., e Karl Wagner, orgs., *Achtzehnhundertneun: Die politische Lyrik des Kriegsjahre* (Viena: Verlag des Literarischen Vereins, 1909).

Arteche y Moro, Don José Gomez de, *Guerra de la independencia: Historia militar de España de 1808 à 1814.* 14 vols. (Madri: Impr. y lit. del Depósito de la guerra, 1868-1903).

Artola, Miguel, *Los afrancesados* (Madri: Alianza Editorial, 1989).

_____, "La guerra de guerrillas (Planteamientos estratégicos en la guerra de la Independencia)," *Reviste de Occidente,* vol. X (1964), p. 12-43.

Ashton, John, *English Caricature and Satire on Napoleon I* (Londres: Chatto & Windus, 1888).

Augereau, Pierre-Charles François, "Bataille de Castiglione," em *Mémoires de tous,* 2 vols. (Paris: Levavasseur, 1834), vol. II, p. 277-315.

Auguste, Claude B., e Marcel B. Auguste, *L'expedition leclerc, 1801-1803* (Port-au--Prince, Haiti: Imprimerie Henri Deschamps, 1985).

Aulard, Alphonse, *Les grandes orateurs de la Révolution* (Paris: Rieder, 1914).

_____, *Les orateurs de la révolution: L'Assemblée constituante* (Paris: Cornély, 1905).

_____, org., *Paris pendant la réaction thermidorienne et sous le Directoire,* 5 vols. (Paris: Léopold Cerf et al., 1898-1902).

_____, org., *La société des Jacobins: Recueil de documents,* 6 vols. (Paris: Jouaust & Nollet, 1889-97).

Avenel, Georges, *Anacharsis Cloots, l'Orateur du genre humain* (Paris: Champ Libre, 1976).

Avis aux grenadiers et aux soldats du tiers-état ([Paris, 1789]).

Ayerbe y Lierta, Pedro Jordán María de Urríes, *marqués de, Memorias del Marqués de Ayerbe sobre La estância de Fernando VII em Valençay y el principio de la guerra de la independencia,* org. Miguel Artola, em *Biblioteca de Autores Españoles,* vol. XCVII (Madri: Atlas, 1957), p. 227-73.

Aymes, Jean-René, *La guerra de la independencia em España, 1808-1814,* trad. Pierre Conrad (Madri: Siglo XXI, 1974).

Babeau, Albert, *La vie militaire sous l'ancien regime,* 2 vols. (Paris: Firmin-Didot, 1888-90).

Babeuf, Gracchus, *Du système de depopulation, ou la vie et les crimes de Carrier* (Paris: Franklin, [1975]).

Bacevich, Andrew J., *The New American Militarism: How Americans Are Seduced by War* (Nova York: Oxford University Press, 2005).

Baecque, Antoine de, *The Body Politic: Corporeal Metaphor in Revolutionary France, 1770-1800,* trad. Charlotte Mandell (Stanford, Calif.: Stanford University Press, 1997).

Baker, Keith Michael, *Inventing the French Revolution: Essays on French Political Culture in the Eighteenth Century* (Cambridge: Cambridge University Press, 1842).

Barère, Bertrand, *Mémoires de B. Barère,* 4 vols. (Paris: Jules Labitte, 1842).

_____, *Rapport sur lês crimes de l'Angleterre envers le Peuple français, et sur ses attentats contre la liberté des Nations, 7 pradial II* (Paris: Imprimerie Nationale, 1794).

Bataille de Marengo et ses préliminaires racontés par quatre témoins, La (Paris: F. Teissèdre, 1999).

Beamer, David, "United 93: The Filmmakers Got It Right," *Wall Street Journal*, 27 de abril de 2006.

Becker, Jean-Jacques, *1914: Comment les Français sont entrés dans la guerre: Contribution à etude de l'opinion publique, printemps-été 1914* (Paris: Fondation Nationale des Sciences Politiques, 1977).

Beevor, Antony, *The Fall of Berlin 1945* (Nova York: Penguin, 2002).

Beik, Paul, "The Abbé Maury and the National Assembly," *Proceedings of the American Philosphical Society*, vol. XCV, n°. 5 (1951), p. 545-55.

Béjarty, Amédée de, *Souvenirs Vendéens* (Nantes, França: Emile Grimaud, 1884, reimp. Janzé: Yves Salmon, 1981).

Belissa, Marc, *Fraternité universelle et intérêt national (1713-1795): Les cosmopolitiques du droit des gens* (Paris: Editions Kimé, 1998).

———, *Repenser l'ordre européen (1795-1802): De la société des rôis aux droits des nations* (Paris: Editions Kimé, 2006).

Bell, David A., "Aux origines de la 'Marseillaise'": L'Adresse à la nation angloise' de Claude-Rigobert Lefebvre de Beauvray," *Annales historiques de la Révolution française*, n°. 299 (1995), p. 75-77.

———, *The Cult of the Nation in France: Inventing Nationalism, 1680-1800* (Cambridge, Mass.: Harvard University Press, 2001).

———, "History Robed in Reckless Rhetoric," *Los Angeles Times Book Review*, 27 de julho de 2003.

Bellers, John, *Some Reasons for an European State, Proposed to the Powers of Europe* (Londres, n.p., 1710).

Benjamin, Daniel, e Steven Simon, *The Next Attack: The Failure of the War on Terror and a Strategy for Getting It Right* (Nova York: Times Books, 2005).

Benoît, Jérémie, e Bernard Chevallier, *Marengo: Une victoire politique* (Paris: Editions de la Réunion des Musées Nationaux, 2000).

Bentham, Jeremy, *The Works of Jeremy Bentham*, org. John Bowring, 2 vols. (Edimburgo: W. Tait, 1843).

Bercé, Yves-Marie, *Histoire des Croquants* (Paris, Seuil, 1986).

Bergeron, Louis, *France under Napoleon,* trad. R.R. Palmer (Princeton, N.J.: Princeton University Press, 1981).

Bernardin de Saint-Pierre, Jacques-Henri, *Etudes de la Nature*, 3 vols. (Paris: Deterville, 1804).

Bertaud, Jean-Paul, org., *Atlas de la Révolution française*, vol. III: *L'armée et la guerre* (Paris: Editions de l'Ecole des Hautes Etudes em Sciences Sociales, 1989).

———, *Guerre et société em France de Louis XIV à Napoléon Ier* (Paris: Armand Colin, 1998).

———, "Napoleon's Officers," *Past and Present,* n°. 112 (1986), p. 91-111.

———, *La Révolution armée: Les soldats-citoyens et la Révolution française* (Paris: Robert Laffont, 1979).

———, "Le theater et la guerre à l'époque de Napoléon," em Boudon, *Armée, guerre et société*, p. 177-88.

_____, *Valmy: La démocratie em armes* (Paris: Julliard, 1970).

_____, *La vie quotidienne des soldats de la Révolution, 1789-1799* (Paris: Hachette, 1985).

Berthier, Alexandre, *Relation de la bataille de Marengo* (Paris: Imprimerie Impériale, 1805, reimp. Courbevoie: Durante, 1998).

Bertrand, Henri-Gratien, *Napoleon at St. Helena: Memoirs of General Bertrand* (Londres: Cassell, 1953).

Best, Geoffrey, *Humanity in Warfare* (Nova York: Columbia University Press, 1980).

_____, *War and Society in Early Modern Europe* (Cambridge: Cambridge University Press, 1976).

Beulas, Eloi I Ors, e Albert Dresaire I Gaudí, *La guerra del Francès a Mataró* (Mataró, Espanha: patronat Municipal de Cultura, 1989).

Biard, Michel, Annie Crépin, e Bernard Gainot, orgs., *La plume et e sabre: Volume d'hommages offerts à Jean-Paul Bertaud* (Paris: Publications de la Sorbonne, 2002).

Bien, David D., "The Army in the French Enlightenment: Reform, Reaction and Revolution," *Past and Present*, n°. 85 (1979), p. 68-98.

Billacois, François, *Le duel dans la société française des XVIe-XVIIe siècles: Essai de psychosociologie historique* (Paris: Ecole des Hautes Etudes em Sciences Sociales, 1986).

Black, Jeremy, *Culloden and the '45* (Nova York: St. Martin's, 1990).

_____, *European Warfare: 1660-1815* (Londres: UCL Press, 1994).

_____, *A Military Revolution? Military Change and European Society 1550-1800* (Houndmills, Inglaterra: Macmillan, 1991).

Blanning, T.C.W., *The French Revolutionary Wars, 1787-1802* (Londres: Arnold, 1996).

_____, "Liberation or Occupation? Theory and Practice in the French Revolutionaries' Treatment of Civilians Outside France," em Grimsley e Rogers, p. 111-35.

_____, *The Origins of the French Revolutionary Wars* (Londres e Nova York: Longman, 1986).

Blaufarb, Rafe, *The French Army 1750-1820: Careers, Talents, Merit* (Manchester, Inglaterra: University of Manchester Press, 2002).

Blaze, Elzéar, *Life in Napoleon's Army: The Memoirs of Captain Elzéar Blaze* (1837), org., Philp Haythornthwaite (Londres: Greenhill Books, 1995).

Blaze, Sébastien, *Mémoires d'un apothicaire sur la guerre d'Espagne pendant les années 1808 à 1814*, 2 vols. (Paris: Ladvocar, 1828).

Bluche, Frederic, *Le bonapartisme: Aux origines de la droite autoriatire (1800-1850)* (Paris: Nouvelles Editions Latines, 1980).

Bodinier, Gilbert, *Les officiers de l'armée royale combatants de la guerre d'Indépendance des Etats-Unis, de Yorktown à l'an II* (Vincennes: SHAT, 1983).

_____, "La républicanisation de la marine em l'an I et l'an II," em Biard, Crépin & Gainot, p. 249-59.

Bohlender, Matthias, "Die Poetik der Schlacht und die Prosa des Krieges: Nationalverteidigung und Bürgermiliz im moralphilosophischen Diskurs der schottischen Aufklärung," em Kunisch e Münkler, p. 17-41.
Boime, Albert, *Art in an Age of Bonapartism, 1800-1815* (Chicago: University of Chicago Press, 1990).
Bois, Jean-Pierre, *Fontenoy 1745: Louis XV, arbiter de l'Europe* (Paris: Economica, 1996).
Bois, Paul, *Les paysans de l'Ouest: des structures économiques et sociales auxx options politiques depuis l'époque révolutionnarie dans la Sarthe* (Le Mans, França: Vilaire, 1960).
Boisson de Quency, Louis, *Veni, Vidi, Vici. Au Premier Consul. Ode sur la passage du Mont Saint-Bernard, la bataille de Marengo, et l'armistice proposé par le general Mélas* (n.p., 1800).
Bonaparte, Joseph, *Mémoires et correspondance politique et militarie du roi Joseph*, org. A. du Casse, 10 vols. (Paris: Perrotin, 1854-55).
Bonaparte, Napoléon, *Correspondance inédite de Napoléon Ier. Conservée aux archives de la guerre*, orgs. Ernest Picard e Louis Tuety, 5 vols. (Paris: Henri-Charles Lavauzelle, 1912-13).
_____, *Lettres inédites de Napoléon Ier (an VIII-1815)*, org. Léon Lecestre, 2 vols. (Paris: Plon, 1897).
_____, *Napoléon inconnu: Papiers inédits (1786-1793)*, orgs. Frédéric Masson e Guido Biagi, 2 vols. (Paris: Paul Ollendorff, 1895).
_____, *Oeuvres littéraires et écrits militaires*, org. Jean Tulard, 3 vols. (Paris: Claude Tchou, 2001).
Bonchamps, Marie-Marguerite-Renée de, *Mémoires de Madame la Marquise de Bonchamps, rediges para Mme. la Comtesse de Geulis* (Paris: Baudouin Frères, 1823).
Bonehill, John, e Geoff Quilley, *Conflicting Visions: War and Visual Culture in Britain and France c. 1700-1830* (Aldershot, Inglaterra: Ashgate, 2005).
Bonnet, Jean-Claude, "Les morts illustres: Oraison funèbre, éloge académique, nécrologie," em Pierre Nora, org., *Les lieux de Mémoire: La Nation*, 3 vols. (Paris: Gallimard, 1986), vol. III, p. 217-41.
_____, *Naissance du Panthéon: Essai sur le culte des grands homes* (Paris: Fayard, 1998).
Bordereau, Renée, *Mémoires de Renée Bordereau, dite Langevin* (Paris: L.G. Michaud, 1814).
Borner, Wilhelm, *Das Weltstaatsprojekt des Abbé de Saint-Pierre: Ein Beitrag zur Geschichte der Weltfriedensidee* (Berlim e Leipzig: Walter Rothschild, 1913).
Bosséno, Christian-Marc, "Je mis vis dan l'histoire": Bonaparte, de Lodi à Arcole: généalogie d'une image de légende," *Annales historiques de La Révolution française*, n°. 313 (1998), p. 449-65.
Bouchette, François-Joseph, *Lettres de François-Joseph Bouchette*, org. Camille Looten (Paris: Honoré Champion, 1909).

Boudon, Jacques-Olivier Boudon, org., *Armée, guerre et société, à l'époque napoléonienne* (Paris: Editions SPM, 2004).

_____, "Le 18 Brumaire dans l'Histoire," em Jacques-Olivier Boudon, org., *Brumaire: La prise de pouvoir de Bonaparte* (Paris: Editions SPM, 2001), p. 161-73.

_____, *La France et l'Europe de Napoléon* (Paris: Armand Colin, 2006).

_____, "Les fondements religieux du pouvoir imperial," em Natalie Petiteau, org., *Voies nouvelles pour l'historie du Premier Empire: Territoires, Pouvoirs, Identités* (Paris: La Boutique de l'Histoire, 2003), p. 195-212.

_____, *Histoire du Consulat et de l'Empire* (Paris: Perrin, 2000).

_____, *Napoléon et les cultes: Les religions en Europe à l'aube du XIXe siècle, 1800-1815* (Paris: Fayard, 2002).

_____, "Un outil de propagande au service de Napoléon: Les Bulletins de la Grande Armée em Boudon, *Armée, guerre et société*, p. 241-53.

Boullault, Mathurin-Joseph, *Les brigands de La Vendée* (Paris: Toubon, 1793).

Bourgin, Georges, e Jacques Godechot, *L'Italie et Napoléon (1796-1814)* (Paris: Recueil Sirey, 1936).

Bourrienne, Louis-Antoine Fauvelet de, *Memoirs of Napoleon Bonaparte*, R.W. Phipps, org., 4 vols. (Nova York: Charles Scribner's Sons, 1918).

Boycott-Brown, Martin, *The Road to Rivoli: Napoleon's First Campaign* (Londres: Cassell, 2001).

Boyer, Jean-Claude, "Les representations guerrières et l'évolution des arts plastiques en France au XVIIe siècle," n°. 148 (1985), p. 291-303.

Bradby, Eliza Dorothy, *The Life of Barnave*, 2 vols. (Oxford: Clarendon Press, 1915).

Braithwaite, William C., *The Second Period of Quakerism* (Cambridge: Cambridge University Press, 1961).

Brandt, Heinrich von, *In the Legions of Napoleon: The Memoirs of a Polish Officer in Spain and Russia*, org. e trad. Jonathan North (Londres: Greenhill Books, 1999).

Braudy, Leo, *The Frenzy of Renown: Fame and Its History* (Oxford: Oxford University Press, 1986).

_____, *From Chivalry to Terrorism: War and the Changing Nature of Masculinity* (Nova York: Knopf, 2003).

Bredin, Jean-Denis, *Sieyès: La clé de la Révolution Française* (Paris: Fallois, 1988).

Bricard, Louis-Joseph, *Journal du canonier Bricard*, org. Lorédan Larchey (Paris: Hachette, 1894).

Briois, *La mort du jeune Barra, ou une journée de la Vendée* (Paris: Chez Barba, 1793-94).

Brissot, Jacques-Pierre, *Discours de J.P. Brissot, depute, Sur Les dispositions des Puissances étrangères* (Paris: Assemblée Nationale, 1791).

_____, *J.P. Brissot: Correspondance et papiers*, org. Claude Pernoud (Paris: Alphonse Picard & fils, 1912).

_____, *Second discour* [sic] *de J.P. Brissot, depute* (Paris: Patriote François, 1791).

Brock, Peter, *Pacifism in Europe to 1914* (Princeton, N.J.: Princeton University Press, 1972).
Broers, Michael, "Center and Periphery in Napoleonic Italy: The Nature of French Rule in the départments réunis, 1800-1814," em Michael Rowe, org., *Collaboration and Resistance in Napoleonic Europe: State-Formation in an Age of Upheavel, c. 1800-1815* (Houndmills, Inglaterra: Palgrave Macmillan, 2003), p. 55-73.
_____, *Europe Under Napoleon, 1799-1815* (Londres: Arnold, 1996).
_____, "The Myth and Reality of Italian Regionalism: A Historical Geography of Napoleonic Italy, 1801-1814," *American Historical Review*, vol. CVIII, n°. 3 (2003), p. 688-708.
_____, *The Napoleonic Empire in Italy, 1796-1814: Cultural Imperialism in a European Context?* (Houndmills, Inglaterra: Palgrave MacMillan, 2005).
_____, *The Politics of Religion in Napoleonic Italy: The War Against God, 1801-1814* (Londres: Routledge, 2002).
Brown, Gregory, *A Field of Honor: Writers, Court Culture and Public Theater in French Literary Life from Racine to the Revolution*, em http://www.gutenberg-e.org, website consultado no dia 26 de junho de 2006.
Brown, Howard G., "Domestic State Violence: Repression from the Croquants to the Commune," *Historical Journal*, vol. 42, n°. 3 (1999), p. 597-622.
_____, *War, Revolution and the Bureaucratic State: Politics and Army Administration in France, 1791-1799* (Oxford: Clarendon, 1995).
Brun de Villeret, Louis, *Les cahiers du général Brun*, org. Louuis de Saint-Pierre (Paris: Plon, 1953).
Brunel, Françoise, "L'anti-bellicisme de Bilaud-Varenne (October 1791-Janvier 1792); Défiance et paix armée," em Biard, Crépin, e Gainot, p. 217-26.
Brunner, Otto, Werner Conze, e Reinhardt Koselleck, *Geschichtiche Grundbegriffe: Historisches lexicon zur politisch-sozialer Sprache in Deutschland*, 8 vols. (Stuttgart: Klett-Cotta, 1972-97).
Bülow, Dietrich von, *Der Feldzug von 1800, militarisch, politisch betrachtet* (Berlim: Heinrich Frölich, 1801).
Burke, Edmund, *A Letter from Mr. Burke to a Member of the National Assembly in Answer to Some Objections to His Book on French Affairs* (1791), em http://www.ourcivilisation.com/smartboard/shop/burkee/tonatass, website consultado no dia 26 de junho de 2006.
_____, *Reflections on the Revolution in France*, org. J.G.A. Pocock (Indianapolis: Hackett Publishing, 1987).
_____, *Two Letters Addressed to a Member of the Present Parliament, on the Proposals for Peace with the Regicide Directory of France* (Londres: F. & C. Rivington, 1796).
_____, *A Vindication of Natural Society*, org. Frank N. Pagano (Indianapolis: Liberty Classics, 1982), p. 20.
Bury, J.B., *The Idea of Progress: An Inquiry into Its Origins and Growth* (Nova York: Macmillan, 1932).

Büsch, Otto, *Militaryh System and Social Life in Old Regime Prussia, 1713-1807: The Beginnings of the Social Militarization of Pruss-German Society*, trad. John G. Gagliardo (Atlantic Highlands, N.J.: Humanities Press, 1997).

Bush, George W., entrevista a *Kudlow and Company*, CNBC, 5 de maio de 2006, em http://video.msn.com/v/us/v.htm?g=3ca3db6f-d555-4e72-a695-f7c13a9f845&f=r ssrssmoneyf=1564rssmoney, website consultado no dia 26 de junho de 2006.

_____, State of the Union Address, 28 de janeiro de 2003, transcrição da CNN, em http://www.cnn.com/2003/ALLPOLITICS/01/28/sotu.transcript.8/index.html, website consultado no dia 26 de junho de 2006.

Butterfield, Herbert, *Napoleon* (Nova York: Macmillan, 1939).

Cabanis, André, *La presse sous le consulat et l'empire (1799-1814)* (Paris: Société des Etudes Robespierristes, 1975).

Caldora, Umberto, *Calabria Napoleonica* (Nápoles: Fausto Fiorentino, 1960).

Cantal, Pierre, *Études sur l'armée révolutionnaire* (Paris: Henri Charles-Lavauzelle, 1907).

Capmany, Antonio de, *Centinela contra Franceses*, org. Françoise Etienvre (Londres: Tamesis, 1988).

Caron, Pierre, org., *La défense nationale de 1792 à 1795* (Paris: Hachette, 1912).

Carson, George Barr, Jr., *The Chevalier de Chastellux: Soldier and Philosophe* (Chicago: University of Chicago, 1944).

Casanova, Antoine, *Napoléon et la pensée de son temps: Une histoire intellecttuelle singulière* (Paris: Boutique de l'Histoire, 2000).

Catecismo Civil, y breve compendio de las obligaciones del español, conocimiento práctico de su libertad, y explicación de su enemigo, muy útil em las actuales circunstancias, puesto em forma de diálogo (n.p., 1809).

Caulaincourt, Armand-Augustin-Louis de, *With Napoleon in Russia*, org. Jean Hanoteau, trad. George Libaire (Nova York: William Morrow, 1955).

Ceadel, Martin, *The Origins of War Prevention: The British Peace Movement and International Relations, 1730-1854* (Oxford: Clarendon Press, 1996).

Chagniot, Jean, capítulos 1-5 em André Corvisier, org., *Histoire militaire de La France*, vol. II (Paris: Quadrige, 1997), p. 3-128.

Chandler, David G., *The Campaigns of Napoleon: The Mind and Method of History's Greatest Soldier* (Nova York: Scribner, 1966).

_____, "Napoleon and Death," em *Napoleonic Scholarship: Journal of the International Napoleonic Society*, vol. I, n°. 1 (1997), em http://www.napoleon-series.org/ins/scholarship97/c_death.html, website consultado no dia 26 de junho de 2006.

_____, *On the Napoleonic Wars: Collected Essays* (Londres: Greenhill Books, 1994).

Chassin, Charles-Louis, org., *La préparation de la Guerre de Vendée, 1789-1793*, 3 vols. (Paris: Paul Dupont, 1892; reimpr. Mayenne: Joseph Floch, 1973).

_____, org., *La Vendée patriote, 1793-1795*, 4 vols. (Paris: Paul Dupont, 1895; reimpr. Mayenne: Joseph Floch, 1973).

Chastellux, François-Jean de, *An Essay on Public Happiness, Investigating the State of Human Nature, Under Each of Its Particular Appearances Through the Several Periods of History, to the Present Times*, 2 vols. (Londres: T. Cadell, 1774).

Chateaubriand, François-René de, *Napoléon par Chateaubriand*, org. Christian Melchior-Bonnet (Paris: Albin-Michel, 1969).

Chaussard, P.J.B., *La France régénérée* (Paris: Limodin, 1792).

Cherel, Albert, *Fénelon au XVIIIe siècle em France (1715-1820): Son prestige, son influence* (Paris: Hachette, 1917).

Chevalier, Jean-Michel, *Souvenirs des guerres napoléoniennes*, orgs. Jean Mistler e Hélène Michaud (Paris: Hachette, 1970).

Chickering, Roger, *Imperial Germany and a World Without War: The Peace Movement and German Society, 1892-1914* (Princeton, N.J.: Princeton University Press, 1975).

_____, "Total War: The Use and Abuse of a Concept," em Manfred F. Boemeke, Roger Chickering, e Stig Förster, orgs., *Anticipating Total War: The German and American Experiences, 1871-1914* (Washington, D.C.: German Historical Institute, 2000).

Childs, John, *Armies and Warfare in Europe, 1648-1789* (Nova York: Holmes & Meier, 1982).

_____, *The British Army of William III, 1698-1702* (Manchester, Inglaterra: Manchester University Press, 1987).

Chlapowski, Dezydery, *Memoirs of a Polish Lancer: The Pamietnitci of Dezydery Chlapowski*, org. e trad. Tim Simmons (Chicago: The Emperor's Press, 1992).

Choderlos de Laclos, Pierre-Ambroise-François, *Les liaisons dangereuses*, org. Yves Le Hir (1999), em http://gallica.bnf.fr/document?O=N101460, website consultado no dia 26 de junho de 2006.

Choppin, Henri, *Insurrections militaires em 1790* (Paris: Lucien Laveur, n.d.)

Chronique de Paris, ci-devant Courier Républicain, rédigé par Jardin.

Chuquet, Arthur, *Dumouriez* (Paris: Hachette, 1914).

_____, *Jemappes et la Conquête de la Belgique* (Paris: Plon-Nourrit, 1892).

_____, org., *Lettres de 1792* (Paris: Honoré Champion, 1911).

_____, org., *Lettres de 1793* (Paris: Honoré Champion, 1911).

_____, *Valmy* (Paris: Plon-Nourrit, 1890).

Clausewitz, Carl von, "Bekenntnisdenkschrift," em *Schriffen — Aussätze — Studien — Briefe*, org. Werner Hahlweg, 2 vols. (Göttingen: Vandenhoek & Ruprecht, 1966), vol. I, p. 682-751.

_____, *On War*, orgs. e trads. Michael Howard e Peter Paret (Princeton, N.J.: Princeton University Press, 1976).

Clémanceau, Joseph, *Histoire de la Guerre de la Vendée (1793-1815)* (Paris: Nouvelle Libraire Nationale, 1909).

Clerger, C., *Tableaux des armées françaises pendant les guerres de la Révolution* (Paris: R. Chapelot, 1905).

Cobb, Richard, *The People's Armies*, trad. Marianne Elliott (New Haven, Conn.: Yale University Press, 1987).
Cobban, Alfred, *A History of Modern France*, 3 vols. (Hammondsworth, Inglaterra: Penguin, 1965).
Coignet, Jean-Roch, *The Note-Books of Captain Coignet, Soldier of the Empire, 1799-1816*, trad. M. Carey (Londres: Greenhill Books, 1998).
Cole, Hubert, *First Gentleman of the Bedchamber: The Life of Louis-François-Armand, maréchal duc de Richelieu* (Nova York: Viking, 1965).
Colley, Linda, *Britons: Forging the Nation: 1702-1837* (New Haven, Conn.: Yale University Press, 1992).
_____, *Captives: Britain, Empire and the World, 1600-1850* (Londres: Jonathan Cape, 2002).
Condorcet, Jean-Antoine-Nicolas de Caritat, marquis de, *Esquisse d'un tableau historique des progrès de l'esprit humain*, orgs. Oliver Herbert Prior e Yvon Belaval (Paris: Vrin, 1970).
Connelly, Owen, *Blundering to Glory: Napoleon's Military Campaigns*, ed. rev. (Wilmington, Del.: Scholarly Resources, 1999).
_____, *The Gentle Bonaparte: A Biography of Joseph, Napoleon's Elder Brother* (Nova York: Macmillan, 1968).
_____, "The Historiography of the *Levée en masse* de 1793," em Moran e Waldron, p. 33-48.
_____, *Napoleon's Satellite Kingdoms* (Nova York: Free Press, 1965).
Conner, Susan P., *The Age of Napoleon* (Westport, Conn.: Greenwood Press, 2004).
Connolly, J.L., Jr. "Bonaparte on the Bridge: A Note on the Iconography of Passage, *Proceedings of the Consortium on Revolutionary Europe*, vol. XV, (1985), p. 45-65.
Constant, Benjamin, *L'esprit de conquête et de l'usurpation dans leurs rapports avec la civilization européenne*, em *Oeuvres* (Paris: Bibliothèque de la Pléïade, 1957 [1814]), p. 983-1096.
Contamine, Philippe, *War in the Middle Ages*, trad. Michael Jones (Oxford: Basil Blackwell, 1984).
Cook, Warren, L., *Flood Tide of Empire: Spain and the Pacific Northwest, 1543-1819* (New Haven, Conn.: Yale University Press, 1973).
Cookson, John, *The British Armed Nation, 1793-1815* (Oxford: Clarendon Press, 1997).
Cooper, Duff, *Talleyrand: A Biography* (Nova York: Fromm, 1986).
Cooper, Robert, "The New Liberal Imperialism," *The Observer*, 7 de abril de 2002, em http://observer.guardian.co.uk/worldview/story/0,11581,680095,00.html, website consultado no dia 26 de junho de 2006.
Cooper, Sandi E., *Patriotic Pacifism: Waging War on War in Europe, 1815-1914* (Oxford: Oxford University Press, 1991).
Copies of Original Letters from the Army of General Bonaparte in Egypt, Intercepted by the Fleet... of Admiral Lord Nelson (Londres: J. Wright, 1798).

Cornette, Joël, *Le roi de guerre: Essai sur la souveraineté dans La France du Grand siècle* (Paris: Payot & Rivages, 1993).
Cornish, Joseph, *The Miseries of War, and the Hope of Final and Universal Peace, Set Forth in a Thanksgiving Sermon Preached at Colyton, in the County of Devon, July Forth, 1784* (Taunton, Inglaterra: T. Norris, 1784).
Corvisier, André, *L'armée française de la fin du XVIIe siècle au ministère de Choiseul: Le soldat*, 2 vols. (Paris: Presses Universitaires de France, 1964).
_____, "Clientèles et fidélités dans l'armée française aux XVIIe et XVIIIe siècles," em *Hommage à Roland Mousnier: Clientèles et fidélités em Europe à l'époque moderne* (Paris: Presses Universitaires de France, 1981), p. 213-36.
Corvisier, André, "Les 'héros subalternesè' dans La littérature Du milieu du XVIIIe siècle et la rehabilitation du militaire," *Revue Du Nord*, vol. LXVI, n^O. 261/2 (1984), P. 827-38.
Corvisier, André, e Jean Jacquart, orgs., *Les malheurs de la guerre: De la guerre à l'ancienne à la guerre réglée* (Paris: Éditions du CTHS, 1996).
Criag, Gordon A., *The Politics of the Prussian Army, 1640-1945* (Oxford: Oxford University Press, 1956).
Creasy, Edward Shepherd, *The Fifteen Decisive Battles of the World, from Marathon to Waterloo* (Londres: R. Bentley, 1851).
Cri de la religion à l'illustre, à l'invincible, à l'immortel Bonaparte, le bras du Tout--Puissant, l'ange de la paix, le sauveur de La France, le pacificateur des nations, les délices du genre humaine (Paris: 1802).
Crook, Malcolm, *Napoleon Comes to Power: Democracy and Dictatorship in Revolutionary France, 1795-1804* (Cardiff: University of Wales Press, 1998).
Crouzet, Pierre, *Discours sur l'honneur* (Paris: Firmin Didot, 1806).
Cuche, François-Xavier, *Une pensée sociale catholique: Fleury, La Bruyère et Fénelon* (Paris: Édition du Cerf, 1991).
D'Huart, Suzanne, *Brissot: la Gironde au pouvoir* (Paris: Robert Laffont, 1986).
Daline, V.M., "Marc-Antoine Jullien après le 9 Thermidor," *Annales historiques de la Révolution française*, n°. 185 (1966), p. 390-412.
Dalrymple, Campbell, *A Military Essay, Containing Reflections on the Raising, Arming, Clothing, and Discipline of the British Infantry and Cavalry* (Londres: Wilson, 1761).
Darnton, Robert, "The Brissot Dossier," *French Historical Studies*, vol. XVII (1991), p. 200-18.
_____, *The Forbidden Bestsellers of Prerevolutionary France, 1769-1789* (Nova York: W.W. Norton, 1995).
_____, *The Great Cat Massacre and Other Episodes in French Cultural History* (Nova York: Basic Books, 1984).
_____, *The Literary Underground of the Old Regime* (Cambridge, Mass.: Harvard University Press, 1982).
_____, *Mesmerism and the End of the Enlightenment in France* (Cambridge, Mass.: Harvard University Press, 1968).

Davies, Norman, *Europe: A History* (Oxford: Oxford University Press, 1996).
Davis, James Herbert, Jr., *Fénelon* (Boston: Twayne Publishers, 1979).
Davis, John A., "The Many Faces of Modernity: French Rule in Southern Italy, 1806-1815," em Michael Rowe, org., *Collaboration and Resistance in Napoleonic Europe: State-Formation in an Age of Upheavel, c. 1800-1815* (Houndmills, Inglaterra: Palgrave Macmillan, 2003), p. 74-89.
Décade egyptienne, Journal littéraire et d'économie politique, le (Cairo, An VII).
Defoe, Daniel, *An Essay Upon Projects* (1697), em http://etext.library.adelaide.edu.au/d/d31es/part16.html), website consultado no dia 26 de junho de 2006.
Delivré, Emilie, "The Penb and the Sword: Political Catechisms and Resistance to Napoleon," em Esdaile, *Popular Resistance*, p. 161-80.
Déprez, Eugène, *Les volontaires nationaux (1791-1793)-1805-1809* (Paris: Librairie Militaire R. Chapelot, 1910).
Deschard, Bernard, *L'armée et la Révolution: Du service du roi au service de la nation* (Paris: Desjonquères, 1989).
Desorgues, Théodore, *Chant funèbre en l'honneur des guerriers morts à la bataille de Marengo* (Paris: Chez les Marchands de Nouveautés, 1800).
Desvernois, Nicolas-Philibert, *Souvenirs militaries du baron Desvernois,k* org. Emmaneuel Bousson de Mairet (Paris: Charles Tanera, 1858).
Devleeshouwer, Robert, "Le cas de La Belgique," em Robert Devleeshouwer, org., *Occupants Occupés, 1792-1815* (Bruxelas: Université libre de Bruxelles, 1969), p. 43-65.
Dewald, Jonathan, *Aristocratic Experience and the Origins of Modern Culture: France, 1570-1715* (Berkeley: University of California Press, 1993).
Discours des deputes par la Convention nationale du Peuple Rhéno-Germanique (Paris: Imprimerie nationale, 1793).
Donaldson, Joseph, *Recollections of the Eventful Life of a Soldier* (Filadélfia: G.B. Zieber, 1845).
Dörner, Andreas, "Funktionale Barbarei: Heinrich von Kleists 'Kriegstheater' und die Politik des Zivilisationsabbaus," em Kunisch e Münkler, p. 327-49.
Doyle, William, "The French Revolution and the Abolition of Nobility," dissertação apresentada no Johns Hopkins University History Department Seminar, 31 de março de 2004.
_____, *The Oxford History of the French Revolution* (Oxford: Oxford University Press, 1989).
Drouet, Joseph, *L'abbé de Saint-Pierre: L'homme et l'oeuvre* (Paris: Honoré Champion, 1912).
Dryden, John, "Alexander's Feast," em http://andromeda.rutgers.edu/~jlynch/Texts/alexander.html, website consultado no dia 26 de junho de 2006.
Dubois, Laurent, *Avengers of the New World: The Story of the Haitian Revolution* (Cambridge, Mass.: Harvard University Press, 2004).
Dubois, Laurent, e John D. Garrigus, *Slave Rebellion in the Caribbean, 1789-1804* (Nova York: Bedford/St. Martin's, 2006).

Duchet, Lucien, org., *Deux volontaires de 1791: Les frères Favier de Montluçon, Journal et lettres* (Montluçon, França: A. Herbin, 1909).
Dufay, Pierre, *Les sociétés populaires et l'armée* (Paris: Daragon, 1913).
Duffy, Christopher, *The Military Experience in the Age of Reason* (Nova York: Atheneum, 1988).
Dugast-Matifeux, Charles, org., *Carrier à Nantes* (Nantes, França: Vier, 1885).
Duncker, M. Max, "Friedrich Wilhelm II und Graf Hertzberg," *Historische Zeitschrift*, vol. XXXVII (1877), p. 1-43.
Dwyer, Philip G., "From Corsican Nationalist to French Revolutionary: Problems of Identity in the Writings of the Young Napoleon, 1785-1793," *French History*, vol. XVI, n°. 2 (2002), p. 132-52.
_____, "Napoleon Bonaparte as Hero and Saviour: Image, Rhetoric and Behaviour in the Construction of a Legend," *French History*, vol. XVIII, n°. 4 (2004), p. 379-403.
_____, "Napoleon and the Drive for Glory: Reflections on the Making of French Foreign Policy," em Dwyer, *Napoleon and Europe*, p. 118-35.
_____, org., *Napoleon and Europe* (Harlow, Inglaterra: Longman, 2001).
_____, "Prussia During the French Revolutionary and Napoleonic Wars, 1786-1815," em Dwyer, *The Rise of Prussia*, p. 239-58.
_____, org., *The Rise of Prussia, 1730-1830* (Harlow, Inglaterra: Longman, 2000).
Dziembowski, Edmond, "Guerre en detelles ou guerre cruelle? La représentation de la guerre de Sept Ans dans la littérature du XVIIIe siècle," em André Corvisier e Jean Jacquart, orgs., *Les malheurs de La guerre: De la Guerre à l'ancienne à la guerre réglée* (Paris: Editions du CTHS, 1996), p. 313-20.
_____, *Un noveau patriotisme français, 1750-1770: La France face à La puissance anglaise à l'époque de La guerre de Sept Ans* (Oxford: Voltaire Foundation, 1998).
Easterbrook, Gregg, "The End of War?" *New Republic*, n°. 4715 (30 de maio de 2005), p. 18-21.
Edelstein, Dan, *"Hostis Humani Generis:* Devils, Natural Right, and Terror in the French Revolution," *Telos*, no prelo.
Edmunds, R. David, e Joseph L. Peyser, *The Fox Wars: The Mesquakie Challenge to New France* (Norman: University of Oklahoma Press, 1993).
Elias, Norbert, *The Court Society*, trad. Edmund Jephcott (Nova York: Pantheon Books, 1983).
_____, *The History of Manners*, trad. Edmund Jephcott (Nova York: Pantheon Books, 1978).
Ellery, Eloise, *Brissot de Warville: A Study in the History of the French Revolution* (Cambridge, Mass.: Riverside Press, 1915).
Ellis, Geoffrey, *Napoleon* (Londres: Longman, 1997).
Elting, John R., *Swords around a Throne: Napoleon's Grande Armée* (Nova York: Da Capo, 1997).

Encyclopedia ou Dictionnaire raisonné des sciences, des artes et des métiers, org. Denis Diderot e Jean le Rond d'Alembert, 28 vols. (Paris: 1751-72).

Englund, Peter, *The Battle of Poltava: The Birth of the Russian Empire,* trad. Peter Hale (Londres: Victor Gollancz, 1992).

Englund, Steven, *Napoleon: A Political Life* (Nova York: Scribner, 2004).

Époques, ou précis des actions mémorables du général Bonaparte, les (Paris: Batilliot, 1799).

Escoiquiz, Juan de, *Memorias de Juan de Escoiquiz,* org. Miguel Artola, em *Biblioteca de Autores Espanoles,* vol. XCVII (Madri: Atlas, 1957), p. 1-152.

Esdaile, Charles J., *Fighting Napoleon: Guerrillas, Bandits and Adventurers in Spain, 1808-1814* (New Haven, Conn.: Yale University Press, 2004).

_____, "Patriots, partisans and Land Pirates in Retrospect," em Esdaile, *Popular Resistance,* p. 1-24.

_____, *The Peninsular War: A New History* (Londres: Allen Lane, 2002).

_____, "Popular Mobilisation in Spain, 1808-1810: A Reassessment," em Michael Rowe, org., *Collaboration and Resistance in Napoleonic Europe: State-Formation in an Age of Upheavel, c. 1800-1815* (Houndmills, Inglaterra: Palgrave Macmillan, 2003), p. 90-106.

_____, org., *Popular Resistance in the French Wars: Patriots, Partisans and Land Pirates* (Houndmills, Inglaterra: Palgrave Macmillan, 2005).

_____, *The Wars of Napoleon* (Londres: Longman, 1995).

Espoz y Mina, Francisco, *Memorias del general Don Francisco Espoz y Mina,* org. Miguel Artola, 2 vols. (Madri: Atlas, 1962).

Evans, Howard V., "The Nootka Sound Controversy in Anglo-French Diplomacy — 1790," *Journal of Modern History,* vol. XLVI, n°. 4 (1974), p. 609-40.

Extrait du register des délibérations du Diréctoire exécutif, du 16 prairial, l'an 5 de la République française, une et indivisible ([Paris]: n.p., 1797).

Eyck, F. Gunther, *Loyal Rebels: Andreas Hofer and the Tyrolean Uprising of 1809* (Lanham, Md.: University Press of America, 1986).

Faber, *Notices sur l'intérieur de la France, écrites em 1806* (Saint Petersburg: Imprimerie de l'Académie Impériale, 1807).

Fairon, Emile, e Henri Heuse, orgs., *Lettres de grognards* (Paris: Bénard & Courville, 1936).

Farias, Rafael, *Memorias de la guerra de la independencia, escritas por soldados franceses* (Madri: Editorial Hispano-Africano, 1919).

Faucheux, Marcel, *L'insurrection vendéenne de 1793: Aspects économiques et sociaux* (Paris: Imprimerie nationale, 1964).

Faulcon, Félix, *Correspondance de Félix Faulcon,* org. Gabril Debien, 2 vols. (Poitiers, França: Société des Archives Historiques du Poitou, 1953).

Fénelon, François de Salignac de la Mothe, *Les aventures de Télémaque,* org. Jeanne-Lydie Goré (Paris: Garnier, 1987).

_____, *Dialogues des morts: composés pour l'éducation d'un prince* (Paris: Didot, 1819).

_____, *Oeuvres de Fénelon,* org. Louis Aimé-Martin, 3 vols. (Paris: Firmin Didot, 1845).

_____, *Telemachus,* org. e trad. Patrick Riley (Cambridge: Cambridge University Press, 1994).

Ferguson, Adam, *An Essay on the History of Civil Society* (1767), em http://socserv2.socsci.mcmaster.ca/~econ/ugcm/3ll3/ferguson/civil.html, website consultado no dia 26 de junho de 2006.

Ferguson, Niall, *The War of the World: Twentieth-Century Conflict and the Descent of the West* (Nova York: Penguin Press, 2006).

Ferrier-Caverivière, Nicole, "La guerre dans la littérature française depouis le traité des Pyrénées jusqu'à la mort de Louis XIV," *XXIIe siècle,* n°. 148 (1985), p. 233-47.

Fierro, Alfred, org., *Les Français vus par eux-mêmes: Le consulat e l'empire: Anthologie des mémorialistes du consulat e de l'empire* (Paris: Robert Laffont, 1998).

Finer, Samuel E., *The Man on Horseback: The Role of the Military in Politics,* 2ª. ed. (Boulder: Colo.: Westview Press, 1988).

Finley, Milton, *The Most Monstrous of Wars: The Napoleonic Guerrilla War in Southern Italy, 1806-11* (Columbia: University of South Caroline Press, 1994).

Fischbach, Claudius R., *Krieg und Frieden in der Französischen Aufklärung* (Munique: Waxmann, 1990).

Forrest, Alan, *Conscripts and Deserters: The Army and French Society during the Revolution and Empire* (Nova York: Oxford University Press, 1989).

_____, "The Military Culture of Napoleonic France," em Dwyer, *Napoleon and Europe,* p. 43-59.

_____, *Napoleon's Men: The Soldiers of the Revolution and Empire* (Londres: Hambledon e Londres, 2002).

_____, *"La patrie en danger:* The French Revolution and the First *Levée en masse,"* em Moran e Waldron, p. 8-32.

_____, *The Soldiers of the French Revolution* (Durham, N.C.: Duke University Press, 1990).

_____, "The Ubiquitous Brigandi: The Politics and Language of Repression," em Esdaile, *Popular Resistance,* p. 25-44.

Foucault, Michel, *Discipline and Punish: The Birth of the Prison,* trad. Alan Sheridan (Nova York: Vintage, 1977).

_____, *Il faut défendre la société: Cours au college de France (1975-1976),* org., François Ewald et al. (Paris: Hautes Etudes, 1997).

Foucrier, Annick, "Rivalités européennes dans le pacifique: L'affaire de Nootka Sound (1789-1790)," *Annales historiques de la Révolution française,* n°. 307 (janeiro-março de 1997), p. 17-30.

France vue de l'armée d'Italie, La, 18 números (termidor a brumário, ano VI).

François, Charles, *From Valmy to Waterloo: Extracts from the Diary of Capt. Charles François, a Soldier of the Revolution and the Empire* (1906), org. Jules Claretie, trad. Robert B. Douglas (Tyne & Wear, Inglaterra: Worley, 1991).

_____, *Le journal d'un officier français, ou Les cahiers du capitaine François, 1792-1815* (Tours, França: Maison Alfred Mame et Fils, n.d. [1904]).

Frey, Linda, e Marsha Frey, "The Reign of the Charlatans Is Over: The French Revolutionary Attack on Diplomatic Practice," *Journal of Modern History*, vol. LXV (1993), p. 706-44.

_____, *Societies in Upheavel: Insurrections in France, Hungary and Spain in the Early Eighteenth Century* (Westport, Conn.: Greenwood Press, 1987).

Fricasse, Jacques, *Journal de marche d'un volontaire de 1792*, org. Lorédan Larchey (Paris: La Librairie, 1911).

Friedrich, Carl Joachim, *Inevitable Peace* (Cambridge, Mass.: Harvard University Press, 1948).

Froude, James Anthony, *History of England from the Fall of Wolsey to the Defeat of the Spanish Armada*, 12 vols. (Londres: Longmans, 1870).

Fukuyama, Francis, "The End of History?" *National Interest*, n°. 16 (verão de 1989), p. 3-18.

Fuller, J.F.C., *The Conduct of War, 1789-1961: A Study of the Impacto f the French, Industrial, and Russian Revolutions on War and Its Conduct* (New Brunswick, N.J.: Rutgers University Press, 1961).

Furet, François, "Les Girondins et la guerre: Les débuts de l'Assemblée législative," em François Furet e Mona Ozouf, orgs., *La Gironde et les girondins* (Paris: Payot, 1991).

_____, *Penser La Révolution française* (Paris: Gallimard, 1978).

_____, *Revolutionary France, 1770-1880*, trad. Antonia Nevill (Oxford: Blackwell, 1992).

Furet, François, e Ran Halévi, *La monarchie républicaine: La Constitution de 1791* (Paris: Fayard, 1996).

Fussell, Paul, *The Great War and Modern Memory* (Nova York: Oxford University Press, 1975).

Gachot, Édouard, *Histoire militaire de Masséna: La troisième campagne d'Italie, 1805-6* (Paris: Plon, 1911).

Gat, Azar, *The Origins of Military Thought from the Enlightenment to Clausewitz* (Oxford: Clarendon Press, 1999).

Gates, David, *The Napoleonic Wars, 1803-1815* (Londres: Arnold, 1997).

Gay, Peter, *The Enlightenment: An Interpretation*, 2 vols. (Nova York: W.W. Norton, 1977).

Gentz, Friedrich, "Über den ewigen Frieden" (1800), reimp. Em Kurt von Raumer, org., *Ewiger Friede: Friedensrufe und Friedenspläne seit der Renaissance* (Freiburg: Verlag Karl Alber, 1953), p. 461-97.

Gervais, Captain, *A la conquête de l'Europe: Souvenirs d'un soldat de la Révolution et de l'Empire*, org. Mme. L. Henry Coullet (Paris: Calmann-Lévy, 1939).

Geyer, Michael, "People's War: The German Debate about a *Levée en masse* in October 1918," em Moran e Waldron, p. 124-58.

Geyl, Pieter, *Napoleon: For and Against,* trad. Olive Renier (Harmondsworth, Inglaterra: Penguin, 1949).

Girault de Coursac, Pierrette, *L'éducation d'un roi: Louis XVI* (Paris: Gallimard, 1972).

Glover, Michael, *Legacy of Glory: The Bonaparte Kingdom of Spain, 1808-1813* (Nova York: Scribner's, 1971).

———, "A Particular Service: Beresford's Pensinsular War," *History Today,* vol. XXXVI, n°. 6 (1986), p. 34-8.

Godechot, Jacques, *The Counter-Revolution: Doctrine and Action 1789-1804,* trad. Salvator Attanasio (Nova York: Howard Fertig, 1971).

———, *La grande nation: L'expansion révolutionnarie de la France dans le monde de 1789 à 1799* (Paris: Aubier, 1956).

———, *Les institutions de la France sous la Révolution et l'Empire,* 2ª. ed. (Paris: Presses Universitaires de France, 1968).

———, "Les insurrections militaires sous le Directoire," *Annales historiques de la Révolution française,* n°. 56 (1933), p. 193-221.

Goetz-Bernstein, H.-A., *La diplomatie de La Gironde: Jacques-Pierre Brissot* (Paris: Hachette, 1912).

Goldstein, Jan, *The Post-Revolutionary Self: Politics and Psyche in France, 1750-1850* (Cambridge, Mass.: Harvard University Press, 2005).

Goncourt, Edmond de, e Jules de Goncourt, *La femme au dix-huitième siècle* (1877), em http://freresgoncourt.free.fr/textfemmeau18e/texte.htm, website consultado no dia 26 de junho de 2006.

Gontaut-Biron, Roger de, *Un célèbre méconnu: Le duc de Lauzun, 1747-1793* (Paris: Plon, 1937).

González Hermoso, Alfredo, *Le Robespierre Español* (Paris: Annales Littéraires de l'Université de Besançon, 1991).

Gordon, Alexander, *At Wellington's Right Hand: The Letters of Lieutenant-Colonel Sir Alexander Gordon, 1808-1815,* org. Rory Muir (Phoenix Mill, Inglaterra: Sutton, 2003).

Goré, Jeanne-Lydie, *L'itinéraire de Fénelon: Humanisme et espiritualité* (Grenoble: Allier, 1957).

Gotteri, Nicole, "L'esprit public à Paris avant le coup d'État de Brumaire an VIII", em Jacques-Olivier Boudon, org., *Brumaire: La prisse de pouvoir de Bonaparte* (Paris: Éditions SPM, 2001), p. 15-25.

Gouges, Olympe de, *L'entrée de Dumourier à Bruxelles, ou les vivandiers* (Paris: Regnaud, 1793).

Gourgaud, Gaspard, *Sainte-Hélène: Journal inédit de 1815 à 1818,* org. vicomte de Grouchy e Antoine Guillois, 2 vols. (Paris: Flammarion, 1899).

Grab, Alexander, "State Power, Brigandage and Rural Resistance in Napoleonic Italy," *European History Quarterly,* vol. XXV (1995), p. 39-70.

———, *Napoleon and the Transformation of Europe* (Houndmills, Inglaterra: Palgrave Macmillan, 2003).

Gras, Yves, *La guerre de Vendée (1793-1796)* (Paris: Economica, 1994).

Gray, Marion W., *Prussia in Transition: Society and Politics under the Stein Reform Ministry of 1808* (Filadélfia: American Philosophical Society, 1986).

Grew, Raymond, "Finding Social Capital: The French Revolution in Italy," *Journal of Interdisciplinary History*, vol. XXIX, n°. 3 (1999), p. 407-33.

Griffith, Paddy, *The Art of Revolutionary France, 1789-1802* (Londres: Greenhill Books, 1998).

Griffiths, Robert, *Le centre perdu: Malouet et les "monarchiens" dans la Révolution française* (Grenoble: Presses universitaires de Grenoble, 1988).

Grigsby, Darcy Grimaldo, *Extremities: Painting Empire in Post-Revolutionary France* (New Haven, Conn.: Yale University Press, 2002).

Grimoard, Philippe-Henri, *Tableau historique de la guerre de la Révolution de France, depuis son commencement em 1792, jusqu'à La fin de 1794*, 3 vols. (Paris: Trettel & Würstz, 1808).

Grimsley, Mark, e Clifford J. Rogers, orgs., *Civilians in the Path of War* (Lincoln e Londres: University of Nebraska Press, 2002).

Griois, Lubin, *Mémoires du general Griois,* org. Arthur Chuquet, 2 vols. (Paris: Plon-Nourrit, 1909).

Grossi, Verdiana, *Le Pacifisme européen, 1889-1914* (Bruxelas: Bruylant, 1994).

Grotius, Hugo, *De Jure Belli AC Pacis Libri Tres* (Paris: Nicolas Buon, 1625).

Gueniffey, Patrice, *La politique de la Terreur: Essai sur la violence révolutionnaire, 1789-1794* (Paris: Fayard, 2000).

Guibert, Jacques-Antoine-Hippolyte, comte de, *Essai general de Tactique, précédé d'un discours sur l'état actuel de La politique et de la science militaire em Europe* em *Stratégiques,* org. Jean-Paul Charnay (Paris: L'Herne, 1995).

Guiomar, Jean-Yves, *L'invention de La guerre totale: XVIIIe-XXe siècle* (Paris: Le Félin Kiron, 2004).

Hageman, Karen, "Francophobia and Patriotism: Anti-French Images and Sentiments in Prussia and Northern Germany During the Anti-Napoleonic Wars," *French History*, vol. XVIII, n°. 4 (2004), p. 404-25.

_____, "German Heroes: The Cult of the Death [sic] for the Fatherland in Nineteenth-Century Germany," em Stefan Dudink, Karen Hagemann e John Tosh, orgs., *Masculinities in Politics and War: Gendering Modern History* (Mancheter, Inglaterra: Manchester University Press, 2004), p. 116-34.

_____, *"Mannlicher Muth und Teutsche Ehre": Nation, Militär und Geschlecht zur Zeit der Antinapoleonischen Kriege Preussens* (Paderborn, Alemanha: Ferdinand Schöningh, 2002).

_____, "Of 'Manly Valor' and 'German Honor': Nation, War and Masculinity in the Age of the Prussian Uprisging Against Napoleon," *Central European History*, vol. XXX, n°. 3 (1997), p. 187-220.

Hanley, Wayne, *The Genesis of Napoleonic Propaganda, 1796-1799*, em http://www.gutenberg-e.org/haw01/, website consultado no dia 26 de junho de 2006.

Hanson, Victor Davis, *Carnage and Culture: Landmark Battles in the Rise of Western Power* (Nova York: Doubleday, 2001).

Harari, Yuval Noah, *Renaissance Military Memoirs: War, History, and Identity, 1450-1600* (Rochester, Inglaterra: Boydell, 2004).

Hardman, John, *Robespierre* (Nova York: Longman, 1999).

Hazareesingh, Sudhit, "Force for Glory," *Times Literary Supplement*, 18 de fevereiro de 2005.

_____, *The Legend of Napoleon* (Londres: Granta, 2004).

_____, *The Saint-Napoleon: Celebrations of Sovereignty in Nineteenth-Century France* (Cambridge, Mass.: Harvard University Press, 2004).

Healey, F.G., *The Literary Culture of Napoleon* (Genebra: Droz, 1959).

Hegel, Georg Wilhelm Friedrich, *Briefe von und an Hegel*, org. Hohannes Hoffmeister, 4 vols. (Hamburgo: Felix Meier, 1952).

Henry, Isabelle, *Dumouriez, Général de la Révolution* (Paris: L'Harmattan, 2002).

Herbert, Bob, "A Black Hole," *New York Times*, 5 de dezembro de 2005.

Herlaut, Auguste-Philippe, *Le général rouge Ronsin (1751-1794): La Vendée, l'armée révolutionnaire parisienne* (Paris: Clavreuil, 1956).

Herold, Christopher, trad. e org., *The Mind of Napoleon: A Selection from his Written and Spoken Words* (Nova York: Columbia University Press, 1955).

Herr, Richard, "Good, Evil, and Spain's Rising Against Napoleon," em Richard Herr e Harold Parker, orgs., *Ideas in History* (Durham, C.N.: Duke University Press, 1965), p. 157-82.

Hippler, Thomas, "Service militaire et intégration nationale pendant la Révolution française," *Annales historiques de la Révolution française*, 2002, n°. 3, p. 1-16.

Hocquellet, Richard, *Résistance et revolution durant l'occupation napoléonienne en Espagne, 1808-1812* (Paris: La Boutique de l'Histoire, 2001).

Holbach, Paul-Henri Thiry, baron de, *La morale universelle, ou les devoirs de l'homme fondés sur sa nature*, 3 vols. (Amsterdã: M.-M. Rey, 1776).

_____, *Système de la nature ou des loix du monde physique et du monde moral*, 2 vols. (Londres: n.p., 1771).

_____, *Système social, ou príncipes naturels de La morale ET de La politique avec um axamen de l'influence du gouvernement sur les moeurs*, 3 vols. (Londres: n.p., 1773).

Holtman, Robert B., *Napoleonic Propaganda* (Baton Rouge: Louisiana State University Press, 1950).

Holzing, Karl Franz von, *Unter Napoleon in Spanien: Denkwürdigkeiten eines badischen Rheinbundoffiziers (1787-1839)*, org. Max Dufner-Greif (Berlim: Hans von Hugo, 1937).

Hopkin, David M., *Soldier and Peasant in French Popular Culture, 1766-1870* (Woodbridge, Inglaterra: Royal Historical Society, 2003).

Houtte, Hubert van, *Les occupations étrangères en Belgique sous l'ancien régime*, 2 vols. (Ghent: Van Rysselberghe & Rombaut, 1930).

Howard, Michael, *The Invention of Peace: Reflections on War and International Order* (New Haven, Conn.: Yale University Press, 2000).
_____, *War in European History* (Oxford: Oxford University Press, 1976).
Huber, Ernst Rudolf, org., *Dokumente zur deutschen Verfassungsgeschichte,* 3 vols. (Stuttgart: W. Kohlhammer, 1961).
Hublot, Emmanuel, *Valmy, ou la défense de La nation par les armes* (Paris: Fondation pour les études de défense nationale, 1987).
Hughes, Michael J., *"'Vive La République! Vive l'Empereur!"*: Military Culture and Motivation in the Armies of Napoleon, 1803-1808," dissertação de mestrado, University of Illinois, Champaign-Urbana, 2005).
Hugo, Joseph-Léopold-Sigisbert, *Mémoires du Général Hugo,* 3 vols. (Paris: Ladvocat, 1823).
Hugo, Victor, *Quatre-vingt-treize* (1873), em http://abu.cnam.fr/cgi-bin/donner_html?quattrevt1, website consultado no dia 26 de junho de 2006.
Hull, Isabel, *Absolute Destruction: Military Culture and the Practices of War in Imperial Germany* (Ithaca, N.Y.: Cornell University Press, 2005).
Humboldt, Wilhelm von, *Ideen zu einem Versuch die Grenzen der Wirksambketi des Staates zu Bestimmen* (1972), em http://gutenberg.spiegel.de/humboldtw/wirksam/wirksam.htm, website consultado no dia 26 de junho de 2006.
Hunt, Lynn, "The Paradoxical Origins of Human Rights," em Jeffrey N. Wasserstrom, Lynn Hunt e Marilyn B. Young, orgs., *Human Rights and Revolutions* (Lanham, Md.: Rowman & Littlefield, 2000), p. 3-17.
Hussenet, Jacques, "Comment dénomber les morts de la Vendée?" em *La Vendée Après la terreur, la reconstruction* (Paris: Perrin, 1997).
Iung, Théodore, *L'armée et la Révolution: Dubois-Crancé,* 2 vols. (Paris: Charpentier, 1884).
Jacob, Margaret C., "The Crisis of the European Mind: Hazard Revisited," em Phyllis Mac e Margaret C. Jacob, orgs., *Politics and Culture in Early Modern Europe: Essays in Honor of H.G. Koenigsbergi* (Cambridge: Cambridge University Press, 1987), p. 251-71.
Jacobson, Andrew, "The Pageant Swift and Free: The State and Public Representation in Paris and London, 1799-1830," dissertação de mestrado, Yale University Press, 1998.
Jainchill, Andrew, "The Constitution of the Year III and the Persistence of Classical Republicanism," *French Historical Studies,* vol. XXVI, n°. 3 (2003), p. 399-436.
James, William, "The Moral Equivalent of War" (1910), em Leon Bramson e George W. Goethals, orgs., *War: Studies from Psychology, Sociology, Anthropology* (Nova York: Basic Books, 1964), p. 21-31.
Janet, Paul, *Fénelon* (Paris: Hachette, 1892).
Jansen, Christian, org., *Der Bürger als Soldat: Die Militarisierung europäishcer Gesellschaften im langen 19. Jahrhundert: ein internationaler Vergleich* (Essen, Alemanha: Klartext, 2004).
Janssen, Wilhelm, "Friede," em Brunner, Conze e Koselleck, vol. II, p. 543-91.

_____, "Krieg," em Brunner, Conze e Koselleck, vol. III, p. 567-617.

_____, "Johann Valentin Embser und der vorrevolutionäre Bellizismus in Deutschland," em Kunisch e Münkler, p. 44-55.

Jeisman, Michael, *Der Vaterland der Feinde: Studien zum nationalen Feindbegriff und Selbstverständnis in Deutschland und Frankreich, 1792-1918)* (Stuttgart: Klett-Cotta, 1992).

Jennings, Francis, *Empire of Fortune: Crowns, Colonies and Tribes in the Seven Years War in America* (Nova York: W.W. Norton, 1988).

Joas, Hans, *War and Modernity*, trad. Rodney Livingstone (Cambridge: Polity, 2003).

Johnson, Paul, *Napoleon* (Nova York: Viking, 2002).

Johnston, Otto W. *The Myth of a Nation: Literature and Politics in Prussia under Napoleon* (Columbia,C.S.: Camden House, 1989).

Joliclerc, François-Xavier, *Joliclerc: Volontaire aux armées de la Révolution, sés lettres (1793-1796)*, org. Étienne Joliclerc, Frantz Funck-Brentano (Paris: Perrin, 1905).

Jordan, David P. *The Revolutionary Career of Maximilien Robespierre* (Nova York: Free Press, 1985).

Jouanna, Arlette, *L'idée de race en France au XVIème siècle (1498-1614)*, 3 vols. (Lille, França: Université de Lille III, 1976).

Jourdan, Annie, "Du sacre du philosophe au sacre du militaire," *Revue d'histoire modern et contemporaine*, vol. XXXIV (1992), p. 403-22.

_____, "Napoléon et la paix universelle: Utopie et réalité," em J.-C. Martin, org., *Napoléon et l'Europe*, p. 55-69.

_____, *Napoléon: Héros, Imperator, Mécène* (Paris: Aubier, 1998).

_____, *La Révolution, une exception française?* (Paris: Flammarion, 2004).

Joutard, Philippe, org., *Les camisards* (Paris: Gallimard, 1994).

Joux, Pierre, *La France sauvée: Discours pronounce le 7 décembre 1806* (Nantes, França: Impremerie de Brun, 1806).

Julia, Dominique, *Les trois couleurs du tableau noir: La Révolution* (Paris: Belin, 1981).

Kagan, Robert, "Power and Weakness," *Policy Review*, junho de 2002, em http://www.policyreview.org/jun02/kagan_print.html, website consultado no dia 26 de junho de 2006.

_____, *Of Paradise and Power: America and Europe in the New World Order* (Nova York: Knopf, 2003).

Kaiser, Thomas E. "Louis *le Bien-Aimé* and the Rhetoric of the Royal Body," em Sara E. Melzer e Kathryn Norberg, orgs., *From the Royal to the Republican Body: Incorporating the Political in Seventeenth-Century France* (Berkeley: University of California Press, 1998), p. 131-61.

Kant, Immanuel, *The Critique of Judgement* (1790), em http://philosophy.eserver.org/kant/critique-of-judgement.txt, website consultado no dia 26 de junho de 2006.

_____, "Eternal Peace," em Carl Joachim Friedrich, *Inevitable Peace* (Cambridge, Mass.: Harvard University Press, 1948), p. 241-81.

Kaplan, Robert D., "The Dangers of Peace," em *The Coming Anarchy: Shattering the Dreams of the Post Cold War* (Nova York: Random House, 2000).

_____, *An Empire Wilderness: Travels into America's Future* (Nova York: Random House, 1998), extraído de http://www.nytimes.com/books/first/k/kaplan--empire.html, website consultado no dia 26 de junho de 2006.

_____, *Imperial Grunts: The American Military on the Ground* (Nova York: Random House, 2005).

_____, "The New Evils of the 21st Century," em Charles Hermann, Harold K. Jacobson e Anne S. Moffat, orgs., *Violent Conflict in the 21st Century* (Chicago: American Academy of Arts and Sciences, Midwest Center, 1999).

Keegan, John, *The Face of Battle: A Study of Agincourt, Waterloo and the Spomme* (Harmondsworth, Inglaterra: Penguin, 1978).

_____, *A History of Warfare* (Nova York: Knopf, 1994).

Kennedy, Paul M., *The Rise and Fall of the Great Powers: Economic Change and Military Organization and Administration* (Durham, C.N.: Duke University Press, 1967).

Keohane, Nannerl O., *Philosophy and the State in France: The Reinaissance to the Enlightenment* (Princeton, N.J.: Princeton University Press, 1980).

Kléber, Jean-Baptiste, *Kléber en Vendée (1793-1794)*, org. H. Baguenier Desormeaux (Paris: Picard, 1907).

Kleist, Heinrich von, *Die Hermannsschlacht*, org. Roland Reuss e Peter Staengle (Brandenburgo, Alemanha: Stroemfeld, 1998).

_____, "Ode: Germania an ihre Kinder," em http://klassiker.chadwyck.com/English/all/fulltext?action=byidid=Z4000029053, website consultado no dia 26 de junho de 2006.

Klessman, Eckart, org., *Deutschland unter Napoleon in Augenzeugenberichten* (Düsseldorf: Karl Rauch Verlag, 1965).

Klopstock, Friedrich Gottlieb, "Der Erobrungskrieg," (1793), em http://gutenberg.spiegel.de/klopstoc/gedichte/erobrung.htm, website consultado no dia 26 de junho de 2006.

_____, "Sie, und nicht Wir. An La Rochefoucauld" (1790), em http://www.fhaugsburg.de/~harsch/germanica/Chronologie/18Jh/Klopstock/klo_rev1.html, website consultado no dia 26 de junho de 2006.

Koenigsberger, H.G., "The Organization of Revolutionary Parties in France and the Netherlands During the Sixteenth Century," *Journal of Modern History*, vol. XXVII (1955), n°. 4, p. 335-351.

Körner, Theodor, *Leier und Schwert* (1814), http://www.gutenberg.spiegel.de/koerner/leier/leier.htm, website consultado no dia 26 de junho de 2006.

Kors, Alan Charles, *D'Holbach's Coterie: An Enlightenment in Paris* (Princeton, N.J.: Princeton University Press, 1976).

Koselleck, Reihart, *Critique and Crisis: Enlightenment and the Pathogenesis of Modern Society* (Cambridge, Mass.: MIT Press, 1988).

Kruse, Wolfgang, *Die Erfinding des modernen Militarismus: Krieg, Militär und bürgerliche Gesellschaft im politischen Diskurs der französischen Revolution 17890-1799* (Munique: Oldenbourg, 2003).

Kunisch, Johannes, "Die Denunzierung des]]ewigen]Friedens: Der Lrieg als moralische Anstalt in der Literatur und Publizistik der Spätaufklärung," em Kunisch e Münkler, p. 57-73.

Kunisch, Johannes, e Herfried Münkler, orgs.: *Die Wiedergeburt des Krieges aus dem Geist der Revolution: Studien zum bellizistischen Diskurs des ausgegehenden 18. Und beginninden 19.Jahrhunderts* (Berlim: Dunckler & Humblot, 1999).

La Barre de Raillicourt, Dominique, *Richelieu le maréchal libertin* (Paris: Tallandier, 1991).

La Bouëre, Antoinette-Charlotte Le Duc de, *Souvenirs de la comtesse de La Bouëre* (Paris: Plon, 1890).

La Bruyère, Jean de, *Les Caractères, ou les moeurs de ce siècle,* org. Robert Garapon (Paris: Bordas, 1990).

La Championnière, Pierre-Suzanne Lucas de, *Mémoires sur La Guerre de Vendée (1793-1796)* (Paris: Plon-Nourrit, 1904).

La Harpe, Jean-François de, *Oeuvres de La Harpe,* vol. V (Genebra: Slatkine Reprints, 1968).

La Rochejaquelein, Marie-Louise-Victorie Donissan de, *Mémoires de Madame La Marquise de La Rochejaquelein,* org. Julien-Gaston du Vergier de La Rochejaquelein (Paris: Bourloton, 1889), em http://www.abive.org, website consultado no dia 15 de dezembro de 2004.

Lafayette, Marie-Joseph-Paul-Yves-Roch-Gilbert Du Motier, marquis de, *Mémoires, correspondence et manuscrits du général Lafayette,* 6 vols. (Paris: H. Fournier, 1837-38).

Lafoz Rabaza, Herminio, *La guerra de la independencia em Aragón: Del Motín de Aranjuez a la capitulación de Zaragoza* (Saragoça, Espanha: Institución "Fernando el Católico," 1996).

Lahure, L.-J., *Souvenirs de La vie militaire du Lieutenant-Général Baron L.-J. Lahure, 1787-1815,* org. P. Lahure, 2 vols. (Paris: A. Lahure, 1895).

Lallié, Alfred, *J.-B Carrier* (Paris: Perrin, 1901).

Lameth, Alexandre de, *Histoire de l'Assemblée constituante,* 2 vols. (Paris: Moutardier, 1828-29).

Lamontagne, Pierre, *Marengo: Ode* (Bordeaux: Fernel, 1800).

Langendorf, Jean-Jacques, "Rühle Von Lillienstern und seine Apologie des Krieges," em Kunisch e Münkler, p. 211-23.

Las Cases, Emmanuel de, *Le memorial de Sainte-Hélène,* org. Gérard Walter, 2 vols. (Paris: Gallimard, 1956-57).

Lassius, Yves, *L'Egypte, une aventure savant: Avec Bonaparte, Kléber, Menou 1798-1801* (Paris: Fayard, 1998).

Latreille, Albert, *L'Armée et la nation à la fin de l'ancien regime: Les derniers ministres de la Guerre de la monarchie* (Paris: Chapelot, 1914).

Laurens, Henry, et al., *L'expédition d'Egypte* (Paris: Armand Colin, 1989).

Lauzun, Armand-Louis de Gontaut de, *Mémoires secrets du beau Lauzun*, org. Edmond Pilon (Paris: Colbert, 1943).

Le Bouvier-Desmortiers, Urbain, *Vie du general Charette* (Nantes, França: Mellinet-Massis, 1823, reimp. Bouère: Dominique Martin Morin, 1996).

Le Gendre, Bertrand, "La Vendée et le Goulag: Alexandre Soljenitsyne rend homage samedi, aux Lucs-sur-Boulogne, aux victims de la Terreur," *Le Monde,* 25 de setembro de 1993.

Lebrun, Richard A., "Joseph de Maistre's 'Philosophic' View of War," em Joyce Duncan Falk, org., *Proceedings of the Seventh Annual Meeting of the Western Society for French History, 1-3 November 1979, Omaha, Nebraska* (Santa Barbara, Calif.: Western Society for French History, 1981), p. 43-52.

Ledeen, Michael, *Maciavelli on Modern Leadership: Why Machiavelli's Iron Rules Are As Timely and Important Today As Five Centuries Ago* (Nova York: Truman Talley Books, 1999).

Leggiere, Michael V., *Napoleon and Berlin: The Franco-Prussian War in North Germany, 1813* (Norman: University of Oklahoma Press, 2002).

Lemny, Stefan, *Jean-Louis Carra (1742-1793): Parcours d'un revolutionnaire* (Paris: l'Harmattan, 2000).

Lentz, Thierry, *Nouvelle histoire du premier empire,* 3 vols. (Paris: Fayard, 2002-).

_____, "Was the Napoleonic Regime a Military Dictatorship?" dissertação apresentada no Consortium for the Revolutionary Era, Atlanta, março de 2006.

Lentz, Thierry, e Nathalie Clot, orgs., *La proclamation du premier empire, ou Recueil des pièces et actes relatifs à l'établissement du gouvernement imperial héréditaire* (Paris: Nouveau Monde, 2004).

Léonard, Émile G., *L'armée et ses problèmes au XVIIIe siècle* (Paris: Plon, 1958).

Lequinio, Joseph-Marie, *Guerre de la Vendée et des Chouans* (Paris, Pougin, 1795).

Leuwers, Hervé, "Révolution et guerre de conquête: Les origines d'une nouvelle raison d'État (1789-1795)," *Revue du Nord,* vol. LXXXV, n°. 299 (1993), p. 21-40.

Lever, Maurice, org., *Bibliothèque Sade,* 7 vols. (Paris: Fayard, 1993-).

Levinger, Matthew, "The Prussian Reform Movement and the Rise of Englightened Nationalism," em Dwyer, *The Rise of Prussia,* p. 259-75.

Lévis, Pierre-Marc-Gaston, duc de, "Lettres du duc de Lévis (1784-1795)," *La revue de France* (1929), p. 425-44.

Lilla, Mark, "Carl Schmitt," em Mark Lilla, *The Reckless Mind: Intellectuals in Politics* (Nova York: New York Review Books, 2001), p. 48-76.

Lilti, Antoine, *Le monde des salons: Sociabilité et mondantié à Paris au XVIIIe siècle* (Paris: Fayard, 2005).

Lindsay, Sazanne Glover, "Mummies and Tombs: Turenne, Napoleon, and Death Ritual, *Art Bulletin,* vol. LXXXXII, n°. 3 (2000), p. 476-502.

Lipsky, David, "Appropriating the Globe," *New York Times Book Review,* 27 de novembro de 2005, p. 7-8.

Livesey, James, *Making Democracy in the French Revolution* (Cambridge, Mass.: Harvard University Press, 2001).
Lockroy, Édouard, org., *Une mission en Vendée* (Paris: Paul Ollendorff, 1893).
Lofficial, Louis-Prosper, *Journal d'un conventionnel en Vendée*, org. C. Leroux-Cesbron (Paris: Flammarion, 1896).
Longworth, Philip, *The Art of Victory: The Life and Achievements of Field Marshal Suvorov* (Nova York: Holt, Rinehart & Winston, 1966).
Loque, Bertrand de, *Deux traits, l'un de la guerre, l'autre du duel* (Lion: J. Ratoyre, 1589).
Lorson, Pierre, "Guerre et paix chez Fénelon," *XVIIe. siècle,* n°s. 12-14 (1951), p. 207-14.
Lort de Sérignan, Arthur de, *Un duc et pair au service de la Révolution: Le duc de Lauzun (Général Biron), 1791-1792: Correspondence intime* (Paris: Perrin, 1906).
Lovett, Gabriel H., "The Spanish Guerrillas and Napoleon," *Proceedings of the Consortium on Revolutionary Europe, 1750-1850,* vol. V (1975), p. 80-90.
_____, *Napoleon and the Birth of Modern Spain,* 2 vols. (Nova York: New York University Press, 1965).
Lumbroso, Giacomo, *I moti popolari contro I francesi alla fine del secolo XVIII (1796-1800)* (Florença: Felice Le Monnier, 1932).
Lüsebrink, Hans-Jürgen, "'Die Genese der Grande Nation': Vom *Soldat-Citoyen* zur Idee des *Empire*," em Ulrich Herrmann, org., *Volk — Nation — Vaterland* (Hamburgo: Feliz Meiner Verlag, 1996), p. 118-30.
Lynch, Deidre Shauna, *The Economy of Character: Novels, Market Culture, and the Business of Inner Meaning* (Chicago: University of Chicago Press, 1998).
Lynn, John A., "A Brutal Necessity? The Devastation of the Palatinate, 1688-1689", em Grimsley e Rogers, p. 79-110.
_____, "French Opinion and the Military Resurrection of the Pike, 1792-1794", *Military Affairs,* vol. 41, n°. 1 (1977), p. 1-7.
_____, "Guerre et culture, 'Lumières' et Romantisme dans la pensée militaire", em Biard, Crépin e Gainot, p. 327-44.
_____, "Toward an Army of Honor: The Moral Evolution of the French Army, 1789-1815," *French Historical Studies,* vol. 16, n°. 1 (1989), p. 152-73.
_____, *Giant of the Grand Siècle: The French Army, 1610-1715* (Cambridge: Cambridge University Press, 1997).
_____, *The Bayonets of the Republic: Motivation and Tactics in the Army of Revolutionary France, 1791-94* (Urbana: University of Illinois Press, 1984).
Lyons, Martyn, *France under the Directory* (Cambridge: Cambridge University Press, 1975).
_____, *Napoleon Bonaparte and the Legacy of the French Revolution* (Nova York: St. Martin's, 1994).
Mably, Gabriel Bonnot de, *Entretiens de Phocion sur le raport de la morale avec la politique* (The Hague: Daniel Alliaus, 1764).

Machiavelli, Niccolò, *L'arte della guerra* (1520), em http://www.classicitaliani.it/machiav/mac22.htm, website consultado no dia 26 de junho de 2006.

———, *Discorsi sopra La prima deca di Tito Livio*, em http://www.classicitaliani.it/index054.htm, website consultado no dia 26 de junho de 2006.

———, *The Works of the Famous Nicholas Machiavel, Citizen and Secretary of Florence* (Londres: A. Churchill et al., 1720).

Mackenzie, S.P., *Revolutionary Armies in the Modern Era: A Revisionist Approach* (Londres: Routledge, 1997).

Mackintosh, James, *Vidiciae Gallicae. Defence of the French Revolution and Its English Admirers, Against the Accusations of the Right Hon. Edmund Burke* (Londres: G.G.J. & J. Robinson, 1791).

Maistre, Joseph of, *Considérations sur la France*, org. Pierre Manent (Paris: Complexe, 1988).

———, *Les Soirées de Saint-Pétersbourg, ou Entretiens sur le gouvernement temporal de la providence*, 2 vols. (Paris: Janssens & Van Merlen, 1822).

Malacrida, Luigi, *L'incendio di Binbasco nella guerra napoleonica* (Pavia, Itália: Cardano, 2001).

Manche, Georges-Frédéric, "L'armée française à l'épreuve de La Calabre (1806-1813)," *CCEHD*, Nº. 19 (2002), P. 79-119.

Mann, Michael, "War and Social Theory: Into Battle with Classes, Nations and States," em Martin Shaw e Colin Creighton, orgs., *The Sociology of War and Peace* (Houndmills, Inglaterra: Macmillan, 1987), p. 54-72.

Mannucci, Erica Joy, *Il patriota e il Vaudeville: Teatro, Pubblico e Potere nella Parigi della Rivoluzione* (Nápoles: Vivarium, 1998).

Mao Zedong [Mao Tsé-Tung], *Quotations from Chairman Mao Tse-Tung*, em http://art-bin.com/art/omaotoc.html, website consultado no dia 28 de junho de 2006.

Marat, Jean-Paul, *Oeuvres politiques, 1789-1793*, org. Jacques de Cock e Charlotte Goëtz, 7 vols. (Bruxelas: Pole Nord, 1989-1995).

Marbot, Jean-Baptiste-Antoine-Marcelin de, *The Memoirs of Baron de Marbot, Late Lieutenant-General in the French Army*, trad. Arthur John Butler, 2 vols. (Londres: Longmans, Green & Co., 1982).

Marcel, Nicolas, *Campagnes du Capitaine Marcel du 69e ligne en Espagne et en Portugal (1808-1814)* (Paris: Plon, 1913).

Marchand, Louis-Joseph-Narcisse, *Mémoires de Marchand, premier valet de chambre et exécuteur testamentaire de l'empereur*, 2 vols. (Paris: Plon, 1952-55).

Maréchal, Sylvain, *Le jugement dernier des rois* (Paris: C.F. Patris, 1793-94).

Maricourt, André de, "Un intendant de Corse sous Louis XVI. Daniel-Marc-Antoine Chardon et sa famille (1731-1805)," *Revue des questions historiques*, vol LXX (1905), p. 497-542.

Marmont, Auguste-Frédéric-Louis Wiesse de, *Mémoirs du Maréchal Marmont duc de Raguese, de 1792 à 1841*, 9 vols. (Paris: Perrotin, 1857).

Marshall, Monty G., e Ted Robert Gurr, *Peace and Conflict 2005: A Global Survey of Armed Conflicts, Self-Determination Movements, and Democracy* (College

Park, Md.: Center for International Development and Conflict Management, University of Maryland, 2005).

Martín, Andrés, *Historia de los sucesos militares de la division de Navarra* (1825), org. J.-M. Irribarren (Pamplona: El Gallico, 1953).

Martin, Andy, *Napoleon the Novelist* (Cambridge: Polity, 2000).

Martin, Jean-Clément, "Le cas de Turreau et des colonnes infernales: Réflexions sur une historiographie," em Biard, Crépin e Gainot, p. 237-48.

_____, org., *Napoléon et l'Europe: Colloque de la Roche-sur-Yon* (Rennes, França: Presses Universitaires de Rennes, 2002).

_____, *La Vendée et la France* (Paris: Seuil, 1987).

_____, "La Vendée, région-mémoire: Bleus et blancs," em Pierre Nora, org., *Les lieux de mémoire,* 3 vols. (Paris: Gallimard Quarto, 1997), vol. I, p. 519-34.

Martin, Jean-Clément, e Xavier Lardière, *Le massacre des Lucs: Vendée 1704* (Vouillé, França: Gesté, 1992).

Martin, Marc, *Les origins de La presse militaire en France à la fin de l'ancien regime et sous la révolution (1770-1799)* (Vincennes, França: Service Historique de l'Armée de Terre, 1975).

Masséna, André, *Mémoires d'André Masséna,* 8 vols., org. Général Koch (Paris: Bonnot, 1966).

Massenbach, Christian Karl August Ludwig Von, *Memoiren zur Geschichte des Preussischen Staats unter den Regierungen Friedrich Wilhelm II, und Friedrich Wilhelm III,* 3 vols. (Amsterdã: Kunst- und Industrie-Comptoir, 1809).

Mathiez, Albert, "Pacifism et nationalism au XVIIIe siècle," *Annales historiques de la Révolution française,* vol. XIII (1936), p. 1-17.

_____, *La victoire en l'an II: Esquisses historiques sur la defense nationale* (Paris: Félix Alcan, 1916).

Maugras, Gaston, *The Duc de Lauzun and the Court of Louis XV* (Londres: Osgood, McIlvaine, 1895).

_____, *The Du cod Lauzun and the Court of Marie-Antoinette* (Londres: Osgood, McIlvaine, 1896).

Maupetit, Michel-René, "Lettres de Michel-René Maupetit," org. E. Queruau-Lamerie, parte IV, *Bulletin de la commission historique et archéologique de la Mayenne,* 2e. série, vol. XX (1904), p. 446-72.

Mautort, Louis-François de Paule Tillete de, *Mémoires du Chevalier de Mautort,* org. Baron Tillette de Clermont-Tonnerre (Paris: Plon-Nourrit, 1895).

McKay, Derek, e H.M. Scott, *The Rise of the Great Powers: 1648-1815* (Londres: Longman, 1983).

McManners, John, *The French Revolution and the Church* (Nova York: Harper & Row, 1969).

Meinecke, Friedrich, *The Age of German Liberation, 1795-1815,* org. Peter Paret (Berkeley: University of California Press, 1977).

Memoirs relative to Egypt, written in that country during the campaigns of General Bonaparte, in the years 1798 and 1799 (Londres: T. Gillet, 1800).

Mercier de la Rivière, Pierre-Paul, *L'ordre naturel et essentiel des sociétés politiques* (Londres: Jean Nourse, 1767).

Mercier du Rochet, André, *Mémoires pour servir à l'histoire de La guerre de Vendée*, org. Thérèse Rouchette (Loudéac: Yves Salmon, 1989).

Mercoyrol de Beaulieu, Jacques de, *Campagnes de Jacques de Mercoyrol de Beaulieu*, 3 vols. (Paris: Renouard, 1915).

Mermale, François, "Lettres inédites d'un sous-lieutenant de l'armée des Alpes (1792-1793)," *Annales historiques de la Révolution française,* vol. VI (1929), p. 56-74.

Mesonero Romanos, Ramón de, *Memorias de um setentón*, orgs. José Escobar e Joaquín Álvariz Barrientos (Madri: Editorial Castalia, 1994).

Metternich, Clemens Lothar Wengel, *Mémoires,* 2 vols. (Paris: Plon, 1880).

Meyer, Jean, "'De la guerre' au XVIIe siècle," *XVIIe. siècle,* n°. 148 (1985), p. 267-90.

Michelet, Jules, *Histoire de la Révolution française,* org. Gérard Walter, 2 vols. (Paris: Gallimard, 1952).

Michon, Georges, *Robespierre et la guerre révolutionnaire, 1791-1792* (Paris: Marcel Rivière, 1937).

Miot de Melito, André-François, *Memoirs of Count Miot de Melito,* org. General Fleischmann, trad. Cashel Hoey e John Lillie (Nova York: Scribner's, 1881).

Moliner Prada, Antonio, "Popular Resistance in Catalonia: Somatens and Miquelets, 1804-14," em Esdaile, *Popular Resistance,* p. 91-114.

Montaigne, Michel de, *Complete Essays,* trad. Donald M. Frame (Stanford, Calif.: Stanford University Press, 1957).

Montesquieu, Charles-Louis de Secondat, *baron de, The Spirit of the Laws,* org. e trad. Anne M. Cohler, Basia Carolyn Miller e Harold Samuel Stone (Cambridge: Cambridge University Press, 1989), p. 27.

Montholon, Charles-Tristan de, *Mémoires pour server à l'histoire de France sous Napoléon, écrits à Sainte-Hélène,* 7 vols. (Londres: M. Bossange, 1823-24).

Moran, Daniel, "Arms and the Concert: The Nation in Arms and the Dilemmas of German Liberalism," em Moran e Waldron, p. 49-74.

Moran, Daniel, e Arthur Waldron, orgs., *The People in Arms: Military Myth and National Mobilization since the French Revolution* (Cambridge: Cambridge University Press, 2003).

Moreno Alonso, Manuel, *Los Españoles durante la ocupación napoleônica: La vida cotidiana em la vorágine* (Málaga, Espanha: Editorial Algazara, 1997).

Mori, Massimo, "Das Bild des Krieges bei den deutschen Philosophen," em Kunisch e Münkler, p. 225-40.

Morrissey, Robert, "The *Mémoiral de Sainte-Hélène* and the Poetics of Fusion," *Modern Language Notes,* n°. 120 (2005), p. 716-32.

Motley, Mark, *Becoming a French Aristocrat: The Education of the Court Nobility, 1580-1715* (Princeton, N.J.: Princeton University Press, 1990).

Mozzillo, Atanasio, *Chronache della Calabria in Guerra, 1806-1811,* 3 vols. (Roma: Edizioni Scientifiche Italiane, 1972).

Mueller, John E., *Remnants of War* (Ithaca, N.Y.: Cornell University Press, 2004).

———, *Retreat from Doomsday: The Obsolescence of Major War* (Nova York: Basic Books, 1989).

Muir, Rory, *Britain and the Defeat of Napoleon, 1807-1815* (New Haven, Conn.: Yale University Press, 1996).

———, *Salamanca 1812* (New Haven, Conn. e Londres: Yale University Press, 2001).

———, *Tactics and the Experience of Battle in the Age of Napoleon* (New Haven, Conn.: Yale University Press, 1998).

Nef, John U., *War and Human Progress: An Essay on the Rise of Industrial Civilization* (Cambridge, Mass.: Harvard University Press, 1950).

Neff, Stephen C., *War and the Law of Nations: A General History* (Cambridge: Cambridge University Press, 2005).

Newitt, Malyn, e Martin Robson, orgs., *Lord Beresford and British Intervention in Portugal, 1807-1820* (Lisboa: Imprensa de Ciências Sociais, 2004).

Noël, Gabriel, *Au temps des volontaires, 1792: Lettres d'un volontaire de 1792* (Paris: Plon-Nourrit, 1912).

O'Brien, David, "Propaganda and the Republico f Arts in Antoine-Jean Gros's *Napoléon Visiting the Battlefield of Eylau the Morning After the Battle*," *French Historical Studies*, vol. XXVI, n°. 2 (2003), p. 281-314.

O'Brien, David C., "Traditional Virtues, Feudal Ties and Royal Guards: The Culture of Service in the Eighteenth-Century *Maison Militaire du Roi*," *French History*, vol. XVII, n°. 1 (2003), p. 19-47.

O'Meara, Barry, *Napoleon in Exile, or A Voice from St. Helena: The Opinions and Reflections of Napoleon on the Most Important Events of His Life and Government in His Own Words* (Londres: Simpkin, & Marshall, 1822).

Oman, Charles, *A History of the Peninsular War*, 7 vols. (Oxford: Clarendon Press, 1902-30).

Ormsby, James Wilmont, *An Account of the Operations of the British Army, and of the State and Sentiments of the People of Portugal and Spain*, 2 vols. (Londres: James Carpenter, 1809).

Owen, Wilfrid, "Dulce et Decorum Est," em http://www.warpoetry.co.uk/owen1html, website consultado no dia 9 de julho de 2006.

Ozouf, Mona, *L'homme régénéré: Essais sur la Révolution française* (Paris: Gallimard, 1989).

———, "War and Terror in French Revolutionary Discourse (1792-1794)," *Journal of Modern History*, vol. LVI, n° 4 (1984), p. 579-97.

Pagden, Anthony, "Fellow Citizens and Imperial Subjects: Conquest and Sovereignty in Europe's Overseas Empires," *History and Theory*, vol. XLIV (2005), p. 28-46.

Palluel-Guillard, André, "L'idée de nation en France entre 1800 et 1815," em Natalie Petiteau, org., *Voies nouvelles pour l'histoire Du Premier Empire: Territoires, Pouvoirs, Identités* (Paris: La Boutique de l'Histoire, 2003), p. 27-43.

Palmer, R.R., "Frederick the Great, Guibert, Bülow: From Dynastic to National War," em Peter Paret, org., *Makers of Modern Strategy: From Machiavelli to the Nuclear Age* (Princeton, N.J.: Princeton University Press, 1986), p. 91-119.

―――――, *Twelve Who Ruled: The Year of the terror in the French Revolution* (Princeton, N.J.: Princeton University Press, 1941, reimp. 1969).

Pangaud, Léonce, org., *L'invasion austro-prussienne (1792-94): Documents* (Paris: Alphonse Picard, 1895).

Paret, Peter, "Clausewitz," em Peter Paret, org., *Makers of Modern Strategy: From Machiavelli to the Nuclear Age* (Princeton, N.J.: Princeton University Press, 1986), p. 186-213.

―――――, "Die Darstellung des Krieges in der Kunst," em Kunisch e Münkler, p. 93-111.

―――――, "The Genesis of *On War*," em Clausewitz, *On War*, p. 3-25.

―――――, "Napoleon and the Revolution in War," em Peter Paret, org., *Makers of Modern Strategy: From Machiavelli to the Nuclear Age* (Princeton, N.J.: Princeton University Press, 1986), p. 123-42.

―――――, *Yorck and the Era of Prussian Reform* (Princeton, N.J.: Princeton University Press, 1966).

Parker, Geoffrey, *The Military Revolution: Military Innovation and the Rise of the West, 1500-1800*, 2ª. ed. (Cambridge: Cambridge University Press, 1996).

Parker, Harold T., "Napoleon's Youth and Rise to Power," em Dwyer, *Napoleon and Europe*, p. 25-42.

Parquin, Charles, *Napoleon's Army: The Military Memoirs of Charles Parquin*, org. B.T. Jones (Londres: Greenhill Books, 1987 [orig. 1845]).

Pascal, Blaise, *Pensées sur la religion et sur quelques autres sujets*, org. Louis Lafuma (Paris: Editions du Luxembourg, 1952).

Pearson, Roger, *Voltaire Almighty: A Life in Pursuit of Freedom* (Londres: Bloomsbury, 2005), p. 207.

Pekarek, Marcel, *Absolutismus als Kriegsursache: Die französische Aufklärung zu Krieg und Frieden* (Stuttgart: W. Kohlhammer, 1997).

Pelletier e Frédéric, *Le vainqueur d'Austerlitz, ou le retour du héros* (Paris: Théâtre des Jeunes-Artistes, 1806).

Pelzer, Erich, "'Il ne sera fait aucun prisonnier anglais ou hanovrien': Zur Problematik der Kriegsgefangenen während der Revolutions- und Empirekriege (1792-1815)," em Rüdiger Overmans, org., *In der Hand des Feindes: Kriegsgefangenschaft von der Antike bis zum Zweiten Weltkrieg* (Colônia: Böhlau Verlag, 1999), p. 189-210.

Penn, William, "An Essay towards the Present and Future Peace of Europe," em *A Collection of the Works of William Penn*, 2 vols. (Londres: J. Sowle, 1726), vol. II, p. 838-48.

Perkins, Merle I., *The Moral and Political Philosophy of the Abbé de Saint-Pierre* (Genebra: Droz, 1959).

Périgny, Xavier de, *Un bataillon de Volontaires (3eme de Maine-et-Loire), 1792-1796)* (Angers, França: Germain et G. Grassin, 1908).
Petit, Joseph, *Marengo, ou campagne d'Italie* (Paris: Chez lês Marchands de nouveautés, 1801).
Petiteau, Natalie, "Débats historiographiques autour de La politique européenne de Napoléon," em J.-C. Martin, *Napoléon et l'Europe*, p. 19-31.
_____, *Napoléon de la mythologie à l'histoire* (Paris: Seuil, 1999).
Petitfils, Jean-Christian, *Louis XVI* (Paris: Perrin, 2005).
Petitfrère, Claude, *Blancs et bleus d'Anjou (1789-1793)*, 2 vols. (Paris: Honoré Champion, 1979).
_____, org., *Le Général Dupuy et sa Correspondance (1792-1798)* (Paris: Société des Etudes Robespierristes, 1965).
_____, *La Vendée et lês Vendéens* (Paris: Gallimard, 1981).
Petre, F. Loraine, *Napoleon's Last Campaign in Germany: 1813* (Londres: John Lane, 1912).
Phipps, Ramsay Weston, *The Armies of the First French Republic and the Rise of the Marshals of Napoleon I*, 5 vols. (Oxford: Oxford University Press, 1926).
Picard, Ernest, org., *Au service de la nation: Lettres de volontaires (1792-1798)* (Paris: Félix Alcan, 1914).
Piion des Loches, Antoine-Augustin-Flavien, *Mes campagnes, 1792-1815*, org. Maurice Chipon e Léonce Pingaud (Paris: Firmin-Didot, 1889).
Pitt, William, *Orations on the French War, to the Peace of Amiens* (Londres: J.M. Dent, 1912).
Podhoretz, Norman, "World War IV: How It Started, What It Means, and Why We Have to Win," *Commentary*, setembro de 2004, em http://www.commentarymagazine.com/podhoretz.htm, website consultado no dia 26 de junho de 2006.
Poirier de Beauvais, Bertrand, *Mémoires inédits de Bertrand Poirier de Beauvais* (Paris: Plon-Nourrit, 1893).
Poisson, Georges, *Choderlos de Laclos, ou l'obstination* (Paris: Grasset, 1985).
Pomeau, René, *Voltaire em son temps*, 2ª. ed. 2 vols. (Paris: Fayard & the Voltaire Foundation, 1995).
Pouget, François-René Cailloux de, *Souvenirs de guerre du général Baron Pouget*, org. Mme. de Boisdeffre, née Pouget (Paris: Plon, 1895).
Prebble, John, *Culloden* (Londres: Secker e Warburg, 1961).
Prendergast, Christopher, *Napoleon and History Painting: Antoine-Jean Gros's La Bataille d'Eylau* (Oxford: Oxford University Press, 1997).
Price, Munro, "Politics: Louis XVI," em William Doyle, org., *Old Regime Francwe: 1648-1788* (Oxford: Oxford University Press, 2001).
Pringle, John, *Observations on the Diseases of the Army* (Filadélfia: Edward Earle, 1810).
Quincy, Joseph Sevin de, *Mémoires du Chevalier de Quincy*, org. Léon Lecestre, 3 vols. (Paris: Renouard, 1898-1901).
Quintana, Manuel José, *Poesias completas* (Madri: Clásicos Castalia, 1969).

Rabb, Theodore, *The Struggle for Stability in Early Modern Europe* (Nova York: Oxford University Press, 1975).

Raduget, Xavier, *La carrier politique de l'abbé Maury, 1786-1791* (Paris: Letouzey & Ané, 1912

Ramies i Verdaguer, Maties, *Els catalans i El domini napoleònic: Catalunya vista pels oficials de l'exèrcit de Napoleó* (Barcelona: Publicacions de l'Abadia de Montserrat, 1995).

Rapp, Joseph, *Tirol im Jahre 1809* (Innsbruck: Felizian Rauch, 1852).

Rassow, Peter, "Die Wirkung der Erhebung Spaniens auf die Erhebung gegen Napoleon I," *Historische Zeitschrift,* vol. CLXII (1943).

Raumer, Kurt von, *Die Zerstörung der Pfalz von 1689: Im Zusammenhang der französichen Rheinpolitik* (Munique e Berlim: R. Oldenbourg, 1930).

Ray, *Chevalier de, Réflexions et souvenirs du Chevalier de Ray,* org. Lucien Mouillar (Paris: Henri Charles-Lavauzelle, 1895).

Rebhann, Fritz M., *Anno Neun: Von Bergisel zum Schönbrunner Frieden* (Viena: Herold, 1984).

Recueil général des pieces, chansons et fêtes données à l'occasion de la prise du Port-Mahon ("França," 1757).

Reddy, William M., *The Navigation of Feeling: A Framework for the History of Emotions* (Cambridge: Cambridge University Press, 2001).

Reinhard, Marcel, "Nostalgie et service militaire pendant la Révolution," *Annales historiques de la Révolution française,* vol. 30 (1958), p. 1-15.

_____, *Le grand Carnot,* 2 vols. (Paris: Hachette, 1950-2).

Reynaud, Jean-Louis, *Contre-Guerrilla en Espagne (1808-1814): Suchet pacifie l'Aragon* (Paris: Economica, 1992).

Ribbe, Claude, *Le Crime de Napoléon* (Paris: Editions Privé, 2005).

Rigoulet-Roze, David, "La guérilla espagnole contre l'armée napoléonienne," *CCEHD,* Nº 18 (2002), P. 87-113.

Rivoire, Jean-Alexis, *Le patriotisme dans le theater sérieux de la Révolution* (Paris: Gilbert, 1950).

Robb, Graham, *Victor Hugo* (Nova York: W.W. Norton, 1998).

Roberts, Andrew, *Napoleon and Wellington* (Londres: Weidenfeld & Nicolson, 2001).

Roberts, Warren, *Revolutionary Artists: Jacques-Louis David and Jean-Louis Prieur: The Public, the Populace, and Images of the French Revolution* (Albany: SUNY Press, 2000).

Robertson, William, *The History of the Reign of the Emperor Charles V* (Boston: Phillips, Sampson, 1857).

Robespierre, Maximilien, *Discours contre la Guerre* (1791-92), em http://membres. lycos.fr/discours/guerre.htm, website consultado no dia 26 de junho de 2006.

_____, *Rapport fait au nom du comité de Salut Public Sur les Rapports des idées religieuses et morales avec les principles républicains, et sur les fêtes nationales* (Paris: Imprimerie Nationale, 1794).

Rocca, Albert-Jean de, *Mémoires sur la guerre des Français em Espagne*, 2ª. ed. (Paris: Gide fils, 1814).
Roger, Philipe, "Mars au Parnasse," em Jean-Claude Bonnet, org., *L'Empire des muses: Napoléon, les Arts et les Lettres* (Paris: Belin, 2004), p. 369-87.
Rogers, Paul, "A World Becoming More Peaceful?" em http://www.opendemocracy.net/conflitc/report_2927.jsp, website consultado no dia 26 de junho de 2006.
Roland de La Platière, Jeanne-Marie, *Lettres de Madame Roland*, org. Claude Perroud, 2 vols. (Paris: Imprimerie Nationale, 1900-02).
Ronsin, Charles-Philipee, *Détail circonstancié de la fameuse bataille de Jemappes et de la Prise de Mons* (Paris: Pougin, 1792).
_____, *La ligue aristocratique, ou lês Catilinaires françoises* (Paris: Josseran, 1789).
_____, *La ligue des fanatiques ET des tyrans* (Paris: Guillaume Junior, 1791).
Rosbottom, Ronald C., *Choderlos de Laclos* (Boston: Twayne, 1978).
Rose, Jacqueline, *Why War? Psychoanalysis, Politics, and the Retorn to Melanie Klein* (Oxford: Blackwell, 1993).
Rosenblatt, Helena, "Commerce et religion dans le liberalism de Benjamin Constant," *Commentaire*, n°. 102 (2003), p. 415-26.
Ross, Michael, *The Reluctant King: Joseph Bonaparte, King of the Two Sicilies and Spain* (Nova York: Mason/Charter, 1977).
Rothenberg, Gunther E., *The Art of Warfare in the Age of Napoleon* (Bloomington: Indiana University Press, 1978).
_____, *Napoleon's Great Adversaries: The Archduke Charles and the Austrian Army, 1792-1814* (Bloomington: Indiana University Press, 1982).
_____, "Soldiers and the Revolution: The French Army, Society and State, 1788-1799," *Historical Journal*, vol. XXXIV, n°. 2 (1989), p. 981-95.
Rothkrug, Lionel, *Opposition to Louis XIV: The Political and Social Origins of the French Enlightenment* (Princeton, N.J.: Princeton University Press, 1965).
Rousseu, Jean-Jacques, *Considérations sur le gouvernement de Pologne*, em *Oeuvres completes*, 4 vols. (Paris: Gallimard, 1964), vol. III, p. 951-1041.
_____, *Du contrat social*, em *Oeuvres completes*, 4 vols. (Paris: Gallimard, 1964), vol. III, p. 347-470.
_____, *Discours qui a remporté le prix à l'Académie de Dijon en l'année 1750, Sur cette Question proposée par la même Académie: Si Le rétablissement des sciences et des arts a contribué à épurer les moeurs*, em http://un2sg4.unige.ch/athena/rousseau/jjr_sca.html, website consultado no dia 26 de junho de 2006.
_____, "L'etat de guerre," em C.E. Vaughn, org., *The Political Writings of Jean-Jacques Rousseau*, 2 vols. (Cambridge: Cambridge University Press, 1915), vol. I, p. 281-306.
Rousseau, Thomas, et al., *Recueil des actions héroïques et Civiques des Républicains français* (Paris: Imprimerie Nationale, 1793-94).
Rousset, Camille, *Les volontaires, 1791-1794* (Paris: Perrin & Cie, 1892).

Rowe, Nicholas, "Romans and Carthaginians in the Eighteenth-Century: Imperial Ideology and National Identity in Britain and France during the Seven Years' War," dissertação de mestrado, Boston College (1997).

Rudé, George, org., *Robespierre* (Englewood Cliffs, N.J.: Prentice Hall, 1967).

Rudorff, Raymond, *War to the Death: The Sieges of Saragossa, 1808-1809* (Nova York: Macmillan, 1974).

Rummel, R.J., "Democracies Don't Fight Democracies," *Peace Magazine*, maio-junho, 1999, em http://www.peacemagazine.org/archive/v15n3p10.htm, website consultado no dia 26 de junho de 2006.

Russett, Bruce M., *Grasping the Democratic Peace: Principles for a Post-Cold War World* (Princeton, N.J.: Princeton University Press, 1993).

Sainte-Beuve, Charles-Augustin, *Causeries du lundi*, 15 vols. (Paris: Garnier, 1869-76).

Saint-Just, Antoine-Louis de, *Oeuvres completes de Saint-Just*, org. Michèle Duval (Paris: Gérard Lebovici, 1984).

Saint-Lambert, Jean-François de, *Oeuvres de Saint-Lambert*, 2 vols. (Paris: Didot, 1795).

Saint-Pierre, Charles-Irénée Castel de, "Discours sur les differences du grand home et de l'homme illustre," publicado como introdução à *Histoire d'Épaminondas* (Paris: Didot, 1739).

_____, *Projet pour render la paix perpétuelle em Europe* (Paris: Fayard, 1986).

Saint-Simon, Louis de Rouvroy de, *Mémoires complets et authentiques du duc de Saint-Simon sur le siècle de Louis XIV et la Régence*, org. Pierre-Adolphe Chéruel, 20 vols. (Paris: Hachette, 1856-58).

Salas, Charles Gevaert, "Punic Wars in France and Britain," dissertação de mestrado, Claremont Graduate School (1996).

Sapinaud de Boishuguet, Jeanne-Ambroise de, *Mémoires de Madame de Sapinaud sur la Vendée* (Paris: Audin, 1824).

Savage, Gary, "Favier's Heirs: The French Revolution and the Secret du Roi," *Historical Journal*, vol. 41, n°. 1 (1998), p. 225-58.

Savary, Anne-Jean, *Memoirs of the Duke of Rovigo*, em *War Times Journal*, http://www.wtj.com/archive/savary/, website consultado no dia 26 de junho de 2006.

Savary, Jean-Julien, org., *Guerres des Vendéens et des Chouans contre la République française*, 6 vols. (Paris: Baudouin Frères, 1824-27).

Saxe, Maurice de, *Reveries, or Memoirs Upon the Art of War* (Londres: J. Nourse, 1757).

Schaeffer, Neil, *The Marquis de Sade: A Life* (Cambridge, Mass.: Harvard University Press, 2001).

Schama, Simon, *Citizens: A Chronicle of the French Revolution* (Nova York: Knopf, 1989).

Schaumann, August Ludolf Friedrich, *On the Road with Wellington: The Diary of a War Commissary in the Peninsular Campaigns*, org. e trad. Anthony M. Ludovici (Nova York: Knopf, 1925).

Schechter, Ronald, "Gothic Thermidor: The *Bals des victims,* the Fantastic, and the Production of Historical Knowledge in Post-Terror France," *Representations,* nº. 61 (1998), p. 52-68.

Schiller, Friedrich, *Die Braut von Messina Oder die feindlichen Brüder. Ein Trauerspiel mit Chören* (1803), em http://gutenberg.spiegel.de/schiller;messina;mess105.htm, website consultado no dia 26 de junho de 2006.

_____, "Resignation: Eine Phantasie," em http://buecherzirkel.de/texte/schiller-resignation.htm, website consultado no dia 26 de junho de 2006.

Schivelbush, Wolfgang, *The Culture of Defeat: On National Trauma, Mourning and Recovery,* trad. Jefferson Chase (Nova York: Picador/Henri Holt, 2004).

Schmitt, Carl, *The Concept of the Political,* org. e trad. George Schwab (New Brunswick, N.J.: Rutgers University Press, 1976).

_____, *Le nomos de la terre dans le droit des gens du jus publicum europaeum,* org. Peter Haggenmacher, trad. Lilyane Deroche-Gurcel (Paris: P.U.F., 2001).

_____, *Theorie des Partisanen: Zwischenbemerkung zum Begriff des Politischen* (Berlim: Duncker & Humblot, 1963).

_____, "Totaler Feind, totaler Krieg, totaler Staat," (1937), em *Positionen und Begriffe: Im Kampf mit Weimar — Genf — Versailles, 1923-1939* (Berlim: Duncker & Humblot, 1988), p. 235-343.

Schneid, Frederick C., *Soldiers of Napoleon's Kingdom of Italy: Army, State and Society, 1800-1815* (Boulder, Colo.: Westview, 1995).

Schom, Alan, *Napoleon Bonaparte* (Nova York: HarperCollins, 1997).

Schroeder, Paul W., "Napoleon's Foreign Policy: A Criminal Enterprise," *Journal of Military History,* vol. LIV, nº. 2 (1990), p. 147-62.

_____, *The Transformation of European Politics, 1763-1848* (Oxford: Clarendon Press, 1994).

Schulze, Hagen, "The Prussian Military State, 1763-1806," em Dwyer, *The Rise of Prussia,* p. 201-19.

Schumacher, Gaspard, *Journal et souvenirs de Gaspard Schumacher, capitaine aux suisses de la garde royale,* org. Pierre d'Hugues (Paris: Arthème Fayard, n.d.).

Sciout, Ludovic, *Le directoire,* 4 vols. (Paris: Firmin-Didot, 1895-97).

Scott, Samuel F., "Problems of Law and Order during 1790, the 'Peaceful' Year of the French Revolution," *American Historical Review,* vol. LXXX, nº. 4 (1975), p. 859-88.

_____, *The Response of the Royal Army to the French Revolution: The Role and Development of the Line Army 1787-93* (Oxford: Clarendon Press, 1978).

Secher, Reynald, *La Chapelle-Basse-Mer, Village Vendéen: Révolution et Contre--Révolution* (Paris: Perrin, 1986).

_____, *A French Genocide: The Vendée,* trad. George Holoch (Notre Dame: Notre Dame University Press, 2003).

_____, *Le genocide franco-français: La Vendée-Vengé* (Paris: PUF, 1986).

Ségur, Philippe-Paul de, *Napoleon's Russian Campaign,* trad. J. David Townsend (Nova York: Time-Life Books, 1965).

Semmel, Stuart, *Napoleon and the British* (New Haven, Conn.: Yale University Press, 2004).

Serna, Píerre, "Le duel durant la Révolution, de la joute archaïque, au combat politique," *Historical Reflections/Réflexions historiques,* vol. XXIX, n°. 3 (2003), p. 409-31.

Servan, Joseph, *Projet de constitution pour l'armée des François, présenté au Comité Militaire de l'Assemblée Nationale, par l'Auteur du Guide de l'Officer em campagne, et par celui du Soldat Citoyen* (Paris, 1789).

_____, *Le soldt citoyen, ou vues patriotiques sur la manière la plus avantageuse de pourvoir à la défense du royaume* ("Dans Le Pays de La Liberté," 1780).

Sewell, William, *A Rhetoric of Bourgeois Revolution: The Abbé Sieyes and What Is the Third Estate?* (Durham, C.N.: Duke University Press, 1994).

Sheehan, James J., *German History 1770-1866* (Oxford: Clarendon, 1989).

Sheridan, Richard Brinsley, *Saint Patrick's Day, Or the Scheming Lieutenant* (Londres, 1775), em http://ibiblio.org/gutenberg/etexto4/stptd10.txt, website consultado no dia 26 de junho de 2006.

Shovlin, John, "Toward a Reinterpretation of Revolutionary Antinobilism: The Political Economy of Honor in the Old Regime," *Journaol of Modern History,* vol. 72, n°. 1 (2000), p. 35-66.

Showalter, Dennis, "Prussia's Army: Continuity and Change, 1713-1830," em Dwyer, *The Rise of Prussia,* p. 220-36.

Siegfried, Susan Locke, "Naked History: The Rhetoric of Military Painting in Post-Revolutionary France," *Art Bulletin,* vol. LXXV, n°. 2 (1993), p. 235-58.

Siegler-Pascal, S., *Un contemporain égaré au XVIIIe siècle: lês projets de l'abbé de Saint-Pierre, 1658-1743* (Paris: Arthur Rousseau, 1899).

Silberner, Edmond, *La guerre dans la pensée économique du XVIe si XVIII siècle* (Paris: Librairie du Recueil Sirey, 1939).

Simmons, George, *A British Rifle Man: Journals and Correspondence during the Peninsular War and the Campaign of Wellington,* org. Willoughby Verner (Londres: Greenhill Books, 1986).

Simon, Claude, *Correspondance de Claude Simon,* org. Emmanuel Delorme (Grenoble: Allier, 1899).

Six, Georges, *Dictionnaire biographique des généraux et amiraux français de la Révolution et de l'Empire (1792-1814),* 2 vols. (Paris: Georges Saffroy, 1934).

_____, *Les généraux de la Révolution et de l'Empire* (Paris: Bordas, 1947).

Slavin, Morris, *The Hébertistes to the Guilotine: Anatomy of a "Conspiracy" in Revolutionary France* (Baton Rougue: Louisiana State University Press, 1994).

Smith, Adam, *An Inquiry into the Nature and Causes of the Wealth of Nations* (1776), em http://socserv2.socsic.mcmaster.ca/~econ/ugcm/3ll3/smith/wealth/wealbk05, website consultado no dia 26 de junho de 2006.

Smith, Jay M., *The Culture of Merit: Nobility, Royal Service and the Making of Absolute Monarchy in France, 1600-1780* (Ann Arbor: University of Michigan Press, 1996).

_____, "Social Categories, the Language of Patriotism, and the Origins of the French Revolution: The Debate over the Noblesse Commerçante," *Journal of Modern History*, vol. 72, nº. 2 (2000), p. 339-74.
Soboul, Albert, *L'armée nationale sous la Révolution (1789-1794)* (Paris: France d'Abord, 1945).
_____, *Le premier empire, 1804-1815* (Paris: Presses Universitaires de France, 1973).
_____, *The Sans-Culottes: The Popular Movement and Revolutionary Government 1793-1794*, trad. Remy Inglis Hall (Princeton, .J.: Princeton University Press, 1980).
_____, *Les soldats de l'an II* (Paris: Club français du livre, 1959).
Some Account of the Early Years of Buonaparte, at the Military School of Brienne (Londres: Hookham & Carpenter, 1797).
Sorel, Albert, *L'Europe et la révolution française*, 8 vols. (Paris: Plon, 1885-1906).
Souleyman, Elizabeth V., *The Vision of World Peace in Seventeenth and Eighteenth-Century France* (Nova York: G.P. Putnam's Sons, 1941).
Spiquel, Agnès, "La double guerre," em Claude Millet, org., *Hugo et la Guerre* (Paris: Maisonneuve & Larose, 2002), p. 227-47.
Starkey, Armstrong, *War in the Age of Enlightenment, 1700-1789* (Wesport, Conn.: Praeger, 2003).
Steele, Brent D., e Tamera Dorland, orgs., *The Heirs of Archimedes: Science and the Art of War Through the Age of Enlightenment* (Cambridge, Mass.: MIT Press, 2005).
Steinmetz, Sebald Rudolf, *Die Philosophie des Krieges* (Leipzig: J.A. Barth, 1907).
Stendhal, *Le rouge et le noir: Chronique de XIXe siècle*, org. Pierre-Georges Castex (1999), em http://gallica.bnf.fr/document?O=N101497, website consultado no dia 26 de junho de 2006.
Stone, Bailey, *Reinterpreting the French Revolution: A Global-Historical Perspective* (Cambridge: Cambridge University Press, 2002).
Storrs, Christopher, e H.M. Scott, "The Military Revolution and the European Nobility, c. 1600-1800," *War in History*, vol. III (1996), p. 1-41.
Stromberg, Ronald N., *Redemption by War: The Intellectuals and 1914* (Lawrence: Regents Press of Kansas, 1982).
Sur Bonaparte: Conversation (n.p., [1799]).
Suratteau, J.-R., "Goethe et le 'tornant de Valmy,'" em *Annales historiques de la Révolution française*, nº. 309 (1997), p. 477-9.
_____, "Occupation, occupants et occupies en Suisse de 1792 à 1814," em *Occupants-Occupés, 1792-1815* (Bruxelas: Université Libre de Bruxelles, 1969), p. 165-216.
Sutherland, D.M.G., *The Chouans: The Social Origins of Popular Counter-Revolution in Upper Brittany, 1770-1796* (Oxford: Clarendon Press, 1982).
_____, *The French Revolution and Empire: The Quest for a Civic Order* (Malden, Mass.: Blackwell, 2003).

Tackett, Timothy, *Becoming a Revolutionary: The Deputies of the French National Assembly and the Emergence of a Revolutionary Culture (1789-1790)* (Princeton, N.J.: Princeton University Press, 1996).

Talleyrand-Périgord, Charles-Maurice de, *Mémoires du prince de Talleyrand,* 2 vols. (Paris: Henri Javal, 1953).

Taylor, Charles, *Sources of the Self: The Making of the Modern Identity* (Cambridge, Mass.: Harvard University Press, 1989).

Tennyson, Alfred, "Ulysses," em http://www.victorianweb.org/authors/tennyson/ulyssestext.htm, website consultado no dia 10 de julho de 2006.

Terrasson, Jean, *Sethos* (Paris: H.L. Guerin, 1731).

Thiébault, Paul-Charles-François-Adrien-Henri Dieudonné, *Mémoires du Général-Baron Thiébault,* org. Fernand Calmettes, 5 vols. (Paris: Plon, 1895).

Thompson, J.M., *Napoleon Bonaparte: His Rise and Fall* (Oxford: Basil Blackwell, 1952).

_____, *Robespierre,* 2 vols. (Nova York: D. Appleton, 1936).

Tieghem, Paul van, *Ossian en France,* 2 vols. (Paris: F. Rieder, 1917).

Tilly, Charles, *The Vendée* (Cambridge, Mass.: Harvard University Press, 1964).

Tolstoy, Leo, *War and Peace,* trad. Rosemary Edmonds (Londres: Penguin, 1982).

Tombs, Robert, e Isabelle Tombs, *That Sweet Enemy: The French and the British from the Sun King to the Present* (Londres: Heinemann, 2006).

Tone, John Lawrence, *The Fatal Knot: The Guerilla War in Navarre and the Defeat of Napoleon in Spain* (Chapel Hill e Londres: University of North Caroline Press, 1994).

Treitschke, Heinrich von, *Politics,* trad. Blanche Dugdale e Torben de Bille, 2 vols. (Nova York: Macmillan, 1916).

"Trivia," *William and Mary Quarterly,* 3ª. Série, vol. XI, n°. 4 (1954), p. 633-4.

Trocóniz, Fernando F., "El Empecinado em Iraq," *El Siglo,* n°. 584 (5 de janeiro de 2004), em http://www.elsiglodeuropa.es/historico/troconiz/2004/584Troconiz.htm, website consultado no dia 5 de julho de 2006.

Tuck, Richard, *The Rights of War and Peace: Political Thought and the International Order from Grotius to Kant* (Oxford: Oxford University Press, 1999).

Tuetey, Louis, *Les officiers sous l'ancien régime: Nobles et roturiers* (Paris: Plon-Noirrit, 1908).

Tulard, Jean, *L'Anti-Napoléon: Le legend noire de l'Empereur* (Paris: Julliard, 1965).

_____, org., *Dictionnaire Napoléon,* 2 vols. (Paris: Fayard, 1999).

_____, *Murat* (Paris: Hachette, 1983).

_____, *Napoléon, ou le mythe du sauveur* (Paris: Fayard, 1987).

_____, org., *Nouvelle bibliographie critique des memoires sur l'Epoque Napoléonienne écrits ou traduits en français* (Genebra: Droz, 1991).

Turreau, Louis-Marie, *Mémoires pour servir à l'histoire de la guerre de la Vendée* (Évreux, França: Chaumont, 1795).

Vagst, Alfred, *A History of Militarism* (Nova York: Greenwich Editions, 1959).

Vardi, Liana, *The Land and the Loom: Peasants and Profits in Northern France, 1680-1800* (Durham, C.N.: Duke University Press, 1993).

Varnum, Fanny, *Un philosophe cosmopolite du XVIIIe siècle: Le chevalier de Chastellux* (Paris: Rodstein, 1936).

Vattel, Emeric de, *Le droit des gens,* 3 vols. (Washington, D.C.: Carnegie Endowment, 1916).

Vauvenargues, Luc de Clapiers de, *Oeuvres completes,* org. Henry Bonnier, 2 vols. (Paris: Hachette, 1968).

Velay, Clément C., *Le duc de Lauzun, 1747-1793: Essai de dialogue entre un home et son temps* (Paris: Buchet/Chastel, 1983).

Vergniaud, Pierre Victurnien, et al., *Oeuvres de Vergniaud, Gensonné, Guadet,* org. A. Vermorel (Paris: Achille Faure, 1867).

Viallaneix, Paul, e Jean Ehrard, orgs., *La bataille, l'armée, la gloire, 1745-1871,* 2 vols. (Clermont-Ferrand: Faculté des Lettres et Sciences Humaines de l'Université de Clermont-Ferrand II, 1985).

Vigny, Alfred, *Servitude and Grandeur of Arms,* trad. Roger Gard (Londres: Penguin, 1996).

Vilar, Pierre, "Quelques aspects de l'occupation et de la résistance en Espagne en 1794 et au temps de Napoléon," em Robert Devleeshouwer, org., *Occupants Occupés, 1792-1815* (Bruxelas: Université Libre de Bruxelles, 1969), p. 221-52.

Villat, Louis, *La Corse de 1768 à 1789,* 3 vols. (Besançon: Millot, 1924).

Villepin, Dominique de, *Les Cent-Jours, ou l'esprit de sacrifice* (Paris: Perrin, 2001).

Vinot, Bernard, *Saint-Just* (Paris: Fayard, 1985).

Voltaire, *Candide,* org. Daniel Gordon (Nova York: Bedford/St. Martin's, 1999).

_____, "Guerre," em *Dictionnaire philosophique,* em http://www.voltaire-integral.com/19/guerre.htm, website consultado no dia 26 de junho de 2006.

_____, *Essai sur les moeurs et l'esprit des nations, et sur les principaux faits de l'histoire depuis Charlemagne jusqu'à Louis XIII,* 8 vols. (Paris, 1804).

_____, *Lettres philosophiques,* org. René Pomeau (Paris: Garnier-Flammarion, 1964).

_____, *Les oeuvres completes de Voltaire,* org. Theodore Besterman, 151 vols. (Genebra: Institut et Musée Voltaire, 1970-77).

_____, *Le Poëme sur la bataille de Fontenoy* (Amsterdã, 1748), em http://un2sg4.unige.ch/athena/voltaire/volt_fon.html, website consultado no dia 26 de junho de 2006.

Vovelle, Michel, *Lés République-soeurs sous le regard de la Grande Nation, 1795-1803: De l'Italie aux portes de l'Empire ottoman, l'impact du modèl républicain français* (Paris: L'Harmattan, 2000).

Wahnich, Sophie, *L'impossible citoyen: L'étranger dans Le discours de la Révolution française* (Paris: Albin Michel, 1997).

Wahrman, Dror, *The Making of the Modern Self: Culture and Identity in Eighteenth-Century England* (New Haven, Conn.: Yale University Press, 2004).

Wairy, Louis Constant, *Memoirs of Constant, First Valet de Chambre of the Emperor, on the Private Life of Napoleon, His Family and His Court*, trad. Elizabeth Gilbert Martin (Nova York: Century, 1907).
Walter, Gérard, *Robespierre*, 2 vols. (Paris: Gallimard, 1961).
Walter, Jakob, *The Diary of a Napoleonic Foot Soldier*, trad. e org. Marc Raeff (Nova York: Doubleday, 1991).
Washington, George, *George Washington: A Collection*, org. W.B. Allen (Indianapolis: Liberty Fund, 1988).
Watt, Ian, *The Rise of the Novel: Studies in Defoe, Richardson and Fielding* (Berkeley: University of California Press, 1959).
Weber, Ernst, "Der Krieg und die Poeten: Theodor Körners Kriegsdichtung und ihre Rezeption im Kontext des reformpolitischen Bellizismus der Befreiungskriegslyrik," em Kunisch e Münkler, p. 285-325.
_____, *Lyrik der Befreiungskriege (1812-1815): Gesellschaftspolitische Meinungs- und Willensbildung durch Literatur* (Stuttgart: Metzler, 1991).
Welch, Oliver J.G., *Mirabeau: A Study of a Democratic Monarchist* (Londres: Jonathan Cape, 1951).
Wells, H.G., *The War That Wil End War* (Londres: Frank & Cecil Palmer, 1914).
Whiteman, Jeremy J., *Reform, Revolution and French Global Policy, 1878-1791* (Aldershot, Inglaterra: Ashgate, 2003).
Whitman, Walt, "As I Ponder'd in Silence," em *Leaves of Grass*, em http://gutenberg.org/dirs/etext98/lvgrs10.txt, website consultado no dia 6 de julho de 2006.
Williams, Helen Maria, *Letters Written in France in the Summer 1790* (Londres: T. Cadell, 1790).
Wilson, Kathleen, *The Island Race: Englishness, Empire and Gender in the Eighteenth Century* (Londres: Routledge, 2003).
_____, *The Sense of the People: Politics, Culture and Imperialism in England, 1715-1785* (Cambridge: Cambridge University Press, 1995).
Wilson-Smith, Timothy, *Napoleon and His Artists* (Londres: Constable, 1996).
Woloch, Isser, *Jacobin Legacy: The Democratic Movement under the Directory* (Princeton, N.J.: Princeton University Press, 1970).
_____, *Napoleon and His Collaborators: The Making of a Dictatorship* (Nova York: W.W. Norton, 2001).
_____, *The New Regime: Transformations of the French Civic Order, 1789-1820s* (Nova York: W.W. Norton, 1994).
Woolf, Stuart, *Napoleon's Integration of Europe* (Londres: Routledge, 1991).
Wordsworth, William, "November 1806," em http://rpo.library.utoronto.ca/poem;2348.htm, website consultado no dia 26 de junho de 2006.
Woudhuysen, H.R., "Shelley's Fantastic Prank," *Times Literary Supplement*, 14 de julho de 2006, p. 12.
Zaghi, Carlo, *La rivoluzione francese e l'Italia: Studi e ricerche* (Nápoles: Editrice Cymba, 1966).

Zamoyski, Adam, *Moscow 1812: Napoleon's Fatal March* (Nova York: Harper-Collins, 2004).

Zeller, Olivier, "Servir sous Louis XV: Lettres de guerre d'un officier au régioment Royal-Comtois," em Corvisier e Jacquart, p. 299-311.

Zimmer, Hasko, *Auf dem Altar des Vaterland: Religion und Patriotismus in der deutschen Kriegslyrik des 19.Jahrhunderts* (Frankfurt: Thesen Verlag, 1971).

Zipper, Albert, *Theodor Körner* (Leipzig: Reclam, 1900).

Índice Remissivo

Aboukir, Napoleão aniquila turcos otomanos em, 283
Académie Française e "grandes franceses", 272
Acre, ataque francês a, 283
Addison, Joseph, 63
Adversários respeitáveis, oponentes vistos como, 18
   e a crença prussiana, 171
   e a Guerra Peninsular, 378
   e guerras civis, 208
   nega-se a Napoleão o status de, 313, 344, 361, 416
   rejeição revolucionária da, 191, 258
"Africanos reais", 356
Alemanha
   fervor guerreiro alimentado na, 320, 361, 398-405
   reorganização territorial da, 313, 320
   Ver também Confederação do Reno; Santo Império Romano; Prússia
Alembert, Jean le Ron d', 94
Alexandre I (tsar da Rússia) 318, 323, 346, 415
Alexandre, o Grande
   e a Rússia, 346
   e as aspirações de Napoleão, 253, 286, 289
   e o jornal monarquista sobre Napoleão, 297
Alianças
   como impedimento à guerra (Chastellux), 97
   entre a França e a Prússia, 321, 341, 353
   entre a França e a Rússia, 324
   entre a França e Áustria, 147, 353
   questionamento da ideia de (Lévis), 131
   retirada da França do sistema de, nota relativa ao cap. 3
   Santa Aliança, 415
All Quiet in the Western Front (Remarque), 60
Ambição e Napoleão, 255, 279, 303, 312, 336
   Napoleão citado a respeito de, 251
Amey, François-Pierre-Joseph, 243, 388
Angell, Norman, 417, 424
Angers (cidade da França ocidental), 212, 226, 236
Aníbal e a travessia dos Alpes por Napoleão, 307

Anoitecer no Acampamento, O (jornal), 194
Antigo Regime
 "submundo literário" do, 235
 e a guerra fria, 423
 e transferência de território, 191
 exército do, 163
 guerras limitadas e restritas do, 20, 153, 414
 militarismo impossível no, 27
 objetivos de Napoleão contrastados com, 320
 queda do, 14, 114
 em países ocupados, 292
 rebeliões contra, 359
 vs. ambições egípcias de Napoleão, 287
Arco do Triunfo, 246, 333, 417
Arcola, batalha de, 254, 270, 277
Aristocracia e cultura aristocrática, 49
 aceitação da, 60-64, 71, 97-100, 111
 autocontrole com valor básico da, 52
 contrariando a própria posição, 93
 coragem da, 51-52
 e a conquista sexual, 39-40
 e a honra, 53-54
 e a jurisprudência da guerra, 72
 e a retirada de Brunswick em Valmy, 177
 e debate sobre — cap. 3
 e os militares, 49
 fim da, 117
 e a Assembleia Nacional, 141, 144
 identidade militar/social
 vs. etos pós-revolucionário, 329
 vs. oficiais revolucionários, 203
 na Assembleia Nacional, 121, 124, 130-131
 na batalha de Fontenoy, 57
 nas guerras do século XVIII, 18-19
 ritual e politesse da, 52
 Ver também Antigo Regime
 zombarias de Holbach sobre, 95, 101
Armínio (Hermann), 396
Arndt, Ernst Moritz, 344, 396-399, 401-402
Arquitetura iniciada por Napoleão, 333
Artilharia
 como forma imoral de luta, 186
 na batalha de Valmy, 179
Aspern-Essling, batalha de 377, 343, 345
Assembleia Constituinte. *Ver* Assembleia Nacional
Assembleia Legislativa (1791-92), 147, 151, 157, 185
Assembleia Nacional (1789-91, também conhecida como Assembleia Constituinte), 114, 120-124
 e o exército de cidadãos, 165
 e os debates sobre a renúncia à guerra, 127-131, 134-137
 adoção da declaração de paz, 142-143, 280, 311
 e a guerra forçada por émigrés e estrangeiros, 153
 e os debates sobre o controle do Exército, 127
 Esquerda vitoriosa na, 140-141
 expressão cosmopolita e universalista na, 137-138
 festas de comemoração decretas pela, 166
 fundos de guerra pedidos pela (maio de 1790), 120
 Igreja Católica nacionalizada por, 145
 o os debates sobre o poder do rei de declarar guerras, 126-131, 133-136, 138-140
 adoção do acordo proposto por Mirabeau, 141-142, 150
 e o uso de exércitos contra a Revolução, 124, 125, 140
 sistema feudal encerrado pela, 164
 títulos de nobreza abolidos pela, 145

ÍNDICE REMISSIVO

Associação Bretã, 218
Auckland, lorde, 192
Auerstadt, batalha de 322
Augereau (general), 270, 293
Austerlitz, batalha de, 318, *319*, 320, 338
Áustria
　Lafayette aprisionado pela, 171
　na Santa Aliança, 415
　programa de recrutamento militar na (1808), 340, 415
　relações com a França do período revolucionário
　ameaça da (1791), 146
　ataque francês tríplice contra, 261
　ver também campanha italiana de Napoleão
　declaração de guerra contra e invasão da Bélgica (1792), 157, 167-170
　e a batalha de Marengo, 303-308
　e Brissot a favor da guerra contra, 147
　em coalizão atacando a França (1793), 182, 198, 201
　Itália invadida por (1799), 285
　paz de 1797 com, 261, 271, 286
　relações com a França pré-revolucionária
　e a batalha de Fontenoy, 56
　em aliança, 148
　relações com a França sob Napoleão
　acordo de Napoleão com, 312
　aliada à França (1812), 353
　derrotas impostas por Napoleão a, 337
　e o Tratado de Pressburg, 320
　em guerra com a França (1805), 317
　em guerra com a França e derrotada (1809), 337
　mais uma guerra com a França (1813), 328
Autodeterminação, e Napoleão, 262

Autoritarismo de Napoleão, 328

Babeuf, Gracchus, 210, 213
Bacevich, Andrew, 27, 425
Badajoz, batalha de 377
Baía de Aboukir, batalha da, 33, 283
Balão
　na guerra de Fleurus, 163, 167
　suposto voo de Napoleão em um, 269
Bálcãs, atrocidades russas nos (século XVIII), 68-69
Bálcãs, guerras nos (década de 1990), 14, 17
Bals des victimes, 258-259
Balzac, Honoré de, 248
bandidos da Vendeia, Os ("ópera vaudeville"), 228
Bara, Joseph, 188, 248, 334, 405
Bard, Antoine-Marie (general), 207, 241
Barère, Bertrand, 189, 197, 211-212, 219, 240, 316, 376, 398
Barnave, Antoine, 122, 139, 141-142, 150
Barras, Paul, 255, 275
Bastilha, 114, 130, 132, 166, 296
Bataillon carré, 322
"Batalha das Nações", 396, 426. *Ver também* batalha de Leipzig
Batalhas e campanhas de Napoleão
　Aspern-Essling, 337, 343, 345, 403
　Auerstadt (Jena-Auerstadt), 319, 322
　Austerlitz, 318, 319, 320, 338
　Borodino, 339, 349-350, 354
　campanha egípcia, 280-289, 299, 346
　campanha italiana (1796-1797), 261, 265-266 (ver também campanha italiana de Napoleão)
　atrocidades nas, 289, 293
　repressão religiosa nas, 293
　campanha russa, 345-354, 370
　e Smolensk, 334, 349

e tropas na Espanha, 378, 394
Eylau, 324, 345
Friedland, 324, 345
Jena, 322, 341
Leipzig ("Batalha das Nações"), 20, 338, 352, 396, 426
Marengo, 303-308, 339
Ulm, 318
Ver também Insurreições contra o domínio de Napoleão
Wagram, 20, 338, 354
Waterloo, 319, 411-412
Baviera, acordo de Napoleão com, 312
Baylen, rendição de, 376
Beauharnais, Alexandre de, 274
Beevor, Anthony, 66
Belerofonte (navio em que Napoleão partiu para o exílio), 413
Bélgica, 168
　anexação à França, 313
　batalha de Waterloo, 411
　e a batalha de Fontenoy, 56
　e o comportamento do Exército com os civis, 66
　invasão de (1792), 157, 168-170
　　defesa de uma nova invasão, 176
　ocupação de pela França, 182
　　insurreição na, 284
　　reconhecimento do domínio francês sobre, 262
Bellers, John, 77, 87, 101
Bentham, Jeremy, 101
Beresford, William Carr, 342, 394
Berlim, entrada de Napoleão em, 323
Bernadotte, Jean-Baptiste-Jules, 323
Bertaud, Jean-Paul, 33, 296
Bethuis, Germain, 217, 219
Beudesson (agente de provisões), 242
Binasco, Itália, saque de Napoleão a, 289
Biron, duque de, 125. *Ver também* Lauzun, duque de

Blanning, Timothy, 33
Blaze, Elzéar, 391
Blenheim, batalha de, 63
blitzkrieg, 325
Bloqueio continental, 337-338, 372
Blücher, Gebhard Von, 411
Bocage, 220
Boilly, Louis-Léopold, 332
Bonaparte, Jérôme, 327, 349
Bonaparte, Joseph, 256, 275, 365
　carta de Lucien a, 256
　como rei da Espanha, 337, 370, 373, 377, 384
　　colapso de, 394
　como rei de Nápoles, 326, 356, 361, 363-367
　na coroação de Napoleão, 309
　retrato de, 393
Bonaparte, Louis, 326
Bonaparte, Lucien, 256, 266, 300
Bonaparte, Napoleão. *Ver* Napoleão Bonaparte
Bonchamps, marquês de, 218
Bonnet, Jean-Claude, 89
Bormida, 303-304, 306, 308
Borodino, batalha de, 339, 349-350, 354
Bouchotte, Jean-Baptiste-Noël (ministro da Guerra), 186, 225, 237
Bouëre, Antoinette-Charlotte de La, 240
Bourrienne, Louis-Antoine Fauvelet de (secretário de Napoleão), 286, 288
Boyne, Batalha de, 80
Brandt, Heinrich Von, 375, 382
Braudel, Fernand, 30
Bricard, Louis-Joseph, 161
Brissot, Jacques-Pierre, 129-130, 147
　como advogado de defesa da guerra, 148, 153-156, 167, 183
　e os debates da Assembleia Nacional, 137-138, 141, 151

ÍNDICE REMISSIVO

execução de, 182
   na Convenção Nacional, 181
Brun, Louis (general), 384-385
Brune, Guillaume (general), 203, 298
Brunswick, duque de, 171, 176-177, 179-180, 306, 322-323
Bülow, Heinrich Dietrich von, 306
Buonaparte, Carlo e Letitzia (pais de Napoleão), 38
Burgos, saque, 378
Burgoyne, John ("Gentleman Johnny"), 41, 44
Burke, Edmund, 23, 47, 116, 143, 192
Busaco, batalha de, 394
Bush, George W., 14, 425

Cabanes, Félix, 187
"caçada selvagem de Lützow, A" (Körner), 403, 405
Calábria
   rebelião na (1799), 294
   rebelião na (1806), 355-358, 363-370
   e atrocidades cometidas em Lauria, 368, 389, 392
Camisard, revolta de, 70, 208, 213-214
Campanha egípcia de Napoleão, 279-289
   como experiência colonial, 36
   e a campanha Russa, 347
   fantasia oriental como base da, 286, 346
   retorno de Napoleão da, 285, 299
Campanha italiana de Napoleão, 254-255, 261
   atrocidades na, 289-290, 293
   batalha de Arcola, 254, 261, 270, 277
   batalha de Lodi, 267, 279
   batalha de Rivoli, 261
   e os métodos de Napoleão, 264-269
   e parada militar em Milão, 296
   repressão religiosa na, 293

Campanha russa de Napoleão, 319, 345-354
   "destacamentos aéreos" russos, 370
   Borodino, batalha de, 349
   e Smolensk, 334, 349
   e tropas na Espanha, 378, 394
   presságios contra, 347
Campo di Maggio (peça de teatro), 413
"Canção da Espada" (Körner), 403
"Canção da Vingança" (Arndt), 344
"Canção do cavaleiro" (Körner), 403
Canção(ões) do exército revolucionário, 199 Ver também Marseillaise
Canclaux, Jean-Baptiste (general), 226, 237
Cândido (Voltaire), 90-91, 95-96
Carlos IV (rei da Espanha), 118, 372
Carlos Magno, 34, 307, 320
Carlos XII (rei da Suécia), 48, 51, 346-347, 353
Carnot, Lazare, 185, 189, 195-200
   e o corpo de oficiais, 203
   sobre a possibilidade de paz, 191
   sobre o Haiti e a Vendeia, 225
   sobre o sacrifício do soldado ferido, 188
Carrier, Jean-Baptiste, 210, 243-246
Cases, Emanuel de las, 412
Castiglione, batalha de, 261
"Catequese Espanhola", 387, 398
Cathelineau, Jacques, 222-223, 225-226
Cazalès, Jacques-Antoine, 140
Cem Dias, 410, 412
Censura, imposição da por Napoleão, 327
Cévennes, montanhas, guerra civil nas, 208
Championnet, Jean-Antoine-Étienne (general), 290, 364
Chandler, David, 33, 353
Chapelain, Vincent, 205-207, 241
Chardon, Marie-Anne-Adélaïde, 38

Charette, François-Athanase, 218, 222, 225, 239, 241
Charleroi, guarnição austríaca de, 201
Charles Edward Stuart, *ver* Charlie, Bonnie Prince
Charles, Hippolyte, 276
Charlie, Bonnie Prince (Charles Edward Stuart), 70
Chassin, Charles-Louis, 243
Chastellux, François-Jean, 97-98, 100-101, 105, 112, 117, 423
Château de Clisson, atrocidades cometidas no, 227
Chateaubriand (cidade da Vendeia), 219
Chateaubriand, François-Auguste-René de, 33, 43, 338, 345, 401-402
Châteaumur (departamento da Vendeia), 205-208
chauvinismo, debate sobre na Assembleia Nacional, 140
Chaveulin, marquês de, 38
Chevalier, Jean-Michel, 351, 368
Chickering, Roger, 21
Cholet, batalha de, 226-228
Chouans e Chouannerie, 220, 245
cidades-Estado, 22, 25
Ciência militar, 30, 41
Cientistas sociais sobre a guerra, 28-30
civilian, 25-26
Clark, Wesley, 27
Clary, Desirée, 274
Claudel, Paul, 422
Clausewitz, Carl von, 24, 31, 323, 325-326, 342, 395-396, 398, 400, 402, 421
Clémenceau, Georges, 180
Clisson e Eugénie (Napoleão Bonaparte), 273
Cloots, Anacharsis, 151-153
Clube(s) político(s), 146, 150
  Clube Cordelier, 235
  Napoleão em, 254
  Ver também Jacobinos

Cobbett, William, 413
Cobden, Richard, 417, 424
Código Legal napoleônico, 310
  Código Civil, 361
Coignet, Jean-Roch, 351
Coleção das ações heroicas e cívicas dos republicanos franceses (periódico), 187
Colley, Linda, 342
  Império colonial, projetos de Napoleão para, 313
Colonialismo, 35-36, 313. *Ver também* imperialismo
Comércio
  e a paz, 336, 415, 418
  enquanto fator debilitante, 106
  enquanto influência aglutinadora na Europa, 97, 100, 134
Comitê de Segurança Pública, 182, 190, 198, 200
  e a Vendeia, 213, 239
    cartas de generais para, 235, 241, 449
"Como Morrer" (Sassoon), 60
Compo-Formio, tratado de, 261
Concerto da Europa, 416
"Concordat" entre Napoleão e o papa, 309
Concorrência econômica, 33
Condé, príncipe de, 146
Condorcet, Jean-Antoine-Nicolas Caritat, marquês de, 90, 97, 101, 104, 147, 151
Confederação do Reno, 320
Congresso de Viena, 415
Conquista sexual
  e a cultura aristocrática, 39-40
  e a guerra, 407-410
Considerações sobre a França (de Maistre), 311
Constant, Benjamin, 303, 313, 335-336, 411, 415
Constituição francesa (1791), declaração de paz na, 142

ÍNDICE REMISSIVO 523

Consulado (regime francês), 308-310, 329
Contrarrevolucionários, 146
　Associação Bretã, 218
　e a Vendeia, 209, 212
　na Áustria e na Prússia, 148
　na França (ataques de Robespierre a), 156-157
contrato social, O (Rousseau), 67
Convenção de Genebra, 67
Convenção de Haia, 67
Convenção Nacional, 181, 189, 199, 203, 259
　declaração revolucionária da, 190
　e a Vendeia, 212, 225-226
　e o fim do Terror, 245
　execução de rebeldes decretada pela, 219
　o Diretório e a legislação bicameral instituída pela, 259
Convenção. *Ver* Convenção Nacional
Cooper, Robert, 14
Cordelier, Clube, 235
Cordellier (oficial da Vendeia), 242
Cornish, Joseph, 70, 97, 424
Correio do Exército da Itália, 268, 279-280
Córsega
　agitação militar na, 133
　campanha francesa na (1768), 37-39, 51, 60
　e Napoleão, 251-252, 314
Corso Terrestre ("Pirataria em Terra"), 387, 400
Cosmopolitismo, 100, 138
Craig, Gordon, 321
Creasy, Sir Edward, 174
Crimes de guerra
　e a rebelião da Vendeia, 229
　　atitudes da Quinta República sobre, 247
　　recusa em cometer, 244

　e Napoleão, 416
Cristianismo
　ataques da Assembleia Nacional ao, 182
　e a paz, 76, 93
　e a resistência à ocupação francesa, 293
　　na Espanha, 377, 387
　Ver também Igreja Católica; religião
Crouzet, Pierre, 331
cruz de ferro, 401
Culloden, batalha de, 63, 70
Culto à personalidade
　de Napoleão, 270-273, 279, 333-334
　de Suvorov, 343
Cultura da guerra, 25-26
　aristocrática, 60-64, 71, 89, 95, 106
　　(ver também Aristocracia e cultura aristocrática)
　e a situação excepcional da guerra, 112
　na França revolucionária, 151
cultura de guerra e paz, 31
Cultura europeia
　advento do romantismo na, 85
　unidade da, 99-100
Cultura militar
　de exércitos revolucionários, 184
　　corpo de oficiais, 204
　　e a barreira militares-civis, 26
　　e fazer prisioneiros, 190
　　restauração da disciplina, 202
　do século XVIII (Antigo Regime), 40-43, 47
　　atividades literárias de oficiais, 43
　　compra de comissões, 44
　　e deterioração do sistema, 46
　　e os aristocratas, 49, 52-55, 132
　　e os soldados comuns, 47, 54, 58
　　e patriotismo, 45
　　profissionalização e, 42, 55, 295
　　Telêmaco enquanto questionamento da, 86

vs. corpo de oficiais
revolucionários, 204
vs. dias de hoje, 41, 48
e a reglorificação da guerra do século
XIX, 420
nos dias de hoje, 40, 44, 47
pós-revolucionária
e a vitória pela vitória, 295
enquanto individualismo
romântico, 258
Cumberland, duque de, 50, 57-59, 65, 70

d'Anterroches, conde, 52
d'Argenson, René-Louis de Voyer de
Paulmy, marquês de, 59-60, 64
d'Enghien, Louis-Antoine-Henri de
Bourbon-Condé, duque de, 318
d'Holbach, Paul-Henri Thiry, barão,
92, 94-99, 101
e Kant, 102-104
e o progresso histórico, 105
etos militar criticado por, 132
pacifismo de, 95, 117, 136
Da guerra (Clausewitz), 326, 421
Dalrymple, Campbell, 54
Dança, professor de da escola militar,
204
Danneberg, batalha de, 404
Danton, Georges, 155, 173, 235, 239, 278
citado, 205
Darnton, Robert, 85, 92, 235
Darwin, Charles, 419
Darwinismo social, 419
David, Jacques-Louis, 188, 307, 309
Davidov, Denis, 371
Davies, Norman, 210
Davout, Louis, 323
*Declaração dos Direitos do Homem e
do Cidadão (1789)*, 120
Deffand, Madame du, 39
democracia e paz, 104
Desaix, Louis, 304-307, 333-334

desastres da guerra, Os (quadros de
Goya), 393
Desenvolvimento histórico, Herder
sobre, 110
Desmoulins, Camille, 142
Desvernois, Nicolas, 367, 369
Dezoito Brumário, 301
Diálogos dos mortos (Fénelon), 83
Dias de Outubro, 113-117, 119
Diderot, Denis, 71, 91-92, 94
Dillon, Théobald, 169, 177
dinastia de Napoleão, 326
Diretório (regime francês), 260, 298
dissolução do, 299
e a guerra contra a Áustria, 261
e Napoleão, 262, 298
e argumentos em favor da
campanha egípcia, 285
lei de recrutamento do, 284
Domenech, Augustina Zaragoza, 379
Donissan, Marie-Louise Victoire, 228
Dorsenne, Jean-Marie-Pierre, 391, 417
Dos de Mayo (quadro de Goya), 374
Dreyfus, Caso 420
Dryden, John, 95
Dubois-Crancé, Edmond, 164-165, 196
Ducos, Roger, 299
Duelos
a guerra como (Schmitt), 72
e os primórdios da guerra moderna,
53, 86
Saint-Pierre e a supressão dos, 87
"Dulce et Decorum Est" (Owen), 60
Dumas, Alexandre, 77, 248
Dumouriez, Charles-François, 175-177,
181-182, 191
citado, 13, 153
como general político, 176, 255
e Westermann, 230
Duport, Adrien, 139
Dupuy, Capitão (soldado da Vendeia),
242

e Kant, 104, 110, 312
   enquanto condição natural, 92, 93
   enquanto imperativo moral, 105
   Ver também Pacifismo

Easterbrook, Gregg, 424
Egito, projeto de Napoleão de retomar o, 314
Elias, Norbert, 51
Embser, Johann Valentin, 110, 155
Encyclopédie (Diderot e d'Alembert), 94
Englund, Steven, 274
Ensaio sobre a felicidade pública (Chastellux), 97
Ensaio sobre tática (de Guibert), 108
Enterprising (balão), 163
"Equivalente moral da guerra", 419
Esboço de um quadro histórico dos progressos do espírito humano (Condorcet), 104
Escócia, 208
Escoiquiz, Juan (conselheiro do príncipe espanhol Fernando), 374
Escola de ciências sociais dos *Annales*, 30
Esdaile, Charles, 386
Espanha
   acordo diplomático de Napoleão com, 312
   e a controvérsia de Nootka Sound, 117, 144-145
   e apoio francês a Fernando (1823), 416
   e o território da Louisiana, 314
   em aliança contra a França (1793), 182
   invasão francesa da (1795), 261
   rebelião na, 24-25, 338, 363-364, 375-395
      alemães seguem o exemplo da, 398, 400
      campanha russa esgotada pela, 348
      enquanto guerra popular, 248
   substituição da monarquia na, 338, 371-375
espírito da conquista e da usurpação, O (Condorcet) 335
Espoz y Mina, Francisco, 386, 390-391, 394
Estado mundial e Kant, 104
Estados Gerais — cap. 3
Estados Unidos
   acordo diplomático de Napoleão com, 312
   atitudes relativas à guerra nos, 27, 423
   e a Guerra do Iraque, 14, 364, 383, 426-427
   militarismo nos, 27, 425
   na guerra contra o terrorismo, 14, 17
Ettrick, George, lorde de, 44
Eu e a glorificação da guerra, 19
Eugénie (Desirée Clary), 274
exércitos de cidadãos (serviço militar universal)
   defesa de, 106, 109, 132
   e os novos entusiastas da guerra, 111
   formação de pela Revolução, 26, 163-166, 284, 316, 332
   rejeição de pela Assembleia Nacional, 132
   Ver também recrutamento
Eylau, batalha de, 324, 345

Face of Battle, The [A face da batalha] (Keegan), 60
Fauconnerie, Nicolas Catinat de la, 71
Faulcon, Félix, 121, 123, 129
Favier, Gilbert, 160-161, 164-166
Fénelon, Antoine de, 77
Fénelon, François de Salignac de la Mothe, 77-83, 88
   e a honra, 84
   e a rejeição da guerra, 107
   e a renúncia à violência por parte da Assembleia Nacional, 143

e d'Holbach, 91, 97
e paz vs. natureza, 94
e Telêmaco, 83-86, 88, 273
escultura de, 271
pacifismo de, 79
Fénelon, Louis de, 43
Ferguson, Niall, 422
Fernando (príncipe espanhol, mais tarde Fernando VII), 371-374, 376, 387, 416
Ferramentas e máquinas para fabricar mosquetes, 198
Fersen, Axel, 149
Fichte, Johann Gottlieb, 396
Filósofo(s)
 como crítico(s) da visão aristocrática da guerra, 72, 111
 cosmopolita(s), 138
 d'Holbach, 91-97, 99 (ver também d'Holbach, barão)
 Diderot, 71, 91, 92, 94
 e a alta corte da história, 190
 e a paz, 106
 e Benjamin Constant sobre Napoleão, 335-336
 e Fénelon, 105
 e o atraso espanhol, 375
 etos militar criticado pelo(s), 132
 Saint-Pierre na condição de, 87
 sobre a guerra como algo que está desaparecendo, 417
 Ver também Iluminismo
Fleurus, batalha de, 163, 201
Fleury, André-Hercule de, 88
Floresta de Argonne, 176-177
Folleville, Guyot de, 223
Fontenoy (Voltaire), 61-63, 71, 90
Fontenoy, batalha de, 45, 50, 52, 56-59, 61, 63-65, 90, 163
Forester, C. S., 33
Foucault, Michel, 30
Fouché, Joseph, 318, 327-328
Fra Diavolo, 356-358, 364, 366, 388

França Vista do Exército da Itália, A (jornal), 268
França, 34
 Caso Dreyfus na, 420
 conquista de Hitler da, 324
 na Guerra da Crimeia, 416
 nordeste da (mapa), 170
 ódio de Arndt da, 399
 orçamento militar da (1784), 47
 recursos da na época de Napoleão, 317
 Ver também Revolução Francesa, 416
Francisco (imperador da Áustria), 340
Frederico Guilherme. Ver Friedrich Wilhelm
Frederico Wilhelm (Frederico Guilherme) II (rei da Prússia), 171, 177-178
Frederico Wilhelm (Frederico Guilherme) III (rei da Prússia), 322-324, 396, 399-400
 em Valmy (na condição de filho de Frederico Guilherme II), 177, 321
Frederico, o Grande (rei da Prússia), 26, 48, 51, 55, 68, 262, 322
 atividades literárias de, 44
 e Rossbach, 323
 e Voltaire, 90
 em uma carta de As ligações perigosas, 39, 407
 Napoleão na tumba de, 324
 saxões obrigados a lutar por, 65
"Freikorps" (1813), 401
Freyre de Castrillon, Manuel, 375
Friedland, batalha de, 324, 345
Froude, James Anthony, 64
Fukuyama, Francis, 14
Furet, François, 307

Galliani, Ferdinando, 99
Gance, Abel, 413
Gás venenoso, consideração dada a, 212, 238

"general Inverno", 348
General político, Napoleão ou
  Gumouriez enquanto, 176, 255
Genocídio e a rebelião vendeana, 210-211, 213, 246-248
genocídio francês, Um (Secher), 209
Gênova, "República Liguriana" de, 304
Gentz, Friederich, 311-312, 335, 396
"Germania", Körner, 403
Girodet, Anne-Louis, 335
Girondinos, 147-150
  e a derrubada do rei, 171
  e a lança como arma, 185
  e de Maistre, 311
  e Dumouriez, 153
  e luta à distância, 186, 397
  queda e execução de, 182, 186, 223
  sonhos clássicos dos, 182
Globalização, o século XVIII enquanto época de, 118
Gneisenau, Neithardt von, 341, 401
Godoy, Manuel, 372-373
Goebbels, Joseph, 23, 405
Goethe, Johann Wolfgang von, 174, 178, 273
Golpe do Termidor, 255, 259
Goncourt, irmãos, 40
Gontaut, Armand-Louis de, 37. *Ver também* Lauzun, duque de
Gouges, Olympe de, 200
Goya, Francisco de, 373, 378, 394
Grã-Bretanha
  como aliada da Áustria (1745), 56
  e a controvérsia de Nootka Sound, 119, 145
  e a Guerra da Independência Indiana, 416
  e a memória de Napoleão, 413
  em guerra com a França, 182, 262, 313, 318, 337, 342
    contra Napoleão no Egito, 283
    e argumentos em favor da campanha egípcia, 286
  enquanto adversário único (1807), 324
  Espanha e Portugal auxiliadas pela, 337, 343, 394
  inimiga de Napoleão, 313-316, 329
  insurreições italianas alimentadas pela, 357, 365
  ocupação de Toulon pela, 253
  planos napoleônicos de invasão da, 317
  procura porto francês, 228
  expressões exterminacionistas contra, 190-193, 448
  na Guerra da Crimeia, 416
  Paz de Amiens com, 312, 315
Grande Armée, 317-318, 322, 346, 348-350, 353, 355
Grande Guerra do Norte (1700-21), 41
"grandes homens", 271-272
Granville (cidade portuária normanda), 229
Great Illusion, The (Angell), 417
Gregos clássicos como modelo, 107-109, 185
Greuze, Jean-Baptiste, 85
Grigon, Louis, 207, 242
Grimoard, Philipe-Henri, 198
Gros, Antoine-Jean, 270-272, 410
Grotius, Hugo, 67, 69
Grouchy, marechal, 411
Guader, Marguerite-Elie, 154
Guarda Imperial de Napoleão, 351
Guarda Nacional, 165-167, 170, 172
  agitação incentivada pela, 133
  na Vendeia, 205, 206, 219, 226
  Napoleão na, 254
Guernica, 378
Guerra ao Terror, 17
Guerra da Crimeia, 416
Guerra da Independência Indiana (1857), 416
Guerra da Liga de Augsburg, 80

Guerra da Sucessão Espanhola, 48
"Guerra de extermínio", recusa de Kant
  da, 106
Guerra de guerrilha, 15, 359
  e a Vendeia, 219, 222, 225, 233, 354
    comparada à Espanha, 390, 393
  e represálias, 235
  manifesto da, 366
  na Espanha, 337, 364, 377, 382,
    385-392
  na Itália, 364
  Ver também Insurreições contra o
    domínio de Napoleão
"Guerra de libertação" alemã, 24, 396,
  401
"Guerra de nações", 24
Guerra do Golfo, 14
Guerra e paz (Tolstói), 413
Guerra Franco-indígena, 35
Guerra Franco-Prussiana (1870-71), 416
Guerra Fria, 32, 423
Guerra naval, 33
  batalha da baía de Aboukir, 33, 283
  batalha de Trafalgar, 33, 317, 337, 372
Guerra Peninsular, 376-395
"Guerra Popular", 366
  Alemanha celebra, 398
guerra(s) civil(is), 208
  e a Revolução Francesa, 123
  ocupações franceses como, 294
  rebelião da Vendeia como, 207, 227
Guerra(s) total(is), 21-23, 34, 183
  ameaça de supressão (século XIX), 417
  apelo de Goebbels a, 23, 405
  Chateaubriand sobre, 338
  de insurgentes contra a França, 293,
    358-359
  do século XX, 320
  e a campanha russa, 353
  e a guerra enquanto situação
    excepcional, 426
  e a rebelião da Vendeia, 34, 204,
    214-215, 217, 234, 239, 248, 353

e a resposta alemã a Napoleão, 395
e a Revolução Francesa, 151, 183, 257
e Napoleão no Egito, 288
e o imperialismo europeu, 34
e paz perpétua, 15
e Valmy, 174
guerras napoleônicas como, 22, 315-
  316, 338
Guibert e, 108-109
império napoleônico esgotado por,
  360
na Espanha, 377
período de 1792-1815 como, 73
por adversários da França
presságios de, 430
Primeira Guerra Mundial como, 422
Guerra
atitudes em favor da
  como forma de regeneração, 155,
    186, 280, 311, 396, 400-401, 422
  crença atual em guerra redentora,
    425
  de Embset, 110, 155, 312
  de Humboldt, 19, 110-111, 155,
    312, 336, 396, 419
  dos girondinos, 147, 150-156, 187
  entre as elites intelectuais do
    século XVIII, 106-112
  entusiasmo alemão pela, 360, 397
  reglorificação da, 257, 280, 334-
    335, 405, 418-421
atitudes norte-americanas relativas à,
  27-28, 423
aversão pós-napoleônica à, 414-418
como evento excepcional, 19, 26,
  111, 155, 183, 405, 423, 427
concepção aristocrática da (Antigo
  Regime do século XVIII), 18, 40,
  6-, 62, 71, 90, 409
  1794-1799, impossibilidade de
    vitória na de, 261
  aceitação clássica da, 60-64, 69,
    71, 97, 111

ataque de Holbach à, 95-96, 101
Clausewitz comparado a
    Napoleão, 326
como função dos governantes, 48
e "civilizados" vs. "não
    civilizados", 70
e a retirada de Brunswick em
    Valmy, 180
e o otimismo histórico, 97
e soldados comuns, 65
em Fontenoy, 56-60
em Luís XIV, 79
letalidade da, 56, 58-59
limites à, 18, 64-73, 107, 189, 427
normalidade de, 18, 47, 73
oficiais como fonte de história da,
    60, 163, 420
vs. etos revolucionário, 187
condenação da, 86, 88-89, 96, 106
Constant sobre, 335-336
desaparecimento da instabilidade
    (século XIX-XX), 418
desaparecimento da instabilidade
    (século XVIII), 14
dinâmica política relativa da, 22
dogma revolucionário sobre, 185
e a conquista sexual, 407-409
e a personalidade de Napoleão, 269
e a Revolução Francesa, 20, 117, 127-
    129, 146-157, 257
    e atrocidades francesas, 292
    rejeição das pela Assembleia
        Nacional, 113, 142-145, 164
em batalhas revolucionárias, 181-183
    e a lança, 184-185
    táticas de massa, 198-199
esperanças de fim das (séculos XVIII
    e XX), 13-15
exploração napoleônica da, 257, 263
guerras civis, 123, 208, 294 (ver
    também Vendeia, rebelião)
horror enquanto conceito
    contemporâneo, 60

intensificação das, 20, 23
    atitudes contraditórias em
        relação às (fim da guerra/guerra
        apocalíptica), 15-17
    com o objetivo de paz perpétua
        (Schmitt), 29
    e a Revolução Francesa, 20, 23, 69
    e militares como distintas das, 25,
        166
    em batalhas revolucionárias, 182,
        189
    explanação ideológica das, 23-24
    explanação nacionalista das,
        23-25
Kant sobre, 102, 110
na autodefinição de Napoleão, 279
na era napoleônica (Clausewitz
    sobre) 326
necessidade de limitar, 427
paz como justificativa da, 153, 417
por Washington, 101
processos franceses durante, 264
questões psicológicas da, 421
Rousseau sobre, 67, 107
total, 20-23, 34, 183 (ver também
    Guerra Total)
tratamento acadêmico da
    por cientistas sociais, 28-29
    por historiadores, 30-31
    por Schmitt, 30
Ver também Cultura militar;
    Guerras napoleônica; Guerras
    revolucionárias
versões pós-napoleônicas da, 421
vitória e poder como motivação na
    (pós-1794), 295
Guerras coloniais e a Vendeia, 225
Guerras napoleônicas, 26
    baixas nas, 22, 339
    batalhas das, 319 (ver também
        Batalhas e campanhas de Napoleão)
    batalhas finais, 396, 405

batalhas navais das, 33
  batalha da baía de Aboukir, 33, 283
  batalha de Trafalgar, 33, 317, 318, 337, 372
e a glória da conquista, 280, 286, 309
e as perspectivas de 1813, 353
e o Sistema Continental, 337
e os dias de hoje, 424
Paz de Amiens como momento de calmaria entre, 312, 315
reações dos oponentes às, 340-344, 395, 415
recursos disponíveis para, 317
repressão e atrocidades das, 288, 291-295
retomada das (1803), 312
  causas da, 312-315
táticas e objetivos das, 265, 315-316
  e a necessidade de princípios bárbaros, 15
  e Dumouriez em Valmy, 181
transformações políticas de larga escala decorrentes das, 262, 314, 320
Ver também insurreições contra o domínio napoleônico
vitória inalcançável em, 336
Guerras Púnicas como modelo, 108
Guerras Religiosas, 64
Guerras revolucionárias
  baixas das, 201
    sofrimentos dos feridos, 162
  batalha de Jemappes, 169, 182, 191, 200
  batalha de Neerwinden, 161-162, 182, 220
  batalha de Valmy, 174, 177-181, 186, 306
  batalha de Wattignies, 198, 210
  como guerras totais, 22, 257 ver também Guerra total
  controle político nas, 200
    abolição das, 295
  distinção menor entre combatentes-não-combatentes, 167
  e a Vendeia como modelo, 258
  e tomada do poder por Napoleão, 301
  fim das (Paz de Amiens), 312
  generais políticos nas, 176, 255
  grandes campanhas e fases
    a Segunda Coalizão bate em retirada, 298
    ataque prussiano (campanha de Valmy), 171-182
    ataque tríplice contra a Áustria (1796), 261 (ver também Campanha italiana de Napoleão)
    ataques da coalizão (1793), 182, 198-201
    ataques da Segunda Coalizão (1799), 283-299
    campanha final na Itália (batalha de Marengo), 303-308
    entrada na Suíça (1798), 290
    invasão da Bélgica e contra-ataque austríaco, 167-171
    ocupação da Holanda e derrota da Espanha (1795), 260
  imperativo da destruição do inimigo nas, 167
  mobilização total para, 195-197, 258
  relutância inicial nas, 1676, 175
  situação dos soldados nas, 260
  sucesso das (tratado de Compo-Formio), 261
  táticas de massa nas, 198-199
  Ver também Áustria; Revolução Francesa; Guerras napoleônicas, Prússia
  vida dos soldados comuns nas, 159-163
Guibert, Jacques-Antoine Hippolyte, conde de, 108-112, 175, 195
Guilhotina, 182, 227, 243

ÍNDICE REMISSIVO 531

Guiomar, Jean-Yves, 22-23
Guyon, Jeanne, 79, 82

Hagemann, Karen, 31
Haiti, rebelião de escravos no, 291, 313
  e a experiência colonial, 36
  e a rebelião da Vendeia, 225
  prisioneiros do como soldados, 355
Hardenberg, Karl Von, 342
Haxo, Nicholas, 241
Hay, Charles, 52
Hébert, Jacques, 184, 186, 192, 196-197, 215, 235, 245
"hebertistas", 186, 215, 235-240, 243
Hegel, G.W.F., 105, 321-322
Heine, Heinrich, 401
Herder, Johann Gottfried, 110
História militar, 30-32
Historiadores da Guerra, 31
Hitler, Adolf, 65, 324, 348, 405, 414
  e a universidade de Arndt, 399
  e Schmitt, 29
Hobbes, Thomas, 93-94, 326
Hoche, Louis-Lazare, 200, 203
Hofer, Andreas, 371
Hohenlinden, batalha de, 307
Hohenlohe, príncipe de, 322
Holanda
  como Estado-satélite, 360
  como região explosiva, 314
  e a guerra total, 430
  em alianças contra a França, 56, 182
  guerra de Luís XVI contra, 71
  ocupação francesa da, 260
  vitória francesa na, 299
Holzing, Karl Franz von, 392
"Homens e meninos" (Körner), 405
Honra
  na cultura militar aristocrática, 53-54
    destruição da pela Assembleia Nacional, 141
  ataque de d'Holbach a noção de, 95, 102

e Brissot, 149, 157
  e ataque de Robespierre à noção de, 201
  exortação napoleônica aos escolares, 331
  na canção militarista de Körner, 403
  no debate da Assembleia Nacional, 126, 130
Howard, Sir Michael, 18
Hugo, Joseph-Léopold, 248, 355-358, 388, 390
Hugo, Victor, 182, 222, 249, 413
Hull, Isabel, 35
Humboldt, Wilhelm von, 19, 110-111, 155, 312, 335-336, 396, 399, 402, 405, 419

"ideia de uma história cosmopolita universal, A" (Kant), 103
Ideologia revolucionária e intensificação da guerra, 23-24
Igreja Católica
  e a rebelião da Vendeia, 215, 222-223
  e Napoleão, 327, 360, 363
    e a coroação em Notre Dame, 309
  subordinação do Estado à, 145
  Ver também cristianismo; religião
Iluminismo, 102, 427
  e a ligação entre comércio e paz, 33
  e a ordem do Congresso de Viena, 415
  e Constant sobre Napoleão, 335
  e cosmopolitismo, 99, 138
  e guerra, 23, 73, 89, 107, 126, 155, 312, 418
  e Kant, 102-106
  e Napoleão, 42, 252, 278, 311, 334
  e o "eu" humano, 271
  e o atraso espanhol, 375
  e o debate da Assembleia Nacional, 131, 134
  e o progresso liderado pelos franceses, 257

e o século XIX, 416
e os Estados Unidos, 424
e pacifismo (paz), 89, 136-137, 400
e progresso, 96-97, 135
e Robespierre, 127
paz perpétua prevista pelo, 18, 156
universalismo do, 99
imperialismo e guerra total, 35. Ver também colonialismo
império napoleônico
  "profissionais da anexação" no, 363-364, 368
  e a dinastia de Bonaparte, 327
  e Carlos Magno, 34
  encargos impostos aos territórios ocupados do, 360
  expansão do, 338, 345, 361
  extensão do (1812), 360, 362, 336
  fundação do, 309
  insurreições contra, 357-361, 363
  reformas, 292-293, 328
  regiões explosivas do, 314, 336
Inconstante (navio usado por Napoleão na fuga), 410
Ingres, Jean-Auguste-Dominique, 309
"Inimizade absoluta", 30, 358, 377, 387, 390
Instituto do Egito, 282, 285
Instituto Nacional, Napoleão entrada de, 279
Insurreições contra o domínio de Napoleão, 293-294, *319*, 358-361, 363
  atrocidades nas, 15, 359
    e a Calábria, 293-294, 364-365, 369
    e a Suíça, 290
    e Espanha, 377, 388, 391-393
    e os Estados Pontifícios (Lugo), 290, 293
    e Portugal, 392
  em Portugal, 363, 392
  na Bélgica, 284

na Calábria, 294, 356-358, 363-370
  e Lauria, 368-369, 389, 392
na Espanha, 25, 338, 363-364, 375-395
  alemães seguem o exemplo, 398, 400
  campanha russa esgotada pela, 348
  enquanto guerra popular, 248
  substituição da monarquia espanhola precede, 338, 371-375
no Tirol, 363, 388
Invalides, 325
Iraque, invasão norte-americana ao, 14, 367, 426
  e a rebelião espanhola, 364, 383
Islamismo, respeito de Napoleão pelo, 283
Itália, Reino da, 320, 327
Itália
  anexação de território na, 313
  batalha de Marengo na, 303-308, 319, 339
  insurreições na, 290
    rebeliões calabresas, 294, 355-358, 361-371, 388, 391
  invasão austro-russa da (1799), 285

Jacobinos, 122, 294
  doutrinação dos soldados pelos, 295
  e a Vendeia, 213
  e Brissot, 156
  e Napoleão, 253-257, 315
  e Robespierre, 254
  recorrem ao Exército em 1797, 296
"Jacquerie", 217
Jaffa, capturada por Napoleão, 283, 288
Jallet, Jacques, 130
James, William, 419
Jeismann, Michael, 31
Jemappes, batalha de, 182, 191, 200
Jena, batalha de, 322, 341
Jesus na condição de pacificador, 75

ÍNDICE REMISSIVO 533

Joas, Hans, 28
Joliclerc, François-Xavier, 242
Jorge II (rei da Inglaterra), 57
Jornal de Bonaparte e dos Homens Virtuosos (jornal), 269
Joséphine (Rose Tascher de la Pagierie), 275-277, 284, 299, 327
Joubert, Barthélémy-Catherine, 299
Jourdan, Jean-Baptiste, 198
Jourdan, lei, 284
Júlio César, Napoleão comparado a, 297
Junot, Jean-Andoche, 263, 337, 376
Junta da Catalunha, 387
Junta de Sevilha, 386
Jurisprudência de guerra no século XVIII, 72

Kagan, Robert, 16
Kant, Immanuel, 88, 100-106, 110, 415
   resposta de Gentz a, 311-312
Kaplan, Robert, 425
Karl (arquiduque austríaco), 341, 392
Keegan, *Sir* John, 31, 47, 60
Kellerman, François-Etienne, 305
Kellermann, François-Christophe, 177-179, 181
Kerguidu, ponte de, 219
Kerry, John, 27
Kléber, Jean-Baptiste, 220, 230, 237-239, 281, 283, 285
Kleist, Heinrich Von, 396-398
Klopstock, Friedrich, 143
Koblenz, Alemanha, *émigrés* em, 147, 156
Körner, Theodor, 396, 402-405, 421
   citado, 355
Kutuzov, Mikhail, 318, 344, 371

L'Ouverture, Toussaint, 290, 355
La Bruyère, Jean de, 86
La Flocelière (aldeia da Vendeia), 207-208, 211

La Maddalena, ataque de Napoleão a, 251
Laclos, Pierre-Ambroise Choderlos de, 39, 43, 407, 409
Lafayette, Marie-Joseph-Paul-Yves-Roch-Gilbert du Motier, marquês de, 165, 168
   deserção de, 171-172, 176, 182
Lameth, Alexandre de, 126, 132-134, 138, 142, 146, 150
Lameth, Charles de, 133, 137, 150
Lanças
   como arma revolucionária, 184-186, 387
   na rebelião da Vendeia, 215
   nas Guerras Religiosas, 64
   no decreto de Hébert, 197
   no levante do norte da Itália contra Napoleão, 289
Lannes, Jean, 380-381
Lauria, Itália, vingança francesa contra, 368, 388, 391
Lauzun, Armand-Louis de Gontaut, duque de, 37-42, 44, 125
   carreira militar de, 50-51, 73
      memórias militares de, 61, 64
      no exército revolucionário, 147, 169, 177
   vs. quacres, 76
   e duelo, 53
   e Dumouriez, 175
   e o fim do Antigo Regime, 329
   e o regimento particular, 45
   e Telêmaco, 89
   execução de, 236
   na Assembleia Nacional, 125, 130, 141
   na Vendeia, 225, 235, 454
   nobreza da família de, 132
Le Mans e a rebelião da Vendeia, 230, 284
Léchelle, Jean, 237
Leclerc, Charles-Victor-Emmanuel, 290
Lefebvre Desnouette, Charles, 379

Legião de Honra, 330
"Lei da selva", e pós-11/9, 14
Lei dos Reféns, 284
Leipzig, batalha de, 20, 338, 396, 426
leitura do boletim do grande Exército, A (quadro de Boilly), 332
Lenin, Vladimir, 105
Leopoldo II (imperador da Áustria), 145, 148
Les Lucs (aldeia da Vendeia), 209-210, 243
Levée en masse, 24, 197, 258, 260, 284, 294, 340
   e o decreto de mobilização da Prússia, 400
   ecos insurgentes de, 358, 387
   Ver também recrutamento
Leviatã (Hobbes), 94
Lévis, Pierre-Marc-Gaston, duque de, 129-131, 139
liaisons dangereuses, Les [As ligações perigosas] (Laclos), 39, 43, 407
Liga Católica de Paris, 430
ligações perigosas, As [Les liaisons dangereuses] (Laclos), 43, 407
Linguagem e guerra, 155, 427
Linguagem religiosa em argumentos a favor da guerra, 155
Lion, 235, 299
Lira e espada (Körner), 104
Lodi, batalha de, 267, 279
Louis-Philippe (posteriormente rei da França), 177
Louisiana, território e compra, 246, 314
Louvre, obras de arte italianas enviadas para, 279
Luckner, Nicholas, 168
Luçon (cidade da Vendeia), 241
Lugo, Itália (Estados Pontifícios), 290, 293
Luís (duque de Burgundy, neto de Luís XIV), 78, 82, 85

Luís XIII (rei da França), 48, 78
Luís XIV (rei da França), 48, 67, 80
   carta de Fénelon a, 81
   defesa de por Maury, 137
   e aspirações de Napoleão, 252
   e Versalhes, 48, 79
   no Telêmaco de Fénelon, 88
   Palatino destruído por, 68, 71, 79, 135, 334
   Pétion sobre, 136
   sobre a pilhagem do exército, 46
   vs. protestantismo, 77
Luís XV (rei da França), 37, 56-57, 59
   e Manège, 121
   e Richelieu, 50
Luís XVI (rei da França)
   e Dumouriez, 175
   e os debates da Assembleia Nacional, 125
   e os Dias de Outubro, 113
   e Telêmaco, 89
   julgamento e execução, 182
   na condição de monarca limitado, 120, 146
   tentativa de fuga e captura de, 145
Luís XVIII (rei da França), 411
Lützow, Adolf von, 401

Mably, Gabriel Bonnot de, 108, 109-110, 150, 154, 164, 166
Macaulay, Thomas, 30
Macdonald, Jacques (marechal), 350, 396
Machecoul (cidade da Vendeia), 217-219, 227
Mack Von Leiberich, Karl (general austríaco), 318
Manifesto Futurista, 419, 472
Maquiavel, Nicolau, 55
Meincke, Friederich, 341
Melas, Michael, 303-304, 306-307
Melito, Miot de, 378, 384
Melon, Jean-François, 100

ÍNDICE REMISSIVO

Memorial de Santa Helena, O (Napoleão), 410, 412
Menou, Jacques-François, 128, 144, 153, 285, 364
Mercenários
   e civis vs. militares, 25
   retirada do exército, 164, 168
Mercier du Rocher, André, 219-220
Metternich, Clemens Lothar Wengel Von, 339
Michelet, Jules, 30, 201, 212
Militarismo, 26
   e ambições literárias, 403
   e Napoleão, 309, 329-332, 334
      Benjamin Constant sobre, 335
   expansão do (séculos XIX-XX), 420
   na França, 34
      e o golpe de 18 frutidor, 284
   nos Estados Unidos (nos dias de hoje), 26, 425
   prussiano, 41, 341
Minorca, captura pelos franceses, 50, 63
Mirabeau, Honoré-Gabriel Riqueti, conde de, 55, 128, 138-142, 150, 278, 300
Moina, ou a garota camponesa de Mont-Cenis (Joseph Bonaparte), 365
Momoro, Antoine-François, 233
Montaigne, Michel de, 49
Montaingu (cidade da Vendeia), 227
Montesquieu, Charles de Secondat, barão de la *Brède* et de, 92, 100, 415
Montlosier, François-Dominique de, 136-137
Montmorin, conde de, 119-120, 122
Moore, *Sir* John, 337, 367
Moralidade, Kant sobre, 103
Moreau, Jean-Victor, 299, 307
Morte, fascínio de Körner pela, 404
Moscou, e Napoleão na Rússia, 350
Mulheres, as e Napoleão, 274-277

Murat, Joachim, 300, 323, 361, 373, 374
Mussolini, Benito, 413

"nação", ideia de, 109
Nacionalismo, 24
   e intensificação da guerra, 23-25
Nantes, e a rebelião da Vendeia, 209, 226, 244, 284
Napoleão Bonaparte, 27, 252, 427
   arquitetura iniciada por, 333
   ascensão ao poder, 308
      como imperador, 309
      e a batalha de Marengo, 305, 308
      e a insurreição espanhola, 376-380, 388-389
      e a rebelião da Vendeia, 226
      e as mulheres, 274-277
      e guerra total, 22, 288, 315-316, 338
      e noções românticas do "eu", 421
      e o herói de Stendhal, 409
      e plebiscitos, 308
      e Sieyès, 298
      e Turreau, 247
      enquanto alma-mundo (Hegel), 321
      enquanto cônsul vitalício, 309
      estátua de, 320, 333
      fatores da, 263-272, 315
      golpe de 18 brumário e consulato, 299-301, 308-310
      na derrubada da monarquia espanhola, 371
      segmentos sociais que apoiaram, 300-301, 311, 329
   capacidades de, 263, 317, 339
      redução das, 339
   caráter de, 256
      atitude relativa à morte dos soldados, 339
      guerra e paz em, 279, 313

como general político, 176, 256
comportamento imperioso de, 262-263
diplomado pela escola militar, 52
e a Grã-Bretanha, 316
e a Revolução Francesa, 255, 308
 como personificação do mal revolucionário, 344-345
 e o cerco de Toulon, 253-255
 e territórios conquistados, 328
 multidões monarquistas exterminadas por ("sopro da metralha"), 255
e o establishment militar, 328-332
e os jacobinos, 254-257, 315
e perseguições depois de batalha vitoriosa, 65
gostos intelectuais de, 272, 286
imagem e carisma de, 264-274, 277-278
 como "o pequeno cabo", 267-268, 277
 como pacificador, 311-312, 315, 329
 e a batalha de Marengo, 306-307
 e a guerra de guerrilha, 361
 e a lenda histórica, 414
 e os soldados comuns, 264-269, 294-295, 334
lenda de, 22, 308, 413
livros e artigos sobre, 28
na sua condição de corso, 37-38
período final da vida de
 derrota em Leipzig ("Batalha das Nações"), 396
 exílio em Elba, 410
 exílio em Santa Helena e morte, 412, 416
 primeira abdicação, 396
 segunda abdicação, 412
 tentativa de suicídio, 406
política dinástica de, 24, 327
primeiros anos de, 253
alistamento no exército turco considerado por, 45, 252
 como autor, 42
 como general revolucionário, 204
 e a vida de oficial, 42
 proezas da infância, 252, 269
 proveniente da pequena nobreza, 176
 realizações cívicas de, 310, 327-328, 413
 surgimento de (1796), 263
Napoleon (filme de Gance), 413
Nápoles, Reino de, 290
 acordo diplomático de Napoleão com, 312
 como "República Partenopeia", 290, 364
 Joseph Bonaparte no trono do, 326, 356, 361, 363-367
 ocupação francesa de, 365
Narbonne (ajudante de ordens de Napoleão), 346
Natureza, leis da (direito natural), 103
 e a paz universal, 156
 guerra agressiva contrária à, 131
Neerwinden, batalha de, 161-162, 182, 220
Nelson, Horatio, 283, 317
Neojacobinos, 262
Neopolis, 333
Ney, Michel (marechal), 200, 411
Nixon, Richard, 367
"No campo de batalha de Aspern" (Körner), 403
Noailles, Louis-Marie, visconde de, 122
Noël, Gabriel-Nicolas, 160, 163-166, 180
Nootka Sound, controvérsia de, 117, 119, 144-145
Notice to the Grenadiers... cap. 3
nova Heloísa, A (Rousseau), 273
Nova ordem europeia, do Congresso de Viena, 415
Nova ordem internacional, 13

ÍNDICE REMISSIVO

Noventa e três (Hugo), 182, 249
Novi, batalha de, 299

O'Brian, Patrick, 33
Observações sobre as doenças do Exército (Pringle), 57
"Ode à alegria", de Beethoven, 397
Ódio nacional
　como única causa de guerra (Chastellux), 97
　dos franceses pelos britânicos, 189
　elogio do por Arndt, 399
11 de Setembro, taque de, 14, 32, 424
Organt (poema de Saint-Just), 195
"Os carvalhos" (Körner), 403
Ossian, 273
otimismo histórico, 96-99, 104-105
Oudenaarde, batalha de, 63
Ouvrard (financista), 375
Owen, Wilfred, 64

Pacifismo
　cristão, 77
　　de Fénelon, 83, 86, 117
　　dos quacres, 76
　　e o Iluminismo, 102
　de d'Holbach, 95, 117, 136
　do século XVIII, 89, 103, 136
　movimentos do século XIX em favor do, 417
　Ver também Paz
Palafox, José, 379, 381-382, 398
Palatinado (Pfalz), 68, 70, 71, 80, 135, 334
Pamplona, e guerra de guerrilha, 389
Panteão, 272
Paoli, Pasquale, 38, 251-254
Parkman, Francis, 30
patriota francês, o — cap. 3
Patriotismo
　em exércitos vs. governo, 296
　no século XVIII, 45
　sans-culottes sobre, 186

Paulo I (tsar da Rússia), 284, 298
Pavia, Itália, saque de, 289
Paz de Amiens, 312, 315, 336
Paz Perpétua (Kant), 103, 106, 110, 312
Paz perpétua, 15-16
　a França renuncia à pretensão de, 24, 257
　e a declaração da Assembleia Nacional, 144
　e a guerra total, 15, 16, 29
　e as profecias de hoje, 424
　e o Congresso de Viena, 415
　e o Iluminismo, 105
　e os quacres, 76
　e von Humboldt sobre a guerra, 110
　Embser contra, 110
　EUA receptivos à, 423
　Kant vs. Condorcet sobre, 105 (ver também Perpétua, paz)
　no sonho de Fénelon, 82
　objetivo de enquanto estímulo para intensificação da guerra, 29, 425
　reputação de, 312, 419
　Saint-Pierre sobre, 87, 100
Paz
　Carnot sobre, 191
　críticos da, 106
　　Madame Roland, 113, 155
　defesa da, 111 (ver também Pacifismo)
　do Congresso de Viena, ("longa paz"), 415, 416
　e democracia, 104
　para Fénelon, 94
Pecado original, 19
Pedro o Grande (tsar da Rússia), 48, 65
Penn, William, 76, 77, 87, 101
Père Duchesne, Le (jornal), 186, 192, 215
Perpétua, paz. *Ver* Paz perpétua
Pétion de Villeneuve, Jérôme, 135-138, 140, 144

Pezza, Michele, 356. *Ver também* Fra Diavolo
Philippe d'Orléans, 124
Picasso, Pablo, 378
Picauld-Desdorides (general francês) 297
Pio VII, papa, 309, 327, 334
"Pioneiros Negros", 355
piratas — cap. 3
Pitt, William, 314
Place des Victoires, 333, 334
poder político, equilíbrio de, 415
Polônia, partições da, 321
Poltava, batalha de, 48, 56, 65, 106, 347
Pompadour, Madame de, 62
Populista, Napoleão como, 278
Porto da Mos, Portugal, atrocidade no, 392
Portugal
   acordo diplomático de Napoleão com, 312
   invasão de por Napoleão, 337
   rebelião em, 363
   reorganização britânica de (1808), 342
Pouzages (cidade da Vendeia), 207
Primeira Guerra Mundial, 417
   e a "guerra total", 22
   e guerra como redenção, 425
   e guerra para acabar com as guerras, 28, 153, 418, 422
   literatura antiguerra decorrente da, 60
   vingança de Hitler da, 324
   vs. mortes nas guerras napoleônicas, 20
Princesa (navio de guerra espanhol), 117-118
Pringle, John, 57
Progresso, 101
   como justificativa política, 105
   crença iluminista no, 96, 97
   e ocupações francesas, 257, 293

Kant sobre, 103
Prometeu, Napoleão como, 406
Prússia
   e França
   aliança de Napoleão com (1812), 342, 353
   ameaças de, 146
   Brissot a favor da guerra contra, 147
   cultura militar da, 42, 55
   derrota de por Napoleão (1806), 322-325
   e militarismo, 27
   em aliança contra a França (1793), 182
   em guerra com a França (1792), 168
   em guerra com a França (1813), 396
   em relação ao poder de Napoleão, 341, 395, 399-403, 415
   Espanha conspira contra, 371
   França invadida por (1792), 172-181, 226
   na Guerra dos Sete Anos, 68
   na Quarta Coalizão (1806), 321
   na Santa Aliança, 415
   orçamento militar da, 48
   soldados de enviados para casa todo ano, 46
   tratado de paz assinado (1795), 261
Psicologia militar, 421

Quacres, 76-77
Quarta Coalizão, 321, 336-337
Quietismo, 79
Quinhentos mil republicanos defendendo a Constituição (gravura), 187

Ranke, Leopold Von, 30
Ray, Chevalier de, 72, 106

Recrutamento militar
  em Portugal, 343
  na Áustria, 340
  na França napoleônica, 316, 328-332, 339, 353, 395
  na França revolucionária, 197, 217, 284, 292-293
  na Itália, 361-363
  na Prússia, 400
  na Rússia, 346
  proposto na França revolucionária, 132, 165
  sob o Antigo Regime, 47, 65
  Ver também Levée en masse
Reflexões sobre a revolução da França — cap. 3
Reforma, 18, 34
Regeneração pela guerra, 155, 186, 280, 312, 396, 402, 422
Regimento Clare, 45
Reille, Honoré-Charles (general), 385-390, 417
Reinos satélite, 328
Religião
  como fator de exacerbação da guerra, 70
    garantia de liberdade de dada por Napoleão, 309
  e "São Napoleão", 333
  e demonização de Napoleão, 344-345
  e o respeito de Napoleão pelo islamismo, 283
  em insurreições contra a França, 359
  hostilidade de Napoleão à, 327
  tolerância prussiana com, 341
  Ver também Igreja Católica; Cristianismo
Remarque, Erich Maria, 60, 64
Rémusat, madame de, 286
Renânia, 171, 182, 204, 261, 313
Renoir, Jean, 417
"Representantes em missão", 200

República Cisalpina, 262, 320
República Partenopeia, 290, 364
  Ver também Nápoles
retorno de um herói, O, ou Bonaparte em Lion (peça de teatro), 299
Revolta do Cairo (quadro de Girodet), 335
Revolução Americana, 39
  batalha de Saratoga, 41
  e Chastellux na, 97
  e o novo soldado europeu, 164
  experiência de Lauzun na, 60-61
  intervenção espanhola na, 118
Revolução Francesa, 427
  abolição da monarquia, 171, 182
  Burke sobre, 116, 143, 192
  captura do rei e da rainha, 145
  começo da (1789-1790)
    ataques dos parisienses a Versalhes (Dias de Outubro), 113-117
    e o incidente de Nootka Sound enquanto ameaça de guerra, 117, 119, 144-145
    agitação militar, 132-133
    agitação social, 122, 165
    e a Assembleia Nacional, 120-125
    guerra e paz, 125-145 (ver também Assembleia Nacional)
  de Maistre sobre, 311
  e a Assembleia Legislativa, 147
  e a paz, 14, 117, 257
  e a rebelião da Vendeia, 34-35, 204, 208-248, 358 (ver também rebelão da Vendeia)
  e anexação de territórios belgas e alemães, 191
  e história, 105
  e Napoleão, 255, 308, 328 (ver também Napoleão Bonaparte)
  e o fim do mundo aristocrático, 72, 146

e os militares, 164
   a política como critério entre, 237
   controle político da, 200, 296
   e a campanha da Vendeia, 209
   e a guerra total, 184, 257
   esforços de mobilização de
      quadros, 26, 163-166, 169,
      173-174, 197, 217, 285, 331 (ver
      também Levée en masse)
   expurgo do corpo de oficiais
      monarquistas, 35, 146, 164, 202,
      225, 295
   formação da Guarda Nacional, 165
   novo corpo de oficiais, 203
   produção acelerada de munições,
      199
   táticas de massa na, 199
   e paixão ideológica, 136
   e política partidária, 235
   e von Humboldt, 110
   émigrés que fugiram da, 147-148,
      152, 156-157, 167, 172, 285
   feitos da, 123
   instabilidade internacional gerada
      pela, 313
   intensificação da guerra, 21, 23, 69
      e atrocidades francesas, 291
   mitos da, 159
   período do Diretório (1794-1799),
      258-260
      ataques da Segunda Coalizão, 294
      divisão militar/civil na, 295-297
      expurgos de 18 frutidor, 296-297
      guerra e militares na, 257,
         261 (ver também Napoleão
         Bonaparte)
      nova constituição da, 259
      rebeliões contra, 359
   personas de líderes da, 278
   propaganda da, 192-196
      contra os rebeldes vendeanos,
         228, 248

heroísmo e martírio glorificados,
   187-188
retórica da exterminação, 188-
   192, 194, 204
radicalização da, 171, 180, 247
renúncia e adoção da guerra, 113,
   117, 127-131, 146-157, 257
responsabilidade por crimes da, 247
"Revolução militar", 55
Révolutions de Paris (jornal), 142, 166-
   167
Reynier, Jean-Louis (general), 366-367,
   369
Richardson, Samuel, 85
Richelieu, Louis-François-Armand du
   Plessis, duque de, 40, 50-51, 53, 61-
   62, 76
Riefenstahl, Leni, 405
rio Niemen, 324
Rivarol, Antoine de, 133
Rivière, Pierre-Paul Mercier de la, 94
Rivoli, batalha de, 261
Robert, Joseph, 240, 244
Robertson, William, 98, 100
Robespierre, Augustin, 254
Robespierre, Maximilien, 127, 150, 245
   ataques da ala direita a, 139
   contra a guerra agressiva da França
      revolucionária, 155-156, 169
      sobre os "missionários armados",
         156, 282
   e a "filosofia moderna", 140
   e Carnot na sociedade literária, 196
   e limitação ao serviço legislativo, 147
   e Mirabeau, 140
   e Napoleão, 257
   e o Comitê de Segurança Pública, 182
   e o corpo de oficiais, 202
   e panfletos espanhóis, 376
   e Saint-Just, 195
   enquanto figura pública, 277
   execução de, 245

ÍNDICE REMISSIVO 541

louva a conduta heroica de de Bara, 188
louva a Revolução, 105
na Convenção Nacional, 181
na sociedade literária, 195
queda e execução de, 245, 254, 258
retórica exterminacionista de, 190-191
sobre o exército sob o rei, 146, 165
torna-se defensor da guerra, 182, 191
Rocca, Albert-Jean, 377, 390
Roland, Jeanne-Marie, 155, 197, 422
Romances, e Napoleão, 273, 277, 285, 402, 414
Romanos clássicos enquanto modelo, 106-107, 108, 112, 148, 153, 156, 185
  e a Grã-Bretanha como a "nova Cartago", 315
  no 18 brumário, 299
  Saint-Just sobre, 195
Romantismo, 19-20, 86, 258, 420
Ronsin, Charles-Philippe, 152-153, 234-237, 240, 245-246
Roseta, pedra de, 282
Rossbach, batalha de, 323
Rothenberg, Gunther, 200
Rouget de Lisle, Claude-Joseph, 109
Rousseau, Jean-Jacques
  e o exército de cidadãos, 163-166
  e o plano de federação de Saint-Pierre, 87
  e o romantismo, 86
  e projetos de paz, 100-101, 108
  Napoleão lê, 273
  personagens vistos como criaturas reais, 273
  sobre a guerra, 68, 107, 110, 154
  e a fantasia clássica, 150
  sobre a unidade europeia, 99
Rousseau, Thomas, 192
Rovigo, Itália, insurreição camponesa em, 363
Ruanda, 17

Ruffo, Cardeal Fabrizio, 294, 364
Rússia
  acordo diplomático de Napoleão com, 312
  aliada da França (1807), 324
  atrocidades cometidas pela (século XVIII), 68
  e Clausewitz, 325
  em guerra com a França (1805), 317
  na Guerra da Crimeia, 416
  na Quarta Coalizão (1806), 322
  derrota da, 324
  na Santa Aliança, 415
  na Segunda Coalizão, 284
  derrota e retirada (1799), 298
  servos na, 415

Sacro Império Romano, fim do, 320
Sade, Donatien-Alphonse-François, marquês de, 43
Saint Patrick's Day (Sheridan), 46, 50
Saint-André, Jean Bon, 185
Saint-Cloud, golpe de Napoleão em, 299-300
Saint-Etienne, Jean-Paul Rabaut, 69
Saint-Germain, Claude-Louis, conde de, 45-46, 54
Saint-Just, Louis, 195-196, 200-201, 245, 255
  e o corpo de oficiais, 202
  enquanto figura pública, 277
Saint-Lambert, Jean-François de, 43-44, 91
Saint-Pierre, Charles-Irénée Castel, *abbé de*, 87-89, 94, 100-101, 103, 107, 136, 138, 143, 415
Saint-Pierre, Jacques-Henri Bernardin de, 88
Saint-Simon, Claude de Rouvroy, duque de, 78, 82
Salamanca, batalha de, 394
Saliente, Espanha, destruição francesa de, 389

Salomon, François-Nicolas de (general), 227, 248
"Sans-culottes", 170, 172-173, 185, 192
 e a visão revolucionária da guerra, 186, 398
 e patriotismo dos oficiais, 186
 no expurgo dos girondinos, 223
Santa Aliança, 415
Santa Fede (santa fé), 364
Santa Helena, exílio de Napoleão em, 350
São Domingos. *Ver* Haiti
"São Napoleão", 333
Sapinaud de la Verrie, Louis-Célestin, 218, 221-222
Saragoça, cerco de, 376, 379-382, 398
Sassoon, Siegfried, 60
Saumur (cidade da Vendeia), 224-225
Savenay (aldeia da Vendeia), 232
Saxe, Marechal de, *Ver* Maurício da Saxônia
Schama, Simon, 210
Scharnhorst, Gerhard Von, 340-342, 401, 421
Schmitt, Carl, 29-30, 32, 72, 358, 370, 398, 400, 425
Schroeder, Paul, 313, 415
Secher, Reynald, 209-211, 246
Segunda Coalizão, 284, 294, 298
Segunda Guerra Mundial
 e os soviéticos, 16, 66
  "Guerra ao Terror" comparada à, 17
Ségur (ajudante de ordens de Napoleão), 323, 347, 349
Sérent, Armand-Sigismond-Félicité-Marie, conde de, 131
Servan, Joseph, 164, 175-176
Serviço militar universal. *Ver* Exércitos de cidadãos; Recrutamento
Serviço militar. *Ver* Recrutamento
Sete Anos, guerra dos, 50, 66, 68, 313
 de Sade na, 43
 e a ideia de "nação", 108
 e táticas da infantaria prussiana em Jena, 322
 mulheres com o exército britânico na, 41-42
 nobreza entre generais da, 49
 ocupação russa de Königsberg na, 102
Shakespeare, William
 e Falstaff, 95
 sobre assassinato, 392
Shelley, Percy Bysshe, citado, 355
Sieyès, Emmanuel, 260, 298-299, 301
Simon, Claude, 161-163, 165
Sistema Continental, 346
Smith, Adam, 66
Smolensk e a campanha russa, 334, 349
Sobre o Ódio Nacional (Arndt), 399
Social System, The [O sistema social] (d'Holbach), 92-93
Sociedade de 1789, 122
Solzhenitsyn, Alexander, 210
Somosierra, batalha de, 376
Sorel, Albert, 31, 143
Souchu, René-François, 219
Soult, Nicolas-Jean, 377, 390
Stalin, Joseph, 64, 414
Stanz, Suíça, atrocidades francesas em, 290
Steele, Richard, 44
Stein, Karl von, 341-342, 401
Steinbock, Magnus, 45
Stendhal, 277, 408-409
Sturm und Drang, movimento, e a guerra, 109
Suchet, Louis, 255, 389
Suécia
 Désirée como rainha da, 274
 e Poltava, 56, 65, 347
 na Grande Guerra do Norte, 41
 nobres da no exército, 49
Suíça
 como Estado-satélite, 360

ÍNDICE REMISSIVO

Napoleão na, 290
russos derrotados na, 298
Sully, Maximilien de Béthune, duque de, 87
Suvorov, Aleksandr, 284, 298, 343
System of Nature, The [O sistema da natureza] (d'Holbach), 92, 94

Talavera, batalha de, 392, 394
Talleyrand-Périgord, Charles-Maurice de, 315-316, 374, 405
Tarlenton, Banastre, 53
Telêmaco (Fénelon), 83-85, 88-90, 93, 144, 148, 273, 279
Templo de Marte, 333
Tennyson, Alfred, 84
Teoria da guerra justa, 72
Teoria da guerrilha (Schmitt), 30
Terror, o, 105, 182, 204, 245
　ameaça de repetição, 284
　e Saint-Just, 195, 201
　e Sieyès, 299
　fim do, 245-246, 254, 295
　massacres na Vendeia excederam, 232
　traumas do, 259
　vs. período pós-terror, 258
Terrorismo
　"guerra" contra, 426
　ataque de 11 de Setembro, 14, 32, 424
Thiry, Paul-Henry. *Ver* d'Holbach, barão
Tilsit, reunião, 324, 336, 341, 345
Times de Londres, 172
Tirol, rebelião Jô, 363, 371
Tolstói, Leon, 347, 353, 413
Top Gun [Ases indomáveis] (filme), 27
Toulon, cerco de, 253-255, 300
Trafalgar, batalha de, 33, 317-318, 337, 372
Traição
　alegação de na queda de Verdun, 172
de Lafayette, 171-1`72, 176, 182
rei acusado de, 170
uma acusação feita pela Assembleia ou Convenção Nacional, 121, 141, 219
Tratado de Fontainebleau, 372
Tratado de Pressburg, 320
Treason of the Count of Mirabeu — cap. 3
Treitschke, Heinrich von, 419
Tres de Mayo (quadro de Goya), 374
Trevelyan, *Sir* George, 253
"Tribunais revolucionários" para a Vendeia, 227
Trinta Anos, Guerra dos, 64
　e a campanha do Palatinado, 71
triunfo da vontade, O (filme de Riefenstahl), 405
Trollope, Anthony, 248
Turcos otomanos
　acordo diplomático de Napoleão com, 312
　contra Napoleão no Egito, 283
Turenne, visconde de, 333, 407
Turquia
　na Guerra da Crimeia, 416
　Napoleão considera alistar-se nas forças armadas da, 45, 252
Turreau, Louis-Marie, 208
　citado, 205
　e Leclerc no Haiti, 290
　e Napoleão na Suíça, 290
　e o Arco do Triunfo, 417
　general presente na Vendeia, 208-209, 213, 233-234, 238, 255, 246-247
　　autojustificativa de, 215, 246
　　nos Estados Unidos, 246
　　sobre Bocage, 220-221

Ulm, batalha de, 318
Um projeto para tornar a paz perpétua na Europa (Saint-Pierre), 87

União Europeia, ideias de Napoleão
  para, 328
"União Europeia" (projeto de Saint-
  Pierre), 87, 94
União Soviética, 13, 17, 66
*Universal Morality [Moralidade
  universal]* (d'Holbach), 95

Valéry, Paul, 419
Valmy, batalha de, 174, 178-181, 186,
  306
  e Frederico Guilherme III, 321
Varennes — cap. 3
Vattel, Emeric de, 69, 72
Vauvenargues, Luc de Clapiers de, 47,
  69, 72
Velha Guarda, 412
Vendeia, 215, *216*
Vendeia, rebelião da, 204, 208, 215-
  227, 247
  alemães seguem o exemplo, 398
  atrocidades durante a, 207-208, 212,
    215-233, 244
    e ausência de medo de represálias,
      214, 233
  como genocídio, 209-211, 246-248
  como guerra total, 34, 203, 214-215,
    235, 239, 247, 352
  e a guerra de guerrilha, 219, 222,
    225, 233, 353
    na Espanha, 390, 393
  e Joseph-Léopold Hugo, 355
  e Napoleão, 255
    na Suíça, 290
  e territórios ocupados pela França,
    292, 294, 336, 359. 368
  fim da, 245-246, 261
  legado histórico da, 210
  no mito e na literatura, 249, 398
  organização da, 222
  registro histórico da, 244, 455

represália republicana contra, 205-
  209, 227-245, 247
  como modelo de guerra
    revolucionária, 248, 258
  e "moderação" como crime, 238
  e incompetência de oficiais
    republicanos, 35, 225, 237
  e Napoleão no Egito, 287
  enquanto evento caótico, 213,
    225, 359
ressurgimento da, 285
Virée de Galerne (Virada do Galerno,
  ou Virada do Vento Norte) na, 228,
  237-238, 353
Vendôme, coluna de, 333
Veneza e a Áustria, 262, 320
Verdier, Jean-Antoine, 365, 379, 380
Verdun, queda de, 172
Vergniaud, Pierre-Victurnien, 152, 154
vermelho e o negro, O (Stendhal), 408
Vernet, Horace, 179
Versalhes, acordo de paz de, e Schmitt, 29
Versalhes, palácio de, 48, 113, 137
  ataque ao (Dias de Outubro de 1789),
    113-117
Viala, Agricol, 188
Victor, Claude, 392
Vida política
  e a terminologia "esquerda-direita",
    122
  e partidos políticos, 235
  intervenção militar na, 420
  no controle da guerra revolucionária,
    199-201
  Ver também Assembleia Legislativa;
    Assembleia Nacional; Convenção
    Nacional
Viena, entrada francesa em, 318
"Vietnamização", política de Nixon, 367
Villeneuve, Pierre, 317
"Virtude militar", Rousseau sobre, 107
Vitoria, batalha de, 394

Vivien, Joseph, 78
Volney, Constantin-François, 138, 140
Voltaire, 40, 61-64, 69, 71, 90-91
   afeto de Napoleão por, 273
   Cândido, 90-91, 95-96, 111
   e Ronsin, 235
   Fontenoy, 61-64, 71, 90
   história de Carlos XII de autoria de, 346-347
   sobre o Essai de Chastellux, 97
   sobre o progresso, 96
   sobre os quacres, 76
   sobre Richelieu, 40
   sobre Saint-Pierre, 87

Wagram, batalha de, 20, 338, 354
Walter, Jakob, 348, 353
Wannsee, conferência, 212
War That Will End War, The [A guerra que acabará com as guerras] (Wells), 16
Washington, George, 101, 109, 130, 165, 308, 423
Waterloo, batalha de, 413
Wattignies, batalha de, 198, 201
Wellington, duque de (Arthur Wellesley), 41, 331, 337, 343, 376, 394395, 411-412
Wells, H.G., 16, 424
Westermann, François-Joseph, 230-232, 238, 247
Westphalia, novo reino alemão de, 327
White, José Blanco, 388
Whitman, Walt, citado, 37
Wilkes, John, 99
Williams, Helen Maria, 124, 135
Woolf, Stuart, 363
Wordsworth, William, 325

Ximenez, Augustin, 188

Yorck, Hans David, 395

Zriny (peça de teatro de Körner), 402

Este livro foi composto na tipografia Sabon LT Std,
em corpo 11/16, e impresso em papel off-white no
Sistema Digital Instant Duplex da
Divisão Gráfica da Distribuidora Record.